Wolfgang Rau

Fotorecht

Ihr Ratgeber für den fotografischen Alltag

Rheinwerk
Fotografie

Liebe Leserin, lieber Leser!

Sie halten die 4., aktualisierte und erweiterte Auflage von »Fotorecht. Ihr Ratgeber für den fotografischen Alltag« in Händen. In diesem Standardwerk zeigt Ihnen der Jurist und leidenschaftliche Fotograf Wolfgang Rau systematisch, verständlich und verlässlich, welche Pflichten *und* Rechte Sie als Fotografin oder Fotograf haben!

In allgemeinverständlicher Sprache lernen Sie in diesem Buch die entscheidenden Aussagen des Urheberrechts kennen und erfahren alles Wichtige zur Fotografie von Sachen und Menschen. Neben diesen Kernthemen lesen Sie außerdem:

- was die DSGVO verändert hat, und was nicht
- was Sie im Internet im Umgang mit Bildern beachten müssen
- dass unbemannte Luftfahrtsysteme zwar neue Perspektiven ermöglichen, aber an irdisches Recht gebunden sind
- wie Sie Ihre Rechte schützen
- was Sie bei Verträgen beachten sollten
- worauf Sie achten müssen, wenn Sie die Fotografie zu Ihrem (Neben-) Beruf machen
- wie sich das Foto- und Bildrecht in Österreich und der Schweiz von Deutschland unterscheidet

Nicht nur das Recht ändert sich, sondern auch die Sprache. Als Rheinwerk Verlag ist es uns ein Anliegen, die Geschlechter auch sprachlich anzuerkennen – freundlich, fair und zeitgemäß. Das tun wir hier, im Vorwort und in der Einleitung. In den folgenden Kapiteln verzichten wir allerdings darauf. Vor allem deshalb, weil die sprachliche Übereinstimmung der Ausführungen von Wolfgang Rau mit den Gesetzestexten und Gerichtsurteilen gewährleistet sein muss. Ich bitte Sie daher, dies neutral als Entscheidung zugunsten einer vereinfachten und präzisen Darstellung zu verstehen.

Ich habe das Buch mit großem Interesse *und* auch Spaß gelesen! Nicht zuletzt wegen der zahlreichen Beispiele, die zeigen, wie sich Gesetz und Recht in der Praxis auswirken. Ich bin überzeugt, dass Ihnen das Buch ein kompetenter Begleiter in Ihrer Fotopraxis sein wird. Jeden Tag.

Falls Sie Fragen, Lob oder Verbesserungsvorschläge haben, freue ich mich, wenn Sie mir schreiben.

Ihr Frank Paschen
Lektorat Rheinwerk Fotografie

frank.paschen@rheinwerk-verlag.de
www.rheinwerk-verlag.de
Rheinwerk Verlag GmbH • Rheinwerkallee 4 • 53227 Bonn

Auf einen Blick

Wir hoffen, dass Sie Freude an diesem Buch haben und sich Ihre Erwartungen erfüllen. Ihre Anregungen und Kommentare sind uns jederzeit willkommen. Bitte bewerten Sie doch das Buch auf unserer Website unter **www.rheinwerk-verlag.de/feedback**.

An diesem Buch haben viele mitgewirkt, insbesondere:

Lektorat Frank Paschen
Korrektorat Petra Biedermann, Reken
Herstellung Vera Brauner
Einbandgestaltung Julia Schuster
Coverbild Shutterstock: 536514895 © Iakov Kalinin, 758195548 © Look Studio, 782313298 © Dmitry Kalinovsky, 1281067996 © Alexander Kirch
Typografie und Layout Vera Brauner
Satz III-Satz, Husby
Druck Beltz Grafische Betriebe, Bad Langensalza

Dieses Buch wurde gesetzt aus der Linotype Syntax (9/12,75 pt) in FrameMaker.
Gedruckt wurde es auf chlorfrei gebleichtem Offsetpapier (90 g/m²).
Hergestellt in Deutschland.

Bibliografische Information der Deutschen Nationalbibliothek:
Die Deutsche Nationalbibliothek verzeichnet diese Publikation in der Deutschen Nationalbibliografie; detaillierte bibliografische Daten sind im Internet über *http://dnb.dnb.de* abrufbar.

ISBN 978-3-8362-8477-6

4., aktualisierte und erweiterte Auflage 2021

Informationen zu unserem Verlag und Kontaktmöglichkeiten finden Sie auf unserer Verlagswebsite **www.rheinwerk-verlag.de**. Dort können Sie sich auch umfassend über unser aktuelles Programm informieren und unsere Bücher und E-Books bestellen.

Inhalt

Geleitwort

Wer heutzutage Inhalte erschafft, seien es Fotos oder Filme, braucht weit mehr als nur gutes Equipment und ein geschultes Auge – vor allem, wenn er plant, seine Werke in Büchern, Zeitschriften oder online zu veröffentlichen. Er braucht Rechtsbeistand. Angesichts der vielen Millionen von Bildern, die täglich ins Netz hochgeladen werden, wird die Kenntnis von fotorechtlichen Fragen immer wichtiger.

Seit langem registrieren wir bei unseren Lesern, egal ob Profi oder Amateur, eine wachsende Unsicherheit über die immer komplexer werdenden Aspekte des Urheber- oder Persönlichkeitsrechts, des Datenschutzes oder rund um vertragliche Fragen, die Foto- und Videoaufnahmen regeln. Und seit langem verweisen wir Fragende auf das Standardwerk für den fotografischen Alltag: »Fotorecht« von Wolfgang Rau, das nun in vierter Auflage mit wichtigen Anpassungen und Aktualisierungen erscheint.

Der Autor mit eigener Anwaltskanzlei ist seit vielen Jahren auf dem Gebiet des Foto- und Bildrechts tätig, vertritt Fotografen aus ganz Deutschland und ist Präsident des Deutschen Verbandes für Fotografie (DVF). Als Fachmann und Buchautor mit jahrelanger Praxiserfahrung versteht Rau es, auch komplizierte rechtliche Themen verständlich, aber nicht unnötig verkürzt zu Papier zu bringen und bereitet die an sich trockene Thematik erfreulich anschaulich und lesenswert auf.

Die Neuauflage enthält einen kompletten Überblick über das Fotorecht in Deutschland, Österreich und der Schweiz und wurde insbesondere in der Darstellung des neuen Drohnenrechts und der DSGVO, beides teilweise verbunden mit Änderung der bisherigen Rechtslage, aktualisiert.

Wolfgang Raus »Fotorecht« gehört zu jenen Fachbüchern, die in unserer Redaktion stets griffbereit im Regal stehen und in denen wir immer wieder wichtige Hinweise zu allen Belangen des Fotorechts finden. Ein Standardwerk eben – und ohne jeden Zweifel absolute Pflichtlektüre für alle Foto- und Filmschaffenden im deutschsprachigen Raum.

Frank Späth
Chefredakteur der Zeitschrift PHOTOGRAPHIE

Vorwort zur 4. Auflage

Während es im Zeitalter der analogen Fotografie noch recht beschaulich zuging, was die rechtlichen Aspekte der Fotografie, insbesondere der Amateurfotografie, anging, und Änderungen nicht so häufig eintraten, so hat das digitale Zeitalter dies grundlegend geändert. Durch die Bilderfluten, die wir heute erleben – täglich werden etliche Millionen von Fotos allein in den sozialen Netzwerken hochgeladen –, wird der Bedarf nach Reglementierung immer stärker, und die Gerichte haben sich viel öfter mit Fragen des Fotorechts zu befassen. Hinzu kommt, dass es durch die Europäische Union immer wieder Regelungen gibt, die entweder in den Mitgliedstaaten direkt anwendbar sind oder die von den Mitgliedstaaten in nationales Recht umgewandelt werden müssen, ganz zu schweigen von immer mehr Urteilen des Europäischen Gerichtshofes (EuGH), die unmittelbaren Einfluss auf Rechtslage und Rechtsprechung in Deutschland haben.

Wie schnell die Entwicklung vor sich geht, sieht man exemplarisch daran, dass erst kurz vor der Vorauflage im Jahre 2017 gesetzliche Regelungen zur Multicopter-Fotografie europaweit in Kraft gesetzt wurden, diese jedoch mit dem 01.01.2021 bereits wieder Makulatur geworden sind, nachdem eine neue EU-Verordnung zu dieser Thematik in Kraft getreten ist, mit der wesentliche Regelungen wieder geändert wurden. Für einen Laien, der sich nicht täglich mit diesen Fragen beschäftigt, sind diese stetigen Änderungen kaum mehr zu überblicken. In Kapitel 5, »Unbemannte Luftfahrtsysteme«, habe ich die neue Rechtslage im Einzelnen dargestellt.

Auch die EU-Datenschutzgrundverordnung (DSGVO) ist im Mai 2018, also nach dem Erscheinen der Vorauflage, in Kraft getreten und hat ebenso für viel Verunsicherung wie auch Desinformation durch Kommentare derjenigen geführt, die die DSGVO entweder gar nicht gelesen oder nicht verstanden haben.

Allerdings stellte sich die Einbeziehung der DSGVO in dieses Werk von der Systematik her nicht ganz einfach dar. Dies hängt mit der Tatsache zusammen, dass bislang keine abschließende Klarheit darüber besteht, ob neben der DSGVO weiterhin die Vorschriften des Kunsturhebergesetzes (KUG) Gültigkeit haben oder ob diese und insbesondere die hierzu ergangene Rechtsprechung nicht möglicherweise sogar weiterhin bedeutend bleiben und von der Rechtsprechung angewendet werden. Damit habe ich mich in dem ganz neuen Kapitel 4, »Datenschutz«, befasst. Aufgrund dieser Unklarheit wurden die Ausführungen zur Personenfotografie in Kapitel 3, »Menschen«, aus der Vorauflage in diese Auflage übernommen und mit entsprechenden Hinweisen versehen. Durch einen Verzicht auf die Darstellung der Regelungen *vor* dem Inkrafttreten der DSGVO würde dieses Werk möglicherweise an Aktualität verlieren, weil mir nach wie vor zumindest die umfangreiche Rechtsprechung zu den Vorschriften des KUG essenziell erscheint. Es wäre deshalb aus meiner Sicht falsch gewesen, auf die Vorschriften im KUG gar nicht mehr einzugehen und dabei zu unterstellen, dass sich die Rechtslage seit Mai 2018 nur noch nach den Vorschriften der DSGVO richtet. Hinzu kommt, dass es bestimmte Fälle für Fotografinnen und Fotografen gibt, in denen die DSGVO gar nicht anwendbar ist, sodass auch vor diesem Hintergrund auf die Darstellung der bisherigen Rechtslage, die in diesen Ausnahmefällen natürlich weitergilt, nicht verzichtet werden kann. Ich muss Sie deshalb darauf hinweisen und um Verständnis bitten, dass derzeit im Bereich der Personenfotografie teilweise noch eine ungeklärte Situation besteht, die nur durch den Gesetzgeber oder die Rechtsprechung endgültig beseitigt werden kann. Solange dies nicht geschehen ist, müssen die Ausführungen in Kapitel 3 im unmittelbaren Zusammenhang mit denen in Kapitel 4 verstanden werden.

Erfreulicher ist dagegen im Bereich der Straßen- oder Streetfotografie die Klarheit, die das Bundesverfassungsgericht im Jahre 2018 geschaffen hat, indem es in einem Beschuss festgestellt hat, dass es sich bei der Straßenfotografie um eine anerkannte Kunstform handelt, und bezüglich der Abwägung zwischen Persönlichkeitsrecht und Kunstfreiheit gewisse Richtlinien vorgegeben hat. Eine Verpönung der Straßenfotografie als eine Form der Fotografie am Rande der Legalität dürfte damit der Geschichte angehören. Näheres hierzu habe ich in Abschnitt 3.3 dargestellt.

Kleinere Änderungen und Ergänzungen seit der Vorauflage in anderen Bereichen habe ich schließlich ebenfalls berücksichtigt.

Ich möchte mich bei allen Leserinnen und Lesern bedanken, die wiederum in vielen E-Mails an den Verlag oder an mich persönlich ihr Interesse an weiteren Aspekten des Foto- und Bildrechts bekundet, Fragen gestellt oder ein positives Feedback gegeben haben. Das nicht nur ungebrochene, sondern stetig steigende Interesse an den Rechtsfragen, die mit der Fotografie zusammenhängen, war für mich erneut Ansporn, auch diese Auflage für Sie noch informativer zu gestalten. Trotz des zuweilen etwas schwierigen Themas, das leider durch die DSGVO noch ein bisschen schwieriger geworden ist, wünsche ich Ihnen auch für diese Auflage ein kurzweiliges Lesevergnügen!

Hervorheben möchte ich zum Abschluss die exzellente Zusammenarbeit – seit nunmehr zehn Jahren – mit dem Rheinwerk Verlag und seinen Mitarbeiterinnen und Mitarbeitern, wofür ich mich an dieser Stelle nochmals herzlich bedanken möchte.

RA Wolfgang Rau
Siegburg

Einleitung

Vielleicht sind Ihnen folgende oder auch ähnliche Situationen nicht unbekannt:

- Sie fotografieren oder filmen gerade den im benachbarten Vorgarten vor sich hin dösenden Hund oder eine Skulptur, als der Eigentümer hinzukommt und Ihnen mitteilt, Sie hätten kein Recht, sein Eigentum ohne seine Erlaubnis zu fotografieren.
- Sie erfahren von einer guten Freundin, die Sie fotografiert und deren Bildnis Sie mit ihrer Einwilligung in Ihrer Internetgalerie eingestellt haben, dass dieses Foto nun von jemand anderem ohne Ihre Zustimmung für eine Werbeanzeige verwendet wurde.
- Sie wollen ein Bild bei einer Bildagentur oder einem Wettbewerb einreichen, auf dem im Vordergrund ein Werbeplakat mit der Parfümflasche eines Markenherstellers zu sehen ist, und fragen sich, ob Sie dies überhaupt dürfen.

Für Amateur- und Berufsfotograf*innen

Dies sind nur drei Beispiele für unzählige Situationen, in die Sie sowohl als Amateur- wie auch als Berufsfotograf*in immer wieder geraten können und in denen Sie sich womöglich überhaupt nicht sicher sind, wie die Rechtslage nun wirklich ist und wie Sie sich verhalten sollen.

In vielen Fällen ist Unkenntnis der Rechtslage die Ursache dafür, dass sich der arglose Fotoamateur, der doch nur seinem Hobby nachgehen und ein paar schöne Aufnahmen machen möchte, plötzlich mit solchen Personen konfrontiert sieht, die entweder meinen, irgendwelche Ansprüche zu haben, oder deren Rechte er sogar möglicherweise tatsächlich, in aller Regel unwissentlich, verletzt hat. Nach meinen Erfahrungen sind aber auch Berufsfotograf*innen häufig nicht sicher, wie in dem einen oder anderen Fall die Rechtslage tatsächlich zu beurteilen ist. Und es haben sich unter den Profis teilweise regelrechte Mythen und Legenden zu einigen Rechtsfragen gebildet, die einer rechtlichen Überprüfung nicht standhalten.

Wie es zu diesem Buch kam

Eine Unmenge von wichtigen Fragen …

Gibt man in den einschlägigen Internetsuchmaschinen Begriffe wie »Fotorecht«, »Bildrecht« oder damit zusammenhängende Begriffe ein, stößt man auf eine wahre Flut von Fragen, die Fotografinnen und Fotografen in irgendwelchen Foren stellen und die mit rechtlichen Aspekten der Fotografie zusammenhängen.

… aber wenig qualifizierte Antworten

Allein schon die enorme Zahl von Fotografinnen und Fotografen, die offensichtlich nach einer kompetenten Beantwortung ihrer vielfältigen und unzähligen Rechtsfragen suchen, wäre für sich genommen Grund genug, ein solches Buch über Foto- und Bildrecht zu schreiben. Aber auch die Antworten, die man findet, unterstreichen den Bedarf an einer sachkundigen

Gesamtdarstellung. Man kann als Jurist oft nur staunen über manche Äußerungen, die nicht selten glatte Fehlinformationen darstellen.

Natürlich gibt es im Internet durchaus auch fundierte Antworten, weshalb ich weit davon entfernt bin, alles, was dort diesbezüglich veröffentlicht wird, hinsichtlich seiner Richtigkeit in Zweifel zu ziehen. Aber gerade deshalb ist die Frage berechtigt, wie Sie als juristischer Laie nun in der Lage sein sollen, rechtlich durchaus korrekte Ausführungen von dem Unsinn zu unterscheiden, der zu einem Großteil im Internet, teilweise aber leider vereinzelt auch in der Literatur, verbreitet wird.

Weit verbreitete Fehlinformationen

So kann man zum Beispiel im Internet – und dies sogar aus juristischer Quelle – lesen, dass ein in einer Flughafenhalle hängendes Gemälde der Panoramafreiheit unterliege, weil nämlich die Flughafenhalle für jedermann zugänglich sei und deshalb ein Foto davon gemacht und veröffentlicht werden dürfe. Das ist schlicht falsch. (An anderer Stelle im Internet findet man übrigens die gegenteilige Behauptung, was die Verwirrung komplett macht.) Warum das falsch ist, erfahren Sie in Abschnitt 2.2.4, »Panoramafreiheit in Deutschland (§ 59 UrhG)«. Im Internet findet man auch die »Information«, dass die Einwilligung des Eigentümers benötigt werde, wenn man ein Tier fotografieren möchte, und dass die Freigabe des Eigentümers umso notwendiger sei, je markanter das Tier sei. Auch das ist falsch, und Sie erfahren mehr zu diesem Thema in Abschnitt 2.1, »Natur, Architektur, Sachen und Tiere fotografieren«.

Es waren deshalb nicht nur die vielen Fragen, die mich ursprünglich dazu veranlasst haben, Ihnen, als Amateur- oder Berufsfotograf*in, das Thema Foto- und Bildrecht näherzubringen, sondern eher noch die teilweise völlig abwegigen Antworten, die darauf (vorrangig) im Internet zu finden sind.

Deutscher Verband für Fotografie (DVF) e. V.

Im Deutschen Verband für Fotografie (DVF) e. V., Deutschlands größtem Zusammenschluss von Amateurfotografinnen und Amateurfotografen, dessen Justiziar und Präsident ich bin, haben wir uns daher schon im Jahr 2008 Gedanken darüber gemacht, ob es nicht an der Zeit und sinnvoll sei, zumindest unsere Mitglieder über die Rechtsfragen aufzuklären, die sich im Zusammenhang mit der Ausübung ihres Hobbys stellen oder stellen können, bevor sich weiter eine allgemeine Verunsicherung breitmacht.

Vom Vortrag zum Buch

Damit war die Idee geboren, zunächst bei einem Vortrag über Foto- und Bildrecht die Mitglieder des DVF über ihre Rechte und Pflichten als Fotograf*innen aufzuklären. Die Reaktionen der Mitglieder auf meinen Vortrag, insbesondere aber die teilweise sehr ausführlichen Diskussionen und Fragestellungen, die sich im Anschluss daran regelmäßig ergeben, haben erst das ganze Ausmaß des Informationsbedürfnisses über das Foto- und Bildrecht offenbart. Immer wieder werden aus dem Teilnehmer*innenkreis Fragen aus allen Themenbereichen der Fotografie gestellt, von der Aktfotografie bis zur Werbefotografie, und immer wieder zeigt sich dabei, dass so mancher Fotoamateur zwar durchaus ein ganz gutes Rechtsgefühl hat, über die tatsächliche Rechtslage letztlich aber doch völlig im Unklaren ist. Diese Vorträge halte ich immer noch, und nicht zuletzt dank des Internets, fotorechtlicher Dauerbrenner wie der Straßenfotografie und neuer Themen wie Drohnen (im Weiteren »Unbemannte Luftfahrtsysteme«) ebbt die Flut an (neu zu klärenden) Fragen nicht ab.

Als dann der Rheinwerk Verlag mit der Idee an mich herantrat, meinen Vortrag zur Basis eines Buches über Foto- und Bildrecht und die Informationen so auch einem größeren Leser*innenkreis zugänglich zu machen, war ich spontan davon überzeugt, dass eine systematische Darstellung dieses Rechtsgebiets für viele Amateur- und Berufsfotograf*innen von Interesse und Nutzen sein würde, und sagte deshalb sofort zu. Mittlerweile sind wir bei der 4., wieder einmal gründlich aktualisierten und erweiterten Auflage angelangt, die Sie nun in Händen halten oder digital lesen.

Systematische Darstellung für Nichtjurist*innen

Wenn Sie sich auf dem Markt nach Publikationen zu diesem Thema umschauen, werden Sie feststellen, dass dieses Gebiet trotz Abertausender begeisterter Fotografinnen und Fotografen bislang doch recht stiefmütterlich behandelt wurde. Insbesondere eine systematische Darstellung, die sich an juristische Laien richtet, fehlte bislang. Natürlich gibt es zu diesem Thema bereits einiges an juristischer Fachliteratur, einschließlich mehrerer Kommentare von teilweise weit mehr als 2.000 Seiten zum Urheberrecht – sie stellen für den juristischen Laien jedoch in der Regel »unverdauliche Kost« dar und befassen sich oft sehr ausführlich auch mit solchen Fragen, die nur die Juristinnen, aber nicht die Fotografen interessieren. Daneben gibt es Bücher, die sich zwar an den Fotografen und Nichtjuristen wenden, leider jedoch keine vollständigen und systematischen Darstellungen enthalten. Vielmehr werden dort nur ausgewählte Einzelfragen zum Thema Fotografie aufgegriffen und beantwortet. Auch wenn die Antworten durchaus sachlich fundiert sein mögen, was ich überhaupt nicht in Abrede stellen möchte, ist die Beantwortung von Einzelfragen stets problematisch, da einerseits damit nur punktuelles Wissen ohne jeden Gesamtzusammenhang vermittelt wird, andererseits der Fotograf nur allzu oft feststellen muss, dass er gerade auf seine spezielle(n) Frage(n) keine Antwort findet. Diejenige Fotografin dagegen, die die Systematik des Urheberrechts und die potenziellen Konfliktpunkte kennengelernt hat, kann für sich oft auch die Lösung in anderen Fällen ableiten, die sie nicht zufällig in der Literatur findet.

Was dieses Buch soll

Gesamtüberblick über Rechte und Pflichten

Dieses Buch schließt die bestehende Lücke und stellt eine systematische Darstellung des Teils des Urheberrechts, den man auch als *Fotorecht* und/oder *Bildrecht* bezeichnet, denjenigen Fotograf*innen zur Verfügung, die sich einen Gesamtüberblick über ihre Rechte und Pflichten als Fotograf*in verschaffen wollen, aber keinerlei juristische Vorkenntnisse haben. Dabei werden die verschiedenen Aspekte des Foto- und Bildrechts anhand praxisnaher Beispiele und authentischer Fälle dargestellt, die die Rechtsprechung zu entscheiden hatte. Das Buch soll Sie sowohl als Fotoamateurin als auch als Berufsfotograf für die verschiedenen Probleme, mit denen Sie beim Fotografieren und Verwerten Ihrer Aufnahmen konfrontiert werden können, sensibilisieren und Sie in die Lage versetzen, in ganz bestimmten Situationen angemessen zu reagieren.

Damit soll natürlich gleichzeitig erreicht werden, dass sich vor allem als Amateur entspannter Ihrem Hobby zuwenden können, ohne sich ständig Gedanken machen zu müssen, ob Sie unter Umständen gerade die Rechte anderer verletzen.

Rechte verletzen, Rechte schützen

In diesem Buch wird die Rechtsposition der Fotografin bzw. des Fotografen von zwei Seiten betrachtet und die jeweilige rechtliche Situation beleuchtet. Denn einerseits kann die Fotografin diejenige sein, die mit ihren Fotos aktiv die Rechte anderer verletzt. Andererseits ist in vielen Fällen der Fotograf auch selbst Betroffener, weil er in der Ausübung seiner Tätigkeit behindert wird oder seine Bildrechte durch andere verletzt werden.

Auch für Videofilmer

Im Übrigen gelten die Ausführungen in diesem Buch ebenso für Filmer*innen, die entweder mit der Videofunktion ihrer Kamera oder mit einer Filmkamera arbeiten. Sollte für sie etwas anderes gelten, werde ich ausdrücklich darauf hinweisen.

Was dieses Buch nicht soll

Mir ist natürlich durchaus bewusst, dass wir Juristen oftmals in dem Ruf stehen, auf die Spaßbremse zu treten, weil wir gelegentlich in drastischen Farben schildern (müssen), welche unangenehmen Konsequenzen bestimmte Handlungen haben können, wenn man dieses und jenes nicht beachtet. Die Unbekümmertheit, mit der Sie vielleicht zuvor Ihr Hobby betrieben haben, wird dadurch möglicherweise etwas beeinträchtigt.

Seit mehreren Jahrzehnten bin ich selbst leidenschaftlicher Fotograf, und es liegt mir völlig fern, Ihnen in irgendeiner Weise die Freude an unserem Hobby zu nehmen. Aber man bräuchte dieses Buch überhaupt nicht, wenn man so tun würde, als gäbe es bei der Ausübung des Hobbys keine juristischen Fallstricke. So wohnen zwei Seelen in meiner Brust: Als Jurist obliegt mir die objektive Darstellung der Rechtslage und der sich daraus möglicherweise ergebenden Rechtsprobleme für die Fotografin und den Fotografen. Als Fotograf bin ich einer von Ihnen und muss beim Umgang mit der Kamera und den späteren Bildern gewisse Regeln beachten, auch wenn ich mir manchmal vielleicht wünschen würde, dass es diese Regeln nicht gäbe, weil auch ich sie häufig als hinderlich für mein Hobby empfinde.

Behalten Sie den Spaß an der Fotografie!

Dieses Buch soll Sie deshalb in keiner Weise verschrecken oder gar schuld daran sein, dass Sie den Spaß am Fotografieren verlieren. Ich möchte Sie auch ausdrücklich darauf hinweisen, dass viele Szenarien, die theoretisch eintreten können und auf die ich Sie als Jurist aufmerksam mache, in der Praxis häufig gar nicht oder nur selten vorkommen. Auch hier gibt es den allseits bekannten Unterschied zwischen Theorie und Praxis. Das gilt insbesondere für Amateure, denen man in der Regel einiges nachsieht und durchgehen lässt, weil man davon ausgeht, dass sie oder er ohnehin in der Regel nur zu Erinnerungszwecken für ihren oder seinen Privatgebrauch fotografiert.

Dabei ist die Toleranz nach meiner persönlichen Erfahrung umso größer, je weniger professionell die Fotoausrüstung ist bzw. aussieht. Ob man mit einem Mobiltelefon, mit einer Kompaktkamera oder dem Profimodell einer Systemkamera oder gar mit einer Mittel- und Großformatkamera fotografiert, macht hier oftmals den entscheidenden Unterschied. Dies bedeutet natürlich nicht, dass die Rechtslage von der verwendeten Ausrüstung abhängt, sondern hier spielen Toleranz und Verständnis, aber auch wirtschaftliche Gründe die entscheidende Rolle. Gegen einen Berufsfotografen, der Rechte anderer missachtet und damit noch Geld macht, wird man deutlich rigoroser und konsequenter vorgehen als gegen eine Amateurin, die man vielleicht nur freundlich ermahnt, dass sie bestimmte Dinge eben nicht tun darf.

Eigenverantwortlich handeln

Damit will ich Sie selbstverständlich in keiner Weise dazu animieren, als Amateur rechtliche Aspekte zu ignorieren und sorglos weiterzufotografieren. Auch als Amateur können Sie rechtlichen Ansprüchen ausgesetzt sein. Dann wird es für Sie meist teuer, und das für Ihr Hobby angesparte Geld kann sehr schnell verbraucht sein, wenn Forderungen gegen Sie geltend gemacht werden. Vielmehr will ich damit zum Ausdruck bringen, dass die rechtlichen Aspekte zwar zu beachten sind, aber nicht dazu führen dürfen, dass Sie sich ein anderes Hobby suchen. Letztlich müssen Sie unter Beachtung der Rechtslage, die ich Ihnen mit diesem Buch näherbringen möchte, für sich selbst das Risiko von Fall zu Fall einschätzen und eine Entscheidung treffen, ob Sie bestimmte Risiken eingehen wollen oder doch im ungünstigsten Fall lieber auf die Aufnahme und/oder deren Veröffentlichung verzichten sollten.

Was dieses Buch nicht kann

Nicht behandelte Rechtsfragen

Der Schwerpunkt der Ausführungen in diesem Buch liegt entsprechend seinem Titel auf dem Foto- und Bildrecht im eigentlichen Sinne. Daneben gibt es selbstverständlich noch eine ganze Reihe anderer Rechtsfragen, die für die Fotografin oder den Fotografen von Interesse sind, jedoch dem Vertragsrecht oder anderen Rechtsgebieten zuzuordnen sind. Das sind zum Beispiel die Fragen, wie der Fotograf am besten seine Verträge abschließt, wie mögliche Leistungsstörungen aus dem Vertrag zu behandeln sind oder welchen Inhalt allgemeine Geschäftsbedingungen (AGB) im Einzelnen haben können oder müssen und welche sie nicht haben dürfen. Bei Fragen, die nicht zum eigentlichen Foto- und Bildrecht gehören, werde ich nur auf einige wesentliche Punkte relativ kurz eingehen, um den Rahmen dieses Buches nicht zu sprengen.

Urheberrecht außerhalb Deutschlands

Ebenso ist es mir nicht möglich, auf die verschiedenen Urheberrechte in anderen Ländern einzugehen. Trotz aller Harmoniebestrebungen existiert selbst innerhalb der EU kein einheitliches Urheberrecht. Vielmehr gibt es zum Teil durchaus bedeutsame Abweichungen. Diese im Einzelnen darzustellen hieße nicht nur, die jeweiligen Gesetze der anderen Länder, sondern auch die dort ständig im Fluss befindliche Rechtsprechung gut zu kennen, die man wiederum jedoch nur dann richtig analysieren kann, wenn man auch die jeweilige Landessprache beherrscht. Bei der Betrachtung der Grundlagen und Einzelheiten des Foto- und Bildrechts muss ich mich deshalb verständlicherweise auf die Rechtslage in Deutschland beschränken. Lediglich für unsere Nachbarländer Österreich und Schweiz, die mit dem deutschen Recht vergleichbare Regelungen haben, werde ich Ihnen in Kapitel 10 die wichtigsten Abweichungen von der Rechtslage in Deutschland darlegen.

Panoramafreiheit

Beim Thema »Panoramafreiheit«, einem der zentralen Themen der Sachfotografie, werde ich ganz kurz auch auf die Rechtslage in weiteren Ländern eingehen, weil dieser Aspekt, wie Sie sehen werden, gerade für Amateurfotograf*innen auf Reisen von nicht zu unterschätzender Bedeutung ist. Gleichwohl gilt, dass jeder Fotograf sich unbedingt vor Reiseantritt mit den grundlegenden und aktuellen Bestimmungen im jeweiligen Reiseland vertraut machen sollte, will er nicht vor Ort möglicherweise böse Überraschungen erleben und den Urlaub vielleicht sogar zum Desaster werden lassen.

Recht, nicht Ethik

Schließlich möchte ich darauf hinweisen, dass es in meinem Buch ausschließlich um die Behandlung rechtlicher Aspekte und Fragestellungen gehen kann. Es gibt sicherlich auch eine Vielzahl von ethischen Fragen, gerade im Bereich der Personenfotografie – etwa ob man Sterbende, Leidende, Verstümmelte oder Tote fotografieren und diese Fotos in der Öffentlichkeit zeigen sollte. Wenn sich heute Menschen dazu herablassen, schwere Verkehrsunfälle und die dabei Verletzten oder Toten mit dem Mobiltelefon zu filmen und diese Filme zur Befriedigung von Sensationsgier für jeden zugänglich ins Internet einzustellen, so mag dieses im Übrigen strafrechtlich durchaus relevante Verhalten ein diskussionswürdiges Thema sein, und jede seriöse Fotografin und jeder Filmer wird sich von derartigen Abartigkeiten distanzieren. Dennoch ist dieses Buch nicht der geeignete Ort, solche Aspekte zu vertiefen.

Wie Sie dieses Buch benutzen können

Rechtsstand von Juni 2021

Dieses Buch gibt den Rechtsstand von Juni 2021 wieder. Es kann natürlich nicht nur vom Anfang bis zum Ende, sondern ebenso gut und ohne Verständnisschwierigkeiten auch kapitel- oder abschnittsweise gelesen oder zu einzelnen Fragen als Nachschlagewerk benutzt werden. Letzteres wird Ihnen insbesondere dadurch erleichtert, dass in den einzelnen Kapiteln und Abschnitten wichtige Punkte in Kästen in Kurzform wiederholt werden. So können Sie sich – auch ohne ein ganzes Kapitel erst lesen zu müssen – schnell über die für Sie gerade entscheidenden Aspekte informieren.

www.gesetze-im-internet.de

Grundsätzlich lässt sich das Buch auch benutzen, ohne dabei die zitierten Gesetzesvorschriften noch separat lesen zu müssen. Vielmehr ergibt sich der Inhalt der einzelnen Paragrafen so verständlich aus dem Text, dass eine gleichzeitige Lektüre des jeweiligen Gesetzestextes nicht erforderlich ist. Ich habe daher bis auf wenige Ausnahmen ausdrücklich darauf verzichtet, die einzelnen Gesetzesbestimmungen wörtlich zu zitieren, da dies den Text sehr zergliedert und schwerer lesbar gemacht hätte. Für diejenigen von Ihnen jedoch, die die Normen, auf die im Text Bezug genommen wird, im Originaltext selbst lesen möchten: Die beiden wichtigsten Gesetze, das Urheberrechtsgesetz (UrhG) und das Kunsturhebergesetz (KunstUrhG), finden Sie kostenlos unter *www.gesetze-im-internet.de*, genauer unter *www.gesetze-im-internet.de/urhg* bzw. *www.gesetze-im-internet.de/kunsturhg*. Diese Website ist ein Service des Bundesministeriums der Justiz und für Verbraucherschutz. Die Gesetze können dort online gelesen, aber auch in verschiedenen Formaten wie PDF und EPUB heruntergeladen werden.

Gerichtsentscheidungen

Beim Zitieren von Gerichtsentscheidungen habe ich jeweils das Datum der Entscheidung und das Aktenzeichen angegeben. Manche Urteile, aber längst nicht alle, sind auch unter bestimmten Schlagwörtern bekannt, zum Beispiel die »Petite-Jacqueline-Entscheidung« des Bundesgerichtshofs, die ich dann auch so nenne. Mithilfe dieser Angaben können Sie sehr viele Entscheidungen im Internet über die einschlägigen Suchmaschinen aufrufen und als Ergänzung zu meinen Ausführungen im Volltext oder in Zusammenfassungen lesen. Soweit die Gerichtsentscheidungen in einer für Laien verständlichen Rechtssprache abgefasst wurden, habe ich an einigen Stellen im Buch Urteilsbegründungen auch ausschnittsweise wörtlich zitiert.

Alle Urteile, die ich zitiert habe, habe ich während der Arbeit an diesem Buch auch gelesen und überprüft. Es sind also keine Blindzitate, wie ich sie bei der Stoffsammlung für dieses Buch leider häufiger, auch in juristischen Abhandlungen, gefunden habe. Mehrfach musste ich feststellen, dass die zitierten Urteile überhaupt nicht das belegen, wofür sie vom Verfasser der jeweiligen Publikation zitiert wurden.

Die Kapitel des Buches

Das Buch gliedert sich in insgesamt zehn Kapitel und einen Anhang: In **Kapitel 1**, »Urheberrecht«, stelle ich die zentralen Begriffe des Urheberrechts und dessen Gesamtstruktur dar, womit der Grundstein für die weiteren Kapitel gelegt wird. All diejenigen Aspekte des Urheberrechts, die für Fotograf*innen nicht interessant sind, sondern nur für andere Urheber, wie etwa Schriftstellerinnen oder Komponisten, habe ich weggelassen. Wenn Sie mit dem Urheberrecht noch nicht vertraut sind, sollten Sie als Erstes dieses Kapitel lesen. Wenn Sie dagegen das Urheberrecht in seinen Grundzügen bereits kennen, können Sie auch ohne Verständnisschwierigkeiten in die weiteren Kapitel springen.

Kapitel 2, »Natur, Architektur, Sachen und Tiere«, befasst sich mit der Sachfotografie. Hier werden Sie erkennen, dass es auch auf diesem Gebiet durchaus rechtliche Probleme geben kann, an die man zunächst gar nicht denkt. Es geht dort um die Fotografie von Landschaft und Natur (auch von Tieren) ebenso wie um das Fotografieren urheberrechtlich geschützter Objekte sowie um Fragen des Hausrechts und der Panoramafreiheit.

In **Kapitel 3**, »Menschen«, befasse ich mich mit dem weitaus sensibleren Thema der Foto- und Bildrechte im Bereich der Personenfotografie. Hier spielen das durch das Grundgesetz garantierte allgemeine Persönlichkeitsrecht und das Recht am eigenen Bild eine wesentliche Rolle. Wir werden uns dort auch mit Paparazzi, der Regenbogenpresse und anderen weniger angenehmen Erscheinungen unserer Zeit beschäftigen.

Kapitel 4 wurde gegenüber der Vorauflage neu aufgenommen und befasst sich mit dem »Datenschutz«, insbesondere mit der im Jahre 2018 in Kraft getretenen DSGVO und ihren Auswirkungen auf Fotografie. Dieses Kapitel ist in engem Zusammenhang mit Kapitel 3, »Menschen«, zu sehen.

Im neuen **Kapitel 5**, »Unbemannte Luftfahrtsysteme«, verlassen wir nicht nur den Boden unter unseren Füßen, sondern auch ein wenig das Gebiet des Foto- und Bildrechts. Dort werde ich die neuen, seit dem 01.01.2021 aufgrund einer EU-Verordnung geltenden Regelungen im Einzelnen vorstellen. Wir begeben uns dabei auch in den Bereich des Luftverkehrsrechts.

Kapitel 6, »Foto- und Bildrecht im Internet«, befasst sich in erster Linie mit Problemen der Bildveröffentlichung in sozialen Netzwerken. Auch wenn sich vieles bereits grundlegend aus den anderen Kapiteln erschließt, ist eine gesonderte Betrachtung angesichts der Bedeutung des Internets und der sicher nicht immer übersichtlichen Rechtslage aufschlussreich.

In **Kapitel 7**, »Rechte schützen«, geht es um die rechtlichen und prozessualen Maßnahmen, die entweder einer in ihren Rechten verletzten Person gegen den Fotografen oder aber auch der Fotografin gegenüber demjenigen zur Verfügung stehen, der ihre Rechte verletzt hat. An dieser Stelle des Buches kommen nicht nur die zivilrechtlichen Ansprüche der Betroffenen und Überlegungen zur Schadensberechnung zur Sprache; auch die strafrechtlichen Konsequenzen, die es durchaus geben kann, werde ich kurz behandeln.

In **Kapitel 8**, »Vertragsrecht«, gehe ich auf einige Aspekte zur vertraglichen Gestaltung ein und werde Ihnen einen Überblick über die wichtigsten Punkte geben, die ein Vertrag in der Regel enthalten sollte. Außerdem stelle ich dar, welche Vertragstypen für Fotograf*innen wichtig sind und was sonst noch zu beachten ist.

Nicht wenige begeisterte Amateurfotograf*innen haben mit ihren Fotos so großen Erfolg, dass sie sich irgendwann entschließen, ihren bisherigen Beruf zugunsten der Fotografie ganz aufzugeben oder das Hobby zum (Neben-)Beruf zu machen und mit dem Verkauf ihrer Bilder etwas hinzuzuverdienen. Da der Schritt vom Amateur zum Profi bzw. vom Fotografieren für den reinen Privatgebrauch zur Vermarktung der eigenen Fotos auch rechtliche Konsequenzen mit sich bringt, beantworte ich in **Kapitel 9**, »Gewerblich fotografieren«, die wichtigsten Fragen, die sich aus rechtlicher Hinsicht ergeben, wenn man sich zu einem solchen Schritt entschließt. Dieses Kapitel ist aber keineswegs nur für die Berufsfotografin gedacht, sondern auch für diejenigen Hobbyfotografen, für die es von Interesse oder Bedeutung ist, zu wissen, wann sie mit ihrem Hobby in den Bereich von Gewerbeanmeldung, Steuerpflicht etc. gelangen.

In **Kapitel 10** werfen wir einen Blick über die Grenzen, und Sie lernen die wesentlichen Aspekte von »Foto- und Bildrecht in Österreich und der Schweiz« kennen oder vielmehr die wichtigsten von der deutschen Rechtslage abweichenden Regelungen. Damit möchte ich den Fragen von österreichischen und schweizerischen Leser*innen gerecht werden, die wissen wollten, inwieweit das, was ich in diesem Buch ausführe, auch in ihren Ländern anwendbar ist. Vor dem Hintergrund, dass diese Nachbarländer von Deutschland aus häufig besucht werden, dürften diese Ausführungen aber auch für die Leser*innen in Deutschland gleichermaßen von Interesse sein. Nicht zuletzt verdeutlichen die Unterschiede und Gemeinsamkeiten, dass es im Zweifelsfall besser ist, sich im Vorfeld genau über die Rechtslage zu erkundigen. In diesem Kapitel finden Sie nun jeweils auch einen Abschnitt zur Rechtslage bezüglich Multicoptern in beiden Ländern.

Im **Anhang** finden Sie schließlich u. a. eine Gegenüberstellung der Gesetzesnormen D/A/CH, sodass Sie relevante Stellen leichter in den Gesetzen finden können, sowie eine Liste mit Motiven, bei denen mit Problemen bei der Veröffentlichung der Fotos zu rechnen ist. Diese Liste erhebt keinen Anspruch auf Vollständigkeit, soll Ihnen aber auch noch einmal vor Augen führen, wo Fallstricke lauern können – angefangen bei der vermeintlich harmlosen Fototour im Zoo über vielfach fotografierte Sehenswürdigkeiten wie das Atomium bis hin zum Nike-Logo.

Gesetzestexte und Vertragsmuster

Um mehr Platz für Themen wie Straßenfotografie und Multicopter zu haben, wurde in dieser Auflage auf den Abdruck ausgewählter Gesetzestexte verzichtet. Sie finden diese aber sehr komfortabel und immer aktuell unter *www.gesetze-im-internet.de*. Darüber hinaus haben wir auf den Abdruck von Vertragsmustern verzichtet. Diese können Sie als Leserin oder Leser dieses Buches aber selbstverständlich beim Rheinwerk Verlag herunterladen und frei verwenden: *https://www.rheinwerk-verlag.de/fotorecht_5348/*.

Spezielle Symbole

Um Ihnen das Arbeiten mit diesem Buch zu erleichtern, wurden bestimmte Stellen mit den folgenden Symbolen versehen:

Achtung | Dieses Symbol führt Sie direkt zu Merksätzen, Definitionen und anderen Aussagen von zentraler Bedeutung. Zusätzlich befinden sich diese Absätze in Kästen. [!]

Paragraf | Wenn Gesetzestexte oder Urteile im Wortlaut wiedergegeben werden, wird das durch dieses Symbol gekennzeichnet. [§]

Beispiel | Hier finden Sie Gerichtsurteile und Praxisbeispiele, die das besprochene Thema erläutern und vertiefen. [zB]

[+] **Tipp |** Dieses Symbol steht für hilfreiche Tipps und für Hinweise auf weiterführende Informationen zu dem besprochenen Thema.

Fachjargon

Auch wenn Jurist*innen bei der Darstellung juristischer Sachverhalte immer wieder dazu neigen, in einen Fachjargon zu verfallen, habe ich mich darum bemüht, meine Ausführungen so zu formulieren, dass jeder sie ohne irgendwelche rechtlichen Vorkenntnisse und ohne Fremdwörterbuch oder ein Wörterbuch der Rechtssprache verstehen kann. Mein Bestreben war und ist es, teilweise durchaus komplexe rechtliche Sachverhalte dem juristischen Laien verständlich zu machen.

Abbildungen im Buch

Noch ein Wort zu den im Buch verwendeten Abbildungen: Die gezeigten Fotos erheben keinen Anspruch auf künstlerischen Wert, sondern dienen – wo das überhaupt sinnvoll möglich ist – ausschließlich der Verdeutlichung bestimmter im Text angesprochener Aspekte. Das Zeigen von Meisterfotografien war nicht mein Anliegen, dies bleibt entsprechenden Fotobüchern und Bildbänden vorbehalten.

Mehr Sicherheit im Alltag

Ich bin mir sicher, dass Sie auch nach der Lektüre dieses Buches nicht zum Spezialisten im Foto- und Bildrecht geworden sind, und das ist auch gar nicht meine Absicht. Aber Sie erhalten in diesem Buch Antworten auf die wichtigsten Fragen des Foto- und Bildrechts und werden für Situationen sensibilisiert, in denen Sie bei der Ausübung Ihres Hobbys oder Berufs Rechtsproblemen ausgesetzt sein können. Und wenn dieses Ziel erreicht ist, können Sie sich ruhigeren Gewissens auf das konzentrieren, was Ihnen wichtig ist: die Fotografie!

Dank

Mein ausdrücklicher Dank gilt an dieser Stelle meinem Lektor, Herrn Frank Paschen, der mich mit vielen wertvollen Tipps zur inhaltlichen Gestaltung des vorliegenden Buches bei meiner Arbeit unterstützt hat und ohne den das Buch in dieser Form nicht möglich gewesen wäre.

Ich wünsche Ihnen nun viel Spaß bei der Lektüre dieses Buches!

RA Wolfgang Rau
Siegburg

Kapitel 1

Urheberrecht

Die Rechte und Grenzen des Fotografen

In diesem Kapitel geht es um die gesetzlichen Grundlagen, die unabhängig vom Motiv für das gesamte Foto- und Bildrecht gelten. Auf diesem Fundament – dem Urheberrecht – bauen die weiteren Kapitel des Buches zur Fotografie von Sachen und Menschen auf.

Zwar haben sich die Bezeichnungen *Fotorecht* und *Bildrecht* in der Praxis eingebürgert, ein Bildrechtsgesetz sucht man jedoch vergeblich, ebenso wie ein Fotogesetz oder ein Fotorechtsgesetz. Das, was landläufig als Bild- oder Fotorecht bezeichnet wird, ist ein Teilbereich des Urheberrechts, geregelt im Urheberrechtsgesetz (UrhG), durch das geistiges Eigentum auf kulturellem Gebiet vor Nachahmung und unbefugter Nutzung durch andere als den Urheber selbst geschützt werden soll. Wenn Sie das Gesetz im Wortlaut einsehen möchten, finden Sie es hier: *www.gesetze-im-internet.de/urhg*.

Das Urheberrecht des Fotografen in zwei Sätzen [!]

Das Urheberrecht schützt den Fotografen vor jeder unautorisierten Fremdverwertung seiner Bilder. Soweit im Einzelfall vertraglich nichts anderes vereinbart wurde oder das Urheberrecht nicht ausnahmsweise durch ein Gesetz beschränkt ist, stehen sämtliche Verwertungsrechte ausschließlich dem Fotografen zu.

Ich werde Ihnen in diesem Kapitel – zunächst noch etwas theoretisch – das Urheberrecht und seine Regelungen und Definitionen erläutern. Ich verspreche Ihnen jedoch, dass Sie mir dabei auch ohne juristische Vorbildung folgen können.

1.1 Die Urheberrechte im Allgemeinen

Es mag Sie vielleicht interessieren, wie sich das Urheberrecht überhaupt zu dem sehr ausgeprägten und detaillierten Schutz für Urheber entwickelt hat, den wir heute in vielen Rechtssystemen, u. a. im deutschen Urheberrecht, kennen. Für alle Interessierten unter Ihnen möchte ich deshalb einen kurzen historischen Abriss voranstellen. Sie können die danach folgenden Ausführungen aber auf jeden Fall auch ohne Kenntnisse über die historische Entwicklung des Urheberrechts nachvollziehen.

1.1.1 Der historische Hintergrund des Urheberschutzes

Abschreiben erlaubt

Es würde eigentlich einer gewissen Logik entsprechen, wenn man annehmen würde, mit der Erfindung des Buchdrucks habe sich ungefähr zeitgleich auch ein Schutz des Autors vor unautorisierten Abschriften und Verfälschungen entwickelt. Dies war jedoch überhaupt nicht der Fall. Lediglich die Sache als solche, also zum Beispiel das Buch selbst, war geschützt. Das hatte zur Folge, dass das Buch zwar nicht entwendet oder zerstört, jedoch sanktionslos abgeschrieben und die Abschrift dann auch veröffentlicht werden durfte.

JOAN. FERDINANDI BEHAMB
JCti Austriaci suprà Onasum.
I. Neu revidirt=und mit 117. auserlesenen decidirten Casibus, auch resolvirten Rechts=Fragen, vermehrt= und verbessertes
Roß=Tauscher=Recht/
Nebst einem
Anhang unterschiedener kurtzen Fragen/
Aus
JOAN. WILHELMI RÖVENSTRUNCK, J. U. D.
Meditationibus Ædilitiis gezogen.
II. Das neu angefügte und annectirte
Roß=Ausleiher=Recht/
Derer Pferde/ so entweder zur Freundschafft und allerdings umsonst, oder aber gegen gedingten Lohn Miethweiß zu dienen pflegen,
Welches
Aus 59. decidirten Casibus und resolvirten Rechts=Fragen applicirter massen gantz klar kan erlernet werden, auch hin und wieder mit unterschiedenen Anmerckungen
und
III. Dem benöthigten
Fuhr=Manns=Recht
vermehret hat
SALANDER.
Augspurg, gedruckt und verlegt von Joh. Jacob Lotters seel. Erben, 1745.

Abbildung 1.1 ▶ Dieses Buch von 1745 durfte bei seinem Erscheinen noch jeder ohne Sanktionen vervielfältigen. Und auch heute noch, denn zwischenzeitlich – so weit ich das beurteilen kann – sind alle Urheberrechte erloschen.

Autorenprivilegien

Das, was wir heute an Urheberschutz kennen, hat sich erst sehr langsam und auch erst viel später entwickelt und ist eine Errungenschaft der Neuzeit. Zunächst waren die Autoren über Jahrhunderte nicht vor Abschriften, einschließlich deren (oft üblichen) Veränderungen und Verfälschungen, geschützt. Vereinzelt gab es lediglich den Schutz einzelner Werke in Form sogenannter *Autorenprivilegien*, die hoheitlich als Belohnung für die Schöpfung eines einzelnen Werkes gewährt wurden und sich immer nur auf ein bestimmtes Werk bezogen. Durch solche Autorenprivilegien war – oft zeitlich begrenzt – ein Nachdruck oder eine Nachahmung verboten. Ein berühmter Künstler, dem im 16. Jahrhundert gleich mehrere solcher Privilegien zuerkannt worden waren, war Albrecht Dürer.

Erste Regelungen Anfang des 18. Jahrhunderts

Erst Anfang des 18. Jahrhunderts änderte sich diese Situation, als zunächst in England und in der Folge auch in anderen Ländern erste Regelungen zum Urheberschutz eingeführt wurden. Im Deutschen Reich wurde 1870 das *Gesetz betreffend das Urheberrecht an Schriftwerken, Abbildungen, musikalischen Kompositionen und dramatischen Werken* erlassen. Ein erstes multinationales Regelwerk zum Urheberschutz wurde als *Berner Übereinkunft zum Schutz von Werken der Literatur und Kunst* im Jahr 1886 beschlossen. Es folgten einige Jahre später zwei weitere wichtige Gesetze, und zwar das *Gesetz betreffend das Urheberrecht an Werken der Literatur und der Tonkunst* aus dem Jahr 1901 (Literaturhebergesetz, LUG) und das *Gesetz betreffend das Urheberrecht an Werken der Bildenden Kunst und der Photographie* aus dem Jahr 1907 (Kunsturhebergesetz, KUG). In Letzterem wurde erstmals auch das *Recht am eigenen Bild* geregelt, das bis heute seine Gültigkeit behalten hat.

Auslöser für den Erlass des KUG waren im Übrigen interessanterweise ausgerechnet zwei Hamburger Berufsfotografen, die sich im Sommer 1898 unbefugt Zutritt zum Sterbezimmer des Reichskanzlers Otto von Bismarck verschafft und anschließend versucht hatten, die dort gemachten Aufnahmen des toten Reichskanzlers zu veröffentlichen.

Welturheberrechtsabkommen von 1952

Das Jahr 1952 kann dann als Beginn des modernen Urheberschutzes bezeichnet werden, denn in Genf wurde unter Beteiligung Deutschlands das *Welturheberrechtsabkommen* geschlossen. Darauf basiert für Deutschland das *Gesetz über Urheberrecht und verwandte Schutzrechte* (Urheberrechtsgesetz, UrhG) vom 09.09.1965, das heute noch in Kraft ist. Natürlich gibt es viele zwischenzeitlich eingefügte Änderungen und Ergänzungen, insbesondere auch aufgrund der ansatzweise vorgenommenen Harmonisierung europäischer Urheberrechtsregelungen durch diverse EU-Richtlinien. Das UrhG löste gleichzeitig das LUG aus dem Jahr 1901 und weitgehend auch das KUG aus dem Jahr 1907 ab. Einige Paragrafen des Kunsturhebergesetzes blieben jedoch bis heute erhalten und werden Ihnen später als wichtige Vorschriften im Zusammenhang mit der Personenfotografie in Kapitel 3, »Menschen«, begegnen.

1.1.2 Schutzbereich und Umfang des Urheberrechts

Werke, die in den Bereich des UrhG fallen

Das Urheberrechtsgesetz (UrhG) schützt natürlich nicht nur Fotografen, sondern alle, die geschützte und schützenswerte Werke geschaffen haben. In den §§ 1 und 2 geht es zunächst einmal um den Schutzbereich des Gesetzes. Dabei regelt § 1, wer den Schutz genießt, nämlich der Urheber von Werken der Literatur, Wissenschaft und Kunst für seine Werke, während § 2 festlegt, welche Werke unter den Schutz des UrhG fallen. Dies sind im Einzelnen:

- Sprachwerke, wie zum Beispiel Schriftwerke, Reden und Computerprogramme
- Werke der Musik
- pantomimische Werke einschließlich der Werke der Tanzkunst
- Werke der bildenden Künste, einschließlich der Werke der Baukunst und der angewandten Kunst und Entwürfe solcher Werke
- Lichtbildwerke einschließlich der Werke, die ähnlich wie Lichtbildwerke geschaffen werden
- Filmwerke einschließlich der Werke, die ähnlich wie Filmwerke geschaffen werden
- Darstellungen wissenschaftlicher oder technischer Art, wie Zeichnungen, Pläne, Skizzen, Tabellen und plastische Darstellungen

Werke im Sinne dieses Gesetzes sind dabei nur persönliche geistige Schöpfungen, wie sich aus § 2 Abs. 2 UrhG ergibt. Das heißt, das Werk muss vom Urheber selbst geschaffen worden sein.

[!]

Film und Urheberrecht

Da heute fast jede Kamera mit einer Videofunktion ausgestattet ist, kommen als geschützte Werke für den Fotografen auch Filmwerke in Betracht. Im Folgenden werde ich allerdings der Einfachheit halber nur noch von *Lichtbildwerken* sprechen, denn für Filmwerke gilt aus urheberrechtlicher Sicht das Gleiche. Soweit es im Einzelfall Abweichungen oder Besonderheiten geben sollte, werde ich darauf hinweisen.

Umfang des Schutzes

In § 11 UrhG wird schließlich der Umfang des Urheberrechtsschutzes definiert, wenn es dort heißt:

[§]

»Das Urheberrecht schützt den Urheber in seinen geistigen und persönlichen Beziehungen zum Werk und in der Nutzung des Werkes. Es dient zugleich der Sicherung einer angemessenen Vergütung für die Nutzung des Werkes.«

[!]

Schutz für Lichtbildwerke

Wesentlich für den Fotografen ist somit, dass Lichtbildwerke urheberrechtlichen Schutz genießen. Zum Unterschied zwischen Lichtbildwerken und Lichtbildern finden Sie mehr Informationen in Abschnitt 1.1.4, »Lichtbildwerke und Lichtbilder«.

1.1.3 Kreativität und geistige Schöpfung

Was ist ein Werk?

Nachdem uns bereits in den ersten beiden Paragrafen des UrhG der Begriff *Werk* mehrfach begegnet ist, stellt sich die Frage, was ein Werk im urheberrechtlichen Sinn ist bzw. welche Bedingungen ein Werk erfüllen muss, um unter den Schutz des Urheberrechts zu fallen.

[zB]

Jemand, der auf einem Papierbogen mit Bleistift ein Kreuz, also zwei schlichte, sich im rechten Winkel schneidende Linien, oder einfach nur ein Strichmännchen zeichnet, mag vielleicht stolz auf sein »Werk« sein, urheberrechtlichen Schutz wird er dafür jedoch nicht beanspruchen können, denn ein Werk im urheberrechtlichen Sinne liegt hier nicht vor. Es fehlt schlicht an einer geistigen Schöpfung. Etwas anderes mag aber möglicherweise – je nach Einzelfall – dann gelten, wenn die Zeichnung nicht mit einem Bleistift, sondern mit verschiedenen Farbstiften hergestellt wurde und ein ganz charakteristisches Farbmuster aufweist. Denn in diesem Fall wurden zwar auch nur ein paar Striche auf das Papier gebracht, aber der Hersteller der Zeichnung ist dabei kreativ gewesen, sein Strichmännchen ist gegebenenfalls eine individuelle Schöpfung.

Schöpfungshöhe

Soweit § 2 Abs. 2 UrhG ein Werk als persönliche geistige Schöpfung bezeichnet, setzt dies – in Abgrenzung zu den Bleistiftstrichen – auch eine gewisse Schöpfungs- bzw. Gestaltungshöhe voraus. Dabei kommt es überhaupt nicht darauf an, mit welcher Technik das Werk hergestellt wurde, beim Foto zum Beispiel, ob analog oder digital, im Groß-, Mittel- oder Kleinbildformat etc.

Geistiger Gehalt und wahrnehmbare Formgestaltung

Es ist außer der persönlichen Schöpfung des Urhebers erforderlich, dass das Werk Ausdruck einer individuellen Gestaltung ist, die sich durch eine bestimmte Form und eine gewisse Originalität zeigt. Auch wenn die Bleistiftzeichnung eine persönliche Schöpfung des Urhebers ist und eine wahrnehmbare Formgestaltung aufweist, dürften ein geistiger Gehalt und eine individuelle Gestaltung fehlen. Ein Strichmännchen ist eine einfachste Zeichnung ohne jegliche Schöpfungshöhe.

Nach einem Beschluss das Landgerichts München I vom 29.05.2013 (7 O 22293/12) genießen auch Pornofilme keinen urheberrechtlichen Schutz, da es ihnen an einer persönlichen geistigen Schöpfung fehlt und sie letztlich nur wiederkehrende Verrichtungen rein körperlicher Vorgänge beinhalten.

Individualität ist das zentrale Kriterium

Gerade die Individualität, also das, womit sich der Urheber von ähnlichen Werken absetzt, ist das zentrale Kriterium des Werkbegriffs im Urheberrecht. Je höher die Individualität ausfällt, desto eindeutiger genießt das Werk Urheberrechtsschutz nach dem UrhG. Der Aufwand, der zur Herstellung eines Werkes betrieben, oder die Kosten, die dafür aufgewendet werden mussten, sind für die Klassifizierung als Werk im Sinne des UrhG völlig unerheblich.

»Kleine Münze«

Man bezeichnet Werke, die gerade noch ein Minimum an Schöpfungshöhe aufweisen, auch als *Kleine Münze*, während dagegen der Begriff *Große Münze* dem Urheberrecht fremd ist. Die *Kleine Münze* bezeichnet sozusagen die Untergrenze des urheberrechtlichen Schutzes. Allerdings werden von der Rechtsprechung an die Schöpfungshöhe seit jeher keine besonders großen Anforderungen gestellt. Gerade im Bereich der Fotografie reicht es für ein Lichtbildwerk bereits aus, dass der Fotograf durch Festlegung des Bildausschnitts, der Belichtung, des Kontrastes, der Zeit-Blenden-Kombination, der Wahl etwaiger Filter etc. das Bild individuell gestaltet hat.

Mehrere Gerichte haben sich mit der Frage der Schöpfungshöhe auseinandergesetzt. Dabei ging es meist um Sachverhalte der verbotenen Nachstellung von Fotos, auf die wir noch zu sprechen kommen werden. In allen Entscheidungen wurde immer wieder darauf hingewiesen, dass nicht etwa die hohe Kunst der Fotografie beherrscht werden müsse, um ein schutzfähiges Werk herzustellen, vielmehr reiche das durchschnittliche Können eines Amateurs dazu durchaus aus. Es muss lediglich ein Mindestmaß an persönlicher geistiger Leistung vorliegen, wie das Oberlandesgericht (OLG) Köln etwa in einem Urteil ausführte (05.06.1999 – 6 U 189/97).

In Artikel 6 der *Richtlinie 2006/116/EG des Europäischen Rates über die Schutzdauer des Urheberrechts und bestimmter verwandter Schutzrechte* vom 12.12.2006 heißt es:

[§]

»Fotografien werden gemäß Art. 1 geschützt, wenn sie individuelle Werke in dem Sinne darstellen, dass sie das Ergebnis der eigenen Schöpfung ihres Urhebers sind.«

Schöpfungshöhe ist Auslegungssache

Es soll nicht unerwähnt bleiben, dass die Rechtsprechung im Einzelfall zu etwas merkwürdigen und rational kaum nachvollziehbaren Ergebnissen bei der Beurteilung der Schöpfungshöhe gelangt, was darauf zurückzuführen ist, dass die Beurteilung der Schöpfungshöhe eben eine Auslegungssache der jeweiligen Gerichte ist. Während der Bundesadler im ehemaligen Plenarsaal in Bonn, den der Maler und Bildhauer Ludwig Gies geschaffen hat, nach einem Urteil des Bundesgerichtshofs (BGH) (20.03.2003 – 1 ZR 117/00) Urheberrechtsschutz genießt, hat das Landgericht (LG) Hamburg (25.02.2004 – 5 U 137/03) einem Symbol mit vergleichbarer Bedeutung, nämlich dem früheren SED-Emblem (verschlungene Hände vor einer roten Fahne), jeglichen Urheberrechtsschutz mit der Begründung abgesprochen, es handele sich um eine bekannte Darstellung, der ein Mindestmaß an Individualität fehle, weshalb nicht einmal der Schutz der Kleinen Münze dafür in Betracht komme. Das hat zur Folge, dass das Symbol *gemeinfrei* ist. Mit anderen Worten: Es kann, anders als der Bundesadler im ehemaligen Plenarsaal in Bonn, von jedermann frei verwendet werden.

[!]

Schöpfungs- bzw. Gestaltungshöhe
Zum Schutz nach dem UrhG reicht es für ein Lichtbildwerk oder ein Filmwerk aus, dass ein Mindestmaß an Individualität gegeben ist (Stichwort »Kleine Münze«). Es reicht grundsätzlich aus, dass die Fotografien bzw. Filme das Ergebnis der eigenen geistigen Schöpfung ihres Urhebers sind. Werke, die nicht urheberrechtsfähig sind oder deren Urheberrechtsschutz abgelaufen ist, gelten dagegen als gemeinfrei.

Dieses Urteil mag politisch oder ideologisch begründet und damit rechtlich angreifbar und rational nicht nachvollziehbar sein. Deutlich wird in jedem Fall: Es gibt keine feststehende Definition der Schöpfungshöhe, die erreicht sein muss, um in den Schutz des UrhG zu kommen. Auch der spezialisierteste und erfahrenste Anwalt kann den Prozessausgang nicht sicher prognostizieren, wenn dieser von der Beurteilung der Schöpfungshöhe oder anderen Auslegungs- und Ermessensfragen durch das Gericht abhängt.

1.1.4 Lichtbildwerke und Lichtbilder

Schnappschuss

Bislang war nur von Lichtbildwerken die Rede, die in § 2 UrhG genannt sind. Wie ist aber urheberrechtlich ein sogenannter *Schnappschuss* zu beurteilen, bei dem nur der Auslöser der Kamera gedrückt wurde, ohne sich mit der Szene oder dem Motiv »fotografisch« auseinanderzusetzen?

◂ **Abbildung 1.2**
Ist auch ein solcher klassischer Urlaubsschnappschuss urheberrechtlich geschützt?

Es ist eindeutig, dass diesen Bildern eine geistige Schöpfungsleistung und jede Form von Individualität fehlen. Bedeutet dies aber auch, dass etwa aus fotografischer Sicht unspektakuläre Urlaubsschnappschüsse oder Luftaufnahmen, bei denen aufgrund der Geschwindigkeit des Flugzeugs schnell »geknipst« werden muss und individuelle Einstellungen kaum vorgenommen werden können, keinen Urheberrechtsschutz genießen? Dürfen Aufnahmen, die mit Mobiltelefonen hergestellt wurden, die in der Regel keinerlei individuelle Einstellungen von Zeit und Blende etc. ermöglichen, sondern lediglich das Drücken des Auslösers erfordern, von jedermann frei verwendet werden?

Auch Lichtbilder sind geschützt

Der Gesetzgeber hat *Lichtbildern*, so nennt man im Gegensatz zu *Lichtbildwerken* solche Aufnahmen, die im Wesentlichen nur durch Drücken des Auslösers entstanden sind, auf rein handwerklichen Fähigkeiten beruhen und keine Individualität erkennen lassen, einen urheberrechtlichen Schutz zunächst versagt. Nach der noch bis zum 30.06.1985 geltenden Fassung des UrhG waren Lichtbilder grundsätzlich gemeinfrei, d. h., sie unterlagen keinem urheberrechtlichen Schutz. Seit dem 01.07.1985 genießt jedoch auch ein Schnappschuss urheberrechtlichen Schutz.

In § 72 UrhG heißt es dazu:

[§]

»Lichtbilder und Erzeugnisse, die ähnlich wie Lichtbilder hergestellt werden, werden in entsprechender Anwendung der für Lichtbildwerke geltenden Vorschriften des Teils 1 geschützt.«

Lichtbildwerke und Lichtbilder werden somit urheberrechtlich gleich behandelt. Der einzige Unterschied besteht in unterschiedlichen Schutzfristen, auf die ich noch zu sprechen kommen werde.

Grad der Schöpfungs- bzw. Gestaltungshöhe

Der qualitative Unterschied zwischen Lichtbildern und Lichtbildwerken ergibt sich somit ausschließlich aus dem Grad der Schöpfungs- bzw. Gestaltungshöhe, und zwar bezogen auf das einzelne Bild. Das bedeutet somit weder, dass der Profifotograf oder der engagierte Amateur grundsätzlich nur Lichtbildwerke fertigt, noch, dass der fotografische Laie grundsätzlich nur Lichtbilder herstellt. Für jedes einzelne Werk ist eine Beurteilung erforderlich, ob durch Wahl der Bildelemente, des Kontrastes, der Kameraeinstellungen, des Standpunktes, der Belichtungen etc. eine künstlerische Aussage zum Ausdruck kommt bzw. dem Betrachter eine eigene Stimmung in der Fotografie vermittelt wird. In der Rechtsprechung ist allerdings eine gewisse Tendenz erkennbar, in Zweifelsfällen von einem Lichtbildwerk auszugehen, was damit zusammenhängt, dass die Anforderungen an die Schöpfungshöhe nicht besonders hoch sind, wie Sie bereits gesehen haben, weshalb eine Abgrenzung oft sehr schwierig ist.

[!]

Die Größe der Bilder ist unerheblich

Auch Bilder in sogenannter *Thumbnail-Größe*, also Kleinstbilder, die auf Websites zu finden sind, genießen vollen Urheberschutz.

Die Tatsache, dass sowohl Lichtbildwerke als auch Lichtbilder individuell, also von Menschen, gefertigt werden, schließt reine Automatenfotos, wie etwa die von einem Passbildautomaten gemachten Bilder, aus. Diesen kommt deshalb weder als Lichtbild, geschweige denn als Lichtbildwerk Urheberschutz zu. Auch der Eigentümer des Passbildautomaten hat natürlich keinen Beitrag zu einer schöpferischen Leistung erbracht und deshalb ebenfalls keine Urheberrechte an den Passfotos.

Passbildautomaten

Eine interessante Frage im Zusammenhang mit der Beurteilung der Schöpfungshöhe ist auch, ob fotografische Reproduktionen urheberrechtlichen Schutz wie ein Lichtbild genießen können. Diese Frage ist nicht unumstritten.

Reproduktionsfotografie

Nach der Rechtsprechung des Bundesgerichtshofs kommt der reinen Reproduktionsfotografie grundsätzlich kein Urheberrechtsschutz zu. Der BGH hat im Jahr 1989 (08.11.1989 – I ZR 14/88 »Bibelreproduktion«) geurteilt, dass Lichtkopien keinen Urheberschutz genießen, und zwar auch dann nicht, wenn sie durch Bildbearbeitung verkleinert wurden, weil auch dies nur eine handwerkliche Fertigkeit, aber keine geistige Schöpfung sei. Es werde nur eine Vorlage vervielfältigt. Der technische Reproduktionsvorgang allein begründe noch keinen Lichtbildschutz, vielmehr müsse ein Mindestmaß an persönlicher geistiger Leistung gegeben, also ein eigenständiges Foto geschaffen worden sein.

◄ **Abbildung 1.3**
Diese abfotografierten Poster älterer Werbetafeln genießen nach dem Urteil des OLG Düsseldorf Urheberschutz.

Das OLG Düsseldorf hat dagegen im Jahr 1996 (Urteil vom 13.02.1996 – 20 U 115/95) im Widerspruch zum BGH entschieden, dass die fotografische Reproduktion von Postkarten, die ein Museum von den Werken von Joseph Beuys herausgegeben hat, nicht als Vorlage zur Digitalisierung verwendet werden dürfen. Zwar sei bei der Ablichtung zweidimensionaler Vorlagen kaum ein künstlerischer Gestaltungsspielraum gegeben, gleichwohl seien dazu jedoch solide und fachmännische Leistungen zu erbringen.

Allerdings hat der BGH in einem weiteren Urteil (07.02.2000 – I ZR 146/98), bei dem es um die Reproduktion von Telefonkarten ging, seine frühere Auffassung nochmals bestätigt und festgestellt, dass der technische Reproduktionsvorgang allein noch keinen Lichtbildschutz nach § 72 UrhG begründe. Vielmehr sei ein Mindestmaß an persönlicher geistiger Leistung erforderlich, die dann zu verneinen sei, wenn ein Lichtbild oder ein ähnlich hergestelltes Erzeugnis nicht mehr sei als die bloße technische Reproduktion einer vorhandenen Darstellung. Geht man davon aus, dass auch eine Reproduktion durchaus schöpferische Elemente haben kann, etwa die Beleuchtungsanordnung, ist aus meiner Sicht schwer nachvollziehbar, warum eine Reproduktion, die nicht nur im einfachen Abfotografieren besteht, urheberrechtlich anders zu behandeln sein soll als ein Schnappschuss mit dem Mobiltelefon vom Bonner Marktplatz oder vom Brandenburger Tor. Denn auch anspruchsvolle Reproduktionsfotos können im Einzelfall durchaus gemäß Art. 6 der EU-Richtlinie ein Ergebnis der eigenen Schöpfung des Urhebers sein.

Abbildung 1.4 ▸
Zweidimensionale Reproduktionen wie diese Fotografie eines touristischen Plakats sind nach der Rechtsprechung des BGH nicht urheberrechtlich geschützt.

Bei der Fotografie von dreidimensionalen Vorlagen entsteht allerdings immer ein urheberrechtlich geschütztes Werk (je nach Schöpfungshöhe ein Lichtbildwerk oder ein Lichtbild), denn allein durch die Möglichkeit der Standortwahl kann der Fotograf kreativ tätig werden, während bei zweidimensionalen Vorlagen nur die Aufnahmeebene parallel zur Objektebene auszurichten ist, um eine verzeichnungsfreie Wiedergabe zu erhalten.

[!]

Schöpfungshöhe bei Reproduktionen
Unter Beachtung der höchstrichterlichen Rechtsprechung muss man davon ausgehen, dass Reproduktionen von zweidimensionalen Vorlagen mangels ausreichender Schöpfungshöhe der Urheberrechtsschutz versagt bleibt. Bei der Reproduktion dreidimensionaler Vorlagen ist dagegen von einem urheberrechtlich geschützten Werk auszugehen.

1.1.5 Kein Urheberrecht an Konzepten und Ideen

Es gibt grundsätzlich kein Urheberrecht an Konzepten und Ideen, da diese (noch) kein schöpferisches, verkörpertes Werk darstellen. Der Urheberrechtsschutz setzt immer erst bei einem verkörperten Werk ein, d. h., die Ideen zur Herstellung des Werkes müssen bereits umgesetzt sein. Das Endprodukt verkörpert sozusagen die Ideen.

Vorsicht beim Austausch über Ideen

Vorsicht ist also für denjenigen Fotografen geboten, der in Vorbereitung auf einen Wettbewerb oder ein bestimmtes Fotoprojekt anderen Fotografen zu detailliert seine Bildideen mitteilt. Ist der listige Konkurrent dann schneller und setzt diese Ideen in Ermangelung eigener Ideen um, bevor der Ideengeber selbst dazu kommt, ist dies nicht nur rechtlich bedeutungslos, sondern macht sogar den Konkurrenten zum Urheber. Darüber hinaus wird der Ideengeber möglicherweise aufgrund des Nachstellungsverbots (siehe den Abschnitt »Freie Benutzung (§ 24 UrhG)« in Abschnitt 1.2.2, »Verwertungsrechte des Urhebers«) daran gehindert, die Fotos nach seinen eigenen Ideen in der von ihm beabsichtigten Art und Weise anzufertigen – zumindest dann, wenn er nicht nachweisen kann, dass das Arrangement auf seinen ursprünglichen Ideen basiert.

In Zeiten knapper Kassen ist es zum Beispiel durchaus vorstellbar, dass Firmen, die ihre Produkte für Imagebroschüren oder Kataloge professionell fotografieren lassen wollen, sich an einen Fotografen wenden, um mit diesem Einzelheiten eines Fotoauftrags zu besprechen. Nachdem man ausgiebig über die Frage diskutiert hat, wie man die Produkte am besten ins richtige Licht setzen kann, wird zumeist auch über die Kosten gesprochen. Wenn der Firma dann die Kosten zu hoch sind, könnte sie möglicherweise versuchen, von einem anderen Fotografen ein günstigeres Angebot zu bekommen. Hat der erste Fotograf in dem Gespräch zu viel von seinen fotografischen Ideen preisgegeben, kann es passieren, dass später ein anderer von seinen Ideen profitiert und er selbst leer ausgeht.

[!]

Kein Urheberschutz von Ideen
Ideen und Konzepte genießen grundsätzlich keinen urheberrechtlichen Schutz. Ein solcher kommt erst den körperlichen Werken zu. Deshalb muss der Fotograf dringend darauf achten, im Vorfeld nicht zu viel von seinen Ideen preiszugeben.

1.1.6 Entstehung und Natur des Urheberrechts, Copyright-Zeichen

Nachdem nun klar ist, was im Einzelnen dem urheberrechtlichen Schutz unterliegen kann und welche Voraussetzungen dazu erfüllt sein müssen, stellt sich die Frage, wie ein Urheberrecht an einem Lichtbildwerk, Lichtbild oder Film überhaupt entsteht und welchen Umfang es hat. Was muss ein Fotograf gegebenenfalls tun, um sein Urheberrecht zu begründen?

Copyright-Zeichen

Gelegentlich wird die unzutreffende Meinung vertreten, dass durch die Verbindung eines Bildes mit dem international bekannten Copyright-Zeichen © der Urheberrechtsschutz entstehe, und dass – anders ausgedrückt – ohne dieses Zeichen kein Urheberrecht vorhanden sei. Immer wieder werde ich auch von Seminarteilnehmern gefragt, ob es Pflicht sei, das ©-Zeichen bei einer Veröffentlichung der Bilder zu verwenden. Diese Fehleinschätzung kommt aus dem US-amerikanischen Recht, in dem das Symbol © eine andere Bedeutung hat bzw. hatte als in unserem Rechtssystem. Bis zum Jahr 1989, in dem die USA schließlich der Berner Übereinkunft (siehe Abschnitt 1.1.1, »Der historische Hintergrund des Urheberschutzes«) in der Fassung vom 24.07.1971 beigetreten sind, nachdem sie dies bis dahin strikt abgelehnt hatten, weil damit größere Änderungen im US-amerikanischen Urheberrecht verbunden gewesen wären, konnten Rechte des Urhebers erlöschen, sofern nicht das ©-Zeichen oder ein sonstiger Copyright-Vermerk auf dem Werk angebracht war. Seit 1989 ist dies jedoch nicht mehr erforderlich. Allerdings empfiehlt sich jedoch aus prozessualen Gründen im angloamerikanischen Rechtskreis auch heute noch die Verwendung des ©-Zeichens – etwa um mögliche Schadensersatzansprüche vor Gericht besser durchsetzen zu können.

[!]

Urheberrecht entsteht mit der Schaffung des Werkes

Nach deutschem Recht entsteht das Urheberrecht seit jeher mit der Schaffung des Werkes, ohne dass der Urheber irgendetwas zusätzlich tun muss.

Anders als andere Schutzrechte, wie zum Beispiel Patente, Marken- und Designrechte (bis Februar 2014 noch »Geschmacksmusterrechte«), die erst mit Eintragung beim Deutschen Patent- und Markenamt entstehen, muss und kann ein Urheberrecht auch nirgendwo eingetragen werden. In dem Moment, in dem der Fotograf auf den Auslöser gedrückt und das Bild gemacht hat – gleichgültig, mit welcher Technik –, ist er Urheber des jeweiligen Fotos.

Urhebervermutung

Die Verwendung des ©-Zeichens hat aus rechtlicher Sicht jedoch nur deklaratorische und jedenfalls keine konstitutive (rechtserzeugende) Wirkung. Dennoch ist seine Verwendung durchaus sinnvoll, weil nämlich das an einem Bild oder einer Datei angebrachte Copyright-Zeichen zu einer gesetzlichen Urhebervermutung führt, wie sich aus § 10 Abs. 1 UrhG ergibt. Wer auf den Vervielfältigungsstücken eines erschienenen Werkes oder auf dem Original eines Werkes der bildenden Künste in der üblichen Weise als Urheber bezeichnet ist, wird bis zum Beweis des Gegenteils als Urheber des Werkes angesehen; dies gilt auch für eine Bezeichnung, die als Deckname oder Künstlerzeichen des Urhebers bekannt ist.

Der BGH (Urteil vom 18.09.2014 – I ZR 76/13) hat zu § 10 UrhG konkretisierend ausgeführt, dass eine Person nur dann im Sinne von § 10 Abs. 1 UrhG in der üblichen Weise auf dem Vervielfältigungsstück eines Werkes als Urheber bezeichnet werde, wenn die Angabe an einer Stelle angebracht sei, wo bei derartigen Werken üblicherweise der Urheber benannt werde, und die Bezeichnung inhaltlich erkennen lasse, dass sie den Urheber dieses Werkes wiedergibt. Seien Sie also bei der Platzierung und auch bei der Benennung nicht zu kreativ, denn, wie der BGH weiter ausführt, könne eine Angabe nur dann die Vermutung der Urheberschaft nach § 10 Abs. 1 UrhG begründen, wenn darin die Bezeichnung einer natürlichen Person zu erkennen sei.

Wenn in § 7 UrhG davon gesprochen wird, dass der Urheber der Schöpfer des Werkes sei, impliziert dies, dass eine juristische Person nicht schöpferisch tätig sein kann, dass also der Urheber immer eine natürliche Person sein muss. Eine juristische Person kann grundsätzlich nicht Inhaber von Urheberrechten sein.

[!]

Das Copyright-Zeichen
Die Verwendung des Copyright-Zeichens ist zur Begründung des Urheberrechts nicht erforderlich. Seine Verwendung empfiehlt sich jedoch zum Nachweis der eigenen Urheberschaft und aufgrund der gesetzlichen Urheberfiktion in § 10 Abs. 1 UrhG.

Miturheber

Theoretisch möglich, wenn auch in der fotografischen Praxis wohl eher selten, können auch mehrere natürliche Personen Urheber sein, sie werden dann gemäß § 8 UrhG als *Miturheber* bezeichnet. Das bedeutet, dass ihnen die Urheberrechte gemeinsam zustehen, wenn sich ihre Anteile nicht gesondert verwerten lassen. Das ist der Fall, wenn verschiedene schöpferische Beiträge von den einzelnen Urhebern zu einem einheitlichen Werk verschmelzen, ohne dass später erkennbar wäre, welcher Urheber nun welche schöpferische Leistung erbracht hat. Wenn dies aber nicht mehr feststellbar ist, kann naturgemäß auch keine gesonderte, d. h. separate Verwertung der Urheberrechte durch die einzelnen Urheber erfolgen. Setzen sich Werke dagegen aus verschiedenen Werkarten zusammen, wie etwa bei einer Oper aus Musik und Libretto, dann ist eine gesonderte Verwertung möglich, es handelt sich dann nicht um eine Miturheberschaft, sondern um eine »Werkverbindung« nach § 9 UrhG. Für Fotos kommt somit allenfalls eine Miturheberschaft in Betracht.

Miturheber sind nach § 8 Abs. 1 UrhG nur diejenigen, die ein Werk gemeinsam geschaffen haben. Die Gemeinschaftlichkeit der Werkschöpfung setzt eine Zusammenarbeit unter den Beteiligten voraus; das Werk muss in gemeinsamem Schaffen entstehen. Erforderlich ist, dass jeder seinen schöpferischen Beitrag in Unterordnung unter die gemeinsame Gesamtidee erbringt (OLG Düsseldorf, Urteil vom 21.10.2003 – I-20 U 170/02).

Gehilfenschaft

Lediglich um einen »Gehilfen« und nicht um einen Miturheber handelt es sich dann, wenn es keine gemeinsame Gesamtidee gibt, sondern wenn ein am Werk Beteiligter eine lediglich untergeordnete Leistung erbringt, die ihm – bezogen auf das Gesamtwerk – keinen Spielraum für eigene Kreativität und Gestaltung lässt. Er muss, wie der BGH es ausgedrückt hat, vielmehr nur die Aufgabe haben, die Weisungen des Künstlers umzusetzen (Urteil vom 06.02.1985 – I ZR 179/82).

[zB]

Miturheber könnten also zum Beispiel zwei Fotografen sein, die gemeinsam eine Studioaufnahme, etwa ein Stillleben, planen, den Beleuchtungsaufbau dafür besprechen und alles gemeinsam gestalten, bei der Aufnahme drückt mal der eine, mal der andere Fotograf auf den Auslöser. Beide Fotografen haben in diesem Fall den gleichen schöpferischen Beitrag geleistet. Es ist dabei gar nicht erforderlich, dass die jeweiligen Anteile am Gesamtwerk gleich groß sind. Allerdings sollte bei einer solchen, vermutlich nicht alltäglichen Konstellation dringend auf eine klare vertragliche Regelung geachtet werden, da ansonsten späterer Streit darüber, wer welche Rechte hat, nahezu vorprogrammiert ist. Auf die Fragen der vertraglichen Gestaltung gehe ich später noch ausführlich in Kapitel 8, »Vertragsrecht«, ein.

Model, Visagist, Assistent sind »nur Gehilfen«

Obwohl Models, Visagisten und Stylisten oder auch Fotoassistenten häufig an Fotoprojekten beteiligt sind und zweifellos einen durchaus beachtlichen Anteil an deren Gelingen haben, sind sie an der Idee des Fotografen nicht beteiligt, sondern nur Gehilfen bei der Ausführung seiner Ideen. Somit sind sie im Lichte der BGH-Rechtsprechung nicht Miturheber eines Fotos, Urheber ist allein der Fotograf.

1.1.7 Rechtsnatur des Urheberrechts und Nutzungsrechte

Allgemeines Persönlichkeitsrecht

Die Urheberrechte – insbesondere die Urheberpersönlichkeitsrechte – sind eine besondere Ausprägungsform des allgemeinen Persönlichkeitsrechts. Das Urheberrecht ist und bleibt bis zum Ablauf der Schutzfristen (siehe Abschnitt 1.1.10, »Dauer des Urheberrechts und Schutzfristen«) grundsätzlich an die Person des Urhebers gebunden. Es ist vererblich und geht im Falle seines Todes auf seine Erben über (§ 28 UrhG) – bei mehreren Erben auf alle gemeinsam. Das bedeutet, dass bei mehreren Erben eine Entscheidung über die weitere Verwertung des Urheberrechts auch nur von allen Erben gemeinsam getroffen werden kann. Die Erben haben nach Übergang des Urheberrechts auf sie die gleichen Rechte, die der Urheber selbst hatte (§ 30 UrhG).

Keine rechtsgeschäftliche Übertragung des Urheberrechts [!]

Das Urheberrecht kann nach deutschem Recht – anders als in einigen anderen Rechtskreisen – zu Lebzeiten grundsätzlich nicht durch Rechtsgeschäft vom Urheber oder dessen Erben auf andere Personen übertragen werden. Eine Übertragung durch letztwillige Verfügung (Testament, Erbvertrag) vom Urheber auf die Erben oder einen einzelnen von mehreren Erben ist nach § 29 UrhG allerdings ebenso möglich wie die Einräumung gegebenenfalls weitreichender Nutzungsrechte nach Maßgabe des § 31 UrhG an jede beliebige Person, soweit diese geschäftsfähig ist.

Einfaches und ausschließliches Nutzungsrecht

Übertragung von Nutzungsrechten | Während das Urheberrecht als solches also nicht auf Dritte durch ein Rechtsgeschäft übertragen werden kann, können aber Verträge abgeschlossen werden, wonach ein anderer berechtigt sein soll, das Werk zu benutzen. Man spricht in diesem Fall auch von *Nutzungsrechten*. § 31 UrhG unterscheidet dabei zwischen einem einfachen und einem ausschließlichen Nutzungsrecht. Beide können zeitlich und/oder inhaltlich beschränkt sein. Ein einfaches Nutzungsrecht berechtigt den Inhaber, das Werk auf die erlaubte Art zu nutzen, ohne dass eine Nutzung durch andere ausgeschlossen ist. Ein ausschließliches Nutzungsrecht berechtigt den Inhaber, das Werk unter Ausschluss aller anderen Personen, wozu auch der Urheber selbst gehört, auf die ihm erlaubte Art zu nutzen und Nutzungsrechte einzuräumen. Es kann aber auch vereinbart werden, dass die Nutzung durch den Urheber vorbehalten bleibt. Auch wenn ein Fotograf alle Nutzungsrechte an seinem Bild für immer und ewig an einen Dritten übertragen hat, was im Wege der Vertragsfreiheit durchaus möglich und zulässig ist, bleibt er doch immer Urheber seiner Fotos.

Der Fotograf kann frei entscheiden, ob und zu welchen finanziellen und sonstigen Konditionen er jemandem das Recht übertragen will, eine oder mehrere seiner Fotografien, gegebenenfalls exklusiv und unter Ausschluss einer Eigennutzung durch ihn selbst, zu verwenden. Zu beachten ist jedoch das Änderungsverbot des § 39 UrhG: Der Inhaber eines Nutzungsrechts darf das Werk, dessen Titel oder Urheberbezeichnung (§ 10 Abs. 1) nicht ändern, wenn nichts anderes vereinbart ist. Änderungen des Werkes und seines Titels, zu denen der Urheber seine Einwilligung nach Treu und Glauben nicht versagen kann, sind zulässig.

Treu und Glauben [+]

Gegen *Treu und Glauben* verstößt eine Handlung, die u. a. von einem objektiven Betrachter als rechtsmissbräuchlich angesehen wird. Beispiel: Der Urheber untersagt einer Zeitung, das Bild, an dem er ihr das Veröffentlichungsrecht eingeräumt hat, in einer anderen Größe als in dem gelieferten DIN-A4-Format abzudrucken. Dieses Änderungsverbot dürfte im Zweifelsfall gegen Treu und Glauben verstoßen, weil durch eine geringfügige Verkleinerung oder Vergrößerung zum Einpassen in das Layout keinerlei Veränderung der Werkaussage hervorgerufen wird.

Letztlich handelt es sich bei solchen Fragen aber immer um Einzelfallentscheidungen, die im Zweifel, also in weniger eindeutigen Fällen, zugunsten des Urhebers und gegen eine Änderungsbefugnis des Nutzers entschieden werden.

Übertragung der Nutzungsrechte frei vereinbar

Der Umfang, in dem Nutzungsrechte übertragen werden, unterliegt dabei der freien Parteivereinbarung, d. h., der Fotograf macht ein Angebot, das der Vertragspartner annehmen kann oder auch nicht. Lediglich eine sittenwidrige oder gegen ein Gesetz verstoßende Abrede zwischen den Vertragspartnern kann die Vertragsfreiheit, die sogenannte *Privatautonomie*, einschränken. Das Nutzungsrecht kann dabei zeitlich, räumlich begrenzt oder zweckgebunden übertragen werden; auch Kombinationen sind möglich. Wegen der Vielzahl der in Betracht kommenden Gestaltungsmöglichkeiten ist auch hier eine saubere Vertragsgestaltung von enormer Wichtigkeit. Deshalb werde ich auf dieses Thema in Kapitel 8, »Vertragsrecht«, nochmals zurückkommen.

Nichtausübung

Rückrufsrecht bei Nichtausübung und gewandelter Überzeugung | Wenn ein Fotograf ein ausschließliches Nutzungsrecht einräumt, dann wird er in der Regel auch daran interessiert sein, dass das Bild entsprechend dem erteilten Nutzungsrecht auch veröffentlicht wird, insbesondere deshalb, weil der Fotograf selbst eine Verwertung nicht mehr vornehmen darf. Wenn nun derjenige, der im Besitz des ausschließlichen Nutzungsrechts ist, von diesem Recht keinen Gebrauch macht, so ist der Fotograf nach einem gewissen Zeitablauf berechtigt, das Nutzungsrecht zurückzurufen und danach anderweitig zu vergeben oder die Verwertung des Bildes auch selbst durchzuführen. Dies ergibt sich aus § 41 UrhG. In der Regel kann der Rückruf jedoch erst nach zwei Jahren der Nichtausübung erfolgen, lediglich bei einem Zeitungsbeitrag beträgt die Frist je nach Erscheinungszyklus der Zeitung zwischen drei Monaten und einem Jahr (§ 41 Abs. 2 UrhG). In jedem Fall muss der Fotograf dem Nutzungsberechtigten aber vorher eine angemessene Frist zur Ausübung des Nutzungsrechts unter Androhung des Rückrufs setzen (§ 41 Abs. 3 UrhG). Mit Ausübung des Rückrufsrechts erlischt das Nutzungsrecht (§ 41 Abs. 5 UrhG).

[!]

Rückruf wegen Nichtausübung des Nutzungsrechts
Bei der Einräumung eines ausschließlichen Nutzungsrechts kann der Fotograf die Rechteeinräumung widerrufen, wenn der Berechtigte nach einer gewissen Zeit das Nutzungsrecht nicht ausgeübt hat.

Nach § 42 UrhG ist auch ein Rückruf wegen gewandelter Überzeugung, allerdings nur gegen Entschädigung des Nutzungsberechtigten, möglich und zulässig, nicht allerdings im Filmbereich, wo die Sondervorschrift des § 90 UrhG gilt und ein Rückruf ausgeschlossen ist. In der Praxis dürfte das eher bei geistigen Werken (politischen und weltanschaulichen Texten, Tonaufnahmen etc.) zutreffen, wenn sich die Überzeugung des Autors gewandelt hat, als bei Fotografien. Bei Fotografien könnte das zum Beispiel der Fall sein, wenn der Bildjournalist bzw. Kriegsberichterstatter nicht mehr möchte, dass seine früheren Aufnahmen von Kriegstoten oder -verwundeten noch weiter benutzt werden.

Gewandelte Überzeugung

[!]

Rückruf wegen gewandelter Überzeugung
Ein Nutzungsrecht kann auch wegen gewandelter Überzeugung des Fotografen zurückgerufen werden.

Das Nutzungsrecht im Arbeitsverhältnis | Eine Frage, die ebenfalls häufig gestellt wird, betrifft die Rechtslage, wenn ein Arbeitnehmer Fotografien herstellt. Hat dann der Arbeitgeber daran automatisch ein Nutzungsrecht, und muss er den Arbeitnehmer dafür vergüten? Ich verzichte hier darauf, mich näher mit der mitunter sehr komplexen Frage zu befassen, wann im Einzelfall ein Arbeitsverhältnis vorliegt und wie es zum Beispiel von einem freien Mitarbeiterverhältnis abzugrenzen ist, da dies nicht Gegenstand einer Abhandlung über Bild- und Fotorechte sein kann. Deshalb nur eine Grobdefinition wie im folgenden Kasten.

Wann liegt ein Arbeitsverhältnis vor?

[!]

Grobdefinition eines Arbeitsverhältnisses
Wenn sich jemand in den organisatorischen Betriebsablauf eines Unternehmens einzugliedern hat und weisungsabhängig ist, Zeit und Ort seiner Leistung also nicht selbst bestimmen kann, ist in aller Regel vom Vorliegen eines Arbeitsverhältnisses auszugehen.

Dass ausnahmslos jeder Fotograf Urheber der von ihm gemachten Aufnahmen bleibt, haben Sie bereits erfahren. Nichts anderes gilt auch im Arbeitsverhältnis. Ein Urheberrecht erwirbt der Arbeitgeber an Fotografien, die der Arbeitnehmer hergestellt hat, somit keinesfalls. Aber erwirbt der Arbeitgeber möglicherweise automatisch und auch ohne besondere Vereinbarung Nutzungsrechte an den Fotografien?

Der Fotograf bleibt ausnahmslos Urheber

Natürlich kann in einem Arbeitsvertrag jederzeit zwischen den Parteien vereinbart werden, dass dem Arbeitgeber die alleinigen oder auch nur einfachen Nutzungsrechte an vom Arbeitnehmer bei betrieblichen Anlässen hergestellten Fotos (z. B. Fotos von einem Betriebsfest) zustehen sollen. In solchen Fällen liegt eine Vertragsvereinbarung wie jede andere vor, durch die bekanntlich eine solche Rechteinräumung vorgenommen

Nutzungsrechte können vertraglich geregelt werden

werden kann, wie sich aus § 31 UrhG ergibt. Allerdings ist eine solche Regelung in Arbeitsverträgen eher selten.

Und wenn es keine Vereinbarung gibt?

Somit bleibt die Frage, was bezüglich der Nutzungsrechte gilt, wenn es – wie im Regelfall – darüber keine Vereinbarung mit dem Arbeitgeber gibt. Das Gesetz liefert darauf keine unmittelbare Antwort. Lediglich für Computerprogramme (§ 69b UrhG) und für die Filmherstellung (§§ 88 ff. UrhG) gibt es eine gesetzliche Übertragungsvermutung zugunsten des Arbeitgebers, sofern nichts anderes vereinbart wurde. Dann hat der Arbeitgeber an den Computerprogrammen bzw. Filmen automatisch ein ausschließliches Nutzungsrecht, das auch die Eigennutzung durch den Arbeitnehmer selbst ausschließt. Für Fotografien gibt es eine vergleichbare Regelung – ebenso wie für die meisten anderen Werke, die im Rahmen eines Arbeitsverhältnisses entstehen – jedoch nicht.

Stets eine Einzelfallprüfung

Schon das Reichsgericht und nachfolgend auch der Bundesgerichtshof haben sich mehrfach mit der Frage von Nutzungsrechten an Werken befassen müssen, die im Rahmen eines Arbeitsverhältnisses entstanden sind, und dabei wiederholt festgestellt, dass zur Beantwortung der Frage, wem im Einzelfall das Nutzungsrecht zusteht, auf die betriebliche Funktion des Arbeitnehmers, auf sein Berufsbild und auf die Verwendbarkeit des Fotos für den Arbeitgeber abzustellen ist. Zusätzlich kann die Branchenüblichkeit als Kriterium herangezogen werden. Das bedeutet mit anderen Worten, dass es keine allgemeingültige Aussage zu den arbeitgeberseitigen Nutzungsrechten geben kann, sondern stets eine Einzelfallprüfung erfolgen muss, bei der grundsätzlich nur auf objektive Umstände abzustellen ist. Auf den Willen des Arbeitnehmers, die Fotos für sich oder für den Arbeitgeber zu machen, kommt es dabei überhaupt nicht an.

[zB]

Wenn etwa ein angestellter Fotograf aufgrund seines Arbeitsverhältnisses und der ihm übertragenen Aufgaben Fotografien anfertigt, so hat der Arbeitgeber daran ein ausschließliches Nutzungsrecht. Das Gleiche gilt für den Fall, dass ein Arbeitnehmer zwar nicht Fotograf ist, aber im Rahmen seiner Tätigkeit die Aufgabe hat, zum Beispiel zu dokumentarischen Zwecken Fotografien anzufertigen – etwa der Mitarbeiter eines Immobilienmaklers, der den Zustand von Mietobjekten zu dokumentieren hat, der Hausmeister, der Schäden an Mietobjekten zur Einholung von Handwerkerangeboten fotografiert, oder ein Ingenieur oder Techniker, der die Entwicklungsstadien eines Versuchs oder Projekts fotografisch festhält. In vielen Fällen wird auch eine Rolle spielen, dass der Fotograf mit seinen Fotos gar nichts anfangen kann, weil der Arbeitgeber ihm als Hausrechtsinhaber aus Gründen der Betriebssicherheit oder wegen der Gefahr einer Verletzung von Betriebsgeheimnissen die Veröffentlichung der Fotos ohnehin verbieten kann. Das ausschließliche Nutzungsrecht des Arbeitgebers beinhaltet in diesen Fällen einen Ausschluss des Eigennutzungsrechts des Arbeitnehmers.

Fotografiert dagegen ein Mitarbeiter, zu dessen Aufgaben dies gar nicht gehört, in den Betriebsräumen mit Genehmigung des Arbeitgebers zum Beispiel eine Betriebsfeier oder werden bei Gelegenheit Aufnahmen vom

Arbeitsplatz gemacht, so wird der Arbeitgeber daraus nicht ableiten können, dass ihm ohne entsprechende Vereinbarung die Nutzungsrechte automatisch zustehen.

Zu beachten ist allerdings, dass dann, wenn dem Arbeitgeber automatisch ein Nutzungsrecht zusteht, der Arbeitnehmer dafür – anders als etwa bei Arbeitnehmererfindungen – keine gesonderte Vergütung verlangen kann. Man geht in diesen Fällen davon aus, dass eine Vergütung für das Nutzungsrecht mit der Zahlung des Arbeitsentgeltes abgegolten wurde. Im Arbeitnehmererfinderrecht zum Beispiel zieht dagegen die Nutzung der Erfindung durch den Arbeitgeber eine entsprechende Vergütungspflicht nach sich, weshalb offensichtlich gelegentlich Fotografen fälschlicherweise annehmen, wenn der Arbeitgeber ihre Fotografien nutzt, müsse er dafür auch eine Vergütung entrichten.

[!]

Nutzungsrecht des Arbeitgebers

Steht die Anfertigung von Fotografien nicht in unmittelbarer Beziehung zum Arbeitsverhältnis, wird man im Einzelfall anhand der genannten Kriterien der Rechtsprechung eine Prüfung vorzunehmen haben, inwieweit Nutzungsrechte an den Fotografien auf den Arbeitgeber übergegangen sind. Hat der Arbeitnehmer auf eigene Initiative hin fotografiert, ohne dass dies im Zusammenhang mit seinen Arbeitsaufgaben oder einem eigens erteilten Sonderauftrag stand, wird man einen unmittelbaren Bezug zum Arbeitsverhältnis und damit ein automatisches Nutzungsrecht des Arbeitgebers verneinen müssen.

Steht dem Arbeitgeber ein ausschließliches Nutzungsrecht danach zu, so ergibt sich daraus kein Vergütungsanspruch für den Fotografen.

1.1.8 Verletzung des Urheberrechts und Nachweis der Urheberschaft

Stellen Sie sich vor, ein Fotograf stellt plötzlich fest, dass der Herausgeber eines Werbeprospekts eines seiner Karibikfotos ohne Einwilligung von seiner Website heruntergeladen und zur Bewerbung seiner Reiseziele verwendet hat. Frech behauptet der Katalogherausgeber auch noch, er oder einer seiner Mitarbeiter sei Urheber des Fotos. Was nun?

Bilderklau

Seit Beginn des Digitalzeitalters und seitdem Bilder im Internet eingestellt werden, gibt es bekanntermaßen auch »Bilderklau« in nicht gerade geringem Umfang. Nicht wenige bedienen sich dreist irgendwelcher im Internet gefundener Fotos, um so hohe Gebühren an Fotoagenturen einzusparen, und nehmen dabei lieber in Kauf, im Falle einer für unwahrscheinlich gehaltenen Entdeckung Schadensersatz leisten zu müssen.

Die analogen Fotografen haben es bei derartigen Übergriffen relativ leicht. Sie sind im Zweifel im Besitz der Negative und können damit ihre Urheberschaft beweisen, wenn sie die Originalnegative nicht leichtsinnigerweise aus der Hand gegeben haben. Deutlich schlechter dran sind oft die

Digitalfotografen, die nur über eine Datei verfügen, aus der sich jedoch nicht ergibt, dass das darin enthaltene Foto auch vom Fotografen stammt. Die Exif-Daten einer Bilddatei sind dabei kein geeignetes Mittel zum Nachweis der Urheberschaft, weil sie von jedem, der Zugriff auf die Datei hat, manipuliert werden können. Die Speicherkarte, aus der sich möglicherweise im Kontext zu anderen Bildern die Autorenschaft ergeben könnte, ist vielleicht längst gelöscht und überschrieben. Da es sonst keine unmittelbaren Erkennungsmerkmale für eine Urheberschaft gibt, bleibt dem geschädigten Fotografen nur die Möglichkeit, seine Urheberschaft zum Beispiel dadurch nachzuweisen, dass er noch andere Bilder vorweisen kann, die zur gleichen Tageszeit, am exakt gleichen Standort und bei identischen Wetter- und Belichtungsbedingungen gemacht wurden, und das von anderen verwendete Bild also offenkundig aus einer Bilderserie stammt (»Anscheinsbeweis« nach LG München II, Urteil vom 21.05.2008 – 210 O 10753/07). Eine andere Beweismöglichkeit wäre, dass Personen, die auf dem Bild abgebildet sind, die Urheberschaft des Fotografen als Zeugen bestätigen können. Das Landgericht Kiel hat in diesem Zusammenhang entschieden (Urteil vom 02.11.2014 – 16 O 112/03), dass es bei Bilddateien, die auf einer CD gespeichert sind, ausreicht, wenn auf derselben CD in einer Textdatei der Name des Urhebers gespeichert ist.

Gelingt dem Fotografen der ihm obliegende Nachweis seiner Urheberschaft nicht, muss er im Zweifel machtlos zusehen, wie andere sich mit seinen Werken schmücken oder sogar Geld damit verdienen. (Weitere Ausführungen zum Nachweis des Urheberrechts finden Sie in Abschnitt 7.1.1 im Zusammenhang mit dem Unterlassungsanspruch.)

Schutz durch Raw-Dateien?

Mehrfach wurde ich von Lesern oder Seminarteilnehmern gefragt, ob denn nicht der Besitz der Raw-Dateien, also quasi der digitalen Negative, ausreiche, um die Urheberschaft an einem digitalen Foto nachzuweisen.

Statistisch gesehen wird die deutlich überwiegende Anzahl von Fotos sicherlich im JPEG-Format aufgenommen, nicht grundsätzlich gibt es somit von einem Foto eine Raw-Datei. Im Internet, wo sich die häufigsten Fälle von »Bilderklau« ereignen, können Raw-Dateien auch gar nicht sinnvoll eingestellt werden, da diese nur von der jeweiligen Kamera bzw. einem Bildbearbeitungsprogramm mit entsprechender Konvertierungsfunktion geöffnet und gelesen werden können. Das führt dazu, dass für das Internet bestimmte Fotos häufig direkt in einem unmittelbar weiterverwendbaren Format (meist JPEG oder TIFF) aufgenommen werden. Meist sind es auch nur Profis und anspruchsvolle Amateure, die sich der Vorteile des Raw-Formats bewusst sind und ihre Aufnahmen in diesem Format machen, um sie später optimal bearbeiten zu können. Dies ist bekanntlich bei JPEG-Dateien nicht in dem Umfang möglich, man denke nur an Funktionen wie etwa die nachträgliche Beeinflussung des Weißabgleichs.

Für JPEG-Aufnahmen gilt deshalb das bereits Gesagte, dass es nämlich mitunter sehr schwierig sein kann, die eigene Urheberschaft an einem Foto nachzuweisen, das widerrechtlich von einem anderen verwendet wird. Ist ein Fotograf jedoch im Besitz einer Raw-Datei und taucht ein rechtswidrig veröffentlichtes Derivat davon im JPEG- oder TIFF-Format auf, dann ist der Fall entsprechend einem analogen Negativ zu beurteilen, d. h., der Inhaber der Raw-Datei gilt als Urheber, zumindest solange ihm nicht das Gegenteil nachgewiesen wird. Ist dem Fotografen allerdings die Raw-Datei abhandengekommen oder hat er sie sogar freiwillig aus den Händen gegeben, hilft ihm natürlich auch nicht weiter, dass sein von anderen widerrechtlich verwendetes Foto aus einer Raw-Datei entwickelt wurde.

[!]

Besserer Schutz durch Raw-Dateien

Wer im Besitz einer Raw-Datei ist, kann im Zweifel seine Urheberschaft im Falle eines »Bilderklaus« leichter nachweisen als der Besitzer einer JPEG- oder TIFF-Datei. Neben den weitergehenden Möglichkeiten in der Bildbearbeitung ist das ein weiterer Grund, mindestens zusätzlich die Raw-Dateien seiner Bilder zu haben.

Fotos für das Internet schützen

Generell gilt, dass Sie Fotos nur mit solchen Pixelmaßen ins Internet stellen sollten, die einen brauchbaren Ausdruck und damit eine unberechtigte Verwertung erschweren oder unmöglich machen. Darüber hinaus sollten Sie sie sicherheitshalber noch mit einem sichtbaren und/oder unsichtbaren Wasserzeichen und mit dem Copyright-Zeichen versehen, was mit jedem guten Bildbearbeitungsprogramm oder auch mit Spezialsoftware möglich ist.

[+]

Identifikationssoftware

Mit sogenannter *Identifikationssoftware*, die von einigen Kameraherstellern vertrieben wurde oder wird, sollte oder soll sich zweifelsfrei belegen lassen, ob ein Foto nach der Aufnahme verändert wurde. Das wäre insbesondere in den Fällen ungemein wichtig, in denen es auf einen Nachweis der Bildauthentizität ankommt (zum Beispiel bei Fotos von Beschädigungen in einem Sachverständigengutachten). Einen Rückschluss auf einen bestimmten Fotografen und damit auf den Urheber lassen diese Programme jedoch zweifellos nicht zu. Ein Nachweis der Urheberschaft scheitert bereits an der banalen Tatsache, dass diese Programme kamerabezogen sind und die Kamera nicht registrieren kann, von wem sie gerade in den Händen gehalten wird. Dies muss bekanntlich auch nicht immer der Eigentümer der Kamera sein. Selbst der Dieb einer Kamera genießt für die Fotos, die er damit gemacht hat, Urheberschutz.

1.1.9 »Editorial Use« und »Commercial Use«

Ein Mandant hat sich einmal bei mir erkundigt, ob man bei der Verwendung von fremden Bildern nicht unterscheiden müsse, ob es sich um einen sogenannten *Editorial Use* oder einen *Commercial Use* handele. Bei einem

Editorial Use dürfe man die Bilder grundsätzlich ohne Zustimmung des jeweiligen Fotografen verwenden, während man bei einem Commercial Use eine vorherige Einwilligung des Fotografen benötigen würde.

Definition

Tatsächlich gibt es beide Begriffe. Dabei versteht man unter *Editorial Use* eine Bildbenutzung zu nicht kommerziellen, sondern rein publizistischen Zwecken, während ein *Commercial Use* – wie der Name vermuten lässt – eine kommerzielle Verwendung, insbesondere in der Werbung, umfasst.

Kein Bezug zum deutschen Urheberrecht

Mit dem deutschen Urheberrecht haben diese Begriffe jedoch nichts zu tun, und sie bilden kein Abgrenzungskriterium zwischen zustimmungsfreier und zustimmungsabhängiger Verwertung von fremdem Bildmaterial. Es ist keineswegs so, dass man Fotos, die man nicht kommerziell nutzen will, ohne Einwilligung des jeweiligen Fotografen verwenden darf, wenn also nur ein Editorial Use vorliegt. Nach dem bisher Gesagten wissen Sie, dass es auf die *Art* der Nutzung und Veröffentlichung überhaupt nicht ankommt.

Terminologie der Bildagenturen

Beide Begriffe entstammen der Terminologie der Bildagenturen; diese unterscheiden tatsächlich zwischen Editorial und Commercial Use und grenzen damit die Nutzungsrechte, die beim Kauf von Bildrechten übertragen werden, voneinander ab. Man kann häufig nur Bildrechte für Editorial Use erwerben, manche Fotos dürfen dagegen auch kommerziell genutzt werden. Betrachtet man die Erklärungen der Begriffe bei einigen Agenturseiten im Internet, so wird dies deutlich. Dort heißt es zum Beispiel, dass ein Foto für Editorial Use in Zeitschriften oder Magazinen, in einem Blog oder auf einer Website für rein beschreibende Zwecke und in einer nicht gewerblichen Präsentation verwendet werden darf. Der Begriff Editorial Use schließt jede Form der Verwendung in Werbung und im Zusammenhang mit gewerblicher Tätigkeit grundsätzlich aus.

Formen der Nutzungsrechtsübertragung

Damit sind diese Begriffe lediglich als Formen der Nutzungsrechtsübertragung zu verstehen. Sie bezeichnen nur die Grenzen dessen, was jemand, der von einer Agentur Bildrechte erworben hat, mit den Fotos machen darf und was nicht. Die Begriffe sind somit – wie bereits gesagt – keine Begriffe aus dem Urheberrecht, sondern von den Agenturen kreierte Vertragsbegriffe. Natürlich sind die gewählten Nutzungsformen jeweils für den Erwerber der Bildrechte verbindlich, verwendet er ein Foto für Editorial Use in der Werbung, begeht er eine Vertrags- und Urheberrechtsverletzung, weil weder die Agentur noch der Fotograf (über die Agentur) ihm die gewerbliche Nutzung gestattet haben.

Dass man aber außerhalb des Agenturgeschäfts fremde Fotos bei Editorial Use stets ohne Genehmigung des Fotografen verwerten darf, gehört in den Bereich der häufig gerade im Urheberrecht verbreiteten Legenden, wobei der Glaube an solche Legenden äußerst unangenehme und auch kostspielige Konsequenzen nach sich ziehen kann.

1.1.10 Dauer des Urheberrechts und Schutzfristen

Gemeinfreie Fotos

Alle Werke im Sinne des UrhG genießen nur einen zeitlich begrenzten Schutz. Nach Ablauf der jeweiligen Schutzfristen ist keine Verlängerung möglich, vielmehr können die Fotografien dann von jedermann frei verwendet werden. Man spricht dann auch von *gemeinfreien* Fotos. Häufig sieht man zum Beispiel in Gaststätten oder ähnlichen Lokalitäten Wände voller alter, nostalgischer Fotografien, teilweise Abbildungen von Menschen oder von bestimmten Landschaften. Es ist dann davon auszugehen, dass die jeweiligen Schutzfristen abgelaufen sind und eine genehmigungsfreie Nutzung möglich ist.

Mit der *Richtlinie 2006/116/EG des Europäischen Parlaments und des Rates über die Schutzdauer des Urheberrechts und bestimmter verwandter Schutzrechte* vom 12.12.2006 wurden die Schutzfristen für urheberrechtlich geschützte Werke EU-weit vereinheitlicht.

Lichtbildwerke

Das Urheberrecht für Lichtbildwerke und Filmwerke erlischt nun 70 Jahre nach dem Tod des Urhebers, bei Miturhebern 70 Jahre nach dem Tod des Längstlebenden. Die Fristen beginnen mit dem Ablauf des Kalenderjahres, in dem das für den Beginn der Frist maßgebende Ereignis eingetreten ist. Dies ergibt sich aus §§ 64, 65 und 69 UrhG. Ist der Urheber also im Januar 2009 verstorben, beginnt die siebzigjährige Frist am 01.01.2010 und endet am 31.12.2079.

Lichtbilder

Wie bereits erwähnt, gilt für Lichtbilder nach § 72 UrhG eine andere, nämlich kürzere Frist. Für Lichtbilder erlischt das Urheberrecht in der Regel 50 Jahre nach dem Erscheinen des Lichtbildes, jedenfalls aber 50 Jahre nach der Herstellung, wenn es innerhalb dieser Frist nicht erschienen oder erlaubterweise öffentlich wiedergegeben worden ist. Damit ist gleichzeitig gesagt, dass das Urheberrecht beim Tod des Urhebers auf den oder die Erben übergeht, wenn die Fristen beim Tod des Urhebers noch nicht abgelaufen waren. Kurios, aber richtlinienkonform ist die Tatsache, dass in dem Fall, in dem sich der Fotograf entschließt, ein Bild erst 45 Jahre nach der Herstellung, also fünf Jahre vor Ablauf der Schutzfrist, zu veröffentlichen, eine weitere Schutzfrist von 50 Jahren ab Erscheinen zu laufen beginnt, sodass in diesem Fall der Schutz erst 95 Jahre nach der Herstellung des Fotos endet.

[!]

Unterschiedliche Schutzfristen

Aufgrund der Tatsache, dass die Schutzfrist bei Lichtbildern erst 50 Jahre nach dem Erscheinen des Lichtbildes beginnt, sofern seit der Herstellung nicht bereits 50 Jahre vergangen sind, kann die Schutzfrist bei Lichtbildern durchaus länger dauern als beim Lichtbildwerk.

Anonyme und pseudonyme Werke

Besonderheiten bezüglich der Schutzfristen gelten bei *anonymen Werken* und *pseudonymen Werken*. Schon die Rechtsprechung des Reichsgerichts (RGZ 86, 241/244) hat das legitime Interesse eines Urhebers anerkannt, seine Werke der Öffentlichkeit anonym oder unter einem Pseudonym zugänglich zu machen. Zwar wird dies eher für Schriftwerke als für Fotografien vorkommen, aber gänzlich ausgeschlossen ist es nicht, dass ein Fotograf als Urheber unerkannt bleiben möchte. In diesen Fällen sieht das UrhG in § 66 Abs. 1 eine Schutzdauer für das Urheberrecht von 70 Jahren nach der Veröffentlichung bzw. – wenn es in dieser Frist nicht veröffentlicht wurde – von 70 Jahren ab Schaffung des Werkes vor. Beim Bundespatentamt wird seit 2014 ein Register anonymer und pseudoanonymer Werke geführt, zu dem anonyme und pseudoanonyme Werke angemeldet werden können. Offenbart der Urheber seine Identität später während der vorgenannten Frist und meldet seinen wahren Namen im Register an, so gilt die normale Frist der §§ 64 bzw. 72 Abs. 3 UrhG von 70 Jahren ab dem Tod des Urhebers bzw. von 50 Jahren ab Herstellung des Werkes – je nachdem, ob ein Lichtbildwerk oder ein Lichtbild vorliegt.

Sonderfälle

Dies sind die Schutzfristen, die im Normalfall gelten. Weil die Schutzfristen vom Gesetzgeber seit Inkrafttreten des UrhG jedoch diverse Male geändert wurden, kann es im Einzelfall durchaus vorkommen, dass insbesondere bei älteren Fotos, bei denen sich die Schutzfristen mehrfach geändert haben, eine teilweise höchst komplizierte Fristberechnung unter Einbeziehung der Übergangsvorschriften des § 135a UrhG erforderlich ist. Da diese Fälle jedoch eher die Ausnahme als die Regel darstellen, verzichte ich auf eine Vertiefung. In 99,9 % der Fälle wird die Kenntnis der »normalen« Fristen ausreichen.

1.2 Die Urheberrechte im Einzelnen

Sehen wir uns nun die Urheberrechte im Einzelnen an. Was beinhalten sie, und welche Rechte oder auch Pflichten kann der Fotograf daraus ableiten?

Urheberpersönlichkeitsrechte und Verwertungsrechte

Die Urheberrechte lassen sich zunächst grob in die Gruppe der Urheberpersönlichkeitsrechte einerseits und in die Gruppe der Verwertungsrechte andererseits unterteilen. Die Urheberpersönlichkeitsrechte ergeben sich aus §§ 12–14 UrhG, die Verwertungsrechte sind in § 15 UrhG genannt und in den darauffolgenden Paragrafen jeweils einzeln geregelt.

Folgende Urheberrechte, denen wir uns im Folgenden im Einzelnen zuwenden werden, regelt das UrhG:

1. **Die Urheberpersönlichkeitsrechte**
   - Veröffentlichungsrecht (§ 12 UrhG)
   - Recht der Namensnennung (§ 13 UrhG)
   - Recht des Verbots von Entstellungen und Beeinträchtigungen (§ 14 UrhG)
2. **Die Verwertungsrechte des Urhebers (§ 15 UrhG)**
   - Vervielfältigungsrecht (§ 16 UrhG)
   - Verbreitungsrecht (§ 17 UrhG)
   - Ausstellungsrecht (§ 18 UrhG)
   - Vorführungsrecht (§ 19 UrhG)
   - Recht der öffentlichen Zugänglichmachung (§ 19a UrhG)
   - Wiedergaberecht durch Ton- und Bildträger (§ 21 UrhG)

Darüber hinaus regelt das UrhG eine Reihe weiterer Rechte, die es dem Fotografen ermöglichen, gegen Eingriffe in seine Fotografien und die Verbreitung von Plagiaten vorzugehen.

1.2.1 Urheberpersönlichkeitsrechte

Die stärksten Rechte eines Fotografen sind die Urheberpersönlichkeitsrechte, die sich aus dem Grundgesetz (GG) ableiten und ihren Ursprung in dem in Art. 2 GG verankerten allgemeinen Persönlichkeitsrecht haben. Im Wortlaut finden Sie den Artikel unter: *www.gesetze-im-internet.de/gg*.

Das Veröffentlichungsrecht (§ 12 UrhG) | Das Veröffentlichungsrecht des § 12 UrhG gibt dem Fotografen als Urheber das alleinige Recht, darüber zu entscheiden, ob und wie sein Foto veröffentlicht wird.

Erstveröffentlichungsrecht

Damit ist allerdings grundsätzlich nur das Erstveröffentlichungsrecht gemeint, also die Entscheidung darüber, ob ein Foto die Privatsphäre des Fotografen verlassen und bekannt gemacht werden und in welcher Form die Veröffentlichung erfolgen soll.

Eine Veröffentlichung, über die allein der Urheber zu entscheiden hat, liegt nach der gesetzlichen Definition des § 6 UrhG immer dann vor, wenn das Foto mit Zustimmung des Fotografen dessen Privatbereich verlassen hat und der Öffentlichkeit zugänglich gemacht wurde.

[!]

Das Internet ist öffentlich

Internet und soziale Medien sind öffentlich, dort eingestellte Fotos sind veröffentlicht! Die gilt nur dann nicht, wenn das Foto in einem durch Passwort geschützten Bereich eingestellt wurde, und es sichergestellt ist, dass auch nur Personen, die dem privaten Lebensbereich (Familie) angehören, Zugang hierzu haben.

Konkludente Zustimmung

Es ist für eine Veröffentlichung nicht erforderlich, dass die Zustimmung ausdrücklich erklärt wird, sie kann auch stillschweigend (konkludent) erteilt werden oder sich aus den Gesamtumständen eines Einzelfalls ergeben. Das »Zugänglichmachen« ist ein Realakt, der aus nachvollziehbaren Gründen nicht mehr rückgängig gemacht werden kann. Denn was einmal bekannt ist, kann plötzlich nicht mehr unbekannt werden.

[+]

Realakt

Unter einem *Realakt* versteht man eine faktisch wirkende Handlung, die nicht willentlich auf eine Rechtsfolge abzielt, eine solche jedoch auslöst. Der Realakt steht im Gegensatz zur Willenserklärung, mit der der Erklärende gerade eine bestimmte Rechtsfolge auslösen will. Derjenige, der ein Bild anderen Personen außerhalb der Privatsphäre zeigt, will es vielleicht gar nicht im Sinne des Gesetzes veröffentlichen, aber er tut es gleichwohl. Das Zeigen außerhalb der Privatsphäre löst damit die Rechtsfolge *Veröffentlichung* unabhängig vom Willen desjenigen aus, der das Foto zeigt. Derjenige dagegen, der eine Unterschrift unter einen Lizenzvertrag leistet, will damit den Vertragsinhalt realisieren und beabsichtigt eine Rechtsfolge.

Wissen und Wollen des Fotografen

Aus der vorstehenden Definition des Begriffs *Veröffentlichung* in § 6 UrhG wird im Umkehrschluss deutlich, dass solche Fotos nicht als veröffentlicht gelten, die ohne Wissen und Wollen des Fotografen in der Öffentlichkeit präsentiert werden. Dazu ein Beispiel: Ein Fotograf verliert die Speicherkarte mit den gerade gemachten Aktaufnahmen, ein anderer findet die Karte und leitet sie unter der Behauptung, er sei der Urheber, an die Boulevard-Presse weiter, die sie auf Seite 3 in ihrer nächsten Ausgabe abdruckt. Eine Veröffentlichung durch den Fotografen liegt hier nicht vor, da es an der Zustimmung des Fotografen fehlt. Dies ist für etwaige Haftungsansprüche entscheidend, da eine mangelnde Veröffentlichung nach § 6 UrhG Haftungsansprüche gegenüber dem Fotografen ausschließt, die ansonsten das Model, von dem die Aktaufnahmen gemacht wurden, wegen des mangelnden Einverständnisses zur Presseveröffentlichung der Bilder gegebenenfalls geltend machen könnte. Dass das Model natürlich gegen die Zeitung wegen der ungenehmigten Veröffentlichung der Bilder vorgehen kann, steht auf einem anderen Blatt. Diesen Aspekt betrachten wir aber erst in Kapitel 3, »Menschen«.

Was ist Öffentlichkeit?

Unter *Öffentlichkeit* ist nicht zwangsläufig die Allgemeinheit schlechthin, also jedermann, zu verstehen. Entscheidend für das Vorliegen von Öffentlichkeit ist, dass es sich um einen von vorneherein nicht klar definierten oder definierbaren Personenkreis handelt, es kann also durchaus auch um eine kleinere Gruppe gehen. Grundsätzlich kommt es auf die Anzahl der betroffenen Personen jedoch nicht an, vielmehr ist entscheidend, wie die Personen einer Gruppe zueinander stehen.

Im Zusammenhang mit einem Streit über die Frage, ob für einen Belegschaftsabend mit Musik und Tanz eine Verwertungsgebühr an die GEMA (Gesellschaft für musikalische Aufführungs- und mechanische Vervielfältigungsrechte, siehe auch Abschnitt 9.7, »Foto- und Filmvorführungen mit Musik – die GEMA ist dabei«) zu zahlen war, hat sich der BGH ausführlich mit dem Begriff der Öffentlichkeit auseinandergesetzt (Urteil vom 24.06.1955 – I ZR 178/53). Der BGH hat dazu unter Bezugnahme auf die Rechtsprechung des Reichsgerichts (RG) festgestellt, dass eine Öffentlichkeit nur dann zu verneinen sei, wenn die Teilnehmer der Belegschaftsabende durch wechselseitige persönliche Beziehungen einen in sich geschlossenen, nach außen individuell abgegrenzten Personenkreis bilden würden. Es komme nicht darauf an, ob und welche Voraussetzungen für eine Zulassung zu der Veranstaltung bestehen, sondern auf die Verbundenheit der Teilnehmer, die im vorliegenden Fall nicht gegeben sei, auch wenn die Betriebsangehörigen subjektiv ein Zusammengehörigkeitsgefühl hätten. So sind nach BGH auch Vereinsveranstaltungen, bei denen nur Vereinsmitglieder zugelassen sind, öffentliche Veranstaltungen, wenn nach dem ganzen Gefüge des Vereins ein engeres persönliches Band zwischen den einzelnen Vereinsmitgliedern fehlt.

[!]

Öffentlichkeit

Was unter *Öffentlichkeit* zu verstehen ist, regelt § 15 Abs. 3 UrhG. Dort ist festgelegt, dass eine Wiedergabe öffentlich ist, wenn sie für eine Mehrzahl von Mitgliedern der Öffentlichkeit bestimmt ist. Zur Öffentlichkeit gehört jeder, der nicht mit demjenigen, der das Werk verwertet, durch persönliche Beziehungen verbunden ist.

Quantitatives und qualitatives Merkmal

Der Begriff der Öffentlichkeit setzt nach der Definition in § 15 Abs. 3 UrhG also zweierlei voraus: nämlich ein quantitatives Merkmal (es muss sich um mehrere Personen handeln) und ein qualitatives Merkmal (die Personen dürfen nicht durch persönliche Beziehungen miteinander verbunden sein). Um eine Mehrzahl zu bilden, genügen zwei Personen. Ein Foto, das man mehreren Kollegen zeigt, ist veröffentlicht, zeigt man es nur einem Kollegen, ist es nicht veröffentlicht. Im Lichte des oben erwähnten BGH-Urteils muss die persönliche Beziehung in einem engeren persönlichen Band bestehen. Nicht jede persönliche Beziehung ist damit eine solche im Sinne des § 15 Abs. 3 UrhG. Ob die persönlichen Beziehungen eng genug sind, um eine Veröffentlichung im Einzelfall verneinen zu können, ist abhängig vom Einzelfall, feste Regeln gibt es dazu nicht.

[zB]

Das in § 15 Abs. 3 UrhG enthaltene Merkmal der »persönlichen Verbundenheit« besteht auch nicht zwangsläufig nur im Familien- und Freundeskreis. So hat der BGH in seinem Urteil vom 19.06.1956 (I ZR 104/54) festgestellt, dass Tanzkurse, zu denen nur ausgewählte Schüler Zugang hatten, und Abschlussbälle, zu denen nur die Tanzschüler und ihre Eltern Zugang haben, keine Öffentlichkeit darstellen. Das Gleiche hat der BGH für die Patienten in einem Zweibettzimmer im Krankenhaus entschieden, auch diese stellen keine Öffentlichkeit dar (Urteil vom 11.07.1996 – I ZR 22/94). Der BGH hat in beiden Fällen, in denen die GEMA Klägerin war und es um die Frage ging, wann eine Wiedergabe von urheberrechtlich geschützter Musik zulässig ist oder nicht, gegen die GEMA entschieden, da es sich jeweils um einen geschlossenen Personenkreis handele.

Ein Familienfest mit 50 oder auch 100 Teilnehmern liegt somit noch im Bereich der Privatsphäre, auch wenn neben Familienmitgliedern gute Freunde und Bekannte teilnehmen. Fotos, die dort herumgezeigt werden, gelten nicht als veröffentlicht. Auch die private Dia- oder Beamershow innerhalb der Familie oder im engen Freundeskreis ist noch keine Veröffentlichung der gezeigten Fotos. Ohne Zweifel ist aber der Diavortrag im örtlichen Gemeindehaus eine öffentliche Veranstaltung, auch wenn er ausschließlich vor geladenen Gästen stattfindet, also nicht jedermann freien Zugang dazu hat. Das Gleiche gilt für das Zeigen der Bilder im Fotoclub, auch wenn nur fünf Clubmitglieder anwesend sind.

[!]

Private oder öffentliche Veranstaltung?

Hat eine Veranstaltung privaten Charakter und wendet sie sich ausschließlich an Teilnehmer aus dem privaten Umfeld, sind die Teilnehmer in der Regel miteinander persönlich verbunden. Es handelt sich dann auch bei einer größeren Veranstaltung um eine solche innerhalb der Privatsphäre. Ein auf einer derartigen Privatveranstaltung gezeigtes Foto wird damit nicht veröffentlicht.

Immer dann jedoch, wenn Personen an einer Veranstaltung teilnehmen, die untereinander nicht durch persönliche Beziehungen verbunden sind, kann man auch bei Veranstaltungen im kleinen Rahmen von einer Öffentlichkeit ausgehen. Ein dort gezeigtes Foto wird veröffentlicht, da in der Regel nicht zu allen Mitgliedern ein enges persönliches Band bestehen dürfte, wozu – wie erwähnt – eine nur lockere Freundschaft oder ein wöchentliches Treffen untereinander sicherlich nicht ausreicht. Im Einzelfall mag es vielleicht einen Fotoclub mit nur wenigen Mitgliedern geben, die sich alle bereits seit Jahren kennen, ständig gemeinsam unterwegs sind, über die Fotografie hinaus befreundet sind und bei denen deshalb über die Jahre ein enges Band unter allen Mitgliedern gewachsen ist. Dies wird aber wohl in der Praxis sehr selten vorkommen.

Mit dem Veröffentlichungsrecht nach § 12 UrhG korrespondiert im Übrigen das Recht des Urhebers, ein Nutzungsrecht gegenüber dem Inhaber zurückzurufen, wenn das Werk seiner Überzeugung nicht mehr entspricht. Dies ergibt sich aus § 42 UrhG. Allerdings dürfte nach meiner Auffassung ein solches Rückrufsrecht zum Beispiel eher für schriftstellerisch getätigte Äußerungen politischer, religiöser oder ethischer Art relevant sein und wohl nur in Ausnahmefällen für Fotografien in Betracht kommen.

Orphan Works

Sonderfall: Veröffentlichung von verwaisten Werken | Verwaiste Fotos, neudeutsch auch *Orphan Works* genannt, sind Fotos, die Urheberschutz genießen können, aber deren Urheber unbekannt und nicht ohne Weiteres zu ermitteln ist. Darf man solche Fotografien, die man nicht mit gemeinfreien Fotos, deren Schutzfrist abgelaufen ist, verwechseln darf, veröffentlichen, wenn man den Urheber nicht herausfinden kann?

[zB]

Stellen Sie sich vor, Sie schlendern über einen Flohmarkt und stoßen bei einem der Händler auf einen Kasten mit Dias Ihrer Heimatstadt aus den Nachkriegsjahren. Da Sie gerade an einem Buch über die Geschichte Ihrer Heimatstadt arbeiten und dringend noch Bildmaterial aus dieser Zeit benötigen, kommt Ihnen der Fund der Dias gerade recht. Auf die Frage nach der

Herkunft der Bilder erklärt Ihnen der Standbesitzer, wer Urheber der Fotos sei, das wisse er auch nicht, es handele sich um einen Dachbodenfund in einem Haus, das abgerissen werden sollte. Die Dias wolle wohl keiner mehr haben, damit könnten Sie machen, was Sie wollen. – Stimmt das?

Keine Nutzung ohne Zustimmung des Urhebers

Zunächst einmal gilt natürlich der Grundsatz: »Wo kein Kläger, da kein Richter«. Die Möglichkeit, dass jemand nach den Dias sucht oder diese als seine eigenen Fotos in Ihrem Buch entdeckt, mag vielleicht gering sein, und solange sich niemand als Urheber der Dias meldet, wird es auch keine Probleme geben. Wenn sich aber nach der Veröffentlichung Ihres Buches plötzlich doch ein Urheber oder dessen Erbe meldet und seine Rechte nachweist, haben Sie ein ernsthaftes Problem. Denn die Urheberrechtsverletzung ist mit der Veröffentlichung der Fotos zweifelsfrei begangen, und der Urheber kann alle möglichen rechtlichen Maßnahmen gegen Sie und den Buchverlag einleiten. Welche Maßnahmen im Einzelnen dem verletzten Urheber zustehen, erfahren Sie in Kapitel 7, »Rechte schützen«. Es wird jedenfalls im Zweifel teuer und unangenehm, und es wird Ihnen in diesem Fall auch nichts helfen, wenn Sie nachweisen können, dass Sie sich beim Standbesitzer erkundigt haben, ob der Urheber bekannt ist, und gegebenenfalls noch weitere Erkundigungen vorgenommen haben. Denn auch wenn Sie sich sorgfältig und nachhaltig um eine Aufklärung der Urheberschaft bemüht haben, bleibt die Nutzung fremder Bilder ohne Zustimmung des Urhebers in jedem Fall eine Urheberrechtsverletzung.

[!]

Vorsicht bei der Nutzung verwaister Bilder

Auch wenn man, im Ergebnis erfolglos, sorgfältig nach dem unbekannten Urheber geforscht und alle zumutbaren Anstrengungen unternommen hat, den Urheber ausfindig zu machen, ist die Veröffentlichung verwaister Fotos eine Urheberrechtsverletzung.

Andere Länder sind hier weiter

Während es in einigen anderen Ländern, wie z. B. Kanada, schon länger Regeln gab, wie man mit verwaisten Werken umgeht, gab es in Deutschland lange überhaupt keine gesetzliche Regelung dafür. In Kanada muss man beispielsweise eine Lizenzgebühr an eine staatliche Treuhandstelle zahlen, und diese Gebühr fließt dann dem Urheber zu, sollte dieser sich melden und sein Urheberrecht darlegen und beweisen.

EU-Richtlinie zu verwaisten Werken

Auf Basis einer EU-Richtlinie vom 25.10.2012 (EU-RiLi 2012/28) hat der deutsche Gesetzgeber zwar zwischenzeitlich die Behandlung von verwaisten Werken in § 61 bis 61c UrhG für einen ganz bestimmten Bereich gesetzlich geregelt, einzelne Fotografen, die verwaiste Werke verwerten möchten, sind jedoch hiervon nicht umfasst. Danach gilt Folgendes:

Privilegien nur für öffentliche Sammlungen

Für verwaiste Werke aus Sammlungen von öffentlichen Bibliotheken, Bildungseinrichtungen, Museen, Archiven und Einrichtungen im Bereich des Film- und Tonerbes (archivierende Kulturinstitute) ist gemäß § 61–61c UrhG lediglich eine Vervielfältigung und öffentliche Zugänglichmachung erlaubt, sofern zuvor eine ebenso sorgfältige wie überaus komplexe Suche nach dem Urheber durchgeführt wurde, bei der mindestens die in einer umfangreichen Anlage zu § 61a UrhG genannten Quellen konsultiert wurden und gleichwohl der Urheber letztlich nicht zu ermitteln war.

Wird aber der Rechteinhaber (Urheber) nachträglich festgestellt, sind weitere Nutzungshandlungen sofort zu unterlassen, sobald die nutzende Institution hiervon Kenntnis erlangt. Gleichzeitig hat der Urheber gegen die nutzende Institution einen Anspruch auf Zahlung einer angemessenen Vergütung für die bis dahin erfolgte Nutzung (§ 61b UrhG).

Orphan Works Database

Zwischenzeitlich gibt es auch ein europaweites Register, die *Orphan Works Database* (Datenbank verwaister Werke), die vom Amt der Europäischen Union für geistiges Eigentum (EUIPO) in Alicante/Spanien geführt wird.

Die Thematik verwaister Werke soll an dieser Stelle jedoch nicht weiter ausgeführt werden; als Leser dieses Buches dürften Sie ohnehin von den gesetzlichen Bestimmungen in § 61 bis 61c UrhG wohl nur in den seltensten Fällen (z. B. als Inhaber einer Bibliothek oder eines Bilderarchivs) erfasst sein. Und für ein paar Zufallsfunde an fotografischen Werken ohne Urheberhinweis (siehe das Beispiel vom Flohmarkt) würden Sie sich wohl kaum der zeitlich und finanziell aufwendigen Recherche aussetzen, eine Vielzahl von Bibliotheken, Sammlungen, Archiven etc. anzuschreiben, um herauszufinden, ob sich der Urheber feststellen lässt. Ebenso wenig wird ein einzelner Fotograf, schon gar nicht aus dem Amateur- oder semiprofessionellen Bereich, für die Nutzung derartiger Werke eine Lizenzgebühr zahlen wollen. Sollten Sie gleichwohl an diesem Verfahren interessiert sein, verweise ich Sie auf § 61a UrhG und die dazugehörige Anlage am Ende des Gesetzestextes des UrhG.

Keine Veränderung für den »normalen« Fotografen

Für den Fotografen bleibt es deshalb bei dem oben Gesagten, dass die Verwertung verwaister oder anonymer Werke eine Urheberrechtsverletzung darstellt und teuer werden kann, wenn sich der Urheber meldet und seine Rechte nachweisen kann.

Das Recht auf Namensnennung (§ 13 UrhG) | Zu den Urheberpersönlichkeitsrechten gehört auch der einklagbare Anspruch, dass der Name des Fotografen bei einer Veröffentlichung seines Bildes genannt wird. Auch wenn man leider immer wieder Bildveröffentlichungen ohne Namensnennung des Fotografen in den Medien findet, ist diese Praxis gesetzeswidrig und damit eine Verletzung der Rechte des Fotografen, sofern nicht im Einzelfall ein Verzicht des Fotografen auf Namensnennung erklärt wurde.

[!]

Anerkennung der Urheberschaft durch Namensnennung

Der Urheber hat nach § 13 UrhG das Recht auf Anerkennung seiner Urheberschaft am Werk. Er kann bestimmen, ob das Werk mit einer Urheberbezeichnung versehen und welche Bezeichnung verwendet werden soll.

Art der Nennung

In Bildbänden findet man gelegentlich unmittelbar unter den Fotografien den Namen des Fotografen. Üblicher ist jedoch eine Nennung des Fotografen im Impressum oder in einem Anhang, bei Aufnahmen mehrerer Fotografen werden richtigerweise den einzelnen Fotografen die Bildnummern oder Seitennummern, auf denen ihre Fotografien abgedruckt sind, zugeordnet.

Recht auf Anonymität

Ob der Fotograf allerdings sein Recht aus § 13 UrhG in Anspruch nimmt, steht in seiner alleinigen Entscheidungskompetenz. Keineswegs ist ein Urheber verpflichtet, sich selbst als Urheber einer Fotografie namentlich zu benennen. Insoweit gibt es für den Urheber ein Recht auf Anonymität oder auch auf Verwendung eines Pseudonyms, was sich unmittelbar aus dem Wortlaut des § 13 UrhG ergibt.

Der Wunsch, als Fotograf anonym zu bleiben, dürfte allerdings schon aus Gründen der Eigenwerbung eher die Ausnahme als die Regel sein. In der Regel ist die Veröffentlichung von Fotos für den Fotografen ein nicht zu unterschätzendes Marketinginstrument. Nur durch Veröffentlichungen wird der Fotograf schließlich einem breiten Personenkreis erst bekannt.

Nicht selten findet man in Büchern, Zeitschriften oder auf Websites Fotos wie das in Abbildung 1.5 gezeigte mit einem Titel oder einer Beschreibung, aber ohne jeglichen Hinweis auf den Urheber. Das ist der klassische Fall des Verstoßes gegen § 13 UrhG, sofern der Urheber nicht ausdrücklich auf sein Namensrecht verzichtet hat oder es in seltenen Fällen einen sogenannten *Handelsbrauch* darstellt, den Urheber nicht zu benennen. In den Ausnahmefällen weiß aber der Fotograf in aller Regel, worauf er sich einlässt, und akzeptiert dies ausdrücklich oder stillschweigend.

◀ **Abbildung 1.5**
Landschaft bei Mandas/Sardinien – ohne Namensnennung des Urhebers ist die Nutzung in aller Regel ein Verstoß gegen § 13 UrhG.

Urhebervermutung

Die Namensnennung hat auch einen ganz praktischen Vorteil: Wer auf oder im Zusammenhang mit einem Foto als Urheber genannt ist, gilt bis zum Beweis des Gegenteils als der Urheber der Aufnahme (Urhebervermutung), was sich aus § 10 UrhG ergibt, den Sie bereits im Zusammenhang mit der Betrachtung des Copyright-Vermerks kennengelernt haben. Es ist also durchaus vorteilhaft und deshalb auch dringend zu empfehlen, sich als Urheber zu erkennen zu geben, wenn nicht im Einzelfall gewichtige Gründe dagegensprechen.

[zB] In einer Entscheidung vom 17.06.2014 (410 C 300/13) hat das Amtsgericht Kassel festgestellt, dass das Urheberpersönlichkeitsrecht nicht durch die Vergabe von Nutzungsrechten untergeht. Das bedeutet, dass auch in dem Fall, dass der Fotograf durch Vertrag seine eigenen Verwertungsrechte aufgibt und einem anderen die Nutzungsrechte an seinen Fotos überträgt, immer das Recht behält, bei der Veröffentlichung des Fotos als Urheber genannt zu werden. Es sei denn – wie bereits gesagt –, ein Verzicht auf die Namensnennung wurde zwischen dem Fotografen und dem Lizenznehmer ausdrücklich vereinbart. Im genannten Fall wurde dem Kläger ein Schadensersatzanspruch in Höhe der zu zahlenden Lizenzgebühren zugesprochen, und zwar mit dem hundertprozentigen *Verletzerzuschlag*. Da der Kläger die Fotos für einen Betrag von 620,00 € verkauft hatte, sprach das Gericht ihm einen Schadensersatz in Höhe von 1.240,00 € zu.

Gleichwohl weigern sich Zeitschriftenverlage häufig, den Namen des Bildautors zu nennen, und untertiteln die Fotos hartnäckig mit dem Hinweis »Archivfoto« o. Ä. Dies ist mangels anderweitiger Vereinbarung mit dem Fotografen ein eindeutiger Verstoß gegen urheberrechtliche Vorschriften.

Das Kölner »Pixelio-Urteil«

Zu der Frage, wie weit bei einer Internetnutzung das Recht auf Namensnennung reicht, hat das Landgericht Köln im Zusammenhang mit dem Stockfoto-Portal Pixelio ein ebenso aufsehenerregendes wie praxisfernes Urteil zu § 13 UrhG gefällt, das in weiten Teilen der Fachwelt für große Verwirrung gesorgt hat (Urteil vom 31.01.2014 – 14 O 427/13). Was war geschehen?

Ein von Pixelio heruntergeladenes Foto eines Hobbyfotografen war, mit dem Urhebervermerk versehen, auf einer Website eingestellt und dort zur Illustration eines Artikels verwendet worden. Beim Direktaufruf der Seite war der Hinweis auf den Urheber auch eindeutig zu sehen, nicht jedoch, wenn mit dem Klick der rechten Maustaste auf das Foto dieses isoliert unter der Bild-URL geöffnet wurde. Die Kölner Richter waren jedoch der Meinung, dass in jedem Verwendungsfall die Lizenzbedingungen von Pixelio anzuwenden seien, und erließen gegen den Verwender des Fotos eine einstweilige Verfügung, mit der Verpflichtung, die öffentliche Zugänglichmachung zu unterlassen. Dabei bezieht sich das LG auf die Nutzungsbedingungen von Pixelio, die in der hier relevanten Passage lauten:

> *»Der Nutzer hat in der für die jeweilige Verwendung üblichen Weise und soweit technisch möglich am Bild selbst oder am Seitenende PIXELIO und den Urheber mit seinem beim Upload des Bildes genannten Fotogra-*

fennamen bei PIXELIO in folgender Form zu nennen: ›© Fotografenname / PIXELIO‹.«

Diese Bedingungen, so das Gericht in seiner Urteilsbegründung, seien nicht eingehalten worden. Der Urheber müsse auf *sämtlichen Seiten und Nebenseiten* der Website angegeben werden, und zwar auch dann, wenn das Foto unter einer eigenen URL angezeigt werde.

Demgegenüber wurde es bis dahin in der Praxis als ausreichend angesehen, wenn die von Pixelio nach den Nutzungsbedingungen geforderte Angabe entweder direkt im bzw. unter dem Bild, am oberen Rand der entsprechenden Seite oder im Impressum der Website erfolgte. Die Forderung des LG Köln lässt sich dagegen in der Praxis kaum realisieren. In der Berufungsinstanz vor dem OLG Köln (6 U 25/14) hatte diese Entscheidung des LG Köln deshalb auch keinen Bestand. Auf den Hinweis des OLG in der mündlichen Verhandlung am 15.08.2014, dass die einstweilige Verfügung aufzuheben sei, nahm der Kläger seinen Antrag auf Erlass der einstweiligen Verfügung zurück, sodass es zu einer Entscheidung des OLG in der Sache gar nicht mehr kam.

Urhebernennung auf der Website reicht aus

Das OLG vertrat in der mündlichen Verhandlung die Auffassung, dass zwar in jedem Fall eine Urheberbenennung nach § 13 UrhG zu erfolgen habe, es dabei jedoch ausreiche, wenn dies auf der Website erfolge. Die Tatsache, dass sich ein Foto auch über die Bild-URL aufrufen lässt, sei – so das Gericht – keine urheberrechtlich relevante Nutzung, sondern lediglich eine technische Begleiterscheinung des Internets.

Damit hat das OLG Köln ein völlig praxisfernes Urteil der Vorinstanz bedeutungslos gemacht und die bis dahin geltende Praxis bestätigt. Dass der Hobbyfotograf damit alle Kosten des Verfahrens zu tragen hatte und außerdem von Pixelio ausgeschlossen wurde, weil sich diese Plattform von seinem Vorgehen ausdrücklich distanziert hatte, war dann nur noch eine Randerscheinung.

[!]

Urhebernennung auf der Website reicht aus

Bei Benutzung eines fremden Fotos auf einer Website reicht es für die korrekte Namensnennung des Urhebers aus, dass diese auf der Website am Bild selbst oder im Impressum erfolgt. Eine Nennung des Urhebers auch auf allen Unter- oder Nebenseiten ist nicht erforderlich!

Generelles Änderungsverbot

Entstellung des Werkes (§ 14 UrhG) | Das Urheberrecht geht von einem generellen Änderungsverbot aus, das seine Begründung darin hat, dass mit jeder Veränderung des Bildes auch die Bildaussage verändert wird. Der Fotograf allein bestimmt den Bildinhalt, die Art der Darstellung, die Wahl der Farben, kurzum: jedes gestalterische Detail seines Bildes. Der Fotograf ist Herr seines Bildes und wird deshalb darin geschützt, dass seine Fotografie exakt so in der Öffentlichkeit präsentiert wird, wie er sie hergestellt und zur Veröffentlichung bestimmt hat. Jede nachträgliche Veränderung verletzt deshalb die Unversehrtheit der künstlerischen Schöpfung. Dabei ist es natürlich völlig gleichgültig, ob von der Allgemeinheit die Fotografie nach der Entstellung möglicherweise als besser gelungen empfunden wird als das Original.

Bearbeitungen und Umgestaltungen, die keine Entstellung der Fotografie darstellen, sind dagegen in § 23 UrhG geregelt und werden an späterer Stelle in diesem Kapitel (siehe den Abschnitt »Die Bearbeitung von Bildern (§ 23 UrhG)« in Abschnitt 1.2.2) behandelt.

[!]

Schutz der Unversehrtheit des Kunstwerkes
Zum Schutz der Unversehrtheit des Kunstwerkes regelt § 14 UrhG, dass der Fotograf jegliche Entstellungen oder andere Beeinträchtigungen verbieten kann, die seine berechtigten geistigen oder persönlichen Interessen an seinem Bild gefährden könnten.

Werden etwa die Farben eines Bildes verändert, die für die Bildaussage wesentlich sind, werden bildbestimmende Teile entfernt oder wird der Bildausschnitt so verändert, dass eine ganz andere Bildaussage entsteht, sind dies Entstellungen oder Beeinträchtigungen, die § 14 UrhG umfasst.

»Petite Jacqueline«

Im Jahr 1971 hat der BGH (Urteil vom 05.03.1971 – I ZR 94/69 – »Petite Jacqueline«) entschieden, dass ein Bildausschnitt in der Regel eine Entstellung des Ursprungsfotos darstellt. Ein renommierter Berufsfotograf hatte von einem jungen Mädchen namens »Jacqueline« ein Foto hergestellt, das überall große Beachtung fand und prämiert wurde. Ein Buchverlag hat von diesem Foto die Augenpartie ausgeschnitten und den so gewonnenen Ausschnitt als Motiv auf dem Buchumschlag einer seiner Publikationen verwendet. Darin hat der BGH eine zum Schadensersatz verpflichtende Entstellung des Werkes gesehen.

Entsprechend dieser Rechtsprechung des BGH ist die Reduktion des Porträts in Abbildung 1.6 auf den Ausschnitt der Augenpartie, wie in Abbildung 1.7 zu sehen, eine Entstellung nach § 14 UrhG und damit ein eindeutiger Verstoß gegen das Urheberpersönlichkeitsrecht. Dies gilt natürlich auch dann, wenn man an der Fotografie aus Abbildung 1.6 die uneingeschränkten Nutzungsrechte erworben hat. Denn diese schließen niemals das Recht ein, derartige Entstellungen vorzunehmen.

Ein weiteres Beispiel ergibt sich aus Abbildung 1.8. Gegenüber dem linken Bild wurde im rechten das hauptsächliche Bildelement, die Skulptur, entfernt und damit das Foto auf eine mehr oder weniger leere Parklandschaft reduziert. Damit erhält das Bild eine völlig andere Aussage, eine Entstellung nach § 14 UrhG liegt hier zweifelsohne vor.

◂ **Abbildung 1.6**
Dies ist Max, das Patenkind des Autors. Wenn es auch kein prämiertes Bild ist, wie im Fall von »Petite Jacqueline«, so ist es doch ein Porträt.

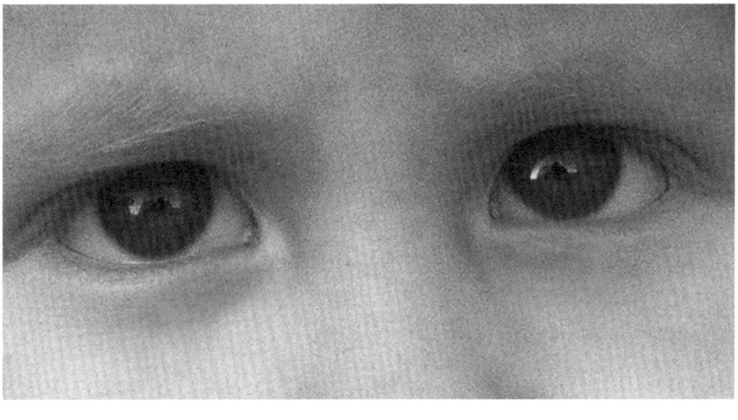

◂ **Abbildung 1.7**
Dies ist die Augenpartie von Max, entsprechend der Entstellung, die Gegenstand der beschriebenen BGH-Entscheidung gewesen ist.

Abbildung 1.8 ▶
Das Hauptmotiv im linken Bild wurde im rechten Bild entfernt.

Auch der Kontext ist wichtig

Eine Beeinträchtigung eines Fotos, also eine Veränderung, Verzerrung oder Verfälschung der Werkaussage, kann auch vorliegen, wenn das Foto selbst zwar nicht verändert wird, aber zum Beispiel die künstlerische und ästhetische Aussage einer Fotografie dadurch beeinträchtigt wird, dass das Foto in einem Zusammenhang gezeigt wird, der die Aussage und die Botschaft, die von der Fotografie ausgehen soll, konterkariert.

1.2.2 Verwertungsrechte des Urhebers

Alle im Folgenden detailliert behandelten Verwertungsrechte, die in § 15 UrhG aufgezählt sind, können aufgrund der Vertragsfreiheit durch Vertrag auf eine oder mehrere andere Personen übertragen werden. Ich möchte Sie an dieser Stelle auf die Notwendigkeit schriftlicher Vereinbarungen, um Rechtsklarheit zu schaffen, erneut ausdrücklich hinweisen. Ebenso können Verwertungsrechte in eingeschränkter Form übertragen werden, etwa durch zeitliche Beschränkungen oder Beschränkung auf bestimmte Arten der Nutzung, zum Beispiel nur für einen Zeitungsartikel.

Zentrales Recht des Urhebers

Das Vervielfältigungsrecht (§ 16 UrhG) | Die Vervielfältigung eines urheberrechtlich geschützten Werkes steht nach § 16 UrhG ausschließlich dem Urheber zu. Sie ist das zentrale Recht des Urhebers. Alle anderen Verwertungshandlungen – egal, ob es sich um Verbreitung, Ausstellung, Vorführung oder öffentliche Zugänglichmachung handelt – schließen häufig eine Vervielfältigung ein.

Der Begriff der *Vervielfältigung* umfasst alle denkbaren Arten der Vervielfältigung, unabhängig von ihrem Verfahren und ihrer Anzahl, analog oder digital, zum Beispiel Abzüge und Scans der Originaldatei, das Abfotografieren einer Fotografie, Kopien in jeglicher Form, aber auch das Herunterladen aus dem Internet. Auch die Vervielfältigung einer Kopie fällt unter § 16 UrhG, sodass nicht zwangsläufig eine Vervielfältigung unmittelbar vom Original vorliegen muss.

[§]

§ 16 UrhG – das Vervielfältigungsrecht

»(1) Das Vervielfältigungsrecht ist das Recht, Vervielfältigungsstücke des Werkes herzustellen, gleichviel, ob vorübergehend oder dauerhaft, in welchem Verfahren und in welcher Zahl.

(2) Eine Vervielfältigung ist auch die Übertragung des Werkes auf Vorrichtungen zur wiederholbaren Wiedergabe von Bild- und Tonfolgen (Bild- oder Tonträger), gleichviel, ob es sich um die Aufnahme einer Wiedergabe des Werkes auf einem Bild- oder Tonträger oder um die Übertragung des Werkes von einem Bild- oder Tonträger auf einen anderen handelt.«

Der BGH hat schon in einem Urteil vom 18.05.1955 (I ZR 8/54) festgestellt, dass Vervielfältigung jede körperliche Festlegung des Werkes ist, die dazu geeignet ist, das Werk den menschlichen Sinnen auf irgendeine Weise mittelbar oder unmittelbar wahrnehmbar zu machen. Ein Werk kann dabei auf vielerlei Arten vervielfältigt werden, mit welcher Technik, nach welchem Verfahren und mit welchem Material dies geschieht, ist ebenso wenig relevant wie eine Größenänderung. Es muss sich nicht genau um eine 1:1-Wiedergabe handeln.

Das Abfotografieren oder Abfilmen eines urheberrechtlich geschützten Fotos ist deshalb als Vervielfältigungshandlung ebenso anerkannt wie das Abmalen, das Nachbilden etc. Unerheblich ist dabei, dass die fotografische Wiedergabe nur zweidimensional ist, während das geschützte Werk vielfach dreidimensional sein wird.

[!]

Fotografieren heißt vervielfältigen

Das Fotografieren von zwei- und dreidimensionalen Kunstwerken ist nach der höchstrichterlichen Rechtsprechung eine Vervielfältigung.

Gesetzliche Schranken des Vervielfältigungsrechts | Von dem Grundsatz, dass das Vervielfältigungsrecht bezüglich einer Fotografie ausschließlich dem Fotografen als Urheber zusteht, gibt es jedoch in §§ 44a bis 63 UrhG eine Reihe von Ausnahmen, da auch für Urheberrechte gilt, dass diese nicht absolut sind, sondern einer Sozialbindung unterliegen.

[+]

Tipp: Sozialbindung
Der Begriff *Sozialbindung*, entwickelt am Eigentum, dessen Nutzung sich am Gemeinwohl zu orientieren hat, bedeutet hier, dass auch das Urheberrecht durch höherwertige Rechte oder durch das Gemeinwohl eingeschränkt sein kann.

Soweit diese Einschränkungen für Fotografen von Bedeutung sind, gehe ich darauf in den folgenden Abschnitten und an entsprechenden weiteren Stellen in diesem Buch näher ein.

Rechtspflege und öffentliche Sicherheit (§ 45 UrhG) | Nach § 45 UrhG ist es zulässig, einzelne Vervielfältigungsstücke von Werken zur Verwendung in Verfahren vor einem Gericht, einem Schiedsgericht oder einer Behörde herzustellen oder herstellen zu lassen. Gerichte und Behörden dürfen für Zwecke der Rechtspflege und der öffentlichen Sicherheit Bildnisse (hierunter versteht man ausschließlich Personenaufnahmen, niemals Objektaufnahmen) vervielfältigen oder vervielfältigen lassen. Unter den gleichen Voraussetzungen wie die Vervielfältigung sind auch die Verbreitung, öffentliche Ausstellung und öffentliche Wiedergabe der Werke zulässig. Der Gesetzestext dürfte hier selbsterklärend und der Inhalt nachvollziehbar sein.

Im Falle höherwertiger Interessen im Rahmen der Rechtspflege und im Hinblick auf die öffentliche Sicherheit können das Vervielfältigungs-, das Verbreitungs- und auch das Ausstellungsrecht des Fotografen eingeschränkt sein (§ 45 UrhG).

Kein Fotograf wird ernsthaft daran denken, rechtliche Schritte gegen die Strafverfolgungsbehörden einzuleiten, wenn diese ein von ihm hergestelltes Porträtfoto ohne seine Zustimmung als Fahndungsfoto vervielfältigt und verbreitet haben.

Berichterstattung über Tagesereignisse (§ 50 UrhG) | Für Amateurfotografen vermutlich kaum von Bedeutung, für den Pressefotografen jedoch durchaus erheblich ist die gesetzliche Regelung des § 50 UrhG, die eine Vervielfältigung von Werken zum Zwecke der Berichterstattung über Tagesereignisse zulässt.

[§]

§ 50 UrhG – Berichterstattung über Tagesereignisse
»Zur Berichterstattung über Tagesereignisse durch Funk oder durch ähnliche technische Mittel, in Zeitungen, Zeitschriften und in anderen Druckschriften oder sonstigen Datenträgern, die im Wesentlichen Tagesinteressen Rechnung tragen, sowie im Film ist die Vervielfältigung,

Verbreitung und öffentliche Wiedergabe von Werken, die im Verlauf dieser Ereignisse wahrnehmbar werden, in einem durch den Zweck gebotenen Umfang zulässig.«

Mit dieser Regelung wird dem Grundrecht der Pressefreiheit nach Art. 5 GG Rechnung getragen. Diese Abgrenzung zwischen dem Urheberrecht auf der einen Seite und dem berechtigten Informationsbedürfnis der Allgemeinheit oder Teilen davon auf der anderen Seite wird an mehreren Stellen im Gesetz vorgenommen und findet sich auch immer wieder in Gerichtsentscheidungen. Sofern ein legitimes Interesse der Öffentlichkeit an Information besteht, muss nach einer entsprechenden Interessenabwägung, die im Streitfall von den Gerichten vorgenommen wird, im Einzelfall der Urheberrechtsschutz gegebenenfalls zurücktreten. Meist kommt dies im Zusammenhang mit Fotos von Personen vor, mit denen wir uns in Kapitel 3, »Menschen«, ausführlich befassen werden. Aber auch in der gegenständlichen Fotografie kann es Situationen geben, in denen ein Werk fotografiert und somit vervielfältigt und rechtmäßig ohne Zustimmung des Urhebers veröffentlicht wird, wenn dies zur Berichterstattung über Tagesereignisse erforderlich ist, zum Beispiel bei einem Bericht über gestohlene Kunstgegenstände.

Berichterstattung über Tagesereignisse

Entscheidend ist allerdings, dass es sich um *Berichterstattung über Tagesereignisse* handeln muss. Darunter versteht man jedes aktuelle Geschehen, das für die Öffentlichkeit von Interesse ist. Wie schon im Zusammenhang mit dem Begriff *Veröffentlichung* erläutert, ist es nicht erforderlich, dass die gesamte Öffentlichkeit angesprochen wird, es reichen auch Teile davon. Wann ein Ereignis noch aktuell ist, richtet sich dabei zum einen danach, ob die Öffentlichkeit die Berichterstattung noch als aktuell, also als Gegenwartsberichterstattung, empfindet, zum anderen aber auch danach, in welchem zeitlichen Rhythmus das Medium erscheint. An eine nur wöchentlich oder gar monatlich erscheinende Publikation werden hinsichtlich der Aktualität andere Anforderungen gestellt als an eine Tageszeitung.

Werden zum Beispiel Fotos einer Ausstellung fotografiert und die so gemachten Fotografien später im Zusammenhang mit einem Pressebericht über diese Ausstellung veröffentlicht, ist das Vervielfältigen und Veröffentlichen der Fotos ohne Zustimmung des Urhebers zwar eigentlich eine Verletzung der Urheberrechte, in diesem Fall jedoch von § 50 UrhG gedeckt, da die Berichterstattung über eine Ausstellung, ohne dazu jedoch einige Bilder zeigen zu dürfen, nicht in vernünftiger Weise erfolgen könnte. Wäre dagegen eine ordnungsgemäße Berichterstattung auch ohne die Abbildung ausgestellter Fotos möglich, ginge im Zweifel das Urheberrecht vor. Dies ergibt sich unmittelbar aus der Vorschrift des § 50 UrhG, wonach nur die Vervielfältigung »in einem durch den Zweck gebotenen Umfang« zulässig ist. Grundsätzlich ist jedoch im Rahmen der Vervielfältigung nach § 50 UrhG eine deutliche Quellenangabe erforderlich.

[!]

Quellenangabe erforderlich
Derjenige, der eine Fotografie zum Beispiel im Rahmen seiner Berichterstattung vervielfältigt, muss die Fundstelle und den vollständigen Namen des Fotografen deutlich angeben, es sei denn, die Quelle ist auf der Fotografie nicht erkennbar und dem zur Vervielfältigung Berechtigten auch nicht bekannt. Diese Verpflichtung ergibt sich aus § 63 UrhG.

Zitate (§ 51 UrhG) | Nach § 51 UrhG dürfen bereits veröffentlichte Werke ganz oder teilweise zitiert und damit vervielfältigt werden.

Zulässig sind die Vervielfältigung, Verbreitung und öffentliche Wiedergabe eines veröffentlichten Werkes zum Zwecke des Zitats, sofern die Nutzung in ihrem Umfang durch den besonderen Zweck gerechtfertigt ist. Zulässig ist dies insbesondere, wenn einzelne Werke nach der Veröffentlichung in ein selbstständiges Werk zur Erläuterung des Inhalts aufgenommen werden oder Stellen eines Werkes nach der Veröffentlichung in einem selbstständigen Sprachwerk (dies sind alle Werke, bei denen der geistige Gehalt durch die Mittel einer Sprache bestimmt wird) angeführt werden (§ 51 UrhG).

Ähnlich wie beim Zitieren fremder Textpassagen besteht auch die Möglichkeit, Fotografien oder Filmausschnitte zu zitieren. Allerdings ist es nach der Rechtsprechung des OLG Hamburg (Urteil vom 25.02.1993 – 3 U 183/92) erforderlich, dass zwischen dem eigenen Werk und der Fotografie eine innere Verbindung hergestellt wurde. Dem zitierten (fremden) Foto muss eine Belegfunktion zukommen, oder das Foto muss als Erörterungsgrundlage für die eigenen Ausführungen dienen.

Groß- und Kleinzitat

Man unterscheidet bei Zitaten das *Großzitat*, d. h. das Zitieren eines ganzen Textes oder Bildes, vom *Kleinzitat*, also dem ausschnittsweisen Zitieren. Bei einer Fotografie ist in der Regel die ausschnittsweise Veröffentlichung unüblich und meist wegen verbotener Entstellung nach § 14 UrhG auch nicht erlaubt, sodass es sich in den meisten Fällen um ein Großzitat handeln wird, während beim Film eher ein Ausschnitt zum Zitieren verwendet wird, also meist ein Kleinzitat vorliegt.

Auch beim Zitierrecht – egal, ob Groß- oder Kleinzitat – ist jedoch die Einschränkung zu beachten, dass fremde Werke nur insoweit zitiert werden dürfen, als dies in ihrem Umfang durch den besonderen Zweck gerechtfertigt ist. Es muss also auch hier geprüft werden, ob die Darstellung des zitierten Werkes tatsächlich erforderlich ist oder ob dies nur zu Illustrationszwecken geschieht. Es muss nach der Rechtsprechung stets ein allgemeines Informationsbedürfnis an dem Zitat bestehen. Ein Zitat liegt dann nicht vor, wenn das fremde Bild lediglich ein fehlendes eigenes Bild ersetzt oder lediglich als Illustration dient.

Quelle nennen!

Wie bei einem Textzitat ist natürlich auch bei einem Bildzitat unbedingt zu beachten, dass der Urheber und die Quelle, der man das Zitat entnommen hat, genannt werden (§ 63 UrhG).

[zB]

In einem Fall, der zur Verdeutlichung des Zitierrechts kurz dargestellt werden soll, hatte das OLG Hamburg (Urteil vom 27.07.1989 – 3 U 29/89) den Fall zu entscheiden, dass ein Zeitschriftenverlag sieben Fotos einem Bildband entnommen und neben einem auf diesen Fotoband eingehenden Text (Rezension) auf einer Doppelseite der von ihr verlegten Zeitschrift veröffentlichte. Der Fotograf als Kläger sah sein Urheberrecht verletzt, der Verlag berief sich dagegen auf sein Zitierrecht.

Das OLG Hamburg hat der Klage des Fotografen aus mehreren Gründen stattgegeben. Zum einen hat das Gericht darauf hingewiesen, dass es sich wegen des Abdrucks der ganzen Bilder um ein Großzitat handelte, das nur im Rahmen wissenschaftlicher Werke zulässig sei, ein wissenschaftliches Werk allerdings bei der Zeitung der Beklagten eindeutig nicht vorliege. Zum anderen hat das Gericht in diesem Fall der Abbildung der Fotos, die mehr oder weniger beiläufigen Inhalts seien, jegliches allgemeine Informationsbedürfnis abgesprochen. Schließlich hat das OLG angemerkt, dass es zur Erläuterung des Textes nicht erforderlich gewesen sei, gleich sieben Fotos zu verwenden, vielmehr hätte man auch ein oder zwei exemplarische Fotos auswählen können.

Anders wurde vom LG Berlin (Urteil vom 26.05.1977 – 16 S 6/76) entschieden, das sich mit folgendem Fall zu befassen hatte: Der Kläger, ein Fotograf von einigen Bildern von Beteiligten des Prozesses um die Befreiung des Terroristen Andreas Baader, hatte dem Wochenmagazin »Der Spiegel« die Genehmigung erteilt, diese Bilder im Zusammenhang mit einem Artikel zu veröffentlichen. Das ZDF beschäftigte sich dann mit diesem Artikel und kritisierte ihn dahingehend, das Magazin »Der Spiegel« habe der »Baader-Meinhof-Bande« einen zu breiten Raum in der Berichterstattung eingeräumt. Für den Beitrag und die Untermauerung seiner Behauptung hatte das ZDF den Artikel und die darin enthaltenen Fotos ohne Zustimmung des Fotografen abgefilmt, der Fotograf hat das ZDF daraufhin auf Schadensersatz verklagt.

Das LG Berlin hat in diesem Fall ein zulässiges Zitat angenommen und die Klage des Fotografen abgewiesen, da es zur Begründung der vom ZDF aufgestellten These, der »Baader-Meinhof-Bande« werde ein zu großer Raum der Berichterstattung eingeräumt, erforderlich gewesen sei, den Artikel gemeinsam mit den Fotos zu zeigen. Ein weiteres Argument des Gerichts war, dass der Bericht des ZDF eine kritische Auseinandersetzung mit dem Artikel im Magazin »Der Spiegel« darstelle.

[!]

Großzitat
Nach dem Wortlaut des § 51 UrhG ist ein Großzitat, und damit die Wiedergabe eines ganzen Bildes, nur im Rahmen wissenschaftlicher Werke zulässig. Der Begriff des »wissenschaftlichen Werkes« wird jedoch relativ weit ausgelegt und umfasst auch solche Werke, die der kulturellen Entwicklung im weitesten Sinne dienen. Dazu gehören auch Werke der Populärwissenschaft, nicht jedoch Werke, die zum Beispiel lediglich der Unterhaltung dienen.

Vervielfältigungen zum privaten Gebrauch (§ 53 UrhG) | Das dem Urheber zustehende Vervielfältigungsrecht wird darüber hinaus durch § 53 UrhG insoweit beschränkt, als eine Vervielfältigung eines Werkes durch eine natürliche Person zum privaten Gebrauch auf beliebigen Trägern (also analog und digital) dann zulässig ist, wenn sie keinen Erwerbszwecken dient (sogenannte *Privatkopieschranke*). Es darf dabei allerdings keine Vorlage verwendet werden, die ihrerseits offensichtlich rechtswidrig entweder hergestellt oder öffentlich zugänglich gemacht wurde.

Für den Fotografen ist vor allem § 53 Abs. 1 UrhG interessant. Die weiteren und sehr umfangreichen Regelungen des § 53 UrhG in den folgenden Absätzen 2 bis 7 beziehen sich eher auf Schrift- und Musikwerke und sind für Fotografen allenfalls von untergeordnetem Interesse und von geringer praktischer Bedeutung. Deshalb werde ich darauf nicht näher eingehen.

Wichtig an der Regelung in § 53 Abs. 1 UrhG sind zwei Punkte:

- Nur eine natürliche Person, also kein Unternehmen und keine Körperschaft, ist berechtigt, Vervielfältigungen zum privaten Gebrauch herzustellen.
- Vervielfältigungen dürfen nur von einem Original, nicht also von Raubkopien oder ansonsten unrechtmäßig hergestellten Vervielfältigungen oder von einem Original, das rechtswidrig veröffentlicht wurde, gefertigt werden.

Bei der Frage des privaten Gebrauchs nimmt die Rechtsprechung eine sehr enge Auslegung vor, damit durch § 53 UrhG der Urheberschutz nicht unterlaufen werden kann.

[zB]

So hat der BGH in seiner Entscheidung vom 26.06.1993 (I ZR 148/91), bei der es um Kopien von Dias ging, den Privatgebrauch verneint: Ein Theaterregisseur hatte sich in einem unbewachten Moment in den Besitz von 36 Dias einer Theaterfotografin gebracht und ließ von 18 der Dias Duplikate herstellen. Die Dias waren von Produktionen des Regisseurs angefertigt worden, und der Regisseur vertrat in dem Rechtsstreit, in dem die Theaterfotografin Schadensersatz verlangte, die Auffassung, er habe die Dias aus rein persönlichen Gründen zur Erinnerung kopiert, aus beruflichen Gründen sei er auf die Dias gar nicht angewiesen, da er seine Produktionen selbst durch Skizzen, Zeichnungen und Fotos ausreichend dokumentiert habe.

Der BGH begründete die Ablehnung eines privaten Gebrauchs damit, dass von einem Privatgebrauch dann nicht mehr gesprochen werden könne, wenn die Diaduplikate – jedenfalls auch – für berufliche Zwecke gefertigt wurden. Es entspreche durchaus der Erfahrung, dass die duplizierten Dias letztlich auch der Vervollständigung der eigenen beruflichen Dokumentation des Regisseurs dienen würden.

Nur ausschließlich privat ist privat

An dieser Entscheidung wird deutlich, dass ein privater Gebrauch immer auch ausschließlich privat sein muss. Sobald sich der Privatgebrauch nicht eindeutig von beruflichen Zwecken abgrenzen lässt, was grundsätzlich dann der Fall ist, wenn durch Fotos auch berufliche oder erwerbswirtschaftliche Zwecke verfolgt werden, liegt kein privater Gebrauch nach § 53 UrhG mehr vor.

Wenn dagegen eine Datei, etwa ein Katalog mit vielen Abbildungen, von einer Privatperson aus dem Internet heruntergeladen und gegebenenfalls auch ausgedruckt wird, um dann in Ruhe aussuchen zu können, welches der im Katalog gezeigten Produkte die Person kaufen möchte, liegt zwar eine Vervielfältigung, sicherlich aber auch ein ausschließlich privater Gebrauch vor.

[!]

Privater Gebrauch

Privater Gebrauch ist nach herrschender Meinung und ständiger Rechtsprechung des BGH der Gebrauch in der Privatsphäre durch die eigene Person oder die mit ihr durch ein persönliches Band verbundenen Personen (u. a. BGH, Urteil vom 14.04.1978 – I ZR 111/76), solange weder mittelbar noch unmittelbar ein Erwerbszweck vorliegt.

Bildnisse (§ 60 UrhG) | Zulässig ist nach § 60 UrhG die Vervielfältigung sowie die unentgeltliche und nicht zu gewerblichen Zwecken vorgenommene Verbreitung eines Bildnisses durch den Besteller des Bildnisses oder seinen Rechtsnachfolger oder bei einem auf Bestellung geschaffenen Bildnis durch den Abgebildeten oder nach dessen Tod durch seine Angehörigen oder durch einen im Auftrag einer dieser Personen handelnden Dritten.

[zB]

Das bedeutet in der Praxis: Das Hochzeitspaar, das einen Fotografen mit der fotografischen Dokumentation seines Festes beauftragt, also Bildnisse bei ihm bestellt hat, kann anschließend Vervielfältigungen dieser Bildnisse machen oder machen lassen und diese dann an die Hochzeitsgäste verschenken, nicht jedoch an Dritte verkaufen, geschweige denn, einer Hochzeitsagentur für deren Flyer überlassen.

Der Sinn dieser Vorschrift liegt darin, dem Besteller die unentgeltliche Weitergabe von Erinnerungsstücken zu ermöglichen, und zwar auch dann, wenn möglicherweise nach Jahren der Urheber der Fotos nicht mehr bekannt ist: Das Hochzeitspaar möchte nach Jahren seinen Kindern Fotos von seiner Hochzeit für deren Familienalbum überlassen, kann sich möglicherweise aber nicht mehr daran erinnern, wer damals die Fotos gefertigt hat, oder der Fotograf ist zwischenzeitlich nicht mehr greifbar. Dies ist ein Fall, in dem § 60 UrhG eingreift und es den Eltern ermöglicht, Vervielfältigungen der Fotos zu machen und ihren Kindern zu überlassen.

§ 60 UrhG gilt nur für Bildnisse

Zu beachten ist jedoch, dass von § 60 UrhG nur Bildnisse erfasst werden. Im Gegensatz zu Bildern, die alles beinhalten können, versteht man unter *Bildnissen* grundsätzlich nur Aufnahmen von einer oder mehreren Personen. Für Aufnahmen von Gegenständen und Produkten gilt § 60 UrhG, auf den sich im Übrigen auch nur natürliche Personen berufen können, ausdrücklich nicht. Aufnahmen von der Hochzeitstorte, dem Hochzeitsauto, den Ringen, dem Buffet etc. fallen somit nicht unter das Vervielfältigungsprivileg des § 60 UrhG. Bilder von diesen Motiven dürfen deshalb nicht ohne Einwilligung des Fotografen vervielfältigt werden, auch wenn dies vermutlich vielfach stillschweigend geduldet wird. Deshalb empfiehlt sich eine entsprechende vertragliche Vereinbarung, durch die das Vervielfältigungsrecht auf alle anlässlich der Hochzeit gemachten Fotos ausgedehnt wird.

Abbildung 1.9 ►
Kein Bildnis nach § 60 UrhG!

Keine Pflicht zur Herausgabe der Originale

Einen Anspruch gegenüber dem Fotografen auf Herausgabe der Negative oder der Originale gibt es grundsätzlich nicht, und kein Fotograf wird einer Regelung zustimmen, die ihn verpflichtet, Negative oder Originale an den Besteller herauszugeben, da dies de facto einer Aufgabe seiner Urheberrechte gleichkäme.

[!]

Kein Recht zum Einstellen ins Internet

Keinesfalls erwirbt der Besteller von Fotos jedoch das Recht, die Fotografien auch auf seine Website oder in sonstiger Weise ins Internet zu stellen. § 60 UrhG umfasst niemals das Recht zur öffentlichen Zugänglichmachung nach § 19a UrhG.

Ein Hochzeitspaar, um beim Beispiel zu bleiben, darf Bildnisse, auch in digitalisierter Form, zum Beispiel als Anhang einer E-Mail, versenden. Dagegen ist es nicht zulässig, der Verwandtschaft und den Hochzeitsgästen dadurch Zugang zu den Bildnissen zu verschaffen, indem das Hochzeitspaar sie in ihre eigene Internetgalerie so einstellt, dass jeder Gast sich die Fotos anschauen oder sogar diejenigen, die ihm gefallen, herunterladen kann.

Weitere Schranken der Urheberrechte | Weitere für Fotografen bedeutsame Schranken des Urheberrechts ergeben sich aus den § 57 UrhG (Unwesentliches Beiwerk), § 58 UrhG (Werke in Ausstellungen, öffentlichem Verkauf und öffentlich zugänglichen Einrichtungen – »Katalogbildfreiheit«) und aus § 59 UrhG (Werke an öffentlichen Plätzen – »Panoramafreiheit«). Aufgrund der thematischen Nähe zur Fotografie von Sachen stelle ich diese Vorschriften in Kapitel 2, »Natur, Architektur, Sachen und Tiere«, dar.

Das Änderungsverbot (§ 62 UrhG) | Für alle genannten Ausnahmevorschriften, also für diejenigen Fälle, in denen ein Vervielfältigungsrecht an einem Foto ohne Zustimmung des Fotografen besteht, ist jedoch das Änderungsverbot des § 62 UrhG zu beachten. Dieses besagt, dass die Fotografien (Dateien) nicht verändert werden dürfen, mit Ausnahme der Übertragung in eine andere Größe und solcher Änderungen, die erforderlich sind, um das Werk aus technischer Sicht zu vervielfältigen. Darunter würde zum Beispiel eine Änderung der Pixelmaße eines Bildes fallen.

Das Verbreitungsrecht (§ 17 UrhG) | Nicht mit dem Vervielfältigungsrecht des § 16 zu verwechseln ist das Verbreitungsrecht des Fotografen, das in § 17 UrhG geregelt ist. Das Verbreitungsrecht ist nach § 17 UrhG das Recht, das Original oder Vervielfältigungsstücke des Werkes der Öffentlichkeit anzubieten oder in Verkehr zu bringen.

Der Unterschied des Verbreitungsrechts zum vorgenannten Vervielfältigungsrecht, die beide unabhängig voneinander bestehen, wird deutlich, wenn man berücksichtigt, dass der Fotograf möglicherweise die Vervielfältigung eines Fotos (zum Beispiel für den Eigenbedarf oder für einen ganz bestimmten Zweck) erlaubt, damit jedoch in keiner Weise gestattet hat, dass das Foto für ihn unkontrolliert auch verbreitet wird.

Verbreiten ist nicht Vervielfältigen [!]

Der Fotograf kann sich als Urheber gegen die Verbreitung durchaus rechtmäßig angefertigter Vervielfältigungen zur Wehr setzen.

Das Verbreitungsrecht, man spricht in diesem Zusammenhang auch davon, etwas »in Verkehr zu bringen«, beinhaltet das Anbieten in der Öffentlichkeit. Nach der Rechtsprechung des BGH reicht es aus, dass das Angebot an eine einzelne Person erfolgt. Auf eine gewerbliche Absicht kommt es dabei nicht an.

[zB] Höchst kontrovers wurde unter Fotografen eine Gerichtsentscheidung des LG Köln (Urteil vom 14.05.2008 – 28 O 582/07) diskutiert, mit der das Gericht die Wanddekoration mit einem großformatigen Foto in einem Restaurant, das ohne Zustimmung des Fotografen dort aufgehängt worden war, *nicht* als Verstoß gegen das Urheberrecht angesehen hat.

Die Begründung dieser für manchen Fotografen zunächst völlig unverständlichen Entscheidung war, dass der Betreiber des Restaurants, dem nicht nachzuweisen war, dass er das Bild illegal erworben hatte, das Foto nur seinem Zweck entsprechend, nämlich als Kunstwerk, zum Betrachten in seinem Etablissement aufgehängt hatte. Die Richter sahen darin keine unzulässige Verbreitung.

[!] **Der Aushang eines Fotos ist keine Verbreitung**
Die bloße Nutzung eines Fotos durch Aushang ist demnach keine Verbreitung, da weder ein Anbieten noch ein Inverkehrbringen vorliegt!

Der Erschöpfungsgrundsatz (§ 17 Abs. 2 UrhG) | Im Zusammenhang mit dem Verbreitungsrecht ist der *Erschöpfungsgrundsatz* des § 17 Abs. 2 UrhG von besonderer Bedeutung. Dieser Grundsatz besagt, dass das Verbreitungsrecht des Fotografen dann verbraucht (»erschöpft«) ist, wenn er ein Foto oder eine Vervielfältigung davon innerhalb der EU selbst durch Veräußerung in Verkehr gebracht hat. Das hat zur Folge, dass dann jedermann das Foto bzw. die Vervielfältigung weiterverbreiten darf. Eine Vermietung als Form der Weiterverbreitung ist jedoch nicht zulässig.

»Gruß aus Potsdam«

Anschaulich ist in diesem Zusammenhang das Urteil des Kammergerichts Berlin (KG, entspricht dem OLG in anderen Bundesländern) vom 26.01.2001 (5 U 4102/99 »Gruß aus Potsdam«), in dem es um folgenden Sachverhalt ging:

Der Kläger, ein Fotodesigner, hatte für verschiedene Dias, die Berliner und Potsdamer Motive zeigten, einem Postkarten- und Kalenderverlag die Nutzungsrechte zum Vertrieb eingeräumt. Dieser verkaufte einige dieser Postkarten mit den Motiven des Klägers an einen Pralinenhersteller, der diese zusammen mit seinen Pralinen vermarktete. Die Pralinenschachteln mit der Aufschrift »Gruß aus Potsdam« erhielten dabei einen transparenten Deckel, unter dem die Postkarten zu sehen waren. Der Kläger, der nur die Verwertung seiner Dias als einzeln zu erwerbende Postkarten, nicht jedoch als irgendwelche Beigaben, erlauben wollte, war mit dieser Verwertungsform nicht einverstanden und strebte mit seiner Klage an, dem Pralinenhersteller zu untersagen, die Postkarten in die Pralinenpackungen einzufügen.

[!]

Der Erschöpfungsgrundsatz
Wenn der Fotograf das ihm vom Gesetz eingeräumte ausschließliche Verwertungsrecht durch Verkauf des Fotos ausgenutzt und damit verbraucht hat, dann darf dieses Foto jedermann weiterverbreiten, d. h. verwerten, ohne damit das Urheberrecht des Fotografen zu verletzen, und zwar auch dann, wenn die gewählte Form der Vermarktung vom Fotografen nicht gewollt war.

Das Verbreitungsrecht des Fotografen bezieht sich aber immer nur auf die Erstverbreitung! Die Erschöpfung des Verbreitungsrechts tritt auch nur bei einer Erstverbreitung durch Veräußerung, also durch Verkauf, und nicht durch andere Formen der Verwertung ein.

Das KG Berlin hat die Klage abgewiesen und begründete seine Entscheidung damit, dass dann, wenn die Dias auf dem zugelassenen Absatzweg vom Postkartenverlag in Verkehr gebracht wurden, was der Fall war, Erschöpfung eingetreten sei. Ansonsten würde der freie Warenverkehr in unerträglicher Weise behindert. Wenn der Erstvertrieb des Werkexemplars, hier das Dia in Form einer frei verkäuflichen Postkarte, mit Zustimmung des Urhebers erfolgt sei, sei das Werk für jede Weiterverbreitung frei.

Hintergrund des Erschöpfungsgrundsatzes

Hintergrund des Erschöpfungsgrundsatzes ist die Überlegung, dass einerseits der Fotograf durch die Erstverbreitung die Möglichkeit gehabt habe, bei der Veräußerung des Fotos angemessen entlohnt zu werden, und dass andererseits ein Interesse der Allgemeinheit an Rechtssicherheit bestehe, wonach eine ungehinderte Weiterverbreitung des Fotos möglich sei. Es wäre schließlich ein völlig haltloser Zustand, wenn man ein regulär gekauftes Foto oder Poster nicht weiterverkaufen oder verschenken dürfte, weil man damit eine unzulässige Verbreitung begehen würde.

Erschöpfung verhindern

Will der Fotograf verhindern, dass eine Erschöpfung seines Verbreitungsrechts eintritt, darf er das Foto nicht veräußern, sondern er könnte es theoretisch auch vermieten, wodurch – wie erwähnt – eine Erschöpfung nicht eintritt. Die Erschöpfung bezieht sich im Übrigen immer nur auf das einzelne Foto, das verbreitet wurde. Ist der Fotograf mit bestimmten Verwertungsformen, wie im Fall »Grüße aus Potsdam«, nicht einverstanden, muss er – auch hier zeigt sich wieder die Wichtigkeit klarer vertraglicher Regelungen – die Verwertung ausdrücklich auf eine ganz bestimmte Nutzungsform, zum Beispiel den Vertrieb ausschließlich als Postkarten oder Kalender, begrenzen. Im Zweifel dürfte jede Nutzungseinschränkung jedoch auch Honorarverlust bedeuten.

[!]

Erschöpfungsgrundsatz ist bezogen auf das einzelne Werk
Der Erschöpfungsgrundsatz bezieht sich immer und ausschließlich auf die Verbreitung des einen Fotos oder Posters. Weitere Vervielfältigun-

gen oder andere Verwertungshandlungen, etwa das Einstellen ins Internet, werden auch durch die Erschöpfung des Verbreitungsrechts nicht legalisiert.

Das Ausstellungsrecht (§ 18 UrhG) | Das Ausstellungsrecht ist das Recht des Fotografen, das Original oder Vervielfältigungsstücke eines unveröffentlichten Fotos öffentlich zur Schau zu stellen.

[!]

Bereits veröffentlichte Bilder dürfen ausgestellt werden

Das Ausstellungsrecht bezieht sich ausschließlich auf bisher nicht veröffentlichte Fotos. Diesbezüglich entscheidet allein der Fotograf, ob und in welchem Rahmen er seine Bilder ausstellen möchte.

Wurden die Bilder bereits veröffentlicht, dürfen sie allerdings danach von Dritten in öffentlichen Räumen ausgestellt werden, ohne dass der Fotograf zustimmen muss.

Das Vorführungsrecht (§ 19 Abs. 4 UrhG) | Das Verwertungsrecht des § 19 UrhG ist für Fotografen nur hinsichtlich der Regelung in § 19 Abs. 4 UrhG relevant, die übrigen Teile von § 19 UrhG beziehen sich auf Werke der Musik und auf Sprachwerke.

Das in § 19 Abs. 4 UrhG geregelte Vorführungsrecht ist das Recht, ein Werk, Lichtbildwerk oder ein Filmwerk durch technische Einrichtungen öffentlich wahrnehmbar zu machen. Es umfasst die Vorführung von Lichtbildern und Lichtbildwerken durch Dia- und Filmprojektor, im heutigen Digitalzeitalter aber natürlich auch durch Beamer, Computermonitore, wiedergabefähige Speichermedien (zum Beispiel Bildspeicher mit Betrachtungsfunktion) etc.

Zwar wird in § 19 Abs. 4 UrhG nur das Lichtbildwerk, nicht aber das Lichtbild genannt. Jedoch gilt für das Lichtbild – wie wir gesehen haben – gemäß § 72 UrhG das Gleiche.

Ergänzung in Zeiten des Internets

Recht der öffentlichen Zugänglichmachung (§ 19a UrhG) | Das Recht der öffentlichen Zugänglichmachung wird in § 19a UrhG geregelt. Aus der Nummerierung des Paragrafen mit dem Zusatz »a« wird deutlich, dass es sich hier um eine Vorschrift handelt, die erst nachträglich in das Gesetz eingefügt wurde. Tatsächlich wurde die Ergänzung erst im Jahr 2003 in das Gesetz aufgenommen und schloss eine Lücke, die sich dadurch ergeben hatte, dass bei Verabschiedung des UrhG das Internet und sonstige Netzwerke überhaupt noch nicht bekannt waren. Somit ergab sich durch technische Neuerungen das Erfordernis, das Recht des Urhebers, zu entscheiden, ob er seine Werke ins Internet oder sonstige Datennetze stellen möchte, zusätzlich gesetzlich zu regeln. Diese ergänzende Regelung ist das Recht der öffentlichen Zugänglichmachung in § 19a UrhG.

Unter dem Recht der öffentlichen Zugänglichmachung versteht man nach § 19a UrhG das Recht, das Werk drahtgebunden oder drahtlos der Öffentlichkeit in einer Weise zugänglich zu machen, dass es Mitgliedern der Öffentlichkeit von Orten und zu Zeiten ihrer Wahl zugänglich ist.

Der im Zusammenhang mit dem Verbreitungsrecht bereits erörterte Erschöpfungsgrundsatz gilt ausdrücklich *nicht* für das Recht der öffentlichen Zugänglichmachung. Dies ergibt sich unmittelbar aus § 3 Abs. 3 der EU-Richtlinie 2001/29/EG, die im Übrigen die Grundlage für die Einführung des § 19a UrhG im Jahr 2003 darstellt. Eine besondere Rolle spielt dies für die höchst kontrovers diskutierte Frage, ob eine rechtmäßig aus dem Internet heruntergeladene Software im Hinblick auf den Erschöpfungsgrundsatz weiterverbreitet werden darf, was an dieser Stelle nicht näher erörtert werden soll. Aber auch für Fotografen hat die Frage des Erschöpfungsgrundsatzes im Zusammenhang mit § 19a UrhG durchaus praktische Bedeutung. Wenn der Fotograf seine Bilder ins Internet oder in andere Netze (Intranet) einstellt, ist das Verbreitungsrecht dadurch nicht erschöpft, d. h., allein der Fotograf bestimmt, ob und inwieweit das im Internet oder sonstigen Netzen veröffentlichte Bild weiterverbreitet werden darf. Unzulässig ist es deshalb, ein Bild, das man sich zum Beispiel berechtigterweise von der Website des Fotografen heruntergeladen hat, weiterzuverbreiten bzw. in anderem Zusammenhang selbst im Internet zu verbreiten.

Sonstige Rechte des Urhebers

Neben den zuvor beschriebenen Urheberpersönlichkeits- und Verwertungsrechten gibt es noch einige weitere Vorschriften, die den Fotografen hinsichtlich seiner Fotografien schützen.

Die Bearbeitung von Bildern (§ 23 UrhG) | Der Fotograf hat das Recht, die Veröffentlichung und Verbreitung von Bearbeitungen und Umgestaltungen seiner Fotografien zu untersagen. Bearbeitungen oder andere Umgestaltungen des Werkes – so heißt es in § 23 UrhG – dürfen somit nur mit Einwilligung des Urhebers des bearbeiteten oder umgestalteten Werkes veröffentlicht werden.

Dies ist ein sicherlich für jeden nachvollziehbares Recht des Fotografen, geht doch mit einer Bearbeitung und Umgestaltung zumeist die künstlerische Aussage einer Fotografie verloren. Mit einer Bearbeitung oder Umgestaltung wird zumeist entscheidend und unmittelbar in die Werkschöpfung eingegriffen. Nur der Fotograf hat bei der Herstellung eine ganz bestimmte Vorstellung davon, wie seine Fotografie von der Allgemeinheit empfunden werden soll, welche Stimmung und Gefühle sie auslösen und mit welchen Stilmitteln dies erfolgen soll. Danach gestaltet, »komponiert« er seine Fotografie. Jeden Eingriff, der mit seinen Vorstellungen und den beabsichtigten Wirkungen nicht in Einklang steht, kann der Fotograf deshalb untersagen.

Möglicherweise war früher im Analogzeitalter diese Vorschrift für Fotografen von nicht allzu großer praktischer Relevanz. Der Fotograf hatte die Negative, Bearbeitungen von Papierabzügen waren in der Regel nur mit einem hohen Aufwand möglich und kamen in der Praxis nicht so häufig vor. Dies änderte sich schlagartig mit dem Aufkommen von Bildbearbeitungsprogrammen, die es ermöglichen, fast jede Änderung an einem Foto – egal, ob an einem digitalen oder an einem gescannten Analogbild – nachträglich vorzunehmen. Heute hat der § 23 UrhG deshalb für den Urheberrechtsschutz von Lichtbildern und Lichtbildwerken eine deutlich höhere Bedeutung bekommen.

[!]

Verhältnis von § 23 zu § 14 UrhG

Während das Urheberpersönlichkeitsrecht des § 14 UrhG – wie gesehen – Entstellungen und entstellende Beeinträchtigungen, also nach allgemeinem Sprachgebrauch negative Veränderungen durch Verzerrung und Verfälschung etc., zum Inhalt hat, werden in § 23 UrhG die nicht entstellenden Bearbeitungen und Umgestaltungen geregelt.

[zB]

Ein Beispiel für eine Bearbeitung nach § 23 UrhG: Ein Verlag für Wandkalender kauft von einem Fotografen verschiedene Fotos und vereinbart mit ihm eine Nutzung der Fotografien für einen Alpenkalender. Da man im Verlag der Meinung ist, einige Bilder seien noch verbesserungswürdig, beginnt man ohne Einwilligung des Fotografen damit, die Fotografien mit Photoshop und Co. zu bearbeiten. An einem Bild wird ein vielleicht etwas unansehnlicher Heuschober auf einer Almwiese entfernt, auf einem anderen Foto werden ein Strommast und die dazugehörigen Stromleitungen wegretuschiert, und auf einem dritten Bild wird ein kleiner Kahlschlag an einem Berghang am Bildrand mit dem Kopierstempel durch Wald ersetzt. In allen drei Fällen handelt es sich – dies sei unterstellt – nicht um wesentliche Bildelemente. Eine Entstellung oder Beeinträchtigung nach § 14 UrhG ist hier sicher auszuschließen, denn in allen Fällen wird die grundsätzliche Bildaussage als solche nicht verändert. Sicherlich liegt jedoch eine Bearbeitung nach § 23 UrhG vor, und somit stellt die ohne Einwilligung erfolgte Veröffentlichung eine Verletzung des Urheberrechts dar. Es kommt dabei überhaupt nicht darauf an, ob die Fotos nach der Bearbeitung möglicherweise schöner sind oder von einem größeren Betrachterkreis als schöner empfunden werden.

So wurde das in Abbildung 1.10 gezeigte Bild des Rathauses in Quedlinburg zweifellos dadurch verschönert, dass ein störendes Schild »WC« und ein ebenfalls nicht sehr dekorativer Mülleimer sowie zwei Pfähle auf dem Rathausvorplatz wegretuschiert wurden. Das Ergebnis ist in Abbildung 1.11 zu sehen. Auch wenn das Foto nach Entfernung der wenig dekorativen Elemente besser wirken mag, handelt es sich um eine Bearbeitung, zu der der Urheber seine Einwilligung erteilen muss.

◂ **Abbildung 1.10**
Noch sind WC-Schild, Mülleimer und Poller zu erkennen ...,

◂ **Abbildung 1.11**
... aber die Retusche bedarf der Einwilligung des Urhebers.

Das Recht, bearbeitete Fotos ohne Einwilligung zu veröffentlichen, entsteht auch nicht automatisch durch die Einräumung von Nutzungsrechten. Wollen Sie Bilddateien, für die Sie in der überlassenen Form ein uneingeschränktes oder beschränktes Nutzungsrecht erworben haben, nachträglich bearbeiten und dann veröffentlichen, müssen Sie dies unbedingt vorher vertraglich regeln oder im Einzelfall die Einwilligung des Fotografen einholen.

Wenn in § 23 UrhG und in den vorangegangenen Ausführungen wiederholt von *Einwilligung* die Rede war, bedeutet dies, dass die Veröffentlichung nicht erfolgen darf, solange der Fotograf nicht erklärt hat, dass er mit der Veröffentlichung einverstanden ist. Die Bearbeitung und Umgestaltung einer Fotografie stehen jedoch jedem frei, sofern keine Veröffentlichung erfolgt. Ausnahmen, bei denen bereits die Herstellung der Bearbeitung der Einwilligung des Urhebers bedarf, wie etwa bei Computerprogrammen, haben für die fotografische Praxis keine Relevanz.

Fotos einer Aktion als unzulässige Bearbeitung? Das Beuys-Urteil des BGH vom 16.05.2013 | Am 16.05.2013 hat der BGH (Urteil I ZR 28/12) einen langjährigen Rechtsstreit zwischen einem Beuys-Museum und der Witwe von Joseph Beuys rechtskräftig entschieden, bei dem es um eine vermeintlich unzulässige Bearbeitung eines Kunstwerkes ging.

Ein Fotograf hatte auf Wunsch von Joseph Beuys dessen exzentrische Performance im Fernsehen vor 50 Jahren fotografiert. Bei dieser Vorstellung ging es um die Herstellung einer Fettecke durch Margarine-Riegel, wobei an dieser Stelle nicht weiter über den Begriff »Kunst« zu philosophieren ist. Vielmehr bestand das Problem hier darin, dass 18 dieser Aufnahmen von dem Museum ausgestellt wurden, aber 2009 wieder entfernt werden mussten, nachdem zuvor sowohl LG als auch OLG Düsseldorf festgestellt hatten, dass durch die Fotos das Werk von Beuys umgestaltet worden sei. Dazu habe keine Einwilligung der Witwe von Beuys vorgelegen, auf die mit dem Tod von Beuys im Jahr 1986 die Urheberrechte übergegangen waren.

Das OLG Düsseldorf (Urteil vom 30.12.2011 – 20 U 201/09) hatte noch festgestellt, dass die Abbildung der Performance durch Fotografien aus urheberrechtlicher Sicht eine Vervielfältigung gemäß § 16 UrhG bzw. eine Bearbeitung gemäß §§ 23, 24 UrhG darstelle, wenn es sich wie in diesem Fall um eine Schritt für Schritt darstellende Dokumentation mit wechselnden Perspektiven und Bildausschnitten handele. Weil das ursprüngliche Werk auf den Fotos sichtbar bleibe, handle es sich um eine sogenannte *unfreie Bearbeitung*, die ohne Zustimmung des Künstlers als Urheber nicht zulässig gewesen sei.

Wenig Aussagekraft über den Einzelfall hinaus

Dieses Urteil hat der BGH nun aufgehoben und dem Museum die Ausstellung der Fotos gestattet, wobei allerdings nicht ganz klar ist, ob und welche allgemeinen Schlüsse daraus abgeleitet werden können. Denn der BGH hat in seiner mündlichen Urteilsverkündung darauf hingewiesen, dass man zur Beurteilung, ob eine unzulässige Bearbeitung vorgelegen habe oder nicht, die gesamte Originalaktion hätte kennen müssen, das Gericht jedoch nur einzelne Aspekte kenne, da es eine Aufzeichnung der Aktion seinerzeit nicht gegeben habe. Ob damit allerdings tatsächlich verallgemeinernd der Aussage des obsiegenden Museums gefolgt werden kann, dass die Ausstellung von Fotografien dynamischer Kunstwerke nicht mehr von der Zustimmung des Künstlers oder seiner Erben abhängig sei, halte ich persönlich eher für fraglich.

[+]

Einwilligung oder Genehmigung
Die Zustimmung zu einer Handlung bedeutet die Erklärung des Einverständnisses. Ist die Zustimmung vor der Vornahme einer Handlung erforderlich, spricht man von *Einwilligung*, während die nachträgliche Zustimmung als *Genehmigung* bezeichnet wird. *Zustimmung* ist somit der Oberbegriff zu *Einwilligung* und *Genehmigung*.

Freie Benutzung (§ 24 UrhG) | Nicht selten kommt es vor, dass man in Büchern, Zeitschriften oder Ausstellungen Fotos sieht, von denen man fasziniert oder begeistert ist und die man in dieser Form auch herstellen möchte. Dabei handelt es sich in der Regel um Lichtbildwerke, also Fotos mit gewisser Schöpfungshöhe. Ein fotografisch nichtssagendes Lichtbild wird wohl nur in seltenen Fällen zur Nachahmung animieren.

Es stellt sich dann jedoch aus rechtlicher Sicht immer die Frage, ob man das, was ein anderer zuvor als geschütztes Werk nach dem UrhG geschaffen hat, genauso auch herstellen darf und mit dem so geschaffenen Foto selbst Urheberrechte in Anspruch nehmen kann.

Die dazu im UrhG zu findende Regelung regelt diese Frage nur indirekt, also nicht etwa mit einer Vorschrift, die im Wortlaut festlegt, ob die Nachstellung eines Fotos zulässig ist oder nicht.

[!]

§ 24 UrhG – freie Benutzung
»Ein selbständiges Werk, das in freier Benutzung des Werkes eines anderen geschaffen worden ist, darf ohne Zustimmung des Urhebers des benutzten Werkes veröffentlicht und verwertet werden. (...)«

§ 24 UrhG sagt damit aus, dass man sich von einem fremden Werk anregen lassen kann, um ein eigenes Werk zu schaffen, das fremde Werk jedoch nicht kopieren darf. Die Betonung liegt hier auf »freier Benutzung«, die zu unterscheiden ist von unfreier Bearbeitung oder gar vom Plagiat.

Die Frage, ob im Einzelfall eine fremde Fotografie nachgestellt wurde oder nur als Anregung diente, ist eine schwierige Abgrenzungsfrage, die im Einzelfall zu entscheiden ist. Generelle Regelungen, wann das eine und wann das andere vorliegt, sind schlechterdings nicht möglich.

Hohe Anforderungen an freie Benutzung

Das exakte Nachstellen von Fotos, die auf einem künstlerischen Arrangement beruhen oder ein besonderes Motiv oder eine besondere Pose zeigen, ist jedenfalls dann unzulässig, wenn das eigene Foto keine eigenständige Bildaussage und selbst keine schöpferischen Elemente beinhaltet. Dabei stellt die Rechtsprechung zum Schutze des Urhebers relativ hohe Anforderungen an eine freie Benutzung im Sinne des § 24 UrhG.

Der BGH hat dies in einem Urteil, in dem es um Asterix-Persiflagen ging (Urteil 11.03.1993 – I ZR 264/91 – »Asterix«), auf folgende Formel gebracht:

[§] *»Freie Benutzung liegt dann vor, wenn angesichts der Eigenart des neuen Werkes die entlehnten eigenpersönlichen Züge des geschützten alten Werkes verblassen.«*

Je mehr sich also das eigene Foto von dem bereits bestehenden Foto unterscheidet, das als Vorlage gedient hat, desto eher ist von einer freien Benutzung auszugehen. Umgekehrt gilt, je mehr das Foto die Assoziation mit der Vorlage hervorruft, desto weniger wird es sich um eine freie Benutzung handeln. Letztlich ist dies, wie bereits erwähnt, immer eine Frage des Einzelfalls.

[zB] Ein Beispiel: Der Fotograf findet in einem Buch eine Fotografie, die ein Stillleben darstellt: eine Käseplatte, bestehend aus einer Holzplatte, arrangiert mit verschiedenen Käsesorten, blauen Weintrauben, die zum frischeren Aussehen mit Wasser besprengt wurden, und im Vordergrund einem angeschnittenen Camembert, vor dem ein Käsemesser liegt. Rechts daneben steht ein halb gefülltes Glas Rotwein.

Der Hobbyfotograf ist angetan von der Aussage dieses Fotos und baut nun in seinem Heimstudio dieses Arrangement auf, indem er ebenfalls eine Holzplatte mit verschiedenen Käsesorten, möglicherweise sogar denselben, mit Wasser besprengte Weintrauben, einem angeschnittenen Camembert im Vordergrund, dem Käsemesser und dem Weinglas verwendet. Anschließend veröffentlicht er dieses Foto in einer Fotozeitung.

Hier liegt sicherlich eine vom § 24 UrhG nicht mehr gedeckte freie Benutzung, sondern eine Nachstellung vor, die unzulässig ist. Ein besonderer schöpferischer Wert ist hier nicht erkennbar. Es wurden die Bildelemente 1:1 im eigenen Bild übernommen. Daran ändert sich auch nichts, wenn der Fotograf zum Beispiel das Weinglas von rechts nach links versetzt. Auch darin kann wohl kaum eine schöpferische Eigenleistung gesehen werden.

Das heißt aber andererseits natürlich nicht, dass der Fotograf nun gehindert wäre, sich durch dieses Bild inspirieren zu lassen und selbst ein Stillleben mit Käseplatte fotografisch umzusetzen. Wir wissen ja auch bereits, dass Ideen als solche nicht geschützt sind.

Arrangiert der Fotograf dagegen verschiedene, möglichst andere Käsesorten auf einer Glasplatte, ersetzt das Weinglas durch einen Bierkrug, lässt die Weintrauben weg und fügt stattdessen einige Brezeln hinzu, nimmt dann vielleicht noch eine blau-weiß-karierte Tischdecke als Untergrund, um der Aufnahme einen bayrischen Stil zu vermitteln, ergibt sich sicherlich eine völlig andere Bildaussage – eine eigene schöpferische Leistung, die unter § 24 UrhG fällt, ist dann erkennbar.

[!] **Wann liegt eine Nachstellung vor?**

Es kommt bei der Frage, ob eine Nachstellung vorliegt, entscheidend darauf an, wie hoch die eigene schöpferische Leistung an dem vermeintlich nachgestellten Bild ist und welchen Anteil am Gesamtwerk der Teil ausmacht, der lediglich von einem anderen »abgekupfert« wurde. Denn die rein handwerkliche Leistung des Arrangements des Stilllebens im Beispielfall und die anschließende Betätigung des Auslösers sind keine schöpferische Leistung.

[zB]

Es handelt sich deshalb bei der Frage, ob eine unzulässige Nachstellung vorliegt oder nicht, immer um eine Frage des Einzelfalls. Aus diesem Grund gibt es gerade dazu eine Fülle von Gerichtsurteilen, von denen drei, die immer wieder in diesem Zusammenhang zitiert werden, exemplarisch kurz dargestellt werden sollen:

»Klammerpose«

Einem vom OLG Köln (Urteil vom 05.03.1999 – 6 U 189/97 – »Klammerpose«) entschiedenen Fall lag folgender Sachverhalt zugrunde: Fotograf A war Urheber einer Fotografie, die ein tanzendes Paar zeigte, und zwar so, dass es sich in einer Art Klammerpose umschlungen hielt. Ein farbiger Tänzer, von dem nur der Rücken zu sehen war, wurde von einer weißen Frau mit Händen und Füßen umklammert, und die Frau schaute am Körper des Mannes vorbei in die Kamera. Das Foto wurde u. a. als Postkarte vertrieben und in Ausstellungen gezeigt. Fotograf B hatte genau diese Pose nachgestellt, die sich von dem Foto von A nur dadurch unterschied, dass die Frau an der anderen Seite des Tänzers vorbeisah und der Tänzer eine weiße Hautfarbe hatte.

Das OLG hat eine unzulässige Nachstellung angenommen und ausgeführt, wenn der Vergleich zweier Fotos in allen wesentlichen Elementen einer gestellten und anschließend fotografierten Pose (hier: männliche Rückenansicht ohne Kopf mit waagerecht ausgebreiteten Armen, Frau in »Klammerhaltung« mit dem Betrachter zugewandtem Gesicht) deutliche Übereinstimmungen aufweise, seien Abweichungen im Detail, die den Gesamteindruck unberührt lassen, nicht geeignet, den für § 24 UrhG notwendigen Abstand zu schaffen.

»Rote Couch«

Mit einem anderen Fall hatte sich das LG Hamburg zu befassen (Urteil vom 21.09.2005 – 308 O 435/05 – »Rote Couch«): Ein international bekannter Fotograf hatte ein Bild hergestellt, das zwei junge Frauen auf einer roten Couch zeigte. Das Besondere der Aufnahme bestand darin, dass diese Couch mit zwei Seilen an einem dicken Ast eines Baumes – quasi wie eine Schaukel – befestigt war. Der Ast (ohne Belaubung) ragte vom linken Bildrand in das Bild hinein. Eine Brauerei hatte zur Werbung für ihr Weißbier ein Foto verwendet, das ebenfalls eine Couch, allerdings mit drei Personen und in der Farbe Braun, zeigte, die mit zwei Seilen schaukelgleich an einem von links ins Bild ragenden Ast befestigt war, der allerdings in diesem Bild Laub trug. Auch hier hat das LG eine unzulässige Nachstellung angenommen, da das Wesentliche, was das Bild und seine Aussage ausmache, die am Baum mit zwei Seilen befestigte und nahezu frei schwebende Couch sei, während es auf die anderen Bildelemente nur sekundär ankomme.

»Troades« Umgekehrt wurde jedoch die Klage einer Theaterfotografin vom OLG Hamburg (Urteil vom 19.06.1995 – 3 U 302/94 – »Troades«) abgewiesen. Die Fotografin hatte eine Schauspielerin in der Produktion »Troades« fotografiert, die mit beiden Armen eine Krone auf dem Kopf festhält und einen strengen Gesichtsausdruck zeigte. Ein Zeitungsverlag ließ ein Foto mit gleicher Pose – allerdings einer anderen Krone und einem etwas veränderten, weniger strengen Gesichtsausdruck der Schauspielerin – herstellen.

Das OLG hat in diesem Fall keine unzulässige Nachstellung gesehen und dies damit begründet, dass ein Nachstellen nur dann vorliegen könne, wenn das abgebildete Motiv auf einem künstlerischen Arrangement des Fotografen beruhe, das hier nicht vorliege. Vielmehr habe nur eine vorgegebene Inszenierung vorgelegen, auf die die Fotografin keinen Einfluss gehabt habe und die deshalb eine kreative Eigenleistung der Fotografin nicht erkennen lasse. Die Übereinstimmung der Posen in beiden Bildern sei nicht ausreichend, um eine unzulässige Nachstellung anzunehmen.

Nachstellung von Beispielfotos Nun gibt es – wie mir ein Teilnehmer bei einem meiner Seminare entgegenhielt – Fotobücher, die Beispielfotos gerade zu dem Zweck beinhalten, dass der Hobbyfotograf sie zu Lernzwecken nachstellen und fotografieren soll. Darf man das denn vor dem Hintergrund des Dargestellten?

Solche Beispielfotos, die zu Lernzwecken bestimmt sind, dürfen natürlich nachgestellt werden, auch im Verhältnis 1:1, denn dafür sind sie schließlich da. Insofern ist hier von einem, wenn nicht ausdrücklich erklärten, so jedoch wenigstens konkludenten Einverständnis des Buchautors auszugehen. Zu beachten ist aber, dass das bloße Nachstellen der Fotos – unabhängig von einer Zustimmung des Autors – noch gar keine unfreie Verwendung im Sinne des § 24 UrhG ist, da es an einer Veröffentlichung fehlt. Erst wenn der Hobbyfotograf, stolz über das Ergebnis seiner Versuche, das Foto mit dem nachgestellten Motiv anschließend veröffentlicht, liegt eine unfreie Benutzung nach § 24 UrhG und damit eine Urheberrechtsverletzung vor, da sich die Zustimmung des Autors, Fotos zu Übungszwecken nachzustellen, zweifellos nicht auf deren anschließende Veröffentlichung erstreckt. Damit wird gleichzeitig deutlich, dass man im privaten Bereich alles an Motiven nachstellen darf, was man möchte, solange man die Aufnahmen nicht veröffentlicht.

Motivfreiheit Das Nachstellungsverbot gilt jedoch in der Regel nicht für Fotos an öffentlichen Orten, hier besteht grundsätzlich Motivfreiheit. Der Kölner Dom, die Landungsbrücken von St. Pauli, das Rathaus in München oder beliebige andere Motive in der Öffentlichkeit dürfen natürlich von jedermann fotografiert werden, auch wenn etliche andere Fotografen genau diese Fotos, aus gleicher Perspektive, bei gleicher Tageszeit etc. bereits gemacht haben. Auch Postkarten von Sehenswürdigkeiten dürfen grundsätzlich nachgestellt werden. Ein guter und kreativer Fotograf zeichnet sich ja bekanntlich nicht dadurch aus, dass er eine Bildgestaltung wählt, die es schon etliche Male auf Postkarten oder in Bildbänden gibt.

»Freiburger Münster«

Allerdings gibt es ein – es ist derzeit aber wohl noch das einzige – Urteil, das die Motivfreiheit an öffentlich zugänglichen Orten eindeutig infrage stellt. Völlig zu Recht wird deshalb eine Entscheidung des LG Mannheim (Urteil vom 14.07.2006 – 7 S 2/03 – »Freiburger Münster«) kritisiert, das in folgendem Fall – anders als die Vorinstanz – ein unzulässiges Nachstellen auch für öffentliche Motive angenommen hat:

Ein Fotograf hatte das Freiburger Münster mit dem Karlssteg im Vordergrund in der Abenddämmerung fotografiert. Auf der Brücke befanden sich im Hintergrund zwei Personen, die nebeneinandergingen und nur als Silhouette erkennbar waren (Gegenlichtaufnahme). Das Foto erschien zunächst 1993 als Postkarte, 1995 dann auch in einem Bildband über Freiburg. Eine Fotografin hat dann im Jahr 2003 für einen Kalender vom gleichen Standort aus, ebenfalls in der Abenddämmerung, das Münster mit dem Karlssteg im Vordergrund fotografiert, auch auf ihrem Bild befinden sich an fast derselben Stelle zwei Personen, allerdings eng nebeneinandergehend und als Paar erkennbar, als Silhouette. Der Unterschied beider Aufnahmen besteht nur darin, dass im Bild der Fotografin die durch den Sonnenuntergang verursachte Himmelsfärbung deutlich kräftiger ist und die Wolken besser mit dem Himmel kontrastieren.

Das LG Mannheim begründete die unzulässige Nachstellung so:

[§]

»Zwar ist nicht zu verkennen, dass das von der Beklagten im Kalender der Volksbank Freiburg verwendete Bild des Karlsstegs mit Münster durch die deutlichere Färbung des Himmels und die klar als Paar erkennbaren Personen auf dem Steg keine bloße Kopie der klägerischen Fotografie ist. Allerdings ist der Abstand zur Fotografie des Klägers zu gering, um in den Bereich der freien Bearbeitung zu gelangen. Denn die Fotografie der Beklagten verwendet sämtliche Gestaltungselemente des klägerischen Bildes, die dessen Schutzfähigkeit als Lichtbildwerk begründen. Hierzu gehört die charakteristische Verwendung des Gegenlichts, die Architektur und Personen eine silhouettenhafte Gestalt verleiht. Hierzu gehört weiter die vom Standort des Fotografierenden aus gewählte Brennweite, die zu einer diagonalen Anordnung des Stegs führt. Hierzu gehört schließlich, dass sich das charakteristische Abendlicht im Steg spiegelt und somit der Steg als dynamischer Kontrast zur statischen Silhouette von Münster und der auf dem Steg befindlichen Personen fungiert.«

Dieses Urteil wird meines Erachtens zu Recht kritisiert, und zwar deshalb, weil beide Fotografen eher (zufällig) zur gleichen Tageszeit vom gleichen Standpunkt aus ein öffentliches Motiv fotografiert haben, das sie so, wie es gerade war, vorgefunden haben, ohne dass man der Fotografin eine Absicht nachweisen konnte, genau das Foto ihres Kollegen nachzustellen, oder dass sie ganz bewusst die Stilelemente des früher entstandenen Bildes übernommen hätte, denn diese ergaben sich im Wesentlichen aus dem vorgefundenen Ort. Würde man diesem Urteil Allgemeingültigkeit zuerkennen, hieße dies nichts anderes, als dass man bei der Aufnahme an öffentlichen Orten nie sicher sein könnte, ob man bei der späteren Veröffentlichung seines Fotos nicht schon deshalb eine Urheberrechtsverletzung durch Nachstellen begeht, weil bereits ein anderer Fotograf dort zur gleichen Tageszeit gewesen ist und aus gleichem Blickwinkel fotografiert hat. Hier muss auch aus meiner Sicht die Motivfreiheit an öffentlichen Orten Vorrang haben, und zwar solange nicht offenkundig ist oder sich aus den Umständen des Einzelfalls eindeutig ergibt, dass ganz bewusst Stilelemente eines anderen Fotografen übernommen oder möglicherweise sogar erst konstruiert wurden, zum Beispiel weil ein ganz bestimmter, signifikanter Gegenstand, der auch im anderen Bild bildbestimmend war, im Vordergrund drapiert wird o. Ä. Nach meiner Meinung muss das an öffentlich zugänglichen Orten gefertigte Foto auch eine solche Schöpfungshöhe aufweisen, dass kaum vorstellbar ist, dass jemand, der dieses Foto vor seiner eigenen Aufnahme nicht kannte, genau die gleiche Aufnahme machen konnte und ein Zufall weitestgehend ausgeschlossen werden kann.

Es bleibt deshalb zu hoffen, dass dieses Urteil das einzige seiner Art bleiben wird und dass von der Rechtsprechung die Motivfreiheit an öffentlichen Orten nicht durch weitere derartige Urteile infrage gestellt wird.

Konsequenzen aus zulässiger Bearbeitung und freier Nutzung | Soweit es sich um eine Bearbeitung nach § 23 UrhG oder um eine freie Benutzung nach § 24 UrhG handelt, also jeweils eigenständige Schöpfungen vorliegen, regelt § 3 UrhG, dass Bearbeitungen eines Werkes, die persönliche geistige Schöpfungen des Bearbeiters sind, unbeschadet des Urheberrechts am bearbeiteten Werk wie selbstständige Werke geschützt werden. Dem Bearbeiter stehen die gleichen Ausschließlichkeitsrechte am bearbeiteten Foto zu wie dem Urheber des Originals an seinem Original.

Die Formulierung »unbeschadet des Urheberrechts am bearbeiteten Werk« in § 3 UrhG bedeutet nichts anderes, als dass derjenige, der eine Bearbeitung eines Fotos, die eine persönliche geistige Schöpfung darstellt, vorgenommen hat, am bearbeiteten Foto zwar Urheberrechte genießt, das Bild jedoch trotzdem nicht veröffentlichen oder in sonstiger Weise verwerten darf, solange der Fotograf des bearbeiteten Bildes dazu keine Einwilligung erteilt hat. Die Urheberrechte am ursprünglichen Foto können natürlich durch die Urheberrechte des Bearbeiters nicht verwässert oder untergraben werden.

[!]

Neue Urheberrechte des Bearbeiters

An der Bearbeitung eines Fotos nach § 23 UrhG und der freien Benutzung nach § 24 UrhG entstehen eigene Urheberrechte. Das sogenannte *Bearbeiterurheberrecht* entsteht auch hier automatisch mit der Herstellung der Bearbeitung, und zwar auch dann, wenn die Einwilligung des Urhebers des Originals zur Veröffentlichung nicht erteilt wurde.

Andererseits ist der Urheber des bearbeiteten Fotos natürlich daran gehindert, sich die Bearbeitung zu eigen zu machen, weil ihm sein eigenes Foto mit der Bearbeitung vielleicht besser gefällt. Denn dann würde er das nach § 3 UrhG neu entstandene Urheberrecht des Bearbeiters verletzen.

Collagen | Vorsicht ist auch geboten bei sogenannten *Collagen*, d. h. der Zusammensetzung aus verschiedenen fremden Fotos. Hier kommt es entscheidend darauf an, ob in der Collage eine neue Schöpfung zu sehen ist, deren Schöpfungshöhe so hoch ist und so viel Individualität aufweist, dass dahinter die verwendeten Fremdfotos weitestgehend verblassen. Wann dies der Fall ist, kann natürlich nur anhand des jeweiligen Einzelfalls beurteilt werden.

Vorsicht bei Collagen!
Eine Collage kann umso weniger als neues Werk angesehen werden, je höher die Schöpfungshöhe und Individualität der Fremdfotos zu beurteilen ist. Handelt es sich somit bei den für die Collage verwendeten Fremdfotos um fotografisch mehr oder weniger anspruchslose Werke, wird man eine daraus erstellte Collage viel eher als eigenständiges, neues Werk ansehen können als bei der Verwendung von fotografischen Spitzenaufnahmen.

[!]

Doppelschöpfungen | Natürlich ist es denkbar, dass zwei Fotografen unabhängig voneinander die gleiche Bildidee haben und Fotograf B ein Bild herstellt, das in fast identischer Form bereits von Fotograf A hergestellt wurde, Fotograf B aber nicht bekannt ist. Man spricht dann von *Doppelschöpfungen*, bei denen beide Bilder den gleichen Urheberschutz genießen. Abgesehen davon, dass solche Fälle relativ selten sein dürften, hat dann der Letzte, der das Foto gemacht hat, hier also B, den Nachweis zu führen, dass er sein Bild völlig unabhängig von dem Bild von A hergestellt hat. Dies dürfte in der Praxis nicht unbedingt leicht sein, da sich für den unbefangenen Betrachter zunächst einmal der Eindruck eines Plagiats aufdrängen dürfte.

1.2.3 Einräumung von Nutzungsrechten – der Zweckübertragungsgrundsatz

Am Ende meiner allgemeinen Ausführungen über die Urheberrechte aus fotografischer Sicht möchte ich noch auf einen Grundsatz eingehen, der im Zusammenhang mit der Interpretation von Nutzungsrechten immer wieder von Bedeutung ist, nämlich auf den *Zweckübertragungsgrundsatz*.

Sie haben in Abschnitt 1.1.7 über die Rechtsnatur des Urheberrechts bereits erfahren, dass gemäß § 31 UrhG vom Fotografen per Vertrag weitgehende Nutzungsrechte übertragen werden können. Häufig geschieht dies in der Praxis jedoch ohne eindeutige Regelung des Nutzungsumfangs, und es kommt deshalb später zum Streit darüber, welche Nutzungsarten vereinbart wurden und wie weit das jeweilige Nutzungsrecht reicht. In diesem Fall greift der Zweckübertragungsgrundsatz, der in § 31 Abs. 5 UrhG geregelt ist.

[§]

Zweckübertragungsgrundsatz

»Sind bei der Einräumung eines Nutzungsrechts die Nutzungsarten nicht ausdrücklich einzeln bezeichnet, so bestimmt sich nach dem von beiden Partnern zugrunde gelegten Vertragszweck, auf welche Nutzungsarten es sich erstreckt.« (§ 31 Abs. 5 Satz 1 UrhG)

Immer dann, wenn das zwischen den Parteien vereinbarte Nutzungsrecht unklar ist, ist also davon auszugehen, dass der Fotograf die Nutzung eines Bildes dem Vertragspartner nur insoweit einräumt, als es der Vertragszweck unbedingt erfordert.

[zB]

Am besten lässt sich der Zweckübertragungsgrundsatz, der von den Gerichten im Zweifel zugunsten des Fotografen ausgelegt wird, erneut an einem Gerichtsfall veranschaulichen, den das LG Köln (Urteil vom 20.12.2006 – 28 O 468/06) zu entscheiden hatte:

Der Kläger, ein Fotograf, erstellte für einen Rechtsanwalt Bewerbungsfotos, die er anschließend auf einer CD-ROM an seinen Auftraggeber lieferte. Als der Fotograf kurze Zeit später im Internet entdeckte, dass die als Bewerbungsfotos gefertigten Fotografien von seinem Auftraggeber auf dessen Website verwendet wurden, machte er die Verletzung seines Urheberrechts, hier des Rechts der öffentlichen Zugänglichmachung nach § 19a UrhG, geltend. Der Anwalt seinerseits war der Auffassung, nach § 60 UrhG zur Verwendung der Bilder auf seiner Website berechtigt zu sein. Eine klare Vereinbarung war zwischen den Parteien nicht getroffen worden, insbesondere konnte der Anwalt nicht den Nachweis erbringen, dass bei Vertragsschluss die Einstellung auf der Website besprochen worden war.

Das Gericht gab in Anwendung des Zweckübertragungsgrundsatzes dem Fotografen Recht und stellte fest, dass die Parteien sich nur über die Erstellung von Bewerbungsfotos geeinigt hatten, der Vertragszweck also ausschließlich in der Fertigung derartiger Fotos bestand und der Anwalt auch zur Nutzung der Fotos nur im Rahmen des Vertragszwecks berechtigt war. Dies schließe eine Nutzung im Internet nicht ein, eine solche sei auch nicht von § 60 UrhG gedeckt.

[zB]

Zuletzt hat sich 2015 das OLG Hamm nochmals mit dem Zweckübertragungsgrundsatz befasst. In seinem Urteil vom 17.11.2015 (4 U 34/15) hat das Gericht entschieden, dass der Auftraggeber eines freiberuflichen Fotografen unzulässigerweise in dessen Nutzungsrechte eingreift, wenn er Modeaufnahmen, die für einen von ihm publizierten Katalog gefertigt wurden, an seine Vertriebspartner weitergibt. Dies war eben nicht vereinbart worden.

Diese Fälle zeigen ein weiteres Mal sehr eindrucksvoll, wie wichtig klare schriftliche Vereinbarungen sind, um spätere Streitigkeiten über die vereinbarten Nutzungsarten und den Umfang eingeräumter Nutzungsrechte möglichst von vornherein zu vermeiden.

Schriftliche Vereinbarungen sind wichtig

1.2.4 Schutz des Filmherstellers – Besonderheiten beim Filmen

Zwei gesonderte Vorschriften im UrhG

Ich hatte Sie bereits eingangs darauf hingewiesen, dass für Filmaufnahmen – gleichgültig, ob mit Camcorder oder mit in der Kamera integrierter Videofunktion – der gleiche Urheberschutz gilt wie für Lichtbildwerke. Dem Schutz des Filmherstellers sind dennoch zwei gesonderte Vorschriften im UrhG gewidmet, nämlich die §§ 94 und 95 UrhG, die ich Ihnen nicht vorenthalten möchte.

§ 94 Abs. 1 UrhG regelt, dass der Hersteller eines Films das ausschließliche Recht hat, den Bildträger bzw. Bild- und Tonträger, auf den das Filmwerk aufgenommen wurde, zu vervielfältigen, zu verbreiten und zur öffentlichen Vorführung, Funksendung oder öffentlichen Zugänglichmachung zu benutzen. Darüber hinaus hat der Filmhersteller nach dieser Vorschrift das Recht, jede Entstellung oder Kürzung des Bildträgers oder Bild- und Tonträgers zu verbieten, die geeignet ist, seine berechtigten Interessen an diesem zu gefährden.

In § 94 Abs. 2 UrhG wird sodann geregelt, dass dieses Recht übertragbar ist und Nutzungsrechte erteilt werden können, wobei in diesem Zusammenhang auf die Ihnen bereits bekannten §§ 31 und 33–38 UrhG Bezug genommen wird, in denen die Übertragung von Nutzungsrechten im Einzelnen geregelt ist.

§ 94 Abs. 3 UrhG normiert schließlich eine Schutzfrist für den Filmhersteller von 50 Jahren nach dem Erscheinen des Bildträgers oder Bild- und Tonträgers. Sofern der Film bereits früher berechtigterweise öffentlich wiedergegeben wurde, gilt die Frist von 50 Jahren nach der Wiedergabe. Die Frist beginnt nach § 69 UrhG mit Ablauf des Jahres, in dem das für den Beginn der Frist maßgebende Ereignis eingetreten ist.

§ 95 UrhG legt sodann fest, dass die vorgenannte Vorschrift des § 94 UrhG auch auf Laufbilder anzuwenden ist, wobei man unter *Laufbildern* solche Bildfolgen und Bild- und Tonfolgen versteht, die nicht als Filmwerke geschützt sind, weil sie nicht über genügende Werkqualität, d. h. Schöpfungshöhe, verfügen. Insoweit stellt § 95 UrhG eine Parallele zu § 72 UrhG dar, der bekanntlich Lichtbilder in ihrem urheberrechtlichen Schutz den Lichtbildwerken gleichstellt.

Im Wesentlichen der gleiche Schutz

Aus dem Gesagten ergibt sich, dass für Filmwerke im Wesentlichen der gleiche urheberrechtliche Schutz wie für Fotos besteht, nur dass die Urheberrechte an Filmwerken partiell an anderer Stelle im UrhG ausdrücklich geregelt sind. Soweit sie nicht Sachverhalte regeln, die auf Filmwerke nicht zutreffen, gelten im Übrigen für Filmwerke auch die übrigen Vorschriften des UrhG.

In diesem Kapitel haben Sie die Teile des Urheberrechts kennengelernt, die für den Bereich des Foto- und Bildrechts relevant sind und die Grundlage für die folgenden Detailbetrachtungen bilden. Jetzt ist es an der Zeit, uns den konkreten Rechtsfragen zu widmen, die sich im Bereich der Fotografie stellen. Im nächsten Kapitel wende ich mich zunächst der Sachfotografie zu, in den beiden darauffolgenden Kapiteln geht es dann um die Personenfotografie, in Kapitel 4 speziell um die damit zusammenhängenden datenschutzrechtlichen Aspekte.

Kapitel 2

Natur, Architektur, Sachen und Tiere

Vom Hausrecht bis zur Panoramafreiheit

»Solange ich keine Menschen oder ihr Eigentum fotografiere, ist doch alles okay.« – Ist das tatsächlich so einfach, und gibt es ein Recht am Bild der eigenen Sache? In diesem Kapitel geht es um die Sachfotografie im weitesten Sinne, und ich werde die Frage beantworten, ob die Rechtslage tatsächlich so ist, wie sie von vielen eingeschätzt wird.

Eigene Einschätzung und rechtliche Realität

Wenn ich Fotoclubs besuche und meinen Vortrag zu Foto- und Bildrecht halte, zeige ich zu Beginn regelmäßig einige Beispielfotos aus unterschiedlichen Genres, verschiedene Sachaufnahmen, vorwiegend aus dem Bereich der Architektur, aber auch Aufnahmen, auf denen Personen teilweise deutlich, teilweise weniger deutlich zu erkennen sind. Ich bitte die Teilnehmer, die zu diesem Zeitpunkt noch nichts von den rechtlichen Inhalten meines Vortrags gehört haben, darum, mir ihre Einschätzung mitzuteilen, ob die gezeigten Fotos ohne Einschränkung überhaupt gemacht werden und später dann auch ohne Zustimmung Dritter veröffentlicht werden durften. Sehr oft fallen die Antworten der Teilnehmer recht sicher und relativ einhellig aus, dass man nämlich in der Regel alles fotografieren dürfe, solange man die Fotos nur für sich privat mache. Wenn es sich um reine Sach- oder Landschaftsaufnahmen ohne abgebildete Personen handelt, wird zumeist auch die anschließende Verwertung der Fotos für völlig unproblematisch gehalten. Die Teilnehmer sehen es also fast ausnahmslos als unkritisch an, Fotografien, auf denen keine Personen zu sehen sind, sowohl anzufertigen als auch zu verwerten und auch gewerblich zu nutzen.

Bei Fotos, auf denen Personen abgebildet sind, sind die Teilnehmer dann doch schon etwas zurückhaltender und unsicherer in ihrer Meinung und meist der Auffassung, dass die Herstellung der Fotos zwar rechtlich unproblematisch sei, wenn sie zu privaten Zwecken angefertigt und nicht veröffentlicht würden, die Verwertung eines solchen Fotos aber möglicherweise kritisch und von einer Genehmigung oder Einwilligung der abgebildeten Person abhängig sein könnte.

Abbildung 2.1 ▸
Niemand zweifelt an der Zulässigkeit dieses Fotos. Zu Recht?

Fasst man die Meinungen der überwiegenden Zahl von Amateuren, aber auch von nicht wenigen Berufsfotografen zusammen, ergibt sich nach meiner Erfahrung ungefähr folgende Aussage:

> *Niemand kann es dem Fotografen in der Regel verbieten, Sachaufnahmen herzustellen und zu verwerten, bei Personenaufnahmen darf das Foto zwar gemacht, aber nicht ohne Zustimmung der fotografierten Person verwertet werden.*

Mehr Einschränkungen als vermutet

Diese Aussage klingt zunächst ganz plausibel, aber stimmt das auch so? Leider ist die fotografische Freiheit in der Realität deutlich eingeschränkter, als es zunächst scheint. Denn schon bei der Herstellung eines Fotos kann es Einschränkungen oder sogar Verbote geben, die bei Nichtbeachtung zu unangenehmen Konsequenzen führen können, mit denen wir uns auch an späterer Stelle in diesem Buch (siehe Kapitel 7, »Rechte schützen«) noch eingehend beschäftigen werden. Dies gilt erst recht für die unautorisierte Verwertung eines ohne Genehmigung hergestellten Fotos. Doch genug der Vorrede, sehen wir uns nun die Details an!

2.1 Natur, Architektur, Sachen und Tiere fotografieren

Niemand wird ernsthaft auf die Idee kommen, einem Fotografen zu sagen, dass er einen Pilz wie in Abbildung 2.2 nicht einfach fotografieren darf, sondern dazu zunächst die schriftliche Genehmigung der jeweiligen Forstverwaltung einholen muss.

◂ Abbildung 2.2
Nur mit Genehmigung der Forstverwaltung zu fotografieren?

Das Gleiche gilt für die Aufnahme von Vögeln auf den Bäumen und allem, was einem in der Natur – außer anderen Personen – ansonsten so vor die Linse kommt.

[!]

Freie Landschafts- und Naturfotografie
Solange man Landschaften und die freie Natur, ihre Pflanzen, Bäume und Tiere fotografiert, gibt es in der Tat keinerlei rechtliche Probleme. Alles, was man frei zugänglich und ohne ein fremdes Hausrecht zu verletzen, fotografieren kann, darf man auch fotografieren. Niemand kann einen daran hindern, denn die freie Natur und alles, was man dort an meist »herrenlosen« Motiven findet, unterliegen selbstverständlich keinem urheberrechtlichen Schutz.

Sachen auf Privatgelände

Schwieriger wird es schon, wenn es um die Frage geht, ob die unbeschränkte Freiheit zu fotografieren auch dann gilt, wenn Sachen fotografiert werden, die sich nicht in der freien, jedermann zugänglichen Landschaft, sondern eindeutig auf Privatgelände befinden, d. h. auf Grund und Boden, der der Öffentlichkeit nicht oder nur eingeschränkt zugänglich ist. Hier könnten gleich mehrere Schutzbereiche betroffen sein, nämlich das Eigentumsrecht, das Hausrecht oder auch das Urheberrecht, gegebenenfalls auch noch das Markenrecht – viele Aspekte, mit denen wir uns im weiteren Verlauf dieses Kapitels noch ausführlich befassen werden.

[zB] Ihre nette Nachbarin etwa, eine begeisterte Rosenzüchterin, hat in ihrem Vorgarten wunderschöne Sträucher dieser Königin der Blumen. Sie möchten die Blütenpracht gerne fotografisch festhalten und fotografieren vom Bürgersteig oder von Ihrem Grundstück aus in den Vorgarten der Nachbarin hinein, ohne diesen zu betreten.

Abbildung 2.3 ▶ Der Stolz der Nachbarin, aber frei fotografierbar?

Die Nachbarin erweist sich nun als doch nicht so nett, wie Sie immer gedacht haben, denn sie ist der festen Meinung, Sie begingen mit der Fotografie ihrer Rosen eine Rechtsverletzung, denn die Blumen stünden auf ihrem Eigentum, und deshalb dürfe nur sie selbst, andere jedoch nur mit ihrem Einverständnis die Rosen fotografieren. Ist sie damit im Recht?

[zB] Der Eigentümer eines ausgefallenen und gepflegten Oldtimers, den Sie vor einem Haus sehen, versucht Ihnen klarzumachen, dass Sie sein Fahrzeug nur gegen Zahlung einer Gebühr ablichten dürften. Darf er das tatsächlich?

◀ **Abbildung 2.4**
Kann der Eigentümer die Fotografie von einer Gebühr abhängig machen?

Gibt es ein Recht am Bild der eigenen Sache?

Mit anderen Worten: Die Eigentümer einer Sache machen ihr Eigentumsrecht als Begründung dafür geltend, dass Sie ihre Sachen nicht fotografieren dürfen. Sie reklamieren für sich als Eigentümer somit ein »Recht am Bild der eigenen Sache«. Gibt es das überhaupt, und wie ist die Rechtslage? Zu der Frage, ob Gegenstände, die keinen anderen geschützten Rechten (wie Hausrecht, Urheberrecht etc.) unterliegen, frei fotografierbar sind, gibt es eine völlig eindeutige und über Jahre gefestigte Rechtsprechung. Schon mehrfach haben sich Gerichte, bis hin zum Bundesgerichtshof (BGH), dem höchsten deutschen Zivilgericht, mit der Frage befasst, ob durch das Fotografieren einer Sache das Recht des Eigentümers verletzt werde.

Da mit einer Fotografie die Substanz der Sache nicht angegriffen und die Verfügungsbefugnis des Eigentümers nicht beeinträchtigt wird, stehen dem Eigentümer die Abwehr- und Unterlassungsansprüche, die in §§ 903, 1004 Bürgerliches Gesetzbuch (BGB) geregelt sind, nicht zu (im Wortlaut nachzulesen unter *www.gesetze-im-internet.de/bgb*). Ansprüche auf Abwehr und Unterlassung stehen nur demjenigen Eigentümer zu, der durch Eingriffe von außen in seinem Eigentumsrecht unmittelbar beeinträchtigt wird, etwa indem jemand von außerhalb des Grundstücks Gegenstände auf sein Grundstück wirft. Liegt dieser Fall vor, hat der Eigentümer natürlich einen Beseitigungs- und Unterlassungsanspruch. Das bloße Fotografieren einer Sache stellt jedoch eine solche Einwirkung nicht dar. Das heißt also, dass der Eigentümer das Fotografieren seines Eigentums dulden muss.

»Friesenhaus«

Wegweisend für diese völlig herrschende Meinung ist die Entscheidung des BGH (Urteil vom 09.03.1989 – I ZR 54,87 – »Friesenhaus«), der folgender Fall zugrunde lag:

Ohne Zustimmung des Eigentümers wurde ein 1740 auf Sylt erbautes Haus im friesischen Stil, mit Sprossenfenstern, Reetdach und Dachgauben, fotografiert, und die Fotos wurden anschließend in einer Werbebroschüre auch verwertet. Der Eigentümer des Hauses machte urheberrechtliche Ansprüche (er hatte die Fassade des Hauses gerade renoviert, was er als schützenswertes Werk ansah) und eigentumsrechtliche Ansprüche geltend. An dieser Stelle interessieren uns zunächst nur die Eigentumsrechte, zumal der BGH in dem konkreten Fall Urheberrechte an der frisch renovierten Fassade wegen mangelnder Schöpfungshöhe ohnehin verneint hatte. Der Eigentümer war der Meinung, bereits mit dem Fotografieren seines Hauses werde sein Eigentum verletzt. Der BGH hat sich in dieser Entscheidung sehr ausführlich mit dem Eigentumsrecht auseinandergesetzt und festgestellt, dass der Eigentümer zwar mit seinem Eigentum nach Belieben verfahren und andere von jeder Einwirkung ausschließen könne, da das Eigentumsrecht das umfassendste Herrschaftsrecht an einer Sache sei, das unsere Rechtsordnung kenne. Gleichzeitig hat das Gericht jedoch festgestellt, dass das Fotografieren des Hauses ein Vorgang sei, der die Verfügungsbefugnis des Eigentümers nicht im Mindesten tangiere und keinerlei Auswirkung auf die Nutzung der Sache habe. Deshalb sei das Fotografieren des Hauses vom Eigentümer hinzunehmen.

In einer Reihe weiterer Entscheidungen, die auf Basis dieser Friesenhaus-Entscheidung ergingen und in denen es auch um ohne Genehmigung fotografierte Gebäude ging – einmal war es eine Jugendstilvilla, ein anderes Mal ein Fachwerkhaus –, wurde die Rechtsprechung des BGH immer wieder bestätigt. Auch das Foto einer Segeljacht oder eines sonstigen Gegenstandes darf ohne Einwilligung des Eigentümers hergestellt und in einer Werbebroschüre verwendet werden.

[!]

Kein Recht am Bild der eigenen Sache

Frei fotografierbar sind somit in der Regel alle Sachen, auch alle architektonischen Werke wie Häuser, Burgen, Kirchen, Brücken u. Ä. Dies gilt auch für Gegenstände, die sich auf fremdem Grund und Boden befinden, solange man beim Fotografieren den fremden Grund und Boden nicht ohne Erlaubnis des Eigentümers oder des berechtigten Besitzers (das ist derjenige, der ohne Eigentümer zu sein, im Besitz einer Sache ist, wie zum Beispiel ein Mieter) betritt.

Es gibt zwar ein Recht am eigenen Bild, das uns in Kapitel 3, »Menschen«, beschäftigen wird, aber unsere Rechtsordnung kennt grundsätzlich kein Recht am Bild der eigenen Sache!

Für die zuvor angeführten Beispiele gilt also: Sie dürften sowohl die Rosen im Garten der Nachbarin als auch den Oldtimer genehmigungsfrei fotografieren.

Auch Gegenstände, die zur Privatsphäre eines anderen gehören, können dann, wenn sie in der Öffentlichkeit frei sichtbar sind, frei fotografiert werden. Auch die zum Trocknen auf der Leine aufgehängte Wäsche der Nachbarin oder des Nachbarn können Sie, wenn sie für Sie ein reizvolles Motiv abgibt, fotografieren, solange Sie dazu das fremde Grundstück nicht betreten.

Von wo aus diese Sachaufnahmen gemacht werden, ist im Übrigen völlig unerheblich. Dies kann von der Straße oder vom eigenen Grundstück aus geschehen. Sobald sich allerdings der Nachbar durch geeignete Sichtschutzmaßnahmen (wie etwa durch einen hohen Zaun) davor geschützt hat, dass sein Eigentum für alle sichtbar (fotografierbar) ist, stellt die bewusste Umgehung dieser Sichtschutzvorrichtungen im Zweifel eine Verletzung des Hausrechts und ein unzulässiges »Eindringen« in die Privatsphäre dar. Sie sollten – unabhängig von allen Fragen des Takts und Anstands – in solchen Fällen besser auf die Aufnahme(n) verzichten, wenn Sie sich nicht unnötigen rechtlichen Ärger einhandeln wollen. Keinesfalls sollten Sie jedoch versuchen, die Sichtschutzvorrichtung gezielt dadurch zu umgehen, dass Sie durch Astlöcher im Holzzaun fotografieren oder Leitern und sonstige Hilfsmittel benutzen.

Tieraufnahmen

Eine Teilnehmerin an meiner Vortragsveranstaltung erzählte, sie sei auf einer Veranstaltung im Freien gewesen, bei der es um Pferde ging. Der Veranstalter hatte keinerlei Fotografierverbot verfügt, man konnte dort also überall fotografieren. Sie sei zu der auf dem öffentlich zugänglichen Veranstaltungsgelände liegenden Koppel gegangen, um dort eines der Pferde zu fotografieren, als plötzlich die Eigentümerin des Pferdes wütend auf sie zugelaufen gekommen sei und ihr lautstark zu verstehen gegeben habe, dass es verboten sei, ihr Pferd zu fotografieren. Es sei beinahe zu Handgreiflichkeiten gekommen, als die Fotografin diesem Verbot nicht nachkommen wollte. Letzten Endes verzichtete sie auf eine Aufnahme.

Gilt also für Tiere etwas anderes als für Sachen? Muss man mit dem Besitzer eines Tieres etwa ein *Model Release* oder ein *Property Release* abschließen, bevor man die Kamera auslösen darf?

[+]

Model und Property Release

Ein *Model Release* ist ein Vertrag mit einem Model, in dem die Fotografiererlaubnis und Art und Umfang der späteren Bildnutzung geregelt werden.

Unter *Property Release* versteht man in erster Linie einen Vertrag mit einem Eigentümer, der dem Fotografen das Recht verleiht, auf dem Grund und Boden dieses Eigentümers zu fotografieren. Darüber hinaus wird dieser Begriff zur Bezeichnung eines Vertrags verwendet, mit dem ein Urheber dem Fotografen gestattet, sein urheberrechtlich geschütztes Werk zu fotografieren.

In Kapitel 8, »Vertragsrecht«, werde ich auf beide Begriffe noch im Detail zurückkommen. Vertragsvorlagen für beides können Sie unter *www.rheinwerk-verlag.de/recht-fuer-fotografen_5348* herunterladen.

Abbildung 2.5 ▶
Ist für dieses Foto ein »Model Release« oder ein »Property Release« erforderlich?

Vorschriften für Sachen gelten auch für Tiere

Bis August 1990 galten Tiere noch als Sachen. Als solche galt für sie zweifellos nichts anderes als für Rosenblüten, Oldtimer und Wäsche auf der Leine. Im Zuge der Stärkung des Tierschutzes und einer damit verbundenen Novellierung des Tierschutzgesetzes (TierSchG) gelten seit dem 01.09.1990 Tiere zwar ausdrücklich nicht mehr als Sachen, dies steht so in § 90a BGB. Da sie damit aber auch noch nicht Mensch geworden sind, werden die zivilrechtlichen Vorschriften, die für Sachen gelten, jedoch weiterhin auf Tiere angewandt. Auch dies ergibt sich unmittelbar aus der Vorschrift des § 90a BGB. Somit gilt das oben Gesagte, also die freie Fotografierbarkeit, ebenso wie für die Rosen und den Oldtimer auch heute noch für Haus- und Nutztiere.

[+]

Informationsquelle »Internet«

Der eine oder andere von Ihnen wird durch die vorangegangenen Ausführungen vielleicht verwirrt sein, haben Sie doch verschiedentlich schon etwas völlig anderes in verschiedenen Internetbeiträgen gelesen. In der Tat findet man im Internet, aber leider auch in einigen Sachbüchern zum Thema Fotografie, deren Verfasser keine Juristen sind, die Aussage, dem Eigentümer eines Tieres stünde das Verfügungsrecht über sein Eigentum zu, weshalb auch nur er darüber entscheiden könne, ob sein Eigentum fotografiert werden dürfe oder nicht. Derartige, grundlegend falsche Aussagen sind leider in erheblichem Maße verantwortlich für bestehende Unsicherheiten, was man denn nun fotografieren darf und was nicht. Diese Auffassung ist jedoch rechtlich völlig haltlos. Sie ignoriert nicht nur die eindeutige Rechtsvorschrift des § 90a BGB, sondern steht auch im diametralen Gegensatz zur ständigen Rechtsprechung des BGH, insbesondere zur dargestellten Friesenhaus-Entscheidung.

Wenn nach dem Gesetz für Tiere die Vorschriften über Sachen entsprechend anzuwenden sind, dann gelten für das Fotografieren von Tieren natürlich ebenfalls die vom BGH getroffenen Feststellungen in der oben zitierten Friesenhaus-Entscheidung, wonach die Verfügungsrechte des Eigentümers gerade nicht durch den Realakt des Fotografierens berührt werden können.

Mit anderen Worten: Haus- und Nutztiere können ohne Genehmigung des Eigentümers oder Besitzers fotografiert werden. Ansonsten müsste man auch konsequent einen Unterschied machen zwischen herrenlosen Tieren einerseits, die frei fotografierbar sind und für die es naturgemäß gar keine Einwilligung geben kann, und solchen Tieren andererseits, die einem bestimmten Eigentümer oder Besitzer zugeordnet werden können. Woher weiß man aber, ob das Kaninchen auf der Wiese ein wildes und damit herrenloses Kaninchen ist oder ob es sich um »Bunny« handelt, der gerade vor einer halben Stunde seinem Besitzer ausgebüxt ist? Eine solche Unterscheidung innerhalb der Tierwelt ist aus fotografischer Sicht natürlich nicht möglich.

◀ **Abbildung 2.6**
Gleichgültig, ob Tiere in der Wildnis, wie hier die Wildpferde auf Sardinien …

Abbildung 2.7 ▸
… oder domestizierte Tiere – alle dürfen frei fotografiert werden.

Auch bei Tieraufnahmen gilt das Hausrecht

Eine Ausnahme von der Fotografierfreiheit gilt auch für Tieraufnahmen nur dann, wenn man zum Fotografieren eines Tieres unbefugt ein fremdes Grundstück oder Gebäude betritt und damit das Hausrecht verletzt, auf das ich im nächsten Abschnitt noch ausführlich eingehen werde. Frei fotografierbar ist das Tier natürlich auch dann nicht mehr, wenn es nicht fotografiert werden kann, ohne dass der Halter auf dem Foto erkennbar ist. Aber dann wären wir ohnehin schon im Bereich der Personenaufnahmen und dem damit verbundenen Aspekt der Erkennbarkeit, der erst in Kapitel 3, »Menschen«, Thema ist.

Die Teilnehmerin also, die im wahrsten Sinne des Wortes eine Geschichte vom Pferd erzählt hat, hat sich völlig zu Unrecht einschüchtern lassen. Selbstverständlich durfte sie das Pferd auf der Koppel fotografieren, und zwar auch gegen den Willen der Eigentümerin.

Recht haben und recht bekommen

Aber gerade an solchen Beispielen zeigt sich auch das Dilemma, das dadurch entsteht, dass nicht nur die Fotografen häufig über ihre Rechte nur unzureichend informiert sind, sondern auch Eigentümer oder Besitzer oft die Tragweite ihrer Eigentums- bzw. Besitzrechte völlig überschätzen. Vor Ort werden sie sich wohl auch vom Fotografen nicht überzeugen lassen, da dieser in ihren Augen wahrscheinlich ohnehin nur als rechtlich ahnungsloser Störenfried angesehen wird.

Aber was macht der angefeindete Fotograf, insbesondere der Amateur, in einer solchen Situation? Das Mitführen und Hochhalten dieses Buches wäre zugegebenermaßen wohl nicht besonders praktikabel. Man sollte vielleicht besser versuchen, dem jeweiligen »Rechtsinhaber« mit freundlichen Worten zu erklären, wie die Rechtslage ist, ihm schmeicheln, indem man die Schönheit und Seltenheit des zu fotografierenden Objekts lobt, und ihm kurz erklären, warum man es überhaupt fotografieren will und er keine Nachteile dadurch hat. Man könnte auch ein Foto auf dem Display der Kamera zeigen und das Zusenden einiger Fotos anbieten. Mit etwas Glück beruhigt sich der aufgebrachte Eigentümer oder Besitzer, es kommt möglicherweise sogar noch zu einem recht netten Gespräch über das Wetter, die Fotografie und andere Dinge. Wenn man dagegen Pech hat, ist nach halbstündiger und fruchtloser Diskussion nicht nur der Spaß am Fotografieren, sondern auch das schöne Licht für die Aufnahme verschwunden und der Tag verdorben. Da eher wahrscheinlich ist, dass jemand, der so energisch auftritt und seine vermeintlichen Rechte mit Drohgebärden verteidigt, von seiner Meinung nicht abzubringen sein wird, werden viele Fotografen es möglicherweise doch vorziehen, ihre Kamera einzupacken und auf die Aufnahme zu verzichten. Einige wenige werden vielleicht dennoch gegen den Willen des Eigentümers oder Besitzers ihre Fotos machen, auch wenn dieser mit der Polizei oder gar mit Handgreiflichkeiten droht.

Wie Sie im Einzelfall am besten reagieren, müssen Sie situationsbedingt selbst entscheiden. Es kommt sicherlich auf den jeweiligen Einzelfall und auch ein wenig auf die Wichtigkeit der Aufnahme an, Patentrezepte für solche Situationen, die leider immer wieder vorkommen, kann es natürlich nicht geben.

[!]

Herstellung von Sachfotos
Die Herstellung von Natur-, Sach- und Tieraufnahmen ist grundsätzlich erlaubt und verletzt weder das Eigentum noch das Persönlichkeitsrecht des jeweiligen Eigentümers, solange die Aufnahme entweder von einem Ort außerhalb des fremden Grund und Bodens oder mit Zustimmung des jeweils Berechtigten hergestellt wurde und solange ausschließlich die jeweiligen Sachen bzw. Tiere und keine dazugehörenden Personen auf dem Foto dargestellt sind.

Einschränkungen

Wenn im Text häufiger das Wort »grundsätzlich« auftaucht, bedeutet dies für den Juristen immer ein »ja, aber«, im Übrigen eine Redewendung, die uns Juristen ebenso wichtig ist wie die Aussage »das kommt darauf an«. Aber in der Tat ist es auch hier so, dass es zu dem Grundsatz auch Ausnahmen gibt, also solche Fälle, in denen bereits die Herstellung eines Fotos verboten, zumindest aber rechtlich problematisch ist. Die grundsätzlich freie Fotografierbarkeit von Sachen kann durch folgende Aspekte beschränkt sein:

- Hausrecht
- urheberrechtlich geschützte Werke
- Privat- und Intimsphäre
- gesetzliche Fotografierverbote

Diesen Ausnahmen werden wir uns nun im Einzelnen zuwenden.

2.1.1 Hausrecht

Eine ganz wesentliche Einschränkung beim Fotografieren von Sachen ist durch das Hausrecht gegeben, mit dem ein Eigentümer oder aktueller Besitzer (wie etwa Mieter, Pächter, Entleiher) Regeln setzen kann, die der freien Anfertigung eines Fotos entgegenstehen können.

Das Hausrecht ist von der Rechtsprechung immer wieder als ein kaum einschränkbares Recht anerkannt worden, das ausschließlich demjenigen zusteht, der de facto über ein bestimmtes Gebäude oder Grundstück verfügen kann, also dem Eigentümer oder dem aktuellen Besitzer. Der jeweilige Hausrechtsinhaber kann allein bestimmen, wer sein Eigentum oder seinen Besitz betritt und was er dort machen darf und was nicht. Allenfalls dann, wenn es sich um ein der Allgemeinheit zugängliches Gelände, zum Beispiel einen zoologischen Garten, handelt und dort aus völlig sachfremden oder willkürlichen Gründen oder sogar völlig grundlos einzelnen Personen der Zugang verweigert wird, während allen anderen Personen der Zugang gestattet ist, wird man die Ausübung eines Hausrechts rechtlich angreifen können.

Abbildung 2.8 ► Hier bestimmt der Eigentümer des Kaufhauses Lafayette in Paris, ob man fotografieren darf oder nicht. Ich habe gefragt und durfte. Nicht immer allerdings – wie hier – wird man die Einwilligung auch schriftlich erhalten, was in einem etwaigen Streitfall später die Beweisführung erschweren kann.

Eigentümer oder Besitzer entscheidet

Der Hausrechtsinhaber kann für das Betreten seines Eigentums bzw. Besitzes Regeln aufstellen und jeden rechtlich verfolgen oder von seinem Eigentum/Besitz verweisen, der die Regeln nicht einhält. Anders, als der Name vermuten lässt, setzt das Hausrecht auch kein Haus im eigentlichen Sinne voraus, auch auf einer freien Wiese hat der jeweilige Eigentümer oder Besitzer ein Hausrecht.

Daraus folgt ganz eindeutig, dass derjenige, der das Hausrecht hat, auch allein darüber entscheidet, ob und in welchem Umfang und zu welchem Zweck auf seinem Gelände fotografiert werden darf. Die Rechtsprechung geht sogar noch einen Schritt weiter und qualifiziert Aufnahmen unter Verstoß gegen das Hausrecht als Verletzung des allgemeinen Persönlichkeitsrechts.

[!]

Hausrecht

Das Hausrecht ist ein geschütztes Recht, das aus dem Grundsatz der Unverletzlichkeit der Wohnung resultiert, wobei das Hausrecht nicht auf private Räumlichkeiten begrenzt ist, sondern gleichermaßen für gewerbliche und behördliche Räume gilt.

Jeder, der als Eigentümer oder Besitzer die Sachherrschaft über Räumlichkeiten oder Grundstücke hat, kann allein und frei darüber bestimmen, welche Regeln dort gelten. Insbesondere kann er bestimmte Personen von der Nutzung ausschließen oder die Nutzung an Bedingungen knüpfen.

Das Hausrecht kann auf Dritte, wie zum Beispiel den aktuellen Besitzer (Mieter, Pächter, Entleiher etc.), übertragen werden.

»Unternehmenspersönlichkeitsrecht«

Dieses gilt im Übrigen nicht nur für natürliche Personen, sondern auch juristische Personen haben, wie von der Rechtsprechung festgestellt, ein sogenanntes *Unternehmenspersönlichkeitsrecht*. So hat das KG Berlin (Urteil vom 30.11.1999 – 9 U 8222/99) das Hausrecht der Deutschen Bahn AG bestätigt, als es darum ging, die Herstellung von Fotos mittels versteckter Kamera in ihren Zügen zu verbieten.

»Schloss Sanssouci«

Zum Hausrecht gibt es eine ganze Reihe von grundlegenden Entscheidungen. Im Dezember 2010 erging die viel beachtete Entscheidung des BGH im Fall Schloss Sanssouci, die für mächtigen Wirbel gesorgt hat, allerdings galt hier »viel Lärm um nichts«, wie Sie noch sehen werden. Denn die Sanssouci-Entscheidung stellt nur eine Fortsetzung der bisherigen höchstrichterlichen Rechtsprechung zum Hausrecht dar, weshalb sie im Ergebnis im Grunde genommen auch nicht überraschen konnte.

[+]

Nochmals: Informationsquelle »Internet«

Wie immer, wenn lieb gewonnene Gewohnheiten oder vermeintliche Rechte infrage gestellt werden, gab es auch im Zusammenhang mit der Sanssouci-Entscheidung des BGH eine ganze Reihe von Äußerungen, nicht zuletzt in zahlreichen Internetforen. Ich kann allerdings auch hier nur dringend davor warnen, sich rechtliche Informationen »stückweise« aus solchen Quellen zusammenzusuchen. Neben der fehlenden Gesamtdarstellung sind viele Kommentare und Schlussfolgerungen schlichtweg falsch.

[zB] Der Entscheidung des BGH (eigentlich sind es drei Parallelverfahren mit ähnlich gelagerten Sachverhalten, 17.12.2010 – V ZR 44/10, 45/10 und 46/10) liegt folgender Sachverhalt zugrunde:

Klägerin war die Stiftung Preußische Schlösser und Gärten Berlin-Brandenburg, die aufgrund eines Staatsvertrags die Aufgabe hat, die ihr übergebenen Kulturgüter zu pflegen und der Öffentlichkeit zugänglich zu machen. Das umfasst über 150 historische Gebäude und ca. 800 Hektar Gartenanlagen in Berlin und Brandenburg, zu denen auch Schloss Sanssouci gehört. Die Stiftung wehrte sich dagegen, dass Foto- und Filmaufnahmen der Kulturgüter auf ihrem Grundbesitz – hier dem Schlosspark von Sanssouci – ohne ihre Genehmigung angefertigt und vermarktet wurden, und verlangte Unterlassung und Auskunft zur Feststellung des entstandenen Schadens. Sie war der Meinung, das Fotografieren von einer an die Zahlung eines Entgeltes geknüpften Zustimmung abhängig machen zu können. Eine Agentur hatte in dem einen der drei Verfahren Fotos von Schloss Sanssouci ohne Genehmigung und ohne Zahlung des Entgeltes auf dem Schlossgelände angefertigt und anschließend verwertet.

Das LG Potsdam (21.11.2008 – 1 O 175/08) hatte als erste Instanz der Klägerin zunächst recht gegeben, das OLG Brandenburg (18.02.2010 – 5 U 12/09) hat aber im Berufungsverfahren das erstinstanzliche Urteil aufgehoben und die Klage abgewiesen, u. a. mit dem Argument aus der Friesenhaus-Entscheidung des BGH, die Sie schon aus Abschnitt 2.1 kennen. Kurz rekapituliert: Weder das Fotografieren von Eigentum noch die gewerbliche Nutzung solcher Fotos stelle einen Eingriff in das Eigentumsrecht dar. Deshalb stehe das Verwertungsrecht dem Urheber der Aufnahmen zu. Zwar sei die Stiftung Eigentümer, dies rechtfertige jedoch nicht, das Fotografieren und gewerbliche Verwerten der Fotos zu untersagen. Die entscheidende Überlegung des OLG Brandenburg war, dass der Stiftung die Kulturgüter übertragen wurden, um sie der Öffentlichkeit ohne Eintritt zugänglich zu machen, was sich aus dem Staatsvertrag ergebe. Dies beinhalte auch das Recht, unentgeltlich zu fotografieren und die Fotos anschließend gewerblich zu nutzen.

Der BGH hat dieses Urteil mit der oben erwähnten Entscheidung am 17.12.2010 aufgehoben und – wie bereits die erste Instanz – der Klägerin recht gegeben. Dabei hat der BGH im Wesentlichen ausgeführt:

Der Eigentümer könne die Herstellung und Verwertung von Fotos untersagen, wenn sie – wie hier – von seinem Grundstück aus aufgenommen worden seien. Dies sei eine unmittelbare Folge des Eigentumsrechts. Der Eigentümer könne bestimmen, ob und – wenn ja – unter welchen Voraussetzungen jemand sein Grundstück betreten und was er dort machen dürfe. Dem Eigentümer stehe das ausschließliche Recht zur Anfertigung und Verwertung von Fotografien zu, die von seinem Grundstück aus aufgenommen werden.

Damit hat der BGH ein weiteres Mal das Hausrecht – denn nichts anderes ist das Bestimmungsrecht des Eigentümers darüber, was auf seinem Besitz geschieht und was nicht – ausdrücklich bestätigt.

»Schloss Tegel«

Schon 1974 hatte der BGH sich in seiner »Schloss-Tegel«-Entscheidung (Urteil vom 20.09.1974 – I ZR 99/73) mit dem Hausrecht auseinandergesetzt. Damals ging es um einen ganz ähnlichen Fall wie im Fall Sanssouci. Auch hier wurden im Auftrag eines Bildverlags Aufnahmen von Schloss Tegel angefertigt, die nur möglich waren, wenn man das Grundstück, das sich im Privatbesitz befindet, betrat; von außen waren diese Aufnahmen gar nicht möglich. Der Bildverlag verwendete die Aufnahmen dann für Ansichtskarten, die er auch verkaufte.

Auch hier hat der BGH bereits ganz eindeutig Position bezogen und festgestellt, dass die Eigentümerin ohne Weiteres berechtigt sei, die Besichtigung oder den Zutritt nur unter der Bedingung zu gestatten, dass dort nicht oder ausschließlich zu privaten Zwecken fotografiert werde. Die den Besuchern erteilte Fotografiererlaubnis enthalte nicht die Befugnis einer gewerblichen Verwertung der Aufnahmen. Auch die Sozialbindung des Eigentums, die Gewährung von Subventionen und der Denkmalschutz hinderten die Eigentümerin nicht, das Fotografieren des Schlosses zu verbieten oder einzuschränken.

Vor dem Hintergrund dieser und einiger anderer Entscheidungen, in denen die Gerichte dieselben Grundsätze anwandten, war die Sanssouci-Entscheidung bei genauer Betrachtung keine allzu große Überraschung, sondern nur eine erneute Bestätigung einer seit Jahrzehnten bestehenden Rechtsprechung, die immer wieder das Hausrecht als unantastbares und hochwertiges Rechtsgut herausgestellt hat. Es war schon eher überraschend, dass das OLG Brandenburg anders entschieden hatte, weshalb auch bei aufmerksamer Lektüre der Urteilsbegründung eigentlich damit gerechnet werden musste, dass der BGH dieses Urteil wieder aufhebt.

◂ **Abbildung 2.9**
Durchaus vergleichbar mit dem Sanssouci-Fall ist diese im botanischen Garten der Universität, also auf Privatgelände, gemachte Aufnahme des Poppelsdorfer Schlosses in Bonn (Abdruck mit freundlicher Genehmigung der Abteilung Presse und Kommunikation der Universität Bonn).

Ob man diese Entscheidung der Stiftung Preußische Schlösser und Gärten Berlin-Brandenburg, das Fotografieren von mit erheblichen Steuergeldern finanzierten bzw. erhaltenen Kulturgütern zu verbieten bzw. von einem Entgelt abhängig zu machen, für politisch richtig hält, ist eine Frage, über die man sicherlich endlos und mit unterschiedlichen Argumenten und Interessen streiten kann. Das bringt uns jedoch nicht wirklich weiter und soll deshalb hier auch nicht weiter vertieft werden. Denn juristisch ist es jedenfalls eindeutig so, und auch schon immer so gewesen, dass allein der Eigentümer bestimmt, ob überhaupt und für welchen Zweck auf bzw. von seinem Grundbesitz fotografiert werden darf. Dieses Hausrecht muss der Fotograf respektieren, will er nicht riskieren, vom Gelände verwiesen und möglicherweise mit rechtlichen Auseinandersetzungen konfrontiert zu werden.

Auch wenn man beim ungenehmigten Fotografieren vielleicht nicht ertappt wird, ist spätestens bei der Veröffentlichung der Aufnahmen die Gefahr recht groß, Anwaltspost mit Unterlassungs- und Zahlungsaufforderungen zu bekommen. Um die in Betracht kommenden rechtlichen Ansprüche, die in solchen Fällen geltend gemacht werden können, geht es ausführlich in Kapitel 7, »Rechte schützen«.

Fotos für private Zwecke sind zulässig!

Festzuhalten ist, dass sich beide hier behandelten Entscheidungen – Schloss Sanssouci und Schloss Tegel – mit dem Verbot der *gewerblichen* Fotografie befassen, Aufnahmen für den privaten Gebrauch sind davon nicht betroffen. In der Entscheidung zu Schloss Tegel ist sogar ausdrücklich die Rede davon, dass die Anfertigung von Fotos zum Privatgebrauch dort jedermann gestattet wird. Auch in Sanssouci darf zu privaten Zwecken fotografiert werden.

Praktische Auswirkung des »privaten Gebrauchs«

In der praktischen Konsequenz bedeutet die Einschränkung »nur zum privaten Gebrauch«, dass Sie für die eigene Nutzung und die Nutzung durch Ihre Familie und engsten Freunde Fotos anfertigen können. Veröffentlichen dürfen Sie die Bilder jedoch nicht! Auch dann nicht, wenn damit keine kommerziellen Interessen verfolgt werden. Es sind mehr oder weniger nur Erinnerungsfotos zulässig, die danach ihr Dasein im Fotoalbum oder auf der Festplatte fristen.

[+]

Zu privaten Zwecken

Die Formulierung *zu privaten Zwecken*, die oft in diesem Zusammenhang verwendet wird, existiert im Urheberrecht nicht. Man wird aber davon ausgehen können, dass dieser Ausdruck mit der gleichen Bedeutung verwendet wird wie die Formulierung *privater Gebrauch*. Hier handelt es sich um einen Begriff unmittelbar aus dem Urheberrechtsgesetz (siehe § 53 UrhG – im Wortlaut nachzulesen unter *www.gesetze-im-internet.de/urhg*). Was darunter zu verstehen ist, habe ich Ihnen in Kapitel 1, »Urheberrecht«, bereits erläutert, nämlich Gebrauch in der Privatsphäre durch einen selbst oder durch Personen, mit denen man durch ein persönliches Band verbunden ist.

Streng genommen dürfen Sie mit dieser Einschränkung hergestellte Bilddateien oder Dias auch nicht in einem Fotoclub zeigen, es sei denn, dieser bestünde nur aus Familienmitgliedern, was äußerst selten vorkommen dürfte. Allerdings meine ich, dass man hier mit viel Wohlwollen eine Zulässigkeit noch bejahen kann, da eindeutig keine Erwerbsabsicht besteht und Rechte nicht unmittelbar verletzt werden. Bei einem Herumzeigen im Fotoclub liegt zwar sicherlich nach dem Wortlaut des Gesetzes eine Veröffentlichung vor, die den Interessen des Hausherrn jedoch nicht zuwiderlaufen kann, abgesehen davon, dass hier sicherlich das Risiko, rechtlichen Ansprüchen des Eigentümers ausgesetzt zu sein, durchaus kalkulierbar erscheint. Bei einer Ausstellung im Rahmen eines Fotowettbewerbs ist dies sicher schon anders. Hier sollten Sie in jedem Fall nur die Bilder einreichen, für die Sie zuvor eine Veröffentlichungsgenehmigung eingeholt haben, die häufig auch erteilt wird, wenn Sie freundlich nachfragen und den Verwendungszweck (z. B. Teilnahme am Fotowettbewerb) angeben. Zu späteren Beweiszwecken oder zum Nachweis der Berechtigung entsprechend den Teilnahmebedingungen sollten Sie sich die Veröffentlichungsgenehmigung in jedem Fall schriftlich geben lassen.

Kein Recht, zu privaten Zwecken zu fotografieren

Zwingend ist die Erlaubnis, zu privaten Zwecken auf fremdem Eigentum zu fotografieren, jedoch keineswegs. Aus der Tatsache, dass der Eigentümer frei bestimmen kann, wie die Fotografierrechte ausgestaltet werden, sind alle möglichen Varianten denkbar und in der Praxis auch üblich. Es kann ein völliges Fotografierverbot für gewerbliche und private Aufnahmen ausgesprochen werden, es kann aber auch, und so ist es vielfach geregelt, lediglich die gewerbliche Fotografie verboten oder von einem Entgelt oder einer ausdrücklichen Genehmigung abhängig gemacht werden.

Wird die Anfertigung privater Aufnahmen von der Zahlung eines zusätzlichen Entgeltes abhängig gemacht, was in der Praxis durchaus vorkommt und was ich erst kürzlich wieder selbst erlebt habe, als ich für die Fotografiererlaubnis in einem Museum sage und schreibe 1,00 € bezahlen musste, ist dies jedenfalls rechtlich nicht zu beanstanden. Auch wird die Regelung praktiziert, dass man zwar generell fotografieren darf, vor einer Veröffentlichung oder vor einer gewerblichen Nutzung jedoch die Bilder dem Eigentümer zur Genehmigung vorlegen muss, wobei aber auch dann auf die Erteilung der Genehmigung keinerlei Rechtsanspruch besteht. Außerdem kann die Genehmigung von der Erfüllung bestimmter Auflagen abhängig gemacht werden, zum Beispiel Zahlung eines Entgeltes, Veröffentlichung nur im Rahmen eines bestimmten Zeitungsartikels oder Buches etc. Auch Vorschriften, welches Fotoequipment nicht benutzt werden darf (kein Stativ, kein Blitzlicht oder beides), findet man nicht selten. Gleichgültig jedoch, welche Regelung im Einzelfall besteht, rechtlich ist sie nicht angreifbar, weil der Eigentümer – wie nun schon mehrfach festgestellt – das alleinige und umfassende Bestimmungsrecht hat.

Ausnahmen für die Presse

Lediglich für die Presse gibt es in den einzelnen Landespressegesetzen einen Anspruch auf Gewährung des Zutritts für Fotojournalisten (nicht für Privatpersonen!) zu öffentlichen Einrichtungen, wenn es sich um die tagesaktuelle Berichterstattung und um eine Information der breiten Öffentlichkeit über Vorgänge von allgemeiner Bedeutung handelt (Stichwort »Pressefreiheit«). Bei privaten Veranstaltern kann ein Zutrittsrecht zum Fotografieren generell nicht rechtlich durchgesetzt werden, weil dafür keine Rechtsgrundlage gegeben ist. Da hilft nur der Verzicht auf die Aufnahme.

Zoos und botanische Gärten

Mit dem Erwerb einer Eintrittskarte in zoologische oder botanische Gärten in Deutschland ist grundsätzlich keine generelle Fotografiererlaubnis verbunden, eine ausdrücklich oder stillschweigend erteilte Fotografiererlaubnis beinhaltet auch nicht gleichzeitig das Recht, die Aufnahmen später zu veröffentlichen. Meist wird durch einen Aushang am Eingang darauf hingewiesen, welche Fotografiervorschriften bestehen, häufig wird schon durch ein Hinweisschild an Kasse oder Eingang darauf hingewiesen, dass Aufnahmen zu gewerblichen Zwecken einer besonderen Genehmigung bedürfen, was im Umkehrschluss bedeutet, dass für private Aufnahmen ohne Genehmigung fotografiert werden kann.

[+]

Fotografieren in Zoos und Tierparks – Liste im Internet
Für fast alle zoologischen Gärten und Tierparks in Deutschland finden Sie im Internet unter *www.zoo-infos.de* eine alphabetisch nach Orten aufgelistete Übersicht, der Sie entnehmen können, ob Sie auf den jeweiligen Geländen überhaupt fotografieren dürfen, ob die Verwendung eines Blitzgeräts erlaubt ist und ob die Bilder – kommerziell oder nicht kommerziell – veröffentlicht werden dürfen. Sicherheitshalber sollten Sie die Korrektheit der Angaben durch einen Anruf oder vor Ort überprüfen.

Fotos verstorbener Tiere

Erheiternd fand ich im Zusammenhang mit dem Thema Zoofotografie die Frage eines Lesers, der wissen wollte, ob beim Ableben eines im Zoo fotografierten Tieres das Hausrecht des Zoos nach zehn Jahren erlischt und das Foto von dem Tier dann ohne Genehmigung zu gewerblichen Zwecken verkauft werden könne.

Zwar bin ich mir nicht ganz sicher, ob diese Frage tatsächlich ernst gemeint war, dennoch möchte ich die Antwort darauf nicht schuldig bleiben: In dieser Frage werden offensichtlich die Hausrechtsverletzung und die zehnjährige Frist, innerhalb derer Angehörige der Veröffentlichung eines Bildnisses von einem Verstorbenen einwilligen müssen (§ 22 KUG, *Kunsturhebergesetz*, auch *KunstUrhG*, im Wortlaut unter *www.gesetze-im-internet.de/kunsturhg*), womit wir uns jedoch erst im nächsten Kapitel im Zusammenhang mit der Personenfotografie näher befassen werden, vermischt.

Tiere werden, wie Sie inzwischen wissen, wie Sachen behandelt und genießen (jedenfalls noch) keinen postmortalen Persönlichkeitsschutz. § 22 KUG ist deshalb auf Tiere mit Sicherheit nicht anwendbar. Ob man den jeweiligen Zooleiter als Angehörigen des Tieres betrachten kann, was je nach der Art des verstorbenen Tieres ja auch durchaus als Beleidigung empfunden werden könnte, steht noch auf einem ganz anderen Blatt. Die Zehn-Jahres-Frist hat mit dem Hausrecht nichts zu tun, weshalb auch nach zehn Jahren ein Foto nicht veröffentlicht werden darf, das nach der Hausordnung nicht gemacht oder nicht veröffentlicht werden darf. Der Tod des Tieres heilt natürlich nicht eine frühere Verletzung einer Hausordnung. Ob allerdings nach zehn Jahren noch irgendjemand ernsthaft danach fragt, ob das Bild veröffentlicht werden durfte, wage ich sehr zu bezweifeln, weshalb ich hier selbst als Jurist keine Probleme mit einer Veröffentlichung hätte.

Bahnhöfe

Das Hausrecht gilt auch auf Bahnhöfen, und Sie sollten fragen, ob Sie fotografieren dürfen, sofern es keine Hinweisschilder oder ausgehängten Nutzungsbedingungen gibt.

◄ **Abbildung 2.10**
Auf diesem Bahnhof in Arzana (Sardinien) wurde das Fotografieren und Veröffentlichen auf entsprechende Frage gestattet.

Die Hausordnung der Deutschen Bahn (DB), die auch im Internet veröffentlicht ist und für das gesamte Gelände der DB gilt, enthält zum Beispiel die Regelung, dass gewerbliche Foto-, Film- und Fernsehaufnahmen nur nach vorheriger Genehmigung durch das Bahnhofsmanagement gestattet sind. Auch hier gilt im Umkehrschluss: Das Fotografieren für private Zwecke wird somit geduldet. Während das Fotografieren von Eisenbahnen in Bahnhöfen demnach nur für private Zwecke gestattet ist, dürfen auf freier Strecke Eisenbahnen ohne Einschränkung fotografiert und die Fotos verwertet werden, es sei denn, es bestehen andere Rechte, wie etwa Designrechte (bis Februar 2014 noch »Geschmacksmusterrechte«). Dazu erfahren Sie mehr, wenn es um Marken- und Designrechte geht (siehe Abschnitt 2.2.8, »Marken- und Designschutz«, in diesem Kapitel).

Das Hausrecht gilt natürlich auch für das Fotografieren in Straßenbahn, Bus, Flugzeug und Kabinenseilbahn sowie auf dem Schiff und für Aufnahmen im Stadion, auf einem privaten Festplatz etc. Überall dort gibt es natürlich auch ein Hausrecht, das vom Fotografen zu beachten ist.

Vielfach wird das Fotografieren auch toleriert, weil man seitens des Hausrechtsinhabers oder seiner Vertreter einen rein privaten Gebrauch unterstellt und keine gewerbliche Absicht vermutet. Bei einer Zugfahrt wird die DB kaum etwas dagegen haben, wenn der Freund oder die Freundin auf einem Erinnerungsfoto während einer Zugreise abgelichtet wird, obwohl sie es natürlich verbieten könnte. Eine über den Privatgebrauch hinausgehende Fotografie in Zügen ist dagegen grundsätzlich nicht erlaubt. Wenn Sie mit professioneller Kameraausrüstung durch den Zug gehen und fotografieren, also nicht erkennbar ein Erinnerungsfoto von Ihren Lieben im Zug machen, werden Sie sich sicherlich die Frage gefallen lassen müssen, ob Sie dazu eine Genehmigung haben.

Erst informieren, dann fotografieren

Natürlich gibt es durchaus auch Eigentümer, denen es völlig gleichgültig ist, ob auf ihrem Grundbesitz fotografiert wird oder nicht, und die deshalb die Fotografen gewähren lassen. Allerdings sollten Sie aus einem fehlenden Hinweisschild auf ein Fotografierverbot niemals den Schluss ziehen, es liege eine unbeschränkte, stillschweigend erteilte Fotografiererlaubnis vor. Grundsätzlich gilt nämlich nicht der Grundsatz, dass das, was nicht ausdrücklich verboten wurde, erlaubt ist. Wenn dagegen – wie bei der DB – bestimmte Dinge verboten oder unter Erlaubnisvorbehalt gestellt sind, dann können Sie davon ausgehen, dass das, was in diesem Zusammenhang nicht genannt wurde, auch fotografiert werden darf. Es gilt grundsätzlich das Hausrecht, und als Fotograf müssen Sie sich informieren, ob, in welchem Umfang und zu welchem Zweck Sie fotografieren dürfen.

Es ist deshalb in jedem Fall empfehlenswert, sich beim Betreten eines fremden Grundstücks über die dort geltenden Regelungen zu informieren, insbesondere dann, wenn Sie beabsichtigen, Aufnahmen nicht nur zur privaten Verwendung zu machen. Sie können sich natürlich später in einem möglichen Rechtsstreit nicht darauf berufen, es sei kein Schild vorhanden gewesen, das Ihnen das Fotografieren verboten habe, und Sie hätten auch nicht gewusst, dass Sie dort nicht hätten fotografieren dürfen. Ein Fotograf, der trotz unklarer Rechtslage auf Privatgelände fotografiert, handelt leichtsinnig und trägt das volle Risiko einer rechtlichen Inanspruchnahme.

Interesse der Eigentümer

Die Tatsache, dass die meisten Eigentümer das Fotografieren, zumindest aber die gewerbliche Nutzung der Fotos, von einer Genehmigung abhängig machen, hat zwei Gründe. Zum einen möchte jeder Eigentümer gerne unter Kontrolle haben, was mit Fotos seines Eigentums geschieht, und nicht befürchten müssen, dass diese Fotos unkontrolliert kursieren. In vielen Fällen ist andererseits das kommerzielle Interesse des Eigentümers jedoch der stärkere Aspekt, denn einerseits kann er die Fotografiergenehmigung von der Zahlung einer in sein Ermessen gestellten Gebühr abhängig machen, andererseits möchte er vielleicht Bilder seines Eigentums selbst vermarkten. Je größer die kommerziellen Interessen eines Eigentümers an einer Eigenvermarktung durch Postkarten, Bildbände, Broschüren etc. sind, desto strikter sind im Allgemeinen die Regelungen, und desto höher ist das Risiko für den Fotografen, dass der Eigentümer seine Rechte auch durchsetzt. So war der Hintergrund der Schloss-Tegel-Entscheidung etwa, dass die Schlossverwaltung selbst Ansichtskarten an ihre Besucher verkauft hatte und deshalb dem Bildverlag, der die ohne Genehmigung erstellten Aufnahmen als Ansichtskarten herausgegeben hatte, keine Möglichkeit geben wollte, dazu in Konkurrenz zu treten.

Das Hausrecht sollte man ernst nehmen [+]
Wie die Sanssouci-Entscheidung zeigt, empfiehlt es sich, ein Hausrecht unbedingt ernst zu nehmen, die Folgen eines Verstoßes gegen die Hausordnung können sehr teuer werden.

Umgang mit Aufsichtspersonal

Im Übrigen wird nicht selten die Einhaltung von Fotografierregeln zumeist durch Aufsichtspersonal auch kontrolliert. Mir selbst ist es schon ein paar Mal passiert, dass ich von Aufsichtspersonen bzw. Hausrechtsinhabern angesprochen wurde, als ich mit einer Großformatkamera fotografiert habe. Im Botanischen Garten in Bonn zum Beispiel, der zur Universität gehört und in dem das Fotografieren für private Zwecke zwar erlaubt ist, für gewerbliche Zwecke jedoch der Genehmigung der Universitätsverwaltung bedarf, wurde ich von einem der Parkwächter sehr freundlich angesprochen und gefragt, für welche Zwecke ich die Aufnahmen machen würde. Als ich ihm – zutreffend – sagte, dass ich rein privat fotografiere, und wir ein paar nette Worte gewechselt hatten, war die Sache für ihn erledigt, und ich bekam sogar noch ein paar Tipps, an welcher Stelle sich besonders fotografierenswerte Pflanzen gerade in Blüte befanden.

Amateur oder Profi?

Ich will mit diesem Beispiel zum Ausdruck bringen, dass das jeweilige Aufsichtspersonal anhand der Ausrüstung, die der Fotograf mit sich führt, oft abschätzt, ob privat oder gewerblich fotografiert wird. Jemand, der mit einer Kompaktkamera unterwegs ist, wird wohl kaum angesprochen werden, jemand der mit Spiegelreflexkamera und gegebenenfalls einem Stativ herumläuft, schon eher, derjenige aber, der mit einer Großformatkamera, Stativ und Einstelltuch auftritt, ganz sicher. Überhaupt habe ich die Erfahrung, nicht nur in Deutschland, gemacht, dass in vielen Fällen schon die Benutzung eines Stativs mit professioneller Fotografie in Zusammenhang gebracht wird. Gerade an touristisch stark frequentierten Orten hebt man sich mit einem Stativ sehr schnell von der Masse derer ab, die ihre Aufnahmen mit einer kompakten Systemkamera oder dem Mobiltelefon aus der Hand machen und meist vom Aufsichtspersonal unbehelligt bleiben, vermutlich sogar oft gar nicht wahrgenommen werden. Je professioneller die Ausrüstung wirkt, desto höher ist die Wahrscheinlichkeit, sich bezüglich des Verwendungszwecks der Aufnahmen rechtfertigen zu müssen. Können Sie die jeweilige Aufsichtsperson nicht überzeugen, dass Sie in rein privater Mission unterwegs sind, werden Sie sich einem ultimativ ausgesprochenen Fotografierverbot oder gar einem Platzverweis fügen müssen. Verlassen Sie trotz Aufforderung nicht unverzüglich fremdes Privatgelände, sondern beginnen sinnlose Diskussionen, ist dies im Übrigen auch strafrechtlich relevant, weil derjenige, der ein Grundstück gegen den Willen des Eigentümers betritt oder dort verweilt, nach § 123 StGB einen Hausfriedensbruch begeht (den Gesetzestext des Strafgesetzbuches finden Sie im Wortlaut unter *www.gesetze-im-internet.de/stgb*). So weit sollten Sie es nun wirklich nicht kommen lassen, schon gar nicht als Hobbyfotograf.

Vielerorts ist aus meiner Sicht allerdings eine große Toleranz, insbesondere gegenüber vermeintlichen Amateurfotografen, festzustellen. In Deutschland wurde ich auf meinen unzähligen Fototouren nur selten angesprochen und nach meinen fotografischen Absichten gefragt. Die wenigen Male, bei denen das passiert ist, war ich mit der Großformatkamera unterwegs. Vor etlichen Jahren fotografierte ich ausgiebig die letzten Altbau-Elektro-Lokomotiven, die zu Beginn der 1980er-Jahre im bayrischen Raum noch im Einsatz waren. Dazu stand ich häufig, teilweise auch mit Stativ, auf den Bahnsteigen in Würzburg, Bamberg, Regensburg und anderswo und wartete auf den ein- oder abfahrenden Zug. Nicht ein einziges Mal wurde ich dabei von Bahnmitarbeitern angesprochen, obwohl ich mich beim Fotografieren in keiner Weise versteckt hielt, sondern mich ganz offen zeigte.

Damit will ich sagen, dass das Fotografieren vielfach geduldet wird, auch wenn man dabei streng genommen gegen das Hausrecht verstößt, solange man als Amateur angesehen wird. Ein paar freundliche Worte vor Beginn der fotografischen Tätigkeit, spätestens aber dann, wenn man angesprochen wird, verfehlen auch hier ihre Wirkung nicht. Viele zeigen dann Verständnis, einige interessieren sich sogar für die Aufnahmen und die mitgeführte Ausrüstung, man kommt in ein nettes Gespräch und darf unbehelligt fotografieren – vielleicht sogar dort, wo es anderen, die ein weniger verbindliches Auftreten zeigen, nicht gestattet ist. Allerdings müssen Sie auch damit rechnen, dass das Aufsichtspersonal abgelöst wird und der nächste Mitarbeiter vielleicht nicht so tolerant ist. Dann werden Sie kaum Fotografierrechte für sich in Anspruch nehmen können, nur weil der Vorgänger ein bis zwei Augen zugedrückt hat.

Die Konsequenz wird in der Regel beim Amateur allenfalls ein Platzverweis, meist aber zunächst nur die Aufforderung sein, das Fotografieren zu unterlassen. Danach werden Sie als Fotograf natürlich unter besonderer Beobachtung des Aufsichtspersonals stehen, ob Sie nicht doch heimlich weiterfotografieren. Dass allerdings ein Amateur den Film herausgeben oder die Speicherkarte unter Aufsicht löschen musste, habe ich persönlich – zumindest bei Sachaufnahmen – noch nie gehört oder erlebt.

[+]

Wohlwollen und Toleranz sind keine Rechte
Auch als der an seiner Ausrüstung erkennbare Fotoamateur können Sie sich auf Wohlwollen und Toleranz nicht verlassen. Sie können sich auch als Amateur durchaus und ebenso schnell erheblichen Ärger einhandeln, wenn Sie unter Verstoß gegen das Hausrecht fotografieren.

Hausrecht gilt draußen und drinnen

War bislang überwiegend von Außenaufnahmen auf Privatbesitz die Rede, gilt das dazu Gesagte logischerweise auch für Innenaufnahmen von Gebäuden. Auch hier ist es allein das Hausrecht des jeweiligen Eigentümers, das vorgibt, ob und in welchem Umfang im Gebäude fotografiert werden darf. Auch hier haben Sie mit dem Erwerb der Eintrittskarte zum Beispiel zu einer Hallensportveranstaltung nicht das Recht erworben, frei zu fotografieren.

Innenaufnahmen bedürfen zwingend einer Erlaubnis

In der Regel haben Sie im Inneren von Gebäuden auch als Amateur deshalb mit deutlich weniger Toleranz der Eigentümer zu rechnen, wenn Sie ohne Genehmigung fotografieren. Dies gilt im Übrigen nicht nur für private Räumlichkeiten, sondern auch für öffentliche Gebäude, die normalerweise frei zugänglich sind, also Kirchen, Schulen, Behörden, Theater und Veranstaltungsräume etc. – unabhängig davon, wie und von wem sie finanziert wurden, und gleichgültig, ob Sie für den Zutritt Eintritt zahlen müssen oder nicht.

[!]

Grundsätzliches Fotografierverbot bei Innenaufnahmen
Gegenüber Außenaufnahmen gilt bei Innenaufnahmen, auch bei Aufnahmen für den privaten Gebrauch, ein striktes Fotografierverbot, solange keine ausdrückliche Fotografiererlaubnis erteilt wurde.

Shooting im Hotelzimmer

Auch wenn man ein Hotelzimmer gemietet hat – und damit während der Mietdauer berechtigter Besitzer des Zimmers ist – und dort mit einem Model ein Shooting macht, heißt dies nicht in jedem Fall, dass man die dort vom Model hergestellten Aufnahmen auch ohne Weiteres verwerten darf. Solange auf den Fotografien nur das Model und allenfalls eine Wand im Hintergrund oder die Bettlaken, auf denen das Model vielleicht posiert, sichtbar sind, ist eine Veröffentlichung im Hinblick auf das Hausrecht sicherlich unproblematisch. Wenn aber Teile der Zimmereinrichtung zu erkennen sind und damit möglicherweise erkennbar ist, in welchem Hotel die Aufnahmen gemacht wurden, sollte vor der Veröffentlichung unbedingt die Einwilligung des Hausrechtsinhabers eingeholt werden. Aus Imagegründen könnte die Hotelleitung durchaus ein Interesse daran haben, nicht mit Aktaufnahmen, die in einem der Hotelzimmer gemacht wurden, in Verbindung gebracht zu werden.

Urheberrechtlich geschützte Gegenstände

Darüber hinaus gilt es zu bedenken, dass sich möglicherweise urheberrechtlich geschützte Gegenstände wie Designermöbel, Malereien, Fotos etc. im Zimmer befinden können, deren Ablichtung ebenfalls problematisch ist, wie Sie in Abschnitt 2.1.2 noch sehen werden.

Auch wenn Sie durch Mietzahlung vorübergehend rechtmäßiger Besitzer eines Hotelzimmers geworden sind, heißt dies noch lange nicht, dass Sie Fotos des Hotelzimmers, die Sie als Erinnerungsfotos für private Zwecke sicherlich anfertigen dürfen, auch veröffentlichen dürfen. Dies kann ohne Genehmigung des Hausrechtsinhabers unzulässig sein.

[!]

Fotosession im Hotel

Bei Fotosessions im Hotelzimmer sollten Sie also in jedem Fall vorher die Zustimmung der Hotelleitung einholen, wenn auf den Fotos erkennbar ist bzw. Rückschlüsse darauf gezogen werden können, in welchem Hotel die Fotos gemacht wurden, oder wenn urheberrechtlich geschützte Gegenstände auf dem Foto zu erkennen sind.

Auch bei Innenaufnahmen mögen Sie sich vor Ort die Frage stellen, ob es denn jemand merkt, wenn Sie schnell ein paar Aufnahmen machen. Es erscheint fraglich, ob ein Interesse der jeweiligen Kirchenverwaltung daran besteht, einen Amateur rechtlich zu verfolgen, der ohne Genehmigung in ihrer Kirche fotografiert. Vielfach wird, jedenfalls solange die Aufnahmen nicht veröffentlicht werden, gar nichts passieren. Das sollte jedoch nicht zu der Annahme führen, man begehe mit den Aufnahmen keine Rechtsverletzung. Denn Schweigen bedeutet nach unserem Recht keine Zustimmung. Deshalb kann auch hier aus der Tatsache, dass nicht nein gesagt wurde, nicht gefolgert werden, dass stillschweigend ja gesagt wurde. Dann müssten schon konkrete Anhaltspunkte dafür vorhanden sein, dass eine stillschweigende Duldung vorliegt.

[+]

Verschärftes Hausrecht bei Innenaufnahmen

Der Grund für diese Verschärfung gegenüber Außenaufnahmen liegt darin, dass man mit ungenehmigten Innenaufnahmen eine ungleich stärkere Verletzung des Hausrechts begeht, als wenn man nur in einem privaten Park die ungenehmigte Außenaufnahme eines Gebäudes macht.

Theater- und Konzertveranstaltungen

Bei Innenaufnahmen von öffentlichen Gebäuden wird das Fotografieren oft auch aus praktischen Erwägungen oder Sicherheitsgründen verboten oder eingeschränkt. Solche Einschränkungen findet man häufig bei Theater- und Konzertveranstaltungen, bei denen das Fotografieren schon deshalb verboten ist, weil die Künstler und auch die Zuschauer durch ständiges Blitzlicht gestört werden. Eigene Vermarktungsinteressen des Theaters an Bühnenaufnahmen kommen oft hinzu.

◄ **Abbildung 2.11**
Als Gast in Privaträumen müssen Sie immer fragen, ob gegen das Fotografieren Einwände bestehen, auch wenn keine Personen abgebildet werden.

Im Übrigen haben die Künstler gemäß § 77 UrhG das ausschließliche Recht, ihre Darbietung auf Bild- und Tonträger aufzunehmen. Das Fotografieren bei Konzerten oder im Theater erfordert deshalb nicht nur die Genehmigung des Hausrechtsinhabers, sondern auch die Genehmigung durch den oder die Künstler.

◄ **Abbildung 2.12**
Veranstalter und die Mitglieder des Trios »Musica tre« hatten keine Einwände gegen die Aufnahmen während der Zugaben.

Ausnahmen für die Presse

Für die Presse gilt auch hier wieder eine Besonderheit, denn ein generelles Fotografierverbot würde zu einer Einschränkung der Pressefreiheit führen, weil die aktuelle Tagesberichterstattung ohne bildliche Darstellung nicht mehr möglich wäre. Die Bebilderung der Berichterstattung wurde vom Bundesverfassungsgericht (BVerfG) in seinem Urteil »Caroline von Monaco – II« 15.12.1990 – 1 BvR 653/96), auf das wir im Zusammenhang mit den Personenaufnahmen noch zurückkommen werden, ausdrücklich als Teil der Pressefreiheit nach Art. 5 Grundgesetz (GG) anerkannt (im Wortlaut finden Sie den Artikel unter *www.gesetze-im-internet.de/gg*). Deshalb wird akkreditierten Fotografen meist gestattet, ihre Fotos zu machen, wenn dadurch das Konzert nicht gestört wird, also unmittelbar vor und unmittelbar nach der Darbietung, auch während der Zugaben wird gelegentlich das Fotografieren gestattet. Dies gilt in der Regel jedoch nicht für Privatpersonen. Letztlich kommt es jedoch auf den jeweiligen Veranstalter als Hausrechtsinhaber an.

[!]

Keine »Drei-Lieder-Regel«
Die landläufige Meinung, es gebe eine Regel, nach der während der ersten drei Lieder eines Konzerts fotografiert werden darf, ist unzutreffend.

Verbot von Blitz und Stativ

In Museen oder Innenräumen von Schlössern und Burgen etc. ist Fotografieren als solches häufig gestattet, jedoch wird die Verwendung von Blitz und Stativ untersagt. Das Blitzlicht könnte stören und unter Umständen sogar empfindliche Exponate – etwa alte Gemälde – beschädigen. Mit einem Stativ könnte zum Beispiel ein wertvoller Parkettboden in Mitleidenschaft gezogen werden, und es könnte in Räumen mit größerem Besucherandrang eine potenzielle Stolperfalle für andere Besucher sein.

Abbildung 2.13 ▸
Der Katharinenpalast in Zarskoje Selo bei Sankt Petersburg. Drinnen darf man nur ohne Stativ und Blitz fotografieren.

Ich kann mich noch daran erinnern, wie ich im analogen Zeitalter, in der ehemaligen Zarenresidenz in Zarskoje Selo bei Sankt Petersburg, mit dem 20er-Weitwinkel und Blende *f*2,8 mit mäßigem Erfolg versuchte, halbwegs vernünftige Innenaufnahmen hinzubekommen, weil sowohl Stativ als auch Blitzlicht nicht verwendet werden durften.

[+]

Vorteile der digitalen Fotografie

Zu analogen Zeiten führten Einschränkungen bei der Verwendung von Blitz und Stativ dazu, dass das Fotografieren in vielen Fällen nahezu unmöglich war, wenn man nicht zufällig einen hochempfindlichen Film in der Fototasche hatte. Im digitalen Zeitalter hilft in solchen Fällen oft die Erhöhung der ISO-Zahl oder eine nachträgliche Bildbearbeitung.

Öffentliche Versammlungen in geschlossenen Räumen

Bei öffentlichen Versammlungen in geschlossenen Räumen gibt es ebenfalls kein allgemeines Zutrittsrecht. Auch hier kann der Veranstalter bestimmte Personen ausschließen, zum Beispiel solche, die dort fotografieren wollen. Für die Presse gibt es auch hier wieder Sonderregelungen, da aufgrund der Pressefreiheit nach Art. 5 Abs. 1 Satz 2 GG der Presse ein generelles Zugangsrecht zu öffentlichen Versammlungen zusteht. Für Journalisten ist es bei der Ausübung ihrer Tätigkeit von grundsätzlicher Bedeutung, Zugang zu Informationsquellen aller Art zu haben, wozu auch der Zugang zu öffentlichen Versammlungen gehört. Im Übrigen werden die gesetzlichen Grundlagen für öffentliche Versammlungen in den einzelnen Bundesländern – in NRW z. B. in § 6 VersammlG – unterschiedlich geregelt, worauf an dieser Stelle jedoch nicht näher eingegangen werden kann. Vertreter der Presse sind in der Regel auch gut über ihre Rechte im Einzelnen informiert.

Achtung: Für private Versammlungen von Vereinen, Parteien oder Verbänden etc. gilt diese Ausnahmeregelung jedoch nicht. Das BVerfG hat in zwei Beschlüssen (12.07.2001 – 1 BvQ 28/01 und BvQ 30/01) klargestellt, dass auch Volksfeste und Vergnügungsveranstaltungen, entschieden am Beispiel der Loveparade, nicht als öffentliche Versammlungen anzusehen sind.

[!]

Das Wichtigste zum Hausrecht

Auf jedem Grundstück und in jedem Gebäude steht dem Eigentümer das uneingeschränkte Hausrecht zu. Das gleiche Recht haben diejenigen, denen der Eigentümer ein Besitzrecht eingeräumt hat, zum Beispiel der Mieter oder der Pächter. Mit dem Beginn des Vertragsverhältnisses geht das Hausrecht automatisch auf den Mieter, Pächter etc. über. Das Hausrecht umfasst die Befugnis, über die Ausgestaltung der Nutzung frei zu bestimmen, u. a., ob auf dem jeweiligen Gelände überhaupt fotografiert werden darf oder nicht und welche Ausrüstungsgegenstände (Stativ, Blitz etc.) gegebenenfalls nicht verwendet werden dürfen.

Die Ausübung des Hausrechts ist rechtlich nicht überprüfbar, es sei denn, sie erfolgt willkürlich, wenn zum Beispiel nur farbigen Menschen der Zutritt verwehrt wird.

Die Missachtung des Hausrechts ist Hausfriedensbruch!

Eine Zutrittsgewährung, auch wenn sie gegen Eintritt erfolgt, beinhaltet nicht automatisch das Recht zum Fotografieren. Eine Fotografiererlaubnis zu privaten Zwecken oder die Duldung dazu beinhaltet wiederum noch nicht das Recht, die Fotos auch gewerblich zu verwerten.

Bei Außenaufnahmen ist es möglich, später noch eine Genehmigung einzuholen, bei Innenaufnahmen herrscht auch für Aufnahmen zum privaten Gebrauch striktes Fotografierverbot, solange die Einwilligung dazu durch den Hausrechtsinhaber nicht vorab erteilt wurde.

2.1.2 Urheberrechtlich geschützte Werke

Wenn es sich bei Gegenständen um solche handelt, die als schöpferische Leistung und damit als urheberrechtlich geschützte Werke anzusehen sind, ist schon das Recht, sie überhaupt zu fotografieren, also die bloße Herstellung der Aufnahme, von der Zustimmung des jeweiligen Rechtsinhabers abhängig, soweit die Aufnahme nicht zu ausschließlich privaten Zwecken erfolgt.

[!]

Unzulässiges Vervielfältigen urheberrechtlich geschützter Sachen

Eine ohne Zustimmung gemachte Aufnahme ist bei urheberrechtlich geschützten Sachen rechtswidrig, weil sie eine Urheberrechtsverletzung darstellt. Denn – wie Sie bereits in Kapitel 1, »Urheberrecht«, erfahren haben – das Abfotografieren ist eine Vervielfältigung, die ausschließlich dem Urheber zusteht (§ 16 UrhG).

[zB]

Steht im Garten Ihres Nachbarn eine Skulptur eines noch lebenden Bildhauers, die Sie als Fotograf von Ihrem Grundstück aus fotografieren, begehen Sie eine unzulässige Vervielfältigung, wenn der Urheber diese Aufnahme nicht gestattet hat. Etwas anderes würde natürlich gelten, wenn der betreffende Künstler bereits vor mehr als 70 Jahren verstorben und der Urheberschutz erloschen wäre. Dann hätten wir es – wie in Kapitel 1 im Zusammenhang mit der Erörterung der Schutzfristen gesehen – mit einer erlaubnisfreien Sachaufnahme zu tun.

Eine Ausnahme vom Verbot des Fotografierens von Sachen, die dem Urheberrecht unterliegen, bietet – wie ebenfalls bereits in Kapitel 1 dargestellt – § 53 UrhG, der die einzelne Vervielfältigung eines Werkes zu ausschließlich privaten Zwecken erlaubt.

Für das Beispiel mit der Skulptur heißt dies: Macht der Fotograf die Aufnahme der geschützten Skulptur, weil er Bilder von den verschiedenen Kunstwerken dieses Künstlers sammelt, die er in ein Album klebt, das er bei sich zu Hause aufbewahrt, oder schmückt er mit dem gerahmten Bild dieser Skulptur sein Schlafzimmer, ist im Hinblick auf die eindeutige Privatnutzung trotz Vervielfältigung eines urheberrechtlich geschützten Werkes die Fotografie auch ohne Genehmigung des Künstlers zulässig. Verschickt der Fotograf dagegen die Datei mit dem Foto von der Skulptur gleich an mehrere gleichgesinnte Sammlerfreunde, ist der Anwendungsbereich des § 53 UrhG zweifellos überschritten, dann wäre bereits die Herstellung der Fotos unzulässig, weil eine nicht genehmigte und damit unzulässige Fotografie eines urheberrechtlich geschützten Werkes vorliegt, ohne dass die Privilegierung, also das Sonderrecht, des § 53 UrhG (Vervielfältigung für den privaten Gebrauch) greift.

Abfotografieren von Fotos

Auch das Abfotografieren eines Fotos stellt ohne jeden Zweifel eine Urheberrechtsverletzung dar, wenn keine Genehmigung des Urhebers des Fotos vorliegt. Deshalb ist auch beim sogenannten *Abzug vom Bild*, wenn also keine Negative mehr vorhanden sind, höchste Vorsicht geboten, wenn man nicht selbst der Urheber ist. Dies gilt auch für Röntgenbilder, die aufgrund fehlender Schöpfungshöhe nur einfache Lichtbilder und keine Lichtbildwerke sind. Dennoch bedarf eine Vervielfältigung oder gar Veröffentlichung der Genehmigung des Urhebers der Aufnahme, auch wenn es sich um Aufnahmen des eigenen Körpers handelt.

»Dia-Duplikate«

Der BGH hat in einer Entscheidung vom 24.06.1993 (I ZR 148, 91 – »Dia-Duplikate«) einen Urheberrechtsverstoß in dem Fall angenommen, dass jemand sich heimlich in den Besitz von Dias gesetzt hat, die einem anderen gehörten, und davon Duplikate erstellen ließ. Ein privater Gebrauch der Duplikate konnte in diesem Fall eindeutig ausgeschlossen werden, sodass die Ausnahmeregelung des § 53 UrhG nicht zum Tragen kam.

Briefmarken

Was ist zu beachten, wenn ich Briefmarken fotografieren will, die ich in einem Haufen wild durcheinanderliegender Marken oder in einem aufgeklappten Briefmarkenalbum auf meinem Aufnahmetisch drapiert habe? Begehe ich dann nicht bereits eine Urheberrechtsverletzung durch eine unberechtigte Vervielfältigung? Denn es ist wohl nicht zu bezweifeln, dass eine Briefmarke ein Werk darstellt, das zum Beispiel von einem Designer entworfen wurde, eine gewisse Schöpfungshöhe hat und demzufolge urheberrechtlichen Schutz genießen kann. Resultieren daraus somit Einschränkungen oder Verbote aus fotografischer Sicht? Das Landgericht München hat bereits im Jahr 1986 (LG München – 21 S 20861/86) Briefmarken als »amtliche Werke« klassifiziert. Daraus folgt, dass sie nach § 5 UrhG gar keinen urheberrechtlichen Schutz genießen. Wir Juristen haben dazu den schönen Begriff *gemeinfrei* erfunden, was nicht etwa heißt »frei von Gemeinheiten«, sondern »für die Gemeinschaft oder Allgemeinheit frei nutzbar«.

Geldscheine

Das gilt zum Beispiel auch für Geldscheine, von denen Fotos generell unproblematisch sind (siehe den Kasten »Vorsicht beim Fotografieren von Geldscheinen!« für eine wichtige Ausnahme).

[!]

Vorsicht beim Fotografieren von Geldscheinen

Bei der Ablichtung von Geldscheinen und Wertpapieren ist eine gewisse Vorsicht geboten. Diese dürfen nämlich, so ist es in § 128 des Gesetzes über Ordnungswidrigkeiten (OWiG – im Wortlaut unter *www.gesetze-im-internet.de/owig_1968*) geregelt, nicht so abgebildet werden, dass die Abbildungen mit Papiergeld verwechselt werden können. Fotografien im Maßstab 1:1 auf einem Papier, das dem Geldscheinpapier ähnlich ist, sollten Sie also nicht anfertigen. Das gilt auch für Fremdwährungen.

Die von Stockagenturen gerne genommenen Aufnahmen mit Bündeln von Geldscheinen oder die Aufnahme eines Sparschweins, in dessen Einwurfschlitz die Geldscheine nur zur Hälfte gesteckt wurden, begegnen keinen rechtlichen Bedenken, Aufnahmen von Münzgeld ebenfalls nicht, da auch Münzen gemeinfrei sind und im Übrigen durch eine Fotografie von Münzen naturgemäß keine Fälschungsgefahr droht.

[!]

Stockagenturen

Das sind Agenturen, die auf Vorrat, also ohne konkreten Auftrag gefertigte Fotos, sogenannte *Stockfotos* (vom englischen Begriff »stock« = Vorrat, Bestand) annehmen und vermarkten.

Drei Ausnahmen

Für Fotografen ergeben sich drei relevante Ausnahmen von dem Verbot, urheberrechtlich geschützte Werke ohne Genehmigung des Urhebers zu vervielfältigen und zu veröffentlichen, aus:

- dem Aspekt »unwesentliches Beiwerk« (§ 57 UrhG)
- der Vervielfältigung und Verbreitung zu Veranstaltungszwecken (§ 58 UrhG)
- der bereits angesprochenen Panoramafreiheit (§ 59 UrhG)

Da diese Ausnahmetatbestände aber viel eher bei der Veröffentlichung relevant werden und weniger bei der Herstellung der Fotos, gehe ich darauf erst im Zusammenhang mit den Problemen bei der Veröffentlichung und Verwertung von Fotos in Abschnitt 2.2 ausführlich ein.

2.1.3 Privat- oder Intimsphäre

Nach überwiegender Rechtsmeinung ist – wie Sie bereits erfahren haben – bei Aufnahmen, die unter Verletzung der Privat- oder Intimsphäre zustande kommen, schon deren Herstellung rechtswidrig. Die zutreffende Begründung dafür ist, dass mit der Aufnahme die Kontrolle des Berechtigten über die weitere Verwendung der Fotos nicht mehr gegeben ist. Keiner, dessen Wohn- oder Schlafzimmer fotografiert wurde, kann abschätzen, was später mit den Bildern gemacht wird, ob sie nicht möglicherweise auf Facebook oder in anderen Netzwerken wieder auftauchen. Überhaupt sind die sozialen Netzwerke, in denen sich manch einer in intimen Details präsentiert, nicht unproblematisch, insbesondere dann, wenn dort eingestellte Bilder weiterzirkulieren.

Nur nebenbei: Wer sich heute über eine bestimmte Person informieren will, schaut zuerst im Internet nach. Dies tun insbesondere auch gerne Personalleiter von Unternehmen, die sich so über Stellenbewerber informieren wollen. Eine zu offene Preisgabe von Fotos aus der Privat- oder Intimsphäre, zum Beispiel durch Partyfotos zu fortgeschrittener Stunde und bei fortgeschrittenem Alkoholkonsum, erweist sich oft als gefährlicher Bumerang.

Unzulässige Fotos in die Privatsphäre hinein [!]

Fotos in Fenster hinein, auch wenn sich in dem Zimmer keine Personen befinden, Aufnahmen in sichtgeschützte Gärten unter Umgehung des Sichtschutzes oder Innenaufnahmen fremder Wohnungen ohne Genehmigung des Betroffenen sind als Verletzung der Privatsphäre und des allgemeinen Persönlichkeitsrechts unzulässig und sollten für seriöse Fotografen absolut tabu sein.

Erkennbare Personen

Die Rücksichtnahme auf die Privat- oder Intimsphäre gilt insbesondere dann, wenn auch noch Personen auf den Aufnahmen zu erkennen sind. Dann allerdings wären diese Aufnahmen als Personenaufnahmen, mit denen wir uns im Einzelnen in Kapitel 3, »Menschen«, befassen werden, ohnehin rechtswidrig, sofern die Einwilligung der Personen nicht vorliegt. Wenn wir das Beispiel mit dem Rosenstrauch im Garten der Nachbarin etwas abwandeln und den Fall so bilden, dass die Nachbarin gerade in dem Moment, als der Rosenstrauch fotografiert wird, unmittelbar neben diesem auf ihrer Liege ein Sonnenbad nimmt und dadurch unvermeidlich zu einem Bildbestandteil wird, ist wohl jedem klar, dass dann die Grenzen des Zulässigen bereits deutlich überschritten sind. Es wird ohne jeden Zweifel unmittelbar und sehr massiv in die Privat- und Intimsphäre eingegriffen.

2.1.4 Gesetzliche Fotografierverbote

In bundesdeutschen Gesetzen sind einige Fotografierverbote geregelt, die Sie beachten sollten, wenn Sie sich nicht großen Ärger, bis hin zu einer strafrechtlichen Verfolgung und sogar einer Einziehung der Kamera als Tatwerkzeug, einhandeln wollen.

Militärische Anlagen | Am bekanntesten unter diesen Verboten ist sicher das Verbot des Abbildens militärischer Einrichtungen, geregelt in § 109g Abs. 1 StGB. Allerdings ist eine Aufnahme militärischer Anlagen nur dann kritisch und insbesondere strafrechtlich relevant, wenn dadurch die Sicherheit der Bundesrepublik Deutschland oder die Schlagkraft der Truppe gefährdet wird. Entsprechend gilt dies für die Einrichtungen der NATO auf dem Gebiet der Bundesrepublik. In diesen Fällen droht eine Freiheitsstrafe von bis zu fünf Jahren oder Geldstrafe, die Kamera kann nach § 109k StGB als Tatwerkzeug eingezogen werden.

[!]

Nur das sicherheitsgefährdende Abbilden ist verboten
Bei dem Verbot, militärische Anlagen zu fotografieren, geht es also ausdrücklich immer nur um das »sicherheitsgefährdende Abbilden«; das bloße Abbilden, ohne dass dadurch die Sicherheitsinteressen der Bundesrepublik Deutschland gefährdet werden, ist also zulässig.

Da es nur um das »sicherheitsgefährdende Abbilden« geht, hat man noch keine Probleme zu erwarten, wenn man ein im Kieler Hafen liegendes Schiff der Bundesmarine fotografiert, da sich daraus noch keine Gefährdung für die Bundesrepublik oder die Truppe ableiten lässt.

Schutzbereichsgesetz

Außerdem gibt es ein Schutzbereichsgesetz (SchBerG) aus dem Jahr 1956, dessen eigentlicher Titel »Gesetz über die Beschränkung von Grundeigentum für die militärische Verteidigung« lautet und das in § 5 das Verbot enthält, ein ausdrücklich als Schutzbereich ausgewiesenes Gebiet oder seine Anlagen ganz oder teilweise ohne Genehmigung zu fotografieren (im Wortlaut unter *www.gesetze-im-internet.de/schberg*). Hier wird die mögliche Gefährdung der Sicherheit der Bundesrepublik Deutschland bzw. der Schlagkraft der Truppe von vornherein unterstellt.

Vorsicht im Ausland

An dieser Stelle möchte ich Ihnen empfehlen, sich vor Antritt einer Reise in andere Länder ganz genau zu erkundigen, was dort zu den militärischen Einrichtungen gehört und deshalb im Zweifel nicht fotografiert werden darf. Mir ist es hier nicht möglich, auf all die vielen unterschiedlichen und vielschichtigen Regelungen in den einzelnen Ländern einzugehen, die sich zudem kurzfristig ändern können. Neben guten Reiseführern erteilen aber die Botschaften oder Konsulate der jeweiligen Länder oder die deutschen Konsulate im jeweiligen Ausland bereitwillig Auskunft. In China oder Weißrussland etwa gibt es sehr strenge Fotografierverbote, deren Missachtung äußerst unangenehme Folgen nach sich ziehen kann. Auch in liberalen Ländern werden zu den militärischen Anlagen oft auch Objekte gezählt, von denen man dies zunächst gar nicht vermutet und die man hier in Deutschland völlig sorglos fotografieren kann, wie zum Beispiel Brücken, Eisenbahntrassen o. Ä. Auch das im Hafen ankernde Schiff der Marine eines anderen Landes sollten Sie nicht überall bedenkenlos fotografieren.

[!]

Militärische Anlagen im Ausland

Die Ablichtung von Objekten, die im Ausland als militärische Anlagen gelten, sollten Sie unbedingt vermeiden. Dies gilt insbesondere dann, wenn sie das Hauptmotiv eines Bildes darstellen und deutlich zu erkennen und nicht nur unwesentliches Beiwerk sind. Wegen Spionageverdachts in einem fremden Land zunächst einmal verhaftet zu werden, dürfte kaum zur Urlaubserholung beitragen.

Luftaufnahmen | Luftaufnahmen sind Aufnahmen aus Flugzeug, Hubschrauber, Freiballon etc. sowie vom Multicopter aus. Auch hier handelt es sich nach herrschender Meinung regelmäßig um Lichtbilder nach § 72 UrhG – sie waren nach dem Luftverkehrsgesetz bis zum Jahr 1990 nur mit einer Genehmigung der jeweils zuständigen Behörden zulässig und mussten auch zur Veröffentlichung freigegeben werden. Der eine oder andere von Ihnen erinnert sich vielleicht noch an früher zwingend erforderliche Bildunterschriften mit dem Text »Luftbild freigegeben durch …«.

Luftaufnahmen seit 1991 frei

Heute dürfen Luftaufnahmen, sofern sie nicht wiederum urheberrechtlich geschützte Objekte abbilden, unter Beachtung der luftverkehrsrechtlichen Vorschriften genehmigungsfrei erstellt und verwertet werden.

Ausnahme »militärische Anlagen«

Auch hier gibt es jedoch zwei Ausnahmen: Die eine bezieht sich wiederum auf militärische Anlagen (zum Beispiel Militärflughäfen, Marinestützpunkte, Übungsgelände), die nach § 109g Abs. 2 StGB nur dann fotografiert werden dürfen, wenn damit die Sicherheit der Bundesrepublik Deutschland und die Schlagkraft der Truppe nicht beeinträchtigt werden. Die oben bereits dargestellte Regel über das Fotografierverbot von Schutzbereichen gilt natürlich oder gerade auch bei Luftaufnahmen.

Ausnahme »Privatsphäre«

Die andere Ausnahme bezieht sich auch hier auf den Eingriff in die Privatsphäre. Ist Privatbesitz gegen Einblicke von ebener Erde geschützt, dann ist es natürlich insbesondere verboten, mithilfe von Hubschraubern, Ballons oder unbemannten Fluggeräten Aufnahmen von fremdem Besitz darzustellen, wenn der jeweilige Eigentümer und Besitzer durch die Einfriedung gerade signalisiert hat, dass er von fremden Blicken unbehelligt bleiben möchte. Solche Fälle dürften sich jedoch – trotz der zunehmenden Verbreitung von Multicoptern – eher im Bereich der Presse, insbesondere der Regenbogenpresse, abspielen (Stichwort »Paparazzi«).

Aufnahmen aus normaler Flughöhe

Bei Aufnahmen aus dem Flugzeug oder einem anderen Flugobjekt, das sich in Reiseflughöhe befindet, mag zwar zwangsläufig auch das eingefriedete Grundstück zu sehen sein, aber hier sind Details im Zweifel nicht erkennbar, da es sich um eine Übersichtsaufnahme handelt. Außerdem ist das einzelne Grundstück nicht das Motiv der Aufnahme, sofern es nicht bewusst mit einem langbrennweitigen Teleobjektiv »herangeholt« wird, was wiederum unzulässig wäre. Es erscheint mir allerdings fraglich, ob dies aus einem sich bewegenden Fluggerät überhaupt so möglich ist, dass man auf der Aufnahme später Details erkennen kann.

Natur- und Tierschutz

Verbotene Tieraufnahmen | Wie wir bereits festgestellt haben, dürfen Tiere frei fotografiert werden, und zwar sowohl Wildtiere als auch Haus- und Nutztiere. Es gibt jedoch auch hier Ausnahmen, die allerdings nichts mit der Einwilligung des jeweiligen Eigentümers zu tun haben, sondern deren Begründung im Natur- und Tierschutz liegt. So enthält etwa § 42 des Bundesnaturschutzgesetzes (BNatSchG – den Wortlaut finden Sie unter *www.gesetze-im-internet.de/bnatschg_2009*) das Verbot, besonders geschützte Tierarten und europäische Vogelarten in bestimmten Situationen (bei Fortpflanzung, Aufzucht etc.) zu stören. Es ist damit zum Beispiel untersagt, mit Leitern oder anderen Hilfsmitteln zu Vogelnestern emporzusteigen, um Jungvögel im Nest oder Altvögel bei der Brut zu fotografieren. Aber als Tierfotograf sollten Sie ohnehin auch gleichzeitig Tierfreund sein und die Aufnahmen mit einem starken Teleobjektiv so machen, dass Jung- und Altvögel nicht gestört werden. Wenn das nicht möglich ist, sollten Sie definitiv auf die Aufnahme verzichten!

Fotografieren im Gericht

Gerichtsverhandlungen | Jemand, der in den letzten Jahren einmal bei Gericht war, wird es vielleicht erlebt haben (die Praxis ist allerdings von Bundesland zu Bundesland unterschiedlich), dass Mobiltelefone am Eingang abzugeben sind und erst beim Verlassen des Gerichtsgebäudes wieder in Empfang genommen werden können. Damit soll nicht das Telefonieren unterbunden werden, vielmehr geht es darum, ein gesetzliches Verbot durchzusetzen und zu überwachen.

In § 169 des Gerichtsverfassungsgesetzes (GVG – *www.gesetze-im-internet.de/gvg*) ist geregelt, dass zwar Verhandlungen grundsätzlich öffentlich sind, wenn nicht in bestimmten Fällen, die sich auch im Einzelnen aus dem GVG ergeben, die Öffentlichkeit ausgeschlossen wird, dass jedoch Ton- und Filmaufnahmen in jedem Fall unzulässig sind. Von jeher wird diese Bestimmung aber auch auf Fotos analog angewandt. Da heute fast jedes Mobiltelefon eine eingebaute Kamera sowie einen Video- und einen Sprachaufnahmemodus besitzt, soll mit der Abgabe der Mobiltelefone am Eingang verhindert werden, dass unbemerkt Fotos oder Film- bzw. Tonaufnahmen angefertigt werden.

Nun werden Sie vielleicht einwenden, dass man doch im Fernsehen immer wieder sehen kann, wie der Angeklagte, oft geschützt durch einen vor das Gesicht gehaltenen Aktendeckel oder mit nachträglich gepixeltem Gesicht, um die Erkennbarkeit auszuschließen, in den Verhandlungssaal geführt wird. Oft sieht man auch die Richter in ihren Roben beim Einzug in den Gerichtssaal. Die Zulässigkeit solcher Aufnahmen ergibt sich aus einem Sonderstatus, den die Presse im Hinblick auf ihre Berichterstattungspflicht und ihre Pressefreiheit hat. Vor Beginn der Verhandlung ist es der Presse deshalb erlaubt, Film- und Fotoaufnahmen für die aktuelle Berichterstattung zu machen. Niemals wird man jedoch sehen, dass während der Verhandlung gefilmt wird oder Fotos gemacht werden. Während der Verhandlungen gibt es aber in großen und medienwirksamen Prozessen häufig Zeichner. Bei bedeutenden Prozessen, wie etwa bei den RAF-Prozessen, war immer ein Zeichner im Gerichtssaal, der von den beteiligten Personen Porträtzeichnungen angefertigt hat, weil Fotos verboten waren.

In den USA hingegen – dies sei nur am Rande bemerkt – ist die Liveübertragung von Gerichtsprozessen nichts Ungewöhnliches.

2.1.5 Marken- und Designrechte

Auch Marken- und Designrechte (bis Februar 2014 noch »Geschmacksmusterrechte«) des Eigentümers oder berechtigten Nutzers einer Sache können eine Einschränkung oder ein Verbot für den Fotografen bedeuten. Auch hier treten die Probleme jedoch kaum bei der Herstellung, sondern fast ausschließlich bei der Veröffentlichung der Fotos auf. Deshalb geht es erst im folgenden Abschnitt 2.2 um diese Problematik.

2.2 Natur-, Architektur-, Sach- und Tieraufnahmen veröffentlichen und verwerten

Die Herstellung von Sachaufnahmen ist noch einigermaßen unproblematisch, auch dann, wenn sie eigentlich nicht zulässig ist. Denn wer erfährt etwas von heimlich gemachten Sachaufnahmen, die zwar verboten sein mögen, aber anschließend nicht veröffentlicht werden? Solange man bei der Aufnahme nicht ertappt wird, bleibt die Aufnahme regelmäßig im Verborgenen. Die eigentlichen Probleme treten erst dann auf, wenn die Bilder veröffentlicht oder in sonstiger Form verwertet werden und damit an die Öffentlichkeit gelangen. Denn die Veröffentlichung ist ein irreversibler Vorgang. Ist das Bild erst einmal veröffentlicht worden, kann die Rechtsverletzung nicht wieder rückgängig gemacht werden, während die bloße Herstellung einer Aufnahme ohne Genehmigung zwar auch eine Rechtsverletzung bleibt, faktisch jedoch keinen erkennbaren Schaden verursacht.

[+]

Eigenverantwortliches Handeln

Ich animiere Sie in keiner Weise dazu, unbemerkt Aufnahmen anzufertigen, wenn diese nicht zulässig sind, und damit rechtlich unzulässig zu handeln. Sie kennen nun aber die rechtliche Situation und müssen letztlich selbst entscheiden, welches Risiko Sie für eine bestimmte Aufnahme einzugehen bereit sind.

Der Eigentümer des Friesenhauses wäre vermutlich nie veranlasst worden, einen teuren Rechtsstreit einzuleiten, hätte er das Bild seines Friesenhauses nicht in einer Werbebroschüre entdeckt. Auch die heimlich fotografierte Innenansicht eines Gebäudes hat so lange keine rechtlichen Folgen, wie das Foto die Privatsphäre des Fotografen nicht verlässt. Niemand weiß, dass es diese Aufnahme überhaupt gibt. Aber schließlich macht jeder Fotograf, auch der Amateur, seine Aufnahmen nicht für das eigene Fotoalbum, sondern hat auch das Bestreben, seine Bilder in der Öffentlichkeit zu zeigen und andere an seinen fotografischen Erlebnissen teilhaben zu lassen oder seine Fotografien zu Lernzwecken der öffentlichen Kritik zu stellen.

[!]

Veröffentlichung und Verwertung von Fotos
Bei der Veröffentlichung oder Verwertung von Fotos gilt zunächst der Grundsatz, dass das, was frei in der Natur und anderswo ohne einen Genehmigungsvorbehalt und ohne eine Verletzung der Rechte anderer sanktionslos fotografiert werden kann, anschließend auch verwertet werden darf – und dies auch gewerblich.

Auch die Veröffentlichung von Sachaufnahmen ist grundsätzlich – wie schon die Herstellung – kein relevanter Eingriff in die Eigentumsrechte des Eigentümers oder Besitzers. So durfte etwa die bereits angesprochene Segeljacht, die nach dem LG Hamburg genehmigungsfrei fotografiert werden durfte, später auch ebenso genehmigungsfrei kommerziell, nämlich im Rahmen einer Werbung für eine Whiskey-Marke, verwendet werden. Wie bereits angesprochen, durfte auch das Bild vom Friesenhaus anschließend gewerblich genutzt werden.

Umgekehrt ist natürlich klar, dass Aufnahmen, die bereits nur mit Genehmigung hergestellt werden durften (Stichwörter »Hausrecht«, »Urheberrecht« etc.) in der Regel auch nur mit (meist zusätzlicher) Genehmigung veröffentlicht werden dürfen. Wenn ich sage »in der Regel«, so ist diese einschränkende Formulierung durchaus absichtlich gewählt. Denn es gibt mindestens ein Gerichtsurteil, in dem trotz Verbots der Aufnahme die Zulässigkeit der anschließenden Veröffentlichung gerichtlich festgestellt wurde. Dieses Paradoxon (die Herstellung ist rechtswidrig – die Veröffentlichung ist dagegen rechtmäßig) wird an dem im Folgenden beschriebenen Fall deutlich.

Verboten und trotzdem erlaubt?

Das OLG Hamm hat sich 2004 in einem Urteil (21.07.2004 – AZ 3 U 77/04) mit dem Fall befassen müssen, dass ein Journalist sich als Mitarbeiter in ein Tierversuchslabor eingeschmuggelt hatte. Er drehte dort während seiner Arbeit mit versteckter Kamera mehrere Filmsequenzen, die anschließend im Fernsehen (ZDF-Magazin »Frontal21«) gezeigt und auch auf Datenträgern veröffentlicht wurden. Mit diesen Aufnahmen sollten die unzulässigen Praktiken in Tierversuchslaboren der Allgemeinheit gezeigt werden.

Pressefreiheit

Das OLG Hamm hat zwar nicht verkannt, dass die Aufnahmen wegen der Verletzung des Hausrechts rechtswidrig waren. Dennoch hat es die spätere Verbreitung der unzulässig beschafften Informationen als von der Pressefreiheit gedeckt angesehen. Denn die Pressefreiheit des Art. 5 GG sei hier vorrangig. Zur Pressefreiheit gehöre die Kontrollaufgabe, auf Missstände von öffentlicher Bedeutung hinzuweisen, wobei sich das OLG Hamm auf entsprechende Feststellungen des BVerfG bezog.

Mit dieser Entscheidung wird jedoch auch deutlich, dass Veröffentlichungen von Pressefotografen in einem anderen Licht zu betrachten sind als Amateuraufnahmen. Ich kann keinem Amateur raten, auf eigene Faust Bilder zu veröffentlichen, die er unter Verletzung des Hausrechts angefertigt hat. Denn er kann sich nicht auf das Grundrecht der Pressefreiheit berufen, es sei denn, er ist nebenbei als Reporter für eine Zeitung oder ein sonstiges Informationsmedium tätig.

Kein höchstrichterliches Urteil

Aber selbst dann besteht noch die Gefahr, dass ein anderes Gericht den Fall anders beurteilt, denn es liegt mit dem Urteil des OLG Hamm immerhin kein höchstrichterliches Urteil, d. h. kein Urteil des BGH als höchstem deutschen Zivilgericht, vor. Das bedeutet für die Rechtsprechungspraxis, dass ein anderes OLG anders entscheiden kann als das OLG Hamm, während das bei Vorliegen einer BGH-Entscheidung zwar theoretisch auch möglich wäre, es dann jedoch mit Sicherheit zur Revision kommen und der BGH das Urteil im Zweifel aufheben würde. Es kann andererseits durchaus wieder vorkommen, dass derartige, eigentlich paradox klingende Entscheidungen erneut getroffen werden, nämlich dann, wenn im Rahmen einer Interessenabwägung das Gericht zu dem Ergebnis kommt, dass das Informationsinteresse der Allgemeinheit höher zu werten ist als das Schutzrecht des Eigentümers oder Besitzers.

Einige Privilegien, die der Presse aufgrund von Pressefreiheit und aktueller Berichterstattung durch Gesetz und Rechtsprechung zugestanden werden, stehen dem Amateur eben nicht zu. Damit muss man sich abfinden. Trösten kann man sich damit, dass Aufnahmen, die ein Pressefotograf teilweise macht, von einem Amateurfotografen in der Regel gar nicht erst gemacht, geschweige denn veröffentlicht werden. Dies ist auch die Erklärung dafür, warum sich ein großer Teil der Gerichtsentscheidungen, bei denen es um die Zulässigkeit der Veröffentlichung von Sachaufnahmen und – in noch viel stärkerem Umfang – von Personenaufnahmen geht, mit Aufnahmen aus dem Bereich des professionellen Bildjournalismus befasst. Gerichtsprozesse gegen Amateure bilden nach meiner Kenntnis dagegen eher die Ausnahme, können aber durchaus vorkommen, wenn Rechtsverletzungen von Amateuren begangen werden.

Nebenbei bemerkt: Immer wieder zeigen mir Mandanten in Beratungsgesprächen triumphierend Fotos, die sie heimlich oder ohne Genehmigung und deshalb meist unter Verletzung von Rechten anderer hergestellt haben. Sie sind sicher, damit vor Gericht oder bei Behörden den Beweis für irgendeinen Tatbestand oder Geschehensablauf in der Hand zu haben.

Aber Freude und Siegeszuversicht der Mandanten verfliegen meist schnell, wenn sie über den Wert dieser »Beweismittel« aufgeklärt werden, der nämlich gleich null ist. Denn Foto- und Filmaufnahmen, die unter Verletzung des Persönlichkeitsrechts, also etwa durch eine Hausrechtsverletzung, gefertigt wurden, sind gleichzeitig unzulässige Beweismittel und dürfen – zumindest in Zivilverfahren – von den Gerichten in der Regel nicht zur Urteilsfindung verwendet werden. In Strafverfahren mag unter Umständen etwas anderes gelten.

Im Folgenden sollen nun die rechtlichen Probleme, aber auch die Privilegien bei der Veröffentlichung von Bildern beleuchtet werden. Dabei handelt es sich naturgemäß um Fälle, bei denen eine Genehmigung des Berechtigten zur Veröffentlichung gerade nicht vorliegt, denn anderenfalls könnte es ja auch keine rechtlichen Probleme geben.

2.2.1 Schutz der Privatsphäre

Zu den meisten Einschränkungen und Verstößen gegen die Privatsphäre kommt es naturgemäß im Bereich der Personenaufnahmen. Aber wie Sie bereits erfahren haben, können auch Sachaufnahmen, etwa bei Umgehung von Sichtschutzeinrichtungen, die Privatsphäre verletzen. Doch auch bei Sachaufnahmen, die zum Beispiel ein bestimmtes Haus zeigen, ist die bloße Herstellung unproblematisch (Stichwort »Friesenhaus«), eine bezugslose Veröffentlichung des reinen Fotos ebenso. Die Privatsphäre wird jedoch dann verletzt, wenn ein ausdrücklicher Bezug zu einer bestimmten Person hergestellt wird, indem diese in der Bildunterschrift oder in dem dazugehörigen Text namentlich erwähnt wird.

[zB] Nehmen wir an, Herr Krösus, ein reicher Kaufmann aus Hamburg, hat eine Villa in nobler Gegend unmittelbar an der Alster. Ein Foto dieser Villa darf – wie das Friesenhaus – aufgenommen und verwertet werden. Wenn aber im Rahmen der Veröffentlichung der Name von Herrn Krösus genannt wird und dadurch die Zuordnung des Hauses zu seinem Eigentümer möglich ist, dann verletzt dies das Persönlichkeitsrecht des Herrn Krösus. Dabei kommt es gar nicht darauf an, ob einem Teil der Bevölkerung dieses Haus als das von Herrn Krösus bereits bekannt ist. Denn durch den ausdrücklichen Bezug zu Herrn Krösus wird möglicherweise dessen Sicherheitsinteresse gefährdet, weil die Veröffentlichung des Bildes Neid und Begehrlichkeiten wecken und Kriminelle zu irgendwelchen Straftaten inspirieren könnte. Außerdem hat der Eigentümer Krösus ein Recht darauf, dass durch diese ausdrückliche Bezugnahme keine Rückschlüsse auf seine Persönlichkeit und seine Lebensumstände möglich werden. Jeder hat das Recht, selbst zu bestimmen, ob er seine Lebensumstände anderen oder der Öffentlichkeit offenbaren will. Gerade Personen, die beruflich ständig im Licht der Öffentlichkeit stehen, haben oft das Bedürfnis, ihr Privatleben möglichst unentdeckt und ohne Beteiligung der Öffentlichkeit zu führen.

Hat der Eigentümer jedoch von sich aus zuvor seine Lebensumstände offenbart und das Haus in Verbindung mit seiner Person gebracht, kann er sich hinterher nicht gegen die Veröffentlichung von Bildern wehren, in deren Kontext sein Name genannt wird.

[zB]

Dies hat der BGH im Falle einer Finca der Fernsehmoderatorin Sabine Christiansen auf Mallorca ausführlich dargestellt (Urteil vom 09.12.2003 – VI ZR 373/02): Die Finca von Frau Christiansen wurde von einem Hubschrauber aus fotografiert, das Bild wurde anschließend in der Fernsehzeitung »TV Movie« veröffentlicht. Dagegen wehrte sich Frau Christiansen und meinte, dadurch sei sie in ihrer Privatsphäre verletzt worden.

Zwar gab der BGH der Klägerin insoweit recht, als er den unzulässigen Eingriff in ihre Privatsphäre bejahte, die Besonderheit dieses Falls bestand jedoch darin, dass Frau Christiansen zuvor bereits anderen Zeitungen ihren Privatbesitz für eine Berichterstattung zugänglich gemacht hatte und deshalb die Privatsphäre selbst aufgegeben hatte und nun nicht bei einer weiteren Publikation die Verletzung der Privatsphäre reklamieren könne.

Meist geht es, wie auch dieses Beispiel aus der Rechtsprechung zeigt, in den zu dieser Thematik geführten Gerichtsverfahren auch um Klagen exponierter Persönlichkeiten der Gesellschaft und Prominenter, die sich dagegen zur Wehr setzen, dass durch die Kombination von Bild und Namensnennung zum Ausdruck kommt, in welchen Lebensumständen diese Personen leben. So sind es auch hier wieder fast ausschließlich Gerichtsfälle, in denen es um Aufnahmen von Wohnhäusern Prominenter durch Pressefotografen ging. Auch in dieser Beziehung wird der Amateur selten ein Interesse daran haben, das Foto eines Prominenten mit ausdrücklicher Namensnennung zu veröffentlichen. Wenn doch, so ist – wie gesehen – die Gefahr eines Eigentores recht groß.

Eine Aufnahme des unscheinbaren Reihenhauses von Lieschen oder Otto Müller dagegen werden sowohl die Presse als auch der Amateur nicht mit Namensnennung veröffentlichen wollen.

Anders zu beurteilen ist der Fall natürlich, wenn das jeweilige Haus Gegenstand aktueller Berichterstattung ist, auf die die Öffentlichkeit einen Anspruch hat und mit der nicht nur das Klatschbedürfnis befriedigt werden soll, zum Beispiel wenn es anlässlich eines Brandes zerstört wird oder Objekt eines Verkaufs bzw. einer Zwangsversteigerung ist. Dann hat zumindest die Presse im Rahmen einer Güterabwägung, die zugunsten der Pressefreiheit ausfallen muss, ein Veröffentlichungsrecht. Der BGH hat im Übrigen mehrfach bestätigt, dass die Pressefreiheit auch dann gilt, wenn es sich um eine Berichterstattung mit geringem Informationswert handelt.

Innenaufnahmen

Innenaufnahmen dürfen grundsätzlich nur mit Einwilligung des Berechtigten veröffentlicht werden, gleichgültig, ob es sich um privat oder gewerblich genutzte Räume handelt. Das folgt aus der Tatsache, dass schon die Herstellung einer jeden Innenaufnahme ohne Genehmigung des Berechtigten unzulässig ist, wie wir oben im Zusammenhang mit dem Hausrecht bereits festgestellt haben.

Sie haben u. a. anhand der Entscheidung zu Schloss Tegel bereits erfahren, dass sich eine Fotografiergenehmigung in der Regel auf die Herstellung der Fotos beschränkt und ausschließlich für eine private Nutzung gilt. Eine kommerzielle Nutzung ist unzulässig.

Nummernschild

Fotos von anderen Gegenständen dürfen in der Regel ohne Einschränkungen verwertet werden, sofern eine Zuordnung zu einem bestimmten Eigentümer aufgrund des Fotos nicht möglich ist. Da bei Fotos von Fahrzeugen über das Nummernschild aber unter Umständen ein Bezug zum jeweiligen Eigentümer hergestellt werden kann, empfiehlt es sich allerdings, vorsichtshalber vor der Veröffentlichung des Bildes das Nummernschild zu pixeln, mit schwarzem Balken zu versehen oder auf andere Weise unkenntlich zu machen. Kann dagegen durch Kennzeichen und/oder Namensnennung auf den Eigentümer des Fahrzeugs geschlossen werden, muss der Fotograf damit rechnen, vom Eigentümer des Fahrzeugs in Anspruch genommen zu werden.

2.2.2 Unwesentliches Beiwerk (§ 57 UrhG)

Ein urheberrechtlich geschütztes Werk darf nach § 57 UrhG dennoch vervielfältigt und veröffentlicht werden, wenn es im Verhältnis zum übrigen Bildinhalt als *unwesentliches Beiwerk* anzusehen ist. Dies ist allerdings eng auszulegen.

[§]

§ 57 Unwesentliches Beiwerk

»Zulässig ist die Vervielfältigung, Verbreitung und öffentliche Wiedergabe von Werken, wenn sie als unwesentliches Beiwerk neben dem eigentlichen Gegenstand der Vervielfältigung, Verbreitung oder öffentlichen Wiedergabe anzusehen sind.«

Unwesentliches Beiwerk liegt somit nur vor, wenn die Darstellung so nebensächlich ist, dass sie jederzeit auch weggelassen oder ausgetauscht werden könnte, ohne die Bildaussage wesentlich zu verändern. Beiwerk darf in keiner Form zur Gesamtwirkung des Bildes beitragen, sondern muss vielmehr zufällig auf dem Bild zu sehen sein.

Befindet sich also irgendein urheberrechtlich geschützter Gegenstand, wie ein Gemälde oder ein Foto (zum Beispiel bei Innenaufnahmen), irgendwo im Hintergrund oder am äußersten Rand eines Bildes und spielt er für die Bildwirkung keine entscheidende Rolle, darf das Bild ohne Genehmigung des Urhebers hergestellt und veröffentlicht werden.

[zB]

Das OLG München (Urteil 09.06.1988 – 6 U 4132/87) hat sich in einer der wenigen Entscheidungen zu § 57 UrhG mit dieser Abgrenzungsproblematik u. a. in folgendem Fall auseinandergesetzt:

Ein Möbelhaus hatte einen Möbelkatalog drucken lassen. Dort waren verschiedene Wohnlandschaften abgebildet, und in einer dieser Wohnlandschaften hingen Bilder eines Kunstmalers an der Wand (es hätten auch Fotos sein können), die im Stil genau zu der dort gezeigten Wohnlandschaft passten und auch deutlich erkennbar waren. Eine Genehmigung des Malers zur Veröffentlichung der Bilder in einem Möbelkatalog lag unstreitig nicht vor. Der Kunstmaler vertrat die Auffassung, die ungenehmigte Abbildung seiner Gemälde verletze sein Urheberrecht, das Möbelhaus war hingegen der Meinung, die Bilder seien nur unwesentliches Beiwerk, eindeutige Hauptsache der Abbildung im Katalog seien die dort abgebildeten Wohnlandschaften und Einrichtungsgegenstände.

Das Gericht gab mit seinem Urteil dem Kunstmaler recht. Bei einer gezielten Auswahl von Bildern, die zum Stil der Einrichtung ausgesucht wurden und damit deutliche Akzente setzen, könne nicht mehr von unwesentlichem Beiwerk gesprochen werden, da die Gemälde die gesamte Bildwirkung mitbestimmen. Würden sie weggelassen, wäre die Bildwirkung eine andere. Das OLG stellte im Übrigen auch klar, dass es für die Anwendung des § 57 UrhG nicht darauf ankomme, ob die Einbeziehung des Werkes absichtlich erfolgt sei oder nicht.

[+]

Vervielfältigung des Werkes
Soweit im Zusammenhang mit dieser oder den folgenden Bestimmungen immer wieder von *Vervielfältigung* des Werkes die Rede ist, möchte ich Ihnen, um Missverständnisse zu vermeiden, in Erinnerung rufen, dass bereits die Fotografie eines urheberrechtlichen Werkes die Vervielfältigung eines Werkes ist. Wenn deshalb – in Übereinstimmung mit dem Gesetzeswortlaut und für den einen oder anderen vielleicht etwas verwirrend – von Vervielfältigung eines Werkes gesprochen wird, ist dies in unserem Fall gleichbedeutend mit: Foto von diesem Werk.

2.2.3 Veranstaltungs- und Verkaufswerbung (§ 58 UrhG)

Eine weitere Ausnahme von dem Prinzip, dass die Vervielfältigung und Veröffentlichung von urheberrechtlichen Werken ohne Zustimmung des Urhebers unzulässig sind, findet man in § 58 UrhG. Nach dieser Vorschrift sind Vervielfältigung, Verbreitung und öffentliche Zugänglichmachung von öffentlich ausgestellten oder zur öffentlichen Ausstellung oder zum öffentlichen Verkauf bestimmten Werken der bildenden Künste und Lichtbildwerken durch den Veranstalter zur Werbung zulässig, soweit dies zur Förderung der Veranstaltung erforderlich ist. Zulässig sind darüber hinaus die Vervielfältigung und Verbreitung dieser Werke in Verzeichnissen, die von öffentlich zugänglichen Bibliotheken, Bildungseinrichtungen oder Museen in inhaltlichem oder zeitlichem Zusammenhang mit einer Ausstellung oder zur Dokumentation von Beständen herausgegeben werden und mit denen kein eigenständiger Erwerbszweck verfolgt wird.

Katalogbildfreiheit

In den Fällen, in denen es um den Verkauf oder die Ausstellung von Werken der bildenden Kunst oder Lichtbildwerken geht, darf durch den Veranstalter mit Veröffentlichung eines Bildes der Werke geworben werden, sofern dies zur Förderung der Veranstaltung erforderlich ist. Man spricht hier auch von der sogenannten *Katalogbildfreiheit*. Privilegiert zur Veröffentlichung ist jedoch immer nur der Veranstalter, und Voraussetzung ist, dass kein eigenständiger Erwerbszweck verfolgt wird.

[zB] Im Gemeindehaus findet zum Beispiel eine Diaschau des Fotografen Franz Weitgereist zum Thema »Neuseeland« statt. Im Rahmen seiner Anfrage für den Diaabend hat Herr Weitgereist der Gemeinde einige Beispielbilder zur Ansicht überlassen. Ohne Zustimmung des Herrn Weitgereist dürfen eines oder gegebenenfalls auch mehrere dieser Bilder auf einem Plakat, einem Flyer oder einer Einladungskarte abgebildet werden, mit denen für den Besuch dieser Diaschau geworben wird. Das Gleiche gilt, wenn das örtliche Museum die Aquarellzeichnungen des jungen Malers Felix Farbenfroh, die gerade in einer Ausstellung zu sehen sind, fotografiert, um sie in einem Ausstellungskatalog abzudrucken. Auch hier ist eine Zustimmung des Malers nicht erforderlich.

[!]

Katalogbildfreiheit

Die Katalogbildfreiheit nach § 58 UrhG gestattet die Vervielfältigung von Werken, die bei einer Veranstaltung öffentlich ausgestellt oder verkauft werden oder dafür vorgesehen sind, sofern die Vervielfältigung der Förderung dieser Veranstaltung dient. Die Katalogbildfreiheit beinhaltet auch das Recht von Bibliotheken, Bildungseinrichtungen und Museen, Bestandsverzeichnisse oder Ausstellungskataloge mit vervielfältigten Werken herauszugeben, sofern damit kein Erwerbszweck verfolgt wird.

2.2.4 Panoramafreiheit in Deutschland (§ 59 UrhG)

Widmen wir uns nun der bereits mehrfach erwähnten *Panoramafreiheit*, einem Zentralthema im Bereich der Sachfotografie.

Abbildung 2.14 ▶
Kann sich der Architekt gegen das Foto zur Wehr setzen?

1. Beispielfall

Zum Einstieg werde ich Ihnen zunächst einige Fälle vorstellen, die das Leben schreiben kann und die ich im weiteren Verlauf in ihren Einzelheiten behandeln werde. Die Lösung der einzelnen Fälle finden Sie anschließend im weiteren Verlauf des Buches.

Stellen Sie sich zunächst bitte einmal vor, Sie haben sich der Architekturfotografie verschrieben und sind auf Fototour in irgendeiner deutschen Stadt. Plötzlich entdecken Sie eine architektonisch brillant gestaltete und äußerst fotogene Fassade eines erst kürzlich errichteten Gebäudes. Der Lichteinfall ist gerade in diesem Moment optimal, und die Fassadenelemente aus Stahl und spiegelnden Glasflächen bilden *das* überragende Motiv. Da Sie dringend noch ein paar gute Aufnahmen für Ihre Internetgalerie oder einen Bildband über moderne Architektur benötigen, montieren Sie sofort das Weitwinkel- oder Shiftobjektiv auf Ihre Kamera und beginnen damit, die Hausfassade auf Film oder Sensor zu bannen. Noch während Sie mit Ihren ersten Aufnahmen beschäftigt und in das Motiv vertieft sind, tritt ein Mann aus diesem Haus, kommt auf Sie zu und fordert Sie in bestimmtem und nicht gerade freundlichem Ton auf, sofort jegliche Aufnahmen des Hauses zu unterlassen, denn er sei der Eigentümer und Architekt dieses Hauses, habe die Fassade entworfen und sei deshalb im Besitz aller Urheberrechte. Er verbietet Ihnen unter Androhung von Polizei, Gerichtsverfahren und Schadensersatzforderungen jede Veröffentlichung der bisher gemachten Fotos. (Die Lösung dieses Falles finden Sie im Abschnitt »Merkmal ›ohne Hilfsmittel‹« weiter unten in diesem Abschnitt.)

Dieser konstruierte Beispielfall ist im Übrigen gar nicht so lebensfremd, wie er sich vielleicht zunächst anhört. Viele Fotografen, mit denen ich gesprochen habe und die in meinen Vortragsveranstaltungen von ihren Erlebnissen berichten, haben solche oder ähnliche Situationen bereits erlebt. Ich erinnere an das vergleichbare Beispiel von der Aufnahme an der Pferdekoppel zu Beginn von Abschnitt 2.1. Nehmen wir zur Abrundung des Beispielfalls schließlich noch an, dass der Mann nachweislich der Urheber ist und dass die Fassade aufgrund der erreichten Schöpfungshöhe tatsächlich ein dem Urheberrecht unterliegendes Werk ist.

2. Beispielfall

Ein weiterer Fall, dessen Lösung Sie im Abschnitt »Merkmal ›an öffentlichen Wegen, Straßen oder Plätzen‹« weiter unten in diesem Abschnitt finden: Sie möchten die Skulptur eines jungen Künstlers, die erst kürzlich auf einem kleinen Platz mitten in der Stadt aufgestellt wurde, fotografieren. Da Sie Ihr Weitwinkelobjektiv nicht dabeihaben und nicht genügend Abstand nehmen können, um das Denkmal formatfüllend zu fotografieren, fragen Sie einen Anwohner, ob er Ihnen gestattet, die Aufnahme von seinem Grundstück aus zu machen, weil Sie von dort den ausreichenden Abstand haben. Der freundliche Anwohner hat ein Herz für Fotografen und gestattet Ihnen die Fotografie von seinem Garten aus. Sie machen die Aufnahme und verwenden sie später in einem von Ihnen selbst herausgegebenen Kalender mit dem Titel »Neue Stadtansichten 20xx«.

3. Beispielfall Und noch ein Fall: Sie schlendern durch die Stadt und kommen an einer Plastik vorbei, die einen Esel darstellt und von einem stadtbekannten, noch lebenden Bildhauer der Stadt vor einigen Jahren zum Geschenk gemacht wurde. Belustigt stellen Sie jedoch fest, dass Unbekannte in der Nacht die Plastik bunt angestrichen, ihr einen Strohhut aufgesetzt und eine Kuhglocke umgebunden haben. Da Sie als begeisterter Fotoamateur immer Ihre Kamera dabeihaben, machen Sie schnell von der Straße aus ein paar Bilder und übergeben diese später an einen Postkartenverlag, mit dem Sie vereinbart hatten, ihm eine Serie ungewöhnlicher und lustiger Bilder aus dem Stadtleben zu liefern. Wie dieser Fall zu bewerten ist, erfahren Sie im Abschnitt »Das Änderungsverbot des § 62 UrhG« weiter unten in diesem Abschnitt.

In allen diesen Fällen dreht sich die entscheidende Frage natürlich darum, ob Sie das, was Sie fotografiert haben, auch fotografieren durften oder ob Sie dabei möglicherweise Rechtsverletzungen begangen haben, die dazu führen können, dass Sie vom Urheber in Anspruch genommen werden. Ich wage einmal – ohne Ihnen zu nahe treten zu wollen – die Prognose, dass Sie in den meisten der genannten Fälle gar kein Problem sehen. Ob das wirklich so ist, werden Sie im Laufe der folgenden Ausführungen erfahren.

[zB] Kehren wir zurück zu unserem Ausgangsfall des Architekten und seiner urheberrechtlich geschützten Hausfassade.

Welche tatsächlichen Möglichkeiten vor Ort Sie nun haben, wenn der, der ein Recht für sich reklamiert, wutentbrannt auf Sie zugestürmt kommt, habe ich bereits im Zusammenhang mit der Fotografie des Pferdes auf der Koppel dargelegt: die Kamera einpacken und auf die Aufnahme verzichten, eine vermutlich fruchtlose Diskussion anfangen, an deren Ende das schöne Licht und Ihr Spaß am Fotografieren für diesen Tag weg sind, oder die Aufnahme trotzdem machen und alle Unwägbarkeiten, die nun auf Sie zukommen können, in Kauf nehmen. Ich würde einmal sagen: Das ist eine Typfrage.

Aber wie ist dieser Fall in rechtlicher Hinsicht zu bewerten? Ist der Architekt im Recht, und kann er Ihnen als Urheber der Fassade die Herstellung und/oder die Verwertung der von seiner Fassade gemachten Aufnahme, die unstreitig dem Urheberrecht unterliegt, tatsächlich verbieten?

Wir hatten bereits festgestellt, dass die Herstellung eines Fotos von urheberrechtlich geschützten Gegenständen nach § 53 UrhG jedenfalls dann unproblematisch und zulässig ist, wenn die Fotos ausschließlich zum privaten oder eigenen Gebrauch hergestellt und verwendet werden. Die Verwendung der Aufnahme über den reinen Privatgebrauch hinaus – und damit auch die Verwendung in Ihrer für alle einsehbaren Internetgalerie oder für einen Kalender – ist jedoch zweifellos durch § 53 UrhG nicht mehr gedeckt, folglich ist sie also – wendet man das bisher Gesagte an – als Verletzung des Urheberrechts und als unautorisierte Vervielfältigung eines geschützten Werkes unzulässig. Dies könnte, nach dem, was wir bis jetzt erarbeitet haben, aber folgerichtig nur bedeuten, dass die schönen Aufnahmen von der Hausfassade weder in der Internetgalerie noch in einem Kalender gezeigt werden dürfen, wenn Sie nicht eine rechtliche Auseinandersetzung riskieren wollen. Aber ist dieses Ergebnis richtig?

Wenn dieses Ergebnis richtig ist, dann hätten Sie ja sogar noch Glück gehabt – denn durch das Auftreten des Architekten wurden Sie ja davon abgehalten, ein Foto der Fassade in die Internetgalerie aufzunehmen. Was wäre, wenn der Architekt nicht aus seinem Haus gekommen wäre, und das Foto der Fassade wäre in Ihrer Internetgalerie gelandet, oder Sie hätten den Kalender herausgegeben? Kurz darauf wäre ein Brief vom Anwalt des Architekten auf Ihren Schreibtisch geflattert, in dem Urheberrechte und möglicherweise auch Schadensersatz geltend gemacht worden wären.

Aber dann stellen sich die nächsten Fragen: Wie soll denn überhaupt ein Fotograf, der beim Gang über die Straße ein Denkmal, einen schön gestalteten Brunnen oder eben eine architektonisch interessante Fassade entdeckt, zutreffend und spontan vor Ort beurteilen können, ob das, was er dort als Motiv sieht und fotografieren und insbesondere als Foto anschließend verwerten möchte, nicht möglicherweise urheberrechtlich geschützt ist und er sich durch die Veröffentlichung der Gefahr einer rechtlichen Inanspruchnahme aussetzt? Wie kann er wissen, ob die urheberrechtliche Schutzfrist von 70 Jahren seit dem Tod des Urhebers abgelaufen ist oder nicht? Zugegeben, bei einem Gebäude wie der Würzburger Residenz weiß man in der Regel, dass der Architekt Balthasar Neumann doch schon etwas länger verstorben ist und Schutzfristen deshalb ohne jeden Zweifel abgelaufen sind. Aber wie ist das bei neueren Bauwerken, die zum Beispiel erst nach dem Zweiten Weltkrieg entstanden sind? Lebt der Architekt vielleicht noch, oder wann ist er gestorben? Muss der Fotograf in diesen Fällen erst einmal umfangreiche Recherchen anstellen, um sichere Erkenntnisse über etwaige Urheberrechte zu erhalten und um sicher zu sein, sich mit der Herstellung oder Veröffentlichung seines Bildes keinen Ärger einzufangen? Wer muss eine etwaige Genehmigung erteilen? – Fragen über Fragen also, die der Gesetzgeber jedoch eindeutig beantwortet hat.

Zwar zeigt der Gesetzgeber nicht immer ein gutes Händchen bei der Formulierung gesetzlicher Regelungen, in diesem Fall hat er dies jedoch getan, denn er hat mit der Regelung der sogenannten *Panoramafreiheit* in § 59 UrhG alle in unserem ersten Beispiel aufgeworfenen Fragen eindeutig geklärt. Allerdings verwendet das UrhG den Ausdruck *Panoramafreiheit* nicht, dieser hat sich vielmehr im allgemeinen Sprachgebrauch so eingebürgert. Manche sprechen stattdessen auch von *Straßenbildfreiheit*.

Werke an öffentlichen Plätzen

§ 59 UrhG trägt den Titel »Werke an öffentlichen Plätzen« und bestimmt, dass es zulässig ist, Werke, die sich bleibend an öffentlichen Wegen, Straßen oder Plätzen befinden, mit Mitteln der Malerei oder Grafik, durch Lichtbild oder durch Film zu vervielfältigen, zu verbreiten und öffentlich wiederzugeben. Bei Bauwerken erstreckt sich diese Befugnis allerdings nur auf die äußere Ansicht.

Abbildung 2.15 ▶
Woher soll man wissen, ob diese in Berlin aufgestellte Skulptur Urheberschutz genießt? Muss man erst den Künstler fragen?

[!]

Panoramafreiheit

Mit der sogenannten *Panoramafreiheit* schützt der Gesetzgeber die Freiheit des Straßenbildes und ermöglicht es, das Straßenbild so abzubilden, wie es ist, ohne Retuschen vornehmen zu müssen, indem zum Beispiel urheberrechtlich geschützte Gegenstände unkenntlich gemacht werden. Dies gilt – auch wenn es sich aus dem Gesetzestext nicht unmittelbar ergibt – jedoch nur für Aufnahmen, die an öffentlichen Plätzen ohne den Einsatz von Hilfsmitteln gemacht werden.

Die Panoramafreiheit ist eine Ausnahme vom Grundsatz, nach dem urheberrechtlich geschützte Werke nicht ohne Zustimmung des Urhebers vervielfältigt und verbreitet werden dürfen. Die Panoramafreiheit bezieht sich immer nur auf das Fotografieren urheberrechtlich geschützter Werke, die normalerweise nicht ohne Zustimmung des Urhebers vervielfältigt (fotografiert) werden dürften. § 59 UrhG ist demnach die Vorschrift, die es unter Beachtung der genannten Voraussetzungen bzw. Einschränkungen ermöglicht, auf öffentlichen Wegen, Straßen und Plätzen ungehindert zu fotografieren, ohne Erkundigungen über die Entstehungszeit urheberrechtlich geschützter Werke, deren Urheber etc. einholen zu müssen, was natürlich in vielen Fällen auch überhaupt nicht möglich wäre.

Panoramafreiheit gilt nicht für Personenfotografie

Es versteht sich von selbst, dass sich diese Fotografierfreiheit nicht auf Fotos von Menschen bezieht. Diese werden durch die Panoramafreiheit natürlich nicht zu fotografischem »Freiwild« (Näheres dazu erfahren Sie in Kapitel 3, »Menschen«).

[!]

Panoramafreiheit hat nichts mit Landschaftsfotografie zu tun

Aufgrund von Leserzuschriften, die den Verlag erreichten, möchte ich auch nochmals klarstellen, dass die Panoramafreiheit nichts mit Landschaftsfotografie zu tun hat, die grundsätzlich unproblematisch ist. Das Fotografieren der Landschaft aus Zügen und von Schiffen aus kann deshalb keinen rechtlichen Bedenken begegnen. Sollten allerdings im Einzelfall bei einer Aufnahme aus dem Zug oder vom Schiff urheberrechtlich geschützte Objekte im Bild sein, so halte ich auch dies nicht für problematisch. Ich würde hier die Panoramafreiheit entsprechend anwenden. Eine Rechtsprechung hierzu gibt es nach meiner Kenntnis hierzu bislang nicht.

Betrachten wir nun die einzelnen Voraussetzungen der Panoramafreiheit genauer.

Merkmal »an öffentlichen Wegen, Straßen oder Plätzen« | Ein Werk unterliegt dann der Panoramafreiheit, wenn es sich ausnahmslos an öffentlichen Wegen, Straßen und Plätzen befindet und auch von dort aus fotografiert werden kann. Unter *öffentlichen Plätzen* versteht die herrschende Meinung solche Lokalitäten, die nicht nur frei zugänglich sind, sondern auch dem Gemeingebrauch gewidmet wurden. Dies war in unserem ersten Beispiel der Fall. Die Fassade war von der anderen Seite einer öffentlichen und dem Gemeingebrauch gewidmeten Straße aus zu fotografieren. »An öffentlichen Plätzen liegend« schließt aber auch solche Werke ein, die zwar etwas weiter weg von öffentlichen Wegen, Straßen und Plätzen auf nicht öffentlichem Gelände liegen, von öffentlichen Plätzen jedoch frei einsehbar sind. Selbst wenn die Hausfassade in unserem Beispiel 100 Meter weiter zurück auf einem Privatgelände läge, aber vom Bürgersteig aus durch ein schmiedeeisernes Tor frei sichtbar wäre, dürfte man sie fotografieren und das Foto veröffentlichen.

[!]

Keine Panoramafreiheit vom Privatgelände aus

Grundsätzlich gilt die Panoramafreiheit nicht für Aufnahmen, die von Privatgelände aus gemacht werden. Aufnahmen, die auf oder von Privatgelände aus gefertigt werden, unterliegen schon aufgrund ihrer Definition nicht der Panoramafreiheit.

Aufnahmen von solchen Werken jedoch, die nicht von öffentlichen Plätzen aus frei sichtbar sind, sondern sich hinter Hecken oder Sichtschutzvorrichtungen aller Art verbergen und nur unter Umgehung des Sichtschutzes fotografiert werden können, etwa wenn die Fassade des Hauses nur durch ein zufälliges Loch in einem ansonsten blickdichten Zaun fotografiert werden könnte, wären nicht mehr von der Panoramafreiheit gedeckt, auch dann nicht, wenn sich der Standpunkt des Fotografen auf öffentlicher Fläche befindet. Auch die Rückseite eines Hauses gehört nicht dazu, weil sie nicht vom öffentlichen Straßenraum aus sichtbar ist. Es sei denn, genau hinter dem Haus verläuft auch eine Straße.

[zB] Abbildung 2.16 zeigt ein neueres urheberrechtlich geschütztes Werk. Es handelt sich um die Skulptur »Der Hase« (nach Dürer) des Bildhauers Jürgen Goertz, der dieses Werk 1984 geschaffen hat. Die Skulptur befindet sich auf öffentlicher Verkehrsfläche in unmittelbarer Nähe des Dürer-Hauses in Nürnberg. Dieses Werk unterliegt der Panoramafreiheit, Fotografieren und Veröffentlichen sind damit also erlaubt.

Abbildung 2.16 ▶
Der »Hase« nach Dürer des Bildhauers Jürgen Goertz

Abweichendes Urteil zur Panoramafreiheit, »Gras-Sofa«

Eine andere und im Gegensatz zur herrschenden Rechtsprechung stehende Entscheidung zur Panoramafreiheit hat allerdings das LG Frankenthal getroffen (Urteil vom 09.11.2004 – 6 O 209/04 – »Weimarer Künstlergärten«):

In den Künstlergärten von Weimar, einem frei zugänglichen, aber privaten Gelände, hatte ein Künstler aus der Schweiz ein Kunstwerk aus Pflanzen mit dem Titel »Liegewiese – Betreten verboten« errichtet, das auch als sogenanntes *Gras-Sofa* bekannt wurde. Der Künstler wehrte sich gegen eine Veröffentlichung des Werkes in der Zeitschrift »Mein schöner Garten«. Das LG Frankenthal hat hier die Panoramafreiheit für anwendbar gehalten und dies damit begründet, die Künstlergärten Weimar seien öffentlich zugänglich, weshalb es sich um einen öffentlichen Platz nach § 59 UrhG handle.

Ob diese Einschätzung richtig ist, möchte ich bezweifeln. Denn wäre sie richtig, müsste man konsequenterweise auch den Park von Schloss Sanssouci, der ebenfalls frei zugänglich ist, als öffentlich ansehen. Das hätte aber zur Folge, dass die dort angefertigten Bilder ebenfalls der Panoramafreiheit unterliegen, was aber weder der BGH noch die Vorinstanzen ernsthaft in Erwägung gezogen haben. Vielmehr wurde ja gerade in diesem Fall vom BGH festgestellt, dass es sich um Privatgelände gehandelt habe. Ebenso dürften die Künstlergärten in Weimar zu klassifizieren sein.

Natur-Park Südgelände Berlin

Auch das Berliner Natur-Park Südgelände (in dem sich u. a. viele Graffiti fotografieren lassen) ist beispielsweise zwar öffentlich zugänglich, wird aber nachts verschlossen, womit gleichzeitig ja ein Hausrecht ausgeübt wird. Auch dort gilt die Panoramafreiheit – wie bei den meisten öffentlich zugänglichen Bereichen, die im Regelfall nachts verschlossen sind – nicht. So bedürfen Foto- und Filmaufnahmen für gewerbliche Zwecke dort der Genehmigung durch die Grün Berlin GmbH.

Öffentliche Wege, Straßen und Plätze sind dagegen die der Öffentlichkeit gewidmeten Bereiche, die zu jeder Tages- und Nachtzeit frei zugänglich sind.

[+]

> **»Öffentlich zugänglich« heißt nicht immer »Panoramafreiheit«**
> Ich rate Ihnen davon ab, blind auf den Schutz der Panoramafreiheit zu vertrauen, nur weil ein Gelände öffentlich zugänglich ist.

Lösung zum 2. Beispielfall

Der zweite Beispielfall (Foto der Skulptur vom Grundstück des Anwohners aus) lässt sich aufgrund des fehlenden Merkmals »an öffentlichen Wegen, Straßen oder Plätzen« eindeutig lösen. Mit Verlassen des öffentlichen Straßenraumes und Betreten des Privatgrundstücks war die Panoramafreiheit erloschen. Die Herstellung der Aufnahme, sofern nicht für den privaten Gebrauch, und die Veröffentlichung des Bildes von der Skulptur des jungen Künstlers stellen eine Verletzung des Urheberrechts dar.

Urteil: Lahntalbrücke aus der Luft fotografiert

Zum Abschluss dieser Erläuterungen, von wo aus die Fotos gemacht werden können, um sich auf die Panoramafreiheit berufen zu können, noch ein bemerkenswertes Urteil des LG Frankfurt vom 25.11.2020 (AZ: 2-06 O 136/20). Das Landgericht hat in einem Streit darüber, ob das Fotografieren der Lahntalbrücke in Limburg mit einer Drohne aus der Luft von der Panoramafreiheit gedeckt ist, dies bestätigt und die Klage des Architekten der Brücke, der sein Urheberrecht geltend machte, abgewiesen. Der Beklagte hatte mit seiner Drohne Luftaufnahmen von der Brücke gemacht, diese auf seiner Website zum Verkauf angeboten und einfache Nutzungsrechte an den Fotos eingeräumt.

Die Begründung des Gerichtes war kurzgefasst u. a., dass die Brücke auch von öffentlichen Plätzen aus, und nicht nur aus dem Luftraum, frei einsehbar sei und auch mit einem entsprechenden Teleobjektiv aus dem Taunus oder Westerwald hätte fotografiert werden können. Außerdem sei es nicht nachvollziehbar, dass Panoramafreiheit bestehe, wenn die Brücke von einem Gewässer aus aufgenommen werde, jedoch dann nicht bestehe, wenn die Brücke aus der Luft fotografiert wird. Für diese Ungleichbehandlung gäbe es – so das Gericht – keinen sachlichen Grund.

Diese Entscheidung ist deshalb bemerkenswert, weil sie zum einen von der höchstrichterlichen Rechtsprechung des BGH abweicht und zum anderen die Frage erlaubt, ob der oder die Richter tatsächlich jemals ein Teleobjektiv in der Hand hatte(n) oder über so große Teleobjektive verfügen, dass sie vom Westerwald oder aus dem Taunus bis in das Lahntal fotografieren und die Brücke im Foto noch prominent darstellen können. Ob gegen dieses Urteil Berufung eingelegt wurde, ist nicht bekannt, würde mich jedoch nicht wundern.

Merkmal »bleibend« | Eine weitere Voraussetzung ist, dass sich das Kunstwerk bleibend an öffentlichen Plätzen befindet. Das Foto einer fest verankerten Skulptur eines modernen Künstlers auf dem Marktplatz darf somit vom öffentlichen Straßenraum aus fotografiert und verwertet werden, da das Kunstwerk auf öffentlich zugänglichem Raum bleibend und nicht nur vorübergehend errichtet wurde.

»Christo«

Anders verhielt sich der Fall, den der BGH (24.01.2002 – I ZR 102/99 – »Christo«) im Jahr 2002 zu entscheiden hatte. Im Jahr 1995 hatten der bulgarische Aktionskünstler Christo Wladimirow Jawaschew, kurz Christo genannt, und seine Frau Jeanne-Claude den Berliner Reichstag für ein paar Wochen mit riesigen Tüchern verhüllt. Christo wehrte sich gegen eine Foto- und Bildagentur, die ohne seine Zustimmung Postkarten vom verhüllten Reichstag herstellte und diese zum Verkauf anbot.

Der BGH hat in seinem Urteil wie bereits die beiden Vorinstanzen Christo recht gegeben und ausgeführt:

◄ **Abbildung 2.17**
Immer »bleibend« sind natürlich Gebäude, wie hier im Berliner Regierungsviertel.

»Ein Werk der bildenden Kunst befindet sich nicht bleibend an einem öffentlichen Ort, wenn das Werk im Sinne einer zeitlich befristeten Ausstellung präsentiert wird. Unerheblich ist dabei, ob das Werk nach dem Abbau fortbesteht oder ob es mit dem Abbau untergeht.«

Damit fehlt es dem verhüllten Reichstag an der Voraussetzung eines bleibenden Werkes, denn der Reichstag war nur wenige Wochen verhüllt. Die Verwertung der Aufnahme war nicht von der Panoramafreiheit gedeckt und damit unzulässig, die Postkarten durften nicht vertrieben werden.

Auch in dem vom LG Frankenthal zu entscheidenden Fall ging es um die Frage, ob das Merkmal »bleibend« überhaupt erfüllt ist, denn immerhin handelte es sich dort um ein vergängliches Kunstwerk aus Pflanzen. Das Gericht kam zu der Auffassung, es handele sich um ein sogenanntes *Work in Progress*, von dem nicht klar sei, wie lange es dort stehen werde, und hat das Merkmal »bleibend« als gegeben angesehen, und zwar auch für den Fall, dass sich der Künstler später doch für eine Beseitigung entscheidet.

War bei dem Gras-Sofa nicht bekannt, wie lange es dort stehen würde, wusste man beim verhüllten Reichstag genau, dass er nur für einige Wochen verpackt sein würde.

»Bleibend« bezieht sich auf die Lebensdauer

Da der Begriff »bleibend« nicht im Sinne von »für alle Ewigkeiten« zu verstehen ist, sondern sich auf die gesamte Lebensdauer des Werkes bezieht, wie der BGH in seiner Entscheidung vom verhüllten Reichstag ausgeführt hat, sind Straßenmalereien sowie Graffiti und Tagging (nur die »Unterschrift« des Sprayers) an öffentlichen Plätzen als »bleibend« einzustufen und fallen damit ebenfalls unter die Panoramafreiheit.

Abbildung 2.18 ▶
Graffiti unterliegen der Panoramafreiheit.

Bleibend oder nicht

Als bleibend gelten auch Werke, die von Natur aus nur kurzlebig sind, wie zum Beispiel Schnee- oder Eisskulpturen. Der Schneemann im Stadtpark dürfte wohl nicht als geschütztes Werk anzusehen sein, da es im Zweifel bereits an der erforderlichen Schöpfungshöhe fehlt.

Es ist allerdings höchstrichterlich noch nicht entschieden und in der Literatur derzeit auch umstritten, ob das Merkmal »bleibend« auch für Werke zutrifft, die auf Verkehrsmitteln angebracht wurden. Ebenfalls noch nicht endgültig geklärt ist, wie die im öffentlichen Straßenbild vielfach anzutreffenden Werbetafeln und Plakate, die in regelmäßigen Abständen ersetzt werden, im Hinblick auf das Kriterium »bleibend« zu werten sind. Dazu gibt es in der Literatur keine einheitliche Meinung.

Bezieht man aber unter Zugrundelegung der Ausführungen des BGH in der Christo-Entscheidung den Begriff »bleibend« auf die Dauer der Existenz des Werkes, müssen aus meiner Sicht auch Plakate und Werbetafeln als »bleibend« eingestuft werden und dürfen deshalb im Rahmen der Panoramafreiheit abgebildet werden, wenn es sich nicht ohnehin nur um unwesentliches Beiwerk nach § 57 UrhG handelt, bei dem die Veröffentlichung unproblematisch wäre. Plakate werden wieder entfernt oder überklebt, d. h., für ihre Lebensdauer befinden sie sich bleibend an öffentlichen Plätzen. Völlig unstreitig ist dies natürlich für Werbetafeln, die im öffentlichen Straßenraum erkennbar auf Dauer installiert wurden und nicht mit austauschbaren Werbeplakaten beklebt werden, sondern bei denen auch die Werbung dauerhaft angebracht wurde und die fest zum Straßenbild gehören und es mitprägen. Auch an Gasthäusern, Hotels oder Geschäften angebrachte Schilder sind zweifellos als bleibend anzusehen, dagegen wohl nicht Spruchbänder, die zu einem bestimmten Anlass, etwa einer Demonstration oder Veranstaltung, an Häusern angebracht wurden und danach wieder entfernt werden.

◂ **Abbildung 2.19**
Diese Ansicht ist von der Panoramafreiheit gedeckt.

Schaufenster

In der juristischen Literatur ist man sich schließlich auch nicht einig darüber, ob die Gesamtgestaltung eines Schaufensters, sofern sie die für ein schützenswertes Werk erforderliche Schöpfungshöhe besitzt, als bleibend anzusehen ist oder nicht. Während einige dies bejahen, verweisen andere darauf, dass das Innere von Schaufenstern nicht mehr an öffentlichen Wegen, Straßen oder Plätzen liegt. Deshalb falle eine Schaufenstergestaltung per se nicht unter die Panoramafreiheit. Allerdings wird das Schaufenster bei der Aufnahme eines Straßenzuges in vielen Fällen auch nur unwesentliches Beiwerk sein.

Unstreitig ist aber, dass im Schaufenster ausgestellte Kunstwerke, wie etwa Gemälde oder Schnitzereien, nicht unter die Panoramafreiheit fallen. Wenn aber unstreitig im Schaufenster ausgestellte Kunstwerke nicht der Panoramafreiheit unterliegen, ist es nach meiner Auffassung nur konsequent, dann auch den übrigen Schaufensterinhalt von der Panoramafreiheit auszunehmen. Eine höchstrichterliche Entscheidung dazu gibt es bislang jedoch nicht.

Abbildung 2.20 ▶
Umstritten, ob hier noch die Panoramafreiheit gilt

[!]

Auch vergängliche Werke sind bleibend

Auch vergängliche und kurzlebige Werke, also solche, die nur vorübergehend an öffentlichen Wegen, Plätzen und Straßen zu sehen sind oder von Natur aus nach kurzer Zeit wieder verschwinden, wie zum Beispiel die Straßenmalerei, die vom Regen weggespült wird, gelten als bleibend und dürfen im Rahmen der Panoramafreiheit fotografiert werden, sofern sie nicht – wie der verhüllte Reichstag – als von vornherein befristete künstlerische Ausstellung anzusehen sind.

Nicht endgültig entschieden und deshalb unklar ist dies für auf Verkehrsmitteln angebrachte Werke, für nicht dauerhaft angebrachte Werbeplakate und für Schaufenstergestaltungen. Wegen der bestehenden Unklarheit sollten Sie spätestens bei der Veröffentlichung solcher Fotos vorsichtig sein, vor allem bei der Veröffentlichung von Fotos, die in Schaufenster hinein gemacht wurden.

Merkmal »ohne Hilfsmittel« | Die Aufnahme muss ohne Hilfsmittel gefertigt werden. Liest man den Gesetzestext, sucht man vergebens den Hinweis auf Hilfsmittel. Die Vorschrift des § 59 UrhG wird jedoch von jeher völlig einhellig so ausgelegt, dass an öffentlichen Wegen, Straßen und Plätzen alles das liegt, was von einem jedermann frei zugänglichen Standort aus wahrgenommen werden kann. Die Panoramafreiheit soll es ermöglichen, diejenigen Dinge, die Passanten von der Straße aus sehen können, durch Fotografien oder andere Darstellungsformen festzuhalten.

Eine Aufnahme, die mithilfe einer Leiter, von einer Mauer oder einem ansonsten erhöhten Standort aus gefertigt wird, fällt deshalb grundsätzlich nicht unter die Panoramafreiheit, auch dann nicht, wenn sich Leiter oder Mauer ihrerseits auf öffentlichen Plätzen befinden. Denn der durch Verwendung einer Leiter entstehende Blickwinkel entspricht zweifelsfrei nicht mehr demjenigen, den ein Passant hat. Fotos, die unter Zuhilfenahme von Leitern und ähnlichen Hilfsmitteln gefertigt wurden, dürfen deshalb nicht unter Berufung auf die Panoramafreiheit verwertet werden.

◄ **Abbildung 2.21**
Von der Panoramafreiheit gedeckte Aufnahme des Hundertwasserhauses

»Hundertwasserhaus«

Ein geradezu klassischer Fall, der sich mit dieser Problematik befasst, ist der »Hundertwasserhaus-Fall«, den der BGH 2003 entschieden hat (05.06.2003 – I ZR 192/00): Im III. Bezirk von Wien wurde 1986 ein Wohn- und Geschäftshaus nach den Plänen des Künstlers Friedensreich Hundertwasser gebaut, das auch seinen Namen trägt. Dass dieses Haus urheberrechtlich geschützt ist, unterliegt keinem Zweifel.

Fotografen hatten dieses Haus von der gegenüberliegenden Straßenseite aus fotografiert, aber nicht von der Straße aus, sondern waren dazu auf den Balkon des gegenüberliegenden Hauses getreten, da das Haus vom Straßenraum nicht besonders gut zu fotografieren ist, wie ich selbst erfahren musste. Auf Nachfrage bekam man damals ohne Weiteres vom Hauseigentümer den Schlüssel zu einer leer stehenden Wohnung in der ersten Etage, direkt gegenüber dem Hundertwasserhaus, ausgehändigt. Die so hergestellten Fotos wurden von der Metro AG als gerahmte Poster in Deutschland verkauft. Dagegen klagte die Erbin von Hundertwasser, eine Stiftung, wegen Verletzung ihrer Urheberrechte. Der BGH gab der Erbin recht, da es nicht mehr von der Panoramafotografie gedeckt sei, wenn man sich durch Hilfsmittel (hier den Balkon) einen erhöhten Standpunkt verschaffe und dadurch die Aufnahme nicht mehr von der öffentlichen Fläche aus hergestellt werde. Also gilt auch hier: Immer schön mit den Füßen auf dem Boden bleiben, nur dann kann man sich auf Panoramafreiheit berufen.

[+]

Hilfsmittel

Als Hilfsmittel kann man alle technischen Einrichtungen (zum Beispiel Leitern) und Standpunktveränderungen (etwa Aufnahmen vom Balkon) betrachten, mit denen sich der Fotograf einen Blickwinkel oder eine Sichtweise verschafft, die der Passant auf der Straße nicht hat.

Stativ Eine für den Fotografen interessante Frage ist auch, ob die Panoramafreiheit Aufnahmen mit Stativ umfasst, da ja – wie bereits geschildert – nur die Verwertung von Aufnahmen gestattet ist, die ohne Hilfsmittel zustande gekommen sind. Zwar ist das Stativ zweifellos ein Hilfsmittel, es dient jedoch nicht dazu, sich eine erhöhte Position zu verschaffen, aus der man ohne Stativ nicht fotografieren könnte, wie das bei einer Leiter der Fall wäre, sondern das Stativ dient der Stabilisierung der Kamera. Gegenüber der Sicht eines normalen Passanten ergeben sich damit keine signifikanten Veränderungen. Gegen die Verwendung eines Stativs dürfte deshalb nichts sprechen, solange die Kamera durch extremen Auszug der Mittelsäule des Stativs nicht in eine Position gebracht wird, die deutlich über Augenhöhe liegt.

Neuere Einbeinstative mit enormer Höhe, die für neue Blickwinkel angepriesen werden, sind dagegen eindeutig Hilfsmittel im Sinne von § 59 UrhG, damit hergestellte Aufnahmen genießen nicht das Privileg der Panoramafreiheit.

Teleobjektiv In der juristischen Literatur nicht unumstritten ist die Frage, ob ein Teleobjektiv ein unzulässiges Hilfsmittel ist. Aus meiner Sicht kann man dies von zwei Seiten sehen: Fotografiert man mit dem Teleobjektiv horizontal, nur um die Perspektive zu verdichten oder um Dinge etwas näher heranzuholen, die man auch mit wenigen Schritten erreichen und in gleicher Größe sehen kann, bleibt der Blickwinkel wohl im Wesentlichen in der Passantenperspektive. Wird das Teleobjektiv jedoch nach oben gerichtet, um Ausschnitte einer urheberrechtlich geschützten Fassadenmalerei zu vergrößern, die der Passant teilweise nur sehr klein und damit nicht in allen Details sieht, verschafft man sich mit dem Teleobjektiv eine Sichtweise, die der Passant vom Boden aus nicht hat. Dies spricht dann eher für ein Hilfsmittel und damit dafür, dass die Panoramafreiheit auf derart hergestellte Bilder nicht anwendbar ist. Eine eindeutige Rechtslage gibt es für solche Fälle aber nicht. Mir ist aber auch kein Fall bekannt, in dem der Fotograf deshalb Ärger bekommen hat, weil er eine Aufnahme verwertet hat, bei der er vom öffentlichen Straßenraum aus ein Teleobjektiv zu Hilfe genommen hat. Das Risiko, in einem solchen Fall rechtlich in Anspruch genommen zu werden, ist nach meiner Auffassung relativ gering.

◂ **Abbildung 2.22**
Auch wenn mit einem leichten Teleobjektiv vom Bürgersteig aus aufgenommen, wird dieses Foto einer modernen Plastik sicherlich noch von der Panoramafreiheit gedeckt sein.

Lösung zum 1. Beispielfall

Die Lösung des Beispielfalls mit der Hausfassade ist somit jetzt klar und eindeutig: Die Fassade befand sich bleibend an einer öffentlichen Straße und wurde von dort ohne Hilfsmittel fotografiert. Dies ist der klassische Anwendungsfall der Panoramafreiheit. Herstellung und Veröffentlichung des Fotos sind zweifelsohne zulässig.

Merkmal »äußere Ansicht« | Grundsätzlich ist die Panoramafreiheit nicht anwendbar auf Innenaufnahmen, vielmehr gilt sie ausschließlich für Außenaufnahmen und hier nur für die Straßenfront. Wir erinnern uns: Geschützt ist die Straßenbildfreiheit. Ein geschütztes Kunstwerk, das sich innerhalb eines Gebäudes befindet, darf somit auch dann nicht aufgenommen und die Aufnahme nicht verwertet werden, wenn es sich im Inneren des Gebäudes befindet, und zwar auch dann nicht, wenn es sich um ein frei zugängliches, öffentliches Gebäude handelt und wenn ansonsten dort das Fotografieren grundsätzlich erlaubt sein sollte, was in der Regel allerdings ohnehin wegen des Hausrechts nicht der Fall sein wird.

[!]

Keine Panoramafreiheit bei Innenaufnahmen

Die Panoramafreiheit erstreckt sich ausschließlich auf die Außenansicht, also die Straßenfront. Sie gilt deshalb nicht für Fotos auf Bahnsteigen, in U-Bahn-Schächten sowie für Innenaufnahmen in privaten oder öffentlichen Gebäuden, wie etwa Behörden, Theatern, Bahnhofs- und Flughafenhallen – auch dann nicht, wenn diese für jedermann frei zugänglich sind.

Ein Wandgemälde in einer Halle des Flughafens Berlin-Tempelhof, das dem Urheberschutz unterliegt, fällt deshalb zweifellos nicht unter die Panoramafreiheit!

Nach der bisherigen Lektüre wissen Sie, dass es in allen Gebäuden, also auch in einer Flughafenhalle, ein Hausrecht gibt. Ein grundsätzliches und uneingeschränktes Recht, dort zu fotografieren, geschweige denn, die Fotos zu verwerten, besteht jedoch nicht. Hier gilt keine Panoramafreiheit!

Pressefotografen

Einen gesetzlichen Sonderstatus genießen Pressefotografen. Zur Berichterstattung über Tagesereignisse dürfen geschützte Werke grundsätzlich in dem Umfang wiedergegeben werden, den der Zweck erfordert. Dies ergibt sich unmittelbar aus § 50 UrhG. Wie könnte man anders auch anschaulich von der Eröffnung einer Ausstellung über moderne Malerei berichten, wenn man die Kunstwerke, die dort ausgestellt werden, nicht zeigen dürfte?

Das Änderungsverbot des § 62 UrhG | Nicht von der Panoramafreiheit gedeckt sind die Aufnahmen von Kunstwerken an öffentlichen Plätzen, wenn sie von einer anderen Person als dem Urheber verändert wurden. Denn nach § 62 ist die Panoramafreiheit des § 59 UrhG nur auf unveränderte Werke anzuwenden. Hintergrund ist, dass die Integrität des Werkes nicht angegriffen werden darf, was sich – wie Sie in Kapitel 1, »Urheberrecht«, bereits gesehen haben – schon aus den gesetzlichen Rechten des Urhebers ergibt. Dieser hat nach § 14 UrhG das Recht, Entstellungen und Beeinträchtigungen zu verbieten.

»Holbein-Pferdchen«

Wenn ein Kunstwerk, das unzulässigerweise verändert wurde, vom Fotografen durch Foto- oder Filmaufnahmen vervielfältigt und veröffentlicht wird, dann wirkt der Fotograf an der durch die unzulässige Veränderung begangenen Rechtsverletzung mit. Dies hat das LG Mannheim in der bekannten Entscheidung zum »Holbein-Pferdchen« (14.02.1987 – 7 S 4/96) entschieden:

Die Stadt Freiburg ist Eigentümerin einer Pferdeskulptur aus Beton, die vom Bildhauer Werner Gürtner (gestorben 1991) geschaffen und an der Ecke Anselm-Feuerbach-Platz/Holbeinstraße aufgestellt wurde. Diese Skulptur animierte im Laufe der Zeit Unbekannte immer wieder, ihr eine besondere Bemalung zu verleihen und sie mithilfe von Verpackungsmaterial und bunten Bändern, farbigen Anstrichen etc. zu verändern. Sehr anschaulich sind die mittlerweile vielen verschiedenen Varianten auf der Website *www.holbein-pferd.de* zu sehen. Diese veränderten Darstellungen wurden fotografisch dokumentiert und danach als Postkarten gedruckt und zum Kauf angeboten.

Das LG Mannheim hat in diesem Fall festgestellt, dass die Panoramafreiheit nur für das Holbein-Pferdchen in seiner ursprünglichen Gestalt gelte, die Darstellung der Veränderungen jedoch nach § 62 UrhG zu beurteilen und deshalb nicht mehr durch die Panoramafreiheit gedeckt sei. Die Veröffentlichung der Fotos des bemalten oder veränderten Pferdchens war demnach rechtswidrig, wie das LG Mannheim so formulierte:

[§]

> *»Daraus ergibt sich, dass der Beklagte das Verwertungsrecht der Kläger verletzt hat, soweit er sich nicht darauf beschränkt hat, das Holbein-Pferd in einem gegenüber dem Original veränderten Zustand zu fotografieren, den Dritte herbeigeführt haben, sondern solche Veränderungen durch fototechnische Maßnahmen bei der Herstellung des Lichtbildes selbst herbeigeführt und das so hergestellte Lichtbild vervielfältigt und verbreitet hat.«*

Deshalb sollten Sie Fotos von in der Öffentlichkeit aufgestellten, aber veränderten Kunstwerken, die noch dem Urheberrechtsschutz unterliegen, nicht veröffentlichen.

Etwas anderes gilt natürlich für solche Kunstwerke, deren Schutzfrist bereits abgelaufen ist. Veröffentlicht ein Fotograf eine Aufnahme des Beethoven-Denkmals auf dem Bonner Münsterplatz, dem Unbekannte einen Zylinder aufgesetzt haben, oder ein Foto des Stadtmusikanten-Denkmals in Bremen, bei dem dem Hahn eine Nikolausmütze verpasst wurde, so mag man über Sinn und Schönheit einer solchen Veränderung und der davon gefertigten Aufnahme zwar streiten, urheberrechtlich sind diese Veröffentlichungen jedoch nicht relevant.

Lösung zum 3. Beispielfall

Damit ist auch der dritte Beispielfall gelöst, den ich fast identisch zum Fall des Holbein-Pferdchens gebildet habe. Auch in dem Beispielfall war die Herstellung der Aufnahme zulässig, eine Verwertung dagegen nicht.

Der Missbrauch des Begriffs »Panoramafreiheit« | So klar die Panoramafreiheit gesetzlich auch definiert ist, es gibt in der Meinungspluralität des Internets massenweise Fehleinschätzungen und zuweilen auch regelrechten Missbrauch des Begriffs. Sie haben bereits gesehen, dass es im Sanssouci-Fall des BGH um das Hausrecht ging, das dazu berechtigte, das Fotografieren für gewerbliche Zwecke auf dem Gelände zu untersagen. Das Urteil stand somit voll und ganz in der Tradition der jahrzehntealten Rechtsprechung des BGH zum Hausrecht. Selbst das bereits zitierte OLG Brandenburg, das ja durchaus auf der Seite der Fotografen stand und in der zweiten Instanz noch anders entschieden hat als in letzter Instanz schließlich der BGH, hat darauf hingewiesen, dass § 59 UrhG nicht einschlägig sei:

[§] *»Hinzu kommt, dass der hinter § 59 stehende rechtfertigende Gedanke, ein an einem öffentlichen Ort aufgestelltes Werk sei der Allgemeinheit gewidmet, auf die Besonderheiten des vorliegenden Falls keine Anwendung finden kann.«*

Einen deutlicheren Beleg, nämlich die Aussage eines unmittelbar mit dem Fall befassten Gerichts, dass das Sanssouci-Urteil überhaupt nichts mit Panoramafreiheit zu tun hatte, kann es sicherlich nicht geben.

[!] **Das Wichtigste zur Panoramafreiheit**

Urheberrechtlich geschützte Dinge dürfen fotografiert und die Fotos ohne Einschränkung, auch in der Werbung und zu kommerziellen Zwecken, verwertet werden, wenn sie sich bleibend an öffentlichen Wegen, Straßen und Plätzen befinden und ohne Hilfsmittel oder Erhöhung des Standortes des Fotografen vom öffentlichen Straßenraum aus abgelichtet wurden.

Innenaufnahmen sind grundsätzlich nicht von der Panoramafreiheit gedeckt. Dies gilt auch für öffentliche oder frei zugängliche Gebäude, Bahnsteige, U-Bahn-Tunnel etc.

Nicht unter die Panoramafreiheit fallen solche urheberrechtlich geschützten Werke, die von anderen Personen als dem Urheber selbst verändert wurden.

Aus Anlass des Sanssouci-Urteils sahen dennoch zahlreiche Kommentatoren – auch aus Fachkreisen – die Panoramafreiheit in Gefahr. Von einem »schwarzen Freitag für die Panoramafotografie« war ebenso zu lesen wie von der eher amüsanten Einschätzung, dass gerade Panoramafotografen doch die Panoramafreiheit am Herzen liegen müsse.

Angesichts solcher Äußerungen, mit denen sich jede ernsthafte Auseinandersetzung verbietet, muss es nicht verwundern, dass Verwirrung über eine Sachlage entsteht, die durch Gesetz und Rechtsprechung eindeutig geregelt und auch durch das genannte Urteil nicht umgewertet worden ist. Ein weiteres Mal zeigt sich auch hier, dass das Internet als Informationsquelle durchaus seine Schattenseiten haben kann und häufig für den Rechtsratsuchenden alles andere als zuverlässig ist.

2.2.5 Panoramafreiheit im Ausland

Die bisherigen Ausführungen bezogen sich auf § 59 UrhG und damit ausschließlich auf die Rechtslage in Deutschland. In anderen Ländern gelten teilweise andere Regeln.

Auch innerhalb der in vielen Dingen so harmoniebedürftigen EU herrschen zum Teil völlig unterschiedliche Regelungen u. a. zur Panoramafreiheit. Die EU-Richtlinie 2001/29/EG gibt in Art. 5 Abs. 3 lit. h den Mitgliedsländern zwar die Möglichkeit, eine ganze Reihe von Regelungen, u. a. die urheberrechtliche Nutzung von Abbildungen eines geschützten Werkes, zuzulassen und somit den Urheberrechtsschutz einzuschränken, die Länder der EU haben von dieser Möglichkeit jedoch durchaus unterschiedlichen Gebrauch gemacht. Im Sprachgebrauch der EU nennt man das Vorgehen, dass jedes Mitglied der EU für sich entscheiden kann, ob es bestimmte Vorgaben aus Brüssel in nationales Recht umsetzt oder nicht, *Harmonisierung*.

Schutzfrist von 70 Jahren gilt EU-weit

Die Schutzfrist von 70 Jahren für das Urheberrecht, gerechnet ab dem Tod des Urhebers, gilt jedoch einheitlich in der gesamten EU.

Im Folgenden erhalten Sie einen knappen Überblick über die Rechtslage in den wichtigsten EU-Ländern und einigen anderen Ländern innerhalb und außerhalb Europas im Vergleich zur deutschen Gesetzeslage nach § 59 UrhG. Ich möchte aber betonen, dass dieser Überblick weder einen Anspruch auf Vollständigkeit noch auf Tagesaktualität erheben kann. Eine vollständige Darstellung würde zum einen voraussetzen, dass ich die nicht immer unkomplizierten Urheberrechtsvorschriften in allen Ländern, die ich nachfolgend erwähnen werde, theoretisch und praktisch im Detail kenne, was jedoch zugegebenermaßen nicht der Fall ist. Zum anderen würde es voraussetzen, dass dieses Buch nur ein Buch einer ganzen Reihe von Büchern über Foto- und Bildrecht in Europa und einem Teil der Welt ist, da eine so komplexe Darstellung des Themas mehrere Bücher spielend füllen würde. Außerdem kann diese Darstellung zwangsläufig nur eine Feststellung des Status quo zum Zeitpunkt des Erscheinens dieses Buches sein. Änderungen in der Gesetzgebung oder Rechtsprechung der jeweiligen Länder kann es natürlich jederzeit geben, ohne dass sie auch sofort über die jeweiligen Ländergrenzen hinaus bekannt werden.

[+]

Informieren Sie sich vor jeder Auslandsreise

Vor jeder Reise ins Ausland empfiehlt es sich deshalb dringend, sich mit den örtlichen Fotografierregeln vertraut zu machen. Auskünfte dazu erteilen im Allgemeinen die Industrie- und Handelskammern vor Ort, Touristikverbände, Fotoverbände im Ausland etc. Was von der Informationsquelle Internet in vielen Fällen zu halten ist, habe ich ja bereits mehrfach angesprochen.

Eine sehr schöne und brauchbare, wenn auch keineswegs vollständige, sondern eher rudimentäre Übersicht ist im Internet unter *https://www.erkunde-die-welt.de/panoramafreiheit-in-ausgewaehlten-laendern/* zu finden.

Länder ohne entsprechende Regelung des § 59 UrhG | Es gibt in Europa Länder, die eine Panoramafreiheit de facto überhaupt nicht kennen, mit der Folge, dass dort keinerlei Privilegierung für Fotografien und Filme besteht, die an öffentlichen Wegen, Straßen und Plätzen hergestellt wurden. Hierunter befinden sich neben Italien auch Griechenland, Belarus und die Ukraine.

[+]

Landschaftsaufnahmen in Ländern »ohne« Panoramafreiheit

Um in diesem Zusammenhang auch hier die Frage eines Lesers zu beantworten: Selbstverständlich sind auch in den Ländern, deren Urheberrecht keine Panoramafreiheit kennt, Landschaftsaufnahmen jeglicher Art zulässig. Denn es geht dabei ja gerade nicht um das Fotografieren urheberrechtlich geschützter Gegenstände.

Italien

In Italien fällt es dem Fotografen nach meiner Erfahrung überhaupt nicht auf, dass es keine Panoramafreiheit gibt. Ich habe bei meinen unzähligen Aufenthalten in Italien nie Probleme irgendwelcher Art mit dem Fotografieren gehabt. Nur ein einziges Mal wurde ich in Rom vor dem Quirinalspalast von einem Carabiniere aufgefordert, von einer Mauer zu steigen, die ich wegen der besseren Perspektive erklettert hatte. Aber dies geschah offenkundig nicht wegen meiner Fotografierabsichten, der Mann hatte offensichtlich nur Angst, ich könnte dort herunterfallen.

Ich habe den Eindruck gewonnen, in Italien ist man Fotografen gegenüber äußerst tolerant, niemand scheint gegen das Fotografieren auf öffentlichem Gelände etwas zu haben. Das gilt teilweise sogar für Innenaufnahmen. Weder im Dom von Siena mit seiner berühmten Marmorkanzel von Nicola Pisano noch im Vatikan (der Vatikanstaat hat die italienischen Urheberregelungen übernommen) und vielen anderen Kirchen habe ich gesehen, dass Aufsichtspersonal Besucher am Fotografieren gehindert hat, obwohl die Innenaufnahmen – wie Sie gesehen haben – ohnehin nicht unter die Panoramafreiheit fallen würden. Oft waren sogar Verbotsschilder (durchgestrichene Kamera) vorhanden, was aber offenbar niemanden so richtig gestört hat. Mag sein, dass dies auch ein Stück Lebensart der Italiener ist.

Frankreich

Frankreich hat viele Jahre ebenfalls darauf verzichtet, die Panoramafreiheit einzuführen. Zwischenzeitlich sind Fotos zu privaten Zwecken erlaubt, auch diejenigen Gebäude, die zu kommerziellen Zwecken keinesfalls fotografiert werden dürfen, wie beispielsweise der beleuchtete Eiffelturm. Bei kommerzieller Nutzung gibt es in Frankreich nach wie vor faktisch keine Panoramafreiheit.

Eiffelturm

Der Eiffelturm darf tagsüber ohne Weiteres fotografiert und die Bilder dürfen auch veröffentlicht werden, da die urheberrechtliche Schutzfrist von 70 Jahren (Gustav Eiffel starb im Jahr 1923) abgelaufen ist. Nachts wird der Eiffelturm jedoch beleuchtet, wobei die Beleuchtung auch immer mal wieder verändert wird.

◄ **Abbildung 2.23**
Bei Tag erlaubt, bei Nacht ohne Genehmigung verboten

So gab es zum Beispiel im Rahmen der Olympiabewerbung für 2012 eine besondere Beleuchtung unter Einbezug der olympischen Ringe. Auch zu anderen Anlässen lässt sich die Stadt Paris immer wieder besondere Beleuchtungen ihres Wahrzeichens einfallen. Wenn der Eiffelturm im nächtlichen Lichterglanz erstrahlt, ist er ein urheberrechtlich geschütztes Gesamtkunstwerk, die Rechte liegen bei der Stadt Paris! Aufgrund der fehlenden Panoramafreiheit in Frankreich darf der Eiffelturm deshalb mit dem Einschalten der Beleuchtung nicht mehr fotografiert werden, auch nicht von öffentlichen Plätzen aus. Wollen Sie ihn nachts fotografieren und die Bilder später veröffentlichen, müssen Sie sich bei kommerzieller Verwertung wegen einer Genehmigung, die gegen Zahlung einer Gebühr erteilt wird, an die Societé Nouvelle d'Exploitation de la Tour Eiffel (SNTE) wenden.

Erinnerungsfotos vom beleuchteten Eiffelturm und von anderen Gebäuden sind damit jetzt zulässig, wenn sie ohne Stativ und insbesondere mit Kompaktkameras, mit denen der Eiffelturm nach Touristenart aus 300 Metern Entfernung vielleicht noch angeblitzt wird, erstellt werden. Sobald man, insbesondere in Paris, jedoch ein Stativ und gegebenenfalls noch eine größere Kamera verwendet, geht das Aufsichtspersonal offensichtlich davon aus, dass man professioneller Fotograf ist und zu kommerziellen Zwecken fotografiert. Dann sind Ärger und Rechtfertigungszwang vorprogrammiert.

Bei der erlaubten privaten Nutzung sollten Sie jedoch stets berücksichtigen, dass das Einstellen der Fotos bei Instagram oder Facebook keine private, sondern eine kommerzielle Nutzung ist. Allerdings ist mir kein Fall bekannt, in dem man gegen ein Einstellen von Fotos in soziale Netzwerke juristisch vorgegangen ist, aber ein Freibrief lässt sich daraus sicher nicht ableiten.

Drei Tage Paris mit Hindernissen – eine persönliche Fotochronik | An dieser Stelle möchte ich einmal persönliche Erfahrungen schildern, die ich auf einer dreitägigen Fotoreise nach Paris gemacht habe. Ich hatte bereits angedeutet, in Paris als Fotograf beileibe nicht die gleichen guten Erfahrungen gemacht zu haben wie allgemein in Italien. Zur Verdeutlichung möchte ich darlegen, was man in Paris als Amateurfotograf alles erleben kann, wobei ich versichere, nichts erfunden zu haben. Der eine oder andere Leser wird sich vielleicht wiederfinden können.

Am ersten Tag meines Aufenthalts in der von Fotomotiven prall gefüllten Seine-Metropole machte ich auf dem Gelände des Invalidendoms diese Aufnahme mit Stativ in Richtung Eiffelturm.

Abbildung 2.24 ► Hier durfte nicht mit Stativ fotografiert werden.

Mir wurde das Fotografieren mit dem Stativ vom Wachpersonal sofort verboten. Als Begründung teilte man mir mit, das Gelände des Invalidendoms sei militärisches Gebiet. Das konnte ich nicht überprüfen, Verbotsschilder gab es jedoch keine, und Panzer und anderes Kriegsgerät waren dort auch nicht zu fotografieren. Für mich war es öffentliches Gelände mit freiem Zugang. Wenn es tatsächlich militärisches Gebiet sein sollte, wäre es zwar unter das Hausrecht fallendes Privatgelände, dennoch vermag ich nicht einzusehen, warum eine Aufnahme hinüber zum Eiffelturm, also gar nicht vom Gelände selbst, nicht zulässig gewesen sein soll. Ich verzichtete jedenfalls auf weitere Aufnahmen und fruchtlose Diskussionen.

Nur wenige Schritte weiter, auf dem Champ de Mars, wurde ich – noch nicht einmal beim Fotografieren, sondern nur mit dem Stativ auf der Schulter – von einer uniformierten Parkwächterin angesprochen, ob ich ein »Professional« sei. Als ich dies verneinte, ließ sie mich allerdings unbehelligt, beobachtete mich aber kritisch. Allerdings fühlte ich mich von da an unsicher, denn was wäre passiert, wenn ich tatsächlich Fotos, vielleicht sogar mit dem Stativ, gemacht hätte? Ein urheberrechtlich geschütztes Objekt war jedenfalls weit und breit nicht zu sehen. Das Fotografieren wäre auch ohne Panoramafreiheit zulässig gewesen, und dass man schon zur Rede gestellt wird, wenn man nur ein Stativ herumträgt, ist für mich keinesfalls mehr akzeptabel.

Am nächsten Tag fotografierte ich die vom Architekten I. M. Pei entworfene Glaspyramide auf dem Platz vor dem Louvre, sicherlich ein urheberrechtlich geschütztes Werk, unter Zuhilfenahme eines Stativs. Ich erhielt prompt den barschen Hinweis des Aufsichtspersonals »No tripod!«, unzählige andere Besucher fotografierten derweil mit Kompakt- und Spiegelreflexkameras unbehelligt. Für mich etwas unverständlich, denn entweder ist die Pyramide geschützt, dann darf sie allenfalls zum Privatgebrauch fotografiert werden, oder sie ist es nicht, dann müssen sie jedoch alle fotografieren dürfen. Anhand des Stativs und meiner damaligen Mittelformatkamera unterstellt man – wie bereits erwähnt – offenbar, dass keine touristischen Erinnerungsfotos mehr gemacht werden. Ob man allerdings auch am Abend, wenn das Wachpersonal Feierabend hat, das Ensemble besonders stimmungsvoll beleuchtet ist und sich die Pyramide fotogen in den Wasserbecken spiegelt, in der Wahl der Ausrüstung so konsequent eingeschränkt wird, vermag ich nicht zu sagen.

Zum Abschluss des Tages fotografierte ich auf dem Place Vendôme das nächtlich beleuchtete Luxushotel Ritz, ebenfalls mit Stativ, was einen Herrn im grünen Frack, vermutlich war es der Portier, veranlasste, mich durch wilde Gesten aufzufordern, das Fotografieren zu unterlassen. Ich stand auf öffentlichem Grund und Boden, mindestens hundert Meter vom Hotel entfernt, und die Fassade des Hotels genießt keinen urheberrechtlichen Schutz (mehr). Trotz fehlender Panoramafreiheit war diese Aufnahme zulässig, und ich habe sie natürlich gemacht.

Abbildung 2.25 ▶
Der Portier sah diese Aufnahme gar nicht gerne.

Am dritten Tag fotografierte ich – mit Stativ – von der Straße aus die Fassade des berühmten »Café de Flore« im Stadtteil Saint Germain, was einen Kellner veranlasste, mir durch Handzeichen und böse Blicke zu signalisieren, dass das Fotografieren nicht erlaubt sei. Auch hier wurde die Aufnahme von der Straße aus gemacht, und ein etwaiges Urheberrecht an der Fassade des Cafés besteht, sofern ein solches je bestanden hat, heute jedenfalls nicht mehr, da sie seit mehr als 70 Jahren existiert und der Urheber längst verstorben ist. Die wenigen auf dem Bild sichtbaren Gäste, die hier als Beiwerk gelten, schienen mich im Übrigen überhaupt nicht bemerkt zu haben und konnten sich deshalb auch gar nicht belästigt gefühlt haben.

Abbildung 2.26 ▶
Der Kellner protestierte gegen die Aufnahme.

Am Nachmittag des gleichen Tages machte ich Aufnahmen mit dem Stativ auf dem öffentlichen Friedhof »Père Lachaise«. Von einer Ordnerin wurde ich darauf hingewiesen, dass ich so nicht fotografieren dürfe, wobei ich annehme, dass sie das Stativ bemängelte. Auch hier wurde die Aufnahme auf öffentlichem Grund und Boden ohne Verletzung eines Urheberrechts gemacht.

Danach war der Spaß am Fotografieren erst mal ziemlich dahin. Dass man auch auf der Aussichtsplattform des Arc de Triomphe kein Stativ benutzen und in der Notre Dame überhaupt nicht fotografieren darf bzw. durfte, habe ich gar nicht erst erwähnt, da das Fotografieren hier durch Hausrecht eingeschränkt oder verboten werden kann und die Panoramafreiheit ohnehin in den meisten Ländern nicht für Innenräume gilt.

Mittlerweile haben mir mehrere meiner Seminarteilnehmer von vergleichbaren Erfahrungen beim Fotografieren in Paris berichtet. Allerdings soll es nur in Paris so »diffizil« sein, an anderen Orten in Frankreich bliebe man – wie mir gesagt wurde – als Fotograf wohl eher unbehelligt, was ich persönlich für Straßburg und Colmar auch bestätigen kann.

Ukraine

Ebenfalls keinerlei Panoramafreiheit, auch nicht für den Privatgebrauch, kennt die Ukraine. Aufnahmen von urheberrechtlich geschützten Werken darf man nur mit ausdrücklicher Genehmigung des jeweiligen Künstlers veröffentlichen. Ich habe im Internet Berichte über die Ukraine gesehen, in denen sich Vermerke befanden, dass man Fotos beschriebener Denkmäler nicht zeigen könne, da die erforderlichen Genehmigungen der Künstler nicht eingeholt werden konnten.

Ich selbst habe auf der Krim, als sie noch nicht von Russland annektiert war, eine lustige Postkarte in einem Ständer vor einem Souvenirladen fotografiert. Sofort wurde hiergegen protestiert, und ich musste das Bild auf dem Kameradisplay zeigen. Man ließ mich dann jedoch unbehelligt.

Belgien, Luxemburg

Länder mit gegenüber § 59 UrhG eingeschränkten Regelungen | In Belgien und Luxemburg, die sich traditionell in ihrer Gesetzgebung eng an das französische Recht anlehnen, gibt es keine dem deutschen § 59 UrhG entsprechende Panoramafreiheit, sondern nur eine deutlich eingeschränkte Regelung. Dort darf ein urheberrechtlich geschütztes Werk auf öffentlichem Gelände nur so fotografiert werden, dass es nicht das zentrale Motiv eines Bildes darstellt. Eine Skulptur, an der noch Urheberrechte bestehen, weil der Künstler noch lebt oder noch keine 70 Jahre verstorben ist, muss deshalb im Bild unwesentliches Beiwerk sein, entsprechend der Regelung des deutschen § 57 UrhG, also gegenüber dem Hauptmotiv nebensächlich.

Speziell in Brüssel ist zu beachten, dass die alleinigen Veröffentlichungsrechte von Aufnahmen des Atomiums, das zur »Expo« 1958 errichtet wurde, bei der belgischen Verwertungsfirma SABAM liegen.

Dänemark, Norwegen, Finnland

In Dänemark, Norwegen und in Finnland ist die Panoramafreiheit auf Gebäude beschränkt, während Aufnahmen von Kunstwerken, wie Brunnen, Plastiken und Malereien im öffentlichen Raum nur dann veröffentlicht werden dürfen, wenn sie – ähnlich wie in Belgien und Luxemburg – nicht das Hauptmotiv der Aufnahme bilden.

Estland, Litauen, Lettland

Im baltischen Raum wiederum gibt es ähnliche Regelungen. In Estland und Litauen ist es erlaubt, Fotos von allen Dingen an öffentlichen Plätzen zu veröffentlichen, allerdings mit der Einschränkung, dass diese nicht das Hauptmotiv der Aufnahme darstellen und dass keine kommerzielle Nutzung erfolgt. In Lettland darf alles für persönliche Zwecke und zur aktuellen Berichterstattung sowie zur nichtkommerziellen Veröffentlichung fotografiert werden.

Bulgarien, Rumänien, Russland

Auch in Bulgarien und Rumänien dürfen die Aufnahmen zwar gemacht, aber nicht für kommerzielle Zwecke verwendet werden. Ähnliches gilt im Übrigen für Russland und die meisten Staaten der ehemaligen UdSSR, allerdings ist dort meist zusätzlich erforderlich, dass das Werk keine zentrale Rolle im Bild einnimmt.

Länder mit vergleichbaren Regelungen zu § 59 UrhG | In sehr vielen Ländern bestehen Regelungen, die nur in Einzelheiten, auf die ich hier nicht im Einzelnen eingehen kann, von der deutschen Regelung in § 59 UrhG abweichen. Dazu gehören Liechtenstein, Polen, Portugal, Schweden, Schweiz, Slowakei, Spanien, Tschechien, Türkei, Ungarn und Zypern (in beiden Teilen).

Auch viele Länder in Übersee haben eine mit Deutschland vergleichbare Regelung, wie zum Beispiel Australien, Brasilien, Israel, Japan, Kanada, Neuseeland und die USA, wobei sich die Panoramafreiheit in den USA nur auf Gebäude, nicht auf Kunstwerke bezieht.

Niederlande

Länder mit über § 59 UrhG hinausgehenden Regelungen | In den Niederlanden wurde das Urheberrecht in den letzten Jahren mehrfach geändert, heute gilt dort ebenfalls eine mit Deutschland vergleichbare Regelung. Hier ist aber auch das Innere einiger öffentlicher Gebäude, zum Beispiel von Bahnhöfen, in die Panoramafreiheit eingeschlossen. Das Gleiche gilt für das Vereinigte Königreich und Irland, wo sich die Panoramafreiheit auch auf Innenräume erstreckt.

Österreich

In Österreich ist es nach höchstrichterlicher Rechtsprechung des Obersten Gerichtshofs (OGH) für Bauwerke nicht zwingend erforderlich, dass sie sich auf öffentlichem Gelände befinden (wohl aber andere Kunstwerke). Außerdem umfasst die Panoramafreiheit Innenansichten von Gebäuden, und zwar einschließlich der dort befindlichen Einrichtungsgegenstände, sofern sie nicht singulär herausgestellt, sondern in Verbindung mit der gesamten Räumlichkeit, also ihrem Umfeld, dargestellt werden. Schließlich ist es in Österreich auch nicht zwingend, dass die Aufnahmen vom Boden aus gemacht werden. Hier dürfen auch Hilfsmittel verwendet oder ein erhöhter Standpunkt gewählt werden (Luftaufnahmen sind allerdings – soweit mir bekannt – nicht erlaubt). Auch in Österreich gilt allerdings, dass sich das Objekt bleibend an Ort und Stelle befindet, in dieser Hinsicht besteht Übereinstimmung mit der Rechtslage in Deutschland.

Da es natürlich auch in Österreich ein Hausrecht des jeweiligen Eigentümers oder Besitzers gibt, gilt jedoch zum Beispiel für Schloss Schönbrunn, dass – nach derzeitigem Stand – Außenaufnahmen nur für private Zwecke gestattet sind, Innenaufnahmen von den Schauräumen sind jedoch grundsätzlich nicht gestattet, auch nicht für private Zwecke (siehe *www.schoenbrunn.at*). Es handelt sich damit also hinsichtlich des Außenbereichs um einen mit Sanssouci vergleichbaren Fall. Näheres zur Rechtslage in Österreich erfahren Sie in Kapitel 10, »Foto- und Bildrecht in Österreich und der Schweiz«.

2.2.6 Territorialprinzip und Schutzland

Wie Sie bereits erfahren haben, kann es aufgrund der unterschiedlichen Regelungen im Hinblick auf die Panoramafreiheit auch zu unterschiedlichen Bewertungen aus Sicht der einzelnen Länderregelungen kommen. So ist nach deutschem Recht die Fotografie des beleuchteten Eiffelturms von der Panoramafreiheit gedeckt und damit zulässig, in Frankreich jedoch nicht. Das Bild vom Hundertwasserhaus durfte in Deutschland nicht vertrieben werden, weil es unzulässigerweise nicht vom Boden aus aufgenommen wurde und deshalb gegen die Panoramafreiheit verstoßen wurde, in Österreich war die Aufnahme dagegen von der Panoramafreiheit gedeckt.

Was passiert aber nun, wenn man in Deutschland ein Bild vom beleuchteten Eiffelturm veröffentlicht? Gilt dann das deutsche oder das französische Recht? Kann man in Frankreich verklagt werden, wenn man in Deutschland das Bild – nach französischem Recht verbotenerweise – veröffentlicht? Oder könnte man umgekehrt in Österreich belangt werden, wenn man dort Aufnahmen veröffentlicht, die in Deutschland unter Verstoß gegen die deutsche Regelung der Panoramafreiheit entstanden sind, wie die Fotos vom Hundertwasserhaus? Und wie konnte die österreichische Erbin von Friedensreich Hundertwasser, eine Stiftung, überhaupt in Deutschland klagen, wenn doch die Aufnahme in Österreich nach österreichischem Recht ohne jede Rechtsverletzung hergestellt wurde?

Diese Fragen führen uns zu einer klaren Abgrenzung der Urheberrechte der einzelnen Länder voneinander.

Territorialprinzip

Grundsätzlich endet der Schutz des Urheberrechts an der jeweiligen Landesgrenze, er ist also in räumlicher Hinsicht auf ein bestimmtes Land beschränkt. Das deutsche Urheberrecht gilt nur im Hoheitsgebiet der Bundesrepublik Deutschland, während das Recht anderer Staaten auf deren Hoheitsgebiet beschränkt ist. Diese territoriale Begrenzung der Rechtsordnungen der einzelnen Staaten bezeichnet man als *Territorialprinzip*.

Schutzland

Das bedeutet: Macht der Fotograf in Deutschland urheberrechtliche Ansprüche geltend, richten sie sich nach dem deutschen Recht, macht er sie zum Beispiel in den USA geltend, gilt US-amerikanisches Recht. Das Land, für das der Fotograf Rechte aus seinen Urheberrechten geltend macht, wird deshalb auch *Schutzland* genannt.

[!]

Territorialprinzip

Das *Territorialprinzip* bedeutet, dass das Urheberrecht immer an das Recht des Landes anzuknüpfen ist, für das der Schutz beansprucht wird (das sogenannte *Schutzlandprinzip*).

[zB]

Wenden wir uns nun noch einmal dem beleuchteten Eiffelturm zu: Da für den beleuchteten Eiffelturm nach deutschem Recht die Panoramafreiheit gelten würde, wenn der Eiffelturm ohne Hilfsmittel von öffentlichen Wegen, Plätzen und Straßen aus fotografiert wird, hat man bei einer Verwertung von Fotografien des beleuchteten Eiffelturms in Deutschland keine Rechtsverfolgung in Deutschland zu befürchten. Denn nochmals: Trotz aller europäischen Einigungs- und Harmonisierungsbestrebungen gilt das deutsche Urheberrecht nur in Deutschland, die französischen Gesetze gelten nur in Frankreich.

Für den Fotografen bedeutet dies, dass er sich bei der Vermarktung seiner Fotos des nächtlich beleuchteten Eiffelturms mit der Rechtslage in Frankreich nur dann auseinandersetzen muss, wenn er eine Veröffentlichung in Frankreich beabsichtigt.

Die Verwertung der Aufnahme des Hundertwasserhauses wurde mit der bereits angesprochenen deutschen Gerichtsentscheidung nur deshalb untersagt, weil die Verwertung in Deutschland nach deutschem Recht nicht von der Panoramafreiheit gedeckt war – das Foto war von erhöhtem Standpunkt (Balkon) aus aufgenommen. Wäre das Foto in Österreich veröffentlicht worden, wo eine gegenüber Deutschland weiter gefasste Panoramafreiheit besteht, die auch das Fotografieren von erhöhtem Standort umfasst, hätte ein Rechtsverstoß nicht vorgelegen, das Bild hätte in Österreich veröffentlicht werden dürfen.

Veröffentlichung im Internet ist grenzüberschreitend

Eine grenzüberschreitende Verwertung ist aber schon dann gegeben, wenn der Fotograf das Bild ins Internet einstellt, weil darauf bekanntlich internationaler Zugriff besteht. Auch muss der Fotograf natürlich sicher sein, dass – etwa bei einem Abdruck des Bildes in einer Broschüre – nicht doch eine Veröffentlichung des Bildes auch im jeweiligen Ausland erfolgt. Derjenige dagegen, der eine Diaschau vom nächtlichen Paris und vom Eiffelturm nur in Deutschland zeigt, hat im Prinzip wenig zu befürchten.

Allerdings sollte das Territorialprinzip nicht dazu führen, sorglos bei der Bildverwertung zu werden. Im Zweifelsfall ist es immer besser, die notwendigen Genehmigungen einzuholen, um unliebsame Überraschungen zu vermeiden.

[!]

Ohne Zustimmung keine Veröffentlichung

Um Ärger und Kosten zu vermeiden, sollten Sie vor Veröffentlichung eines Fotos prüfen, ob die Veröffentlichung ohne Weiteres zulässig ist, und gegebenenfalls vor der Veröffentlichung die dazu erforderliche Zustimmung einholen. Die möglicherweise dafür zu zahlenden Gebühren werden im Zweifel nur einen Bruchteil der Kosten ausmachen, die eine Veröffentlichung ohne Zustimmung des Urhebers verursachen kann.

Vorsicht!

Ich möchte Sie abschließend vor der Einstellung warnen, die Berechtigten mögen doch ruhig in Frankreich klagen, schließlich wohnten Sie doch in Deutschland und würden sich einfach dem Prozess vor einem französischen Gericht gar nicht stellen und einer Verteidigungsaufforderung oder Ladung zu einem Termin erst gar nicht nachkommen.

Versäumnisurteil

In diesem Fall kann es durchaus dazu kommen, dass Sie wegen mangelnder Rechtsverteidigung oder wegen Nichterscheinens vor Gericht in Frankreich in Abwesenheit verurteilt werden, und zwar durch ein sogenanntes *Versäumnisurteil*, weil Sie es eben versäumt haben, sich in der gebotenen Form am Verfahren zu beteiligen. Bisher ist aber immer noch scheinbar nichts Gravierendes passiert. Sie sind zwar in Frankreich verurteilt worden, sind aber immer noch in Deutschland und beabsichtigen vielleicht auch nicht, in den nächsten Jahren nach Frankreich einzureisen.

Aber das Unangenehme kommt noch: Zwischenzeitlich ist das Versäumnisurteil in Frankreich durch Ablauf von Rechtsmittelfristen rechtskräftig geworden. Aufgrund von Vollstreckungsabkommen zwischen zwei Ländern können in einem Land die in dem jeweils anderen Land ergangenen Urteile nach Erlangung ihrer Rechtskraft vollstreckt werden. Durch Vollstreckungsabkommen der beiden Staaten können französische Urteile in Deutschland und deutsche Urteile in Frankreich wechselseitig vollstreckt werden. Man muss deshalb durchaus damit rechnen, dass der Rechteinhaber in Frankreich versuchen wird, ein Urteil, durch das ihm unter Umständen ein nicht unerheblicher Schadensersatzanspruch zugesprochen wurde, in Deutschland vollstrecken zu lassen. Da eine Abänderung des Urteils aufgrund der Rechtskraft keinesfalls mehr möglich ist, kann spätestens jetzt nur noch eine Zahlung helfen.

2.2.7 Zukunft der Panoramafreiheit in der EU ungewiss

2015 hatte sich unter Fotografen und all denjenigen, die mit Fotos arbeiten (wie zum Beispiel Wikipedia), Angst breitgemacht, dass europaweit die Panoramafreiheit eingeschränkt werden könnte. Es stand nämlich im EU-Parlament die Abstimmung über eine Änderung der EU-Urheberrechtsrichtlinie von 2001 in einigen Punkten an, und es sollte auf Betreiben Frankreichs auch dahingehend abgestimmt werden, die Panoramafreiheit EU-weit aufzuheben. Noch bis kurz vor der Abstimmung am

09.07.2015 war damit zu rechnen, dass dem Antrag Frankreichs stattgegeben werden könnte. Vermutlich nicht zuletzt aufgrund zahlreicher Petitionen an die EU, die Panoramafreiheit zu erhalten und es den einzelnen Mitgliedstaaten weiter zu überlassen, wie sie das Urheberrecht öffentlicher Bauten und Kunstwerke regeln, sprach sich dann doch eine klare Mehrheit dafür aus, es beim jetzigen Zustand zu belassen.

Allerdings soll die Panoramafreiheit in einem gesamteuropäischen Urheberrecht geregelt werden, sodass es zunächst einmal nur vorläufig beim Status quo bleibt. Wie dann in einem einheitlichen EU-Urheberrecht, das allerdings nun schon Jahre auf sich warten lässt, die Panoramafreiheit letztlich geregelt werden wird, ist noch völlig ungewiss – ob es sie dann überhaupt noch geben wird oder ob durch entsprechende Öffnungsklauseln, die jedem Land bestimmte Regelungen freistellen, letztlich doch wieder alles beim Alten bleibt. Es bleibt nur zu hoffen, dass die Entscheidungsträger der EU die Tragweite erkennen, die eine Entscheidung gegen die Panoramafreiheit für alle Fotografen und auch alle, die Bilder veröffentlichen, hätte.

2.2.8 Marken- und Designschutz

Die Darstellung über die Herstellung und Veröffentlichung von Sachaufnahmen bliebe unvollständig, würde man einen weiteren Aspekt nicht berücksichtigen, nämlich den Marken- und Designschutz (früher: Geschmacksmusterschutz).

Markenschutz | Die überwiegende Anzahl der weltweit operierenden Firmen und nahezu alle Markenartikelhersteller verwenden geschützte Marken (früher bezeichnete man sie als »Markenzeichen«, im englischen Sprachgebrauch ist heute noch »Registered Trademark« ein feststehender Begriff). Eine Marke ist ein Kennzeichen für eine Ware oder eine Dienstleistung.

[§]

§ 3 MarkenG – als Marke schutzfähige Zeichen

»Als Marke können alle Zeichen, insbesondere Wörter einschließlich Personennamen, Abbildungen, Buchstaben, Zahlen, Hörzeichen, dreidimensionale Gestaltungen einschließlich der Form einer Ware oder ihrer Verpackung sowie sonstige Aufmachungen einschließlich Farben- und Farbzusammenstellungen geschützt werden, die geeignet sind, Waren oder Dienstleistungen eines Unternehmens von denjenigen anderer Unternehmen zu unterscheiden. (...)«

Eine Marke liegt auch ohne Eintragung in das Markenregister vor. Aber mit der Eintragung in das Markenregister beim Bundespatentamt entsteht der Markenschutz (§ 4 MarkenG – im Wortlaut finden Sie das Markengesetz unter *www.gesetze-im-internet.de/markeng*), ab dann steht dem Markeninhaber das ausschließliche Recht zur Verwendung seiner Marke zu, Dritte dürfen nicht nur keine identische Marke, sondern auch keine Marke verwenden, die so ähnlich ist, dass für die Allgemeinheit eine Gefahr der Verwechslung besteht. Ungeschützte und nicht eingetragene Marken können von jedem anderen verwendet werden.

Beispiele für markenrechtlich geschützte Logos sind jedem geläufig und begegnen uns täglich. So sind Marken die Logos der Fahrzeughersteller, wie etwa das springende Pferd von Ferrari oder der Dreizackstern im Kreis von Daimler-Benz, der Coca-Cola-Schriftzug, die drei Streifen von Adidas, das IKEA-Logo, die olympischen Ringe, das M-Symbol von McDonald's etc., die Liste ließe sich unendlich fortsetzen; in Abbildung 2.27 finden Sie eine kleine Bildauswahl geschützter Marken.

◄ **Abbildung 2.27**
Beispiele für geschützte Marken, die man hier jedoch problemlos so zeigen darf

Auch hier muss sich der Fotograf bei der Veröffentlichung von Bildern, auf denen geschützte Marken zu sehen sind, die Frage stellen, ob er damit nicht möglicherweise eine Rechtsverletzung begeht.

Auf den ersten Blick könnte man geneigt sein, Parallelen zum Urheberrecht zu sehen und daraus zu schließen, dass die Aufnahme, jedenfalls aber deren Veröffentlichung, auf der eine geschützte Marke zu sehen ist, einer besonderen Zustimmung des Markeninhabers bedarf. Jedoch gibt es hier einen entscheidenden Unterschied zum Urheberrecht, der sich unmittelbar auf die rechtliche Beurteilung von Fotos mit abgebildeten Marken auswirkt:

Typische Verwendung

Die Marke dient als Erkennungszeichen, Herkunftsnachweis und oft auch als Qualitätsaussage im geschäftlichen Verkehr. Die typische Verwendung einer Marke besteht darin, Produkte oder Leistungen unter Verwendung einer Marke mit einem »Branding« zu versehen, die typische Verletzungshandlung ist deshalb die Herkunftstäuschung, d. h. die Verwendung einer Marke für ein Produkt, das nicht vom Markeninhaber stammt.

Anderer Schutzzweck

Der Markeninhaber ist jedoch nur gegen eine Verwendung der Marke durch andere geschützt. Mit dem Markenrecht wird ein gänzlich anderer

Schutzzweck verfolgt als mit dem Urheberrecht. Als markenrechtliche Verletzungen sind deshalb nur solche Verwendungen der Marke anzusehen, die geeignet sind, Herkunft, Qualitätsaussage und sonstige Merkmale, die mit einer Marke kommuniziert werden sollen, infrage zu stellen, zu diskreditieren oder in sonstiger Weise zu beeinträchtigen. Eine Markenverletzung setzt voraus, dass die Marke oder eine ähnliche Marke im Geschäftsverkehr benutzt wird. Ein Beispiel: Eine Fast-Food-Kette nutzt das für McDonald's geschützte Zeichen oder ein Zeichen, das mit diesem verwechselt werden kann, um damit den Ruf von McDonald's auszubeuten und um beim Publikum den falschen Eindruck zu erwecken, die Fast-Food-Kette habe irgendetwas mit McDonald's zu tun.

»Rolls-Royce«

Die Frage der unzulässigen Rufausbeutung spielt auch in einer anderen Entscheidung des BGH eine Rolle, die immer wieder in diesem Zusammenhang zitiert wird, die sogenannte »Rolls-Royce«-Entscheidung (Urteil vom 09.12.1982 – I ZR 133/80):

Der Whiskey-Hersteller Jim Beam hatte ein Werbefoto in Auftrag gegeben und veröffentlicht, auf dem ein Rolls-Royce von vorn abgebildet war, einschließlich der markenrechtlich geschützten Kühlerfigur »Flying Emily«. Auf den Kotflügeln saßen einige Männer und spielten Karten, während im Vordergrund der Aufnahme eine Flasche Jim Beam abgebildet war.

Der BGH war hier der Auffassung, dass mit dieser Darstellung der Eindruck erweckt werde, dass diejenigen, die einen Rolls-Royce fahren, auch diese Whiskey-Marke trinken. Aufgrund des besonders exklusiven Images, das ein Rolls-Royce vermittle, sah das Gericht eine unzulässige Rufausbeutung durch Jim Beam als gegeben an und verurteilte zur Unterlassung dieser Werbung.

Neutrale Benutzung einer fremden Marke ist zulässig

Dagegen ist eine bloße Abbildung einer Marke keine Verwendung und damit zulässig. Ein Beispiel: Jemand möchte im Internet eine Markenjeans des Herstellers Diesel verkaufen. Wäre die Fotografie schon eine unzulässige Verwendung der Marke, dürfte von der Jeans kein Foto ins Internet eingestellt werden, auf dem die Marke zu sehen ist. Dass dies nicht richtig sein kann, leuchtet ein. Selbstverständlich darf ein Markenprodukt zum Zwecke des Verkaufs mit seiner Marke fotografiert und das Foto dann veröffentlicht werden. Das Gleiche gilt für eine Ablichtung des Produkts samt Marke zu Werbezwecken. Auch zu Illustrationszwecken dürfen Marken abgebildet werden, auch dies ist generell keine Verwendung einer Marke.

[!]

Abbildung der Marke zum Zweck des Verkaufs
Die fotografische Abbildung einer Marke zum Zwecke des Verkaufs ist rechtlich unproblematisch.

Ebenso zulässig ist die Abbildung einer Marke, wenn damit bestimmte Dienstleistungen angeboten werden, die mit der Marke in unmittelbarer

Verbindung stehen. Der Europäische Gerichtshof (EuGH) hat in seinem Urteil vom 23.02.1999 – C-63/07 ausdrücklich bestätigt, dass eine unabhängige Reparaturwerkstatt Abbildungen sowohl des BMW-Logos als auch von BMW-Fahrzeugen verwenden darf, sofern es sich um eine auf Reparaturen von BMW-Fahrzeugen spezialisierte Werkstatt handelt.

Gewerbliche Websites

Wer eine gewerbliche Website betreibt, sollte mit der Verwendung fremder Marken allerdings sehr zurückhaltend sein, denn damit nimmt er am geschäftlichen Verkehr teil, womit eine Voraussetzung für die Anwendung des Markenrechts erfüllt wäre. Kommt dann noch eine irgendwie geartete Markenverletzung dazu, kann es schnell sehr brenzlig werden.

Marke im Kontext

Vorsicht ist auch immer dort geboten, wo eine Marke in einen unzutreffenden Kontext zu einem Produkt gesetzt wird und damit eine Herkunftstäuschung begangen wird. Angesprochen sind hier allerdings weniger Amateure als vielmehr Werbefotografen. Fotografiert ein Werbefotograf verschiedene Produkte eines Herstellers A und fügt er der Aufnahme ein Produkt eines ganz anderen Herstellers B hinzu, sodass der falsche Eindruck entsteht, auch das Produkt von B sei ebenfalls eines von A, dann sind rechtliche Probleme vorprogrammiert. Etwas anderes gilt, wenn den Produkten gänzlich andere Produkte zur Seite gestellt werden, bei denen gar nicht der Eindruck entstehen kann, diese Produkte seien ebenfalls solche von A.

Verfremdungen von Marken

Schließlich ist überall dort besondere Vorsicht geboten, wo im Rahmen von Fotomontagen oder Verfremdungen Marken abgebildet werden. Werden – das Digitalzeitalter macht's möglich – Arbeitsstiefel in einer Fotomontage mit den Adidas-Streifen versehen oder wird einem anderen Fahrzeug ein Mercedes-Stern auf die Kühlerhaube gezaubert, mag dies im Einzelfall vielleicht ganz originell aussehen, ist aber sicherlich rechtlich durchaus problematisch.

[!]

Keine Veränderung von Marken vornehmen
Sie sollten sich als Fotograf bei Marken deshalb unbedingt auf die unveränderte fotografische Abbildung beschränken und keinen Kontext zu fremden Marken herstellen, dann sind Sie auf der sicheren Seite.

Soweit Markenprodukte ohne Erkennbarkeit der Marke dargestellt werden, ist dies aus rechtlicher Sicht unproblematisch. Denn die Beseitigung oder Unkenntlichmachung ist nach der Rechtsprechung des BGH keine Verwendung des Zeichens und somit auch keine Verletzungshandlung.

Eine andere Marke darf natürlich – wie gerade erwähnt – nicht ersatzweise angebracht werden, und schon gar keine, die man leicht mit der Originalmarke verwechseln kann. Das Foto eines Mercedes, bei dem der Mercedes-Stern wegretuschiert wurde, wäre unproblematisch, ein Mercedes-Stern, der plötzlich vier Zacken hat, wäre im Zweifel ein Problem.

Abbildung 2.28 ▶
Diese Aufnahme stellt keine unzulässige Verwendung des Schriftzuges »Giorgio Armani« dar.

In der Regel dürften aber selbst bei einer Markenverletzung die Firmen, die Inhaber der Marken sind, kein Interesse daran haben, Amateurfotografen rechtlich zu verfolgen. Bei Berufs- und insbesondere Werbefotografen sieht dies sicherlich ganz anders aus. Aber Sie sollten als Amateur nie darauf spekulieren, dass der Inhaber von Rechten diese schon nicht geltend machen wird, weil Sie schließlich die Fotografie nur als Hobby betreiben.

[!]

Das Wichtigste zu Marken

- Marken sind Kennzeichen für Waren und Dienstleistungen.
- Durch Eintragung in das Markenregister entsteht der Markenschutz, die Marke darf dann nur noch vom Inhaber verwendet werden.
- Der Markenschutz beinhaltet den Schutz vor der Verwendung der Marke durch andere im geschäftlichen Verkehr.
- Die Abbildung einer Marke ist keine Verwendung und deshalb zulässig.

- Bilder, auf denen Marken zu sehen sind, dürfen veröffentlicht werden, sofern sich die Fotografie auf eine unveränderte Wiedergabe der Marke erstreckt und die Marke nicht in Kontext zu fremden Marken gestellt oder in einem in sonstiger Weise unzutreffenden Kontext gezeigt wird.
- Markenprodukte dürfen auch dann veröffentlicht werden, wenn die Marke nicht erkennbar oder entfernt worden und keine andere Marke stattdessen angebracht worden ist.

Designschutz (früher: Geschmacksmusterschutz) | Nicht ganz so einfach für Fotografen ist die Rechtslage bei sogenannten *Designs*. Darunter versteht man gemäß § 1 DesignG (das aufgrund der Richtlinie 98/71 EG vom 13.10.1998 im Februar 2014 das frühere Geschmacksmustergesetz von 1876 abgelöst hat) die zwei- oder dreidimensionale Erscheinungsform eines ganzen Erzeugnisses oder eines Teils davon, die sich insbesondere aus den Merkmalen der Linien, Konturen, Farben, der Gestalt, Oberflächenstruktur oder der Werkstoffe des Erzeugnisses selbst oder seiner Verzierung ergibt. Anders als das Urheberrecht entsteht der Designschutz durch Anmeldung beim Deutschen Patent- und Markenamt und Eintragung in ein entsprechendes Register und gilt für maximal 25 Jahre, gerechnet ab dem Anmeldetag. Die Eintragungs- und damit die Schutzfähigkeit eines Designs setzt gemäß § 2 DesignG zweierlei voraus, nämlich zum Ersten, dass es sich um ein neues Design handelt, und zum Zweiten, dass das Design eine Eigenart hat, was bedeutet, dass es sich von anderen Designs deutlich abhebt, wobei bei der Beurteilung der Eigenart der Grad der Gestaltungsfreiheit des Entwerfers bei der Entwicklung des Designs berücksichtigt wird.

Erst das eingetragene Design gewährt seinem Entwerfer, wie das Gesetz ihn nennt, umfangreiche Rechte aus dem DesignG, gegen die unerlaubte Nutzung des Designs durch Dritte vorzugehen. Der Schutzumfang des Rechts am eingetragenen Design ist im Einzelnen in § 38 DesignG geregelt.

[§]

§ 38 DesignG – Rechte aus dem eingetragenen Design und Schutzumfang

»Das eingetragene Design gewährt seinem Rechtsinhaber das ausschließliche Recht, es zu benutzen und Dritten zu verbieten, es ohne seine Zustimmung zu benutzen. Eine Benutzung schließt insbesondere die Herstellung, das Anbieten, das Inverkehrbringen, die Einfuhr, die Ausfuhr, den Gebrauch eines Erzeugnisses, in das das eingetragene Design aufgenommen oder bei dem es verwendet wird, und den Besitz eines solchen Erzeugnisses zu den genannten Zwecken ein. (...)«

Das Designgesetz finden Sie im Wortlaut unter *www.gesetze-im-internet.de/geschmmg_2004*.

Urheberrecht und Designrecht können nebeneinander bestehen

Zum Designrecht kann im Einzelfall noch ein Urheberschutz hinzukommen. Falls ein zusätzlicher Urheberschutz für ein Designobjekt in Betracht kommt, was bei einzelnen Gebrauchsgegenständen wie bestimmten Möbeln und modernen Haushaltsgeräten der Fall ist, ergeben sich die Einschränkungen im Hinblick auf die freie Fotografierbarkeit bereits aus den bisherigen Ausführungen zum Urheberrecht. Der BGH hat mit seinem Urteil vom 13.11.2013 (I ZR 143/12) seine bisherige Auffassung, wonach designgeschützte Gebrauchsgegenstände in der Regel keinem Urheberrecht unterliegen, da im Gegensatz zur bildenden Kunst die Schöpfungshöhe zur Anerkennung eines Urheberschutzes zu gering sei, aufgegeben. Urheberrecht und Designrecht können nunmehr nebeneinander bestehen. Designgeschützte Gebrauchsgegenstände sind heute in der Regel urheberrechtlich geschützt! Auch der Gebrauchskunst kann – so der BGH – grundsätzlich Schutz nach dem UrhG zukommen, was das Gericht am Beispiel einer Gebrauchsgrafik entschieden hat. Diese jetzt mögliche Dualität von Design- und Urheberrecht kann sogar dazu führen, dass auch ein nicht eingetragenes Design geschützt ist, zwar nicht durch das DesignG, aber nach den Bestimmungen des UrhG.

Benutzung

Das eingetragene Design allerdings gewährt dem Inhaber das ausschließliche Recht, es zu benutzen und gleichzeitig Dritten zu verbieten, es ebenfalls zu benutzen. Der Begriff der *Benutzung* geht beim Designrecht jedoch deutlich weiter als im Markenrecht. Denn der Designschutz nimmt keine Benutzungsform aus, sodass nach herrschender Meinung auch derjenige ein Design benutzt, der einen dem Designschutz unterliegenden Gegenstand fotografiert und zum Beispiel in der Werbung verwendet, auch wenn dies nur im Hintergrund erfolgt. Entscheidend kommt es darauf an, wie sehr der Gesamteindruck des Fotos vom Design geprägt wird. Auch Fotos von einem Imitat oder Plagiat dürfen nicht verwendet werden, wie das OLG Frankfurt (Urteil vom 15.08.2002 – 6 U 116/01) anhand von Fotos von Uhrenplagiaten festgestellt hat. Fotos von Plagiaten werden somit wie Fotos der Originale behandelt.

[zB]

Der BGH hat sich (Urteil vom 07.04.2011 – I ZR 56/09 – »ICE«) mit der Frage einer weitreichenden Benutzungsfreiheit eines Designs, damals noch »Geschmacksmuster«, befasst:

Das Fraunhofer Institut hatte in einem Messekatalog für die Fachmesse »InnoTrans« eine Illustration des ICE 3 der Deutschen Bahn verwendet. Der ICE 3 ist als Design ebenso eingetragen wie die älteren Modelle ICE 1 und ICE T und natürlich auch der neue ICE 4. Die DB sah deshalb in der Abbildung im Messekatalog eine Geschmacksmusterverletzung und forderte Unterlassung und Zahlung einer Lizenzgebühr.

Der BGH hat in seiner Entscheidung zwar erkennen lassen, dass die Benutzung eines geschmacksmustergeschützten Designs in Einzelfällen zulässig sein kann, wenn diese notwendig ist, um eine bestimmte Leistung zu illustrieren, wobei er zur Klärung dieser Frage den Rechtsstreit an die Vorinstanz zurückverwies. Gleichzeitig hat der BGH jedoch festgestellt, dass die ungenehmigte Verwendung in einer Werbebroschüre, also die kommerzielle Verwertung, ohne Zustimmung der DB unzulässig war.

Auch wenn der BGH den Fall nicht abschließend entschieden hat, kann für die fotografische Praxis jedenfalls folgende Schlussfolgerung gezogen werden: Das Foto eines designgeschützten Gegenstandes darf in der Werbung oder zu sonstigen kommerziellen Illustrationszwecken nur mit ausdrücklicher Zustimmung des Schutzrechtsinhabers verwendet werden.

Für den Liebhaber der Eisenbahnfotografie bedeutet dies, dass Fotos des ICE zu kommerziellen Zwecken nicht veröffentlicht werden dürfen, ohne zuvor die Zustimmung der DB eingeholt zu haben.

[+]

»Information für Hobbyfotografen und -filmer« von der Deutschen Bahn AG (Stand: Januar 2020)

»(...)

(1) Foto- und Filmaufnahmen (sowie deren Veröffentlichung) zu privaten Zwecken in öffentlich zugänglichen Bereichen der Deutschen Bahn sind ohne vorherige Zustimmung gestattet, solange die nachfolgenden Bedingungen eingehalten werden:

- Die eigene Sicherheit und die Sicherheit Anderer darf durch die Foto-/Filmaufnahmen nicht gefährdet werden. Eine Behinderung der betrieblichen Abläufe und der Bahnkunden ist untersagt. Flucht- und Rettungswege sind stets freizuhalten.
- Der Aufenthalt im Gleis- und Gefahrenbereich ist untersagt. Das gilt auch für nicht mehr für den Bahnbetrieb genutzte Anlagen der Deutschen Bahn.
- Der Einsatz von künstlichem Licht, Reflektoren, Leitern, Podesten, Stativen, Teleskopmasten/-armen oder ähnlichen Hilfsmitteln ist untersagt. (U. a. in der Hausordnung von DB Station & Service geregelt.)
- Ein Einsatz von Drohnen und kugelförmigen Wurfkameras für Foto-/Filmaufnahmen auf Bahnanlagen sowie deren Überflug über Anlagen der Deutschen Bahn sind untersagt (...).
- Das Recht am eigenen Bilde, insbesondere der Mitarbeiter und Bahnkunden, ist strikt zu beachten.
- Den Belangen der Datenschutz-Grundverordnung (DSGVO) ist Rechnung zu tragen.

Die kommerzielle Verwertung von Fotos ist grundsätzlich nicht gestattet.

(2) Die Veröffentlichung der Foto- und Filmaufnahmen auf privaten – nicht kommerziellen – Webseiten und auf Sozial-Media-Accounts ist gestattet.

(3) Dritte dürfen die Foto- und Filmaufnahmen ebenfalls nur zu privaten Zwecken nutzen, soweit diesen Nutzungsrechte daran eingeräumt werden.
Die Überlassung der Foto-/Filmaufnahmen an Bild-/Stockagenturen ist jedoch nicht gestattet.

(4) Eine redaktionelle Nutzung von Fotoaufnahmen in Eisenbahn Verlagen/Bahn Fachverlagen ist gestattet.

(5) Nicht von einer Gestattung zur Fotoerstellung umfasst, sind Aufnahmen zu privaten Zwecken im Rahmen von entgeltlichen Foto-/Filmkursen oder ähnlichen Veranstaltungen (z. B. Fotoshooting für Hochzeits-/Mode- oder Portraitaufnahmen).
Für alle anderen, nicht privaten Zwecke bedarf es einer vorherigen Vereinbarung zumindest in Textform (Gestattung) mit der Deutschen Bahn, die bei *filmvorhaben@deutschebahn.com* anzufragen ist. Für die Erstellung und Bearbeitung von Erlaubnissen fallen Entgelte an. Zusätzliche Entgelte sind zu leisten, wenn eine Begleitung durch befugte Personen erforderlich ist.

(6) Ein Zugang zum Führerraum von Triebfahrzeugen/Steuerwagen der DB und deren Tochterunternehmen ist für private Foto- und Filmaufnahmen nicht gestattet.

(7) Das Anbringen von Stativen/Kameras jeglicher Ausführung an Eisenbahnfahrzeugen ist untersagt.

(...)«

(Im Internet unter *www.deutschebahn.com* als PDF abzurufen – suchen Sie nach dem Begriff »Drehgenehmigungen«; alternativ über die Verlagswebsite zum Buch: *https://www.rheinwerk-verlag.de/fotorecht_5348/*.)

Damit ist es aus meiner Sicht, auch wenn nicht ausdrücklich in der Information der Bahn erwähnt, unproblematisch, Fotos mit dem ICE zu einem Fotowettbewerb einzureichen, solange die Wettbewerbsbedingungen nicht beinhalten, dass die Aufnahmen anschließend vom Veranstalter frei genutzt werden können, abgesehen davon, dass solche Wettbewerbsbedingungen ohnehin jeden ernsthaften Fotografen abschrecken sollten. Die Information der DB lässt erkennen, dass die gewerbliche Nutzung unterbunden werden soll, dass man ansonsten jedoch sehr großzügig ist, was eine Veröffentlichung der Fotos von Bahneigentum betrifft.

Ob und inwieweit Zustimmungen von anderen Inhabern geschützter Designs erteilt werden, kann nicht eindeutig beantwortet werden, es kommt sicherlich auf den Einzelfall und den Verwendungszweck der Aufnahme an. Manche Rechteinhaber erteilen grundsätzlich keine Zustimmung, andere nur gegen Zahlung einer Gebühr, einige sind jedoch auch großzügig und erteilen die Freigabe, sofern dem keine berechtigten Eigeninteressen entgegenstehen. Fragen müssen Sie aber immer!

Dem Designschutz unterliegt neben dem ICE eine Unzahl weiterer deutscher und ausländischer Produkte, wie etwa der TGV der SNCF in Frankreich, fast alle Fahrzeuge mit charakteristischem Design, die Barbie-Puppen, Disney-Figuren, Porzellan diverser Marken, Sessel von Le Corbusier, Gläser von Colani und vieles mehr. Auch hier ist die Liste schier unüberschaubar.

Recherche zum Designschutz

Wenn Sie Zweifel haben, ob ein Designschutz besteht, ist über die Website des Deutschen Patent- und Markenamtes (*www.dpma.de*) eine Recherche möglich, bezogen auf Europa, also hinsichtlich der europäischen Gemeinschaftsmarken und Gemeinschaftsgeschmackmuster (hier wurde in §§ 62 ff. DesignG der alte Begriff des »Geschmacksmusters« beibehalten), können Sie über die Website des Harmonisierungsamtes für den Binnenmarkt (Marken, Muster und Modelle), *www.oami.europa.eu*, recherchieren.

In Anhang A, »Gegenüberstellung der Gesetzesnormen D-A-CH«, dieses Buches finden Sie eine Liste von Objekten, bei denen auch aus designrechtlicher Sicht bei einer Veröffentlichung und gewerblichen Verwendung höchste Vorsicht geboten ist.

[!]

Designrecht gegen Panoramafreiheit

Die bereits besprochene Panoramafreiheit genießt keinerlei Vorrang vor einem eingetragenen Design! Sie ist – wie ausführlich dargestellt – nur eine Ausnahme vom Urheberrecht. Das bedeutet, dass Fotos von Objekten, die dem Designrecht unterliegen, auch dann nicht zu gewerblichen Zwecken veröffentlicht werden dürfen, wenn sie von öffentlichen Wegen, Straßen und Plätzen aus fotografiert werden.

Bei der Abbildung von Designs sollte man meiner Ansicht nach wie bei urheberrechtlich geschützten Gegenständen § 57 UrhG entsprechend anwenden. Diese Vorschrift, die Sie bereits in Kapitel 1, »Urheberrecht«, kennengelernt haben, gestattet eine Veröffentlichung für den Fall, dass der geschützte Gegenstand nur unwesentliches Beiwerk ist. Wenn ein dem Designschutz unterliegender Gegenstand in einer Aufnahme eine untergeordnete Bedeutung hat und nicht zentrales Bildmotiv ist, muss nach meinem Dafürhalten eine Veröffentlichung auch ohne Zustimmung des Rechteinhabers zulässig sein. Allerdings muss in jedem einzelnen Fall sorgfältig geprüft werden, ob es sich tatsächlich um unwesentliches Beiwerk und nicht doch um ein Hauptmotiv handelt. Aber es bleibt dabei: Sie sollten auch dann unbedingt fragen!

Einschränkungen des Designrechts

Einige Einschränkungen des Rechts am eingetragenen Design enthält § 40 DesignG, von denen zwei für die bildrechtliche Betrachtung bedeutsam sind. Nach § 40 DesignG können Rechte aus einem eingetragenen Design nicht geltend gemacht werden:

- gegenüber Handlungen, die im privaten Bereich zu nicht gewerblichen Zwecken vorgenommen werden (Abs. 1)
- bei Wiedergaben zum Zwecke der Zitierung oder der Lehre, vorausgesetzt, solche Wiedergaben sind mit den Gepflogenheiten des redlichen Geschäftsverkehrs vereinbar, beeinträchtigen die normale Verwertung des eingetragenen Designs nicht über Gebühr und geben die Quelle an (Abs. 3)

Einschätzung und Empfehlung

Durch diese Gesetzesregelung wird klargestellt, dass Aufnahmen und auch Verwertungen für private Zwecke unproblematisch sind. Denn der private Bereich ist im Designrecht nicht – wie beim Urheberrecht – auf die eigenen vier Wände beschränkt, sondern wird durch den Zusatz »zu nichtgewerblichen Zwecken« von der gewerblichen und kommerziellen Nutzung abgegrenzt. Daraus ist zu folgern, dass das Fotografieren und Ausstellen der Fotos, z. B. des ICE, von Autos (meist designgeschützt) oder Disney-Figuren (designgeschützt) ohne gewerbliche Interessen keine Verletzung des eingetragenen Designs darstellt und deshalb unproblematisch ist. Auch das Herumzeigen solcher Fotos im Fotoclub ist gefahrlos. Von einer Verwendung im Internet, auch wenn es keine gewerbliche Website ist, würde ich dagegen ohne Einwilligung des Rechteinhabers abraten. Kritisch wird es in jedem Fall, wenn man ohne entsprechende Genehmigung einen Kalender mit Fotografien des ICE oder einen Porsche-Kalender erstellt und diesen ohne Genehmigung des Designrechtsinhabers zum Verkauf anbietet oder Fotos von designgeschützten Gegenständen an Bildagenturen abgibt. In diesen Fällen muss eine Genehmigung zur eigenen Sicherheit eingeholt werden! Denn wie das UrhG sieht auch das DesignG in §§ 42 ff. Beseitigungs-, Unterlassungs-, Vernichtungs- und Schadensersatzansprüche bei widerrechtlicher Nutzung eines eingetragenen Designs vor. Und das kann teuer werden!

In Analogie zu § 51 UrhG (Zitatrecht, siehe Kapitel 1, »Urheberrecht«) wird darüber hinaus geregelt, dass ein eingetragenes Design zum Zwecke des Zitierens abgebildet werden darf, allerdings muss dann stets die Quelle angegeben werden.

Allgemein wird man hier zusammenfassend sagen können, dass die Berechtigten eines eingetragenen Designs in der Regel wohl kaum gegen Privatpersonen vorgehen werden, die ein paar Fotos machen und in einer für die Berechtigten unschädlichen Weise veröffentlichen. Vielmehr ist das Hauptaugenmerk der Berechtigten auf Konkurrenten und sonstige Marktteilnehmer gerichtet, die sich bei ihren Produkten zu sehr an das Design der Berechtigten »anlehnen« oder es sogar gänzlich kopieren. Das Überwachen und Verfolgen von Hobbyfotografen dürfte hinsichtlich des zu betreibenden Aufwands in keinem Verhältnis zum möglichen Ergebnis stehen. Im Zweifel wird man allenfalls ein Mahnschreiben schicken und auffordern, die Veröffentlichung ohne Zustimmung zukünftig zu unterlassen. Aber auch hier gilt natürlich: Was bis heute geduldet wurde, wird ab morgen vielleicht nicht mehr geduldet. Deshalb ist es so wichtig, immer zu fragen.

[!]

Das Wichtigste zum eingetragenen Design

Der Designschutz reicht weiter als der Schutz im Markenrecht.

Der Inhaber eines eingetragenen Designs kann jede Benutzung des Designs verbieten. Dazu gehört auch das Fotografieren des dem Designschutz unterliegenden Gegenstandes.

Für eine Verwendung im privaten Bereich zu nicht gewerblichen Zwecken und für das Zitieren ist die Herstellung der Fotos von Gegenständen, die dem DesignG unterliegen, erlaubt.

Auch bei einer Veröffentlichung von Fotos mit designgeschützten Gegenständen, die nicht gewerblich ist, empfiehlt es sich trotzdem, die Zustimmung des Berechtigten einzuholen.

2.2.9 Verwenden von Kennzeichen verfassungswidriger Organisationen

Beispiel »Hakenkreuzsymbol«

Eine interessante Frage, die im Zusammenhang mit einem Bild aufgetreten ist, das für einen Fotowettbewerb eingereicht wurde, betraf die Darstellung eines Kennzeichens verfassungswidriger Organisationen, nämlich die Fotografie eines Gegenstandes mit dem Hakenkreuzsymbol der NS-Diktatur.

Der Fotograf hatte auf einem Foto das Buch »Mein Kampf« von Adolf Hitler abgebildet, und zwar so, dass das auf dem vorderen Einband abgebildete Hakenkreuz deutlich erkennbar war. Daneben befindet sich ein weiteres, aufgeschlagenes Exemplar dieses Buches, auf dem eine Brille liegt und bei dem eine Seite mit roten Flecken versehen ist, die ganz offensichtlich Blut darstellen sollen.

Es fragt sich, ob ein solches Bild veröffentlicht werden darf (die Herstellung ist sicherlich rechtlich unproblematisch).

Auf den ersten Blick scheint es, dass die Veröffentlichung des Bildes unzulässig ist. Denn im StGB gibt es die Vorschrift des § 86a, die mit Freiheitsstrafe von bis zu drei Jahren oder mit Geldstrafe denjenigen bestraft, der u. a. Kennzeichen einer verfassungswidrigen Organisation verbreitet oder öffentlich in einer Versammlung oder in von ihm verbreiteten Schriften verwendet oder der Gegenstände, die solche Kennzeichen darstellen oder enthalten, zur Verbreitung oder Verwendung herstellt, vorrätig hält, einführt oder ausführt. Mit der Veröffentlichung des Bildes wird man bei strenger Auslegung den objektiven Tatbestand des § 86a StGB als erfüllt ansehen müssen.

Im Jahr 2007 hat der 3. Strafsenat des BGH sich mit der Frage der Darstellung des Hakenkreuzsymbols ausführlich auseinandergesetzt (Urteil vom 15.03.2007 – 3 St 486/06). Dabei hat sich das Gericht auf den Schutzzweck der Vorschrift des § 86a StGB bezogen und eine Gesetzeslücke festgestellt. Der Schutzzweck der Norm ist – so der BGH – die Abwehr einer Wiederbelebung der verbotenen Organisation und der von ihr verfolgten verfassungsfeindlichen Bestrebungen, auf die das Kennzeichen symbolhaft hinweist. Die Vorschrift dient aber auch der Wahrung des politischen Friedens dadurch, dass jeglicher Anschein einer solchen Wiederbelebung im In- und Ausland vermieden werden soll.

Die Darstellung des Kennzeichens in der Form, dass offenkundig und eindeutig die Gegnerschaft zu der Organisation und die Bekämpfung ihrer Ideologie zum Ausdruck kommt, läuft nach BGH jedoch dem Schutzzweck der Norm nicht zuwider und ist deshalb nicht strafbar.

[!]

Verbreitung von Kennzeichen verfassungswidriger Organisationen
Der Gebrauch des Kennzeichens einer verfassungswidrigen Organisation in einer Darstellung, deren Inhalt in offenkundiger und eindeutiger Weise die Gegnerschaft zu der Organisation und die Bekämpfung ihrer Ideologie zum Ausdruck bringt, läuft dem Schutzzweck des § 86a StGB ersichtlich nicht zuwider und wird daher vom Tatbestand der Vorschrift nicht umfasst (Leitsatz des BGH).

Bezogen auf unser Wettbewerbsfoto, ergibt sich damit Folgendes:

Die Veröffentlichung des Bildes widerspricht nicht dem Schutzzweck des § 86a StGB. Die Bildaussage lässt gerade durch die Verbindung mit Blut, das durch die NS-Diktatur vergossen wurde, eine Ablehnung und Gegnerschaft zum Symbol und dessen Organisation erkennen. Selbst wenn man die roten Flecken auf der Seite des aufgeschlagenen Buches nicht als Blut interpretieren würde, fehlt auf jeden Fall jeglicher Anhaltspunkt dafür, dass der Fotograf sich nicht von dem Symbol und seiner Organisation distanzieren würde. § 86a StGB greift deshalb, die Veröffentlichung des Buches ist somit zulässig.

Damit haben wir nun den Bereich der Sachfotografie ausführlich beleuchtet, und ich bin mir fast sicher, der eine oder andere von Ihnen, der sich vielleicht vorher insgeheim gefragt hat, was bei der Fotografie von Sachen denn schon problematisch sein könne, hat einige Dinge erfahren, die ihm so noch nicht bekannt oder bewusst waren. Auf diesem Wissen aufbauend, werden wir uns nun im nächsten Kapitel dem ebenso spannenden wie sensiblen Thema der Personenfotografie zuwenden.

Kapitel 3

Menschen

Vom Persönlichkeitsrecht und vom Recht am eigenen Bild

Die Fotografie von Menschen unterscheidet sich von der Fotografie von Sachen dadurch, dass sie stark durch das allgemeine Persönlichkeitsrecht der abgebildeten Person beeinflusst ist. Deshalb unterliegt sie weitaus größeren Einschränkungen als die Sachfotografie. In diesem Kapitel gehe ich auf die verschiedenen Aspekte der Personenfotografie ein, und Sie erfahren, wie Fotorecht und Persönlichkeitsrecht ineinandergreifen.

Nachdem ich mich im vorangegangenen Kapitel ausführlich mit der Herstellung und Verwertung von Sachaufnahmen befasst habe, wende ich mich nun dem weitaus sensibleren Thema der Personenfotografie zu. Dabei wird es Sie sicher nicht verwundern, dass – wenn schon bei der Herstellung und Verwertung von Sachaufnahmen eine Reihe von Regeln zu beachten ist – im Bereich der Fotografie von Menschen deutlich mehr Einschränkungen gelten. Möchten Sie als Fotograf nicht Gefahr laufen, sich teuren Prozessen und vielleicht sogar den Schadensersatzforderungen Betroffener auszusetzen, müssen Sie hier besonders aufmerksam sein, denn zwischen zulässiger Personenfotografie und einem Eingriff in das Persönlichkeitsrecht besteht mitunter nur ein schmaler Grat.

Rechtliche Sicht auf das Thema

Im Folgenden widme ich mich dem Thema aus rein rechtlicher Sicht. Natürlich kann die Personenfotografie auch unter moralischen und ethischen Gesichtspunkten betrachtet werden. Darf man Tote und Unfallopfer fotografieren? Darf man Menschen durch unvorteilhafte Fotos bloßstellen? Solche Fragen sind sicherlich von moralischer Relevanz, können aber hier, wie gesagt, nur aus rechtlicher Sicht diskutiert werden.

Andere Kriterien in anderen Kulturen

Dennoch möchte ich Sie darauf hinweisen, dass insbesondere in außereuropäischen Kulturen die Personenfotografie auch nach anderen als rechtlichen Kriterien zu bewerten ist. So ist die Personenfotografie in islamischen Kulturen, insbesondere bei orthodoxen Muslimen, nicht unproblematisch, auch wenn sich heute durch den Tourismus einiges gelockert haben mag. Einige Menschen glauben, die Seele zu verlieren, wenn man sie fotografiert. Solche Umstände muss natürlich jeder Fotograf – auch im eigenen Interesse – berücksichtigen, aber auch darum soll es hier nicht gehen.

DSGVO und KUG

Bevor wir jedoch in medias res gehen, gestatten Sie mir noch folgenden Hinweis: Mit Inkrafttreten der DSGVO (*www.dsgvo-gesetz.de/*) am

25.05.2018 gibt es ein weiteres Regelwerk, das unmittelbaren Einfluss auf die Personenfotografie hat und – zumindest bei der Herstellung von Fotografien – vorrangig anzuwenden ist, während bezüglich der Veröffentlichung von Fotos noch nicht geklärt ist, ob die Bestimmungen des Kunsturhebergesetzes (KUG) weiterhin Gültigkeit haben und wie diese Vorschriften im Verhältnis zur DSGVO einzuordnen sind. Dies bedeutet jedoch nicht, dass damit die Aspekte, die im Nachfolgenden – wie bereits in der Vorauflage – dargestellt werden, nicht mehr gültig sind. Hinzu kommt, dass die DSGVO nicht in jedem Fall Anwendung findet, sodass für die von der DSGVO ausgenommenen Fälle die bisherige Rechtslage weiter Gültigkeit hat.

Aus diesem Grunde habe ich ganz bewusst den folgenden Abschnitt 3.1, in dem es um die Herstellung von Personenaufnahmen und damit verbundene Rechtsfragen geht, nicht gänzlich gestrichen, sondern Korrekturen nur insoweit vorgenommen, als die Ausführungen der Vorauflage durch Inkrafttreten der DSGVO zwischenzeitlich überholt sind. Ich bitte Sie deshalb, dieses Kapitel stets im Kontext von Kapitel 4 zu sehen, in dem ich mich explizit mit der DSGVO befassen werde.

Flut von Gerichtsurteilen

Die Flut von Gerichtsurteilen, mit denen Fotografen als Hersteller von Personenfotos und/oder die Medien als deren Verwerter zum Unterlassen und zum Schadensersatz verurteilt wurden, ist kaum mehr zu überblicken. Deshalb werde ich im Folgenden ganz bewusst auch nur auf einige ausgewählte Entscheidungen eingehen. Allerdings möchte ich hervorheben, dass den behandelten Gerichtsentscheidungen ausschließlich Sachverhalte zugrunde lagen, in denen es um die Veröffentlichung ungenehmigter Fotos in den Medien, insbesondere in der Presse, ging, bei denen also in erster Linie neben den jeweiligen Medien »Fotojournalisten«, also in der Regel Berufsfotografen, betroffen waren. Damit handelt es sich zumeist also um die kommerzielle Verwendung von Personenaufnahmen. Amateure geben ihre Aufnahmen von Menschen seltener zur Veröffentlichung an die Medien oder verwerten sie kommerziell und geraten deshalb weniger in rechtliche Schwierigkeiten.

Betroffen sind überwiegend Berufsfotografen und die Medien

Die Tatsache, dass es überwiegend Berufsfotografen und die Medien sind, die von ohne deren Einwilligung fotografierten Personen gerichtlich belangt werden, mag sicherlich auch damit zusammenhängen, dass es sich bei Personenaufnahmen von Amateurfotografen oft um Fotografien handeln dürfte, die im Familien-, Bekannten- oder Freundeskreis hergestellt werden. Die Neigung dieser fotografierten Personen, sich gegen eine ohne Einwilligung hergestellte oder veröffentlichte Aufnahme gleich mit rechtlichen Mitteln zur Wehr zu setzen, ist sicherlich ungleich weniger ausgeprägt als bei Personen, die von unbekannten Berufsfotografen fotografiert werden, die das Bild anschließend kommerziell verwerten.

Auch Amateure und Semiprofis müssen aufpassen

Jedoch können Sie durchaus auch als Amateur oder Semiprofi in die Situation geraten, in der Sie, etwa im Rahmen eines Fotowettbewerbs, Bilder, auf denen Personen abgebildet sind, herstellen und/oder veröffentlichen und damit in die Rechte der fotografierten Person eingreifen. Bei einer fehlenden Einwilligung der fotografierten Person kann es dann unter Umständen ein böses Erwachen geben. Sie sollten sich in Zeiten, in denen über das Internet ein weltweiter Zugriff auf viele Veröffentlichungen besteht, auch keinesfalls darauf verlassen, dass es der im Urlaub in Frankreich fotografierte französische Weinbauer mit der landestypischen Baskenmütze oder der griechische Fischer mit dem markanten und sonnengebräunten Gesicht nicht mitbekommen, wenn Sie das von ihnen heimlich mit dem Teleobjektiv geschossene Porträt in Ihrer Internetgalerie zeigen oder zu einem offenen Wettbewerb einsenden. Mag das Risiko, sich damit Ansprüchen der betroffenen Personen auszusetzen, mit der Entfernung des Aufnahmeortes auch sinken, müssen Sie trotzdem damit rechnen, dass bei unautorisierter Verwertung ihrer Porträts auch von Personen aus entfernten Urlaubsregionen Forderungen erhoben werden. Wie hoch die Wahrscheinlichkeit ist, dass ein solcher Fall eintritt, lässt sich natürlich nicht prognostizieren. Letztlich müssen Sie als Fotograf also für sich entscheiden, ob und welches Risiko Sie eingehen möchten, wenn Sie Fotografien anderer Menschen ohne deren Einwilligung herstellen oder gar verwerten.

Model

Nicht zu vergessen ist die Zusammenarbeit mit Models in der Porträt- und Aktfotografie. Auch hier können sich rechtliche Probleme ergeben, wenn die Nutzungsrechte für die hergestellten Fotos nicht klar geregelt sind.

3.1 Die Herstellung von Personenaufnahmen

Bereits die Herstellung kann unzulässig sein

Anders als bei Sachaufnahmen, bei denen die Herstellung der Aufnahmen grundsätzlich unbedenklich ist, sofern nicht eine der in Kapitel 2, »Natur, Architektur, Sachen und Tiere«, dargestellten Einschränkungen oder Ausnahmen vorliegt, gilt dies nicht für Personenaufnahmen. Bei diesen kann bereits die Herstellung der Aufnahme als Verletzung des allgemeinen Persönlichkeitsrechts und Verletzung der datenschutzrechtlichen Vorschriften unzulässig sein. Auf Letztere gehe ich separat in Kapitel 4 ein, weil mir dies für den Leser übersichtlicher erscheint.

»So tun als ob« ist eine Persönlichkeitsrechtsverletzung

Es sei an dieser Stelle im Übrigen ausdrücklich darauf hingewiesen, dass auch das systematische Belauern mit einer Kamera, bei der nur so getan wird, als würde fotografiert, eine Persönlichkeitsrechtsverletzung darstellt. Die Rechtsprechung hatte sich bereits mehrfach mit Nachbarschaftsstreitigkeiten zu befassen, bei denen einer der Beteiligten fortwährend seine Kamera auf das Nachbargrundstück richtete und der andere aus der Ferne gar nicht erkennen konnte, ob er oder seine Angehörigen nun tatsächlich fotografiert wurden oder ob sich der andere nur wichtigmachen oder schikanieren wollte, indem er so tat, als würde er seinen Nachbarn fotografieren. In solchen Fällen steht dem Betroffenen ein Unterlassungsanspruch zu, auch wenn überhaupt kein Foto gemacht wurde. Dies wurde bereits mehrfach von Amtsgerichten entschieden, vor denen in der Regel Nachbarschaftsstreitigkeiten verhandelt werden.

[!]

Belauern mit der Kamera

Es spielt für eine Persönlichkeitsrechtsverletzung keine Rolle, ob tatsächlich der Auslöser der Kamera gedrückt wird und ein Foto hergestellt wird. Schon das systematische Belauern mit der Kamera und der Anschein, man werde fotografiert, reicht für eine Persönlichkeitsrechtsverletzung aus.

Es kommt auf den Einzelfall an

Doch zurück zur tatsächlichen Herstellung von Personenaufnahmen. Es gab bereits seit Längerem Stimmen in der Literatur und Rechtsprechung, die jede Herstellung einer Personenaufnahme ohne das Einverständnis des Abgebildeten als eine Verletzung des allgemeinen Persönlichkeitsrechts werten und damit als unzulässig ansehen. Nach der höchstrichterlichen Rechtsprechung des Bundesgerichtshofs (BGH) musste jedoch stets eine Interessenabwägung im Einzelfall vorgenommen werden. Allerdings war bereits eine Tendenz auch des BGH durchaus erkennbar, schon die Herstellung von Personenaufnahmen ohne Einverständnis des Abgebildeten in der Regel als unzulässig anzusehen – nämlich dann, wenn eine spätere Veröffentlichung der Aufnahme auf jeden Fall unzulässig wäre. Allerdings hat der BGH für die Fälle, die nicht unter die DSGVO fallen, noch nicht entschieden, dass jede Herstellung einer Personenaufnahme ohne Einwilligung bereits eine Verletzung des allgemeinen Persönlichkeitsrechts darstellt. Es kommt deshalb bei der Frage, ob bereits die Herstellung des Fotos ohne Einwilligung des Betroffenen eine Rechtsverletzung darstellt, stets auf den Einzelfall an. Dabei spielt eine entscheidende Rolle, wofür die Aufnahme verwendet werden soll.

[!]

Personen fotografieren ohne ihre Einwilligung?

Nach höchstrichterlicher Rechtsprechung kann es bereits unzulässig sein, Aufnahmen von Personen herzustellen, die nicht ihre Einwilligung dazu gegeben haben, fotografiert zu werden. Denn eine Aufnahme, bei der das Einwilligungserfordernis der betroffenen Person ignoriert wird, kann regelmäßig eine Verletzung des allgemeinen Persönlichkeitsrechts, das in Art. 1 und 2 GG verankert ist, darstellen. Dabei ist es völlig gleichgültig, ob das Foto zu Privatzwecken oder mit der Absicht einer späteren Veröffentlichung gemacht wurde. Deshalb sollten Sie grundsätzlich nur solche Personenfotos anfertigen, mit denen die fotografierte Person einverstanden ist.

Person als zentrales Bildmotiv

Ich spreche im Folgenden zunächst nur von solchen Aufnahmen, bei denen eine oder mehrere Personen das zentrale Bildmotiv oder zumindest ein wichtiges Bildelement darstellen. Darüber hinaus gibt es natürlich Aufnahmen, bei denen eine oder mehrere Personen auf einem Bild eine untergeordnete Rolle spielen und lediglich »Beiwerk« sind. In diesem Fall gelten andere Regeln, mit denen wir uns im Zusammenhang mit der Veröffentlichung von Personenfotos ausdrücklich noch befassen werden.

Bildnisse aus dem Bereich der Zeitgeschichte

Das Gleiche gilt im Übrigen für Bildnisse aus dem Bereich der Zeitgeschichte, die ebenfalls ohne Einwilligung der abgebildeten Personen veröffentlicht und damit auch hergestellt werden dürfen. Auch darauf werde ich im Zusammenhang mit der Veröffentlichung von Personenfotos noch näher eingehen.

Von dem Grundsatz, dass bereits die Herstellung einer Personenaufnahme eine Persönlichkeitsrechtsverletzung darstellen kann, wird natürlich nicht nur die Fotografie wildfremder Menschen erfasst. Vielmehr gilt dieser Grundsatz auch im Familienkreis und bei der Aufnahme bekannter bzw. dem Fotografen nahestehender Personen. Denn selbstverständlich ist das Persönlichkeitsrecht absolut und nicht davon abhängig, wie eng die persönliche Beziehung zwischen Fotograf und fotografierter Person ist.

[zB]

Wenn also Ihr Onkel auf der Geburtstagsfeier Ihrer Tante, bei der Sie ausgiebig für das Familienalbum fotografieren, ausdrücklich äußert oder zu erkennen gibt, dass er nicht fotografiert werden möchte, ist es nicht nur ein Gebot des Anstandes, dies zu respektieren und Ihren Onkel nicht mit dem Hinweis, er möge sich doch nicht so anstellen, trotzdem zu fotografieren; vielmehr stellt die dennoch gemachte Aufnahme des Onkels im Zweifel eine Verletzung von dessen Persönlichkeitsrecht dar. Er wäre also – rein juristisch betrachtet – berechtigt, Unterlassung und die Vernichtung gegebenenfalls bereits gemachter Bilder zu verlangen. Dass Ihr Onkel mit seinen Ansprüchen gegen Sie vermutlich nicht vor Gericht ziehen würde, steht auf einem ganz anderen Blatt und ändert natürlich nichts an der Rechtswidrigkeit der Aufnahme.

Recht am eigenen Bild nur relevant bei Veröffentlichung

Wenn sich allerdings eine fotografierte Person lautstark auf ihr »Recht am eigenen Bild« beruft, ist dies rechtlich nicht korrekt. Das Recht am eigenen Bild, das sich aus § 22 des Kunsturhebergesetzes (KUG, auch *KunstUrhG*, im Wortlaut unter *www.gesetze-im-internet.de/kunsturhg*) ableitet, ist lediglich im Zusammenhang mit der Veröffentlichung von Personenfotos relevant und wird deshalb auch in Abschnitt 3.2 behandelt.

3.1.1 Die Entwicklung des Rechts zum Fotografieren von Prominenten

Eine Wende in der rechtlichen Beurteilung von Personenfotos von Prominenten begann Mitte der 1990er-Jahre und wurde ausgelöst durch mehrere Verfahren, die Caroline von Monaco, heute Caroline von Hannover, gegen verschiedene Zeitschriftenverlage führte und in denen sie sich gegen die Veröffentlichung von Bildnissen zur Wehr setzte, die von ihr und ihren Kindern in ihrer Privatsphäre gemacht worden waren. Bevor es zu den rechtskräftigen Entscheidungen in den von Caroline von Monaco angestrengten Verfahren kam, galt in Deutschland, dass Prominente, wo immer sie in der Öffentlichkeit auftauchten, dulden mussten, dass Fotos von ihnen hergestellt wurden.

»Caroline von Monaco II«

Das Bundesverfassungsgericht (BVerfG) hat in einer dieser Caroline-Entscheidungen im Jahr 1999 (Urteil 15.12.1999 – 1 BvR 653/96 – »Caroline von Monaco II«), die allerdings in wesentlichen Punkten später vom Europäischen Gerichtshof als nicht mit Art. 8 der Europäischen Menschenrechtskonvention vereinbar angesehen wurde, festgestellt, dass die vom allgemeinen Persönlichkeitsrecht aus Art. 2 Abs. 1 in Verbindung mit Art. 1 Abs. 1 GG geschützte Privatsphäre nicht auf den häuslichen Bereich beschränkt sei. Auch außerhalb seiner vier Wände, nach BVerfG auch an einem abgeschiedenen Ort, kann man somit in seiner Privatsphäre gestört werden. Der EuGH hat später die Beschränkung auf den häuslichen Bereich bestätigt, aber die Beschränkung auf einen abgeschiedenen Ort als zu eng angesehen.

Auf die von Caroline von Monaco angestrengten Verfahren, die in der letzten Instanz im Jahr 2004 vom Europäischen Gerichtshof entschieden wurden und zu einer bedeutsamen Änderung der Rechtsprechung zum Urheberrecht in Deutschland geführt haben, werde ich aber im Zusammenhang mit der Veröffentlichung von Personenaufnahmen noch detailliert eingehen. Somit durfte man schon vor der DSGVO auch Prominente nicht dort, wo man sie gegebenenfalls traf, einfach fotografieren, sofern sie nicht in einem zeitgeschichtlichen Ereignis zu sehen waren, worauf ich später beim Thema Veröffentlichung von Fotos noch zurückkommen werde.

Der BGH (Urteil vom 25.04.1995 – VI ZR 272/94) hat im Zusammenhang mit der Überprüfung der Rechtmäßigkeit von Videoaufnahmen entschieden, dass bereits die Herstellung von Bildnissen einer Person, insbesondere die Filmaufzeichnung, auch in Bereichen, die der Öffentlichkeit zugänglich sind, wie etwa auf einem öffentlichen Weg, einen unzulässigen Eingriff in das allgemeine Persönlichkeitsrecht des Betroffenen darstellen kann.

Die Parteien dieses Verfahrens waren Nachbarn, die auf unmittelbar gegenüberliegenden Grundstücken wohnten, die durch einen öffentlichen Zugangsweg voneinander getrennt waren. Als eine der Parteien bemerkt hatte, dass von dem Weg aus häufiger Unrat auf ihr Grundstück geworfen wurde, installierte sie auf ihrem Grundstück eine Videokamera, die automatisch Aufzeichnungen vornahm und einen Teil des Zugangsweges in seiner gesamten Breite erfasste. Der andere Nachbar machte daraufhin zunächst in der ersten Instanz geltend, auch Teile seines Grundstücks würden auf diese Weise überwacht, und klagte deshalb auf Entfernung der Videoanlage bzw. verlangte, die Anlage so einzurichten, dass sein Grundstück nicht erfasst werde und keine Aufzeichnungen von Vorgängen auf seinem Grundstück ermöglicht würden. Im Berufungsverfahren hatte der klagende Nachbar darüber hinaus beantragt, die Videoanlage so einzurichten, dass durch sie Vorgänge auf dem öffentlichen Weg ebenfalls nicht erfasst würden.

Wie bereits das KG Berlin als Vorinstanz hat auch der BGH den beklagten Nachbarn zur Unterlassung einer Überwachung des Nachbargrundstücks und dessen Zugangs durch den Einsatz technischer Mittel sowie zur Unterlassung der Aufzeichnung von Bildnissen der Kläger verurteilt. Der BGH hat in seinem Urteil bestätigt, dass auch die Überwachung des Zugangsweges mittels Videoaufzeichnungen hier zu einer den Kläger in seinem allgemeinen Persönlichkeitsrecht verletzenden Herstellung von Bildaufnahmen führt. Dabei stellt der BGH darauf ab, dass die Überwachung des Weges darauf angelegt sei, Benutzer des Weges in einer Vielzahl von Fällen abzubilden und aufzuzeichnen, und der Kläger dem nicht ausweichen könne, wenn er sich auf dem Weg von oder zu seinem Grundstück befinde. Der BGH hat diesen Fall ganz klar von solchen Fällen abgegrenzt, in denen es darum geht, einen öffentlichen Weg ohne Kontrollabsichten mittels Videoaufnahme zu erfassen, und hat dazu wörtlich ausgeführt:

»Es geht hier nicht darum, daß nur schlicht ein öffentlicher Weg im Rahmen einer Videoaufnahme erfaßt wird, die, wie dies etwa bei Foto- und Filmaufnahmen von Touristen oder dergleichen der Fall ist, in erster Linie dem Festhalten eines Stadt- oder Straßenbildes oder von baulichen Anlagen dienen soll, wobei vorübergehende Passanten zufällig miteinbezogen werden; derartige Fertigungen seines Bildnisses muß ein Passant, der öffentlichen Wegeraum benutzt, allerdings ohne weiteres hinnehmen.« [§]

Damit wird deutlich, worum es bei der Beurteilung der Frage geht, ob Sie sich gegen Bildnisse, die von Ihnen auf öffentlicher Verkehrsfläche gemacht werden, erfolgreich wehren können oder nicht. Dies hängt davon ab, ob Sie sich zufällig im Straßenbild befinden, wenn davon Fotos angefertigt werden, oder ob Sie das eigentliche Motiv sind, das fotografiert bzw. dessen Verhalten aufgezeichnet werden soll.

Ähnlich urteilte auch das KG Berlin in einem anderen Fall (Urteil vom 09.03.2007 – 9 U 212/06) und stellte folgenden Leitsatz auf:

»Abgesehen von den Fällen der Verletzung der Intimsphäre bzw. der Menschenwürde sowie der Bildniserschleichung liegt eine Verletzung des Persönlichkeitsrechts bereits durch die Anfertigung eines Bildnisses durch Journalisten jedenfalls dann vor, wenn auch eine Verbreitung des Bildnisses in jedem nur denkbaren Kontext unzulässig wäre.« [§]

In diesem Fall ging es um Fotos, die ohne Einwilligung von einem namentlich nicht genannten Prominenten und seiner Tochter gemacht wurden, als der Prominente seine Tochter zu einem Ponyhof brachte.

Keine Kontrolle über die weitere Verwendung der Aufnahmen

Warum bereits die Herstellung einer Aufnahme ohne Einwilligung des Betroffenen als unzulässige Verletzung des allgemeinen Persönlichkeitsrechts angesehen werden kann, wurde von der Rechtsprechung, u. a. vom BGH und vom KG Berlin in den zitierten Entscheidungen, mehrfach und nachvollziehbar damit begründet, dass die fotografierte Person nach Herstellung der Aufnahme keinerlei Kontrolle mehr darüber habe, was mit der Aufnahme geschehe – ob sie veröffentlicht werde, wann dies geschehe und vor allem wo und insbesondere in welchem Kontext das Foto dann zu sehen sein werde.

Im digitalen Zeitalter, in dem es ein Leichtes ist, in Windeseile über das Internet Fotos, die nahezu unbemerkt mit kleinsten Kompaktkameras oder den unvermeidlichen Mobiltelefonen hergestellt werden können, in alle Welt zu verbreiten, hat sich das Risiko für die fotografierte Person, dass später irgendwo auf der Welt ihr Bildnis auftaucht, um ein Vielfaches potenziert. Hinzu kommt das Problem, dass digitale Fotos auch von Dritten wiederum heruntergeladen und an anderer Stelle wieder ins Internet eingestellt oder anderweitig verwertet werden können. Auf diese Weise kann ein nicht mehr zu beherrschender Multiplikatoreffekt auftreten. Ist das Foto erst einmal ins Internet eingestellt worden, ist schlichtweg nicht mehr kontrollierbar, was dann damit geschieht.

Die fotografierte Person ist jedenfalls nach der Aufnahme allem, was dann mit dem Foto passiert, nahezu schutz- und wehrlos ausgesetzt. Sie kann nicht verhindern, dass ihr Foto im harmlosesten Fall rechtswidrigerweise veröffentlicht, im schlimmsten Fall in einem ehrverletzenden oder rufschädigenden Zusammenhang gezeigt wird. Ob dann Unterlassungsansprüche erfolgreich geltend gemacht werden können, mag auch nicht immer gewährleistet sein und ändert schließlich auch nichts an der Tatsache, dass die Rechtsverletzung der Veröffentlichung als irreversibler Vorgang bereits stattgefunden hat.

Diese Aspekte sprechen wiederum für einen generellen Schutz vor der Herstellung von Personenaufnahmen ohne Einwilligung der abgebildeten Person. Dem hat die DSGVO nunmehr Rechnung getragen.

So mancher, der eigentlich gar nichts dagegen einzuwenden hat, auf einer Feierlichkeit für das Familienalbum oder zur Erinnerung fotografiert zu werden, möchte verständlicherweise noch lange nicht, dass sein Foto später zu irgendwelchen Werbezwecken kommerziell genutzt wird oder gar im Internet in einem für ihn diskreditierenden Zusammenhang gezeigt wird.

[zB]

Einen interessanten Fall hatte das Amtsgericht Bonn Anfang 2014 zu entscheiden (Urteil vom 28.01.2014 – 109 C 228/13). Der Kläger des Verfahrens war beim Ausführen seines Hundes in einem nahe Bonn gelegenen Naturschutzgebiet fotografiert worden, als er verbotswidrig seinen Hund ohne Leine dort laufen ließ. Der Beklagte fertigte hiervon Fotoaufnahmen, machte Notizen zu dem von ihm beobachteten Verhalten und schrieb das Kennzeichen des Klägers auf. Sodann zeigte er das Verhalten bei der zuständigen Ordnungsbehörde der Stadt Bonn an und überreichte dabei die gesammelten Informationen, einschließlich der von ihm angefertigten Fotos. Nur mit diesen Fotos konnte der Hundehalter überhaupt ausfindig gemacht werden, ohne »Beweise« wäre die Anzeige von vornherein zwecklos gewesen und nicht weiterverfolgt worden.

Das Amtsgericht hatte sich nun mit der Frage zu befassen, ob das Fotografieren einer fremden Person ohne deren Einwilligung dann zulässig ist, wenn es um Darstellung und den Beweis von Ordnungswidrigkeiten dieser Person geht. Das Amtsgericht kam zu dem völlig richtigen Ergebnis, dass die Verfolgung von Ordnungswidrigkeiten allein den zuständigen Verwaltungsbehörden obliegt und der § 24 KUG als Ausnahme des Rechts am eigenen Bild (§ 22 KUG) ausschließlich Behörden das Recht gibt, für Zwecke der Rechtspflege und der öffentlichen Sicherheit Bildnisse ohne Einwilligung des Berechtigten sowie des Abgebildeten zu vervielfältigen, zu verbreiten und öffentlich zur Schau zu stellen. Die Ahndung von Ordnungswidrigkeiten bzw. deren zukünftige Verhinderung ist nicht die Aufgabe von Privatpersonen und berechtigten diese nicht, andere Personen ohne deren Einwilligung zu fotografieren und diese Fotos dann zu veröffentlichen.

[!]

Ungenehmigte Personenfotos zu Beweiszwecken

Es war bereits vor Inkrafttreten der DSGVO unzulässig, Personen zu fotografieren, um mit den Fotos die Personen wegen eines verbotswidrigen Verhaltens bei Behörden anzuzeigen. Etwas anderes kann nur gelten, wenn sich der Angriff gegen den Fotografen selbst, seine Angehörigen oder sein Eigentum richtet, dann dürfte dies aus dem Notwehrgedanken gerechtfertigt sein.

Der selbst ernannte Ordnungshüter wurde vom Gericht deshalb verurteilt, es bei Meidung eines Ordnungsgeldes bis zu 5.000 €, ersatzweise Ordnungshaft bis zu sechs Monaten, zu unterlassen, den Kläger ohne seine Einwilligung beim Ausführen seines Hundes zu fotografieren.

[!]

Aufnahmen ohne Einwilligung sind im Zweifel rechtswidrig

Als Ergebnis für die Praxis galt bereits vor der DSGVO, dass im Zweifel bereits die Herstellung eines Fotos ohne Einwilligung des Betroffenen rechtswidrig war.

Erlaubnistatbestand

Die DSGVO regelt nun, wie Sie in Kapitel 4, »Datenschutz«, sehen werden, dass die Herstellung von Personenfotos mit digitalen Aufnahmegeräten grundsätzlich unzulässig ist, wenn nicht ein sogenannter, in Art. 6 DSGVO geregelter *Erlaubnistatbestand* vorliegt. Einer dieser Erlaubnistatbestände in Art 6 DSGVO ist die Einwilligung, wie wir noch sehen werden.

Da es hierzu jedoch bereits eine umfangreiche Rechtsprechung gibt, soll bereits an dieser Stelle darauf Bezug genommen und einiges Grundsätzliche zur Einwilligung dargelegt werden, was auch mit der DSGVO seine Gültigkeit keineswegs verloren hat. Außerdem sind diese Aspekte grundsätzlich auch zu beachten, wenn es sich um Fälle handelt, die nicht unter die DSGVO fallen.

3.1.2 Die Einwilligung im Allgemeinen

Zustimmung, Einwilligung, Genehmigung

Wie bereits in Kapitel 2, »Natur, Architektur, Sachen und Tiere«, erläutert, bedeutet der Begriff *Einwilligung*, dass die Zustimmung zur Aufnahme vorab erteilt wird, während die nachträglich eingeholte Zustimmung rechtlich gesehen eine *Genehmigung* wäre. Zustimmung ist somit der Oberbegriff und kann Einwilligung oder Genehmigung sein, wie sich im Übrigen aus §§ 183, 184 BGB ergibt (den Wortlaut der Paragrafen im Bürgerlichen Gesetzbuch finden Sie unter *www.gesetze-im-internet.de/bgb*).

Vor dem Auslösen Einverständnis holen

Demzufolge ist es erforderlich, dass sich der Fotograf, bevor er den Auslöser seiner Kamera drückt, davon überzeugt hat, dass die zu fotografierende Person mit der Aufnahme ausdrücklich einverstanden ist. Dabei stellt sich die Frage, wie die Einwilligung auszusehen hat bzw. ob diese ausdrücklich erklärt werden muss. Es wäre sicherlich lebensfremd, vom Fotografen zu fordern, jede Person, die er erkennbar fotografieren möchte, ausdrücklich zu fragen, ob sie auch damit einverstanden ist, und sich dies gegebenenfalls auch noch schriftlich bestätigen zu lassen. Die Einwilligung kann deshalb natürlich auch durch konkludentes Handeln, d. h. stillschweigend gegeben werden.

[!]

Konkludentes Verhalten

Nach einem Urteil des BGH vom 20.02.1968 (VI ZR 200/66) liegt konkludentes Verhalten dann vor, wenn die fotografierte Person eine Aufnahme wissentlich und in Kenntnis ihres Zwecks duldet.

Wenn der Fotograf mit der Kamera in der Hand auf eine Person zugeht und diese sich daraufhin, den Fotografen erblickend, in Pose setzt und in Richtung des Fotografen lächelt, darf der Fotograf wohl davon ausgehen, dass die Person damit einverstanden ist, fotografiert zu werden, sofern der Person der Zweck der Aufnahme mitgeteilt wird oder dieser sich eindeutig aus den Umständen ergibt.

Im Streitfall muss allerdings der Fotograf nachweisen (ist »beweisbelastet«), dass die Einwilligung erteilt wurde. Das kann zu einem Beweisproblem führen, wenn später vom Fotografierten das Einverständnis zur Herstellung der Aufnahme geleugnet wird. In der Praxis dürfte sich dieser Fall jedoch kaum ergeben, da anhand der Aufnahme und der Mimik des Fotografierten später unschwer festzustellen ist, ob Einverständnis mit der Herstellung der Fotografie bestand oder nicht. Jemand, der freundlich in die

Kamera lächelt und damit dokumentiert, dass er die Tatsache, dass er fotografiert wird, realisiert hat, wird wohl später nicht ernsthaft behaupten können, er sei mit der Aufnahme überhaupt nicht einverstanden gewesen.

◄ **Abbildung 3.1**
Das Einverständnis zur Aufnahme ist eindeutig erkennbar.

Auch gibt es durchaus Situationen, in denen der Fotograf mangels anderer Anhaltspunkte von einer Einwilligung ausgehen kann, solange die oder der Betroffene nicht ausdrücklich das Gegenteil zum Ausdruck bringt:

Denken Sie an einen Ball oder eine sonstige Veranstaltung, bei der die Teilnehmer an ihren Tischen sitzen und ein vom Veranstalter bestellter Berufsfotograf von Tisch zu Tisch geht und Teilnehmer allein oder mit ihrem jeweiligen Partner fotografiert. Gelegentlich werden solche Fotos auch bereits im Foyer beim Eintritt in den Festsaal von den einzelnen Paaren gemacht. Am späteren Abend werden dann im Foyer des Veranstaltungsortes die Fotos an Stellwänden ausgehängt und zum Kauf angeboten. Jeder von Ihnen, der bereits auf einer solchen Veranstaltung war, wird diesen Ablauf kennen.

Hier ist für alle Teilnehmer der Veranstaltung offensichtlich, dass während der Veranstaltung fotografiert wird und dass Porträts von möglichst allen Teilnehmern gefertigt werden sollen. Die Teilnehmer wissen meistens auch, zu welchem Zweck die Fotos gemacht werden, nämlich als Erinnerungsfotos, die sie später käuflich erwerben können. Die meisten Teilnehmer haben auch überhaupt nichts dagegen, fotografiert zu werden, schließlich legen sie in vielen Fällen Wert auf die Erinnerungsfotos. Sie setzen sich in Pose, legen vielleicht für die Aufnahme den Arm um den Partner und lächeln in die Kamera. Wer in einer solchen oder vergleichbaren Situation, in der das Fotografieren üblich ist, nicht fotografiert werden möchte, von dem darf erwartet werden, dass er dies ausdrücklich kundtut. Wer das nicht tut, obwohl er sieht, dass bei der Veranstaltung generell fotografiert wird, gibt zu erkennen, dass er nichts dagegen einzuwenden hat, wenn er fotografiert wird. Äußert er allerdings gegenüber dem Fotografen, dass er nicht fotografiert werden möchte, hat der Fotograf dies zu respektieren und die Aufnahme zu unterlassen.

3.1.3 Einwilligung bei Gruppenaufnahmen

Ein weit verbreiteter Irrglauben

Im Zusammenhang mit der Einwilligung gibt es einen weit verbreiteten Irrglauben, der mir immer wieder auch im Rahmen meiner Vorträge über Bildrecht begegnet: Es wird häufig die Meinung vertreten, einer besonderen Einwilligung bedürfe es dann nicht, wenn es sich um eine Gruppe von Menschen handele, wobei die Angaben über die Anzahl der Personen, die einer Gruppe angehören müssen, schwankt. Begründet wird dies auf Nachfrage dann zumeist damit, es sei ja gar nicht praktikabel, bei einer größeren Gruppe jeden Einzelnen zu befragen, ob er mit der Aufnahme einverstanden sei.

Auch bei Gruppenfotos müssen alle einwilligen

Diese Auffassung ist natürlich nicht richtig. Denn welche Rechtfertigung sollte es geben, die Frage der Verletzung von Persönlichkeitsrechten – oder seit 2018 auch die Verletzung des Datenschutzes – davon abhängig zu machen, wie viele Personen auf dem Bild sind? Soll man als Fotograf bei einer Gruppe von drei Personen auf eine Einwilligung angewiesen sein, eine Gruppe von acht Personen dagegen auch ohne deren Einwilligung fotografieren dürfen? Und bei welcher Personenzahl liegt die Grenze für die Notwendigkeit einer Einwilligung? Ich denke, schon aus diesen Fragestellungen wird deutlich, dass die Auffassung, es käme auf die Größe der Gruppe an, nicht richtig sein kann.

Tatsächlich gilt hier vielmehr exakt das, was auch für Einzelpersonen gilt: Begegnet der Fotograf im Gebirge einer sechsköpfigen Wandergruppe, die er wegen ihrer farbenfrohen Kleidung als Vordergrund für sein Gebirgs-panorama ablichten möchte, muss jedes der sechs Mitglieder der Wandergruppe in die Herstellung der Aufnahme einwilligen, sofern keiner der noch zu behandelnden Ausnahmetatbestände vorliegt (wenn etwa die Personengruppe als unwesentliches Beiwerk auf dem Bild gilt). Widerspricht nur eine Person aus der Gruppe, darf die Aufnahme nicht gemacht werden – zumindest nicht mit dieser Person.

Allerdings gilt auch bei Gruppenfotos, dass die Einwilligung durch konkludentes Handeln erteilt werden kann. Wer sich zum Beispiel bei einer Hochzeit zum Gruppenfoto vor dem Kirchenportal gemeinsam mit den anderen Festgästen aufstellt, kann später wohl kaum einwenden, er habe nicht eingewilligt, fotografiert zu werden.

[!]

Alle Personen einer Gruppe müssen gefragt werden
Bei Gruppenaufnahmen muss das Einverständnis aller Personen eingeholt werden. Widerspricht nur ein Gruppenmitglied, darf die Gruppe, zumindest mit dem widersprechenden Mitglied, nicht fotografiert werden. Sie muss sich dann ohne das widersprechende Mitglied gegebenenfalls neu formieren.

3.1.4 Einwilligung bei Minderjährigen

Die Darstellung in der Vorauflage, dass es sich bei der Einwilligung, fotografiert zu werden, um einen sogenannten Realakt handelt, der keine rechtliche Bindungswirkung hat und deshalb Minderjährige mit einem gewissen Reifegrad berechtigt, selbst und ohne Einwilligung der Erziehungsberechtigten darin einzuwilligen, ob sie fotografiert werden möchten, entsprach der damaligen Rechtslage, lässt sich im Lichte der DSGVO jedoch nicht weiter aufrechterhalten. Minderjährige bis zu einem gewissen Alter können nicht wirksam einwilligen, fotografiert zu werden. Näheres hierzu erfahren Sie in Kapitel 4, »Datenschutz«.

3.1.5 Verwendungszweck

Die Einwilligung der fotografierten Person unter Beachtung der Regelung in § 201a StGB bedeutet, wie bereits kurz angesprochen, immer auch, dass ihr der Verwendungszweck der Aufnahme mitgeteilt werden muss. Denn nur, wenn die zu fotografierende Person weiß, wozu die Bilder später verwendet werden, kann sie auch entscheiden, ob sie dies will oder nicht, und somit die Einwilligung erteilen oder versagen.

So muss der Fotograf mitteilen, ob er ein Bild für das Familienfoto macht, die Aufnahme als Referenz für seine Website benötigt oder ob das Foto zur Bebilderung eines Presseartikels über ein bestimmtes Thema dienen soll. Denn wie schon erwähnt, ist derjenige, der seine Einwilligung im Hinblick auf eine bestimmte Verwendungsart gegeben hat, im Zweifel nicht damit einverstanden, dass die Aufnahme, für ihn weitgehend unkontrollierbar, auch zu anderen Zwecken verwendet wird.

Beweispflicht beim Fotografen

Auch hier ist der Fotograf in einem möglichen späteren Streitfall dafür beweispflichtig, auf welchen Verwendungszweck sich die Einwilligung der fotografierten Person erstreckt. Behauptet der an seinem Arbeitsplatz fotografierte Holzschnitzer, er habe lediglich in eine Aufnahme zum Privatgebrauch oder für die Imagemappe des Fotografen eingewilligt, muss der Fotograf den Beweis führen, dass darüber hinaus die Einwilligung erteilt wurde, das Foto für einen Wandkalender zum Thema »Handwerk heute« zu verwenden.

Schriftliche Vereinbarungen sind geboten

An dieser Stelle wird erneut deutlich, dass es ratsam ist, klare schriftliche Vereinbarungen über den Verwendungszweck zu treffen – insbesondere dann, wenn Sie wildfremde Menschen fotografieren, von denen Sie nicht wissen können, ob sie sich später tatsächlich in vollem Umfang an das halten, was zuvor besprochen wurde. Das gilt natürlich auch aus der Sicht des Fotografierten.

Es ist klar, dass dies nicht immer möglich und realistisch ist, aber als Fotograf sollten Sie wissen, dass dann das Risiko bei Ihnen liegt, sollte die fotografierte Person später ihre Meinung ändern und sollten Ihnen keine Zeugen zur Verfügung stehen, die das tatsächlich Besprochene bestätigen können. Dazu erfahren Sie mehr in Kapitel 8, »Vertragsrecht«.

[!]

Mitteilung des Verwendungszwecks

Um die Konsequenzen einer Einwilligung übersehen zu können, müssen Sie der Person, die fotografiert werden soll, mitteilen, zu welchem Verwendungszweck die Aufnahme gemacht wird.

3.1.6 Unzulässigkeit der Paparazzo-Fotografie

Pressefotografie

Auch wenn für die Pressefotografie – wie Sie noch im Einzelnen sehen werden – im Hinblick auf das Grundrecht der Pressefreiheit teilweise Besonderheiten bestehen und deshalb auch die Herstellung von Aufnahmen ohne Einwilligung der Fotografierten dann keine Persönlichkeitsrechtsverletzung darstellt, wenn es sich um bekannte Persönlichkeiten handelt und die Aufnahmen dem überwiegenden Informationsinteresse der Allgemeinheit dienen, ist jedoch anerkannt, dass das Treiben der sogenannten *Paparazzi* aus rechtlicher Sicht unzulässig ist, da es ein unzulässiges Eindringen in die Privatsphäre und zudem eine strafbare Handlung nach § 201a StGB darstellt (siehe hierzu auch Abschnitt 3.1.8; im Wortlaut finden Sie den Paragrafen des Strafgesetzbuches unter *www.gesetze-im-internet.de/stgb*).

[+]

Paparazzo

Paparazzo ist der Name eines aufdringlichen Pressefotografen in Federico Fellinis 1960 gedrehtem Film »Das süße Leben« (*La dolce vita*). Davon abgeleitet, bezeichnete man mit *Paparazzo* (Plural: *Paparazzi*) ursprünglich in scherzhafter Weise einen Fotografen, der es sich zur Aufgabe gemacht hat, Prominenten nachzustellen, um sie – meist in ihrer Privatsphäre – heimlich zu fotografieren.

Spätestens seit dem Unfalltod von Lady Diana, die bekanntlich von Paparazzi bis in den Tod verfolgt wurde, hat der Begriff jegliche Scherzhaftigkeit (siehe Kasten »Paparazzo«) verloren und eine eindeutig negative Bedeutung erlangt. Heute empfindet man das Vorgehen derartiger Fotoreporter – die meist für die Boulevard- oder Regenbogenpresse arbeiten und aus Verstecken Prominenten auflauern, ihnen nachstellen und sie unbemerkt aus dem Hinterhalt mit langen Teleobjektiven in ihrer Privatsphäre fotografieren, um mit diesen Fotos die Sensationsgier von Teilen der Bevölkerung zu befriedigen – als ein eher unethisches Verhalten, sodass der Begriff Paparazzo inzwischen keineswegs mehr das ist, was er einmal war. Da es dennoch ein lukratives Geschäft zu sein scheint (der Fotograf, der das erste Bild von Lady Diana in den Armen von Dodi Al-Fayed machte, soll dafür mehrere Millionen kassiert haben), wird es ungeachtet aller ethischen und moralischen Einwände wohl immer Paparazzi geben.

Der BGH (Urteil vom 19.12.1995 – VI ZR 15/95), der die Paparazzo-Fotografie auch als »Bildniserschleichung« bezeichnet, hat sich mit der rechtlichen Wertung der Fotografie aus dem Hinterhalt befasst. In der ebenfalls Caroline von Monaco betreffenden Entscheidung hat der BGH dazu ausgeführt:

> *»Die Fotos sind ganz offensichtlich versteckt und für die Klägerin unbemerkt aus großer Entfernung mit weitreichenden Teleobjektiven aufgenommen worden; sie haben damit belauschenden Charakter. Die Heimlichkeit diente dazu, die fehlende Einwilligung der Klägerin zu unterlaufen und ihr die Möglichkeit zu nehmen, sich gegen das Fotografiertwerden in diesen Augenblicken zu wehren. Sie diente ferner dazu, ihre Arglosigkeit und Unbefangenheit auszunutzen, um dadurch persönlichste Regungen zu erhaschen, was dem Fotografen, der die Klägerin beim Austausch von Zärtlichkeiten aufgenommen hat, hier auch gelungen ist. (...)*
>
> *Schon bisher ist die Bildniserschleichung durch heimliche Aufnahme in der Rechtsprechung stets als rechtswidrig angesehen worden (...) Das galt freilich nur für den Privatbereich innerhalb des eigenen Hauses, in dem Aufnahmen grundsätzlich nur mit Einwilligung des Betroffenen zulässig sind. Den gleichen Schutz kann der Betroffene jedoch beanspruchen, wenn er seine Privatsphäre an einen Ort außerhalb des eigenen Hauses gewissermaßen mitnimmt. Auch dort können aus den gleichen Erwägungen heraus Bildaufnahmen grundsätzlich nur mit seiner Genehmigung hergestellt und veröffentlicht werden.«*

[§]

Auch das KG Berlin hat sich in der bereits zitierten Entscheidung von 2007 ausgiebig mit dem Schutz der Privatsphäre Prominenter und der Paparazzi-Fotografie auseinandergesetzt und auch unter Berücksichtigung der Pressefreiheit entschieden, dass das Verfolgen zum Zwecke des Anfertigens von Fotografien aus dem Privatbereich Prominenter unzulässig sei und selbst durch das Informationsinteresse der Öffentlichkeit nicht legitimiert werde. Zur Erinnerung: Ein Prominenter hatte seine Tochter über einen Waldweg von seinem Wohnhaus zu einem naheliegenden Ponyhof gebracht, und auf diesem Weg lauerte ihm ein Paparazzo auf. Dazu führt das KG Berlin am angegebenen Ort u. a. aus:

[§]

»Er (der Prominente, Anm. des Verfassers) sollte mit Bildaufnahmen in einer alltäglichen Lebenssituation der Medienöffentlichkeit präsentiert werden. Insoweit ist ein Schutz vor einer Verfolgung durch Fotografen bei einer rein privaten Tätigkeit im Alltagsleben auch für den Kläger geboten. Der Kläger wollte an einem Sonntagvormittag lediglich seine Tochter von seinem Wohnhaus über einen Waldweg zu einem wenige hundert Meter entfernten Ponyhof bringen. Hierbei handelt es sich um eine private, alltägliche Tätigkeit. (...) Das öffentliche Berichterstattungsinteresse ist allenfalls gering.«

Auf weitere Aspekte der Fotografie von Prominenten in ihrer Privatsphäre gehe ich im Zusammenhang mit der Veröffentlichung von Personenfotos in Abschnitt 3.2 ein, insbesondere in Abschnitt 3.2.2.

3.1.7 Nacktaufnahmen

Nacktaufnahmen

Einen ganz besonders schweren Eingriff in das Persönlichkeitsrecht stellt die Ablichtung eines nackten Körpers ohne Wissen oder sogar gegen den Willen des Abgebildeten dar. Dies wird Sie nicht sonderlich überraschen, gehört der nackte Körper doch zum intimsten Persönlichkeitsbereich eines jeden Menschen. Dabei spielt es im Übrigen auch überhaupt keine Rolle, ob etwa eine Schauspielerin, die ohne ihr Wissen nackt fotografiert wurde, in Filmrollen zuvor bereits nackt zu sehen war oder sich bereits mehrfach nackt fotografieren ließ. Dies hat u. a. das OLG Hamburg in seiner Entscheidung vom 21.05.1981 (3 U 22/81), in der es um heimlich hergestellte Nacktaufnahmen von Romy Schneider ging, festgestellt. Ohne Bedeutung ist es nach einem Urteil des OLG Düsseldorf (29.05.1984 – 15 U 174/83) auch, wenn es sich im Einzelfall nur um einen sogenannten *Rückenakt* handelt. Trotz inzwischen gelockerter Sexualmoral und einer unbefangeneren Betrachtung eines nackten Körpers gehört es zum Vorrecht jedes Einzelnen, zu bestimmen, ob er sich in der Öffentlichkeit nackt zeigen möchte. Obwohl das deutsche Recht und die gerichtliche Entscheidungspraxis, verglichen mit manch anderen Ländern, relativ konservativ und zurückhaltend mit der Höhe von Schmerzensgeldansprüchen umgehen, wurden doch in den genannten und auch in vergleichbaren Fällen deutliche Schmerzensgelder zuerkannt.

Das OLG München (Urteil vom 08.11.1985 – 21 U 2432/85) hat allerdings in einem Fall zwar die Verletzung des Persönlichkeitsrechts angenommen, dem Kläger aber dennoch einen Schmerzensgeldanspruch verweigert. Der Kläger war Mitglied einer Nudistengruppe, die sich im Englischen Garten in München provokativ unweit des Weges völlig unbekleidet gezeigt hatte. Da seinerzeit gerade eine Diskussion über das mit Bußgeld belegte unbekleidete Sonnenbaden im Englischen Garten geführt wurde, wurde das Bild auf der Titelseite einer Zeitung unter der Überschrift »Nackt im Park – 100,00 DM« veröffentlicht. Das OLG München war – wohl auch nicht ganz zu Unrecht – der Auffassung, dass die Persönlichkeitsrechtsverletzung in diesem Fall nicht so schwer gewesen sei, dass ein Schadensersatz begründet sein könnte.

3.1.8 Die Neuregelung des § 201a StGB – Fotografieren hilfloser Personen

Zum Zwecke eines erweiterten Schutzes des Persönlichkeitsrechts hat der Gesetzgeber aufgrund europäischer Vorgaben den bereits seit 2004 bestehenden § 201a des Strafgesetzbuches (StGB) um zwei wesentliche Aspekte erweitert.

Schutz des höchstpersönlichen Lebensbereichs

§ 201a StGB schützt den höchstpersönlichen Lebensbereich eines jeden. Nach dieser Vorschrift war es schon vor der Neuregelung mit Strafe bedroht, unbefugt Bildaufnahmen von einer anderen Person, die sich in einer Wohnung oder einem gegen Einblick besonders geschützten Raum befindet, herzustellen oder zu übertragen und dadurch deren höchstpersönlichen Lebensbereich zu verletzen oder solche Aufnahmen wissentlich unbefugt einem Dritten zugänglich zu machen, womit insbesondere die in Abschnitt 3.1.6 dargestellte Paparazzi-Fotografie erfasst wird.

Verschärfung ab Januar 2015

Mit Wirkung ab Januar 2015 wurde die Vorschrift dahingehend verschärft, dass nunmehr auch die Herstellung, Übertragung und Zugänglichmachung von Fotografien, die die Hilflosigkeit einer anderen Person zur Schau stellen oder die die Nacktheit einer anderen Person unter 18 Jahren zum Gegenstand haben, unter Strafe gestellt ist. Dabei wurde gleichzeitig der Strafrahmen von Geldstrafe oder Freiheitsstrafe bis zu einem Jahr auf eine Freiheitsstrafe bis zu zwei Jahren oder Geldstrafe angehoben.

Hilflose Personen

Es ist leider eine Tatsache, dass »Schaulustige«, nennen wir sie doch lieber »Gaffer«, bei schweren Unfällen die verunglückten Personen mit ihren Mobiltelefonen fotografieren oder filmen, statt ihnen zu helfen. Die Bild- oder Videoaufnahmen werden dann aus Lust an der »Sensation« über soziale Netzwerke verbreitet oder sogar an Zeitungen oder Fernsehanstalten weitergegeben. Daneben ist festzustellen, dass gewalttätige Jugendliche nach dem Motto »Du prügelst, ich filme« in den sozialen Netzwerken zunehmend mit Mobiltelefonen aufgenommene Filme einstellen, auf denen zu sehen ist, wie andere Jugendliche verprügelt werden und sich dabei in hilfloser Lage befinden, um sich dann an den Bildern zu ergötzen und vielleicht noch möglichst viele »Likes« zu bekommen. Bislang gab es gegen solch verurteilenswertes Verhalten zwar zivilrechtliche Möglichkeiten, aber keine unmittelbare strafrechtliche Handhabe.

Nicht mehr nur ein ethisches, sondern auch ein rechtliches Problem

Ich hatte bereits in meiner Einleitung zu den Vorauflagen davon gesprochen, dass jeder seriöse Fotograf und Filmer sich von solchen Handlungen distanzieren wird, und darauf hingewiesen, dass ich mich rein ethischen Fragen im Rahmen dieses Buches nicht widmen kann und will. Nun hat der Gesetzgeber dankenswerterweise gehandelt und dieses in meinen Augen absolut perfide Verhalten einer rechtlichen Regelung zugeführt, sodass dieses Thema nicht mehr ein rein ethisches, sondern auch ein rechtliches ist und deshalb zu einer vollständigen Darstellung des Foto- und Bildrechts gehört.

Hilflose Personen sind – wenngleich § 201a StGB hierfür keine gesetzliche Definition gibt – sicherlich alle Personen, die einen rechtswidrigen Angriff auf ihr Persönlichkeitsrecht oder ihre körperliche Unversehrtheit nicht aus eigener Kraft und mit eigenen Mitteln abwehren können. Ein schwerverletztes Unfallopfer ist sicherlich nicht in der Lage, selbst geeignete Maßnahmen zu ergreifen, um zu verhindern, dass seine Lage unbefugt fotografiert bzw. gefilmt und danach veröffentlicht wird. Auch der verprügelte Jugendliche ist mit der Abwehr der Angriffe auf seine körperliche Unversehrtheit so beschäftigt, dass er nicht in der Lage ist, beispielsweise der filmenden Person das Mobiltelefon zu entreißen oder aus der Hand zu schlagen, wozu er im Rahmen einer Notwehrhandlung auch durchaus berechtigt wäre. Solche Personen sind hilflos.

Darüber hinaus gibt es jedoch noch andere Fälle, in denen Personen hilflos sind. Dies gilt für Betrunkene ebenso wie für den auf der Parkbank schlafenden Obdachlosen. Wer also vorhat, auf Partys eine betrunkene Person aufzunehmen und das Foto oder den Film im Internet einzustellen, sollte sich dies gut überlegen, denn er macht sich schon mit der Herstellung der Aufnahme strafbar. Es muss also gar nicht erst ein sogenanntes *Cyber-Mobbing* vorliegen, also das vorsätzliche und gezielte Diffamieren einer anderen Person durch das Hochladen kompromittierender Fotos und Filmaufnahmen. Es reicht aus, dass sich die abgebildete Person in einem hilflosen Zustand befindet und in diesem Zustand aufgenommen wird. Die Frage, ob das Hochladen der Bilder danach ohne böse Absicht erfolgt oder ob es sich tatsächlich um Cyber-Mobbing handelt, mag allenfalls bei der Zumessung des Strafmaßes eine Rolle spielen.

Gemäß § 201a Abs. 1 Nr. 3 StGB machen sich jedoch auch diejenigen bereits strafbar, die solche Fotografien oder Videos in sozialen Netzwerken teilen. Man muss also die Aufnahmen nicht selbst gemacht und eingestellt haben, um sich strafbar zu machen, es reicht völlig aus, wenn man eine unbefugt hergestellte Aufnahme nur anderen zugänglich macht. Hier gilt das gleiche Strafmaß.

[!]

Schon das Fotografieren Hilfloser ist unter Strafe gestellt
Für eine Strafbarkeit nach § 201a StGB kommt es nicht darauf an, dass die Bilder auch veröffentlicht werden. Die Gesetzesvorschrift

greift bereits ein, wenn Aufnahmen von hilflosen Personen nur hergestellt werden, aber auch schon dann, wenn solche Aufnahmen im Internet geteilt werden. Deshalb müssen Hilflose für Fotografen tabu sein!

Aus Polizeiberichten sind schon Fälle bekannt geworden, in denen besonders dreiste Handyfilmer Rettungskräfte sogar aufgefordert haben, zur Seite zu gehen, damit sie besser filmen können. So geschehen, als ein zehnjähriges Mädchen von einem Auto angefahren und schwer verletzt worden war. Jedem, der bei seinen verbotenen Tätigkeiten die Rettungskräfte massiv behindert, macht sich auch nach § 114 StGB strafbar. Hier beträgt das Strafmaß Freiheitsstrafe von bis zu drei Jahren, in besonders schweren Fällen von bis zu fünf Jahren. Sind noch keine Rettungskräfte am Unfallort, kommt möglicherweise stattdessen eine Strafbarkeit wegen unterlassener Hilfeleistung nach § 323c StGB in Betracht.

Es bleibt wirklich zu hoffen, dass durch diese Gesetzesregelung die widerwärtige Praxis, hilflose Personen zu filmen und die Aufnahmen dann zu veröffentlichen, eingedämmt wird.

Nacktaufnahmen von Personen unter 18 Jahren

Die Herstellung und das Vertreiben bzw. Sichbeschaffen von Nacktaufnahmen von Personen unter 18 Jahren steht seit 2015 ebenfalls unter Strafe. Hier geht es um mehr oder weniger »harmlose« Nacktbilder, nicht um pornografische Fotos, bezüglich derer schon seit Jahren eine Strafbarkeit nach §§ 184b und 184c StGB besteht.

Sozialadäquate Aufnahmen

Bei der Herstellung von Aufnahmen, die nackte Personen unter 18 Jahren zum Gegenstand haben, ist aber nicht generell eine Strafbarkeit gegeben, wie sich aus dem Wortlaut des § 201a Abs. 3 StGB eindeutig ergibt. Die Befürchtung mancher Eltern, dass sie nunmehr ihr eigenes, im Urlaub nackt am Strand spielendes Kind nicht mehr fotografieren dürfen, ist deshalb unbegründet. Solche Fotos sind selbstverständlich nach wie vor zulässig und strafrechtlich irrelevant. Dies ergibt sich auch eindeutig aus der amtlichen Begründung des Gesetzgebers, der darauf hinweist, dass nur Handlungsweisen von dieser Vorschrift erfasst werden sollen, die sozial inadäquat sind. Bildaufnahmen von unbekleideten Kindern in familiären Alltagssituationen, die im familiären Bereich verbleiben und allenfalls im Verwandten- und Freundeskreis gezeigt werden, seien jedoch sozialadäquat.

Bei der Regelung in § 201a Abs. 3 StGB geht es nämlich vielmehr ausschließlich darum, die Herstellung oder Anbietung solcher Fotos unter Strafe zu stellen, die zu dem Zweck erfolgt, das Bildmaterial dritten Personen gegen Entgelt zu verschaffen. Der Zweck muss also gerade darin liegen, gefertigte Nacktfotos von Minderjährigen anschließend zu veräußern. Dies ergibt sich schon aus dem Wortlaut der Vorschrift »*(...) wer herstellt und anbietet, um zu (...)*«.

Lex Edathy

Ebenso wird im Übrigen bestraft, wer sich selbst oder einer dritten Person solche Fotos gegen Entgelt verschafft. Damit wird auch die Zielrichtung dieser Gesetzesnorm deutlich, nämlich der Schutz Jugendlicher und Kinder vor Vermarktung ihres Körpers durch Nacktaufnahmen. Diese Gesetzesbestimmung wird auch »Lex Edathy« genannt. Der SPD-Politiker Sebastian Edathy wurde vor einigen Jahren beschuldigt, sich Nacktaufnahmen von Personen unter 18 Jahren in Kanada bestellt zu haben. Sofern es sich nicht um pornografische Aufnahmen gehandelt hat, sondern um einfache Nacktbilder, stellte dies damals keinen Straftatbestand dar, heute wäre es aufgrund der gesetzlichen Neuregelung strafbar.

[!]

Gesetzgeber schließt Regelungslücke

Seit 2015 ist nunmehr auch die Herstellung, Verbreitung und das Sichbeschaffen von »harmlosen« Nacktbildern von Personen unter 18 Jahren verboten und strafbar.

Erfahrungen aus der Rechtsprechung stehen noch aus

Zur Anwendungspraxis der gesetzlichen Neuerungen kann derzeit noch nichts gesagt werden, hier bleibt abzuwarten, wie die Rechtsprechung die Neuregelung handhaben wird.

Dass natürlich in allen vorgenannten Fällen die Betroffenen auch zivilrechtliche Ansprüche auf Schadensersatz und Unterlassung geltend machen können, versteht sich von selbst. Und es ist auch damit zu rechnen, dass die Gerichte aufgrund der ganz massiven Persönlichkeitsrechtsverletzungen durch derartige Handlungen ganz empfindliche Schadensersatzleistungen zusprechen werden, die durchaus auch in fünfstelliger Höhe liegen können.

»und von Persönlichkeitsrechten«

Mit Wirkung ab dem 01.01.2021 hat der Gesetzgeber den § 201a StGB nochmals erweitert, der nun den Titel »*Verletzung des höchstpersönlichen Lebensbereiches und von Persönlichkeitsrechten durch Bildaufnahmen*« trägt: Hinzugekommen ist »*und von Persönlichkeitsrechten*«.

Diese Erweiterung hat damit zu tun, dass nun endlich auch die Gaffer, die Unfalltote mit ihren Mobiltelefonen am Unfallort filmen oder fotografieren, strafrechtlich belangt werden können. Zivilrechtlich war dies – wie bekannt – schon seit Inkrafttreten des KUG möglich, aber in der Praxis wenig wirksam.

Der neugefasste § 201a StGB regelt nun, dass mit Freiheitsstrafe oder Geldstrafe bestraft wird, wer eine Bildaufnahme, die in grob anstößiger Weise eine verstorbene Person zur Schau stellt, unbefugt herstellt, überträgt oder Dritten zugänglich macht. Ebenso wird bestraft, wer unbefugt von einer anderen Person, ob lebend oder tot, eine Bildaufnahme, die geeignet ist, dem Ansehen der abgebildeten Person erheblich zu schaden, einer dritten Person zugänglich macht.

Von Strafrechtlern wurde allerdings teilweise kritisiert, dass die Vorschriften des § 201a StGB zu viele Allgemeinplätze und unbestimmte Rechtsbegriffe enthielten und deshalb keine Wirkung in der Praxis hätten. In der Tat tun sich Fragen auf wie: »Wann ist eine Bildaufnahme geeignet, dem Ansehen einer Person zu schaden?« oder »Wann ist etwas grob anstößig?«. Diesbezüglich wird die Rechtsprechung im Laufe der Zeit grundsätzliche Urteile zu fällen haben; gleichwohl ist es aus meiner Sicht ein Fortschritt, dass ein solches Verhalten zunächst einmal grundsätzlich unter Strafe gestellt wurde.

Zu guter Letzt sei in diesem Zusammenhang darauf hingewiesen, dass die Geräte, mit denen die verbotswidrigen Aufnahmen hergestellt wurden, als Beweismittel beschlagnahmt werden können und dann erst einmal monatelang der Nutzung durch den Täter entzogen sind.

Vom Upskirting und Downblousing zum § 184k StGB | Manche Dinge sind eigentlich einfach nur so abwegig, dass man darüber nur den Kopf schütteln kann. Und immer wieder gibt es Notwendigkeiten für den Gesetzgeber, Lücken zu schließen, die offenbar bis dahin niemand erkannt hat, außer denjenigen, die sie genutzt haben. Die Rede ist hier von Upskirting und Downblousing, eine merkwürdige Art der »Fotografie«, die zunächst im Vereinigten Königreich, wo es diese Lücke in den Gesetzen ebenso gegeben hatte, und nun auch in Deutschland unter Strafe gestellt wurde.

Upskirting und Downblousing

Unter *Upskirting* versteht man das typischerweise auf einer Rolltreppe oder Treppe stattfindende unbemerkte Fotografieren unter einen Rock einer weiblichen Person, während unter *Downblousing* das Fotografieren von oben in den Ausschnitt der Oberbekleidung einer weiblichen Person verstanden wird. Die Anhänger dieser Art des »Fotografierens«, die wohl unbemerkt nur mit einem Mobiltelefon möglich sein dürfte, haben also das »Glück«, sowohl treppauf als auch treppab ein Fotomotiv zu finden. Und zu ihrer Freude war dies bis Juli 2020 auch nicht strafbar, weil es keine Vorschrift gab, die es unter Strafe gestellt hätte.

§ 184k

Bei einem Bürgermeister einer Stadt in Süddeutschland wurden ca. 100 Fotos eines solchen Upskirtings gefunden, er kam aber mit einem lächerlichen Ordnungsgeld davon, weil das Strafurteil der ersten Instanz vom Berufungsgericht aufgrund einer fehlenden Strafnorm aufgehoben wurde und ein Freispruch erfolgte. Daraufhin wurde der Gesetzgeber aktiv. Im Juli 2020 wurde beschlossen, in das Strafgesetzbuch einen neuen Paragrafen 184k mit der Überschrift »*Verletzung des Intimbereichs durch Bildaufnahmen*« aufzunehmen. Diese Vorschrift trat zum 01.01.2021 in Kraft. Danach wird mit Freiheitsstrafe bis zu zwei Jahren oder Geldstrafe bestraft, wer (§ 184k Abs. 1 StGB)

[§]

> *»1. absichtlich oder wissentlich von den Genitalien, dem Gesäß, der weiblichen Brust oder der diese Körperteile bedeckenden Unterwäsche einer anderen Person unbefugt eine Bildaufnahme herstellt oder überträgt, soweit diese Bereiche gegen Anblick geschützt sind,*
>
> *2. eine durch eine Tat nach Nummer 1 hergestellte Bildaufnahme gebraucht oder einer dritten Person zugänglich macht oder*

3. eine befugt hergestellte Bildaufnahme der in Nummer 1 bezeichneten Art wissentlich unbefugt einer dritten Person zugänglich macht.«

Abschreckende Wirkung

Allerdings wird die Tat gemäß § 184k Abs. 2 nur auf Antrag verfolgt, es sei denn, dass die Strafverfolgungsbehörden wegen des besonderen öffentlichen Interesses an der Strafverfolgung ein Einschreiten von Amts wegen geboten halten. Zunächst muss die Tat aber erst einmal im dichten Einkaufsgedränge wahrgenommen werden, und dann muss auch noch der Täter identifiziert werden, der sich nach der Tat möglicherweise schnell aus dem Staub machen wird. Die Schwierigkeit in der praktischen Handhabung dieser Vorschrift wird damit deutlich, aber die Vorschrift sollte zumindest einen deutlich abschreckenden Charakter haben, damit derartige Geschmacklosigkeiten hoffentlich eingedämmt werden können, bevor sie zum Volkssport werden.

Und niemand wird sicherlich auf die Idee kommen, die Anerkennung der Streetfotografie als Kunstform durch das Bundesverfassungsgericht auch auf die künstlerische Darstellung fremder Genitalien oder die diese bedeckende Unterwäsche zu erstrecken, denn dann wäre die Tat gar nicht mehr strafbar. In Absatz 3 des § 184k StGB findet man nämlich folgende Regelung:

»3. Absatz 1 gilt nicht für Handlungen, die in Wahrnehmung überwiegender berechtigter Interessen erfolgen, namentlich der Kunst oder der Wissenschaft, der Forschung oder der Lehre, der Berichterstattung über Vorgänge des Zeitgeschehens oder der Geschichte oder ähnlichen Zwecken dienen.«

Ich muss gestehen, verständlich ist mir dieser Absatz 3 nicht, aber irgendjemand wird sich wohl etwas dabei gedacht haben.

Immerhin regelt § 184k Abs. 4 StGB, dass die jeweiligen Aufnahmegeräte eingezogen werden können, das heißt, der Täter wird sein Mobiltelefon im Zweifel nicht wiedersehen.

3.2 Aufnahmen von Personen veröffentlichen und verwerten

Hängt die Zulässigkeit der Herstellung von Personenaufnahmen ohne Einwilligung der abgebildeten Personen, wie Sie gesehen haben, noch im Wesentlichen davon ab, zu welchem Verwendungszweck die Fotos gemacht wurden, und ist nicht jede Herstellung eines Personenfotos bereits rechtswidrig, ist die Rechtslage bei der Veröffentlichung von Personenfotos im Hinblick auf die Veröffentlichungsrechte des Fotografen noch um ein Vielfaches restriktiver und eindeutiger. Denn bei der Veröffentlichung geht – abgesehen von gesetzlichen Ausnahmetatbeständen, denen wir uns natürlich noch detailliert zuwenden werden – ohne Einwilligung der fotografierten Person(en) gar nichts!

DSGVO und KUG

So zumindest war es vor Inkrafttreten der DSGVO. Bislang ist aber noch nicht geklärt, wie sich die nachfolgend behandelten Vorschriften des KUG zu den Regelungen der DSGVO verhalten und ob möglicherweise die Rechtsprechung nach wie vor auf diese Vorschriften des KUG und die umfangreiche hierzu ergangene Rechtsprechung zurückgreifen wird. Deshalb müssen wir für die weitere Betrachtung mangels anderer Anhaltspunkte davon ausgehen, dass die Vorschriften des KUG durch die DSGVO nicht zur Makulatur wurden.

3.2.1 Recht am eigenen Bild (§ 22 KUG)

Ein besonderes Persönlichkeitsrecht

Im Zusammenhang mit der Verwertung von Personenaufnahmen kommt eine weitere bedeutende Vorschrift ins Spiel, mit der das bereits zitierte »Recht am eigenen Bild«, im Übrigen kein Urheberrecht, sondern ein besonderes Persönlichkeitsrecht, statuiert wird. Es handelt sich dabei um § 22 des Kunsturhebergesetzes (KUG) aus dem Jahr 1907, ein Gesetz, das im Rahmen des historischen Überblicks in Kapitel 1, »Urheberrecht«, bereits erwähnt wurde und heute noch, wenn auch nur mit wenigen Bestimmungen, in Kraft ist.

Otto von Bismarck

Die Entstehung dieses Gesetzes ist, wie in Kapitel 1 im Zusammenhang mit der Historie des Urheberrechts bereits dargestellt, übrigens zwei Fotografen zu verdanken, die sich 1898 unmittelbar nach dem Tod Otto von Bismarcks unbefugten Zutritt zu dessen Sterbezimmer verschafft, den verstorbenen Reichskanzler abgelichtet und anschließend versucht hatten, die Aufnahmen zu veröffentlichen. Das KUG entstand somit als eines der ersten Gesetze bezogen auf mögliche Persönlichkeitsrechtsverletzungen durch die sich seinerzeit immer mehr ausbreitende Fotografie.

Grundsätzlich ist der Bildnisschutz in Deutschland durchaus stark ausgeprägt – anders zum Beispiel als in den USA. Wer sich dort gegen die Verbreitung seines Bildnisses zur Wehr setzen will, muss den Nachweis erbringen, dass sein Recht auf Privatsphäre (*Right of Privacy*) durch die Verbreitung beeinträchtigt wird. Ein Recht am eigenen Bild, wie es das deutsche Recht kennt, ist dem US-amerikanischen Recht fremd.

Veröffentlichung nur mit Einwilligung

Das Recht am eigenen Bild bedeutet nach § 22 KUG, dass Bildnisse nur mit Einwilligung des Abgebildeten, nach dessen Tod bis zum Ablauf von zehn Jahren nur mit Einwilligung der Angehörigen des Abgebildeten (siehe auch den Abschnitt »Einwilligung bei Bildnissen Verstorbener« später in diesem Abschnitt), verbreitet oder öffentlich zur Schau gestellt werden dürfen. Wir werden uns nun schrittweise und ausführlich mit den Regelungen in § 22 KUG befassen.

[§]

§ 22 Satz 1 KUG
»Bildnisse dürfen nur mit Einwilligung des Abgebildeten verbreitet oder öffentlich zur Schau gestellt werden. (…)«

Aus dem Wortlaut des § 22 Satz 1 KUG wird zunächst deutlich, was ich bereits oben kurz angesprochen haben, dass sich nämlich das Recht am eigenen Bild nur auf die Verwertung, nicht jedoch auf die Herstellung eines Bildnisses bezieht. Die Anwendung des § 22 KUG setzt also voraus, dass das Bildnis bereits hergestellt wurde und nun verbreitet oder zur Schau gestellt werden soll.

[!]

Recht am eigenen Bild
Ein Recht am eigenen Bild kann nur dann entstehen, wenn es sich einerseits um ein Bildnis des Abgebildeten handelt und andererseits der Abgebildete darauf auch erkennbar ist.

Die zentralen Begriffe des § 22 KUG, die es nun zu erklären gilt, sind:

- Bildnis
- Erkennbarkeit
- Einwilligung
- verbreiten und öffentlich zur Schau stellen

Bildnis | Auch wenn im allgemeinen Sprachgebrauch der Begriff *Bilder* als Oberbegriff für alle Arten von bildlichen Darstellungen und damit als Synonym für Begriffe wie *Fotos* und *Aufnahmen* verwendet wird, unterscheiden sich Bildnisse von Bildern – wie bereits kurz in Kapitel 1 angesprochen – dadurch, dass es sich bei einem Bildnis stets und ausschließlich um eine Abbildung einer oder mehrerer Personen handelt, während alle sonstigen bildlichen Darstellungen als Bilder bezeichnet werden. Eine Landschafts-, Tier- oder Sachaufnahme ist somit niemals ein Bildnis.

Wann liegt ein Bildnis im Einzelfall vor?

Der Begriff des Bildnisses wird in der Praxis sehr weit ausgelegt. Unter diesen Begriff fallen nicht nur formatfüllende Abbildungen von Personen (Porträts), sondern auch Aufnahmen von Personen in der Landschaft, auf der Straße oder in Gebäuden, sofern die Personen das eigentliche Bildmotiv und erkennbar sind. Die abgebildete Person muss dabei auch nicht vollständig auf dem Bild zu sehen sein. Auch die Darstellung einzelner Körperteile, sofern sie einer bestimmten Person zugeordnet werden können und damit erkennbar sind, stellt ein Bildnis dar. Dabei kann sich in solchen Fällen die Erkennbarkeit nicht nur aus einer textlichen Bezugnahme, sondern auch aus charakteristischen Merkmalen ergeben – etwa einer Tätowierung, einem markanten Piercing, Narben und sonstigen Auffälligkeiten, durch die ein einzelnes Körperteil einer bestimmten Person zugeordnet werden kann.

In der juristischen Literatur wird der Begriff des Bildnisses unter Bezugnahme auf die ständige Rechtsprechung wie folgt definiert:

[§]

> *»Nach ständiger Rechtsprechung liegt ein Bildnis dann vor, wenn die Darstellung dazu bestimmt und geeignet ist, eine Person in ihrer dem Leben nachgebildeten äußeren Erscheinung dem Beschauer vor Augen zu führen und das Aussehen, wie es gerade bestimmten Personen zu eigen ist, im Bild wiederzugeben, wobei es in der Regel die Gesichtszüge sind, die einen Menschen von seinen Mitmenschen unterscheiden und für den Betrachter erkennbar machen. Dabei ist es rechtlich unerheblich, ob die Darstellung gut oder mangelhaft ist oder ob die Ähnlichkeit eine größere oder geringere ist. Von Bedeutung ist allein die Erkennbarkeit des Abgebildeten.« (Schricker/Loewenheim, § 22 KUG, RdNr. 14)*

[!]

Bildnis
Unter den Begriff *Bildnis* fallen alle Abbildungen, auf denen eine einzelne Person oder mehrere Personen in ihrem äußeren Erscheinungsbild erkennbar sind.

Erkennbarkeit

Die Erkennbarkeit, von der nun schon mehrfach die Rede war, ist dabei ein ganz entscheidendes Element, ja die Voraussetzung für ein Bildnis. Ist die abgebildete Person nicht erkennbar, weder durch das Bildnis selbst noch durch eine Bezugnahme oder sonstige Merkmale oder Umstände, kann ein Persönlichkeitsrecht nicht verletzt werden. Personenaufnahmen, auf denen der Abgebildete nicht erkennbar ist, dürfen ohne Einwilligung und ohne Persönlichkeitsrechtsverletzung veröffentlicht werden. Für Akt- und Nacktaufnahmen gelten allerdings Besonderheiten, auf die ich noch zu sprechen kommen werde.

Erkennbarkeit | Aus den bisherigen Ausführungen ergibt sich zunächst, dass *Erkennbarkeit* keinesfalls voraussetzt, dass das Gesicht der fotografierten Person auf dem Foto zu sehen ist. Auch sonstige Merkmale einer Person, aber auch begleitende Umstände sind geeignet, eine Person zu erkennen.

In einer Fülle von Entscheidungen, von denen nur einige im Folgenden exemplarisch näher betrachtet werden können, hat sich die Rechtsprechung mit der Frage der Erkennbarkeit auseinandergesetzt und klare Regeln aufgestellt, wann eine Erkennbarkeit vorliegt.

Abbildung 3.2 ► Die Person ist weder erkennbar noch anhand spezifischer Merkmale identifizierbar.

Dass Erkennbarkeit natürlich dann vorliegt, wenn auf dem Bildnis selbst zwar die Person nicht erkennbar ist, wohl aber in einem dazugehörigen Text namentlich erwähnt wird oder der Name eindeutig aus dem Text abgeleitet werden kann, ist ohne jeden Zweifel nachvollziehbar. Der BGH hat dies bereits im Jahr 1965 festgestellt (Urteil vom 09.06.1965 – Ib ZR 126/63) und ausgeführt:

[§]

> *»Ist auf die Identität der in der Abbildung wiedergegebenen Person mit dieser selbst durch Angabe des Namens des Abgebildeten hingewiesen, so bedarf es regelmäßig keiner Feststellung mehr, ob der Abgebildete in der Abbildung auch erkennbar ist.«*

Es reicht für die Erkennbarkeit schon aus, dass es auch ohne Namensnennung eindeutige Hinweise gibt, die keinen Zweifel zulassen, wer die abgebildete Person ist.

Das Landgericht Essen hat in einer Entscheidung (Urteil vom 10.07.2014 – 4 O 157/14) festgestellt, dass einem Unfallopfer, das bewusstlos gefilmt wurde, ein Unterlassungsanspruch zusteht, auch wenn es unmittelbar nicht zu erkennen ist, weil nur Teile des Körpers auf dem Foto, u. a. die Hand samt Armbanduhr, sichtbar waren, gleichzeitig jedoch im Begleittext der Veröffentlichung das Alter des Unfallopfers genannt wurde und das Kennzeichen sowie das besondere Fabrikat des Fahrzeugs im Video zu sehen waren. Damit seien zumindest im Bekanntenkreis des Unfallopfers Rückschlüsse auf die Identität der abgebildeten Person möglich.

Wie Sie in Abschnitt 3.1.8, »Die Neuregelung des § 201a StGB – Fotografieren hilfloser Personen«, bereits gesehen haben, wäre ein solches Filmen eines bewusstlosen und damit hilflosen Unfallopfers seit 2015 auch strafbar.

Interessanter sind natürlich die Fälle, in denen die Gerichte sich mit der Erkennbarkeit auseinandergesetzt haben, ohne dass es eine textliche Bezugnahme zu dem Bildnis gab.

Schon im Jahr 1979 hatte der BGH (Urteil vom 26.06.1979 – VI ZR 108/78) einen Fall zu entscheiden, bei dem es darum ging, dass der Torwart einer Fußballmannschaft von hinten durch das Tornetz fotografiert wurde. Das Foto wurde ohne Einwilligung des Torwarts für eine Werbeanzeige genutzt. Der BGH hat eine Erkennbarkeit aufgrund von Statur, Haltung und Haarschnitt bejaht und festgestellt:

[§]

> *»Allerdings setzt der Begriff des ›Bildnisses‹ nach gefestigter Rechtsprechung die Erkennbarkeit der abgebildeten Person voraus (...) Dazu gehört jedoch nicht notwendig die Abbildung der Gesichtszüge; es genügt, wenn der Abgebildete, mag auch sein Gesicht kaum oder (etwa durch Retuschen) gar nicht erkennbar sein, durch Merkmale, die sich aus dem Bild ergeben und die gerade ihm eigen sind, erkennbar ist oder seine Person durch den beigegebenen Text (...) oder durch den Zusammenhang mit früheren Veröffentlichungen (...) erkannt werden kann. Das Recht am eigenen Bild wird schon dann verletzt, wenn der Abgebildete begründeten Anlaß hat, anzunehmen, er könne als abgebildet identifiziert werden (...)*
>
> *Ebensowenig wird verlangt, daß schon der nur flüchtige Betrachter den Abgebildeten auf dem Bild erkennen kann; es genügt die Erkennbarkeit durch einen mehr oder minder großen Bekanntenkreis. Entscheidend ist der Zweck des § 22 KUG, die Persönlichkeit davor zu schützen, gegen ihren Willen in Gestalt der Abbildung für andere verfügbar zu werden. Der besondere Rang des Anspruchs darauf, daß die Öffentlichkeit die Eigensphäre der Persönlichkeit und ihr Bedürfnis nach Anonymität respektiert, verlangt eine Einbeziehung auch solcher Fallgestaltung in den Schutz dieser Vorschrift.«*

Erkennbarkeit ohne Gesichtszüge gegeben

Anhand welcher Merkmale eine Erkennbarkeit gegeben sein kann, auch wenn die Gesichtszüge der fotografierten Person nicht erkennbar sind, wird sehr anschaulich durch eine Entscheidung des LG Frankfurt (Urteil vom 19.01.2006 – 2/03 O 468/05). Es ging um folgenden Sachverhalt:

Eine Zeitung hatte von einem Prozess gegen einen Mann berichtet, der sexuelle Handlungen mit seiner Frau heimlich gefilmt und das Video später veröffentlicht hatte. Im Zusammenhang mit der Berichterstattung über diesen Prozess hatte die Zeitung ein Bild der Frau veröffentlicht, bei dem deren Gesicht allerdings gepixelt und nicht erkennbar war. Dagegen wandte sich die Frau und forderte den Zeitungsverlag mit der Begründung zur Unterlassung auf, sie sei trotz des gepixelten Gesichts auf dem Bild erkennbar, da Haare, Ohren, Gesichtsform, Kleidung, eine auffällige Uhr und die Statur des Oberkörpers zu sehen seien. Sie sei auch tatsächlich bundesweit von Freunden, Bekannten und Verwandten erkannt worden, insbesondere von einer Frau S. D. aus H. sowie von ihrem Bruder und dessen Arbeitskollegen.

Das Gericht hat zunächst die vom BGH im zuvor zitierten Urteil aufgestellten Grundsätze wiederholt und dann bezüglich des zu entscheidenden Sachverhalts zur Erkennbarkeit Folgendes festgestellt und den Zeitungsverlag am Ende zur Unterlassung verurteilt:

[§] *»Die Klägerin ist auf dem Bild jedenfalls für Eingeweihte erkennbar, da es genügend individualisierende Merkmale aufweist. Die Frau ist nicht, wie von der Beklagten behauptet, ›absolut unkenntlich‹. Trotz gepixeltem bzw. ›verkacheltem‹ Gesicht ist sie auf dem Bild auch für Dritte erkennbar, da zurückgekämmte, blonde Haare (Frisur), Ohren mit Ohrschmuck, Gesichtsform, Kleidung (ärmelloses Top), eine – jedenfalls gemäß dem klägerseits ... vorgelegten Zeitungsexemplar dort ersichtliche – auffällige Uhr am linken Arm und die Statur des Oberkörpers zu sehen sind. Die Erkennbarkeit wird zudem dadurch belegt, daß die Klägerin glaubhaft gemacht hat, tatsächlich bundesweit von mehreren Freunden, Bekannten und Verwandten als solche erkannt worden zu sein. Der Umstand, daß der Bruder der Klägerin in L. lebt und die Klägerin in Westfalen, ist kein plausibler Anhaltspunkt dafür, daß die Arbeitskollegen die Klägerin nicht kennen können, da Besuche unter Geschwistern trotz Entfernung durchaus üblich sind.«*

Die Liste der Urteile, in denen die Gerichte eine Erkennbarkeit bejaht haben, obwohl die Gesichtszüge nicht erkennbar waren, ließe sich fast beliebig fortsetzen. So wurde, um nur zwei weitere Beispiele aus der Rechtsprechung zu nennen, der Fußballspieler Paul Breitner lediglich anhand seiner damaligen, markanten Frisur für erkennbar gehalten, und die Erkennbarkeit eines Kunstfliegers, dessen Kopf auf dem Bild nur etwa 1 mm groß war, wurde daraus abgeleitet, dass sein Flugzeug eindeutig erkennbar war, wobei gerade diese Entscheidung in der Praxis sehr umstritten ist, weil es durchaus ernst zu nehmende Stimmen gibt, die eine Erkennbarkeit in diesem Fall ausdrücklich infrage stellen.

Eine interessante Frage, die man unter verschiedenen Aspekten beleuchten kann, ergibt sich hinsichtlich der Erkennbarkeit der in Abbildung 3.3 abgebildeten Personen mit venezianischen Masken und Kostümen. Auf den ersten Blick ist eine Erkennbarkeit sicherlich nicht gegeben, denn die Personen haben ja gerade ihre Gesichter durch die Masken unkenntlich gemacht. Andererseits wissen wir zwischenzeitlich, dass die Gesichtszüge nicht unbedingt erkennbar sein müssen, wenn andere Merkmale die Person erkennbar machen.

◄ **Abbildung 3.3**
Erkennbarkeit – ja oder nein?

In diesem Beispiel wird man möglicherweise sagen können, dass durch die charakteristischen Masken und Kostüme doch eine Erkennbarkeit gegeben sei, weil man vielleicht die Kostüme und Masken eindeutig den Personen A und B zuordnen könne. Unter Abwägung aller Umstände würde ich hier aber eine Erkennbarkeit ausschließen, selbst wenn man aufgrund der Kostüme und Masken auf deren Träger schließen könnte. Die Erkennbarkeit der Kostüme und Masken würde auch voraussetzen, dass es sich dabei um singuläre Stücke und keine Konfektionsware handelt.

Letztlich ist aus meiner Sicht entscheidend, dass diese Personen sich ganz bewusst mit dieser Verkleidung in die Öffentlichkeit begeben haben und fotografiert werden wollten. Wer sich aber im meist touristenüberfüllten Venedig fotografieren lässt, muss auch damit rechnen, dass irgendeiner der vielen Touristen seine Fotos veröffentlicht. Ich gehe deshalb hier von einer konkludenten Zustimmung auch zu einer Veröffentlichung aus, zumindest solange die Fotos in neutralem Kontext gezeigt werden und nicht etwa in einem Artikel mit der Überschrift »Unter dem Schutz solcher

Masken und Kostüme werden in Venedig Verbrechen verübt«. Im Übrigen kommt hinzu, dass die beiden Darsteller zum einen mit Handzeichen signalisiert hatten, dass man sie fotografieren dürfe, und anschließend einen kleinen Obolus erhalten hatten, auch wenn sie dies nicht gefordert hatten.

Verneinung der Erkennbarkeit

Es gibt aber auch durchaus interessante und aufschlussreiche Entscheidungen, mit denen die Gerichte eine Erkennbarkeit der abgebildeten Person verneint haben.

So hat das OLG Zweibrücken in einem Beschluss im einstweiligen Verfügungsverfahren (07.06.2010 – 4 W 53/10) eine Erkennbarkeit mit folgender Argumentation als nicht gegeben angesehen:

[§]

»Ein Bild, das lediglich eine Assoziation der Abbildung einer Person beim Betrachter hervorruft, aber keine Merkmale dieser Person wiedergibt, ist kein Bildnis im Sinne von § 22 KUG. Dies bedeutet, dass sich die Erkennbarkeit zunächst einmal aus den personenbezogenen Bildelementen ergeben muß. Soweit die abgebildete Person in ihrem äußeren Erscheinungsbild verändert wurde, muß sich die Erkennbarkeit aus den nicht unkenntlich gemachten oder unveränderbaren Bildelementen ergeben (zum Beispiel Gesichtszüge, Körpersilhouette, Statur, Haltung oder Haarschnitt). Die erkennbaren Bildelemente müssen sich zu einem Persönlichkeitsabdruck einer abgebildeten Person verdichten (…)

Nach diesem Maßstab ist der Antragsteller nicht durch Merkmale, die sich aus dem inkriminierten Bild selbst ergeben und die gerade ihm eigen sind, erkennbar. Der Antragsteller trägt in seiner Antragsschrift vom 12. April 2010 kein einziges identifizierendes Merkmal vor, welches die Annahme seiner Erkennbarkeit auf dem Lichtbild rechtfertigen würde. Er stützt sich allein darauf, dass ihn bestimmte Personen aus dem Bekanntenkreis erkannt hätten; dies genügt nicht. Auch den vorgelegten eidesstattlichen Versicherungen kann nicht entnommen werden, anhand welcher spezifischer individueller Merkmale der Antragsteller als die im linken Bildvordergrund befindliche Person erkannt wurde.

In den eidesstattlichen Versicherungen wird lediglich erklärt, dass der Antragsteller wiedererkannt worden sei; weitere Angaben dazu erfolgen nicht. Dies wäre aber notwendig gewesen, da die drei im Bildvordergrund frontal zu sehenden Personen in verschatteter Form abgelichtet sind. Erstmals in der ergänzenden Beschwerdebegründung vom 4. Mai 2010 wird behauptet, dass der Antragsteller wegen seines bekannten Haarschnittes und seiner Brille im Bekanntenkreis unschwer erkennbar gewesen sei. Das ist für den Senat nicht nachvollziehbar. Denn auf dem vorgelegten Zeitungsausschnitt ist nur erkennbar, dass die im Bildvordergrund links abgelichtete Person Haare hat und eventuell auch eine Brille trägt. Aufgrund der Schattierung der Person ist es unmöglich, dem Bild einen weitergehenden Informationsgehalt zu der Haartracht oder der Form der Brille zu entnehmen. Deshalb können diese Merkmale von dem Antragsteller (wegen der fehlenden Aussagekraft) nicht als ihm eigene typische Erkennungsmerkmale herangezogen werden (...) Aus dem Beschwerdevorbringen ergibt sich auch nicht, daß der Antragsteller aufgrund der Umrisse der abgebildeten Person erkannt wurde. Im übrigen unterscheidet sich die hier interessierende Abbildung von einem sog. Schattenriß, in dem besondere Merkmale einer Person gerade durch die Art der Abbildung hervorgehoben werden.«

Ähnlich hatte zuvor das KG Berlin in einem anderen Fall geurteilt, in dem es um eine Begleitperson des ehemaligen Außenministers Joschka Fischer ging (Beschluss vom 05.09.2006 – 9 W 127/06):

»Der Begriff des ›Bildnisses‹ im Sinne von § 22 KUG setzt die Erkennbarkeit der abgebildeten Person voraus. Dazu gehört zwar nicht notwendig die Abbildung der Gesichtszüge; es genügt, wenn der Abgebildete, mag auch sein Gesicht kaum oder (etwa durch Retuschen) gar nicht erkennbar sein, durch Merkmale, die sich aus dem Bild ergeben und die gerade ihm eigen sind, erkennbar ist oder seine Person durch den beigegebenen Text oder durch den Zusammenhang mit früheren Veröffentlichungen erkannt werden kann. [§]

Diese Voraussetzungen (der Erkennbarkeit, Anm. des Verfassers) sind aus den zutreffenden Gründen der angefochtenen Entscheidung nicht erfüllt, weil die Antragstellerin auf dem Foto nur seitlich von hinten abgelichtet ist, Gesicht und Figur nicht erkennbar sind, sie ›Allerweltskleidung‹ ohne identifizierende Merkmale und eine Durchschnittsfrisur (mittellanges schwarzes Haar) trägt. Damit fehlt es an Merkmalen, die sich aus dem Bild selbst ergeben und nur der Antragstellerin eigen sind (...) Es reicht daher nicht aus, dass sich der Verfahrensbevollmächtigte der Antragstellerin sicher ist, die Antragstellerin auf dem Foto erkannt zu haben. Zudem ist sie räumlich so weit entfernt vom ehemaligen Bundesaußenminister Jnnn Fnnn abgebildet, dass eine Verbindung zwischen den beiden Personen nicht erkennbar ist. Schließlich wird sie im Begleittext des Fotos nicht erwähnt, so dass auch von daher eine Zugehörigkeit zu Jnnn Fnnn nicht ersichtlich ist und die Antragstellerin – wie das Landgericht zutreffend ausführt – nur als zufällig vorbeikommende Passantin erscheint.«

Unter Berücksichtigung dieser exemplarisch dargestellten Urteile ist von einer Erkennbarkeit also nicht nur dann auszugehen, wenn die Gesichtszüge der abgebildeten Person erkennbar sind, sondern auch dann, wenn anhand bestimmter Merkmale eine Person identifiziert werden kann, auch wenn die Gesichtszüge selbst gar nicht zu erkennen sind oder sogar bewusst unkenntlich gemacht wurden.

Erkennbarkeit auch aufgrund von Umständen/ Gegenständen

Aber nicht nur anhand sonstiger Merkmale einer *Person* kann sich die Erkennbarkeit ergeben, auch kann diese aus begleitenden Umständen oder von spezifischen Gegenständen abgeleitet werden. Beispielhaft sei hier auf ein Urteil des OLG Düsseldorf hingewiesen, das im Jahr 1969 (30.09.1969 – 20 U 80/69) die Erkennbarkeit eines einzelnen Reiters aus dem abgebildeten Reiterverein und eines bekannten Pferdes, das dem Reiter zuzuordnen war, abgeleitet hat.

Jedenfalls ist die Praxis der Boulevardpresse, Personen mit Augenbalken unkenntlich zu machen, in den meisten Fällen nicht ausreichend (so auch OLG Frankfurt, Urteil vom 26.07.2005 – 11 U 13/03).

[!]

Was bedeutet »Erkennbarkeit« für den Fotografen?

Für die Erkennbarkeit einer Person kommt es nicht darauf an, ob die Gesichtszüge auf dem Bildnis zu erkennen sind. Es reicht aus, dass durch sonstige Merkmale oder begleitende Umstände oder Gegenstände die Person identifizierbar ist. Es kommt auch nicht darauf an, ob die abgebildete Person tatsächlich erkannt wird, es genügt nach der Rechtsprechung für eine Verletzung des Rechts am eigenen Bild, wenn die abgebildete Person begründeten Anlass hat, anzunehmen, sie könnte als abgebildet identifiziert werden.

[!]

Unkenntlichmachung von Personen

Es reicht in vielen Fällen nicht aus, sogenannte *Augenbalken* anzubringen oder das Gesicht der fotografierten Person durch Verpixelung unkenntlich zu machen. Wer ein Personenfoto ohne Einwilligung der betroffenen Person veröffentlicht und dabei nur Gesichtszüge oder gar nur die Augenpartei unkenntlich macht, begibt sich auf sehr dünnes Eis und muss im Zweifel damit rechnen, zu Unterlassung und Schadensersatz herangezogen zu werden.

Erkennbarkeit bei Akt- und Nacktaufnahmen | Rechtsprechung und Literatur sind überwiegend der Auffassung, dass eine Erkennbarkeit grundsätzlich dann nicht erforderlich sei, wenn es sich um Akt- oder Nacktaufnahmen handelt.

Der BGH führt dazu in seinem Urteil vom 02.07.1974 – VI ZR 121/72 aus:

[§]

»Auch wer Abbildungen eines anderen ohne Erlaubnis veröffentlicht, insbesondere aus gewerblichen Gründen, kann damit, auch wenn er dessen Namen nicht erwähnt und der Abgebildete nicht erkennbar ist,

das Persönlichkeitsrecht des Betroffenen verletzen, weil er dessen Selbstbestimmungsrecht mißachtet (...)

Zu dem der Selbstbestimmung vorbehaltenen Persönlichkeitsbereich gehört auch die Entscheidung über die Veröffentlichung des eigenen Nacktbildes, und zwar unabhängig davon, ob es eine Identifizierung des Abgebildeten erlaubt oder nicht. Es ist in einem so starken Maße dem Intimbereich verbunden, daß seine Veröffentlichung auch dann, wenn die abgebildete Person nicht erkennbar ist, ihrer freien Selbstbestimmung unterliegt. Die unbefugte Veröffentlichung des Bildes eines anderen stellt sich deshalb als Anmaßung einer Herrschaft über ein fremdes Persönlichkeitsgut dar.

Hinzu kommt, daß der Betroffene stets mit der Möglichkeit einer Aufdeckung seiner Anonymität durch den Verletzer rechnen muß und damit dem Gefühl des Preisgegebenseins und der Abhängigkeit unterworfen ist. Die eigenmächtige Herbeiführung einer solchen Lage kann um der Menschenwürde und der freien, eigenverantwortlichen Persönlichkeitsentfaltung willen nicht gestattet sein.«

[!]

Bei Nacktheit besteht immer Erkennbarkeit

Bei Akt- bzw. Nacktaufnahmen kann ein Bildnis im Sinne des § 22 KUG auch dann vorliegen, wenn die abgebildete Person nicht erkennbar und auch nicht identifizierbar ist. Solche Aufnahmen bedürfen deshalb zu ihrer Veröffentlichung grundsätzlich der Einwilligung der fotografierten Person.

Erkennbarkeit bei Darstellung durch einen Doppelgänger | Auch die Nachstellung einer Szene durch einen Doppelgänger, die eindeutig und erkennbar einer bestimmten Person zuzuordnen ist, kann eine Verletzung des Rechts am eigenen Bild darstellen.

»Der blaue Engel«

Der BGH hat dies im Jahr 1999 in einer bekannten, die Schauspielerin Marlene Dietrich betreffenden Entscheidung (Urteil vom 01.12.99 – I ZR 226/97 – »Der blaue Engel«) festgelegt. Diese Entscheidung stellt ein entscheidendes Urteil zum allgemeinen Persönlichkeitsrecht und zum Recht am eigenen Bild dar und billigt im Übrigen erstmals in der Rechtsprechung den Nachkommen nicht nur einen Unterlassungs-, sondern auch einen Schadensersatzanspruch zu.

Die beklagte Firma, Vertreiberin von Bürokommunikationsgeräten, hatte mit einer Doppelgängerin eine Szene aus dem Film »Der blaue Engel« nachgestellt. Dabei handelte es sich um die bekannte Szene, in der Marlene Dietrich in der Rolle der Barsängerin in aufreizender Pose sitzend – das rechte Bein nach oben gezogen und abgewinkelt – zu sehen ist, während sie das Lied »Ich bin von Kopf bis Fuß auf Liebe eingestellt« singt. Auf dem

Foto, das ausschließlich als Werbung für Fotokopierer verwendet wurde, ist diese Szene mit einer nahezu gleich gekleideten Doppelgängerin von Marlene Dietrich nachgestellt. Die Schlagzeile des Werbetextes lautet: »Vom blauen Engel schwärmen genügt uns nicht«. Darüber hinaus fand sich in der Werbung das Symbol des blauen Engels, das gemeinhin als Symbol für Umweltfreundlichkeit eines Produkts verwendet wird. Eine Einwilligung der Erben von Marlene Dietrich zur Veröffentlichung dieser Aufnahme bzw. zur Verwendung zu Werbezwecken lag nicht vor. – Der Leitsatz dieser BGH-Entscheidung ist eindeutig:

[§] *»In der Abbildung eines Doppelgängers, der einer berühmten Person täuschend ähnlich sieht, liegt ein Bildnis dieser Person. Das gleiche gilt, wenn der Eindruck, es handele sich um die berühmte Person, nicht auf Grund einer Ähnlichkeit der Gesichtszüge, sondern auf andere Weise (hier durch Nachstellen einer berühmten Szene mit Marlene Dietrich aus dem Film ›Der blaue Engel‹) erzeugt wird.*

Die Abbildung der nachgestellten Szene kann dann nur mit Einwilligung der berühmten Person und nach deren Tod in den folgenden zehn Jahren (postmortaler Bildnisschutz – Anm. des Verfassers) nur mit Einwilligung der Angehörigen zu Werbezwecken verwendet werden.«

In der Urteilsbegründung des BGH heißt es dann weiter:

[§] *»Entgegen der Ansicht der Bekl. handelt es sich bei dieser Fotografie um ein Bildnis von Marlene Dietrich. Ein Bildnis i. S. von § 22 S. 1 KUG ist die Darstellung einer Person, die deren äußere Erscheinung in einer für Dritte erkennbaren Weise wiedergibt (...) Die Erkennbarkeit für Dritte entscheidet darüber, als wessen Bildnis eine Personendarstellung anzusehen ist: Die Abbildung eines Schauspielers in seiner Rolle ist als Bildnis des Schauspielers anzusehen, wenn er noch eigenpersönlich in Erscheinung tritt, d. h. erkennbar und identifizierbar bleibt (...) oder wenn er durch die für ihn bekannte Aufmachung erkennbar wird (...) Die Abbildung des Doppelgängers einer berühmten Person ist als Bildnis der berühmten Person anzusehen, wenn der Eindruck erweckt wird, bei dem Doppelgänger handele es sich um die berühmte Person selbst (...) Dabei ist nicht von Bedeutung, auf welchen Merkmalen des äußeren Erscheinungsbildes die Erkennbarkeit beruht. Diese muß sich nicht aus den Gesichtszügen, sondern kann sich auch aus anderen die betreffende Person kennzeichnenden Einzelheiten ergeben. (...) Entgegen der Ansicht der Bekl. kommt es daher nicht darauf an, ob sich die auf dem Werbefoto abgebildete Person in ihren Gesichtszügen von Marlene Dietrich unterscheidet und ob die Szene nicht die Person Marlene Dietrichs, sondern den Film ›Der blaue Engel‹ symbolisieren soll. Entscheidend ist, daß die abgebildete Person erkennbar das äußere Erschei-*

nungsbild Marlene Dietrichs in der von ihr in dem Film ›Der blaue Engel‹ gespielten Rolle nachahmt. Denn damit wird der Eindruck erweckt, es handele sich um eine Abbildung Marlene Dietrichs in dieser Rolle.«

Ähnlich hatte bereits zuvor das OLG Karlsruhe geurteilt (Urteil vom 04.11.1994 – 14 U 125/93. In dem dort zu entscheidenden Fall hatte ein Doppelgänger des Sängers Ivan Rebroff diesen in einem Werbespot so imitiert, dass das angesprochene Publikum zu der Annahme verleitet wurde, es handle sich um Ivan Rebroff selbst. Auch hier hat das Gericht eine Verletzung des Rechts am eigenen Bild von Ivan Rebroff anerkannt.

Einwilligung | Auch im Zusammenhang mit der nach § 22 KUG erforderlichen Einwilligung der fotografierten Person ist eine Reihe von Rechtsfragen verbunden, denen wir uns nun widmen werden.

[+]

Einwilligung oder Genehmigung
Noch einmal zur Erinnerung: *Einwilligung* ist immer die vorherige *Zustimmung*, wird die Zustimmung nachträglich erteilt, spricht man von *Genehmigung*.

Konkludente Einwilligung

Vor der Verbreitung oder Zurschaustellung eines Bildnisses (im Folgenden einfach »Verbreitung«) muss die abgebildete Person somit befragt werden, ob sie mit der Verbreitung einverstanden ist oder nicht. Dass die Einwilligung prinzipiell auch durch konkludentes Handeln erklärt werden kann, hatten wir im Zusammenhang mit der Herstellung von Personenfotos bereits festgestellt (siehe Abschnitt 3.1.2, »Die Einwilligung im Allgemeinen«). Allerdings sind an eine konkludente Einwilligung stets strenge Maßstäbe anzulegen. Das OLG Hamburg hat in einem Urteil (04.05.2004 – 7 U 10/04) entschieden, dass aus der spontanen Beantwortung von Fragen vor laufender Kamera nicht ohne Weiteres geschlossen werden dürfe, dass damit auch das Einverständnis zu einer Ausstrahlung im Rahmen eines Fernsehberichts stillschweigend erteilt worden sei. Während bei der Herstellung von Aufnahmen die aufgenommene Person zwangsläufig anwesend ist und unmittelbar zum Ausdruck bringen kann, ob sie fotografiert werden möchte oder nicht, ist dies bei einer Verbreitung in der Regel nicht der Fall. Eine konkludente Einwilligung in die Verbreitung eines Bildes wird deshalb eher eine Ausnahme darstellen.

Schriftliche Einwilligung

Da der Fotograf bzw. derjenige, der das Bild verbreitet, die Beweislast dafür trägt, dass die Einwilligung erteilt wurde, empfiehlt es sich dringend, die Einwilligung in die Verbreitung der Aufnahme schriftlich einzuholen.

Mitteilung von Verwendungszweck und Art der Verbreitung | Wie auch bei der Herstellung der Aufnahme kann die abgebildete Person nur dann die Einwilligung wirksam erteilen, wenn ihr mitgeteilt wurde, für welchen Zweck und in welchem Zusammenhang das Bildnis verbreitet werden soll (OLG Frankfurt, 08.05.1990 – 6 W 62/90). Dies ist durchaus nachvollziehbar, muss sich die fotografierte Person doch der Tragweite ihrer Einwilligung bewusst sein und genau wissen, worauf sie sich einlässt.

[zB] Sehr anschaulich ist in diesem Zusammenhang auch das Urteil des BGH vom 22.01.1985 (VI ZR 28/83), dem folgender Sachverhalt zugrunde lag: Der Kläger ließ sich 1973 in unbekleidetem Zustand fotografieren. Die Zweckbestimmung des Bildes war, in einem Schulbuch für den Biologieunterricht die Unterschiede der Geschlechter zu verdeutlichen. Das Biologiebuch mit dem Bild des Klägers sowie einer weiblichen Person und zwei Kindern, einem Mädchen und einem Jungen, wurde 1974 herausgegeben. Im Jahr 1980 erschien dann in einer Illustrierten im Zusammenhang mit einem kritischen Artikel zum Thema »Aufklärung« das Nacktfoto des Klägers. 1981 wurde das Bild erneut, und zwar im Rahmen eines Fernsehbeitrags für den »Länderspiegel« im Kontext einer kritischen Auseinandersetzung mit der bayrischen Schulbuchpolitik, gezeigt.

Der BGH hat dem Kläger mit folgender Begründung einen Schadensersatzanspruch zugebilligt:

[§] *»Da es sich bei dem von der Beklagten verbreiteten Bildnis um ein Nacktfoto handelte, wurde durch seine Ausstrahlung im Fernsehen in besonders intensiver Weise in die Intimsphäre des Klägers eingegriffen. Dessen Intimbereich war nicht etwa deshalb weniger schutzwürdig, weil der Kläger als Fotomodell von der Veröffentlichung seiner Fotos (nicht Nacktfotos) lebt. Ebensowenig kann entscheidend ins Gewicht fallen, daß der Kläger sich mehr als sieben Jahre zuvor mit dem Abdruck des fraglichen Fotos in dem zu Unterrichtszwecken hergestellten Schulbuch einverstanden erklärt hatte und dadurch mit dem Foto selbst an die Öffentlichkeit getreten war.*

Zwar hat er damit einer verhältnismäßig breiten Öffentlichkeit Zugang zu dem Nacktfoto gewährt. Denn das Schulbuch ist in einer Gesamtauflage von rd. 100.000 Exemplaren hergestellt und als zur Benutzung jeweils durch mehrere Schüler bestimmtes lernmittelfreies Unterrichtswerk ausgegeben worden; zudem wird es – wie die meisten Schulbücher – außer von den Schülern selbst auch von deren Eltern, sonstigen Verwandten, Freunden und Bekannten eingesehen worden sein. Das ändert jedoch nichts daran, daß die im Jahre 1973 erteilte Einwilligung des Klägers auf die Verwertung seines Fotos im humanbiologischen Schulunterricht begrenzt war. Aus dieser eingeschränkten Zweckbestimmung wurde das Bildnis von der Beklagten durch die Ausstrahlung im Fernsehen herausgelöst und damit die Intimsphäre des Klägers einer ›anderen‹ Öffentlichkeit auf anderem, neuem Weg preisgegeben. Gerade bei der Verbreitung eines Nacktfotos in diesem Massenkommunika-

tionsmittel, insbesondere in der hier erfolgten bildschirmfüllenden Größe, besteht angesichts der selbst bei einer Ausstrahlung von nur 2–4 Sekunden Dauer starken Intensität des optischen Eindrucks, der Kombination von Bild und Ton, vor allem jedoch wegen der großen Reichweite des Fernsehens bei der auf erhebliches Zuschauerinteresse stoßenden Sendung ›Länderspiegel‹ besonderer Anlaß, ›auf eine Wahrung der vom Recht gesetzten Schranken zu achten und einem Mißbrauch des leichter verletzbar gewordenen Persönlichkeitsrechts vorzubeugen‹ (Senatsurteil vom 16. September 1966 – VI ZR 268/64 ...). Deshalb kann die Publikationswirkung der Veröffentlichung des Fotos im Fernsehen auch nicht mit derjenigen gleichgesetzt werden, die etwa bei höherer Auflage des Schulbuches mit Einverständnis des Klägers eingetreten wäre.

Derartige Zugriffe des Fernsehens auf den Intimbereich dürfen nicht ohne das Einverständnis des Betroffenen erfolgen. Daran kann auch der Umstand nichts ändern, daß es ein durch das Informationsbedürfnis gedecktes Anliegen der Beklagten war, die Fernsehzuschauer in sachlicher Weise umfassend über den Inhalt des in größtmöglicher Abstimmung zwischen Schule und Eltern durchzuführenden Sexualkundeunterrichts (...) und dessen inhaltlich geänderte Ausgestaltung in Bayern zu unterrichten. Wenn die Beklagte es dazu jedoch für erforderlich hielt, den Zuschauern zur überzeugenderen Darstellung ihrer Kritik an der bayerischen Schulpolitik im Bild vorzuführen, daß die bis 1980 auch an bayerischen Schulen verwendeten Unterrichtsbücher in den von der dortigen Schulverwaltung nunmehr beanstandeten Teilen nichts enthielten, was über das Maß neutraler Wissensvermittlung hinausging und von dem in Art. 7 Abs. 1 GG vorausgesetzten staatlichen Bildungs- und Erziehungsauftrag nicht mehr gedeckt war, und wenn sie dazu die Ausstrahlung eines Originalfotos aus einem Schulbuch für geboten hielt, so muß ihr Informationsbedürfnis doch insoweit schon wegen der oben dargelegten großen Effizienz des Fernsehens hinter dem Selbstbestimmungsrecht des Klägers über die Verbreitung seines Nacktfotos und damit über die Freigabe seiner Intimsphäre zurückstehen.«

Wenn Sie Kapitel 1 zum Urheberrecht aufmerksam gelesen haben, haben Sie vielleicht schon bemerkt, welcher uns schon bekannte Grundsatz vom BGH in diesem Urteil angewandt wird, nämlich der *Zweckübertragungsgrundsatz*.

Zur Erinnerung – der Zweckübertragungsgrundsatz [!]

Immer dann, wenn das zwischen den Parteien vereinbarte Nutzungsrecht unklar ist, ist davon auszugehen, dass der Fotograf die Nutzung eines Bildes dem Vertragspartner nur insoweit einräumt, als es der Vertragszweck unbedingt erfordert.

Aus § 31 Abs. 5 UrhG ergibt sich, dass zur Ermittlung und der Reichweite einer Einwilligung als Auslegungsmaxime der urheberrechtliche Zweckübertragungsgrundsatz anzuwenden ist.

[!]

Unwirksame Einwilligung bei fehlender Zweckmitteilung
Eine erteilte Einwilligung zu einer Veröffentlichung ist unwirksam, wenn der abgebildeten Person nicht bekannt ist, wie, wo, in welchem Umfang und zu welchem Zweck die Verwertung ihres Bildnisses erfolgt.

Die Rechtsprechung hat immer wieder darauf hingewiesen, dass sich die Einwilligung zu einer Verbreitung im Zweifel nicht auf die Verwendung der Aufnahme im Rahmen kommerzieller Werbung erstreckt.

Gesetzliche Einwilligungsvermutung | Immer wieder kommt es dennoch in der Praxis vor, dass Fotograf und Model sich später darüber streiten, ob eine Einwilligung zur Verbreitung erteilt wurde oder nicht.

Geld gegen Bild

Hier hilft in einigen Streitfällen unmittelbar das Gesetz, wenn nämlich als Gegenleistung für die Bereitschaft, sich abbilden zu lassen, Geld an die abgebildete Person geflossen ist. Für den Fall heißt es in § 22 Satz 2 KUG:

[§]

»Die Einwilligung gilt im Zweifel als erteilt, wenn der Abgebildete dafür, daß er sich abbilden ließ, eine Entlohnung erhielt.«

Es handelt sich dabei um eine sogenannte *widerlegbare Vermutung*, was bedeutet, dass im Falle einer Bezahlung des Models zunächst die Erteilung der Einwilligung vermutet, also unterstellt wird, das Model dann diese gesetzliche Vermutung widerlegen muss, indem es darlegt und beweist, dass trotz Zahlung eines Entgeltes für die Aufnahme eine Verbreitung vertraglich ausgeschlossen war.

Es kommt natürlich auch hier im Einzelfall darauf an, für welche Art der Verbreitung die Einwilligung zu vermuten ist, was durch die vertragliche Vereinbarung zwischen Fotograf und abgebildeter Person, gegebenenfalls unter Zuhilfenahme des Zweckübertragungsgrundsatzes, ermittelt werden muss. Denn die vermutete Einwilligung aufgrund einer Entlohnung befreit den Fotografen nicht von der Pflicht, die Reichweite der erteilten Einwilligung zu überprüfen. Hier zeigt sich erneut, dass eine schriftliche Vereinbarung zwischen Fotograf und abgebildeter Person nicht das Schlechteste ist.

»Paul Dahlke«

In diesem Zusammenhang hat der BGH schon sehr früh, nämlich im Jahr 1956, in einem bekannten Urteil (Urteil vom 08.05.1956 – I ZR 62/54 – »Paul Dahlke«) festgestellt, dass die Voraussetzung für eine wirksame Einwilligung notwendigerweise die Kenntnis von Art, Umfang und Zweck der Verwendung des Bildmaterials ist. Wer sich – wie in diesem Fall der inzwischen verstorbene Schauspieler Paul Dahlke – damit einverstanden erklärt hat, im Rahmen der Berichterstattung über seinen neuen Film auf einem Motorrad, das in dem Film eine Rolle spielt, fotografiert zu werden, hat damit nicht gleichzeitig seine Einwilligung in die Nutzung seiner Fotos für Werbeprospekte des Motorradherstellers erteilt. Die Einwilligung bezieht sich vielmehr stets nur auf den zuvor vereinbarten Verwendungszweck.

Einwilligung bei Bildnissen Verstorbener | Auch die Abbildungen Verstorbener sind Bildnisse im Sinne von § 22 KUG. Zu ihrer Verbreitung ist gemäß § 22 Satz 3 KUG bis zum Ablauf von zehn Jahren ab dem Todestag des Verstorbenen die Zustimmung der Angehörigen erforderlich. Man spricht in diesem Zusammenhang von einem *postmortalen Bildnisschutz*. Nach § 22 Satz 4 KUG sind Angehörige der überlebende Ehegatte oder Lebenspartner, die Kinder und die Eltern des Verstorbenen, Letztere allerdings nur, sofern andere Angehörige nicht vorhanden sind.

[!]

Postmortaler Bildnisschutz

Für die Verbreitung und Zurschaustellung von Bildnissen Verstorbener muss für einen Zeitraum von zehn Jahren ab dem Todestag die Einwilligung der Angehörigen eingeholt werden.

Der Ablauf der zehnjährigen Frist bedeutet zwar, dass Bildnisse des Verstorbenen ohne Einwilligung grundsätzlich verbreitet werden dürfen, gleichwohl dürfen sie nicht einschränkungslos der Öffentlichkeit zugänglich gemacht werden.

Postmortaler Achtungsanspruch

Vielmehr gilt auch nach Fristablauf ein sogenannter *postmortaler Achtungsanspruch*, der dagegen schützt, dass Verstorbene in ihrem Ansehen herabgewürdigt, abgewertet, beleidigt oder verunglimpft werden. Dieser postmortale Achtungsanspruch der Angehörigen, der nur bei einer negativen Darstellung oder Darstellung in negativem Zusammenhang Bedeutung erlangt, hat seine Wurzeln im verfassungsrechtlichen Schutz der Menschenwürde und unterliegt keinem Fristablauf. Er wird allerdings immer schwächer, je mehr das Andenken an den Verstorbenen verblasst, um irgendwann hinter die Interessen an einer Bildveröffentlichung zurückzutreten. Wann dies der Fall ist, muss für jeden Einzelfall geprüft werden, feste Fristen dafür gibt es nicht.

Dürfen Gräber fotografiert werden?

In diesem Zusammenhang hat mich die Frage eines Lesers erreicht, ob man denn Gräber auf dem Friedhof fotografieren dürfe, denn dort stünden schließlich Namen der dort beerdigten Personen auf den Grabsteinen. Kann in solchen Fotos eine Persönlichkeitsrechtsverletzung vorliegen?

Es besteht sicherlich kein Zweifel daran, dass ein Grab eine Sache ist und damit grundsätzlich fotografiert werden darf, unterstellt man einmal, was natürlich – wie Sie wissen – Voraussetzung ist, dass das Fotografieren auf dem Friedhof, wo Gräber meist zu finden sind, gestattet ist. Aber wird dieses Recht, Fotos zu veröffentlichen, die im Rahmen der jeweiligen Friedhofsordnung gemacht wurden, möglicherweise dadurch eingeschränkt, dass durch die Inschriften auf dem Grabstein der eindeutige Bezug zu den Personen hergestellt wird, die zwar nicht mehr leben, aber in vielen Fällen noch Angehörige haben, die mit einer Veröffentlichung der Fotos nicht einverstanden sein könnten?

Diese Frage ist eindeutig dahingehend zu beantworten, dass eine Veröffentlichung von Grabfotografien unproblematisch ist. Mit dem Tod erlöschen die Grundrechte und damit auch das allgemeine Persönlichkeitsrecht.

Postmortales Persönlichkeitsrecht

Allerdings gibt es auch ein sogenanntes *postmortales Persönlichkeitsrecht*, also ein über den Tod hinauswirkendes Persönlichkeitsrecht. In einem grundlegenden Urteil vom 24.02.1971, der sogenannten *Mephisto-Entscheidung*, hat das Bundesverfassungsgericht (BVerfGE 30, 173) entschieden, dass einem Verstorbenen auch nach dem Tod ein aus dem allgemeinen Persönlichkeitsrecht abzuleitender Achtungsanspruch zusteht, der beinhaltet, dass auch nach dem Tod ein Verstorbener nicht herabgewürdigt oder erniedrigt werden darf. Die Unverletzlichkeit der Menschenwürde gilt auch über den Tod hinaus als Schranke der Kunstfreiheit. Damit reduziert sich mit dem Tod das allgemeine Persönlichkeitsrecht auf einen allgemeinen Achtungsanspruch, der jedem Menschen aufgrund seines Personseins zusteht.

Dieser Achtungsanspruch wird jedoch durch die bloße Fotografie eines Grabes und seiner anschließenden Veröffentlichung nicht verletzt, solange das Foto nicht in einem Kontext veröffentlicht wird, der gerade diesen Achtungsanspruch und damit den Verstorbenen in seiner postmortalen Ehre verletzen kann.

Ob man als Fotograf gleichwohl ein Foto eines Grabes veröffentlicht, wenn man erkennt, dass sich dadurch die Hinterbliebenen in ihrer Trauer beeinträchtigt fühlen, muss jedem Fotografen selbst überlassen bleiben, eine rechtliche Frage ist dies jedoch zweifelsfrei nicht.

[!]

Fotos von Gräbern

Gräber dürfen fotografiert und Fotos davon veröffentlicht werden, ohne dass dadurch der Verstorbene in seinem postmortalen Persönlichkeitsrecht beeinträchtigt wird, zumindest solange die Fotos nicht in einem den Verstorbenen herabwürdigenden Kontext oder einer solchen Bearbeitung gezeigt werden.

Einwilligung bei Bildnissen Minderjähriger | Nachdem wir gesehen haben, dass ein Minderjähriger allein und ohne Einbeziehung seiner Erziehungsberechtigten in die Herstellung seiner Bilder einwilligen kann, stellt sich natürlich die Frage, ob er dies ebenso im Hinblick auf die Verbreitung der Bilder machen kann.

Diese Rechtsfrage ist umstritten. Während einige Stimmen für eine Verwertung der Fotos von Minderjährigen im Gegensatz zur Herstellung der Fotos grundsätzlich die Einwilligung der Erziehungsberechtigten fordern, machen andere die Frage von der konkreten Einsichtsfähigkeit des Minderjährigen abhängig und argumentieren, dass der Minderjährige, wenn er die Einsichtsfähigkeit in sein Tun hat, auch über die Verwertung seiner Aufnahmen selbst entscheiden können soll. In Fällen, in denen die erforderliche Einsichtsfähigkeit nicht gegeben ist, wird die Einwilligung der Erziehungsberechtigten gefordert.

[zB]

Letztere Meinung stützt sich auf die – im Zusammenhang mit der Frage der Erkennbarkeit bei Nacktaufnahmen bereits zitierte – BGH-Entscheidung (Urteil vom 02.07.1974 – VI ZR 121/72, Abschnitt »Erkennbarkeit bei Akt- und Nacktaufnahmen«). Dieser Entscheidung lag folgender Sachverhalt zugrunde:

Der Beklagte, ein Fotograf, fertigte 1965 von der damals 16-jährigen Klägerin im Zusammenhang mit Werbeaufnahmen auch einige Nacktaufnahmen an und händigte die Negative der Klägerin aus. Diese gab ihm im Mai 1966 auf seinen Wunsch einen Negativstreifen mit drei der Nacktaufnahmen zurück. Was dabei über die Verwendung der Negative zwischen den Parteien vereinbart wurde, ist zwischen ihnen streitig. Im September 1966 erteilte die Mutter in ihrer Eigenschaft als gesetzliche Vertreterin der damals noch minderjährigen Klägerin gegen eine Zahlung von 300 DM die umfassende Erlaubnis zur Verbreitung und Verwertung der drei dem Fotografen überlassenen Fotos, der diese Fotos auf verschiedene Art verwertete. Die Klägerin (die Tochter), teilte dem Fotografen jedoch nur wenige Tage später mit, dass sie die von ihm ihrer Mutter übergebene Summe von 300 DM nicht annehme und dass sie auch nur damit einverstanden sei, wenn der Fotograf das Bild, um das es dann letztlich in dem Verfahren ging, ohne Nennung ihres Namens bei einem bestimmten Fotowettbewerb veröffentlichen werde. Nachdem die Tochter später jedoch feststellen musste, dass – entgegen ihrer Einwilligung – ihr Bildnis auch für ein Schallplattencover und für ein Poster verwendet worden war, klagte sie wegen Urheberrechtsverletzung, Verletzung des Rechts am eigenen Bild sowie des Persönlichkeitsrechts, weil sie zu *dieser* Art der Verwertung der Bilder (Abbildung auf einem Schallplattencover und Poster) ihre Einwilligung nicht gegeben hatte. Der Beklagte war dagegen der Auffassung, durch die Mutter der Klägerin sei die Einwilligung zu der Verwertung wirksam erteilt worden, denn auch hinsichtlich des Persönlichkeitsrechts ihrer Kinder seien die Eltern die berufenen Sachwalter ihrer Kinder.

Zwei grundsätzliche Fragen

Abgesehen davon, dass in diesem Fall Mutter und Tochter offenkundig nicht im besten Einvernehmen zueinander standen, anders ist der Sachverhalt schwer nachvollziehbar, ging es in diesem Zusammenhang um zwei grundsätzliche Fragen:

- Kann ein Minderjähriger selbst darin einwilligen, dass von ihm hergestellte Bildnisse veröffentlicht bzw. verwertet werden?
- Kann ohne Beteiligung des Minderjährigen durch die Erziehungsberechtigten als gesetzliche Vertreter des Minderjährigen entschieden werden, dass Bilder des Minderjährigen veröffentlicht werden?

Eigenverantwortliche Einwilligung von Minderjährigen | Die Frage, ob der Minderjährige über eine Verwertung allein entscheiden kann, wurde vom BGH nicht abschließend beantwortet, da in dem zu beurteilenden Fall in erster Linie zu klären war, ob die Mutter der Klägerin allein eine wirksame Einwilligung in die Verwertung der Nacktaufnahmen ihrer Tochter erteilen konnte.

[!]

Unklare Rechtslage bei Einwilligung nur durch Minderjährigen

Die Rechtslage bei der Einwilligung zur Verwertung von Fotos Minderjähriger, insbesondere bei Nacktaufnahmen, ist nicht klar. Selbst wenn man den Gedankenansatz des BGH von der Einsichtsfähigkeit des Minderjährigen zugrunde legt, ist nicht zu prognostizieren, ob das Gericht, das sich letztlich mit der Problematik zu befassen hat, im konkreten Fall die Einsichtsfähigkeit des Minderjährigen als gegeben ansieht oder nicht.

Wollen Sie als Fotograf auf der sicheren Seite sein, sollten Sie deshalb Bildnisse von Minderjährigen, insbesondere Nacktaufnahmen, grundsätzlich nicht ohne Einwilligung ihrer Erziehungsberechtigten veröffentlichen – schon gar nicht dann, wenn es sich um eine kommerzielle Verwertung der Fotos handelt, weil in der Regel die Einsichtsfähigkeit eines Minderjährigen sich nicht auf die Bedeutung und Tragweite einer kommerziellen Verwertung seiner Bildnisse erstreckt.

Der BGH scheint jedoch tendenziell einem Minderjährigen das Recht einräumen zu wollen, selbst zu entscheiden, ob er in eine Verwertung seiner Bildnisse einwilligt oder nicht. Der BGH vertrat in dieser Entscheidung den Standpunkt, dass zwar nach wie vor das Vertretungsprinzip durch die Erziehungsberechtigten gelte, was bedeutet, dass gemäß § 107 BGB der Minderjährige zu einer Willenserklärung, die ihm nicht nur rechtliche Vorteile bringt, der Einwilligung seines gesetzlichen Vertreters bedarf. Das Gericht verwies aber auch darauf, dass für gewisse, eng begrenzte Teilbereiche auch ohne gesetzliche Grundlage eine selbstständige Entscheidungsbefugnis des Minderjährigen oder ein echtes Mitspracherecht schon vor Erreichen der Volljährigkeit bereits anerkannt worden sei. In diesem

Zusammenhang nahm der BGH Bezug auf eine eigene Entscheidung aus dem Jahr 1958 (Urteil vom 05.12.1958 – VI ZR 266/57), mit der festgestellt wurde, dass ein Minderjähriger unter bestimmten Umständen ohne Zustimmung seines Erziehungsberechtigten in einen ärztlichen Eingriff einwilligen könne, wenn er nach seiner geistigen und sittlichen Reife die Bedeutung und Tragweite des Eingriffs übersehen könne.

Der BGH scheint also diese Grundsätze auch auf die Einwilligung in die Veröffentlichung von Bildnissen beziehen zu wollen.

Letztlich ist die rechtliche Situation jedoch nicht eindeutig und damit für den Fotografen nicht ohne Risiko, insbesondere dann, wenn es sich um Nacktaufnahmen handelt. Das Risiko ist seit dem Erscheinen der Vorauflage auch durch den neuen § 201a StGB (siehe Abschnitt 3.1.8) erheblich größer geworden, da nunmehr die Herstellung und Verbreitung solcher Aufnahmen zum Zwecke des Erwerbs strafbar ist.

Kinder- und Jugendpornografie

Hinzu kommt ein weiterer Aspekt, der es durchaus riskant erscheinen lässt, Nacktaufnahmen von Minderjährigen überhaupt zu veröffentlichen. Dieser Aspekt ergibt sich aus dem Strafrecht. Durch die 2008 im Rahmen der Bekämpfung der Kinder- und Jugendpornografie eingeführte Vorschrift des § 184c StGB sind die Verbreitung, der Erwerb und der Besitz jugendpornografischer Schriften strafbar. Den Schriften gemäß § 11 Abs. 3 StGB sind u. a. Bildträger und Datenspeicher gleichzustellen. Der Begriff *Jugendpornografie* ist sehr weit zu fassen, dazu zählen unter Umständen auch Nacktaufnahmen. Somit kann bei der Veröffentlichung von Aktfotos von Minderjährigen der Straftatbestand des § 184c StGB erfüllt sein.

Bestraft wird nach dieser Vorschrift u. a., wer pornografische Schriften, die sexuelle Handlungen von, an oder vor Personen von 14 bis 18 Jahren zum Gegenstand haben (jugendpornografische Schriften), herstellt oder verbreitet. Bei Kindern unter 14 Jahren handelt es sich um den Tatbestand der Kinderpornografie gemäß § 184b StGB).

In § 184c StGB heißt es dazu in Abs. 1:

[§]

»Wer pornographische Schriften (§ 11 Abs. 3), die sexuelle Handlungen von, an oder vor Personen von vierzehn bis achtzehn Jahren zum Gegenstand haben (jugendpornographische Schriften),

1. verbreitet,

2. öffentlich ausstellt, anschlägt, vorführt oder sonst zugänglich macht oder

3. herstellt, bezieht, liefert, vorrätig hält, anbietet, ankündigt, anpreist, einzuführen oder auszuführen unternimmt, um sie oder aus ihnen gewonnene Stücke im Sinne der Nummer 1 oder Nummer 2 zu verwenden oder einem anderen eine solche Verwendung zu ermöglichen, wird mit Freiheitsstrafe bis zu drei Jahren oder mit Geldstrafe bestraft.«

Abs. 2 dieser Vorschrift lautet:

[§] *»Ebenso wird bestraft, wer es unternimmt, einem anderen den Besitz von jugendpornographischen Schriften zu verschaffen, die ein tatsächliches oder wirklichkeitsnahes Geschehen wiedergeben.«*

Der Gesetzgeber hat die Strafbarkeit dabei nicht vom Fehlen einer Einwilligung abhängig gemacht, auch wenn sich eine vom gesetzlichen Vertreter erteilte Einwilligung im Regelfall strafmildernd auswirken oder zu einer Einstellung des Verfahrens führen dürfte. Auch die Einwilligung der Erziehungsberechtigten zu einer Verwertung der Fotos schützt im Zweifel aber nicht vor einem strafrechtlichen Ermittlungsverfahren, wenn im Übrigen die Tatbestandsmerkmale des § 184c StGB erfüllt sind. Unabhängig davon, wie letztlich der Ausgang eines solchen Ermittlungsverfahrens auch sein mag, mit dem Vorwurf in Verbindung gebracht zu werden, man habe etwas mit Kinder- oder Jugendpornografie zu tun, ist sicherlich nicht nur unangenehm und peinlich, sondern kann durchaus nachhaltigen Imageverlust bedeuten, denn es heißt ja nicht umsonst, dass trotz mangelnden Schuldnachweises letztlich immer etwas am Beschuldigten hängenbleibt.

[+] **Lohnt sich das Risiko wirklich?**

Angesichts der Tatsache, dass Sie sich auch strafbar machen und peinlichen staatsanwaltschaftlichen Ermittlungen ausgesetzt sein können, wenn Sie Nacktaufnahmen von Jugendlichen verwerten, sollten Sie sich als Fotograf gründlich überlegen, ob es sich für Sie – insbesondere wenn Sie Amateurfotograf sind – wirklich lohnt, ein derartiges Risiko einzugehen. Mein Rat: Von Nacktaufnahmen minderjähriger Personen lieber die Finger lassen, sofern es nicht die eigenen Kinder sind und die Fotos nur zu privaten Erinnerungszwecken angefertigt werden!

[zB] Stellen Sie sich vor, Sie werden als Fotograf von einer Siebzehnjährigen, die von Ihren guten fotografischen Kenntnissen gehört hat, angesprochen und gebeten, von ihr eine Reihe von Aktaufnahmen zu fertigen, die sie ihrem Freund anschließend zu Weihnachten schenken möchte. Die junge Frau macht einen durchaus erwachsenen Eindruck, sieht einige Jahre älter aus, als sie tatsächlich ist, und versichert Ihnen auf Nachfrage ausdrücklich, sie sei volljährig, gegebenenfalls unterschreibt sie Ihnen dies auch im Rahmen eines Model-Vertrags (wir kommen auf den Model-Vertrag in Kapitel 8, »Vertragsrecht«, noch zurück). Wie sollen Sie sich verhalten? Müssen Sie sich den Ausweis der jungen Frau zeigen lassen? Machen Sie sich strafbar, wenn Sie der Auftraggeberin die Aufnahmen aushändigen oder wenn Sie diese, mit Einverständnis der Minderjährigen, in Ihre Imagemappe aufnehmen und Dritten zeigen?

In diesem Fall ist zunächst sicherlich fraglich, ob eine Verbreitung darin zu sehen ist, dass Sie der minderjährigen Bestellerin die Fotos aushändigen. Hier wird man wohl davon auszugehen haben, dass der Verbreitungsvorgang erst dann einsetzt, wenn die Minderjährige die Bilder an ihren Freund weitergibt. Mit dem Zeigen der Imagemappe liegt sicherlich jedoch eine Verbreitung vor.

»Scheinjugendliche«

Viel entscheidender ist im vorliegenden Fall jedoch das, was das BVerfG im Zusammenhang mit den von ihm so bezeichneten »Scheinjugendlichen« in zwei Verfahren festgestellt hat, die miteinander verbunden worden waren (Urteil vom 06.12.2008 – 2 BvR 2380/08), nämlich dass es zum Vorsatz des § 184c StGB auch gehört, dass Vorsatz hinsichtlich des Alters der dargestellten Person vorliege. Es genüge dabei nach den Feststellungen des Gerichts nicht, dass die Volljährigkeit der betreffenden Person für den objektiven Betrachter zweifelhaft ist; vielmehr müsse der Beobachter umgekehrt eindeutig zu dem Schluss kommen, dass jugendliche Darsteller (es handelte sich in den zu entscheidenden Fällen um Filmaufnahmen) beteiligt seien. Das BVerfG verwies auf das Gutachten eines hinzugezogenen Sachverständigen, der dargelegt hatte, dass in der Regel weder körperliche Merkmale noch eine Analyse von Gesichtszügen es erlauben würden, die Unterscheidung zwischen minderjährigen Teenagern und nur geringfügig älteren, aber schon volljährigen Personen mit hinreichender Zuverlässigkeit zu treffen.

Das bedeutet für die Praxis: Der Fotograf muss das Bewusstsein haben, eine minderjährige Person zu fotografieren, um in die Gefahr einer Strafbarkeit nach § 184c StGB zu kommen.

Daraus ergibt sich, dass man wohl in diesem Beispielfall keine strafrechtlichen Konsequenzen zu befürchten hat, ein Restrisiko, dass ein Ermittlungsverfahren dennoch erst einmal eingeleitet wird, bleibt jedoch angesichts der Brisanz des Themas »Kinder- und Jugendpornografie« in der Öffentlichkeit bestehen. Deshalb möchte ich Ihnen meine Empfehlung zu einer gründlichen Risikoabschätzung bzw. Gefahren-Nutzen-Analyse noch einmal ans Herz legen.

Einwilligung ohne Beteiligung des Minderjährigen | Der BGH (Urteil vom 02.07.1974 – VI ZR 121/72, »Einwilligung bei Bildnissen Minderjähriger«) hat sich im Fall der Nacktfotos der damals 16-jährigen Klägerin der Argumentation der Revision angeschlossen, wonach die Bedeutung, die die weitreichende Verbreitung und Verwertung des Fotos für ein Mädchen von damals 16 Jahren aufgrund des damit verbundenen Eingriffs in die Intimsphäre habe, es erfordere, dass der gesetzliche Vertreter die Einwilligung dazu grundsätzlich nicht ohne ihre Zustimmung rechtswirksam habe erteilen können. Diese Feststellung gebiete in einem Fall wie diesem die erforderliche Berücksichtigung des Persönlichkeitsrechts der Klägerin.

Doppelzuständigkeit

Die Rechtsprechung begründet damit in Einschränkung der Vertretungsregel des § 107 BGB (siehe oben) eine sogenannte *Doppelzuständig-*

keit, die heute in Rechtsprechung und Literatur weitgehend anerkannt ist und bei Minderjährigen – jedenfalls ab einem Alter von 14 Jahren – zum Tragen kommen soll.

[!]

Grundsatz der Doppelzuständigkeit der Einwilligung

Bei Aufnahmen von Minderjährigen, die über ausreichende Einsichtsfähigkeit verfügen, was in der Regel ab einem Alter von 14 Jahren vermutet wird, reicht es für eine Verwertung von Bildnissen nicht aus, wenn lediglich der gesetzliche Vertreter zustimmt. Vielmehr bedarf es in diesen Fällen auch der Einwilligung des Minderjährigen.

Widerruf der Einwilligung | Häufig wird die Frage gestellt, die auch wiederholt die Gerichte beschäftigt hat, ob eine einmal erteilte Einwilligung auf ewig erteilt werde oder ob sie später widerrufen werden könne.

[zB]

Dazu ein Beispiel: Die 24 Jahre alte Studentin Nadine ist knapp bei Kasse und lässt sich, um diesen Umstand zumindest zeitweise erträglicher zu gestalten, von einem Fotografen unbekleidet fotografieren. Beide vereinbaren, da sich dies im Interesse von Nadine naturgemäß positiv auf die Höhe des zu zahlenden Honorars ausgewirkt haben dürfte, die zeitlich und örtlich unbeschränkte Verwertung der Fotos durch den Fotografen. Nach zehn Jahren, Nadine ist zwischenzeitlich verheiratet und mehrfache Mutter, stört es sie, dass ihr Nacktfoto von vor zehn Jahren noch immer im Internet zu sehen ist und gerade als Beispielfoto in einem Buch über Aktfotografie erneut veröffentlicht wurde. Sie widerruft deshalb gegenüber dem Fotografen ihre zehn Jahre zuvor abgegebene Einwilligung und fordert den Fotografen auf, jegliche weitere Verwertung zu unterlassen und bereits erfolgte Veröffentlichungen rückgängig zu machen. Wird Nadine mit diesen Forderungen Erfolg haben?

Diese Konstellationen sind gar nicht selten. In den allermeisten Fällen wird es sich bei den Fällen des Widerrufs einer Einwilligung – wie im Beispielfall – um Akt- bzw. Nacktaufnahmen handeln, diesbezügliche Streitigkeiten, bei denen es sich um »harmlose« Bildnisse handelte, sind mir jedenfalls nicht bekannt. Häufig bereuen Personen, die sich Jahre zuvor nackt fotografieren ließen, ihren »jugendlichen Leichtsinn« und wollen ihn möglichst ungeschehen machen, sei es, weil sie sich im Nachhinein für ihre Jugendsünde schämen – zum Beispiel weil sie inzwischen Karriere gemacht haben und berufliche Nachteile befürchten – oder weil ein neuer Partner nicht damit einverstanden ist, dass Nacktaufnahmen der Partnerin für Fremde sichtbar sind. In unserem Beispielfall könnte Nadine auch befürchten, dass ihre Kinder durch das Internet erfahren, wozu sie sich damals hat »hinreißen« lassen. Das mag alles auch dann der Fall sein, wenn es sich aus fotografischer Sicht um hochwertige Aufnahmen handelt.

Wenn man davon ausgeht, dass es sich bei Nacktaufnahmen, wie Sie bereits gesehen haben, um einen massiven Eingriff in die Intimsphäre des Abgebildeten handelt, mag man erst einmal zu der Auffassung gelangen, dass die abgebildete Person das Recht haben müsse, jederzeit diesen Eingriff in ihre Intimsphäre, der ja sowohl durch bestehende als auch durch neue Veröffentlichungen fortbesteht, unterbinden zu können. Dies ist jedoch nicht der Fall.

Zunächst muss natürlich überprüft werden, welche Vereinbarung zwischen Fotograf und abgebildeter Person seinerzeit getroffen wurde und ob nach Vertragsinhalt oder unter Anwendung des Zweckübertragungsgrundsatzes eine Verwertung und die gewählte Art der Verwertung überhaupt (noch) zulässig sind. War eine Verwertung in der aktuellen Art und Weise nicht vereinbart, kann sich die abgebildete Person selbstverständlich zu jeder Zeit dagegen zur Wehr setzen. In unserem Beispielfall sind wir jedoch von der Vereinbarung einer zeitlich und sachlich unbeschränkten Verwertung ausgegangen, die den Fotografen zweifellos berechtigt, das Bildnis der damaligen Studentin Nadine auch nach zehn Jahren noch in dem Buch über Aktfotografie zu verwenden.

In der Regel unwiderrufliche Einwilligung

Zwar ist die Zulässigkeit des Widerrufs einer einmal erteilten Einwilligung nicht ganz unumstritten, die ganz überwiegende Meinung in Rechtsprechung und Literatur geht jedoch davon aus, dass eine einmal erteilte Einwilligung als Willenserklärung unwiderruflich sei. Dies wird begründet mit § 130 BGB – danach ist eine einmal abgegebene Willenserklärung verbindlich. Nur in eng begrenzten Ausnahmefällen soll ein Widerruf zulässig sein.

Dies hat auch das OLG Frankfurt (Urteil vom 24.02.2011 – 16 U 172/10) bestätigt. Zuvor haben u. a. das OLG Köln (Urteil vom 29.03.1989 – 28 O 134/89) und das OLG München (Urteil vom 17.03.1989 – 21 U 4729/88) in gleicher Weise geurteilt.

[!]

Unwiderruflichkeit der Einwilligung

Grundsätzlich ist eine einmal erteilte Einwilligung unwiderruflich. Nur in Ausnahmefällen kann bei Vorliegen eines wichtigen Grundes die Einwilligung später widerrufen werden.

Rechtssicherheit und Vertrauensschutz

Schon aus Gründen der Rechtssicherheit und des Vertrauensschutzes muss der Fotograf davon ausgehen können, dass er das Bildnis entsprechend der getroffenen Vereinbarung verwerten kann, ohne befürchten zu müssen, dass jederzeit ein rechtlich zu beachtender Widerruf der fotografierten Person bei ihm eingehen kann. Der Grundsatz des Vertrauensschutzes gilt umso mehr, als die fotografierte Person bei Vertragsabschluss bzw. bei den Aufnahmen absehen konnte und musste, welche Konsequenzen eine Verwertung der Fotos haben könnte, und sich an diesen

Konsequenzen später festhalten lassen muss. Der Widerruf einer einmal erteilten Einwilligung muss deshalb die Ausnahme bleiben, in der Regel muss sich die fotografierte Person vielmehr auch nach Jahren gefallen lassen, mit ihrem Handeln und ihren Entscheidungen der Vergangenheit konfrontiert zu werden.

Wichtige Gründe für einen wirksamen Widerruf

Es stellt sich nun die Frage, was denn ein wichtiger Grund sein könnte, der ausnahmsweise zu einem wirksamen Widerruf der Einwilligung berechtigen kann.

[!]

Wichtiger Grund für einen Widerruf der Einwilligung

Die Rechtsprechung und die juristische Literatur halten einen wichtigen Grund nur dann für gegeben, wenn sich die Lebensumstände der fotografierten Person seit der Aufnahme so sehr verändert haben, dass sich die Verwertung der Fotos aus aktueller Sicht als eine Verletzung des Persönlichkeitsrechts darstellt und der betroffenen Person eine Verwertung der Fotos deshalb nicht mehr zugemutet werden kann. Daran sind allerdings hohe Anforderungen zu stellen. Ein bloßer Gesinnungswandel reicht für einen wirksamen Widerruf einer einmal erteilten Einwilligung nicht aus! Für das Vorliegen eines wichtigen Grundes ist stets der Widerrufende in vollem Umfang beweispflichtig.

[zB]

In dem oben zitierten Urteil des OLG München vom 17.03.1989 ging es darum, dass eine Schauspielerin im Jahr 1986 eine Reihe von Nacktaufnahmen von sich hatte anfertigen lassen, die in mehreren Zeitungen veröffentlicht wurden. Die Schauspielerin war mit 30 % an den Erlösen beteiligt. Eine zeitlich unbefristete Verwertung war im Model-Vertrag vereinbart worden. Zwei Jahre nach den Aufnahmen widerrief die Schauspielerin ihre Einwilligung mit dem Hinweis, sie wolle nun ins »ernste Fach« wechseln. Das OLG München hat darin keinen wichtigen Grund gesehen, der die Schauspielerin zu einem Widerruf ihrer Einwilligung berechtigen würde.

[zB]

Um eine vereinbarte unbeschränkte Verwertung von Nacktaufnahmen und den Widerruf einer Schauspielerin ging es auch in dem Urteil des OLG Köln (19.01.1996 – 6 U 76/95). Die Schauspielerin hatte sich im Jahr 1987 für den Playboy nackt fotografieren lassen, die unbeschränkte Einwilligung zur Verwertung erteilt und dafür ein respektables Honorar bekommen. Als der Verlag acht Jahre später erneut Fotos von der Schauspielerin anfertigen und abdrucken wollte, lehnte diese ab, worauf der Verlag die Aufnahmen aus dem Jahr 1987 erneut abdruckte. Darauf widerrief die Schauspielerin mit dem Hinweis auf ihre zwischenzeitlich geänderte Gesinnung ihre Einwilligung und forderte Unterlassung. Das OLG Köln wies die Klage mit der Begründung ab, ein Gesinnungswandel sei nicht erkennbar und auch nicht glaubwürdig dargelegt worden.

Mit Einwilligung erstellte Nacktaufnahmen beim Partnerschaftsende | Mit einem Widerruf einer erteilten Einwilligung hat sich jedoch vor nicht allzu langer Zeit das OLG Koblenz (Urteil vom 20.05.2014 – 3 U 1288/13) zu befassen gehabt.

[zB]

Der beklagte Fotograf hatte von seiner Partnerin mit deren Einwilligung während der bestehenden Beziehung zahlreiche Fotos angefertigt, auf denen die Partnerin u. a. unbekleidet vor, während und nach dem Geschlechtsverkehr mit dem Fotografen zu sehen ist. Teilweise hatte die Partnerin intime Fotos sogar selbst erstellt und sodann ihrem Partner in digitalisierter Form überlassen. Nachdem die Beziehung zwischen beiden – offensichtlich im Unfrieden – beendet worden war, widerrief die Klägerin ihre seinerzeit erteilte Einwilligung und machte einen Löschungsanspruch bezüglich aller angefertigten Fotos geltend.

Widerruf der Einwilligung

In der Berufungsinstanz hatte sich das OLG u. a. mit der Frage zu beschäftigen, ob die Klägerin berechtigt war, ihre damals unstreitig erteilte Einwilligung später zu widerrufen. Hierzu führte das Gericht Folgendes aus:

> *»Entgegen der Auffassung des Beklagten schließt die Einwilligung der Klägerin in die Anfertigung der betreffenden Aufnahmen den Widerruf des Einverständnisses für die Zukunft nicht aus (...).*
>
> *Ob ein Widerruf einer einmal erteilten Einwilligung für die Zukunft möglich ist, ist umstritten (...).«*

Das OLG Koblenz setzte sich im Folgenden mit der bislang hierzu ergangenen Rechtsprechung, die ich oben angesprochen habe, auseinander und kam zu dem Ergebnis:

> *»Die Bindungswirkung an eine einmal erteilte Einwilligung kann in Widerspruch zu den von dem allgemeinen Persönlichkeitsrecht geschützten Belangen des Abgebildeten stehen, sodass dem allgemeinen Persönlichkeitsrecht Vorrang vor dem Umstand zu gewähren ist, dass der Betroffene der Anfertigung der Lichtbilder zu irgendeinem Zeitpunkt zugestimmt hat. (...)*
>
> *Ist die Beziehung zwischen den Parteien beendet, ist das aus dem allgemeinen Persönlichkeitsrecht abzuleitende Interesse der Klägerin an der Löschung der Aufnahmen höher zu bewerten, als das auf seinem Eigentumsrecht begründete Recht des Beklagten an der Existenz der Aufnahme, die nach seinen eigenen Bekundungen nur ideellen Wert haben kann, da eine Zurschaustellung der Bilder oder eine Veröffentlichung dieser von ihm nach eigenem Bekunden nicht beabsichtigt ist (...)*
>
> *Nach Auffassung des Senats ist die Einwilligung in die Erstellung und die damit verbundene Nutzung der in Rede stehenden Lichtbilder zu-*

dem zeitlich auf die Dauer der zwischen den Parteien bestehenden Beziehung beschränkt, es handelt sich um eine ***zweckbestimmte Einwilligung*** *(Hervorhebung durch den Verfasser).«*

Zur Fortbildung des Rechts hat das OLG Koblenz die Revision zum BGH zugelassen. Dieser hat das Urteil der Vorinstanz bestätigt und in seiner Entscheidung vom 13.10.2015 (VI ZR 271/14) u. a. festgestellt:

»Fertigt im Rahmen einer intimen Beziehung ein Partner vom anderen intime Bild- oder Filmaufnahmen, kann dem Abgebildeten gegen den anderen nach dem Ende der Beziehung ein Löschanspruch wegen Verletzung seines Persönlichkeitsrechts zustehen, wenn er seine Einwilligung in die Anfertigung und Verwendung der Aufnahmen auf die Dauer der Beziehung – konkludent – beschränkt hat.«

Nach meiner Auffassung ist dieses Urteil zwar im Ergebnis natürlich völlig richtig, darf jedoch gleichzeitig auch nicht verallgemeinert werden. Es handelt sich hier um Aufnahmen aus dem höchstpersönlichen privaten Lebensbereich, die nur im partnerschaftlichen Vertrauen darauf gestattet wurden, dass sie diesen höchstpersönlichen Lebensbereich niemals verlassen werden. Hier liegt sicherlich ein ganz entscheidender Unterschied zu den Fällen, in denen außerhalb einer Partnerschaft, insbesondere gegen Entgelt, Nacktaufnahmen angefertigt werden. In diesen Fällen wird es vermutlich und meines Erachtens aus Gründen der Rechtssicherheit auch richtigerweise bei der bisherigen Rechtsprechung bleiben, dass nur in besonders gelagerten Ausnahmefällen der Widerruf einer einmal erteilten Einwilligung zulässig ist.

[!]

Widerruf trotz früherer Einwilligung
Werden Nacktaufnahmen im Rahmen einer Partnerschaft mit Einwilligung des Partners gefertigt, so besteht bei Beendigung der Partnerschaft ein Widerrufsrecht und ein Löschungsanspruch des Abgelichteten. Die zuvor erteilte Einwilligung erlischt mit dem Ende der Partnerschaft.

[zB]

Um Ihnen aber einen Anhaltspunkt zu geben, wann ansonsten gegebenenfalls ein wirksamer Widerruf vorliegen könnte, möchte ich den Fall von Nadine, den Sie im Abschnitt »Widerruf der Einwilligung« erstmals kennengelernt haben, wie folgt weiterspinnen:

Zehn Jahre später ist Nadine mit einem evangelischen Pfarrer verheiratet, der in einer Kleinstadt in Bayern oder einem anderen, gemeinhin recht konservativen Gebiet tätig ist. Sie selbst ist in mehreren sozialen Einrichtungen im Ort aktiv und engagiert sich u. a. für ein kirchlich geführtes

Seniorenheim. In diesem Fall hat sich möglicherweise ein solcher Gesinnungs- und auch Lebenswandel vollzogen, dass es Nadine heute schlichtweg nicht mehr zuzumuten ist, dass weiterhin Nacktaufnahmen von ihr öffentlich zirkulieren. Man stelle sich die möglicherweise verheerenden Konsequenzen für Nadine vor, wenn ihre Nacktaufnahmen aus der Studentenzeit in der Kleinstadt bekannt und wie ein Lauffeuer zum allgemeinen Klatsch- und Tratschthema werden. In diesem Fall wird man unter Abwägung aller Umstände möglicherweise zu dem Ergebnis kommen müssen, dass der Widerruf der damaligen Einwilligung zulässig und rechtlich wirksam sei.

Eine ganz andere Frage ist in diesem Zusammenhang natürlich, inwieweit es tatsächlich – gegebenenfalls nach Jahren – möglich ist, alle Spuren der Fotos aus dem Internet völlig zu entfernen, oder ob nicht doch noch irgendwie darauf zurückgegriffen werden kann. Dieser Aspekt soll hier jedoch nicht näher thematisiert werden. In jedem Fall kann Nadine, wenn man ihr in diesem Beispielfall ein Widerrufsrecht zubilligen würde, nicht mehr verlangen, als dem Fotografen zumutbar wäre. Das Risiko, dass trotz aller ernsthaften Beseitigungsbemühungen des Fotografen doch irgendwo im Internet noch etwas von den damaligen Fotos zu sehen ist, trägt sicherlich Nadine.

[!]

Immer eine Frage des Einzelfalls
Letztlich muss die Frage des Widerrufsrechts jedoch immer durch ein Gericht im Einzelfall in allen Aspekten geprüft und dann entschieden werden – deshalb auch meine vorsichtige, konjunktivische Prognose in dem von mir konstruierten Beispielfall von Nadine.

Ersatz des Vertrauensschadens

Allerdings kommt ein Widerruf nur gegen Ersatz des Vertrauensschadens in Betracht. Das bedeutet, dass die widerrufende Person dem Fotografen den Schaden ersetzen muss, den dieser dadurch erleidet, dass er auf die Rechtsgültigkeit der seinerzeit erteilten Einwilligung vertraut hat. Diese Schadensersatzverpflichtung darf allerdings auch nicht so weitgehend sein, dass de facto ein Widerruf aus wirtschaftlichen Gründen unmöglich gemacht wird. Hier wird man im Einzelfall eine Lösung finden müssen, die beiden Seiten gerecht wird.

[zB]

Belegschaftsfotos des Arbeitgebers | Eine angemessene Lösung im Einzelfall empfiehlt sich auch für einen anderen Fall, der immer wieder nachgefragt wird: In Unternehmen ist es oft üblich, dass die komplette Belegschaft, entweder als Gruppenbild oder in Einzelaufnahmen, auf der Website gezeigt wird. Nun scheidet eine Mitarbeiterin aus und möchte nicht mehr, dass auf der Website des Unternehmens ihr Foto zu sehen ist bzw. sie noch länger auf dem Belegschaftsfoto und damit über ihr Ausscheiden hinaus in Beziehung zu dem alten Arbeitgeber zu sehen ist. Meist tritt diese Situation auf, wenn sich die Trennung zwischen den Parteien nicht ganz friedlich vollzogen hat.

Die Aufforderung, das Einzel- oder Belegschaftsfoto, auf dem die ausgeschiedene Mitarbeiterin zu sehen ist, zu entfernen, impliziert aus rechtlicher Sicht gleichzeitig den Widerruf der seinerzeit erteilten Einwilligung, das Bildnis im Internet zu veröffentlichen. Und damit stellt sich auch hier die Frage nach der Zulässigkeit des Widerrufs.

Zu dieser Thematik gibt es ein Urteil des Landesarbeitsgerichts (LAG) Mainz vom 30.11.2012 (6 Sa 271/12). Ein Monteur wurde gemeinsam mit über 30 Mitarbeitern eines mittelständischen Unternehmens in einem Gruppenfoto fotografiert, das Foto wurde auf der Website des Unternehmens gezeigt. Als der Mitarbeiter nach nur kurzer Beschäftigungszeit wieder aus dem Unternehmen ausschied, verlangte er die Entfernung des Bildes, dem das Unternehmen auch nachgekommen war, und Schadensersatz, weil seiner Meinung nach das Foto erst knapp ein Jahr nach seinem Ausscheiden aus dem Unternehmen entfernt wurde.

Das LAG Mainz hat die Klage abgewiesen, weil der Kläger wirksam in die Veröffentlichung des Bildes eingewilligt und sich diese Einwilligung nicht mit seinem Ausscheiden aus dem Arbeitsverhältnis erledigt habe. Zum einen – so das Gericht – sei der Arbeitgeber nicht verpflichtet gewesen, das Bild zu entfernen. Zum anderen sei der Kläger auf dem Bild nicht besonders herausgestellt worden, das Bild diene vielmehr allgemeinen Illustrationszwecken, weshalb die Wirkung der Einwilligung des Klägers über die Beendigung des Arbeitsverhältnisses hinaus Bestand habe. Es sei aus der Sicht des Besuchs der Website auch völlig gleichgültig, welche Personen im Einzelnen auf dem Gruppenfoto zu sehen sind, da es dem Besucher lediglich auf den Gesamteindruck der Mitarbeiterschaft ankäme.

[!]

Kein Anspruch auf Beseitigung von Belegschaftsfotos
Ein ausgeschiedener Arbeitnehmer kann seine Einwilligung zur Darstellung auf einem Belegschaftsfoto nicht widerrufen und hat keinen Anspruch, dass das Bild nicht mehr verwendet wird.

Abzuleiten ist aus dieser Entscheidung, die der bislang von der Rechtsprechung geübten Spruchpraxis entspricht, dass ein Widerruf zumindest dann nicht anzuerkennen ist, wenn sich der einzelne Arbeitnehmer auf einem Gruppenfoto im Kreise anderer Arbeitnehmer befindet und damit im Prinzip austauschbar ist.

Ein Anspruch wird aber wohl dann zu bejahen sein, wenn es sich um ein Porträtfoto handelt, gegebenenfalls sogar mit Nennung des Namens. Dann wird man zugunsten des einzelnen Arbeitnehmers davon ausgehen müssen, dass der ehemalige Arbeitnehmer, der möglicherweise bereits anderweitig in Lohn und Brot steht, ein berechtigtes Interesse daran hat, dass sein Bild von der Website seines alten Arbeitgebers verschwindet.

[!]

Bei Porträtfotos besteht der Anspruch
Handelt es sich bei dem vom Arbeitgeber verwendeten Foto um ein Einzelporträt, besteht ein Anspruch des ausgeschiedenen Arbeitnehmers, dass sein Foto nicht mehr verwendet wird.

Im Ergebnis gleich fällt die Entscheidung des BAG (Urteil vom 11.12.2014 – 8 AZR 1010/13) unter Bestätigung der Vorinstanz (LAG Mainz, Urteil vom 08.05.2013 – 8 Sa 30/13) aus. Auch in diesem Fall wurde die Klage eines ausgeschiedenen Arbeitnehmers, der seine Einwilligung widerrufen hatte und auf Videosequenzen, die der Arbeitgeber veröffentlich hatte, noch nach seinem Ausscheiden zu sehen war, in letzter Instanz abgewiesen, weil es sich nicht um ein Bildnis des Arbeitnehmers handelte. Überdies war in diesem Fall streitig, ob der Arbeitnehmer überhaupt zu erkennen ist. Allerdings hat das BAG in seiner Entscheidung darauf hingewiesen, dass eine Einwilligung des Arbeitnehmers nach § 22 KUG aufgrund der Bedeutung für seine informelle Selbstbestimmung der Schriftform bedarf.

Digitale Schönheitschirurgie

Persönlichkeitsrechtsverletzung trotz Einwilligung durch Bildbearbeitung | Stellen wir uns vor, Sie haben als Fotograf von der fotografierten Person die Einwilligung bekommen, deren Bildnis zu veröffentlichen, sind aber der Meinung, man könnte mithilfe von Photoshop und Co. noch so einiges vorteilhafter gestalten. Das Model wird dazu nicht befragt, bevor das bearbeitete Bild veröffentlicht wird.

Im digitalen Zeitalter ist – nicht mehr vergleichbar mit den geringen Eingriffsmöglichkeiten des Entwicklers bei der analogen Bildentwicklung – dank der umfangreichen Möglichkeiten moderner Bildbearbeitungssoftware eine fast unbegrenzte Manipulation eines Bildes möglich. Man muss sich nur die wie Puppengesichter wirkenden Porträts auf den Titelseiten verschiedener Zeitungen und Magazine anschauen, um zu wissen, was ich meine. Da werden teilweise radikale »digitale Schönheitsoperationen« vorgenommen, die sich nicht mehr darauf beschränken, einzelne Pickel, die die Person zum Zeitpunkt der Aufnahme vielleicht gerade hatte, zu entfernen oder die Haut insgesamt etwas zu glätten. Vielmehr werden zum Teil deutliche Eingriffe in das äußere Erscheinungsbild vorgenommen, Körperteile werden schlanker gemacht, die Haut wird radikal geglättet, ältere Personen haben auf einmal deutlich weniger Falten, Tränensäcke werden gänzlich entfernt etc.

Charakteristische Merkmale der Person

Bei derartigen Eingriffen ist allerhöchste Vorsicht geboten, denn dadurch werden oft bestimmte charakteristische Merkmale entfernt oder verändert, die zur Persönlichkeit eines Menschen gehören, zum Beispiel die Falten eines älteren Menschen als Zeichen und Ausdruck seines Alters. Sie zu entfernen und wie bei Goethes Faust aus einem alten Mann fast einen jungen Adonis zu machen, der mit der Wirklichkeit nichts mehr zu tun hat, ist ohne jede Frage eine Persönlichkeitsrechtsverletzung, gegen die sich der Betroffene wehren kann. Zugegebenermaßen mag dieses Beispiel sehr extrem sein, aber auch im Bereich subtilerer Veränderungen ist eine Persönlichkeitsrechtsverletzung durchaus denkbar – wenn das Model zum Beispiel plötzlich nicht mehr die Körbchengröße A oder B, sondern DD hat oder umgekehrt. Auch dies stellt einen Eingriff in die Persönlichkeitsrechte dar, weil das, was der Betrachter auf dem Bild sieht, nichts mehr mit dem tatsächlichen Erscheinungsbild der fotografierten Person zu tun hat.

Bestimmte Körpermerkmale mögen für den einen oder anderen vielleicht nicht ästhetisch aussehen oder die Schönheit beeinträchtigen. Dies gilt für Narben, Leberflecke, Fehlstellungen irgendwelcher Gliedmaßen oder der Augen o. Ä. Gerade diese Merkmale gehören jedoch oft zu höchstpersönlichen Merkmalen einer Person, und ihre Entfernung kann einen Eingriff in deren Persönlichkeitsrecht darstellen.

[!]

Vorsicht bei der digitalen Bearbeitung von Bildnissen

Bei der digitalen Bearbeitung von Bildnissen sollten Sie sich darauf beschränken, nur maßvolle Korrekturen vorzunehmen, durch die in jedem Fall gewährleistet ist, dass die Person auch noch als diejenige erkannt werden kann, die sie in Wirklichkeit auch ist. Die zur Verwertung eines Bildnisses gegebene Einwilligung bezieht sich auf das Bildnis, das bei der Aufnahme entstanden ist. Bei nicht nur geringen Änderungen durch digitale Bildbearbeitung sollte die fotografierte Person unbedingt auch die Einwilligung zu der bearbeiteten Version des Bildnisses erteilen. Es macht einen Unterschied, ob Sie zulässigerweise einen einzelnen Pickel retuschieren oder persönlichkeitsprägende Merkmale wie Narben, Falten oder Muttermale unzulässigerweise entfernen.

Gesetzliche Ausnahmen vom Einwilligungserfordernis | § 23 KUG regelt eine Reihe von Ausnahmetatbeständen vom Einwilligungserfordernis des § 22 KUG. Aus systematischen Gründen werde ich darauf jedoch erst in Abschnitt 3.2.2 zu sprechen kommen und mich hier zunächst weiter mit den Begriffen in § 22 KUG befassen.

Verbreiten und öffentlich zur Schau stellen | Zu klären sind noch die Begriffe *Verbreiten* und *zur Schau stellen*, die man in § 22 KUG findet.

Verbreiten

Wir hatten uns in Kapitel 1, »Urheberrecht«, bereits mit dem in § 17 UrhG geregelten Verbreitungsrecht befasst, also könnte man ja eigentlich auf die dortigen Ausführungen verweisen. Allerdings gibt es Unterschiede zwischen den Verbreitungsbegriffen in § 17 UrhG und in § 22 KUG.

Unterschiede zwischen § 17 UrhG und § 22 KUG

Das Verbreitungsrecht des § 17 UrhG umfasst, wie Sie schon erfahren haben, das Anbieten und Inverkehrbringen eines Werkes in der Öffentlichkeit, gemeint war also nur die öffentliche Verbreitung. Wegen des hohen Schutzcharakters des § 22 KUG als besonderem Persönlichkeitsrecht muss der Begriff der Verbreitung dort jedoch weiter ausgelegt werden als in § 17 UrhG. Im Rahmen des § 22 KUG ist Verbreitung jede Art von Verbreitung, also auch die Weitergabe im Privatbereich. Eine Erzielung von Entgelt oder ein kommerzielles Interesse ist dabei nicht erforderlich. Auch das Verschenken eines Fotos, das von einer Person ohne deren Einwilligung gemacht wurde, ist ein Verbreiten und damit eine Verletzung des Rechts am eigenen Bild.

Allerdings wird in der Regel nur eine öffentliche Verbreitung in der Praxis eine Rolle spielen, wenn ein Foto etwa durch Abdruck in einer Zeitung oder einem anderen Druckerzeugnis einem größeren Publikum gezeigt wird. Dass sich im privaten Bereich etwa aus dem Verschenken eines Fotos, mit dessen Herstellung die abgebildete Person nicht einverstanden war, ein Rechtsstreit entwickelt, ist eher unwahrscheinlich, letztlich aber nicht ausgeschlossen.

Zur Schau stellen

Die Schaustellung ist im Gegensatz zur Verbreitung ein Vorgang, der sich – wie der Gesetzeswortlaut ergibt – immer in der Öffentlichkeit abspielen, aber nicht gewerbsmäßig erfolgen muss. Wann Öffentlichkeit gegeben ist, haben Sie bereits in Kapitel 1, »Urheberrecht«, im Zusammenhang mit der Vorschrift des § 15 Abs. 3 UrhG erfahren.

Man versteht unter *Schaustellung* jedes Sichtbarmachen des Bildnisses. Dies kann bereits im Hochhalten anlässlich einer Tagung oder Versammlung ebenso bestehen wie im dauerhaften Einstellen ins Internet.

Das LG Oldenburg hat in einer schon älteren, aber immer noch gültigen Entscheidung festgestellt, dass eine öffentliche Zurschaustellung schon dann vorliegt, wenn ein Bildnis den Arbeitskollegen gezeigt wird (LG Oldenburg, Urteil vom 21.04.1988 – 5 S 1656/87).

[zB]

Das OLG München ist in seinem Urteil vom 26.06.2007 – 18 U 2067/07 sogar noch einen Schritt weiter gegangen und hat die Verlinkung auf eine andere Website, auf der Personenbilder zu sehen waren, als unzulässig angesehen, weil nicht die Einwilligung der abgebildeten Person eingeholt worden war. Ein Verlag – so der Sachverhalt kurz gefasst – setzte sich online satirisch mit der Aussage eines Münchner Anwalts auseinander und verlinkte in diesem Zusammenhang auf eine Website, auf der zwei Fotos des betreffenden Anwalts zu sehen waren, allerdings in seiner Privatsphäre, nämlich beim Paintballspiel mit freiem Oberkörper bzw. im Kampfanzug. Das OLG sah gerade in der Verlinkung den klassischen Fall des § 22 KUG, dass nämlich ein Bildnis öffentlich zur Schau gestellt und für einen nicht klar abgrenzbaren Personenkreis sichtbar gemacht werde. In der Freischaltung der verlinkten Website kann nach der Auffassung des Gerichts keine Einwilligung zur Verlinkung gesehen werden.

[!]

Vorsicht vor Verlinkungen

Im Zeitalter von Internet und Verlinkungen von Seite zu Seite ist dann allergrößte Vorsicht geboten, wenn von einer Website auf andere

Websites verlinkt wird, auf denen Personen abgebildet sind, wenn die abgebildeten Personen in die Verlinkung nicht eingewilligt haben.

Zurschaustellung ist natürlich auch der Aushang in einem Schaufenster oder anlässlich einer Ausstellung etc. Der Fotograf, der – man sieht dies häufig an Fotoateliers – einige seiner besonders gelungenen Porträtaufnahmen als Referenz in seinem Schaukasten oder Schaufenster ausstellt, benötigt dazu die Einwilligung der fotografierten Person(en). Das LG Lübeck (Urteil vom 05.02.1987 – 15 S 198/86) hat zum Beispiel einem Hochzeitspaar einen Schadensersatzanspruch gegen den Hochzeitsfotografen zugesprochen, der ohne Einwilligung des Paares einige der Hochzeitsfotos von dem Paar in seinem Schaufenster ausgestellt hatte.

Das OLG Oldenburg hat in einer Entscheidung, bei der es darum ging, dass der Beklagte auf einem Grillfest im betrieblichen Umfeld seinen Arbeitskollegen ein Foto einer dritten Person gezeigt hatte, entschieden, dass dies eine Zurschaustellung sei, da der Kreis der Arbeitskollegen nicht abgegrenzt gewesen sei und die Arbeitskollegen nicht durch persönliche Beziehungen untereinander verbunden seien, weshalb nach § 15 Abs. 3 UrhG Öffentlichkeit bestanden habe (Urteil vom 21.04.1988 – 5 S 1656/87).

3.2.2 Ausnahmen vom Recht am eigenen Bild (§ 23 Abs. 1 KUG)

Nach § 22 KUG ist das Recht am eigenen Bild also geschützt, und eine Verbreitung und ein Schaustellen ohne Einwilligung der abgebildeten Person sind als Verletzung des Persönlichkeitsrechts unzulässig.

Davon regelt der § 23 KUG vier wichtige Ausnahmen, mit denen wir uns nun im Einzelnen befassen werden. So dürfen nach § 23 Abs. 1 KUG ohne Einwilligung verbreitet werden:

- Bildnisse aus dem Bereich der Zeitgeschichte
- Bildnisse, auf denen die Personen nur als Beiwerk neben einer Landschaft oder sonstigen Örtlichkeit erscheinen
- Bilder von Versammlungen, Aufzügen und ähnlichen Vorgängen, an denen die dargestellten Personen teilgenommen haben
- Bildnisse, die nicht auf Bestellung angefertigt sind, sofern die Verbreitung oder Schaustellung einem höheren Interesse der Kunst dient

Prominente

Bildnisse aus dem Bereich der Zeitgeschichte (§ 23 Abs. 1 Nr. 1 KUG) | Unter diesen Ausnahmetatbestand von § 22 KUG fallen Abbildungen von »Personen der Zeitgeschichte«, also von Personen, die man landläufig als Prominente, d. h. weithin bekannte Personen, bezeichnet. Auch wenn es überwiegend Berufsfotografen sein mögen, die Bilder von Personen der Zeitgeschichte anfertigen, die dann an die Medien verkauft und von diesen verbreitet oder zur Schau gestellt werden, dürften dennoch die folgenden Ausführungen auch für Amateurfotografen durchaus interessant sein. Denn nicht immer sind es nur Berufsfotografen, die die Gelegenheit haben, Personen der Zeitgeschichte abzulichten, wie die folgenden Beispiele zeigen:

[zB]

Der Fotoamateur, der sich im Urlaub an der Riviera aufhält, entdeckt an der dortigen Strandpromenade oder in einem Café einen Politiker, Schauspieler oder sonstigen Prominenten mit dessen Familie oder dessen (neuer) Freundin, und es gelingt ihm, unbemerkt einige Fotos von den Personen zu machen. Zu Hause angekommen, überlegt er sich, ob und wie er die Bilder verwerten kann.

Oder der Amateur fotografiert anlässlich einer Sportveranstaltung, an der mehrere international bekannte Hochleistungssportler teilnehmen. Später sucht ein Sportartikelhersteller mittels Fotowettbewerb Bilder von Sportlern, mit denen er für seine Produkte werben möchte. Der Amateur fragt sich, ob er seine Bilder dafür zur Verfügung stellen darf.

Man könnte weitere Beispiele bilden, in denen ein Amateur Gelegenheit hat, Bilder von Personen der Zeitgeschichte zu machen. Und spätestens an diesem Punkt sollte Klarheit über die grundlegenden Regeln bestehen, die für die Verbreitung und die Schaustellung von Bildern Prominenter gelten.

Gravierender Wandel in der Rechtsprechung

Kaum eine Vorschrift des Urheberrechts war in den letzten Jahren einem gravierenderen Wandel ausgesetzt als § 23 KUG, insbesondere Abs. 1 Ziffer 1 (Bildnisse aus dem Bereich der Zeitgeschichte). Mit der Entwicklung der Rechtsprechung vom Prominenten als fotografischem Freiwild bis hin zu dem Prominenten, dem – wie jedem anderen auch – ein Schutzbereich zusteht, der unantastbar ist, werden wir uns nun befassen.

Man unterschied in der Rechtsprechung lange Zeit zwischen absoluten Personen der Zeitgeschichte und relativen Personen der Zeitgeschichte, was im Übrigen keine Erfindung der Rechtsprechung war, sondern eine Entwicklung des Rechtsprofessors Neumann-Duesberg in einem Aufsatz aus dem Jahr 1960. Die Unterscheidung sollte eine Abgrenzungshilfe bei der Verwendung des Begriffs *Personen der Zeitgeschichte* darstellen und wurde von der Rechtsprechung in der Folgezeit übernommen. Was verstand man unter diesen Begriffen?

Absolute Personen der Zeitgeschichte

Unter *absoluten Personen der Zeitgeschichte* verstand die Rechtsprechung all jene Personen und deren Familienangehörige, die durch Geburt, Stellung, Leistungen sowie positive oder negative Taten in der Öffentlichkeit stehen und auf diese Art Zeitgeschichte machen bzw. machten.

Zu absoluten Personen der Zeitgeschichte zählte die Rechtsprechung Staatsoberhäupter, wie u. a. den Bundespräsidenten, bedeutende und international bekannte in- und ausländische Politiker, wie etwa Willy Brandt, und Angehörige regierender Königs- und Fürstenhäuser, wie zum Beispiel Caroline von Monaco, von der im Folgenden noch ausführlich die Rede sein wird. Daneben waren aber auch bedeutende Erfinder bzw. Wissenschaftler (Graf Zeppelin), Repräsentanten der Wirtschaft, Künstler, Schauspieler (Paul Dahlke), Schriftsteller ebenso wie Spitzensportler, Trainer etc. absolute Personen der Zeitgeschichte.

Relative Personen der Zeitgeschichte

Relative Personen der Zeitgeschichte waren dagegen Personen, die nur kurzzeitig und nicht dauerhaft zeitgeschichtliche Bedeutung erlangten und an denen die Öffentlichkeit nur vorübergehendes Informationsinteresse hatte. Im Unterschied zu den absoluten Personen der Zeitgeschichte spielten die relativen Personen der Zeitgeschichte nur in Verbindung mit einem ganz bestimmten Ereignis der Zeitgeschichte eine Rolle und fielen auch nur insoweit unter § 23 KUG, als es um die Berichterstattung gerade über dieses Ereignis ging.

Beispiele dafür sind etwa ein Straftäter, über dessen Verhaftung in der Presse berichtet wurde (so der Verwaltungsgerichtshof, VGH, Baden-Württemberg im Urteil vom 10.07.2000 – 1 S 2239/99), nicht jedoch die bei der Verhaftung beteiligten Polizisten und die an dem späteren Strafverfahren Beteiligten (zum Beispiel der Richter oder der Strafverteidiger). Weitere Beispiele sind: der Sportler, der einen lokalen Wettkampf gewonnen hat, oder der Regionalpolitiker, der eine Ausstellung eröffnet hat.

Noch bis Anfang der 1990er-Jahre waren absolute Personen der Zeitgeschichte und somit fast alle Prominenten de facto den Nachstellungen und Belagerungen durch Fotografen, insbesondere durch Paparazzi, schutzlos ausgeliefert. Lediglich in ihrem ureigenen Privatbereich und ihrer Intimsphäre waren Prominente vor unerwünschten Aufnahmen geschützt. Ansonsten mussten sie sich, sobald sie sich in der Öffentlichkeit zeigten – gleichgültig, ob in privater Eigenschaft oder nicht –, gefallen lassen, dass sie überall, wo sie sich gerade befanden, und unabhängig davon, was sie gerade taten, einem Blitzlichtgewitter und dem Klicken der Kameras ausgesetzt sein konnten. Zwar gab es hier und da schon Gerichtsentscheidungen, die bei Fotos im Privatbereich entschieden, dass ein zeitgeschichtliches Ereignis nicht vorlag und eine Verbreitung damit unzulässig war, aber solche Entscheidungen waren eher die Ausnahme.

Wendepunkt Caroline von Monaco

Mit dem Feldzug von Prinzessin Caroline gegen verschiedene Illustrierte der sogenannten *Klatsch-* oder *Regenbogenpresse* kam Bewegung in die Rechtsprechung und in die Behandlung der Privatsphäre Prominenter.

Caroline von Monaco begann Anfang der 1990er-Jahre damit, sich in mehreren Gerichtsverfahren gegen Veröffentlichungen von Paparazzi-Fotos aus ihrem Privatleben zu wehren. Sie vertrat die Auffassung, dass sie sich auch als absolute Person der Zeitgeschichte, die sie unstreitig nach der damaligen Definition war, nicht gefallen lassen müsse, dass Fotos aus ihrem Privatbereich, also wenn sie nicht gerade eine öffentliche Funktion wahrnahm, ohne ihre Einwilligung in irgendwelchen Boulevardblättchen veröffentlicht würden, um dort nur das Sensationsbedürfnis der Öffentlichkeit zu befriedigen.

Vor dem BGH hatte Caroline von Monaco zunächst allerdings nur einen bescheidenen Erfolg. Das Gericht entschied am 19.12.1995 (VI ZR 15/95) zwar, dass das Recht auf Achtung der Privatsphäre, zu dem auch das Recht gehöre, für sich allein zu sein, auch eine Person der Zeitgeschichte für sich in Anspruch nehmen könne und dass der Schutz der Privatsphäre, der sich auch auf die Veröffentlichung von Bildaufnahmen erstrecke, nicht auf den eigenen häuslichen Bereich beschränkt sei. Außerhalb des eigenen Hauses könne eine schützenswerte Privatsphäre gegeben sein, wenn sich jemand in eine örtliche Abgeschiedenheit zurückgezogen habe, in der er objektiv erkennbar für sich allein sein wolle und in der er sich in der konkreten Situation im Vertrauen auf die Abgeschiedenheit so verhalte, wie er es in der breiten Öffentlichkeit nicht tun würde. In diesen Schutzbereich greife in unzulässiger Weise ein, wer Fotos veröffentliche, die von dem Betroffenen in dieser Situation heimlich oder unter Ausnutzung einer Überrumpelung aufgenommen worden seien. Im Übrigen müssten aber absolute Personen der Zeitgeschichte die Veröffentlichung von Bildaufnahmen von sich hinnehmen, auch wenn diese sie nicht bei der Wahrnehmung einer öffentlichen Funktion, sondern ihr Privatleben im weiteren Sinne zeigten.

[+]

Absolute Personen der Zeitgeschichte mussten sich früher zum Schutz vor Fotos in Abgeschiedenheit begeben und verstecken

Nur solche Aufnahmen, die Personen der Zeitgeschichte zeigten, wenn diese sich in die Abgeschiedenheit zurückgezogen hatten, durften früher nicht verbreitet werden. Mit anderen Worten, die absoluten Personen der Zeitgeschichte mussten sich, wollten sie ihre Privatsphäre schützen, in der Abgeschiedenheit verstecken.

Das BVerfG, bei dem Caroline von Monaco Verfassungsbeschwerde gegen die BGH-Entscheidung einlegte, bestätigte im Wesentlichen die BGH-Rechtsprechung und hielt lediglich die Veröffentlichung derjenigen Fotos wegen Verletzung des Persönlichkeitsrechts für unzulässig, auf denen auch die Kinder von Caroline von Monaco abgebildet waren (Urteil vom 15.12.1999 – 1 BvR 653/96), da den Kindern ein besonderer Schutz ihres Persönlichkeitsrechts deshalb zustehe, damit sie von der Öffentlichkeit unbeobachtet und kindgerecht aufwachsen können.

Urteil des Europäischen Gerichtshofs für Menschenrechte

Der daraufhin von Prinzessin Caroline angerufene Europäische Gerichtshof für Menschenrechte (EGMR) fällte unter dem Aktenzeichen 59320/00 am 24.06.2004 ein Urteil, mit dem einerseits die Entscheidungen der deutschen Gerichte in Sachen Prinzessin Caroline als unvereinbar mit Art. 8 der Europäischen Menschenrechtskonvention (EMRK) gerügt wurden und das andererseits zu einer grundlegenden Änderung der deutschen Rechtsprechung zu § 23 KUG führte.

[§]

Art. 8 der Europäischen Menschenrechtskonvention, »Recht auf Achtung des Privat- und Familienlebens«

»(1) Jede Person hat das Recht auf Achtung ihres Privat- und Familienlebens, ihrer Wohnung und ihrer Korrespondenz.

(2) Eine Behörde darf in die Ausübung dieses Rechts nur eingreifen, soweit der Eingriff gesetzlich vorgesehen und in einer demokratischen

> Gesellschaft notwendig ist für die nationale oder öffentliche Sicherheit, für das wirtschaftliche Wohl des Landes, zur Aufrechterhaltung der Ordnung, zur Verhütung von Straftaten, zum Schutz der Gesundheit oder der Moral oder zum Schutz der Rechte und Freiheiten anderer.«

Anhand dieser Vorschrift entschied der EGMR, dass es allein die Klassifizierung als absolute Person der Zeitgeschichte nicht rechtfertige, den Schutz der Privatsphäre weitgehend zu versagen. Auch Prominente hätten einen Anspruch auf ihre Privatsphäre. Deshalb müsse sich Prinzessin Caroline nur die Veröffentlichung solcher Fotos aus ihrem Privatleben gefallen lassen, an denen die Öffentlichkeit ein berechtigtes Informationsinteresse habe, wobei ein reines Unterhaltungsinteresse nicht ausreiche. Die Öffentlichkeit habe kein berechtigtes Interesse daran, zu wissen, wo sich die Prinzessin aufhalte und wie sie ihr Privatleben führe, selbst wenn sie sich an Orten aufhalte, die nicht abgeschieden seien. Die Verbreitung von Bildnissen zum Zwecke der Unterhaltung rechtfertige keine Einschränkung der Privatsphäre.

[!]

Privatsphäre auch für Prominente

Der EGMR billigt mit seiner Caroline-Entscheidung auch Prominenten das Recht auf eine Privatsphäre zu. Aufnahmen aus der Privatsphäre dürfen nur dann verbreitet und zur Schau gestellt werden, wenn sie nicht nur das Unterhaltungsinteresse und das Interesse an Klatsch und Tratsch befriedigen, sondern wenn die Öffentlichkeit ein überwiegendes Informationsinteresse hat.

Entscheidend ist nur noch der zeitgeschichtliche Bezug

Damit hat der Begriff *Personen der Zeitgeschichte*, insbesondere die Unterscheidung in absolute und relative Personen der Zeitgeschichte, seine ursprüngliche Bedeutung verloren. Es kommt heute nur noch darauf an, ob das Ereignis oder die Gelegenheit, bei der das Foto gefertigt wurde, einen zeitgeschichtlichen Bezug hat oder nicht.

Infolge der Entscheidung des EGMR hat der BGH folgerichtig die Unterscheidung in absolute und relative Personen der Zeitgeschichte bereits 2007 aufgegeben (Urteil vom 06.03.2007 – VI ZR 51/06) und den Begriff »absolute Person der Zeitgeschichte« fallen gelassen. Allerdings werden vereinzelt die Begriffe »absolute« und »relative« Personen der Zeitgeschichte noch heute verwendet, um den Grad der Bekanntheit auszudrücken. Rechtliche Relevanz haben diese Begriffe allerdings nicht mehr. Der BGH hat sich anstelle seiner früheren Klassifizierung in absolute und relative Personen der Zeitgeschichte mit seinem Urteil vom 06.03.2007 (VI ZR 51/06) zu einer Interessenabwägung bekannt und orientiert sich nunmehr streng an dem Wortlaut des § 23 Abs. 1 Ziffer 1 KUG, nämlich am zeitgeschichtlichen Bezug der Aufnahmen.

Das Gericht hat in seiner Urteilsbegründung zunächst festgelegt, dass der Begriff der Zeitgeschichte weit zu fassen sei.

[+]

Begriff der Zeitgeschichte

Vor allem im Hinblick auf den Informationsbedarf der Öffentlichkeit umfasst der Begriff der *Zeitgeschichte* nicht nur Vorgänge von historisch-politischer Bedeutung, sondern ganz allgemein das Zeitgeschehen, also alle Fragen von allgemeinem gesellschaftsrechtlichem Interesse.

Der BGH kommt dann zu einer in jedem Einzelfall vorzunehmenden Interessenabwägung zwischen Pressefreiheit und Informationsrecht der Öffentlichkeit einerseits und dem Schutz der Privatsphäre andererseits und führt dazu in seinem Urteil vom 06.03.2007 wörtlich aus:

[§]

»Je größer der Informationswert für die Öffentlichkeit ist, desto mehr muss das Schutzinteresse desjenigen, über den informiert wird, hinter den Informationsbelangen der Öffentlichkeit zurücktreten. Umgekehrt wiegt aber auch der Schutz der Persönlichkeit des Betroffenen desto schwerer, je geringer der Informationswert für die Allgemeinheit ist (...)

Das Interesse der Leser an bloßer Unterhaltung hat gegenüber dem Schutz der Privatsphäre regelmäßig ein geringeres Gewicht und ist nicht schützenswert (...) Deshalb kann auch bei den bisher sogenannten Personen der Zeitgeschichte nicht außer Betracht bleiben, ob die Berichterstattung zu einer Debatte mit einem Sachverhalt beiträgt, der über die Befriedigung bloßer Neugier hinausgeht.«

Erneut lagen dieser BGH-Entscheidung im Übrigen drei Fotos von Prinzessin Caroline und ihrem Mann zugrunde, die jeweils in unterschiedlichen Ausgaben der Zeitschrift »Frau im Spiegel« veröffentlicht worden waren.

In einer Ausgabe ging es nur um einen Bericht über den Winterurlaub der beiden Abgebildeten, in einer zweiten Ausgabe ging es um einen Wortbeitrag über den in Monaco stattfindenden Rosenball, der mit einem Foto illustriert wurde, das das Paar im Winterurlaub in Skikleidung auf einem Sessellift zeigte, und in der dritten Ausgabe schließlich berichtete die Zeitschrift von einer Erkrankung des Vaters von Prinzessin Caroline, dem Fürsten von Monaco. In diesem Wortbeitrag war die Rede davon, dass Prinzessin Caroline Skiurlaub mache, ihre Schwester dagegen beim kranken Vater geblieben sei.

Die Vorinstanz, das OLG Hamburg, argumentierte dahingehend, dass die Veröffentlichung aller drei Bilder zulässig sei, da sie zwar keinen Beitrag zu einer Frage von allgemeinem Interesse leisteten, sondern nur dem Unterhaltungsinteresse dienten, dennoch der Schutz der Privatsphäre nicht vorrangig sei, weil die Bilder das Paar an Orten zeigen würden, an denen sich viele Menschen befänden.

Dem ist der BGH nicht gefolgt und kam unter Anwendung der oben skizzierten Interessenabwägung zu dem Ergebnis, dass die Berichterstattung über den Urlaub der Klägerin in der ersten Ausgabe selbst bei Anlegen eines großzügigen Maßstabs keinen Vorgang von allgemeinem Interesse und kein zeitgeschichtliches Ereignis betreffe. Die Veröffentlichung dieses Fotos im Zusammenhang mit dem Bericht über den Winterurlaub des Paares war deshalb von § 23 KUG nicht gedeckt und somit unzulässig.

Auch das Bild vom Winterurlaub im Zusammenhang mit dem Bericht vom Rosenball in Monaco in der zweiten Ausgabe hätte nicht veröffentlicht werden dürfen. Zwar sei der Rosenball – so der BGH – durchaus ein zeitgeschichtliches Ereignis, das aber mit dem Skiurlaub des Paares überhaupt nichts zu tun habe. Aufgrund des fehlenden Bezugs sei die Veröffentlichung des Fotos auch hier unzulässig gewesen.

Anders sahen die Richter dies bei dem Wortbericht über den kranken Vater und das Verhalten der einzelnen Familienmitglieder in der dritten Ausgabe. Zwar seien der beanstandeten Abbildung im Winterurlaub als solcher keine Informationen über ein zeitgeschichtliches Ereignis zu entnehmen, für den Informationswert sei jedoch auch der dazugehörige Wortbeitrag zu berücksichtigen. Gegenstand der Wortberichterstattung sei jedoch auch die Erkrankung des damals noch regierenden Fürsten Rainier von Monaco und damit ein zeitgeschichtliches Ereignis, über das die Presse berichten dürfe. Bei dieser Sachlage seien überwiegende Interessen der Klägerin, die einer Veröffentlichung der Abbildung entgegenstehen könnten, bei der gebotenen Würdigung der Berichterstattung in ihrer Gesamtheit nicht zu erkennen.

Gerade an den Entscheidungsgründen zu diesem Urteil, das für die nachfolgende Rechtsprechung sicherlich wegweisend war und noch ist, wird deutlich, welche bedeutsame Veränderung der Rechtsprechung das Urteil des EGMR bewirkt hat.

Unter Anwendung der bis zum Urteil des EGMR geltenden Rechtsprechung des BGH wäre die Veröffentlichung aller drei Fotos zweifellos zulässig gewesen, da es keine Aufnahmen aus der Intimsphäre waren, das Paar sich nicht in die Abgeschiedenheit zurückgezogen hatte und auch keine Personen abgebildet wurden, die selbst keine absoluten Personen der Zeitgeschichte waren (zum Beispiel Kinder des Paares).

Die erneute Verfassungsbeschwerde von Prinzessin Caroline gegen das BGH-Urteil, soweit der Bildabdruck im Zusammenhang mit der Krankheit des Vaters als zulässig angesehen worden war, hatte indes keinen Erfolg.

Das BVerfG bestätigte in seiner Entscheidung (Urteil vom 26.02.2008 – 1 BvR 1602/07) ausdrücklich, dass der BGH auf die Nutzung der Rechtsfigur der Person der Zeitgeschichte verzichten und stattdessen im Rahmen einer Interessenabwägung prüfen durfte, ob die Bilder jeweils einem Ereignis der Zeitgeschichte zuzuordnen waren. Da der Begriff »Person der Zeitgeschichte« verfassungsrechtlich auch nicht vorgegeben sei, bestünden keine Bedenken, wenn die Fachgerichte diesen Begriff in Zukunft nicht mehr verwendeten, sondern die Beurteilung an dem Merkmal *Bereich der Zeitgeschichte* festmachten. Mit diesem Urteil des BVerfG wurde somit die frühere Abgrenzung zwischen absoluten und relativen Personen der Zeitgeschichte bedeutungslos, die neue Rechtsprechung des BGH, nur noch auf das Vorliegen eines zeitgeschichtlichen Ereignisses abzustellen, wurde damit gleichzeitig vom BVerfG als oberstem Hüter des Grundgesetzes und der Grundrechte ausdrücklich gebilligt.

Das BVerfG hat die Abwägungsgrundsätze des BGH als verfassungsrechtlich unbedenklich und in Übereinstimmung mit dem Urteil des EGMR angesehen. Zu Recht habe der BGH darauf abgestellt, dass in der Erkrankung des Fürsten von Monaco ein Ereignis von allgemeinem Interesse liege und die Presse aus diesem Anlass auch darüber berichten dürfe, wie es seinen Kindern gelinge, die Verpflichtung zur innerfamiliären Solidarität mit der Wahrung berechtigter Interessen ihres eigenen Privatlebens unter Einschluss des Wunsches nach Urlaub zu einem Ausgleich zu bringen.

Im Zusammenhang mit dem Bericht über die Erkrankung des Fürsten und dem Verhalten seiner Kinder sei ein kleinformatiges Bild gewählt worden, das das Paar in Freizeitkleidung inmitten anderer Leute an einem nicht identifizierbaren Ort zeige und keinerlei Schlüsse auf die Urlaubsgewohnheiten des Paares und damit auf ihre Privatsphäre zulasse. Deshalb sei die Veröffentlichung des Bildes im Zusammenhang mit der Berichterstattung über die Erkrankung des Fürsten nicht zu beanstanden gewesen.

Neue Rechtsprechung vom Bundesverfassungsgericht bestätigt

Seit 2007 zieht sich nun die geänderte und vom BVerfG abgesegnete Rechtsprechung des BGH bereits durch alle nachfolgenden Entscheidungen zur sogenannten *Prominentenfotografie*. Deshalb ist es für mich einigermaßen unverständlich, dass auch in durchaus aktuellen Publikationen zum Foto- und Bildrecht vereinzelt noch auf die zwischenzeitlich schon historische Unterscheidung zwischen absoluten und relativen Personen der Zeitgeschichte als Abgrenzungskriterium hingewiesen und behauptet wird, es komme für den Bildnisschutz auf diese Unterscheidung an. Leider fehlt derartigen Ausführungen jegliche Aktualität. Derartige Veröffentlichungen sind vielmehr schon seit Jahren veraltet und verdienen keinerlei Beachtung mehr.

[zB]

Von etlichen weiteren Entscheidungen, die zwischenzeitlich zu der Frage ergangen sind, ob ein Ereignis der Zeitgeschichte im konkreten Fall vorlag oder nicht, sei exemplarisch noch die Entscheidung des BGH vom

24.06.2008 – VI ZR 156/06 kurz erwähnt, die mir allerdings im Hinblick auf den Eingriff in die Privatsphäre nicht ganz unproblematisch erscheint: Die frühere Ministerpräsidentin von Schleswig-Holstein, Heide Simonis, wurde am 27.04.2005 in mehreren Wahlgängen nicht wiedergewählt. Noch am gleichen Tag wurde sie beim Einkaufen in der Stadt fotografiert, drei der Fotos wurden am folgenden Tag in der »Bild«-Zeitung unter der Überschrift »Danach ging Heide erst mal shoppen« veröffentlicht. Die dagegen erhobene Klage der Politikerin blieb erfolglos. Unter Berufung auf die Rechtsprechung des BVerfG und des EGMR führte der BGH u. a. aus:

[§]

»Für Personen des politischen Lebens ist ein gesteigertes Informationsinteresse des Publikums unter dem Gesichtspunkt demokratischer Transparenz und Kontrolle stets als legitim anerkannt worden. Sie stehen in besonderem Maße für bestimmte Wertvorstellungen und Lebenshaltungen, bieten vielen Menschen Orientierung bei eigenen Lebensentwürfen, werden zu Kristallisationspunkten für Zustimmung oder Ablehnung und erfüllen Leitbild- oder Kontrastfunktionen. Der Kreis berechtigter Informationsinteressen der Öffentlichkeit ist gerade bei Politikern nicht auf skandalöse, sittlich oder rechtlich zu beanstandende Verhaltensweisen begrenzt, vielmehr dürfen auch die Normalität des Alltagslebens oder in keiner Weise anstößige Handlungsweisen der Öffentlichkeit vor Augen geführt werden, wenn dies der Meinungsbildung zu Fragen von allgemeinem Interesse dienen kann. Es würde die Pressefreiheit in einer mit Art. 5 Abs. 1 GG unvereinbaren Weise einengen, bliebe die Lebensführung dieses Personenkreises einer Berichterstattung außerhalb der von ihnen ausgeübten Funktionen grundsätzlich entzogen.«

Informationsinteresse bedeutet nicht die Befriedigung der Neugier und des Sensationsinteresses. Es muss nach objektiven Maßstäben ein zeitgeschichtliches Ereignis vorliegen, an dem die Öffentlichkeit ein Informationsinteresse hat. Bei Personen des politischen Lebens endet nach der Rechtsprechung des BGH das Informationsinteresse auch nicht mit ihrer Amtszeit, sondern besteht darüber hinaus fort.

Nur zeitgeschichtliche Relevanz ist maßgebend!

Somit lässt sich § 23 Abs. 1 Nr. 1 im Licht der neueren Rechtsprechung seit dem Urteil des EGMR im Jahr 2004 wie folgt interpretieren: Prominente müssen nicht mehr – wie früher – jede Aufnahme von sich dulden. Ohne Einwilligung dürfen Aufnahmen von Prominenten nur dann veröffentlicht werden, wenn das Foto im Zusammenhang mit einem Ereignis von zeitgeschichtlicher Bedeutung gemacht wurde. Durch den Bekanntheitsgrad einer Person ergibt sich nicht das Recht, sie beliebig abzulichten. Die Privatsphäre hat keine zeitgeschichtliche Relevanz und ist daher tabu.

[zB]

Der TV-Moderator Günther Jauch hat sich über alle Instanzen, bis zum Europäischen Gerichtshof für Menschenrechte (EGMR), der seine Beschwerde am 16.06.2016 als offensichtlich unbegründet abgewiesen hat, erfolglos dagegen gewehrt, dass Bilder seiner teilweise im Freien in Potsdam stattgefundenen Hochzeit veröffentlicht werden.

Immer Einzelfallentscheidungen

Ob im Einzelfall ein Ereignis von zeitgeschichtlicher Bedeutung vorliegt, entscheiden im jeweiligen Streitfall die Gerichte. Es handelt sich stets um Entscheidungen im konkreten Fall, ein allgemeingültiges Abgrenzungskriterium, wann ein zeitgeschichtliches Ereignis vorliegt und wann nicht, gibt es nicht. Zu viele einzelfallbezogene Faktoren und Umstände spielen bei der Entscheidung eine Rolle, ob ein Informationsinteresse der Öffentlichkeit besteht oder ob nur noch Neugier und Sensationslust befriedigt werden sollen.

[+]

Vorsicht bei eigener Recherche

Wenn Sie weitere Gerichtsentscheidungen zu den hier angesprochenen Rechtsfragen finden und lesen, nach denen es im Einzelfall zulässig oder unzulässig war, bestimmte Prominente in ihrer Privatsphäre zu fotografieren, sollten Sie, bevor Sie aus einem solchen Urteil die falschen Schlüsse ziehen, stets überprüfen, ob die Entscheidung auch der aktuellen Rechtsprechung entspricht, d. h., ob sie vor oder nach dem Caroline-Urteil des EGMR im Jahr 2004 ergangen ist. Höchstrichterliche Entscheidungen vor 2004 zu §§ 22, 23 KUG sollten Sie heute unbedingt einer kritischen Prüfung unterziehen und sie nicht mehr unbedingt als verbindlich betrachten.

[zB]

Privatpersonen im Zusammenhang mit Ereignissen der Zeitgeschichte | Es kann durchaus auch ein zeitgeschichtliches Ereignis von lokaler Bedeutung geben, bei dem Privatpersonen von ungenehmigten Fotografien betroffen sind. Dies hat der BGH in einem neueren Urteil vom 08.04.2014 (VI ZR 197/13) anhand eines Mieterfestes einer Wohnungsbaugenossenschaft festgestellt. Dabei wurde ein Foto gemacht, auf dem drei Frauen aus drei Generationen zusammen zu sehen waren. Dieses Foto wurde dann in einer Informationsbroschüre der Wohnungsbaugenossenschaft im Zusammenhang mit dem Bericht über das Mieterfest veröffentlicht. Hiergegen wandten sich die drei Klägerinnen, die sich hierdurch in ihren Persönlichkeitsrechten beeinträchtigt fühlten. Das Landgericht Berlin hat, wie bereits die Vorinstanz, die Klagen abgewiesen, der BGH hat die hiergegen eingelegte Revision zurückgewiesen mit dem Argument, das Mieterfest sei ein *Ereignis von lokaler gesellschaftlicher Bedeutung*, zudem sei die Informationsbroschüre der Beklagten an die Mieter, also nur einen beschränkten Personenkreis, gerichtet gewesen, weshalb die Klägerinnen in ihren Persönlichkeitsrechten und ihrem Recht am eigenen Bild nach § 22 KUG nicht verletzt worden seien.

[!]

Zeitgeschichtliches Ereignis von nur lokaler Bedeutung
Ein zeitgeschichtliches Ereignis muss nicht überregional sein. Nach der Rechtsprechung des BGH gibt es auch zeitgeschichtliche Ereignisse von nur lokaler Bedeutung.

[zB]

Einen interessanten Fall hat auch das KG Berlin am 17.01.2013 (10 U 148/12) entschieden und dabei festgestellt, dass sich Privatpersonen auch dann nicht auf das Recht am eigenen Bild berufen können, wenn sie sich selbst bewusst in die Öffentlichkeit begeben haben.

Dieser Entscheidung lag der Fall zugrunde, dass der bisswütige Hund der späteren Klägerin aufgrund einer ordnungsbehördlichen Verfügung eingeschläfert werden sollte. Die Halterin des Hundes blockierte das Fahrzeug eines Tierheimmitarbeiters, um dagegen zu protestieren, und ließ sich für eine Berliner Zeitung fotografieren. Im Rahmen einer Bildberichterstattung in einer Nachrichtensendung im Fernsehen wurde die Klägerin danach bei ihren Aktionen gezeigt. Dagegen wehrte sich die Klägerin und berief sich auf ihr Recht am eigenen Bild und die mangelnde Zustimmung zu der Bildberichterstattung.

Das KG Berlin hat die Klage abgewiesen und festgestellt, dass die Frage, ob es sich um ein Ereignis der Zeitgeschichte handelt, davon abhängig ist, ob die Öffentlichkeit ein Recht an vollständiger Information hat. Bei einer Abwägung der beiderseitigen Interessen (Persönlichkeitsrecht hier und öffentliches Informationsinteresse dort) kam das KG zu dem Ergebnis, dass die Klägerin sich nicht gegen die Bildberichterstattung wehren kann, da sie bewusst aus ihrer Anonymität herausgetreten sei, indem sie den Kampf gegen das Einschläfern ihres Hundes in der Öffentlichkeit geführt habe und die Thematik für die Öffentlichkeit durchaus von Interesse gewesen sei.

[!]

Bewusstes Auftreten in der Öffentlichkeit
Wer sich bewusst aus seiner Anonymität in die Öffentlichkeit begibt, kann sich nicht dagegen wehren, wenn sein Bildnis im Zusammenhang mit der Berichterstattung über ein zeitgeschichtliches Ereignis ohne seine Zustimmung veröffentlicht wird.

Polizisten als Personen der Zeitgeschichte? | Fotografiert man in der Öffentlichkeit, so muss man, wie Sie nun wissen, Personen u. a. dann nicht um ihre Einwilligung bitten, wenn es sich um Bildnisse im Zusammenhang mit Ereignissen der Zeitgeschichte handelt. In diesem Zusammenhang stellt sich die interessante Frage, ob der Einsatz von Polizisten im Rahmen ihrer Dienstausübung generell ein zeitgeschichtliches Ereignis darstellt, aufgrund dessen die Polizisten ohne Weiteres fotografiert und die Fotos anschließend auch verwendet werden dürfen.

Polizeieinsätze

Mit der Fotografie oder dem Filmen von Polizeieinsätzen haben sich in den letzten Jahren gleich mehrere Gerichte beschäftigt.

Das OLG Celle hat in einem Urteil vom 25.08.2010 (31 Ss 30/10) die Zulässigkeit des Filmens eines Polizeieinsatzes eindeutig verneint. Der Tatbestand, soweit er hier von Interesse ist, war folgender:

[zB]

Während der Hausdurchsuchung bei einem Künstler, der im Verdacht einer Kunstfälschung stand, filmte der Künstler die anwesenden Polizisten und den Staatsanwalt. Zur Begründung gab er an, das Videomaterial später seinem Verteidiger übergeben zu wollen. Die betroffenen Personen billigten die Aufnahmen, jedoch mit dem Hinweis, dass die Aufnahmen nicht veröffentlicht werden dürften. Dennoch stellte der Künstler später das Video bei Google ein, wogegen sich die betroffenen Beamten zur Wehr setzten.

Das Gericht hat der Klage stattgegeben und nach mehrjährigem Rechtsstreit festgestellt:

[§]

»Polizeibeamte und Staatsanwälte stellen im Rahmen ihrer üblichen beruflichen Tätigkeit keine relativen Personen der Zeitgeschichte dar. Dies gilt auch im Zusammenhang mit Strafverfahren, wenn diese kein besonderes öffentliches Interesse begründen.

Die Veröffentlichung des Videos mit den darauf zu erkennenden Beamten stellt eine Verbreitung eines Bildnisses ohne die erforderliche Einwilligung der Betroffenen dar (§§ 22, 23 KUG). Ein Bildnis im Sinne des § 22 KUG liegt bei Wiedergabe des äußeren Erscheinungsbildes einer natürlichen Person in ihrer dem Leben nachgebildeten äußeren Erscheinung in einer für Dritte erkennbaren Weise vor. Auf die Art der Darstellung kommt es nicht an. Auch Filme sind hiervon erfasst.

Zur Zeitgeschichte gehören nämlich nur Ereignisse im Leben der Gegenwart, die von der Öffentlichkeit beachtet werden, bei ihr Aufmerksamkeit finden und Gegenstand der Teilnahme oder Wissbegier weiter Kreise sind (vgl. grundlegend RGZ 125, 80 (82)). Da bei einer Veröffentlichung des Abgebildeten stets sein durch Art. 1 Abs. 1 i. V. m. Art. 2 Abs. 1 GG geschütztes allgemeines Persönlichkeitsrecht betroffen ist, erfordert die Ausfüllung des Begriffs der Person der Zeitgeschichte zudem eine einzelfallbezogene Abwägung.

Die Einwilligung der im Video abgebildeten Beamten war auch nicht nach § 23 Abs. 1 Nr. 3 KUG entbehrlich. Danach sind auch ohne Einwilligung Bilder von Versammlungen, Aufzügen und ähnlichen Vorgängen, an denen die dargestellten Personen teilgenommen haben, verwertbar. Hiervon werden alle Ansammlungen von Menschen, die den kollektiven Willen haben, etwas gemeinsam zu tun, soweit diese in der Öffentlichkeit stattfinden und von dieser wahrgenommen werden können, erfasst. Eine solche Ansammlung lag erkennbar nicht vor.«

Aus diesem Urteil allerdings zu folgern, wie man dies im Internet lesen kann, dass man Polizisten nicht fotografieren darf und dabei sogar die Kamera beschlagnahmt werden könne, ist falsch. Vielmehr ist abzustellen darauf, ob die Polizisten Beteiligte an einer öffentlichen Versammlung, also einer Demonstration, einem Volksfest o. Ä. waren. Dann dürfen auch sie fotografiert und die Fotos veröffentlicht werden, solange man sie nicht porträtmäßig erfasst, sondern man nur das Geschehen als solches fotografiert. Bei der Entscheidung des OLG Celle ging es gerade darum, dass der Einsatz nicht in der Öffentlichkeit, sondern bei einer Hausdurchsuchung stattgefunden hat und gefilmt wurde, also vom Tatbestand des § 23 Abs. 1 Nr. 3 UrhG nicht umfasst war.

[zB] In einem anderen Fall, den das Bundesverwaltungsgericht in letzter Instanz zu entscheiden hatte (Urteil vom 28.03.2012 – 6 C 12.11), ging es darum, dass Polizisten bei einem Spezialeinsatz in Leipzig von zwei Journalisten fotografiert wurden, dieses dann den Journalisten verboten hatten, die daraufhin auch mit dem Fotografieren aufhörten. Später jedoch haben die Journalisten Klage erhoben mit dem Antrag auf Feststellung, dass dieses Verbot rechtswidrig gewesen ist.

In seinem Urteil hat das Bundesverwaltungsgericht unter Bestätigung der Vorinstanz (VGH Baden-Württemberg vom 19.08.2010 – 1 S 2266/09) festgestellt, dass die Polizei nicht berechtigt gewesen ist, schon das Anfertigen der Fotografien zu untersagen. Zur Begründung heißt es in dem Urteil, dass der Einsatz von Polizeibeamten, hier der Einsatz von Kräften des Spezialeinsatzkommandos, im Sinne der einschlägigen Bestimmungen des Kunsturhebergesetzes (KUG) ein zeitgeschichtliches Ereignis dargestellt habe, von dem Bilder auch ohne Einwilligung der abgelichteten Person veröffentlicht werden dürfen.

Kein Freibrief für Amateure!

Aus dieser Entscheidung sollte der Amateurfotograf allerdings bitte nicht den Schluss ziehen, dass es generell erlaubt ist, Polizeieinsätze zu fotografieren. Es handelte sich nämlich in diesem Fall um zwei Pressevertreter, die die Fotos gemacht hatten. Und aus der Entscheidung wird deutlich, dass die Urteilsbegründung u. a. darauf abgestellt wurde, dass mangels gegenteiliger konkreter Anhaltspunkte von einer Vermutung eines rechtstreuen Verhaltens der Presse und damit davon auszugehen sei, dass sie keine Porträtaufnahmen der eingesetzten Beamten und im Übrigen nur Fotografien veröffentlichen werde, auf denen die Beamten, insbesondere durch Verpixelung ihrer Gesichter, unkenntlich gemacht würden. Außerdem habe die Möglichkeit bestanden, geeignete rechtliche Schritte gegen die Veröffentlichung der Aufnahmen einzuleiten, wovon das Gericht ausging, weshalb die Untersagung der Anfertigung der Aufnahmen vor Ort unzulässig gewesen sei.

Es handelt sich allerdings erkennbar um eine Entscheidung, die aus presserechtlicher Sicht zu beurteilen ist. Dass für die Presse Sonderregelungen gelten, wurde an anderer Stelle in diesem Buch bereits erwähnt. Somit bleibt es auch unter Berücksichtigung dieser Entscheidung dabei, dass der Amateurfotograf beim Fotografieren von Polizisten im Einsatz damit rechnen muss, dass Polizeikräfte ihm dies verbieten und gegebenenfalls sogar seine Kamera zunächst einmal beschlagnahmen. Diesen Ärger dürften die so hergestellten Aufnahmen wohl kaum wert sein.

[!]

Presse- oder Privataufnahmen
Für die Frage der Zulässigkeit von Aufnahmen von Polizeieinsätzen kann es entscheidend darauf ankommen, ob es sich um Pressefotografie oder um rein private Fotografie handelt.

[zB]

In einer anderen Entscheidung des Verwaltungsgerichts (VG) Meiningen (Urteil vom 13.03.2013 – 2 K 373/11) ging es darum, dass der Kläger Fotos im Rahmen einer Demonstration anfertigte, als er beobachtete, wie mehrere Polizisten eine Frau unter Anwendung von Gewalt in einen Hauseingang zerrten. Die Fotos wurden angefertigt, um sie später dem Opfer der Polizeimaßnahme als Beweismittel zur Verfügung zu stellen. Die Polizeibeamten, die dies bemerkt hatten, forderten den Kläger auf, die Bilder an Ort und Stelle zu löschen, wobei die Beamten sich alle Bilder auf der Speicherkarte zeigen ließen und bei jedem, auf dem ein Polizist zu sehen war, den Kläger aufforderten, das Bild zu löschen. Außerdem führten sie eine Personalienfeststellung beim Kläger durch. Der Kläger, der einige der Fotos nach dem Löschen rekonstruieren konnte, beantragte vor Gericht die Feststellung der Unrechtmäßigkeit dieses Vorgehens.

Das VG gab dem Kläger recht und führte dazu aus, dass zwar die Veröffentlichung von Bildnissen nach KUG ohne Einwilligung der abgebildeten Personen nicht zulässig sei, dass jedoch hinreichende Anhaltspunkte vorliegen müssten, anzunehmen, dass die Bilder auch tatsächlich veröffentlicht würden. Für eine solche Annahme reiche es nicht aus, dass derartige Fotos häufig im Internet verbreitet würden. Die Anfertigung des Fotos zu Beweiszwecken und eine gegebenenfalls spätere Überlassung an das Opfer des Polizeiübergriffs fallen nicht unter den Tatbestand des § 22 KUG, denn es stelle weder ein Verbreiten noch ein Zurschaustellen dar. Auch eine Gefahr für die öffentliche Sicherheit, die die Polizei zum direkten Eingreifen berechtigt hätte, habe nicht vorgelegen. Die Aufforderung an den Kläger, die Bilder zu löschen, sei deshalb rechtswidrig gewesen.

Auch das BVerfG hat sich bereits mit dieser Thematik befasst. In seiner Entscheidung vom 24.07.2015 (1 BvR 2501/13) hat das oberste deutsche Gericht festgestellt, dass es gegen das Grundrecht auf informelle Selbstbestimmung verstößt, wenn polizeiliche Maßnahmen wie eine Identitätsfeststellung nur deshalb durchgeführt werden, weil die bloße Möglichkeit besteht, dass auf die Anfertigung von Lichtbildern oder Videoaufnahmen eines Polizeieinsatzes nachfolgend eine Verletzung des Rechts am eigenen Bild nach §§ 22 Satz 1, 33 Abs. 1 KUG folgen könnte.

Vor Ort wird man sich aber zunächst gegen polizeiliche Maßnahmen nicht wehren können, wenn man Polizisten bei ihrem Einsatz aufnimmt, was diese – wie die Fälle zeigen – gar nicht mögen. Es drohen Identitätsfeststellung und im schlimmsten Fall Beschlagnahme der Kamera oder Speicherkarte. Ob man dies riskieren möchte, muss jeder Fotograf für sich selbst entscheiden.

[!]

Polizisten im Einsatz sind nicht zwangsläufig Beteiligte eines Geschehens der Zeitgeschichte

Nicht jeder Polizeieinsatz ist ein Ereignis der Zeitgeschichte und berechtigt den Fotografen, Bilder von Polizisten, auf denen diese erkennbar sind, zu veröffentlichen. Insbesondere wenn es bei den Einsätzen am öffentlichen Interesse fehlt, sollte man sich mit der Veröffentlichung von Bildnissen der Polizisten und vergleichbarer Personen im eigenen Interesse sehr zurückhalten.

Begleitpersonen | Häufig erscheinen Personen der Zeitgeschichte in Begleitung anderer Personen, die selbst nicht Personen der Zeitgeschichte sind. Dies mögen dem Prominenten fremde Personen sein, oft sind es auch Familienangehörige oder Lebensgefährten, manchmal auch Chauffeure und Leibwächter.

»Grönemeyer«

Mit dem »Grönemeyer-Urteil« hat der BGH (Urteil vom 19.06.2007 – VI ZR 12/06) festgestellt, dass die Tatsache, dass eine Person mit einem Prominenten zu sehen sei, kein zeitgeschichtliches Ereignis sei, sondern die Veröffentlichung des Fotos der Begleitperson eine Verletzung des Persönlichkeitsrechts darstelle. Der Sänger Herbert Grönemeyer war in Rom privat mit seiner neuen Lebensgefährtin unterwegs. Die Illustrierte »Bunte« druckte zwei Fotos des Paares ab, eines aufgenommen in einem Caféhaus, das andere beim Bummeln in der Fußgängerzone. Dagegen wehrte sich die Lebensgefährtin von Grönemeyer mit Erfolg.

[zB]

Auch die fotorechtliche Behandlung von Begleitpersonen erfuhr erst durch die Entscheidung des EGMR im Fall Prinzessin Caroline eine grundlegende Änderung. So wies das LG Köln im Jahr 1994 (Urteil vom 09.03.1994 – 28 O 11/94) eine Klage der Lebensgefährtin von Harald Schmidt noch ab, mit der sie sich dagegen wehrte, dass ein Foto, auf dem sie gemeinsam mit Harald Schmidt in der Öffentlichkeit zu sehen war, in der Zeitschrift »Das Neue Blatt« veröffentlicht wurde. Das Gericht vertrat die Auffassung, dass die Lebensgefährtin als relative Person der Zeitgeschichte einzustufen sei, da Harald Schmidt sie durch Nennung von Namen, Beruf und Alter in Interviews bereits »entanonymisiert« hätte. Einen Eingriff in die Privatsphäre erkannte das Gericht nicht.

Nach meiner Auffassung wäre das Urteil nach 2004, dem Jahr der wegweisenden Entscheidung des EGMR, anders ausgefallen, dem Klagebegehren wäre wohl – wie im Fall der Lebensgefährtin von Herbert Grönemeyer – stattgegeben worden.

Kinder von Personen der Zeitgeschichte

Dass Kinder von Personen der Zeitgeschichte einen besonderen Schutz genießen, wurde unter Hinweis auf die Entscheidung des BVerfG vom 15.12.1999 bereits ausgeführt. Im Übrigen verlieren die Kinder Prominenter durch Erreichen der Volljährigkeit nicht den Schutz, durch ihre Verwandtschaft zu Prominenten werden sie selbst natürlich nicht automatisch auch zu Prominenten.

Personen, die sich zufällig neben Personen der Zeitgeschichte befinden

Personen, die sich zufällig neben Personen der Zeitgeschichte befinden und deshalb mit abgebildet werden, werden dadurch selbstverständlich auch nicht ebenfalls zu Personen der Zeitgeschichte. Sie müssen deshalb, wenn keine Einwilligung vorliegt, durch geeignete Maßnahmen vor Veröffentlichung des Fotos unkenntlich gemacht werden. Jeder kennt zum Beispiel aus Illustrierten Bilder von Straftätern, die gerade abgeführt werden, auf denen jedoch die beteiligten Polizeibeamten und sonstige Personen unkenntlich gemacht wurden.

Mit einer neueren Entscheidung vom 21.04.2015 (VI ZR 245/14) hat der BGH entschieden, dass Personen, die sich sicht- und erkennbar hinter einer prominenten Person auf einem Foto befinden, einen Unterlassungsanspruch haben.

Personen als Beiwerk (§ 23 Abs. 1 Nr. 2 KUG) | Jeder Fotograf kennt folgendes Problem: Man ist in einem gut besuchten Urlaubsgebiet in schöner Landschaft oder in der Nähe einer bekannten Sehenswürdigkeit, wie etwa dem Kölner Dom, und möchte dort die Landschaft bzw. das Gebäude fotografieren. Leider finden auch andere Menschen diesen Ort reizvoll, sodass es nicht möglich ist, Aufnahmen zu machen, ohne dass sich darauf auch Personen befinden, sofern man nicht sonntagmorgens um 6:00 Uhr an Ort und Stelle ist.

◀ **Abbildung 3.4**
Personen als Beiwerk?

In solchen Situationen stellt sich die Frage, ob die Personen, die zwangsläufig mit auf das Bild geraten, ihre Einwilligung zur Veröffentlichung geben müssen.
Die Antwort darauf findet sich in § 23 Abs. 1 Nr. 2 KUG. Gemäß dieser Vorschrift bedürfen Personenaufnahmen dann nicht der Einwilligung der abgebildeten Personen, wenn diese nur *Beiwerk* sind. Wie alle Ausnahmevorschriften, insbesondere dann, wenn damit Ausnahmen von Persönlichkeitsrechten geregelt werden, wird allerdings auch die Vorschrift des § 23 Abs. 1 Satz 2 KUG in der Rechtsprechung sehr restriktiv ausgelegt.

Was versteht man unter Beiwerk?

Damit man von Beiwerk ausgehen kann, muss es sich zunächst, wie sich unmittelbar aus dem Wortlaut des § 23 Abs. 1 Nr. 2 KUG ergibt, um ein Bild und nicht um ein Bildnis handeln. Denn ein Bildnis wäre, wie Sie ja bereits erfahren haben, eine Personenaufnahme, zu deren Verbreitung die abgebildete Person ihre Einwilligung geben müsste, sofern es nicht um ein zeitgeschichtliches Ereignis geht, das mit dem Foto festgehalten wurde.

Abbildung 3.5 ▸
Bei diesem Bild ist der Bildinhalt der Siegburger Marktplatz mit Brunnen und Servatiuskirche, die Kinder sind zufällig auf dem Bild und deshalb Beiwerk.

Die Bildaussage muss sich demzufolge auf die Darstellung einer Landschaft, einer Stadt- oder Architekturansicht o. Ä. erstrecken, und dies muss auch der bildbestimmende Teil sein. Die auf dem Bild befindlichen Personen müssen dagegen von völlig untergeordneter Bedeutung sein, d. h., die Bildaussage muss die gleiche bleiben, auch wenn man sich die Personen wegdenkt.

[zB]

Das OLG Karlsruhe (Urteil vom 18.08.1989 – 14 U 105/88) hatte einen Fall zu entscheiden, in dem das Foto von einem Verkehrsunfall mit tödlichem Ausgang in der Presse abgedruckt worden war. Das Foto zeigte u. a. einen Mann, der sich sichtlich bestürzt über den Unfall zeigte, aber selbst nicht Unfallbeteiligter, sondern erst später hinzugekommen war. Der Mann war nach den Feststellungen des Gerichts eindeutig identifizierbar. Das OLG Karlsruhe verurteilte den Verlag zur Zahlung eines Schmerzensgeldes mit der Begründung, dass der Kläger im vorliegenden Fall kein unwesentliches Beiwerk sei, denn dazu müsse die Personenabbildung derart untergeordnet sein, dass sie auch entfallen könnte, ohne dass Gegenstand und Charakter des Bildes sich veränderten. Dies war hier jedoch eindeutig nicht der Fall. Hinzu kam in diesem Fall jedoch erschwerend, dass durch das Foto der Eindruck erweckt wurde, der Kläger habe etwas mit dem Unfall zu tun, sei also Unfallbeteiligter. Niemand muss sich jedoch mit etwas in Verbindung bringen lassen, mit dem er überhaupt nichts zu tun hat.

Größe der Darstellung unwichtig

Es kommt im Übrigen nicht darauf an, wie groß die Person abgebildet wird, auch eine kleine Abbildung reicht aus, um eine Person nicht mehr als bloßes Beiwerk erscheinen zu lassen.

[zB]

Das OLG Oldenburg (Urteil vom 14.11.1988 – 13 U 72/88) hat beim Foto eines Strandabschnitts, an dem eine weibliche Person »oben ohne« sonnenbadete, die Person nicht mehr als unwesentliches Beiwerk angesehen. In diesem Fall, so urteilte das OLG, war die Landschaft lediglich der Rahmen, während die sonnenbadende Person aus Sicht des Betrachters zum Blickfang geworden sei. Ähnlich hat das LG Oldenburg (Urteil vom 23.01.1986 – 5 O 3667/85) für eine Gruppe von Radfahrern entschieden.

In Abschnitt 3.1.2, »Die Einwilligung im Allgemeinen«, hatte ich bereits von einer Wandergruppe gesprochen, die sich aufgrund ihrer farblich interessanten Kleidung gut als Vordergrund für eine Gebirgsfotografie eignete. Dass es sich hier nicht mehr um Beiwerk handelt, wird jedem einleuchten, wurde die Wandergruppe doch gerade deshalb ins Bild genommen, weil damit eine bestimmte Bildaussage oder Bildwirkung erzielt werden sollte. Auch hier hätte das OLG Oldenburg zweifellos ebenso entschieden wie im Fall der Oben-ohne-Badenden. Wenn es sich dagegen um eine nicht besonders auffällige Wandergruppe handelt, die irgendwo im Hintergrund oder am Bildrand zu sehen ist, kann man im Zweifel davon ausgehen, dass man sie auch hätte weglassen können, ohne den Charakter des Bildes zu verändern. Sollte die Wandergruppe so weit im Hintergrund sein, dass einzelne Personen nicht zu erkennen sind, dürften rechtlich ohnehin keine Probleme bestehen. Auch bei der Silhouette eines Menschen am Strand auf einem Foto vom Sonnenuntergang fehlt es sicherlich an der Erkennbarkeit.

Abbildung 3.6 ▸
Kein Beiwerk, sondern bestimmendes Bildelement, aber es fehlt an der Erkennbarkeit.

Ausschnittsvergrößerungen

Wenn natürlich von einem Bild, auf dem Personen nur Beiwerk sind, eine Ausschnittvergrößerung hergestellt wird, sodass die Personen zum beherrschenden Mittelpunkt der Darstellung oder vorher nicht erkennbare Personen plötzlich erkennbar werden, kann nicht mehr von einem »Beiwerk« ausgegangen werden.

Auch hier: Einzelfallprüfung

Es ist fast überflüssig zu erwähnen, dass auch hier in jedem Einzelfall geprüft werden muss, ob die abgebildeten Personen tatsächlich eine völlig untergeordnete Rolle bei der Bildaussage spielen oder nicht. Feste Regeln dafür gibt es nicht.

In Abbildung 3.7 ändert sich zum Beispiel nichts an der Bildaussage, wenn man sich die auf der Ufermauer sitzenden Personen wegdenkt. Deshalb ganz eindeutig: nur Beiwerk.

Abbildung 3.7 ▸
Die Personen auf der Ufermauer sind ohne Zweifel nur Beiwerk.

Beiwerk
Personen sind nur dann *Beiwerk* neben einer Landschaft oder sonstigen Örtlichkeit, wenn man sie auch weglassen könnte, ohne den Gesamtcharakter der Aufnahme zu verändern.

[!]

Eventfotografie

Bilder von Versammlungen, Aufzügen und ähnlichen Vorgängen, an denen die dargestellten Personen teilgenommen haben (§ 23 Abs. 1 Nr. 3 KUG) | Eine weitere Ausnahme vom Einwilligungserfordernis des § 22 KUG beinhaltet § 23 Abs. 1 Ziffer 3 KUG. Danach ist eine Einwilligung der abgebildeten Personen in die Verbreitung der Fotos nicht erforderlich, wenn die Fotos auf Versammlungen, Aufzügen und bei ähnlichen Vorgängen gemacht wurden. Diese Bestimmung ist von erheblicher Bedeutung für sogenannte *Eventfotografen*. Für Pressefotografen gelten im Hinblick auf die Pressefreiheit je nach den Umständen etwas großzügiger auszulegende Vorschriften. In jedem Fall müssen Sie sich – wie bereits angesprochen wurde – bei einer Veranstaltung, die nicht auf der Straße stattfindet, erkundigen, ob das Fotografieren überhaupt zulässig ist (Hausrecht!). Gelegentlich sind auf Veranstaltungen nur vorher akkreditierte Fotografen, meist von der Presse, zum Fotografieren berechtigt.

◀ **Abbildung 3.8**
Typisches Bild einer Versammlung (Prozession)

Die Einschränkung des Persönlichkeitsrechts findet ihre Begründung darin, dass derjenige, der an öffentlichen Veranstaltungen teilnimmt, auch damit rechnen muss, fotografiert zu werden. Gäbe es diese Ausnahmevorschrift nicht, wäre es schlichtweg unmöglich, ohne Einwilligung aller Teilnehmer auf Sportveranstaltungen, Bällen, Betriebsfeiern, aber auch bei Demonstrationen, Prozessionen oder ähnlichen Ereignissen Aufnahmen zu machen und diese zu veröffentlichen. Wenn man sich vorstellt, man müsse bei einer Demonstration die Einwilligung aller Teilnehmer einholen, wird deutlich, was mit dieser Ausnahmevorschrift bezweckt ist. Auch hier gilt allerdings, dass eine enge Auslegung der Ausnahmevorschrift geboten ist und von der Rechtsprechung auch praktiziert wird.

[!]

Wann liegt eine Versammlung vor?
Unter *Versammlungen* im Sinne dieser Vorschrift versteht man öffentliche Veranstaltungen wie Demonstrationen, Prozessionen, Sportveranstaltungen, Konzerte, Karnevalsumzüge u. Ä., aber auch private Events, zum Beispiel Veranstaltungen von Vereinen oder Hochzeitsfeiern, allerdings nur soweit sie in der Öffentlichkeit stattfinden. Private Veranstaltungen fallen grundsätzlich nicht unter § 23 Abs. 1 Nr. 3 KUG, d. h., dort besteht das Recht am eigenen Bild ohne Einschränkung.

Nicht jede Menschenansammlung ist eine Versammlung

Nicht jede zufällige Zusammenkunft von Menschen ist jedoch eine Versammlung. Vielmehr setzt eine Versammlung voraus, dass sich die Personen bewusst zu einem gemeinsamen Tun zusammengeschlossen haben. Das OLG München hat zum Beispiel in Bezug auf die Fahrgäste einer U-Bahn festgestellt, dass es sich dabei nicht um eine Versammlung im Sinne von § 23 KUG handelt (Urteil vom 13.11.1987 – 21 U 2979/87), das Gleiche gilt für Sonnenbadende auf einer Wiese, wartende Passagiere in der Abflughalle eines Flughafens, Besucher einer Kirmes oder eines Wochenmarktes und Menschenmengen, die vor einem Kaufhaus auf dessen Eröffnung zum Räumungsverkauf warten. In diesen Fällen fehlt es an dem kollektiven Willen, etwas gemeinsam zu tun, eine Abbildungsfreiheit besteht deshalb auch hier nicht.

Abbildung 3.9 ▸
Ein ebenso eindeutiger Fall einer öffentlichen Festversammlung

Personen dürfen nicht isoliert aufgenommen werden

Stets muss es sich bei den Fotos um die Darstellung eines Geschehens und gerade nicht um die Darstellung einzelner oder mehrerer Personen handeln. Das bedeutet, es dürfen nicht einzelne Teilnehmer ohne ihre ausdrückliche oder konkludente Einwilligung isoliert aufgenommen, also porträtiert werden. Natürlich lässt sich nicht vermeiden, dass beim Fotografieren eines Umzugs oder einer Demonstration Teilnehmer, die sich im Vordergrund eines Bildes befinden, deutlich zu erkennen sein werden. Dies ist unproblematisch, solange erkennbar ist, dass der Fotograf das Ereignis fotografieren wollte und es nicht auf einzelne Teilnehmer abgesehen hat. Wenn der Fotograf dagegen einzelne Teilnehmer oder Teilnehmergruppen, etwa mit seinem Teleobjektiv, von den anderen Teilnehmern isoliert und dadurch nicht Bilder, sondern Bildnisse oder gar Porträts anfertigt, greift das Recht am eigenen Bild, d. h., solche Aufnahmen sind in aller Regel nur mit Einwilligung der betroffenen Personen erlaubt. Die Wortwahl »in aller Regel« lässt darauf schließen, dass es davon auch Ausnahmen gibt. Dies kann in der Tat der Fall sein, wenn zum Beispiel einzelne Personen in die Kamera lächeln und erkennen lassen, dass sie mit dem Foto einverstanden sind (Aber Vorsicht: ein grundsätzliches Einverständnis zur Veröffentlichung ist damit nicht erteilt!), oder wenn einzelne Personen durch bestimmte Handlungen bei dem Ereignis hervortreten, an denen die Öffentlichkeit ein Informationsinteresse hat. Denn dann wiederum handelt es sich – wie Sie ja bereits wissen – je nach Fallgestaltung um ein Ereignis von zeitgeschichtlicher Bedeutung. Wenn zum Beispiel ein einzelner Demonstrationsteilnehmer eine Tätlichkeit oder Zerstörung begeht oder sich als Anführer oder Agitator aus der Masse hervorhebt, ist sein Recht am eigenen Bild eingeschränkt. Die bloße Teilnahme an einer Demonstration rechtfertigt jedoch keinesfalls, eine einzelne Person in den Fokus zu nehmen und deren Bildnis dann zu veröffentlichen.

◄ **Abbildung 3.10**
Studenten feiern auf traditionelle Weise ihr bestandenes Examen – eine öffentliche Veranstaltung, das Fotografieren ist erlaubt.

[zB] Das OLG München (Urteil vom 21.07.2005 – 7 O 4742/05) hat einem Kläger stattgegeben, der im Jahr 2002 am Rande des Christopher-Street-Days in inniger Umarmung mit einem anderen Mann fotografiert wurde. Das Foto wurde in der Presse veröffentlicht. Tragisch an diesem Fall war im Übrigen, dass der Kläger ein selbstständiger Geschäftsmann war, der vorwiegend konservative und ausländische Kunden hatte, die zur Homosexualität ein eher ablehnendes und wenig tolerantes Verhältnis hatten. Das Outing des Mannes, der entfernt vom Ereignisort wohnte und bis dahin erfolgreich seine Homosexualität vor der Außenwelt hatte verbergen können, führte infolge der Presseveröffentlichung zu massiven Umsatzeinbrüchen.

Dieses Beispiel zeigt sehr plastisch, welche Konsequenzen eine unerlaubte Veröffentlichung von Personenaufnahmen haben kann, die je nach Fallkonstellation auch bis zur Existenzvernichtung führen kann.

[!] **Recht am eigenen Bild ernst nehmen**

Alle Fotografen mit ethischem und moralischem Anspruch sollten das Recht am eigenen Bild und damit das Persönlichkeitsrecht anderer ernst nehmen und strikt respektieren, auch wenn die Aussicht auf ein finanziell lukratives Geschäft lockt.

Fotografie von Polizisten

Diese Regeln gelten im Übrigen nicht nur für die Demonstrationsteilnehmer selbst, sondern auch für die Polizisten, die eine Demonstration begleiten oder überwachen. Dadurch, dass sie als Vertreter der Staatsmacht unterwegs sind, werden sie nicht zu Personen der Zeitgeschichte, wie wir bereits festgestellt haben. Vielmehr genießen sie, wie jeder andere Veranstaltungsteilnehmer auch, grundsätzlich Persönlichkeitsschutz und das Recht am eigenen Bild.

Eine gewisse Vorsicht ist deshalb geboten, wenn man auf öffentlichen Versammlungen Bilder von Polizisten macht. Dies musste ein Student am eigenen Leibe erfahren, der vom AG München (Urteil vom 16.11.2012 – unveröffentlicht) zu einer Geldstrafe von 420 € verurteilt wurde. Er hatte auf einer Demonstration vier Polizisten fotografiert, die einige Verteiler von Flugblättern aus Sicherheitsgründen hinter die Absperrgitter zurückdrängten. Diese Bilder hatte besagter Student, ohne die Gesichter zu pixeln, ins Internet eingestellt und mit der Überschrift »Polizei-Schikane« versehen. Das Gericht gab der Klage der Polizisten statt und stellte fest, dass die abgebildeten Polizisten hätten unkenntlich gemacht werden müssen.

Ob es letztlich die ungepixelten Bilder oder die provokante Überschrift war, die die Polizisten zur Klage veranlasst hatten, ist nicht bekannt. Der Fall zeigt jedoch, dass die Grenze zwischen Fotos von der Veranstaltung und Bildnissen von beteiligten Personen fließend ist. Wollen Sie auf der sicheren Seite sein, sollten Sie sich gerade in solchen Grenzbereichen gründlich überlegen, ob Sie Polizisten, die eindeutig auf dem Foto erkennbar sind, nicht besser unkenntlich machen sollten. Wie Sie an dem geschilderten Gerichtsfall mit dem Studenten sehen, können die ausgesprochenen Strafen der Höhe nach durchaus den »Wert« der Bildveröffentlichung übersteigen.

Häufig sind Polizisten jedoch mit Helmen und heruntergelassenem Visier unterwegs, dann scheitert ein Bildnis in vielen Fällen bereits an der Erkennbarkeit, was natürlich auch für vermummte Demonstranten gilt.

Bei Karnevalsumzügen und Paraden am Christopher-Street-Day, bei denen die Teilnehmer in schrillen Kostümen mit ihren Gesten und Gebärden geradezu dazu herausfordern, das Geschehen fotografisch zu dokumentieren, stellt sich natürlich die Frage, ob dies überhaupt zulässig ist. Einerseits sicherlich nicht, weil hier der klassische Fall vorliegt, dass einzelne Teilnehmer und nicht das Ereignis selbst fotografiert werden. Andererseits sind es aber hier gerade die Teilnehmer, die den Charakter einer solchen Veranstaltung ausmachen, ohne sie und ihre Kostüme gäbe es gar nichts Lohnenswertes zu fotografieren.

Es ist in der juristischen Literatur umstritten, ob es zulässig ist, in solchen Fällen Bilder einzelner Teilnehmer, die den Charakter der Veranstaltung besonders zum Ausdruck bringen, etwa ein Teilnehmer mit besonders auffälligem Kostüm, zu veröffentlichen. Ich meine, dass dies zumindest dann zulässig ist, wenn sich die betreffenden Teilnehmer gerade im Angesicht des auf sie gerichteten Fotoapparats in Pose werfen und dabei zum Beispiel auch noch winken oder in die Kamera lächeln. Hier wird man die Grundsätze der konkludenten Einwilligung anwenden können. Auch kann im Einzelfall – wie oben bereits dargestellt – ein zeitgeschichtliches Ereignis angenommen werden, wenn sich der einzelne Teilnehmer, der fotografiert wird, in besonderer Weise gegenüber den anderen Teilnehmern hervortut. Man wird allerdings auch unterstellen müssen, dass ein Teilnehmer, der sich derart auf einer Veranstaltung in der Öffentlichkeit fotografieren lässt, der Veröffentlichung seines Bildnisses nur im Rahmen der Berichterstattung über die Veranstaltung einwilligt. Andere Verwertungszwecke gehören – sofern die Umstände des Einzelfalls nichts anderes ergeben – im Zweifel nicht zu einer konkludenten Einwilligung.

[!]

Konkludente Einwilligung bei Versammlungen

Sofern sich bei einer Versammlung ein einzelner Teilnehmer hervortut und zu erkennen gibt, dass er fotografiert werden möchte, ist dies als *konkludente Einwilligung* aufzufassen, die sich im Zweifel auch auf die Veröffentlichung der Aufnahmen bezieht, soweit diese im Rahmen der Berichterstattung über die Veranstaltung erfolgt.

In jedem Fall sollten Sie grundsätzlich sehr zurückhaltend sein mit der bildlichen Herausstellung einzelner Teilnehmer und bei der Veröffentlichung solcher Bilder, bei denen der Wille der abgebildeten Person, fotografiert zu werden, nicht auf dem Bild zu erkennen ist.

Schließlich möchte ich Sie darauf hinweisen, dass Geschehen, das sich am Rande der Veranstaltung bzw. Versammlung abspielt, von der Ausnahmeregel des § 23 Abs. 1 Nr. 3 nicht erfasst wird. Eine kleine Gruppe von Teilnehmern, die sich vom Hauptfeld eines Karnevalszuges abgesetzt hat und sich in einer Seitenstraße befindet, gehört nicht zu der Versammlung. Deshalb greift die Ausnahmeregelung hier nicht.

Bildnisse, die nicht auf Bestellung angefertigt sind, sofern ihre Verbreitung oder Schaustellung einem höheren Interesse der Kunst dient (§ 23 Abs. 1 Nr. 4 KUG) | Damit kommen wir zur letzten Ausnahmeregelung des § 23 KUG, die in der Rechtsprechungspraxis allerdings kaum eine Rolle spielt und für Bildjournalisten und solche Fotografen, die ihre Fotos kommerziell verwerten, auch kaum relevant sein dürfte. Für Fotoamateure allerdings, die ihre Bilder nur im Rahmen eines Fotowettbewerbs oder einer themenbezogenen Ausstellung zeigen wollen, kann diese Vorschrift durchaus interessant sein.

Veröffentlichung ohne Zustimmung

Der Gesetzgeber hat mit dieser Vorschrift der Kunstfreiheit Rechnung getragen und die Möglichkeit eröffnet, künstlerische Bildstudien, die auch Fotografien einschließen, zu veröffentlichen, ohne dass die abgebildete Person zustimmen muss. Dazu müssen jedoch zwei Voraussetzungen erfüllt sein:

- Die Fotos dürfen nicht auf Bestellung gefertigt worden sein, es dürfen also keine Auftragswerke sein, sondern der Fotograf muss sie in freier künstlerischer Betätigung geschaffen haben.
- Die Verbreitung darf nur zu Zwecken der Kunst erfolgen, d. h., sie muss einem höheren Interesse der Kunst dienen.

Wenn wirtschaftliche, unterhaltende oder sonstige nicht der Kunst dienende Zwecke dabei verfolgt werden, greift dieser Ausnahmetatbestand nicht. Unschädlich ist allerdings ein gewerblicher Zweck völlig untergeordneter Art, wenn zum Beispiel für den Zutritt zu der Ausstellung Eintritt verlangt oder ein Ausstellungskatalog zu üblichem Entgelt verkauft wird.

Künstlerischer Anspruch muss gegeben sein

Man wird allerdings verlangen müssen, dass das jeweilige Bildnis tatsächlich auch den Anspruch erheben kann, eine künstlerische Bildstudie zu sein, wobei ich mir der Schwierigkeit einer Abgrenzung im Einzelfall durchaus bewusst bin. Ein Lichtbild, schon gar kein Schnappschuss, dürfte jedoch per se nicht geeignet sein, künstlerische Ansprüche zu erheben.

Allerdings ist das Veröffentlichungsrecht hier nicht grenzenlos, vielmehr kann es – wie im Übrigen auch bei den anderen Ausnahmetatbeständen des § 23 KUG – durch berechtigte Interessen des Abgebildeten eingeschränkt oder ausgeschlossen sein (Kollision von Persönlichkeitsrecht und Kunstfreiheit), wie Sie im nächsten Abschnitt sehen werden.

Auch die Rechtsfragen im Zusammenhang mit sogenannten *Straßenfotografien* lassen sich – zumindest teilweise – über § 23 Abs. 1 Ziffer 4 UrhG lösen, sofern ihre Verbreitung einem höheren Interesse der Kunst dient. Auf das Thema Straßenfotografie komme ich jedoch noch gesondert in Abschnitt 3.3 zu sprechen.

[!]

Bildnisse, die den Interessen der Kunst dienen

§ 23 Abs. 1 Nr. 4 gibt dem Fotografen die Möglichkeit, Bildnisse ohne Einwilligung der abgebildeten Person(en) zu verbreiten, wenn das Bildnis ausschließlich den höheren Interessen der Kunst dient und eine kommerzielle Verwertung nicht gegeben ist. Wirtschaftliche Interessen dürfen allenfalls in völlig untergeordneter Bedeutung vorhanden sein.

3.2.3 Berechtigte Interessen (§ 23 Abs. 2 KUG)

Eine Ausnahme von den Ausnahmen des § 23 Abs. 1 KUG ist in § 23 Abs. 2 KUG geregelt. Danach ist die Verbreitung eines Bildnisses, das nach § 23 Abs. 1 KUG und den dort genannten Ausnahmen (Zeitgeschichte, Beiwerk, Versammlungen, Dienen der Kunst) eigentlich verbreitet werden darf, letztlich doch nicht zulässig, wenn dadurch ein berechtigtes Interesse des Abgebildeten bzw. seiner Angehörigen verletzt wird. Was bedeutet dies nun? Werden dadurch nicht wieder alle Ausnahmetatbestände des § 23 KUG relativiert und infrage gestellt? Dies ist sicherlich nicht der Fall.

Wahrung des Persönlichkeitsrechts der Abgebildeten

Der Gesetzgeber hat mit dieser Vorschrift nur ein Korrektiv zur Wahrung des Persönlichkeitsrechts der Abgebildeten einführen wollen. Auch bei Vorliegen der Ausnahmetatbestände des § 23 Abs. 1 KUG muss eine Abwägung zwischen den Interessen des Abgebildeten, denen des Fotografen und dem Informationsinteresse der Allgemeinheit vorgenommen werden. In erster Linie hat der Gesetzgeber dabei die Bildnisse im Bereich der Zeitgeschichte gemäß § 23 Abs. 1 Nr. 1 KUG vor Augen.

Seit dem Wandel der Rechtsprechung bezüglich des Bildnisschutzes von Prominenten hat die Vorschrift des § 23 Abs. 2 KUG deutlich an Bedeutung verloren. Nach der früheren Rechtsprechung, nach der absolute Personen der Zeitgeschichte noch Aufnahmen fast jeder Art dulden mussten, war durch § 23 Abs. 2 KUG sichergestellt, dass die Veröffentlichung solcher Bilder nicht geduldet werden musste, die zum Beispiel zu sehr in die Privat- und Intimsphäre eingriffen. Die Rechtsprechung, wie etwa des OLG Karlsruhe (Urteil vom 18.08.1989 – 14 U 105/88), das bereits im Zusammenhang mit der Frage, wann Personen lediglich »Beiwerk« seien (Foto eines unbeteiligten Unfallzeugen, siehe Abschnitt »Personen als Beiwerk« in Abschnitt 3.2.2), zitiert wurde, hat § 23 Abs. 2 KUG als eine Vorschrift angesehen, durch die eine unzulässige Ehr- oder Rufbeeinträchtigung vermieden werden soll.

Seit sich die Rechtsprechung zum Bildnisschutz von Prominenten gewandelt hat, findet, wie Sie erfahren haben, eine Interessenabwägung zwischen den Interessen der bekannten Persönlichkeit und dem Informationsinteresse der Allgemeinheit bereits im Rahmen des § 23 Abs. 1 Nr. 1 statt. Es wird also schon geprüft, ob es sich überhaupt um ein zeitgeschichtliches Ereignis handelt, an dem die Öffentlichkeit ein so großes Interesse hat, dass dafür persönliche Interessen des Abgebildeten in den Hintergrund treten müssen. Handelt es sich nicht um ein zeitgeschichtliches Ereignis, ist die Verbreitung des Fotos schon deshalb ohne Einwilligung nicht erlaubt. § 23 Abs. 2 KUG muss dann gar nicht mehr geprüft werden.

Anwendungsfälle von § 23 Abs. 2 KUG

Die wohl in der Praxis heute wichtigsten Anwendungsfälle des § 23 Abs. 2 KUG sind die Verwertung von Bildnissen:

- in der kommerziellen Werbung
- in manipulativen Fotomontagen
- in der Satire
- zur Zurschaustellung, Herabwürdigung etc.

Kommerzielle Verwendung von Bildnissen

Verwertung von Bildnissen in der Werbung | Bereits nach der früheren Rechtsprechung mussten sich Prominente (damals noch »absolute Personen der Zeitgeschichte«) eines grundsätzlich nicht gefallen lassen, nämlich die kommerzielle Verwendung ihrer Bildnisse in der Werbung.

Paul Dahlke

Vor diesem Hintergrund ist auch zum Beispiel die »Paul-Dahlke-Entscheidung« des BGH zu verstehen. Zwar war Paul Dahlke (1904–1984) als populärer Schauspieler sicherlich eine absolute Person der Zeitgeschichte. Deshalb hätte er gegen die Veröffentlichung der Bilder, die ihn auf dem Motorrad zeigten, nach damaliger Rechtsprechung auch nichts einwenden können. Dass eines der Bilder aber vom Hersteller des Motorrads zu Werbezwecken verwendet wurde, war der Anlass der Klage und führte zur richterlichen Feststellung der Unzulässigkeit der Verwertung.

Höchstrichterliche Entscheidungen über die Verbreitung von Bildnissen Prominenter beziehen sich unter der alten Rechtsprechung fast immer auf Fälle, in denen die Bildnisse in der Werbung verwendet werden.

Von Bob Dylan über Boris Becker bis Joachim Fuchsberger

Da die Werbefotografie weltweit einen riesigen Markt darstellt, kam und kommt es immer wieder vor, dass sich Gerichte mit Klagen Prominenter zu befassen haben, deren Bildnis ohne Einwilligung im Rahmen der Werbung für ein bestimmtes Produkt verwendet wird, weil dadurch die Wirkung einer Werbung enorm gesteigert werden kann. So hatte der BGH eine Klage des Sängers Bob Dylan zu entscheiden, weil dieser ohne seine Einwilligung auf einem CD-Cover abgebildet worden war (Urteil vom 01.10.1996 – VI ZR 206/95). Auch ein als absolute Person der Zeitgeschichte anzusehender ausübender Künstler müsse – so der BGH – die Beifügung seines Bildnisses zu ohne seine Einwilligung vertriebenen Tonträgern mit seiner Musik nicht dulden. Auch Boris Becker hat gegen die FAZ wegen einer Werbeanzeige geklagt, bei der sein Bild ohne Einwilligung verwendet wurde. Auch hier urteilten die Richter, dass nach § 23 KUG die kommerzielle Nutzung von Bildnissen in der Werbung unzulässig sei (OLG München 27.06.2003 – 21 U 2518/03). Schließlich hat der BGH es in einem weiteren Urteil (14.04.1992 – VI ZR 285/91 – »Talkmaster«) für unzulässig gehalten, dass das Bild eines bekannten Talkmasters (Joachim Fuchsberger), der sich anlässlich der Geschäftseröffnung eines Modeladens mit einer Brille aus der Kollektion des Geschäfts fotografieren ließ, später im Rahmen einer Brillenwerbung verwendet wurde.

Auch auf die Veröffentlichung von Werbeaufnahmen von Prominenten haben die Rechtsprechung des EGMR und die daraufhin geänderte Rechtsprechung des BGH unmittelbare Auswirkung. Nach der neueren Rechtsprechung ergibt sich die Unzulässigkeit der Verwertung von Bildnissen für Werbezwecke nun schon daraus, dass bei einer Verwendung der Fotos in der Werbung die Bildnisse nicht im Zusammenhang mit einem zeitgeschichtlichen Ereignis veröffentlicht werden.

[!]

Keine Werbung ohne Einwilligung
Eine kommerzielle oder werbliche Nutzung von Bildnissen, die von Prominenten gefertigt wurden, ist ohne deren Einwilligung nicht zulässig, und zwar auch dann nicht, wenn die Fotos selbst möglicherweise sogar mit Einwilligung gemacht wurden, aber die spätere Verwendung der Fotos in der Werbung nicht explizit vereinbart wurde.

»Ron Sommer«

Verwertung von Bildnissen bei Fotomontagen | Auch eine Fotomontage kann nach der Rechtsprechung des BVerfG (Urteil vom 14.02.2005 – 1 BvR 240/04 – »Ron Sommer«) eine Verletzung des Rechts am eigenen Bild und damit eine Verletzung des allgemeinen Persönlichkeitsrechts darstellen. Der ehemalige Vorstandsvorsitzende der Deutschen Telekom AG, Ron Sommer, hat sich mit einer Verfassungsbeschwerde gegen ein Urteil des BGH an das BVerfG gewandt, nachdem der BGH eine Verletzung des allgemeinen Persönlichkeitsrechts bei folgendem Sachverhalt abgelehnt hatte:

Die Zeitschrift »WirtschaftsWoche« hatte eine Fotomontage im Zusammenhang mit einem Bericht über die wirtschaftlichen und finanziellen Verhältnisse bei der Deutschen Telekom AG verwendet. In dieser Fotomontage saß ein Mann auf einem bröckelnden, magentafarbenen »T«, auf dessen Rumpf der Kopf von Ron Sommer montiert war. Dabei war die Abbildung des Kopfes von Ron Sommer technisch bearbeitet und in den Proportionen verändert worden, sodass der Kopf vom tatsächlichen Erscheinungsbild des Kopfes von Ron Sommer abwich.

Das BVerfG hat dazu entschieden, dass zwar eine Satire unter die Meinungs- und Kunstfreiheit nach Art. 5 Abs. 1 und 3 GG falle, hier jedoch der Kopf so verändert worden sei, dass der Kläger in seinem allgemeinen Persönlichkeitsrecht verletzt worden sei. Zwar gebe es keinen Anspruch darauf, so dargestellt zu werden, wie man sich selbst am liebsten sehe, wohl habe man aber das Recht, dass eine fotografische Abbildung des Kopfes nicht manipulativ entstellt werde. Die Abbildung des Kopfes enthalte in diesem Fall durch technische Manipulation eine unrichtige Aussage, auch wenn Ron Sommer noch identifizierbar sei. Fotos suggerierten – so das BVerfG – Authentizität, die Betrachter gingen davon aus, dass die Person tatsächlich so aussehe, wie sie dargestellt werde.

[!]

Persönlichkeitsrechtsverletzung bei Fotomontagen
Die Verbreitung eines technisch entstellten Bildes ist jedenfalls dann eine Verletzung des allgemeinen Persönlichkeitsrechts, wenn damit beim Betrachter der Eindruck erweckt werden kann, es handele sich um ein authentisches Abbild der Person. Dabei kommt es in keiner Weise darauf an, ob die Manipulation vom Betrachter als vorteilhaft oder als nachteilig empfunden wird und ob die Manipulation in positiver oder negativer Absicht erfolgte.

Fotomontagen sind nicht generell eine Verletzung des allgemeinen Persönlichkeitsrechts

Dieser Entscheidung des BVerfG kann jedoch auch entnommen werden, was das Gericht indirekt in der Urteilsbegründung auch bestätigt, dass nicht alle Fotomontagen eine Verletzung des allgemeinen Persönlichkeitsrechts darstellen. Wäre im vorliegenden Fall der Kopf von Ron Sommer nicht verfremdet, sondern nur auf einen anderen Rumpf montiert worden, sodass nicht der unzutreffende Eindruck erweckt worden wäre, es handele sich um ein authentisches Abbild, wäre im Zweifel die Fotomontage auch keine Verletzung seines allgemeinen Persönlichkeitsrechts, sondern vielmehr von der grundrechtlich geschützten Meinungs- und Kunstfreiheit gedeckt gewesen.

Natürlich ist auch bei der Verwendung eines Bildnisses für eine Fotomontage die Einwilligung der betroffenen Person, soweit sie eine Privatperson ist, erforderlich. Da nur in seltenen Fällen eine Privatperson ihre Einwilligung zur Verwendung für Fotomontagen geben dürfte, sind Fotomontagen in der Regel in urheberrechtlicher Hinsicht nur im Zusammenhang mit Prominenten relevant, was im Übrigen natürlich auch für die bereits behandelte Problematik der Abbildung von Doppelgängern gilt.

Verwertung von Bildnissen bei Satiren | Satire ist – laut Duden, »Das große Fremdwörterbuch«, 3. Auflage 2003 – »eine Kunstgattung, die durch Übertreibung, Ironie und Spott an Personen oder Ereignissen Kritik übt, sie der Lächerlichkeit preisgibt, Zustände anprangert und mit scharfem Witz geißelt«. Gerade Politiker sind häufig der Satire ausgesetzt. Satire kann dabei auch mit Mitteln der Fotografie, meist in Form einer Fotomontage, entstehen, wenngleich vielleicht eine satirische Darstellung durch zeichnerische Darstellung (Karikatur) häufiger vorkommen mag.

Bei einer satirischen Darstellung stellt sich ebenfalls immer die Frage, ob sie von der Meinungs- und Kunstfreiheit noch gedeckt ist oder ob hier nicht vielmehr in das Persönlichkeitsrecht der betroffenen Person eingegriffen wird.

[zB] Anschaulich wird die Problematik an einem Fall, mit dem sich das KG Berlin auseinanderzusetzen hatte (Urteil vom 15.05.2007 – 9 U 236/06): Eine Zeitung veröffentlichte, anknüpfend an Auftritte der ehemaligen Ministerpräsidentin Heide Simonis in einer Fernseh-Tanzshow, unter der Überschrift »Heide Simonis jetzt ins Dschungel-TV?« eine Fotomontage der ehemaligen Ministerpräsidentin und Klägerin, auf der deren Gesicht mit Maden bedeckt war, sowie im Innenteil der Zeitung drei weitere Fotomontagen, auf denen die Klägerin im Bikini mit Jauche beschmiert auf einem elektrischen Bullen reitet, nur mit einem Badehandtuch bedeckt von einem anscheinend nackten Mann von hinten umarmt wird bzw. als Boxerin zu sehen ist. Das Kammergericht hat darin eine Persönlichkeitsrechtsverletzung gesehen.

Zwar habe die Klägerin durch ihre Beteiligung an der Tanzshow eine karikierende Darstellung in gewisser Weise herausgefordert. Dass eine ehemals hochrangige Politikerin mit nach wie vor großem Bekanntheitsgrad trotz – nach eigener Aussage – begrenzter tänzerischer Fähigkeiten im Fernsehen bei einem Tanzwettbewerb auftrete, sei in der Presse erheblich beachtet und nicht nur von der Beklagten kritisch und süffisant betrachtet worden. Damit habe die Klägerin von vornherein rechnen müssen. Die Fotomontagen ließen deutlich die Absicht der Beklagten erkennen, sich über das Verhalten der Klägerin auf dem Wege satirischer Übertreibung lustig zu machen. Zwar unterliegt nach diesem Urteil des KG Berlin die satirische Darstellung einem weniger strengen Prüfungsmaßstab, was die dahinterstehende Kernaussage angeht, weil es der Satire wesenseigen sei, mit Übertreibungen, Verzerrungen und Verfremdungen zu arbeiten. Dabei dürften – so das KG unter Bezugnahme auf die BGH-Rechtsprechung – die Grenzen des guten Geschmacks grundsätzlich auch überschritten werden, weil eine Niveaukontrolle bei der Satire nicht stattfinden dürfe.

Dennoch waren im vorliegenden Fall die Fotomontagen rechtsverletzend. Die Klägerin hatte der Zeitschrift nämlich zuvor ein Interview gegeben, in dem sie äußerte, gerade nicht in Sendungen wie »Dschungel-TV« oder »Big Brother« mitmachen zu wollen. Die Ausgangsmitteilung in der Überschrift verschweigt deshalb einen wesentlichen Umstand.

Entgegen klarer Aussagen der Klägerin habe die Zeitung den Eindruck vermittelt, es komme ernsthaft in Betracht, dass die Klägerin an solchen Sendungen teilnehmen werde. Eine bewusst unvollständige Berichterstattung sei rechtlich wie eine unwahre Tatsachenbehauptung zu behandeln, wenn die ehrverletzende Schlussfolgerung, die sich aus dem mitgeteilten Sachverhalt ergebe, durch die verschwiegene Tatsache maßgeblich infrage gestellt werde.

Die Beklagte habe die Klägerin mit den Bildern nicht nur lächerlich gemacht, sondern auch in herabsetzender Weise präsentiert. Zum einen sei die Klägerin in ekliger Weise gezeigt worden, nämlich mit Maden auf dem

Gesicht bzw. mit Jauche beschmiert. Zum anderen würden die Darstellungen, wie die Klägerin im Bikini auf einem Elektrobullen reite bzw. wie sie – nur mit einem Badehandtuch bedeckt – von einem offenbar nackten Mann von hinten umarmt werde, sexuelle Bezüge aufweisen. Die Würde der Klägerin sei damit in geschmackloser Weise angegriffen worden. Frau Simonis hat in dem Verfahren recht bekommen, weil die Bilder herabsetzend waren (dies allein reichte aber noch nicht aus) *und* weil außerdem die Bilder mit unwahrer bzw. bewusst unvollständiger Berichterstattung verbunden worden waren. Erst das Gesamtbild führte dann dazu, dass Frau Simonis recht bekam.

[!]

Zulässigkeit der Bildnisverwertung in einer Satire
Eine Satire muss, auch wenn die Grenzen des guten Geschmacks im Einzelfall überschritten werden, vom Betroffenen geduldet werden, sofern sie im Zusammenhang mit einer kritischen Auseinandersetzung zu einer bestimmten Thematik steht. Wenn die Satire dagegen nur eine Schmähung bzw. Beleidigung zum Inhalt hat, d. h., wenn nicht mehr die Auseinandersetzung mit der Sache, sondern die Diffamierung der Person im Vordergrund steht, stellt die Satire einen Eingriff in das Persönlichkeitsrecht dar.

Verwertung von Bildnissen zur Zurschaustellung, Herabwürdigung, Lächerlichmachung etc. | Wenn Aufnahmen im Zusammenhang mit zeitgeschichtlichen Ereignissen dazu benutzt werden, die abgebildeten Personen herabzuwürdigen oder lächerlich zu machen oder in einem sie ungünstigen Moment zu zeigen, kann darin eine Persönlichkeitsrechtsverletzung liegen.

[zB] Als Beispiel sei eine prominente Schauspielerin genannt, die anlässlich ihres Besuchs auf einem Wohltätigkeitsball gerade in dem Moment fotografiert wird, als ihr das Kleid verrutscht und ihren Busen von der textilen Umhüllung befreit – ein Phänomen, das offensichtlich gar nicht selten vorkommt, wie man sieht, wenn man im Internet unter dem Stichwort »Busenunfall« recherchiert. Vergleichbar ist die Aufnahme des Fußballers, dem anlässlich eines Bundesligaspiels die Hose derart zerreißt, dass sein blankes Hinterteil zu sehen ist, auf das der Fotograf gezielt sein Teleobjektiv fokussiert.

In beiden Fällen ist klar, es handelt sich um zeitgeschichtliche Ereignisse, an denen grundsätzlich ein Informationsinteresse der Öffentlichkeit besteht (Wohltätigkeitsball bzw. Ligaspiel), sodass die Personen grundsätzlich ohne Einwilligung fotografiert werden durften. In solchen für die Betroffenen sicherlich peinlichen Momenten wird man jedoch ein berechtigtes Interesse der Abgebildeten daran bejahen können, dass die Aufnahme nicht veröffentlicht wird. Ihr Interesse dürfte in einem solchen Fall höher zu werten sein als das Informationsinteresse der Öffentlichkeit. Denn mittels derartiger Bilder wird erkennbar keine für die Öffentlichkeit wesentliche Information vermittelt, sondern solche Bilder dürften eher der Sensationslust und dem Voyeurismus Einzelner dienen, die schon immer einmal wissen wollten, wie die bekannte Schauspielerin »oben herum« wohl gebaut sein mag. Unterstellt man, dass es sicherlich auch eine ganze Reihe anderer Fotos gibt, die man hätte veröffentlichen können, wird deutlich, warum gerade dieses Foto für die Veröffentlichung ausgewählt wurde.

In dem bereits zitierten Caroline-Urteil hatte das BVerfG zwar noch die Meinung vertreten, eine absolute Person der Zeitgeschichte müsse auch peinliche Aufnahmen hinnehmen. Diese Entscheidung erging jedoch, wie dargelegt, Jahre bevor der EGMR die Rechte der Prominenten am eigenen Bild gestärkt hat. Im Licht der zwischenzeitlich gewandelten Rechtsprechung erscheint es mir mehr als zweifelhaft, ob das BVerfG heute noch genauso entscheiden würde.

3.2.4 Die Ausnahmevorschrift des § 24 KUG

Nur der Vollständigkeit halber sei noch kurz die Vorschrift des § 24 KUG erwähnt, die allerdings in der Regel für Fotografen kaum relevant sein dürfte. Danach können Bildnisse zum Zwecke der Rechtspflege und der öffentlichen Sicherheit von Behörden auch ohne Einwilligung des Abgebildeten (und natürlich auch ohne die des Urhebers) verbreitet werden.

Fahndungsfotos

Der klassische Fall, der unter diese Vorschrift fällt, sind Fahndungsfotos der Polizei, und ich glaube kaum, dass jemand von Ihnen verblüfft über die Tatsache sein wird, dass flüchtige Straftäter nicht um Einwilligung gebeten werden müssen, ob ihr Bildnis auf Fahndungsplakaten verbreitet werden darf. Auch die Verwertung von Fotos, die bei Geschwindigkeitsüberschreitungen von Blitzautomaten gemacht werden, ist nicht von einer Einwilligung des fotografierten Autofahrers abhängig, auch wenn man sich dies als Betroffener vielleicht wünschen würde.

[!]

Das Wichtigste zur Veröffentlichung von Personenaufnahmen

- Die Verbreitung von Bildnissen erfordert grundsätzlich eine Einwilligung der fotografierten Person.
- Ein Bildnis setzt Erkennbarkeit der abgebildeten Person voraus. Liegt keine Erkennbarkeit und damit kein Bildnis vor, darf eine Verbreitung ohne Einwilligung erfolgen. Bei Akt- und Nacktaufnahmen ist Verbreitung ohne Einwilligung auch dann unzulässig, wenn keine Erkennbarkeit vorliegt.
- Ob Minderjährige ohne ihre Erziehungsberechtigten in die Verbreitung einwilligen können, ist umstritten. Deshalb sollte man besser die Einwilligung der Erziehungsberechtigten einholen.
- Vorsicht ist bei der Verbreitung von Aktfotos Minderjähriger dringend geboten.

- Eine einmal erteilte Einwilligung kann später nur ausnahmsweise und aus einem wichtigen Grund widerrufen werden.
- Keine Einwilligung des Abgebildeten ist erforderlich bei Bildnissen aus dem Bereich der Zeitgeschichte, wenn Personen nur Beiwerk sind, bei Bildern von Versammlungen etc. und bei Bildnissen, die einem höheren Interesse der Kunst dienen, sofern nicht berechtigte Interessen der Abgebildeten verletzt werden.

3.3 Straßenfotografie – Persönlichkeitsrecht und Kunstfreiheit

Beliebt und problematisch

Gerade in den letzten Jahren erfreut sich die *Straßenfotografie* oder neudeutsch auch *Street Photography* wachsender Beliebtheit und bringt immer wieder hervorragende und einzigartige Aufnahmen aus dem öffentlichen Straßenraum hervor. Leider kommt es dabei auch immer wieder zu rechtlichen Fragen oder Problemen. Recht aktuell ist ein Fall aus dem Jahr 2013, mit dem sich die Berliner Gerichte zu befassen hatten, und der besonders für Schlagzeilen gesorgt hat: die sogenannte »Frau im Leopardenmantel«. Auf diesen Fall werde ich im folgenden Abschnitt 3.3.1 noch ausführlich eingehen.

Von Henri Cartier-Bresson bis heute

Jeder Fotograf kennt den 2004 verstorbenen Altmeister Henri Cartier-Bresson, der mit seiner relativ unauffälligen Leica M, bestückt mit einem Standardobjektiv, durch die Straßen schlenderte, teilweise um Passanten herumscharwenzelte und im geeigneten Moment unbemerkt auf den Auslöser drückte. Seine dabei entstandenen, teils meisterhaften Fotos sind um die Welt gegangen und haben ihm Weltruhm verschafft. Angesichts der lebhaften Diskussion über die rechtliche Zulässigkeit der Straßenfotografie stellt sich allerdings die Frage, ob dies überhaupt legal war. Zugegeben, in den 1950er- bis 1970er-Jahren, in denen die meisten seiner Aufnahmen entstanden sind, hatten Bild- und Persönlichkeitsrechte noch nicht den Stellenwert, den sie heute haben, in einer Zeit, in der die Menschen erkennbar sehr sensibel geworden sind, was ihre Persönlichkeitsrechte und die Einhaltung datenschutzrechtlicher Bestimmungen angeht. Ich glaube, dass Henri Cartier-Bresson, würde er seine Straßenfotografien heute herstellen und veröffentlichen, durchaus rechtliche Probleme bekommen könnte. Aber auch schon damals muss Henri Cartier-Bresson wohl das Gefühl gehabt haben, dass er sich mit seinen Aufnahmen in einem rechtlich durchaus problematischen Raum bewegt. Nicht anders ist dieses Zitat von ihm zu erklären:

> *»Fotografieren ist wie Bogenschießen: richtig zielen, schnell schießen und abhauen.« (Henri Cartier-Bresson)*

Bevor wir uns mit einer rechtlichen Würdigung der Straßenfotografie befassen, erscheint es mir jedoch erforderlich, zunächst einmal zu definieren, was darunter überhaupt zu verstehen ist. Eine Definition von »Straßenfotografie« findet man bei Wikipedia:

> *»(...) Allgemein ist damit eine Fotografie gemeint, die im urbanen öffentlichen Raum entsteht, auf Straßen, in Geschäfte oder Cafés hineinblickend, Passantengruppen oder Einzelne herausgreifend, oftmals als Momentaufnahme, aber ebenso essayhafte Abfolge und Milieustudie. (...)« (Abgerufen am 29.07.2021)*

Menschen unbemerkt im Alltag fotografieren

Ein wesentliches Element der Straßenfotografie ist es nach dieser Definition, und dies dürfte auch mit der fotografischen Praxis übereinstimmen, Menschen in Alltagssituationen zu fotografieren, ohne dass sie es bemerken, um so den Moment bzw. die bestimmte Situation festzuhalten, wobei unterstellt wird, dass die Bilder anschließend auch veröffentlicht werden, da bei heimlich hergestellten Aufnahmen das Problem erst mit der Veröffentlichung auftreten wird. Eines ist dabei auch sicher: Man kann natürlich nicht vor der Aufnahme wegen einer Einwilligung nachfragen, da dann die Aufnahmen in der beabsichtigten Art und Weise überhaupt nicht mehr gemacht und die angestrebte Bildaussage nicht mehr erreicht werden kann. Wie ist das Problem nun rechtlich zu lösen?

Personenaufnahmen ohne Einwilligung sind illegal

Ich bin mir sicher, dass Sie die Antwort inzwischen bereits kennen: Es gilt der Grundsatz, dass die fotografierte Person nach § 22 KUG eingewilligt haben muss, es sei denn, es liegt eine der Ausnahmeregelungen des § 23 KUG vor. Ein zeitgeschichtliches Ereignis liegt sicherlich nicht vor, wenn in ein Café hineinfotografiert oder wenn der Abschiedskuss eines verliebten Paares auf der Straße fotografiert wird. Ebenfalls sind die Personen kein Beiwerk, denn gerade sie sind ja der entscheidende Bildinhalt. Da die Passanten auf der Straße auch zufällig zusammenkommen und sich nicht zu einem gemeinsamen Tun zusammengefunden haben, bilden sie – wie die Fahrgäste in der U-Bahn – auch keine Versammlung. Folglich greift eine Ausnahme vom Recht am Bild nicht; die solcherart hergestellten Personenaufnahmen sind unter Berücksichtigung dessen, was wir vorstehend zur Personenfotografie und den Persönlichkeitsrechten festgestellt haben, schlichtweg illegal, jedenfalls dann, wenn die abgebildeten Personen erkennbar sind.

[!]

Keine Sonderregelung für Straßenfotografie

Auch auf dem Gebiet der Straßenfotografie dürfen nur solche Personenaufnahmen veröffentlicht werden, für die entweder die Einwilligung des oder der Fotografierten vorlag oder auf denen die fotografierte(n) Person(en) nicht erkennbar ist bzw. sind. Momentaufnahmen von Passantengruppen oder einzelnen Passanten, wie sie die Straßenfotografie versteht, sind ansonsten rechtlich unzulässig!

Cartier-Bressons Werk aus rechtlicher Sicht …

Nun mag der eine oder andere Leser einwenden, wieso dann Henri Cartier-Bresson seine Bilder veröffentlichen konnte, ohne dass dies eine Verletzung des Rechts am eigenen Bild darstellte. Hier muss ich trotz meiner allergrößten Wertschätzung für Henri Cartier-Bresson und sein fotografisches Werk leider aus rechtlicher Sicht konstatieren, dass – zumindest unter dem Blickwinkel des deutschen Rechts – die Veröffentlichung vieler seiner Bilder, ebenso wie die anderer bekannter Straßenfotografen, eine Verletzung des Rechts am eigenen Bild darstellt, wenn ich dabei unterstelle, dass die fotografierten Personen nicht vor der Veröffentlichung ihre Einwilligung gegeben haben. Aus der Tatsache, dass Henri Cartier-Bresson dennoch einer der großen Fotografen unserer Zeit geworden ist, können Sie nun selbst die Konsequenzen für Ihr weiteres fotografisches Wirken ziehen …

3.3.1 Der Fall von der »Frau im Leopardenmantel«

Kommen wir nun zu dem bereits angesprochenen Fall der »Frau im Leopardenmantel«. Das Landgericht Berlin hatte sich in seinem erstinstanzlichen Urteil (03.06.2014 – 27 O 56/14) mit folgendem Fall zu beschäftigen:

Der Fotograf Espen Eichhöfer, Mitglied der Fotoagentur Ostkreuz in Berlin, hatte für eine Ausstellung über den Berliner Stadtteil Charlottenburg mit dem Titel »Ostkreuz. Westwärts. Neue Sicht auf Charlottenburg« verschiedene Straßenaufnahmen angefertigt, u. a. von Passanten vor dem Bahnhof Zoo. Dabei hatte er auch eine Frau im Leopardenmantel fotografiert, die mit Einkaufstüten die Straße überquerte und auf ihn zukam. Auf dem Bild war das Gesicht der Frau mit einem etwas mürrischen Gesichtsausdruck deutlich zu sehen, Erkennbarkeit war somit eindeutig gegeben, und im Hintergrund sah man auf dem Foto ein Pfandleihhaus. Eine Einwilligung der Frau zur Herstellung dieses Fotos war – wie das bei Straßenfotografie üblich ist – nicht eingeholt worden. Das so hergestellte Bild wurde sodann von der Galerie C/O in Berlin ausgestellt, allerdings nicht in deren Räumen, sondern auf Stelltafeln im öffentlichen Raum vor dem Ausstellungshaus von C/O.

Die fotografierte Frau sah ihr öffentlich ausgehängtes Bild und erhob Klage. Sie war der Auffassung, dass ihre Persönlichkeitsrechte verletzt seien, insbesondere dadurch, dass im Hintergrund ein Pfandleihhaus zu sehen sei und sie, insbesondere im Hinblick auf ihren Gesichtsausdruck, in einem negativen Zusammenhang zu dem Pfandleihhaus dargestellt werde, weil es so aussehe, als käme sie gerade aus diesem. Zudem habe sie keinerlei Interesse daran, in einem privaten Moment öffentlich gezeigt zu werden. Sie sei zu einem bloßen Ausstellungsstück degradiert worden und habe ein tiefes Gefühl empfunden, der öffentlichen Diskussion über ihr Aussehen, ihre Kleidung und Spekulationen, was sie wohl im Pfandleihhaus zu tun gehabt habe, ausgesetzt zu sein. Sie verlangte deshalb sowohl von dem Fotografen als auch von der Galerie Unterlassung sowie die Zahlung eines Schadensersatzes in Form eines Schmerzensgeldes und die Erstattung der vorgerichtlichen Abmahnkosten.

Die geforderte Unterlassungserklärung wurde zwar von dem Fotografen und der Galerie Ostkreuz abgegeben, das Bild wurde aus der Öffentlichkeit, auch aus Facebook, entfernt. Jegliche Zahlung an die Frau wurde jedoch verweigert, worauf diese Klage vor dem Landgericht Berlin erhob. Diese Klage erstreckte sich dabei auf Zahlung eines Schmerzensgeldes in Höhe von mindestens 5.500,00 € sowie auf Zahlung einer Lizenzgebühr und Erstattung der vorgerichtlichen Anwaltsgebühren für die Abmahnung in Höhe von insgesamt weiteren 2.400,00 €.

Die Beklagten argumentierten dagegen, mit dem Foto sei gerade nicht ein bestimmtes Individuum porträtiert worden, sondern man habe eine Ortsbeschreibung vornehmen wollen. Es sei dem Fotografen nicht um die Abbildung konkreter Persönlichkeiten gegangen, die in dem Foto manifestierte Atmosphäre habe vielmehr eine »Allegorie Charlottenburg« liefern sollen. Es läge außerdem lediglich eine geringfügige Beeinträchtigung des Persönlichkeitsrechts der Klägerin vor, sodass dieses gegenüber der Kunstfreiheit nach der Rechtsprechung des Bundesverfassungsgerichts zurücktreten müsse.

Zwei Rechtsfragen: Persönlichkeitsrechtsverletzung und Vorrang der Kunst

Das Gericht hatte somit im Kern über zwei Rechtsfragen zu befinden, zum einen darüber, ob eine zum Schadensersatz verpflichtende Persönlichkeitsrechtsverletzung der Klägerin vorlag, und zum anderen darüber, ob in dem zu beurteilenden Fall die Kunstfreiheit Vorrang vor dem Persönlichkeitsrecht der Klägerin hatte.

Mit seinem Urteil vom 03.06.2014 verurteilte das Landgericht Berlin die Beklagten zur Unterlassung und zur Übernahme des Großteils der Abmahnkosten, wies aber die Klage bezüglich des geltend gemachten Schadensersatzanspruchs der Klägerin zurück.

Das Gericht bejahte somit zwar eine Persönlichkeitsrechtsverletzung und begründete dies zusammengefasst damit, dass die öffentliche Darstellung der Klägerin, einer der Öffentlichkeit gänzlich unbekannten Person, bei der Verrichtung privater Lebensvorgänge einen erheblichen Eingriff in ihr Persönlichkeitsrecht darstelle. Nach den von der Rechtsprechung entwickelten Grundsätzen käme jedoch eine Geldentschädigung zum Ausgleich für erlittene Persönlichkeitsrechtsverletzungen nur dann in Betracht, wenn es sich um eine schwerwiegende Verletzung handele. Dies sei jedoch unter Berücksichtigung aller Umstände nicht der Fall. Weder von dem Foto selbst noch von seiner konkreten Einbettung in die Straßenszene gehe eine soziale Prangerwirkung für die Klägerin aus. Die Klägerin werde lediglich in einer gewöhnlichen Alltagssituation gezeigt. Durch die Darstellung selbst entstehe auch kein negativer Eindruck von der Klägerin. Eine bewusst unvorteilhafte Darstellung oder eine Verfälschung ihres Bildnisses sei – so das Gericht –nicht ersichtlich. Ein Anspruch stehe der Klägerin auch nicht aus dem Gesichtspunkt einer fiktiven Lizenzgebühr zu, da das Foto nicht kommerziell verwendet worden sei und der

Klägerin keine ihr zustehenden Verwertungsmöglichkeiten entzogen worden seien.

Soweit der Inhalt der Gerichtsentscheidung zum Schadensersatzanspruch der Klägerin, die nach den Ausführungen in dem vorherigen Abschnitt 3.1, »Die Herstellung von Personenaufnahmen«, und Abschnitt 3.2, »Aufnahmen von Personen veröffentlichen und verwerten«, eigentlich keine große Überraschung beinhalten, wobei ich in diesem Buch auf Schadensersatzansprüche im Bereich der ungenehmigten Personenfotografie in Abschnitt 7.2.5 auch noch näher eingehen werde.

Im Zusammenhang mit der Straßenfotografie erscheint es mir – wie erwähnt – viel entscheidender zu sein, wie das Persönlichkeitsrecht und die Kunstfreiheit im Werteverhältnis zueinander stehen und ob – wie die Beklagten dies gemeint haben – in diesem Fall die Kunstfreiheit Vorrang vor dem Persönlichkeitsrecht hat. Hierzu führte das Landgericht Berlin in seinem Urteil Folgendes aus, was ich aufgrund seiner Bedeutung wörtlich zitieren möchte:

[§]

»Die Kunstfreiheit zieht dem Persönlichkeitsrecht Grenzen. Dies gilt im Verhältnis von Kunstfreiheit und Persönlichkeitsrecht auch deshalb, weil die Durchsetzung dieses Rechts gegenüber der Kunstfreiheit stärker als andere gegenüber einem Kunstwerk geltend gemachte private Rechte geeignet ist, der künstlerischen Freiheit inhaltliche Grenzen zu setzen. Insbesondere besteht die Gefahr, dass unter Berufung auf das Persönlichkeitsrecht öffentliche Kritik und die Diskussion von für die Öffentlichkeit und Gesellschaft wichtigen Themen unterbunden werden. Um diese Grenzen im konkreten Fall zu bestimmen, genügt es daher im gerichtlichen Verfahren nicht, ohne Berücksichtigung der Kunstfreiheit eine Beeinträchtigung des Persönlichkeitsrechts festzustellen. Steht im Streitfall fest, dass in Ausübung der Kunstfreiheit durch schriftstellerische Tätigkeit das Persönlichkeitsrecht Dritter beeinträchtigt wird, ist bei der Entscheidung über den auf das allgemeine Persönlichkeitsrecht gestützten zivilrechtlichen Abwehranspruch der Kunstfreiheit angemessen Rechnung zu tragen. Es bedarf daher der Klärung, ob diese Beeinträchtigung derart schwerwiegend ist, dass die Freiheit der Kunst zurückzutreten hat. Eine geringfügige Beeinträchtigung oder bloße Möglichkeit einer schwerwiegenden Beeinträchtigung reichen hierzu angesichts der hohen Bedeutung der Kunstfreiheit nicht aus. Lässt sich freilich eine schwerwiegende Beeinträchtigung des Persönlichkeitsrechts zweifelsfrei feststellen, so kann sie auch nicht durch die Kunstfreiheit gerechtfertigt werden (BVerfG 1 BvR 1783/05 vom 13.06.2007).

Vorliegend ist die Klägerin in ihrem Persönlichkeitsrecht hinreichend schwerwiegend beeinträchtigt, auch wenn diese Beeinträchtigung für die Zuerkennung einer Geldentschädigung nicht ausreicht. Die Verbrei-

tung des Bildnisses der Klägerin stellt hier einen erheblichen Eingriff in ihr allgemeines Persönlichkeitsrecht bzw. ihr Recht am eigenen Bild dar, der entgegen der Auffassung der Beklagten die Privatsphäre und nicht die Sozialsphäre der Klägerin betrifft. Die Privatsphäre umfasst sowohl in räumlicher als auch in thematischer Hinsicht den Bereich, zu dem andere grundsätzlich nur Zugang haben, soweit er ihnen gestattet wird (vgl. BGH v. 20.12.2011, VI ZR 261/10). Die Klägerin befand sich zwar bei der Anfertigung der Aufnahme im öffentlichen Straßenraum, jedoch bei einem offensichtlich rein privaten Lebensvorgang ohne Öffentlichkeitsbezug. Die Verrichtung erkennbarer privater Lebensvorgänge in der Öffentlichkeit ist aber nach der Rechtsprechung des BGH auch dann Teil der geschützten Privatsphäre, wenn der Betroffene gegenwärtigen muss, unter Beobachtung der Medien zu stehen. Denn es würde eine erhebliche Einschränkung des Rechts auf freie Entfaltung der Persönlichkeit darstellen, wenn jeder, der einer breiten Öffentlichkeit bekannt ist, sich in der Öffentlichkeit nicht unbefangen bewegen könnte, weil er auch bei privaten Gelegenheiten jederzeit widerspruchslos fotografiert und mit solchen Fotos zum Gegenstand einer Berichterstattung gemacht werden dürfte (BGH v. 17.02.2009 – VI ZR 75/08). Insoweit besteht hier auch kein Unterschied zu dem vom BGH entschiedenen Fall, da es an der Privatheit des Lebensvorgangs nichts ändert, ob der Betroffene mit neuem Lebensgefährten durch Paris oder allein durch Berlin bummelt. Entsprechendes muss für eine der breiten Öffentlichkeit völlig unbekannte Person wie die Klägerin gelten. Sie wurde über mehrere Wochen hinweg gegen ihren Willen auf einer viel befahrenen Straße überlebensgroß auf einem Plakat der Öffentlichkeit präsentiert und so aus ihrer Anonymität herausgerissen. Die Klägerin hat nachvollziehbar dargetan, dass sie es als peinlich empfunden hat, einer breiten Öffentlichkeit auf diese Art und Weise vorgeführt zu werden. Es ist auch nicht von der Hand zu weisen, dass im Bekannten- bzw. Freundeskreis der Eindruck entstehen konnte, die Klägerin habe sich gegen Vergütung für die Abbildung zur Verfügung gestellt. Das Recht der Klägerin, nicht für die Ausstellung der Beklagten herhalten zu müssen, überwiegt daher das Recht auf Kunstfreiheit, da überwiegende berechtigte Interessen der Klägerin im Sinne des § 23 Abs. 2 KUG anzuerkennen sind.«

Berufung zurückgewiesen

Nachdem beide Parteien des Verfahrens gegen dieses Urteil Berufung eingelegt haben, hat zwischenzeitlich auch das Kammergericht Berlin als Berufungsinstanz das Urteil bestätigt und die Berufung ohne mündliche Verhandlung zurückgewiesen, weil sie offensichtlich keine Aussicht auf Erfolg habe (Beschluss vom 11.06.2015 – 10 U 119/14). Dabei ist allerdings interessant, dass das Gericht in erster Linie darauf abgestellt hat, wie im Übrigen schon die Vorinstanz, dass das Bild der Klägerin nicht im Rahmen einer klassischen Fotoausstellung gezeigt wurde, sondern auf einer großformatigen Stelltafel am Rande einer der verkehrsreichsten Straßen von Berlin. Die Abgebildete sei dadurch als Blickfang einer breiten Masse ausgesetzt gewesen und nicht nur der Betrachtung kunstinteressierter Besucher.

Hatte man schon beim Lesen des erstinstanzlichen Urteils den Eindruck, dass das Landgericht der Kunstfreiheit einen bedeutenden Stellenwert einräumt, so erschließt sich die Problematik aus meiner Sicht durch die Begründung des Beschlusses des Kammergerichts Berlin. Es kam im vorliegenden Fall ganz offensichtlich nur deshalb zu einer Höherbewertung des Persönlichkeitsrechts gegenüber der Kunstfreiheit, weil das Foto der Klägerin derart plakativ und großformatig in der breiten Öffentlichkeit gezeigt wurde. Ich bin mir fast sicher, dass die Entscheidungen anders ausgefallen wären, wenn das Foto im Rahmen eines geschlossenen Raumes und einer Kunstausstellung gezeigt worden wäre.

Ich hatte in der Vorauflage bereits zum Ausdruck gebracht, dass nach meiner Auffassung die beiden Berliner Urteile sich nicht negativ auf die Straßenfotografie im Allgemeinen auswirken und die Straßenfotografie nicht riskanter machen würden. Außerdem hatte Espen Eichhöfer zum Zeitpunkt des Entstehens der Vorauflage angekündigt, gegen die Urteile im Wege einer Verfassungsbeschwerde vor dem Bundesverfassungsgericht vorzugehen.

Ablehnung durch das BverfG mit Begründung

Zwischenzeitlich hat Espen Eichhöfer seine Ankündigung wahrgemacht und Verfassungsbeschwerde beim Bundesverfassungsgericht eingereicht. Das Bundesverfassungsgericht hat zwar die Verfassungsbeschwerde mit Beschluss vom 8. Februar 2018 (1 BvR 2112/15) nicht zur Entscheidung angenommen, aber gleichwohl etwas Außergewöhnliches getan und damit eine – wie ich meine – enorm wichtige Aussage zur Kunstfreiheit und zur Straßenfotografie getroffen: Es hat nämlich seinen Beschluss begründet. Dies klingt zunächst einmal ziemlich banal, aber hierzu muss man wissen, dass normalerweise das Bundesverfassungsgericht die Ablehnung, eine Verfassungsbeschwerde nicht zur Entscheidung anzunehmen, gar nicht begründet. In § 93d des Bundesverfassungsgerichtsgesetzes (BVerfGG) ist nämlich geregelt, dass die Ablehnung der Annahme keiner Begründung bedarf.

BVerfG bezeichnet Straßenfotografie als anerkannte Kunstform

Die Begründung in diesem Fall gibt jedoch einen interessanten Aufschluss über die rechtliche Bewertung der Straßenfotografie. Diese wurde vom Bundesverfassungsgericht ausdrücklich als Kunstform anerkannt, weshalb sich die Straßenfotografie heute definitiv nicht mehr in einer Grauzone des rechtlich Zulässigen befindet, wie man bislang vielfach im Internet lesen konnte. Vielmehr heißt es in dem Beschluss vom 08.02.2018:

[§]

»Unabhängig von der vom Bundesverfassungsgericht wiederholt hervorgehobenen Schwierigkeit, den Begriff der Kunst abschließend zu definieren ..., stellt das ausgestellte Foto ein Kunstwerk dar, nämlich eine

> *freie schöpferische Gestaltung, in der Eindrücke, Erfahrungen und Erlebnisse des Künstlers durch das Medium einer bestimmten Formensprache, hier der Fotografie, zur Anschauung gebracht werden ...«*

und weiter

> *»Es ist gerade Ziel der Straßenfotografie, die Realität unverfälscht abzubilden, wobei das spezifisch Künstlerische in der bewussten Auswahl des Realitätsausschnitts und der Gestaltung mit fotografischen Mitteln zum Ausdruck kommt...«*

Weiter stellt das BVerfG fest, dass »*die ungestellte Aufnahme von Personen ohne vorherige Einwilligung strukturtypisch für die Straßenfotografie ist*«. Die Kunstfreiheit, so das BVerfG, sei zwar vorbehaltlos, aber nicht schrankenlos, und das allgemeine Persönlichkeitsrecht könne der Kunstfreiheit Grenzen ziehen. Um die Grenzen im konkreten Fall zu bestimmen, bedürfe es der Klärung, ob die Beeinträchtigung des Persönlichkeitsrechts derart schwerwiegend ist, dass die Freiheit der Kunst demgegenüber zurückzutreten hat; eine geringfügige Beeinträchtigung oder die bloße Möglichkeit einer schwerwiegenden Beeinträchtigung reiche hierzu angesichts der hohen Bedeutung der Kunstfreiheit nicht aus.

Die Abwägung zweier Grundrechte gegeneinander in einem Rechtsstreit obliegt den Zivilgerichten!

Gleichzeitig hat das BVerfG jedoch darauf hingewiesen, dass es Sache der Zivilgerichte sei, die Abwägung in den Fällen vorzunehmen, in denen um grundrechtlich geschützte Positionen gestritten wird, und dies hätten das Landgericht und das Kammergericht Berlin beanstandungsfrei getan, weshalb die Verfassungsbeschwerde nicht anzunehmen gewesen sei. Das BVerfG sieht sich dabei nur zu einer Behandlung einer Verfassungsbeschwerde berufen, wenn die Abwägung der beiderseitigen Grundrechtspositionen im Zivilverfahren dazu führt, dass diese mit der Verfassung nicht vereinbar ist, was das BVerfG hier jedoch verneint hat. Vorliegend habe die Verfassungsbeschwerde keine grundsätzliche verfassungsrechtliche Bedeutung, vielmehr habe das Landgericht Berlin, dessen Begründung sich das Kammergericht Berlin angeschlossen hat, die besondere Persönlichkeitsverletzung durch die hervorgehobene Präsentation auf einer großformatigen Stelltafel an einer der verkehrsreichsten Straßen einer Millionenstadt im Rahmen seines Abwägungsspielraums rechtsfehlerfrei erkannt und sei deshalb im Ergebnis den verfassungsrechtlichen Anforderungen gerecht geworden.

Es kommt auch hier auf die Umstände des Einzelfalls an!

Letztlich hat das BVerfG damit bestätigt, dass die Umstände des Einzelfalls in diesem Fall dazu geführt haben, dass die Kunstfreiheit hinter das Persönlichkeitsrecht zurücktreten muss, eben weil das Foto in diesem Fall so prominent und in dieser Form und Größe in der Öffentlichkeit gezeigt wurde.

Wäre das Foto in einem Innenraum, wie hier der Galerie C/O, im Rahmen einer Ausstellung gezeigt und nur von den Ausstellungsbesuchern gesehen worden, wäre wohl die Beeinträchtigung des Persönlichkeitsrechts so deutlich geringfügiger gewesen, dass der Kunstfreiheit der Vorrang zu geben gewesen wäre. Dies lässt sich nicht nur der Begründung des BVerfG entnehmen, das ausdrücklich festgestellt hat, dass die Kunstfreiheit ihrerseits auch dem Persönlichkeitsrecht Grenzen ziehen kann, sondern lässt sich – wie erwähnt – bereits zwischen den Zeilen in der Entscheidung des Landgerichts Berlin lesen. Ausschlaggebend war in diesem geschilderten Fall somit eindeutig ein Einzelumstand, der sich aus der Art der Präsentation des Fotos in der Öffentlichkeit ergeben hatte.

Es bleibt ein Restrisiko, das überschaubar ist

Dann stimmt also doch die häufig scherzhaft zitierte Juristenantwort: »Es kommt darauf an«? Ja, sie stimmt in diesem Zusammenhang tatsächlich! Denn es handelt sich – im Übrigen nicht nur hier, sondern in vielen anderen Bereichen – immer um Einzelfallentscheidungen, bei denen anhand des jeweiligen Sachverhaltes von den Gerichten abgewogen und entschieden werden muss, ob und inwieweit möglicherweise das Persönlichkeitsrecht die Kunstfreiheit verdrängt oder gegebenenfalls auch umgekehrt. Je schwerwiegender der Eingriff in das Persönlichkeitsrecht ist, desto mehr wird dadurch die Kunstfreiheit eingeschränkt. Je unvorteilhafter und/oder erkennbarer eine Person zur Schau gestellt wird, desto weniger kann sich der Fotograf also auf seine Kunstfreiheit berufen. Umgekehrt heißt dies natürlich: Je weniger in das Persönlichkeitsrecht einer Person eingegriffen wird, desto eher ist der Kunstfreiheit der Vorrang einzuräumen. Allgemeine Regeln, auch dies hatte ich bereits angesprochen, gibt es hierzu nicht, sodass im Ergebnis festzuhalten ist, dass die Straßenfotografie zwar eine Kunstform und als solche auch grundsätzlich zulässig ist. Man bewegt sich als Fotograf dabei jedoch gleichwohl immer auf einem recht schmalen Grat und kann durchaus leicht in die Situation geraten, dass im einzelnen Fall das Persönlichkeitsrecht der fotografierten Person so beeinträchtigt wird, dass sich der Fotograf nicht mehr mit Erfolg auf die Kunstfreiheit berufen kann. Deshalb sei jedem Fotografen, der sich in dieser Form der Fotokunst betätigt, geraten, nicht nur die jeweilige Situation bei der Aufnahme, sondern auch die spätere Präsentation des fotografischen Werkes gewissenhaft abzuschätzen. Ein Restrisiko bleibt, aber bei sensiblem Vorgehen ist es überschaubar.

Wenn es sich aber um eine Einzelfallbetrachtung handelt und die Zivilgerichte dazu berufen sind, die Abwägung miteinander in Konkurrenz stehender Grundrechte vorzunehmen, dann – und dies kommt erschwerend bezüglich der Einschätzung eines jeden Einzelfalles hinzu –, können gleiche oder vergleichbare Sachverhalte von unterschiedlichen Gerichten durchaus auch unterschiedlich entschieden werden, sodass unter Umständen in manchen Fällen erst durch eine obergerichtliche Entscheidung, im Zweifel durch den Bundesgerichtshof, endgültig Klarheit bezüglich eines Streitfalls geschaffen werden kann.

3.3.2 Fotografieren des Straßenbildes mit Passanten

Aber wie verhält es sich dann, wenn Sie eine belebte Einkaufsstraße mit vielen Menschen fotografieren, wobei zwangsläufig einige der abgebildeten Personen erkennbar sind, entweder weil es sich um vorbeigehende Passanten handelt oder um Menschen, die in einem Straßencafé sitzen? Darf man solche Straßenbilder – ob vom Ku'damm in Berlin, der Maximilianstraße in München oder der Mönckebergstraße in Hamburg – überhaupt machen, geschweige denn später veröffentlichen? Abbildung 3.11 zeigt eine solche typische Situation.

Auch hier gilt das bereits Gesagte: Die Passanten sind erkennbar, sie bilden keine Versammlung, und sie sind auch kein Beiwerk, denn würde man sie sich wegdenken, käme eine völlig andere Bildaussage dadurch zustande, dass man nur eine leere Straße sähe. Aus diesem Grund ist es aus fotografischer Sicht auch keine Alternative, den Straßenzug dann zu fotografieren, wenn er fast menschenleer ist, weil alle Läden geschlossen und keine Passanten vorhanden sind. Die vielen Passanten sind ja gerade das Charakteristische an einer Einkaufsstraße. Dass man jedoch nicht die Einwilligung aller abgebildeten Personen einholen kann, liegt auf der Hand.

◄ **Abbildung 3.11**
Eine typische Straßenszene – jeder, der sich im öffentlichen Verkehrsraum befindet, muss dulden, auf einem Foto dieses Verkehrsraums abgebildet zu werden.

In diesen Fällen, in denen auch auf dem Foto erkennbar ist, dass es dem Fotografen nicht darum ging, einzelne Personen oder Gruppen, sondern das Straßenbild zu fotografieren, kann man auch sagen, der Fotograf wollte zeigen, wie das Straßenbild zu einem bestimmten Zeitpunkt aussah. Damit wäre die Lösung derartiger Fälle, dass man ein solches Foto unter den weit gefassten Begriff des *zeitgeschichtlichen Ereignisses* subsumiert. Anders lässt sich dieser Fall aus meiner Sicht rechtlich nicht lösen. Denn ansonsten dürften Straßen und Plätze, auf denen sich Personen befinden, die nicht lediglich Beiwerk sind, nicht mehr fotografiert werden.

Allerdings sollten Sie nach Möglichkeit darauf achten, dass bei einem Straßenpanorama nicht gerade Passanten auf das Bild kommen, die sich unmittelbar vor der Kamera befinden und deshalb möglicherweise so dominant im Vordergrund des Bildes erscheinen, dass das eigentliche Objekt, nämlich der Straßenzug, mehr oder weniger zum Hintergrund wird. Auch sollten Sie vielleicht lieber darauf verzichten, Passanten zu fotografieren, die sich dadurch sichtlich belästigt fühlen und Ihnen vielleicht sogar signalisieren, dass sie keinesfalls fotografiert werden möchten. Hier ist sicherlich ein gewisses Fingerspitzengefühl nicht verkehrt und erspart Ihnen unerfreuliche Diskussionen. Warten Sie lieber einen kurzen Moment ab, bis sich die Szene etwas geleert hat und die Personen, die ihre Ablehnung signalisiert haben, sich nicht mehr im Bildkreis befinden.

Grundsätzlich möchte ich an dieser Stelle jedoch nochmals das wiederholen, was der BGH in dem oben dargestellten Fall zur Videoüberwachung eines öffentlichen Zugangsweges ausgeführt hat:

[§] *»Es geht hier (in dem Fall der Videoüberwachung – Anmerkung des Verfassers) nicht darum, daß nur schlicht ein öffentlicher Weg im Rahmen einer Videoaufnahme erfaßt wird, die, wie dies etwa bei Foto- und Filmaufnahmen von Touristen oder dergleichen der Fall ist, in erster Linie dem Festhalten eines Stadt- oder Straßenbildes oder von baulichen Anlagen dienen soll, wobei vorübergehende Passanten zufällig miteinbezogen werden; derartige Fertigungen seines Bildnisses muß ein Passant, der öffentlichen Wegeraum benutzt, allerdings ohne weiteres hinnehmen«.*

Mit anderen Worten: Der Passant, der sich auf öffentlicher Verkehrsfläche befindet, wenn diese fotografiert wird, muss dies dulden, sofern er nicht zum zentralen Motiv des Fotos gemacht wird.

Ich möchte Sie jedoch eindringlich davor warnen, Straßenfotografien, auf denen Menschen erkennbar sind, zu Werbezwecken einzusetzen. Beabsichtigen Sie eine solche Verwendung der Aufnahmen, sollten Sie nach Möglichkeit, etwa durch eine entsprechende Verlängerung der Belichtungszeit, der Menschenmenge »Bewegung« verleihen und mit der dadurch entstehenden Bewegungsunschärfe die Erkennbarkeit der einzelnen Personen ausschließen. Zur Not geht dies auch durch nachträgliche Bildbearbeitung.

Nun haben wir die rechtlichen Ansprüche, die sich im Zusammenhang mit der Sach- und Personenfotografie ergeben können, ausführlich behandelt. In Kapitel 7, »Rechte schützen«, wird es später darum gehen, wie Sie zum einen als Fotograf Ihre Rechte als Urheber durchsetzen können, zum anderen aber auch darum, welchen Ansprüchen der fotografierten »Opfer«

der Fotograf seinerseits ausgesetzt sein kann. Doch zuvor werde ich mich in Kapitel 6, »Foto- und Bildrecht im Internet«, noch einem speziellen Thema widmen, dem im Internetzeitalter eine große Bedeutung zukommt, nämlich den sozialen Netzwerken. Sowohl die Aspekte der Sachfotografie (Kapitel 2) als auch in noch stärkerem Maße die der Personenfotografie (Kapitel 3) spielen bei den sozialen Netzwerken eine Rolle.

Betrachten wir aber zuvor in Kapitel 4, »Datenschutz«, wie sich die Personenfotografie im Licht der DSGVO darstellt. Wie schon erwähnt stehen Kapitel 3 und 4 in engem Zusammenhang.

Kapitel 4

Datenschutz

Die Personenfotografie im Licht der DSGVO

Es hat sich schnell herumgesprochen, dass die am 25. Mai 2018 in Kraft getretene EU-Verordnung 2016/679, besser bekannt auch als *Datenschutz-Grundverordnung* (DSGVO, *www.dsgvo-gesetze.de*), sich auch auf Fotografen auswirkt und diese zur Beachtung einiger wichtiger Punkte zwingt, die in eigenem Interesse zur Vermeidung von möglichen Sanktionen finanzieller Art beachtet werden sollten. Zwar handelt es sich, wie der Name bereits verrät, um eine Vorschrift, die einen datenschutzrechtlichen Bezug hat. Da Datenschutz jedoch untrennbar mit dem Persönlichkeitsrecht und dem Recht auf freie Selbstbestimmung verbunden ist, ist es nur logisch und auch nicht gänzlich neu, dass sich datenschutzrechtliche Vorschriften auch auf die Arbeit von Fotografen auswirkt, seien sie Amateure oder Profis.

Aspekte der DSGVO für Fotografen

Gleichwohl besteht auch drei Jahre nach dem Inkrafttreten der DSGVO bei vielen Fotografen Unsicherheit, was nun im Einzelnen bezüglich der neuen datenschutzrechtlichen Vorschriften zu beachten ist, was man darf und was man nicht darf. In diesem Kapitel möchte ich die wichtigsten Aspekte der DSGVO für Fotografen behandeln, ohne mich allerdings mit allen Aspekten des Datenschutzes auseinanderzusetzen, da dies den Rahmen dieses Buches sprengen würde.

4.1 Falschinformation, Unkenntnis statt sachbezogener Aufklärung und Absurditäten

Mehr Rauch als Feuer

Bereits lange vor dem Inkrafttreten der DSGVO und des hieran angepassten und zum gleichen Datum in Kraft getretenen neuen Bundesdatenschutzgesetzes (BDSG) hat es im Vorfeld zu großen Irritationen geführt, wie sich die DGSVO für Fotografen wohl auswirken wird. Erfreulicherweise ist zwischenzeitlich ein wenig Beruhigung und Sachlichkeit in die Auseinandersetzung mit dieser Materie zurückgekehrt. Zuvor hatten – wie so häufig bei Änderungen der Rechtslage – Unberufene gemeint, sich erkennbar bar jeder Sach- und vor allem Rechtskenntnis zu den Inhalten der DGSVO und deren Auswirkungen auf die Fotografie äußern zu müssen, Vermutungen angestellt, falsche Schlüsse gezogen und so völlig unangebrachte Panik unter weiten Teilen der Fotografen verbreitet. Unter anderem war in Internetbeiträgen zu lesen, dass mit Einführung der DGSVO Personenaufnahmen nur noch mit vorheriger Einwilligung gemacht werden können und dass man Kinder ohnehin nur noch mit Einwilligung ihrer Erziehungsberechtigten fotografieren dürfe, was beides definitiv falsch ist, wie an späterer Stelle noch auszuführen sein wird. Weiter hieß es, dass mittelständische Fotografen oder sogar Amateure bei einem Verstoß gegen die Vorschriften der DGSVO mit der Verhängung von Bußgeldern in Millionenhöhe zu rechnen hätten, was völlig abwegig ist. Erstaunlich ist in diesem Zusammenhang, dass zum Teil vermeintliche »Medienrechtler« und im Foto- und Bildrecht angeblich versierte Rechtsanwälte zitiert wurden und sich teilweise auch selbst geäußert haben, deren Einschätzungen mit einer fundierten Sachkunde jedoch rein gar nichts mehr zu tun hatten.

Auch einige Absurditäten mussten im Hinblick auf die DSGVO festgestellt werden, von denen ich gerne eine zur Erheiterung meiner Leser herausgreife:

[zB] In einer nordrhein-westfälischen Stadt hatten die Erzieherinnen in einer kirchlich geführten Kindertagesstätte mit großem Engagement und in vielen Stunden eine Abschlussmappe für jedes Kind in der Kita gebastelt. Die Mappen enthielten u. a. Fotos von den Kindern der Kitagruppe wie auch von den Erziehern. Jedes Kind bekam eine solche Abschlussmappe, in der aber auf Weisung des Trägers »aus Datenschutzgründen« auf allen Fotos die Gesichter der Kinder, außer jeweils dem Gesicht desjenigen Kindes, das die Mappe erhielt, ausnahmslos mit einem Filzstift geschwärzt waren. Außerdem waren die Erzieher auf den Fotos in gleicher Weise unkenntlich gemacht. Selbst das Gesicht des Darstellers des heiligen St. Nikolaus, der auf einem der Fotos zu sehen war – von einer Person also, die ohnehin aufgrund ihrer Verkleidung im Zweifel nicht zu erkennen war – blieb von den Schwärzungen nicht verschont. Jedes Kind dieser Kita wird sich wohl tierisch über eine solch tolle Erinnerung an seine Kita-Zeit und seine damaligen Spielkameraden und Erzieherinnen gefreut haben und sich diese Bilder später gerne immer wieder anschauen ... So weit nur ein Beispiel, zu welchen Absurditäten die völlig unberechtigte Panik und Unwissenheit in Bezug auf die Bestimmungen der DSGVO bei einigen geführt hat. Dabei ist es mitnichten so, wie die Leiterin dieser Kita meinte, dass es sich schließlich um ein juristisch hochsensibles Thema handeln würde.

Rechtslage Mai 2021

Ich werde in diesem Kapitel den aktuellen Stand der Rechtslage (Mai 2021) bezüglich des Einflusses der DGSVO auf Fotografen für rechtliche Laien darstellen und versuchen, die primäre Frage, was sich für Fotografen seit 2018 geändert hat, möglichst vollständig zu beantworten, aber dabei auch dasjenige aufzuzeigen, was auch heute noch nicht mit rechtlicher Sicherheit beantwortet werden kann, weil es hierzu an entsprechenden Urteilen der Gerichte, insbesondere solchen des EuGH oder des BGH, noch fehlt. Dies ist auch insoweit gar nicht weiter verwunderlich, als Rechtsstreitigkeiten, die durch alle Instanzen geführt und letztlich vom EuGH oder BGH in letzter Instanz entschieden werden, sich meist über etliche Jahre erstrecken.

Datenschutz = Erkennbarkeit

Natürlich geht es im Zusammenhang mit datenschutzrechtlichen Aspekten ausschließlich um Fotos, die eine oder mehrere auf dem Foto erkennbare Personen zeigen. Fotos, auf denen keine Personen zu sehen bzw. erkennbar sind und die auch keinerlei unmittelbare Hinweise auf bestimmte Personen enthalten (wie Autokennzeichen oder Haustürschilder) sind datenschutzrechtlich ohne jede Relevanz.

Die Fotografie von Personen hat sich geändert

Fest steht, dass sich die Fotografie von Personen mit der DSGVO verändert hat, daran kann ganz sicher keinerlei Zweifel bestehen. Ebenfalls völlig eindeutig gilt die DSGVO – anders als manch andere EU-Verordnungen, die erst vom Gesetzgeber in den einzelnen Mitgliedstaaten in nationales Recht umgesetzt werden müssen – unmittelbar und zwingend in den einzelnen Mitgliedstaaten. Die Rechtslage in Deutschland bis zum Inkrafttreten der DSGVO habe ich bereits ausführlich in Kapitel 3, »Menschen«, dargestellt. Hier war in Bezug auf die Veröffentlichung von Bildnissen auf die Regelungen in §§ 22, 23 KUG und die umfangreiche Rechtsprechung hierzu abzustellen. Ob die Bestimmungen der DSGVO nun die bisherigen Regelungen vollständig verdrängt haben oder ob möglicherweise an einigen Stellen die DSGVO gegenüber den bundesdeutschen Regelungen, insbesondere denen des KUG, die nach wie in Kraft sind, in den Hintergrund tritt, werde ich nachfolgend näher beleuchten. Zum besseren Verständnis dessen, was folgt, ist es deshalb durchaus empfehlenswert, meine Ausführungen im Abschnitt 3.1 und Abschnitt 3.2 gegebenenfalls nochmals durchzulesen, weil im Folgenden hierauf aufgebaut wird und ich Sie nicht mit Wiederholungen in diesem Kapitel langweilen will.

Durch das Inkrafttreten der DSGVO hat sich einiges geändert, und eine Reihe von Unklarheiten konnte bis heute auch nicht aufgelöst werden. Daran ist letztlich der deutsche Gesetzgeber nicht unschuldig, weil er es versäumt hat, klare gesetzliche Regelungen im Hinblick auf die geltenden Vorschriften des KUG zu schaffen, was er durchaus hätte tun können, worauf ich an späterer Stelle noch näher eingehen werde.

4.2 Rechtssystematische Einordnung der DSGVO

Zum besseren Verständnis gehe ich zunächst kurz darauf ein, in welchem Verhältnis die DSGVO zu den nationalen Gesetzen der Bundesrepublik Deutschland zu sehen ist.

Vorrang der DSGVO

Bei der DSGVO handelt es sich um eine europäische Rechtsnorm, die Vorrang vor bundesgesetzlichen Regelungen hat. Dies ergibt sich aus der deutschen Verfassung, Art. 23 GG, dem sogenannten »Europa-Artikel«. Diese Verfassungsvorschrift regelt, dass europarechtliche Normen grundsätzlich Vorrang vor nationalen Gesetzen haben, wenn nicht im Einzelfall der Bundesgesetzgeber zulässigerweise etwas anderes gesetzlich regelt und wenn die europäische Regelung nicht wesentlichen Grundsätzen und Wertvorstellungen des Rechts in Deutschland (dem sogenannten »ordre public«) widerspricht.

Öffnungsklausel in der DSGVO

Allerdings enthalten manche EU-Regelungen Klauseln, die dem jeweils nationalen Gesetzgeber in den Mitgliedstaaten die Möglichkeit einräumen, bestimmte Dinge auch anders als in der EU-Richtlinie vorgesehen, zu regeln. Eine solche sogenannte »Öffnungsklausel« findet sich auch in der DSGVO, und zwar in Art. 85, wo es heißt:

[§]

> *»Die Mitgliedstaaten bringen durch Rechtsvorschriften das Recht auf den Schutz personenbezogener Daten gemäß dieser Verordnung mit dem Recht auf freie Meinungsäußerung und Informationsfreiheit, einschließlich der Verarbeitung zu journalistischen Zwecken und zu wissenschaftlichen, künstlerischen oder literarischen Zwecken, in Einklang...«*

Abweichende nationale Regeln sind möglich

Aus dieser Bestimmung ergibt sich die Befugnis und Möglichkeit der nationalen Gesetzgeber in den Mitgliedstaaten, durch nationale Gesetze abweichende Regeln zu treffen. Einige Länder haben hiervon auch Gebrauch gemacht, so beispielsweise Schweden, wo der Bereich der Kunst aus dem Geltungsbereich der DSGVO durch nationales Gesetz ausgenommen ist. Auch unsere Nachbarn in Österreich haben Regelungen abweichend von der DSGVO getroffen und u. a. dem nur zu bekannten Abmahnwahnsinn darauf »spezialisierter« Anwälte bei Verletzung einer Vorschrift von vornherein einen Riegel vorgeschoben. Der deutsche Gesetzgeber hat keine Notwendigkeit gesehen, die Fotografie als Kunstform aus dem Geltungsbereich der DSGVO auszunehmen, und von der Öffnungsklausel in Art. 85 DSGVO insoweit keinen Gebrauch gemacht.

Solange jedoch die einzelnen Mitgliedstaaten der EU gemäß Art. 85 DSGVO keine Regelung durch nationale Gesetze treffen, so wie Deutschland, geht also die DSGVO den nationalen Gesetzen und damit auch den bundesdeutschen Gesetzen vor. So weit zur rechtssystematischen Einordnung der DSGVO.

4.3 Einige Begriffsdefinitionen der DSGVO

Vorab möchte ich die beiden im hiesigen Zusammenhang wichtigsten Definitionen in der DSGVO zitieren.

4.3.1 Begriff der »personenbezogenen Daten«

In Art. 4 Ziffer 1 der DSGVO ist der Begriff *personenbezogene Daten* wie folgt definiert:

[§]

> *»Im Sinne dieser Verordnung bezeichnet der Ausdruck:*

1. ›personenbezogene Daten‹ alle Informationen, die sich auf eine identifizierte oder identifizierbare natürliche Person beziehen. Als identifizierbar wird eine natürliche Person angesehen, die direkt oder indirekt, insbesondere mittels Zuordnung zu einer Kennung wie einem Namen, zu einer Kennnummer, zu Standortdaten, zu einer Online-Kennung oder zu einem oder mehreren besonderen Merkmalen, die Ausdruck der physischen, physiologischen, genetischen, psychischen, wirtschaftlichen, kulturellen oder sozialen Identität dieser natürlichen Person sind, identifiziert werden kann; (...)«

4.3.2 Begriff der »Verarbeitung von Daten«

In Art. 4 Ziffer 2 DSG heißt es dann weiter:

[§]

»(...) 2. ›Verarbeitung‹ jeden mit oder ohne Hilfe automatisierter Verfahren ausgeführten Vorgang oder jede solche Vorgangsreihe im Zusammenhang mit personenbezogenen Daten wie das Erheben, das Erfassen, die Organisation, das Ordnen, die Speicherung, die Anpassung oder Veränderung, das Auslesen, das Abfragen, die Verwendung, die Offenlegung durch Übermittlung, Verbreitung oder eine andere Form der Bereitstellung, den Abgleich oder die Verknüpfung, die Einschränkung, das Löschen oder die Vernichtung; (...)«

Digitalaufnahmen erheben personenbezogene Daten

Im Lichte dieser Begriffsbestimmungen ist es als völlig unstreitig anzusehen, dass vom Fotografen bei Digitalaufnahmen personenbezogene Daten erhoben und damit im Sinne von Art. 4 DSGVO verarbeitet werden, da zum einen die fotografierte Personen identifizierbar und deren Aufenthaltsort zum Zeitpunkt der Aufnahme teilweise bestimmbar sein wird und zum anderen aus den Metadaten des Fotos sich weitere Angaben, wie beispielsweise Tag und Uhrzeit, entnehmen lassen. Auch ist es möglich, derartige Fotos mit Datenbanken abzugleichen und so nähere Auskünfte über die fotografierte Person zu erhalten. Damit werden, darüber bestehen keine Zweifel, mit einer digitalen Aufnahme personenbezogene Daten gespeichert. Deshalb unterliegen alle Fotografen – gleichgültig, ob Berufs- oder Amateurfotografen –, die digitale Personenfotos erstellen, auf denen Personen erkennbar sind, den Regelungen der DSGVO.

»Verbot mit Erlaubnisvorbehalt«

Die Erhebung von personenbezogenen Daten ist jedoch grundsätzlich – so die Konzeption der DSGVO – unzulässig, es sei denn, dass im konkreten Einzelfall der Fotograf einen Erlaubnistatbestand nachweisen kann. Der Jurist spricht bei einer solchen Konzeption von einem »Verbot mit Erlaubnisvorbehalt«.

Unkatalogisierte analoge Fotos sind nicht betroffen

Wenn oben von Digitalfotos die Rede war, so wird daraus deutlich, dass die DSGVO nicht gilt, wenn es sich um analoge Fotos handelt, allerdings nur so lange, wie die analogen Fotos nicht digitalisiert oder beispielsweise in Karteien oder Alben nach bestimmten Systemen sortiert und archiviert werden. Ein Schuhkarton voller analoger Fotografien unterfällt somit nicht der DSGVO; sind die Fotos allerdings nach Jahrgängen archiviert, dann trifft auf analoge Fotos die DSGVO in gleichem Maße zu wie auf digitale Fotos.

4.4 Wann gilt die DSGVO nicht?

Drei Ausnahmen

Allerdings gilt die DSGVO nicht in jedem Fall zwingend. Vielmehr sind – wie so häufig – auch hier bestimmte Bereiche, in denen Personenfotos eine Rolle spielen, aus dem Geltungsbereich der DSGVO herausgenommen. Es gibt insgesamt drei Ausnahmen, bei denen man sich keine Gedanken über die Einhaltung datenschutzrechtlicher Vorschriften machen muss.

4.4.1 Die »Haushaltsausnahme« in Art. 2 Abs. 2 Ziffer c DSGVO

Haushaltsausnahme

Keine Gedanken müssen sich diejenigen Fotografen machen, die ausschließlich im persönlichen oder familiären Bereich Fotografien von Personen machen, denn Fotos im persönlichen oder familiären Umfeld sind vom Geltungsbereich der DSGVO ausgenommen. Ob auf einer Familienfeier (Geburtstage, Hochzeiten und sonstige Anlässe) oder auch ohne besonderen Anlass im Familien- und engen Freundeskreis (normale Erinnerungsfotos), all diese Fotografien fallen nicht unter die DSGVO. Hier handelt es sich um die sogenannte »Haushaltsausnahme«, geregelt in Art. 2 Abs. 2 Ziffer c DSGVO. Insoweit sind für diesen Bereich der Fotografie keine Änderungen gegenüber der Rechtslage vor Inkrafttreten der DSGVO zu verzeichnen.

Achtung: Vermischung von privaten und beruflichen Zwecken

Dies gilt aber wiederum dann nicht, wenn eine Vermischung von privaten und beruflichen Zwecken vorliegt. Nur wenn die Datenerhebung (sprich das Fotografieren) ausschließlich privat motiviert ist, findet die Haushaltsausnahme Anwendung. Wenn also bei einer Betriebsfeier Fotos aufgenommen werden, fällt dies nicht mehr in den privaten Bereich und unter die »Haushaltsausnahme«, auch wenn man mit Kolleginnen oder Kollegen möglicherweise eng befreundet ist. Auch die Fotofreunde aus dem Fotoclub gehören nicht zum Familien- oder engen Freundeskreis im Sinne des Art. 2 Abs. 2 Ziffer c DSGVO, sodass hier beim Fotografieren von anderen Clubmitgliedern die Bestimmungen der DSGVO grundsätzlich zu beachten sind, unabhängig davon, dass in den meisten Fällen ein Verstoß gegen diese Bestimmungen keine rechtlichen Konsequenzen haben dürfte, da auch hier natürlich gilt: »Wo kein Kläger, da kein Richter.«

Keine Haushaltsausnahme in sozialen Netzwerken

Die Haushaltsausnahme kommt auch dann nicht mehr zum Tragen, wenn die Fotos in soziale Netzwerke eingestellt werden, die einem unbestimmten Nutzerkreis zugänglich sind. Dies hat der EuGH in seinem Urteil vom 14.02.2019 festgestellt (AZ: C-345/17). In der Kommentarmeinung wird jedoch die Ansicht vertreten, dass dann, wenn nur ein begrenzter Nutzerkreis Zugang zu den Bildern hat, beispielsweise in passwortgeschützten, geschlossenen Netzwerken, die Haushaltsausnahme wiederum gilt. Demgegenüber hat der EuGH in zwei Urteilen, dem Lindquist-Urteil vom 06.11.2003, AZ C-101/01, und dem Satamedia-Urteil vom 16.12.2008, AZ C-73/07 die Auffassung vertreten, dass die Datenschutzgesetze dann gelten, wenn es sich zwar um einen beschränkten Nutzerkreis eines Netzwerkes handelt, durch Teilen und Liken der Personenkreis, der Zugang hat, jedoch erweitert werden kann.

Erwägungsgrund Nr. 18

Dem Leser wird jedoch aufgefallen sein, dass beide Urteile weit vor dem Inkrafttreten der DSGVO gefällt wurden. Betrachtet man nun den Erwägungsgrund Nr. 18 zur DSGVO, in der die Haushaltsausnahme geregelt ist, so wird ein Widerspruch zwischen den genannten Urteilen und der DSGVO offenkundig, da der Erwägungsgrund Nr. 18 die Nutzung sozialer Netzwerke unter die Haushaltsausnahme fasst. So heißt es dort:

[§]

> *»Diese Verordnung gilt nicht für die Verarbeitung von personenbezogenen Daten, die von einer natürlichen Person zur Ausübung ausschließlich persönlicher oder familiärer Tätigkeiten und somit ohne Bezug zu einer beruflichen und wirtschaftlichen Tätigkeit vorgenommen wird. Als persönliche oder familiäre Tätigkeiten könnte auch (...) die Nutzung sozialer Netze und Online-Tätigkeiten (...) gelten. (...)«*

Hier ist deshalb momentan völlig unklar, wie die Rechtsprechung derartige Fälle auf Basis der DSGVO entscheiden wird.

In einem anderen Fall hat das AG Hamburg in einem Beschluss festgestellt, dass das gezielte Fotografieren von fremden Personen in der Öffentlichkeit nicht unter die Haushaltsausnahme der DSGVO fällt, und zwar auch dann nicht, wenn die Anfertigung von Fotos nur privaten Zwecken dient und keinerlei Veröffentlichungsabsicht besteht (Beschluss vom 03.07.2020 – 163 Gs 656/20)

4.4.2 Fotos von Verstorbenen

Verstorbene haben »nur« ein nachwirkendes Persönlichkeitsrecht

Ebenfalls von dem Geltungsbereich der DSGVO grundsätzlich ausgenommen sind Fotos von verstorbenen Personen, wie sich aus Ziffer 27 der Erwägungsgründe zur DSGVO ergibt. Allerdings können die Mitgliedstaaten Vorschriften für die Verarbeitung von personenbezogenen Daten Verstorbener einführen, wovon die Bundesrepublik jedoch bislang keinen Gebrauch gemacht hat, sodass es auch hier bei den Regelungen bleibt, die vor Inkrafttreten der DSGVO galten. Danach haben Verstorbene kein unmittelbares Persönlichkeitsrecht mehr, sondern lediglich ein nachwirkendes Persönlichkeitsrecht, das es verbietet, Verstorbene beispielsweise zu verunglimpfen. Dieses nachwirkende Recht schwächt sich jedoch immer mehr ab, je länger der Tod zurückliegt.

4.4.3 Das »Medienprivileg«

Personenfotos zu journalistischen Zwecken

Ebenfalls keine Veränderungen seit Inkrafttreten der DSGVO gibt es für Personenfotos, die zu journalistischen Zwecken hergestellt wurden. Diesbezüglich spricht man auch vom sogenannten »Medienprivileg«. Wie oben bereits zitiert, sieht Art. 85 DSGVO vor, dass es den Mitgliedstaaten der EU überlassen ist, durch nationale Gesetze unter anderem den journalistischen Anforderungen Rechnung zu tragen. Dies haben die Gesetzgeber diesbezüglich auch getan, und zwar zum einen die Bundesregierung in §§ 9c, 57 des Rundfunkstaatsvertrages (RStV) und zum anderen die Landesregierungen durch Änderungen in den jeweiligen Landespressegesetzen. Demnach bleibt es auch hier bei den Regelungen, die bereits vor Inkrafttreten der DSGVO gegolten haben. Dies gilt jedoch nur für die journalistische Tätigkeit, denn hier geht es um die Sicherung des Informationsrechts der Allgemeinheit.

4.5 Das Anfertigen von Fotos unter Beachtung der DSGVO

Keine Unterscheidung zwischen Herstellung und Veröffentlichung

Die DSGVO geht allgemein von einer Verarbeitung der Daten aus, eine Unterscheidung zwischen dem Herstellen von Fotos einerseits und deren Veröffentlichung andererseits ist der DSGVO fremd. Gleichwohl soll anhand der vergleichenden Darstellung zur bisherigen Rechtslage beides getrennt betrachtet werden. Deshalb geht es hier zunächst um die Anfertigung von Fotos.

Da – wie Sie aus Kapitel 3, »Menschen«, wissen – das KUG keine Regelung für das Anfertigen von Personenaufnahmen beinhaltet und es deshalb im Zusammenhang mit der Anfertigung von Personenaufnahmen auch nicht zu einer Prüfung kommen kann, ob möglicherweise die Vorschriften des KUG in diesem Zusammenhang eine Rolle spielen, gelten für die Anfertigung von Personenaufnahmen ausnahmslos die Regelungen der DSGVO, soweit nicht ein Tatbestand vorliegt, der nicht unter die DSGVO fällt (siehe Abschnitt 4.4).

Erlaubnistatbestände

Dies bedeutet, dass für die Anfertigung eines Fotos ein Erlaubnistatbestand gemäß Art. 6 DSGVO vorliegen muss. Die dort geregelten Erlaubnistatbestände – soweit sie für Fotografen relevant sind – werden wir im Folgenden näher betrachten. Dabei ist vorab festzuhalten, dass die im Internet vielfach verbreitete Behauptung, es müsse stets eine ausdrückliche Einwilligung der fotografierten Personen eingeholt werden, definitiv falsch ist und mit den Regelungen der DSGVO überhaupt nicht in Einklang zu bringen ist. Vielmehr ist die Einwilligung nur eine von mehreren in Art. 6 DSGVO geregelten sogenannten »Erlaubnistatbeständen«. Da sich in vielen Fällen eine Einwilligung überhaupt nicht praktikabel einholen lässt, hat Art. 6 DSGVO noch weitere Fälle geregelt, in denen eine Verarbeitung personenbezogener Daten rechtmäßig ist, auch wenn keine ausdrückliche Einwilligung vorliegt.

Da eine Einwilligung grundsätzlich nach Art. 7 DSGVO widerrufen werden kann und der Fotograf bei Zweifelsfällen nachweisen muss, dass die fotografierte Person in die Herstellung der Fotos eingewilligt hat, und weil eine wirksame Einwilligung an verschiedene, teils strenge Voraussetzungen geknüpft ist, erscheint es aus Praktikabilitätsgründen für den Fotografen geboten, zunächst zu prüfen, ob nicht im konkreten Einzelfall ein anderer Erlaubnistatbestand vorliegt, der eine ausdrückliche Einwilligung gar nicht erforderlich macht.

4.5.1 Erlaubnistatbestand »in Erfüllung eines Vertrages« (Art. 6 Abs. 1 b DSGVO)

Vertrag zwischen Fotograf und fotografierter Person

In Betracht kommt hier Art. 6 Abs. 1 b DSGVO, nach dem die Verarbeitung personenbezogener Daten rechtmäßig ist, wenn sie für die Erfüllung eines Vertrages, dessen Vertragspartei die betroffene Person ist, oder zur Durchführung vorvertraglicher Maßnahmen, die auf Anfrage der betroffenen Person erfolgen, erforderlich ist. Es muss also zwischen dem Fotografen und der fotografierten Person ein Vertrag abgeschlossen worden sein, der zum Inhalt hat, dass Fotos von Personen angefertigt werden, wobei es nicht darauf ankommt, ob die fotografierte Person eine finanzielle Gegenleistung erhält. Eine bestimmte Form für den Vertrag ist nicht erforderlich, es sollte jedoch zur Erleichterung einer gegebenenfalls später erforderlichen Beweisführung zumindest die Textform gewählt werden.

[zB]

Einer der klassischen Fälle ist der des Hochzeits- oder Eventfotografen, der damit beauftragt wird, von dem Ereignis und den anwesenden Personen Fotos herzustellen. Das Gleiche gilt für den Auftrag zur Anfertigung von Pass- oder Bewerbungsfotos. In diesen Fällen liegt in der Beauftragung des Fotografen gleichzeitig die konkludente (stillschweigende) Einwilligung, dass durch die Fotos personenbezogene Daten erhoben werden, da anderenfalls die Vertragsdurchführung, was jedem einleuchten dürfte, überhaupt nicht möglich wäre.

Ebenso fällt hierunter der Auftrag eines Hochzeitspaares an einen Fotografen, die Trauung und die anschließende Feier zu fotografieren sowie Einzelporträts des Brautpaares anzufertigen. Ist der Fotograf ein Mitglied oder enger Freund der Familie, dürfte ohnehin die Haushaltsausnahme (siehe Abschnitt 4.4) greifen. Ein fremder, durch Vertrag engagierter Fotograf dagegen kann sich mit der Erfüllung eines Vertrages mit dem Brautpaar rechtfertigen.

Allerdings ist dabei zu berücksichtigen, dass üblicherweise nicht nur das Brautpaar, sondern auch die Hochzeitsgäste und andere Personen, wie Standesbeamte oder Geistliche) fotografiert werden. Diese stehen jedoch in keinem Vertragsverhältnis zu dem Fotografen, sodass sich der Fotograf insoweit nicht unmittelbar gegenüber diesen Personen auf die Erfüllung eines Vertrages als Erlaubnistatbestand berufen kann. Die Fotografien und damit verbundenen Datenerhebungen der Hochzeitsgäste unterliegen jedoch einem anderen Erlaubnistatbestand, auf den ich nachfolgend eingehen werde.

4.5.2 Erlaubnistatbestand »Wahrung der berechtigten Interessen« (Art. 6 Abs. 1 f DSGVO)

Berechtigte Interessen

Dass man nicht mit allen bei einer Hochzeit anwesenden Personen eine Vereinbarung treffen oder deren Einwilligung einholen kann, von ihnen personenbezogene Daten durch digitale Fotoaufnahmen zu erheben, ist nachvollziehbar. Für die Fälle, in denen die Einholung von Einwilligungen einer größeren Personenmenge nicht praktikabel oder gar nicht möglich ist, hat die DSGVO in Art. 6 Abs. 1 f die Möglichkeit vorgesehen, die Erhebung personenbezogener Daten durch Fotoaufnahmen mit einem berechtigten Interesse zu begründen, und zwar entweder mit den berechtigten Interessen des Fotografen oder denen eines Dritten. Für das Vorliegen eines berechtigten Interesses ist der Fotograf in vollem Umfang darlegungs- und beweispflichtig.

In Art. 6 Abs. 1 Ziffer f der DSGVO heißt es, dass dieser Erlaubnistatbestand vorliegt, wenn die Verarbeitung der personenbezogenen Daten zur Wahrung berechtigter Interessen des Verantwortlichen (hier: des Fotografen) oder eines Dritten erforderlich ist, sofern nicht die Interessen oder Grundrechte und Grundfreiheiten der betroffenen Person, die den Schutz personenbezogener Daten erfordern, überwiegen, insbesondere dann, wenn es sich bei der betroffenen Person um ein Kind handelt.

Dem Brautpaar wird man ein berechtigtes Interesse zusprechen können, dass nicht nur das Brautpaar selbst, sondern auch alle anwesenden Gäste anlässlich der gesamten Hochzeitszeremonie fotografisch erfasst werden. In einem solchen Fall muss zwar grundsätzlich eine Interessenabwägung vorgenommen und geprüft werden, ob im konkreten Einzelfall höherwertig anzusehende Interessen der fotografierten Personen entgegenstehen. Davon wird man aber im Falle der Hochzeitsgäste kaum ausgehen können, die im Übrigen üblicherweise damit rechnen müssen, dass zu solchen Anlässen Fotografien gemacht werden, die sich nicht nur auf eine Ablichtung des Brautpaares beschränken, und die in den meisten Fällen auch im Zusammenhang mit der Hochzeit fotografiert werden wollen.

Insoweit könnte man in vielen Fällen sogar schon von einer konkludenten Einwilligung ausgehen, was in einem möglichen Streitfall jedoch der schwierigere Argumentationsweg gegenüber einem Berufen auf das Vorliegen berechtigter Interessen sein dürfte.

Die obigen Ausführungen zu der Fotografie von Hochzeitsgästen lassen sich natürlich auch auf andere Veranstaltungen übertragen, bei denen ein Fotograf im Auftrag oder auch aus eigenem Antrieb fotografiert und es ihm nicht möglich ist, von allen anwesenden Personen Einwilligungen einzuholen. Auch hier wird der Auftraggeber des Fotografen ein hohes Interesse daran haben, dass das gesamte Event und die daran teilnehmenden Personen fotografiert werden, während in der Regel höherrangige Rechte der fotografierten Personen nicht erkennbar sein dürften. Dies gilt umso mehr, wenn die Besucher des Events bei ihrer Ankunft oder bereits auf der Eintrittskarte darauf hingewiesen werden, dass anlässlich des Events Fotos hergestellt werden, die auch Bildnisse von anwesenden Personen umfassen, und dass die Besucher dann dem anwesenden Fotograf mitteilen können, dass sie nicht fotografiert werden wollen. In der Praxis dürfte dies jedoch eher theoretischer Natur sein. Mir sind jedenfalls keine Rechtsstreitigkeiten bekannt, bei denen der Klageweg von jemand nur deshalb beschritten wurde, weil er auf einem Event fotografiert wurde.

Verwendungszweck der Fotografien

Der Aspekt eines berechtigten Interesses wird man in der Regel auch bei künstlerischen Fotos heranziehen. Zu prüfen ist jedoch immer, ob ein berechtigtes Interesse der fotografierten Person Vorrang genießt und die Datenerhebung deshalb unzulässig ist. Stets ist somit in solchen Fällen eine Interessenabwägung erforderlich, im Rahmen derer auch der Verwendungszweck der Fotografien zu berücksichtigen ist. Insoweit erlaube ich mir beispielhaft den Verweis auf den Beschluss des Bundesverfassungsgerichts, der Gegenstand meiner Ausführungen zur Straßenfotografie ist (vergleiche Abschnitt 3.3).

Wenn, wie bei den Hochzeitsgästen, die fotografierten Personen erkennen können, dass und zu welchem Zweck die Aufnahmen gemacht werden, dürfte dies in der Regel für eine Rechtmäßigkeit der Aufnahmen sprechen. Aufnahmen, die ohne Kenntnis der abgebildeten Personen gemacht werden, dürften dagegen in aller Regel nicht rechtmäßig sein.

Wie sich die Straßenfotografie, bei der ein künstlerisches Interesse des Fotografen im Vordergrund steht, zur DSGVO verhält, ist noch nicht abschließend geklärt, hier fehlen noch entsprechende Gerichtsurteile. Auch der zitierte Beschluss der BVerfG vom 08.02.2018 zur Straßenfotografie ist vor Inkrafttreten der DSGVO ergangen. Allerdings gehe ich davon aus, dass sich die deutschen Gerichte bei einer auch im Rahmen der DSGVO vorzunehmenden Interessenwahrnehmung an der Entscheidung des BVerfG orientieren werden und nur in besonderen Fällen das Persönlichkeitsrecht der fotografierten Personen höher werten werden als die Kunstfreiheit des Fotografen.

Zwischenzeitlich gibt es auch ein Urteil, das sich mit einer Interessenabwägung nach DSGVO befasst. Das Landgericht Frankfurt hat in seinem Urteil vom 13. September 2018 den Fall zu entscheiden gehabt, dass ein Betreiber eines Friseursalons ein Video auf Facebook veröffentlichte, auf dem eine seiner Kundinnen während des Besuchs in dem Salon zu sehen war. Die Kundin hatte vor Gericht bestritten, dass sie zu der Videoaufnahme eine Einwilligung erteilt habe, sodass es für das Gericht auf eine Interessenabwägung ankam, da auch der zwischen Kundin und Friseur abgeschlossene Vertrag bezüglich der Friseurleistungen ganz sicherlich nicht das Recht zur Erhebung personenbezogener Daten in Form von Foto- oder Videoaufnahmen beinhaltete. Das Gericht hat dann folgende Feststellung in seinem Urteil getroffen:

[§]

»(...) die Kammer erachtet insoweit die Grundsätze der Paragrafen 22, 23 KG und die dazu ergangene Rechtsprechung – unter Berücksichtigung einer entsprechenden Europa rechtsautonomen Auslegung – als Gesichtspunkte, die im Rahmen von Art. 6 Abs. 1 lit) DSGVO und der Abwägung der Interessen und Grundrechte einzubeziehen sind. In Anwendung dieser Grundsätze überwiegt vorliegend das Interesse der Klägerin an der Unterlassung der streitgegenständlichen Verarbeitung in Form der Veröffentlichung.«

Dieses Urteil macht deutlich, dass in den Fällen, in denen weder aus dem Vertrag noch im Rahmen einer Interessenabwägung sich die Rechtmäßigkeit der Datenerhebung ergibt, in jedem Fall eine Einwilligung der betroffenen Person in nachvollziehbarer Art und Weise eingeholt werden muss. Bemerkenswert ist an diesem Urteil im Übrigen auch, dass sich das Landgericht Frankfurt bei der Interessenabwägung explizit auf die §§ 22, 23 des KUG bezieht.

Damit komme ich zum letzten Erlaubnistatbestand, der für Fotografen relevant ist, nämlich dem der Einwilligung.

4.5.3 Erlaubnistatbestand »Einwilligung« (Art. 6 Abs. 1 Ziffer a, Art. 7 DSGVO)

In Art. 6 Abs. 1 Ziffer a DSGVO ist geregelt, dass eine Verarbeitung der Daten rechtmäßig ist, wenn die betroffene Person ihre Einwilligung zu der Verarbeitung der sie betreffenden personenbezogenen Daten für einen oder mehrere bestimmte Zwecke gegeben hat. Auch wenn dieser Erlaubnistatbestand im Art. 6 Abs. 1 DSGVO als erster genannt wird, heißt dies nicht, wie bereits erwähnt, dass man sein Vorliegen zuerst prüfen müsste, im Gegenteil.

Voraussetzungen für die Einwilligung

Die Einwilligung, die in ihren Einzelheiten dann in Art. 7 DSGVO geregelt ist, wurde an bestimmte Voraussetzungen geknüpft, die im Wesentlichen denen entsprechen, die bereits vor Inkrafttreten der DSGVO in Deutschland zu erfüllen waren, um zu einer wirksamen Einwilligung zu gelangen.

Zunächst einmal obliegt es dem Fotografen, nachzuweisen, dass die betroffene Person in die Verarbeitung ihrer personenbezogenen Daten eingewilligt hat (Art. 7 Abs. 1 DSGVO). Zwar unterliegt die Einwilligung keinen Formvorschriften, sie kann also auch mündlich oder auch konkludent erteilt werden. Eine konkludente Einwilligung kommt jedoch nur dann in Betracht, wenn die fotografierte Person durch ihr Handeln eindeutig zu erkennen gibt, dass sie damit einverstanden ist, fotografiert zu werden. Gefordert ist also eine Handlung, die unter objektiven Gesichtspunkten eindeutig und nicht missverständlich ist. Eine solche Handlung kann darin bestehen, dass die fotografierte Person bewusst posiert, in die Kamera lächelt oder winkt und ein objektiver Betrachter zu dem Schluss kommen muss, dass die fotografierte Person fotografiert werden wollte bzw. zumindest nichts dagegen einzuwenden hatte, fotografiert zu werden. Ein typischer Fall einer solchen konkludenten Einwilligung liegt – wie in Kapitel 3, »Menschen«, bereits skizziert – beispielsweise vor, wenn bei einem Event der Fotograf von Tisch zu Tisch geht und die dort sitzenden Gäste der Veranstaltung ihm beispielsweise zuprosten, den Arm demonstrativ über die Schulter der sie begleitenden Person legen und beide in die Kamera lächeln. Ein reines Stillschweigen, ohne dass erkennbar ist, dass die Person mit der Aufnahme einverstanden war, reicht dagegen für eine Einwilligung nicht aus, da nach unserem Rechtssystem Schweigen in diesem Zusammenhang keine Zustimmung bedeutet.

Aus Beweisgründen empfiehlt es sich dort, wo eine Einwilligung eingeholt werden kann, wie z. B. bei einem Shooting mit einem Model, eine solche auch mittels einer vorbereiteten Erklärung schriftlich einzuholen. Bei einer größeren Zahl von Personen, bei Personen, die man unterwegs trifft und spontan fotografieren möchte, oder bei Massenveranstaltungen ist dies natürlich völlig praxisfremd und nicht durchführbar.

Erfolgt die Einwilligung der betroffenen Person durch eine schriftliche Erklärung, die auch noch andere Sachverhalte betrifft, so muss das Ersuchen um Einwilligung in verständlicher und leicht zugänglicher Form in einer klaren und einfachen Sprache so erfolgen, dass es von den anderen Sachverhalten klar zu unterscheiden ist, dies schreibt die DSGVO ausdrücklich vor (Art. 7 Abs. 2 DSGVO). Hier empfiehlt es sich, den Text der Einwilligung klar erkennbar von allen übrigen Texten abzuheben und gegebenenfalls auch separat unterschreiben zu lassen, etwa so, wie der Leser dies von Widerrufsbelehrungen in bestimmten Verträgen kennen dürfte.

Widerruf der Einwilligung

Besondere Bedeutung kommt dem Art. 7 Abs. 3 DSGVO zu, da dort geregelt ist, dass die betroffene Person das Recht hat, ihre Einwilligung jederzeit zu widerrufen. Durch den Widerruf der Einwilligung wird allerdings die Rechtmäßigkeit der bis dahin erfolgten Datenverarbeitung nicht berührt. Ab Kenntnis von dem Widerruf darf aber keinerlei weitere Verarbeitung mehr stattfinden. Der Fotograf muss also leider damit rechnen, dass eine erteilte Einwilligung später widerrufen wird, wozu es keiner besonderen Begründung bedarf. Ob und in welchem Umfang von diesem Widerrufsrecht Gebrauch gemacht wird, muss abgewartet werden. Nach der Rechtsprechung vor der DSGVO war – wie in Kapitel 3, »Menschen«, gesehen – ein Widerruf in aller Regel nicht möglich, vereinzelte Klagen von fotografierten Personen, die später ihren Widerruf gerichtlich durchsetzen wollten, sind erfolglos geblieben. Dies könnte sich unter der Geltung der DSGVO durchaus ändern.

Einwilligung auf »einen oder mehrere bestimmte Zwecke«

Ein ganz entscheidender Punkt in Art. 6 Abs. 1 Ziffer a DSGVO ist der Bezug der Einwilligung auf »einen oder mehrere bestimmte Zwecke«. Damit wird deutlich, dass eine wirksame Einwilligung nur dann erteilt werden kann, wenn der betroffenen Person in eindeutiger Weise mitgeteilt wurde, zu welchem Zweck die Aufnahmen angefertigt werden. Eine fotografierte Person, die nicht weiß, zu welchem Zweck die Aufnahmen angefertigt und später verwendet werden, kann grundsätzlich keine wirksame Einwilligung erteilen. Dies war auch nach der Rechtsprechung des BGH bereits vor der Geltung der DSGVO so. Sollte später eine Änderung oder Erweiterung des Zwecks beabsichtigt sein, ist folglich auch eine ergänzende oder neue Einwilligung einzuholen.

»Kopplungsverbot«

Zu beachten ist schließlich auch das sogenannte strenge »Kopplungsverbot«, das in Art. 7 Abs. 4 DSGVO geregelt ist und nach dem die Erfüllung eines Vertrages vom Fotografen davon abhängig gemacht wird, dass in die Datenerhebung (d. h. fotografiert zu werden) eingewilligt wird. Ausnahmslos muss die Einwilligung freiwillig und ohne Zwang oder Druck erteilt werden. Wenn beispielsweise Besucher einer Veranstaltung zu dieser nur zugelassen werden, wenn sie darin einwilligen, dort fotografiert zu werden, so ist dies ein Verstoß gegen das Kopplungsverbot, und dann liegt keine wirksame Einwilligung vor, sodass unter Zugrundelegung des Erlaubnistatbestands »Einwilligung« keine rechtmäßige Datenerhebung erfolgen kann.

Einwilligung von Kindern

Eine verschärfte Regulierung enthält die DSGVO in Art. 8 bezüglich der Einwilligung von Kindern. Wenn ein Kind das 16. Lebensjahr noch nicht vollendet hat, so ist die Verarbeitung in der Tat nur rechtmäßig, sofern und soweit der Träger der elterlichen Verantwortung für das Kind eingewilligt hat oder nach einer Einwilligung des Kindes dieser zustimmt (Art. 8 Abs. 1 DSGVO). So kann der Fotograf durchaus ein zwölfjähriges Kind unmittelbar um Einwilligung bitten, fotografiert zu werden, allerdings muss jedoch danach die Zustimmung des Trägers der elterlichen Gewalt eingeholt werden. Wird diese nicht erteilt, darf das Foto nicht gemacht werden, auch wenn das zwölfjährige Kind den Fotografen darum bitten sollte. Wird die Zustimmung verweigert, muss das Bild gelöscht werden, sofern es im Einzelfall kein höherwertiges Interesse des Fotografen geben sollte, was allerdings nur in Ausnahmefällen angenommen werden kann.

Dies ist neu gegenüber der bisherigen Rechtsprechung, die davon ausgegangen ist, dass es sich bei der Einwilligung um eine Erklärung ohne rechtlichen Bindungswillen handelt, weshalb auch ein Kind vor Vollendung des 16. Lebensjahres, entsprechende geistige Reife vorausgesetzt, aus eigenem Entschluss einwilligen konnte und eine Genehmigung der Eltern nicht erforderlich war. Dass man fremde, nackte und am Strand spielende Kleinkinder und Kinder gar nicht fotografieren und sich auch erst gar nicht um eine Einwilligung der Eltern bemühen sollte, bedarf aus nachvollziehbaren Gründen sicherlich keiner vertiefenden Betrachtung.

Mit Vollendung des 16. Lebensjahres kann die minderjährige Person in der Regel selbst entscheiden, ob sie die Einwilligung erteilt, fotografiert zu werden, wie sich aus Art. 8 Abs. 1 DSGVO ergibt.

In Art. 8 Abs. 2 DSGVO ist ferner geregelt, dass die Mitgliedstaaten eine niedrigere Altersgrenze vorsehen und damit an ihre jeweiligen Jugendschutzvorschriften anpassen können, die jedoch nicht unter dem vollendeten 13. Lebensjahr liegen darf. Die Bundesrepublik Deutschland hat hiervon keinen Gebrauch gemacht, anders jedoch die Bundesrepublik Österreich, die die Altersgrenze auf die Vollendung des 14. Lebensjahres festgesetzt hat (§ 4 Abs. 4 DSG).

Allerdings ist es – wie eingangs dieses Kapitels bereits erwähnt – falsch und stimmt mit der DSGVO nicht überein, dass grundsätzlich und ausnahmslos bei Fotos von Kindern, die das 16. Lebensjahr nicht vollendet haben, eine Einwilligung der Eltern erforderlich ist.

Dass dies so nicht richtig ist, ergibt sich aus Art. 6 Abs. 1 Ziffer f DSGVO, wonach – wie oben im Rahmen der Interessenabwägung bereits dargestellt – zu prüfen ist, ob Interessen oder Grundrechte der betroffenen Personen, die den Schutz personenbezogener Daten erfordern, überwiegen, insbesondere dann, wenn es sich bei der betroffenen Person um ein Kind handelt. Daraus ist zu schließen, dass auch im Rahmen der Interessenabwägung gemäß Art. 6 Abs. 1 Ziffer f DSGVO geprüft werden kann, ob die Herstellung von Fotografien von Kindern, die das 16. Lebensjahr noch nicht erreicht haben, zulässig ist oder nicht. Allerdings wird man hier deutlich strengere Anforderungen bezüglich der Interessenbeurteilung der Kinder stellen müssen. Aus meiner Sicht bezieht sich Art. 8 auf Fotografien, die gezielt und ausschließlich Kinder unter 16 Jahren zum Inhalt haben. Wenn es dagegen beispielsweise, um bei dem Beispiel der Hochzeit zu bleiben, um Kinder geht, die bei einer Hochzeitsfeier anwesend sind, dürfte aus meiner Sicht Art. 6 Abs. 1 Ziffer f DSGVO anzuwenden sein. Hätte die DSGVO – wie viele in Internetbeiträgen ausführen – das Fotografieren von Kindern grundsätzlich von der Einwilligung der Erziehungsberechtigten abhängig machen wollen, würde der Hinweis in Art. 6 Absatz 1 Ziffer f DSGVO keinerlei Sinn ergeben.

Vor diesem Hintergrund sehe ich auch die Anfertigung einer Erinnerungsmappe für die Kinder der Kita überhaupt nicht problematisch im Sinne der DSGVO an, bestenfalls hätte man auch die Einwilligung der Eltern einholen können, die ganz sicherlich in einem solchen Fall erteilt worden wäre, zumal die Fotos nur einem begrenzten Personenkreis zugänglich gemacht wurden.

»Alte« Einwilligungen gelten weiter

Eine weitere Frage im Zusammenhang mit der Einwilligung betroffener Personen stellt sich dahingehend, ob eine vor Inkrafttreten der DSGVO erteilte Einwilligung weiterhin Bestand hat. Dies ist nach allgemeiner Auffassung der Fall. Die vor dem 25.05.2018 erteilten Einwilligungen gelten fort und müssen nicht neu eingeholt werden, es sei denn, der Fotograf möchte die Bilder nun zu einem anderen Zweck verwenden als der seinerzeitigen Einwilligung zugrunde lag.

4.6 Fotografieren auf Massenveranstaltungen

Zu untersuchen ist, auf welchen Erlaubnistatbestand man sich als Fotograf beziehen kann, wenn man auf Massenveranstaltungen mit einer unüberschaubaren Menge von Personen das Ereignis (z. B. ein Fußballspiel oder ein Musikfestival) fotografiert und damit zwangsläufig Personen ablichtet, die man natürlich nicht um ihre Einwilligung bitten kann. Und hier sprechen wir bereits über einen Aspekt, der überhaupt noch nicht geklärt ist, weder durch den Gesetzgeber noch durch die Rechtsprechung. Es stellt sich nämlich in diesem Zusammenhang die Frage, wie die Rechtmäßigkeit derartiger Fotografien mit der DSGVO begründet werden kann. Selbst wenn der bundesdeutsche Gesetzgeber geregelt hätte, dass die Vorschriften des KUG denen der DSGVO vorgehen, was er nach Art. 85 DSGVO hätte tun können, wie oben gesehen, würde dies für die Beantwortung dieser Frage nicht helfen, da sich die Vorschriften des KUG auf die Veröffentlichung von Bildnissen, nicht jedoch auf deren Herstellung beziehen.

Einleuchtend ist, dass es möglich sein muss, beispielsweise auf der Domplatte in Köln, die in der Regel voller Menschen ist, ein Foto vom Kölner Dom zu machen, bei dem zwangsläufig viele Menschen, zum Teil auch durchaus erkennbar, mit abgelichtet werden. Dass man hier keine Einwilligung einholen kann, liegt auf der Hand, abgesehen davon, dass sich die Menschenmenge durch Zu- und Abgänge im Sekundentakt ständig verändert. Dies gilt natürlich ebenso für viele andere Sehenswürdigkeiten, die von in- und ausländischen Touristen stark frequentiert werden. Oder wie ist das Fotografieren in einer Sportarena oder Konzerthalle nach DSGVO zu bewerten, wobei es oft schier unvermeidbar ist, dass Zuschauer mit auf dem Foto abgelichtet werden, natürlich immer unter der Prämisse, dass nach dem jeweiligen Hausrecht das Fotografieren überhaupt gestattet ist? Zwar hat der BGH – vergleiche Abschnitt 3.3.2 – entschieden, dass diejenigen Personen, die sich in der Öffentlichkeit aufhalten, es dulden müssen, dass sie als Beiwerk oder zufällig auf einem Foto verewigt und auch erkennbar sind, solange sie nicht porträtartig dargestellt werden, aber zum Zeitpunkt dieser Entscheidung gab es noch keine DSGVO, und es ist nicht abzuschätzen, ob der BGH dies im Lichte der DSGVO heute noch genauso entscheiden würde.

»Rechtliche Bewertung von Fotografien einer unüberschaubaren Anzahl von Menschen nach der DSGVO außerhalb des Journalismus«

Dankenswerterweise hat der Hamburgische Beauftragte für Datenschutz und Informationsfreiheit, Prof. Dr. Caspar, sich in einem Vermerk über die »Rechtliche Bewertung von Fotografien einer unüberschaubaren Anzahl von Menschen nach der DSGVO außerhalb des Journalismus« (zu lesen und herunterzuladen im Internet unter *https://www.filmverband-suedwest.de/wp-content/uploads/2018/05/Vermerk_DSGVO.pdf*) dieser Frage ausführlich gewidmet und untersucht, ob solche Aufnahmen nach der DSGVO gerechtfertigt werden können, soweit sie nicht von vornherein der Haushaltsausnahme oder dem Medienprivileg unterliegen.

Aus meiner Sicht völlig richtig begründet er die Zulässigkeit solcher Fotografien mit dem berechtigten Interesse des Fotografen nach Art. 6 Abs. 1 Ziffer 6 DSGVO, und zwar mit der in der DSGVO an der dortigen Stelle geregelten Interessenabwägung, die der BGH im Übrigen bereits vor Inkrafttreten der DSGVO seiner Entscheidung über das Duldenmüssen, im öffentlichen Raum fotografiert zu werden, zugrunde gelegt hat. Wenn nicht ausnahmsweise erkennbar ist, dass Interessen und Grundrechte der fotografierte Person im Einzelfall überwiegen, was in der Praxis wohl äußerst selten der Fall sein dürfte, kann von einem berechtigten Interesse des Fotografen ausgegangen werden, womit auch die Herstellung von Fotografien mit einer unüberschaubaren Anzahl von Personen von der DSGVO gedeckt wäre und das Fotografieren auch im Stadion, beim Musikfestival und auf der Kölner Domplatte – ebenso wie vor anderen Sehenswürdigkeiten in Deutschland – ohne Verstoß gegen die DSGVO möglich wäre. Wie dies allerdings beispielsweise für Fotografien vor Sehenswürdigkeiten in anderen Ländern zu bewerten ist, ist nach wie vor völlig unklar und richtet sich natürlich nach dem jeweiligen Landesrecht.

4.7 Zusammenfassung zur Herstellung von Fotografien

Keine Panik

Betrachtet man die Erlaubnistatbestände in Art. 6 DSGVO, so wird deutlich, dass nicht grundsätzlich und in jedem Fall eine Einwilligung erforderlich ist, sondern vielmehr eine solche nur dann zum Tragen kommt, wenn nicht über einen anderen Erlaubnistatbestand die Rechtmäßigkeit der Datenverarbeitung nachgewiesen werden kann. Es ist auch festzustellen, dass sich eine Vielzahl von Aufnahmen mit einem der in der DSGVO geregelten Erlaubnistatbestände rechtfertigen lässt, sodass deutlich wird, dass jegliche Panik, die im Zusammenhang mit dem Inkrafttreten der DSGVO verbreitet wurde, völlig überzogen und unangebracht gewesen ist.

Interessenabwägung

Auch wenn man beispielsweise den Bereich der Straßenfotografie (vergleiche Abschnitt 3.3) betrachtet, bei der Einwilligungen der fotografierten Personen grundsätzlich nicht eingeholt werden können und auch nicht eingeholt werden sollen, um die Spontanität der Aufnahmen nicht zu gefährden, so dürfte sich auch hier im Rahmen der Interessenabwägung nach Art. 6 Abs. 1 Ziffer f DSGVO eine Rechtmäßigkeit der Aufnahme in vielen Fällen ergeben, insbesondere nachdem das Bundesverfassungsgericht in seiner Entscheidung vom 08.02.2018 ausdrücklich festgestellt hat, dass die Straßenfotografie als Kunstform anerkannt ist. Bei allen vorzunehmenden Abwägungen, ob Rechte verletzt oder beeinträchtigt werden, wird eine Interessenabwägung dazu führen müssen, dass in aller Regel keine höherwertigen Interessen derjenigen Personen vorliegen, die auf den Fotos abgebildet sind.

Bei der Anfertigung von Fotos wird sich aus meiner Sicht die eindeutige Rechtswidrigkeit der Herstellung von Fotos im Wesentlichen auf solche Aufnahmen beschränken, die weder im Rahmen eines Vertrages gemacht wurden noch aufgrund eines berechtigten Interesses des Fotografen oder dritter Personen entstanden sind und für die eine Einwilligung nicht vorliegt, obwohl sie hätte eingeholt werden können. Hierbei dürfte es sich jedoch um einen nur kleinen Bereich der Anwendungsfälle der Personenfotografie handeln, bei dem im Übrigen schon vor Inkrafttreten der DSGVO ein großer Teil der Aufnahmen unzulässig war, beispielsweise bei Aufnahmen, die unbemerkt aus dem Hinterhalt gemacht wurden (Paparazzi-Fotos), worauf ich in Kapitel 3, »Menschen«, bereits näher eingegangen bin.

Kritische Situationen

So wird man vor allem in folgenden Situationen von einem überwiegenden Interesse der abgebildeten Person ausgehen müssen, womit die Datenerhebung ohne ausdrückliche Einwilligung der betroffenen Person automatisch rechtswidrig ist:

- heimliche Aufnahmen
- Aufnahmen von Personen, die sich in einer intimen Situation oder an einem gegen Einblicke geschützten Ort befinden und sich unbeobachtet fühlen
- mangelnde Kenntnis der fotografierten Person vom Verwendungszweck der Aufnahme

Fotografen, die mit einer gewissen Sensibilität für Personenaufnahmen ihre fotografischen Arbeiten erstellen, dürften aus meiner Sicht bei der Herstellung der Aufnahmen mit der DSGVO nicht so leicht in Konflikt kommen.

Was hat sich demnach also durch die DSGVO bei der Herstellung von Fotos geändert? Eigentlich nichts, zumindest nicht viel, wie wir als Zwischenergebnis feststellen können. Jeder seriöse Fotograf wird außerdem etwaige Grenzfälle mit Fingerspitzengefühl und Einfühlungsvermögen so regeln, dass es zu keinem Konfliktfall kommt. Die indiskutablen Zeitgenossen dagegen, die hilflose Unfallopfer filmen oder fotografieren, was schon vor der DSGVO nach § 201a StGB strafbar war, mögen mit Recht die in der DSGVO normierten finanziellen Konsequenzen mit aller Härte treffen.

4.8 Veröffentlichung von Fotos nach Inkrafttreten der DSGVO

Im Rahmen der Veröffentlichung von Personen stellt sich immer wieder die Frage, in welchem Verhältnis die DSGVO zu den Regeln im KUG steht. Ich hatte oben bereits darauf hingewiesen, dass grundsätzlich die Europanormen den nationalen Normen vorgehen, gleichwohl könnten über Art. 85 DSGVO die Regelungen des KUG vom Gesetzgeber noch als lex specialis (spezielles Gesetz, was vor anderen Gesetzen Vorrang hat) gegenüber den Vorschriften der DSGVO deklariert werden.

Bereits vor der DSGVO gab es ein Bundesdatenschutzgesetz (BDSG alt), das die Verarbeitung personenbezogener Daten regelte und an einigen Stellen im Widerspruch zu den Bestimmungen des KUG stand. Allerdings war die damalige Situation insoweit mit der jetzigen nicht vergleichbar, als zwei gleichrangige Bundesgesetze teilweise in einem Konflikt miteinander standen und ein wohl überwiegender Teil der Gerichte zumindest die Vorschriften des KUG mit der umfangreichen Rechtsprechung zum Allgemeinen Persönlichkeitsrecht als lex specialis zum BDSG (alt) ansahen. Da die DSGVO eine europarechtliche Norm ist, die über den Bundesgesetzen steht, dürfte es dogmatisch nicht mehr möglich sein, ohne entsprechende Rechtsgrundlage nach Art. 85 DSGVO den Bestimmungen des KUG Vorrang vor denen der DSGVO einzuräumen. Dies wäre rechtsdogmatisch nicht vertretbar.

Verhältnis der DSGVO zum KUG

Auf eine entsprechende Anfrage zu dem Verhältnis der DSGVO zum KUG hat das Bundesministerium des Inneren mitgeteilt, dass die Vorschriften des KUG denen der DSGVO vorgehen, und hat am 14.05.2018 folgende Erklärung veröffentlicht (nachzulesen unter *https://bvpa.org/*, »Kommentar: Stellungnahme des BMI zu DSGVO und Fotografie«):

> *»Sehr geehrter Herr X....,*
>
> *vielen Dank für Ihre Anfragen vom 30. April und 03. Mai 2018.*
>
> *Eine Verbreitung dieser Antwort ist wünschenswert, sofern die Antwort vollständig wiedergeben und nicht einzelne Passagen aus dem Zusammenhang gerissen werden.*
>
> *Gerne nehme ich vertiefend zu Ihren Fragen Stellung. Um Wiederholungen zu vermeiden, möchte ich jedoch eingangs erneut betonen, dass sich aus der Datenschutz-Grundverordnung (DS-GVO) und den diese ergänzenden nationalen Gesetzen keine wesentlichen Änderungen der Rechtslage bei der Anfertigung und Verbreitung von Fotografien ergeben.*
>
> *Das Anfertigen von Fotografien wird sich auch zukünftig auf eine – wie bislang schon – jederzeit widerrufbare Einwilligung oder alternative Erlaubnistatbestände wie die Ausübung berechtigter Interessen (Art. 6 Abs. 1 lit. f) DS-GVO) stützen können. Diese Erlaubnistatbestände (nach geltender Rechtslage Art. 7 der geltenden EU-Datenschutz-Richtlinie 95/46/EG i. V. m. den nationalen Umsetzungsgesetzen) decken seit vielen Jahren datenschutzrechtlich die Tätigkeit von Fotografen ab und werden in Art. 6 DS-GVO fortgeführt. Die Annahme, dass die DS-GVO dem Anfertigen von Fotografien entgegenstehe, ist daher unzutreffend.*
>
> *Für die Veröffentlichung von Fotografien bleibt das Kunsturhebergesetz auch unter der ab dem 25. Mai 2018 anwendbaren Datenschutz-Grundverordnung erhalten. Es sind, wie ich bereits in meiner Antwort ausgeführt habe, keine Änderungen oder gar eine Aufhebung mit Blick auf die Datenschutz-Grundverordnung vorgesehen.*
>
> *Die Ansicht, das Kunsturhebergesetz werde durch die DS-GVO ab dem 25. Mai 2018 verdrängt, ist falsch. Das Kunsturhebergesetz stützt sich auf Artikel 85 Abs. 1 DS-GVO, der den Mitgliedstaaten nationale Ge-*

staltungsspielräume bei dem Ausgleich zwischen Datenschutz und der Meinungs- und Informationsfreiheit eröffnet. Das Kunsturhebergesetz steht daher nicht im Widerspruch zur DS-GVO, sondern fügt sich als Teil der deutschen Anpassungsgesetzgebung in das System der DS-GVO ein. Eine gesetzliche Regelung zur Fortgeltung des Kunsturhebergesetzes ist nicht erforderlich. Ebenso führen die Ansätze anderer Mitgliedstaaten, die sich in allgemeiner Form zum Verhältnis von Datenschutz und Meinungs- und Informationsfreiheit verhalten, in der praktischen Umsetzung nicht weiter und führen nicht zu mehr Rechtssicherheit.

Die grundrechtlich geschützte Meinungs- und Informationsfreiheit fließt zudem unmittelbar in die Auslegung und Anwendung der DS-GVO ein, insbesondere stellen sie berechtigte Interessen der verantwortlichen Stellen nach Art. 6 Abs. 1 lit. f) DS-GVO dar. Die DS-GVO betont, dass der Schutz personenbezogener Daten kein uneingeschränktes Recht ist, sondern im Hinblick auf seine gesellschaftliche Funktion und unter Wahrung des Verhältnismäßigkeitsprinzips gegen andere Grundrechte abgewogen werden (Erwägungsgrund 4). Zu den von der DS-GVO in diesem Zusammenhang genannten Grundrechten zählt ausdrücklich auch die Freiheit der Meinungsäußerung und Informationsfreiheit.

Ich würde mich freuen, wenn die vorstehenden Ausführungen dazu beitragen, Ihnen Ihre Befürchtungen zu nehmen.

Bundesministerium des Innern, für Bau und Heimat

– Bürgerservice –«

Dieser Erklärung ist eindeutig zu entnehmen, dass es zumindest nach der Auffassung des BMI für die Veröffentlichung von Fotos bei den Bestimmungen des KUG und der umfangreichen, hierzu ergangenen Rechtsprechung bleiben soll.

Nur eine Stellungnahme

Allerdings ist zu berücksichtigen, dass es sich bei der Stellungnahme des Bundesministerium des Inneren um eine ministeriale Äußerung handelt, die mittlerweile in dieser Form bereits von einigen Datenschutzbeauftragten durchaus kritisch und ablehnend gesehen wird, u. a. weil es an jeder Rechtsgrundlage fehlt, die Bestimmungen des KUG anzuwenden und diesen den Vorrang vor denen der DSGVO einzuräumen. Zweifellos entfaltet die Aussage des Bundesministeriums auch keine Bindungswirkung für Gerichte, sondern kann allenfalls im Rahmen einer Auslegung der gesetzlichen Vorschriften und im Rahmen einer Interessenabwägung Berücksichtigung finden.

Noch keine allgemeinverbindlichen Urteile

Bislang gibt es hierzu noch keine allgemeinverbindlichen Urteile. Das OLG Köln hat zwar in zwei Beschlüssen (18.06.2018 – 15 W 27/18 und 08.10.2018 – 15 U 110/18) den Vorrang der Vorschriften des KUG vor denen der DSGVO bestätigt. Dabei ist jedoch unbedingt zu berücksichtigen, dass sich diese Entscheidungen ausschließlich auf Pressefotografen beziehen und sich deshalb nicht verallgemeinern und auf alle Fotografen anwenden lassen.

In einer Entscheidung vom 7. Juli 2020 hat auch der BGH (AZ: VI ZR 246/19), allerdings wiederum im journalistischen Bereich, entschieden, dass die Vorschriften des KUG weiterhin anwendbar sind. Auch das Landgericht Frankfurt hatte sich in mehreren Entscheidungen mit der Frage auseinanderzusetzen, ob das KUG weiterhin anwendbar ist (u. a. LG Frankfurt, Urteil vom 29.08.2019 – 2-03 O 454/18). Aber auch bei diesen Entscheidungen gab es einen journalistischen Hintergrund, sodass auch die Entscheidungen des LG Frankfurt nicht für eine generelle Aussage, dass die Bestimmungen des KUG denen der DSGVO vorgehen, verwertbar sind. Insoweit sind alle genanntenen Gerichtsentscheidungen auch einer entsprechenden Interpretation nicht zugänglich, dass dies über den journalistischen Bereich auch für andere Bereiche gelten könnte. Damit bleibt die Rechtslage bei Veröffentlichungen von Fotografien jenseits des Journalismus weiter unklar und unsicher. Ob die Gerichte auch für alle anderen Bereiche der Fotografie den Regelungen des KUG vor denen der DSGVO den Vorrang einräumen, bleibt somit abzuwarten.

Aber ob wirklich alles für Fotografen im Hinblick auf die Veröffentlichung von Fotos im Wesentlichen so bleibt, wie es vor Inkrafttreten der DSGVO war, muss abgewartet werden, derzeit jedenfalls ist diese Beurteilung noch »Kaffeesatzleserei«.

Widerspruch bezüglich des Rechts des Widerrufs

Es wird von der Rechtsprechung auch ein Widerspruch zwischen KUG und DSGVO zu lösen sein, der das Recht des Widerrufs betrifft. Wie bereits erwähnt, kann eine Einwilligung nach DSGVO gemäß Art. 7 Abs. 3 jederzeit widerrufen werden, während eine Einwilligung nach § 22 KUG nicht oder allenfalls nur in ganz seltenen Ausnahmefällen später widerrufen werden kann, was im Bereich der Fotografie noch nicht erfolgreich bei Gericht durchgesetzt werden konnte. Dieser Unterschied ist insoweit bedeutsam, als bei einem zulässigen Widerruf nach DSGVO das Foto auch nicht weiter veröffentlicht werden darf. Ist jedoch weiter davon auszugehen, dass der Widerruf nach KUG und der bisherigen Rechtsprechung des BGH nicht statthaft ist und die Einwilligung nach KUG erteilt wurde, riskiert der Fotograf ein Bußgeld nach der DSGVO, wenn er die Veröffentlichung des Fotos weiter aufrechterhält und keine Maßnahmen unternimmt, das Foto zurückzuziehen. Auch hier bedarf es ganz sicher einer Klärung durch die Rechtsprechung. Der Gesetzgeber hätte zwar – wie bereits ausgeführt – die Möglichkeit, über Art. 85 der DSGVO eine gesetzliche Regelung dahingehend zu treffen, dass im Bereich der Fotografie weiterhin die Vorschriften des KUG und die hierzu ergangene Rechtsprechung Gültigkeit haben bzw. dieser Bereich – wie in Schweden – von der Geltung der DSGVO gänzlich ausgenommen wird. Von dieser Möglichkeit hat der Gesetzgeber jedoch bislang keinen Gebrauch gemacht und die Erklärung des Bundesministeriums und der Hinweis auf die umfangreiche zum KUG erlassene Rechtsprechung lassen darauf schließen, dass eine gesetzliche Regelung bislang jedenfalls für nicht erforderlich gehalten wird und man Streitfragen den Entscheidungen der Gerichte überlassen will. Damit bleibt auch bei der Veröffentlichung von Personenaufnahmen eine Reihe von Fragen offen, und man muss davon ausgehen, dass bis zu anderslautenden Entscheidungen im Zweifelsfall auch insoweit die DSGVO Anwendung findet. Keinesfalls sollte sich der Fotograf darauf verlassen, dass das, was das KUG regelt, derzeit noch vollumfänglich Bestand haben wird.

Fraglich ist auch, wie der nach DSGVO jederzeit mögliche Widerruf einer Einwilligung sich zu § 22 Satz 2 KUG verhält. Nach dieser Vorschrift wird eine Einwilligung zur Veröffentlichung aufgrund gesetzlicher Fiktion in den Fällen unterstellt, in denen die fotografierte Person dafür eine Entlohnung erhalten hat. Ein Widerruf der Einwilligung kommt in aller Regel nicht in Betracht. Wie ist es aber nach DSGVO zu regeln, wenn der Fotograf seinem Model ein nicht geringes Honorar gezahlt hat und kurze Zeit danach die Einwilligung widerrufen wird? Aus meiner Sicht ist dann die Basis für die Honorarzahlung entfallen und das Honorar zurückzuzahlen; ob dies von der Rechtsprechung auch so gesehen wird, muss noch entschieden werden. Jedenfalls droht dem Fotografen im Falle eines Widerrufs der Einwilligung Ungemach, denn er muss sofort die weitere Verwertung stoppen und ist gegebenenfalls genötigt, ein Gerichtsverfahren mit dem Ziel, sein Honorar zurückzuerhalten, anzustrengen, abgesehen von dem Schaden durch den Verlust der wirtschaftlichen Verwertbarkeit der betroffenen Fotos. Denn die DSGVO regelt diesen Fall nicht.

[+]

Gesetzliche Fiktion

Bei einer gesetzlichen Fiktion gilt ein Sachverhalt als unwiderlegbar gegeben, wenn bestimmte Kriterien erfüllt sind. Hier: Wenn bezahlt wurde, gilt die Einwilligung kraft Gesetzes als erteilt.

Erlaubnistatbestände und Interessenabwägungen

Allerdings gilt auch im Zusammenhang mit der Veröffentlichung das, was ich zur Herstellung von Fotos bereits ausgeführt habe, dass nämlich die Veröffentlichung in sehr vielen Fällen über die vorhandenen Erlaubnistatbestände geregelt werden kann. Berücksichtigt man weiter, dass sich viele Streitfälle vermutlich auf eine Interessenabwägung nach Art. 6 Abs. 1 Ziffer f DSGVO beziehen werden, weil sich das Vorliegen der Erlaubnistatbestände Vertrag und Einwilligung in der Regel bereits dem Tatbestand entnehmen lassen dürfte, so spricht eine gewisse Wahrscheinlichkeit dafür; das LG Frankfurt hat in seinen Urteilen bereits erkennen lassen, dass die Rechtsprechung bei der Interessenabwägung auf die umfangreiche Rechtsprechung seit Jahrzehnten zum KUG und zum allgemeinen Persönlichkeitsrecht zurückgreifen wird.

Keine Panik, aber offene Fragen

Sowohl bei der Herstellung als auch bei der Veröffentlichung von Personenfotos sehe ich in der Praxis gegenüber der Rechtslage vor Inkrafttreten der DSGVO gleichwohl keine derart gravierenden Veränderungen, die es rechtfertigen würden, die Zulässigkeit der Personenfotografie unter neuem Blickwinkel zu sehen, geschweige denn, haltlose Panik zu verbreiten. Dennoch bleiben Fragen offen, die bislang von der Rechtsprechung noch nicht beantwortet wurden, was jedoch im Interesse der Rechtssicherheit sehr zu begrüßen wäre.

4.9 Pflichten des Fotografen nach der DSGVO

Seien Sie gewissenhaft!

Neben den datenschutzrechtlichen Vorgaben in der DSGVO für das Herstellen und Veröffentlichen von Fotos hat der Fotograf als Verarbeiter personenbezogener Daten seine Datenverarbeitung, insbesondere seine Datenspeicherung, in Übereinstimmung mit den Vorschriften der DSGVO durchzuführen und sollte auf die Einhaltung seiner Verpflichtungen in eigenem Interesse besonderen Wert legen. Dies gilt für den Berufsfotografen, der sich mit Eventfotografie oder sonstiger Personenfotografie befasst, aber auch für den Amateurfotografen, der über den familiären Rahmen hinaus Personen fotografiert, die nicht nur rein zufällig auf einem Foto abgebildet, sondern ganz gezielt fotografiert werden. Es spielt dabei keinerlei Rolle, ob die Fotografie entgeltlich oder unentgeltlich erfolgt.

4.9.1 Informationspflichten

Dem Fotografen unterliegen nach Art. 13 DSGVO eine ganze Reihe von Informationspflichten, die ich im Nachfolgenden kurz aufzählen möchte:

Nach Art. 13 DSGVO ist der Fotograf verpflichtet, der betroffenen Person insbesondere folgende Informationen zum Zeitpunkt der Erhebung der Daten, also spätestens zum Zeitpunkt des Anfertigens der Fotos, zur Verfügung zu stellen:

- Name und Kontaktdaten des Fotografen
- Zweck und Rechtsgrundlage der Datenverarbeitung, einschließlich der Mitteilung berechtigter Interessen
- gegebenenfalls die Empfänger der personenbezogenen Daten
- Dauer der Datenspeicherung
- Belehrung über die Rechte des Betroffenen, wie Auskunftsrecht (Art. 15 DSGVO), Recht auf Berichtigung der Daten (Art. 16 DSGVO), auf Löschung der Daten (Art. 17 DSGVO), auf Einschränkung der Verarbeitung (Art. 18 DSGVO), auf Datenübertragbarkeit (Art. 20 DSGVO), Widerspruchsrecht (Art. 21 DSGVO) und Beschwerderecht bei der Aufsichtsbehörde (Art. 77 DSGVO)

Gegebenenfalls weitere Informationen, die in Art. 13 DSGVO genannt sind, müssen dann, wenn sie im Einzelfall relevant sind, zusätzlich erteilt werden. Insoweit empfiehlt sich eine Überprüfung nach Art. 13 der DSGVO im Einzelfall.

Hinweistafel

Es sind jedoch durchaus Fälle denkbar, in denen die Informationen an die betroffenen Personen, so wie sie in Art. 13 der DSGVO vorgeschrieben sind, nicht erfolgen können. Man denke in diesem Zusammenhang nochmals an die Teilnehmer einer Veranstaltung, die auf irgendwelchen Zuschauertribünen oder am Rande des Geschehens in Gruppen stehen, wie bei einem großen Sport- oder Musikevent. Eine Information im Sinne des Art. 13 DSGVO ist hier erkennbar überhaupt nicht möglich. Durch entsprechende Hinweistafeln, die für alle Besucher gut sichtbar, z. B. im Eingangsbereich, angebracht werden, ist es jedoch möglich, die Teilnehmer einer Veranstaltung darauf hinzuweisen, wer der Fotograf ist, dass eine Verarbeitung personenbezogener Daten nach den Regeln der DSGVO erfolgt und unter welcher Kontaktadresse man sich erkundigen kann, welche Daten im Einzelnen auf welche Weise verarbeitet und an welchem Ort sie gespeichert werden. Außerdem hat der Teilnehmer dann seinen Ansprechpartner, gegenüber dem er seine Rechte aus der DSGVO, wie Löschung seiner Daten etc., geltend machen kann. Diese Möglichkeit ergibt sich in entsprechender Anwendung des Art. 14 Abs. 5 Ziffer b DSGVO. Diese Vorgabe sollte der Fotograf durchaus auch als Möglichkeit, mit derartigen Hinweistafeln gleichzeitig auf sich aufmerksam und Werbung für sich zu machen, nicht unterschätzen.

Fotografie ohne Auftrag

Dies gilt natürlich im Wesentlichen für Auftragsfotografen, die sich so datenschutzrechtlich weitgehend absichern können. Anders sieht es aus bei Fotografen, die ohne Auftrag, also nicht in Erfüllung eines Vertrages, auf Veranstaltungen fotografieren. Hier ist im Einzelfall zu prüfen, ob sie ein berechtigtes Interesse an den Aufnahmen haben, und ob die Personen, z. B. im Stadion oder an der Rennstrecke, nur Beiwerk sind, oder ob man sie aus der Masse heraus porträtiert. Den letztgenannten Fall sollte man unbedingt vermeiden, während der Fotograf bei Zuschauern, die auf dem Foto zu sehen sind, die Aufnahme sich jedoch erkennbar auf die Veranstaltung, z. B. das Fußballspiel, das Rennen etc., bezieht, auf rechtlich sicherer Seite sein dürften, wobei auch in diesem Zusammenhang nochmals darauf hinzuweisen ist, dass es noch keine Rechtsprechung hierzu gibt. Aber im Wege einer Interessenabwägung wird man in solchen Fällen das Interesse des Fotografen höher bewerten als dasjenige einer Person, die sich zufällig auf dem Foto befindet und deren Persönlichkeitsrecht dadurch wohl kaum verletzt wird.

Eine Informationspflicht entfällt grundsätzlich, soweit die betroffene Person bereits über diese Informationen verfügt, wie sich aus Art. 13 Abs. 4 und Art. 14 Abs. 5 Ziffer a DSGVO ergibt.

4.9.2 Pflicht zur Datenlöschung (Art. 17 DSGVO)

Mit dem Recht der betroffenen Person, die Löschung ihrer Daten zu verlangen, korrespondiert die Verpflichtung des Fotografen, personenbezogene Daten, die nicht mehr notwendig sind, zu löschen. So müssen beispielsweise nach Erfüllung eines Fotoauftrags die Fotos mit personenbezogenen Daten gelöscht werden, was die unangenehme Konsequenz hat, dass dann – beispielsweise bei Hochzeitsaufnahmen – keine Nachbestellungen mehr getätigt werden können. Es ist deshalb möglich, mit dem jeweiligen Vertragspartner eine Vereinbarung zu treffen, dass die Daten erst nach bestimmten Fristen gelöscht oder dauerhaft gespeichert werden. Eine solche Regelung sollte auch in jedem Fall in den Vertrag, der der Anfertigung der Fotos zugrunde liegt, aufgenommen werden oder in sonstiger Weise schriftlich geregelt werden.

Ausnahmetatbestände

Andererseits gilt das Recht auf Löschung der Daten nicht, wenn einer der Ausnahmetatbestände des Art. 17 Abs. 3 DSGVO vorliegt, insbesondere wenn die Verarbeitung erforderlich ist zur Ausübung des Rechts auf freie Meinungsäußerung und Information (Ziffer a) oder zur Erfüllung einer rechtlichen Verpflichtung (Ziffer b) und zur Geltendmachung, Ausübung und Verteidigung von Rechtsansprüchen (Ziffer e).

Datenschutzerklärung

Bei der Verfassung sogenannter *Datenschutzerklärungen*, die im Übrigen auch in das Impressum einer jeden gewerblich genutzten Website gehören, sollte man sich professioneller Hilfe bedienen. Im Internet werden Datenschutzerklärungen angeboten, die man frei verwenden darf, sofern man die Quelle, von der diese Erklärung stammt, nennt. Jedenfalls sollten Sie solche Erklärungen nur dann selbst erstellen, wenn Sie sich in dieser Materie auskennen, um nicht unnötigerweise an diejenigen Gelder zahlen zu müssen, die sich darauf spezialisiert haben, fremde Websites nach kleinsten Fehlern zu durchsuchen und dann kostenpflichtige Abmahnungen aussprechen.

Kapitel 5

Unbemannte Luftfahrtsysteme

Warum die Freiheit am Himmel nicht grenzenlos ist

UAS

In diesem Kapitel geht es um Rechtsfragen beim Führen von unbemannten Luftfahrtsystemen oder, englisch, *UAS* (*Unmanned Aircraft System*). Im allgemeinen Sprachgebrauch ist auch von Multicoptern oder Drohnen die Rede. Unbemannte, meist mit hochauflösenden Kameras ausgestattete Fluggeräte sind für eine immer größere Zahl von Menschen ein attraktives Hobby bzw. erweitern das Hobby Fotografie um neue Möglichkeiten. Auch Berufsfotografen erschließen sie sprichwörtlich neue Horizonte. Diese Entwicklung hat aber auch ihre Schattenseite, stellt sie doch für eine ebenfalls nicht geringe Zahl Dritter eine mögliche Sicherheitsgefahr und/oder eine Bedrohung oder Beeinträchtigung ihrer Privatsphäre dar. Die rechtlichen Aspekte sind durchaus brisant, deshalb werfe ich sowohl einen Blick auf die Rechtslage in Deutschland als auch – im Zusammenhang mit der Darstellung der Rechtslage in diesen Ländern in Kapitel 10 – auf die Regelungen in Österreich und der Schweiz.

Fokus auf der Freizeitnutzung

Im professionellen Bereich spielen mit Kameras ausgestattete Fluggeräte bereits seit Längerem eine bedeutende Rolle, denken Sie nur an die Überwachung von technischen Anlagen wie u. a. Windrädern und Industrieanlagen oder ihren Beitrag zur Vermessung, in Forschung und Entwicklung. Ohne den Einsatz von solchen unbemannten Flugsystemen wären diese Aufgaben vielfach nur mit hohem Aufwand möglich. Da zwischenzeitlich solche Fluggeräte auch für den Amateur eine nicht unerhebliche Bedeutung erlangt haben, beschäftige ich mich in diesem Kapitel mit den rechtlichen Voraussetzungen und Regelungen beim Betrieb unbemannter Fluggeräte, und das natürlich mit besonderem Blick auf die Fotografie. Allerdings verlassen wir hier teilweise das Thema Foto- und Bildrecht im engeren Sinn und begeben uns in den Bereich des Luftverkehrsrechts.

5.1 Vom Flugmodell zum unbemannten Luftfahrtsystem – eine Begriffsdefinition

Begriffsdefinition Die hier angesprochenen unbemannten Flugobjekte werden mit unterschiedlichen Begriffen bezeichnet. Das *Luftverkehrsgesetz* (LuftVG) (*www.gesetze-im-internet.de/luftvg*) nimmt eine Einteilung danach vor, welchen Verwendungszweck ein solches Fluggerät hat. Werden die unbemannten Flugobjekte ausschließlich zum Zwecke der Freizeitgestaltung oder des Sports eingesetzt, handelt es sich um »Flugmodelle«; erfolgt der Einsatz aus anderen Gründen, insbesondere zu gewerblichen Zwecken, spricht das Gesetz von »unbemannten Luftfahrtsystemen«. In der im Luftverkehr üblichen englischen Verkehrssprache wird allgemein von *UAV* (*Unmanned Aerial Vehicle*) oder amerikanisch *UA* (*Unmanned Aircraft*) gesprochen, unabhängig vom Verwendungszweck.

Abbildung 5.1 ▸
Ein typischer Multicopter, hier in der Ausführung als Quadrocopter und mit eingebauter Kamera (Bild: Karl-Heinz Tobias)

UAS In der seit dem 01.01.2021 geltenden »Durchführungsverordnung (EU) 2019/947 der Kommission vom 24.05.2019 über die Vorschriften und Verfahren für den Betrieb unbemannter Luftfahrtzeuge« (nachfolgend kurz: EU-VO), *https://eur-lex.europa.eu/*, wird durchgängig der Begriff *UAS* (Unmanned Aircraft System) verwendet, also der gleiche Begriff wie im deutschen LuftVG.

Begrifflichkeiten Wie bereits angesprochen wird außerhalb der gesetzlichen Luftfahrtbestimmungen ein solch unbemanntes Flugobjekt oberbegrifflich als *Multicopter* oder – je nach Anzahl der Rotoren – auch als Tricopter, Quadrocopter, Hexacopter, Octocopter oder umgangssprachlich auch schlicht als *Drohne* bezeichnet. Ich möchte mich an dieser Stelle jedoch nicht mit reinen Begrifflichkeiten befassen und werde im Folgenden hauptsächlich entsprechend den Begriffen in den gesetzlichen Grundlagen, insbesondere in der neuen EU-Verordnung, von UAS sprechen. Dort jedoch, wo ich mich auf Publikationen beziehe, in denen der Begriff »Drohnen« verwendet wird, werde ich auch diesen Begriff übernehmen, obwohl ich ihn aufgrund seiner militärischen Assoziation persönlich überhaupt nicht mag, dabei allerdings auch keineswegs verkenne, dass er sich zwischenzeitlich in weiten Teilen eingebürgert hat. Dabei ist der Begriff »Drohne« nicht einmal ganz korrekt, weil nicht nur die umgangssprachlich als »Drohne« bezeichneten UAS, sondern auch ferngesteuerte Flugzeug- und Hubschraubermodelle von den Bestimmungen betroffen sind, auch wenn diese hier keine Rolle spielen.

5.2 Die aktuelle Situation im deutschen Luftraum

Steigende Zahlen von UAS

Nach einer Analyse des deutschen UAS-Marktes durch den Bundesverband der Deutschen Luftverkehrswirtschaft (BDL, *https://www.bdl.aero/de/publikation/analyse-des-deutschen-drohnenmarktes/*) fliegen derzeit in Deutschland 430.700 UAS, von denen 385.500 UAS privat genutzt werden. Nach Schätzungen des BDL werden es bis 2025 ca. 450.000 UAS sein. Während bei der Privatnutzung ein Rückgang um 14,5 % zu verzeichnen ist, ist bei der Zahl der gewerblich genutzten UAS bereits jetzt ein Anstieg gegenüber 2019 von 138 % zu verzeichnen. Momentan wird nur eines von neun UAS kommerziell betrieben, es wird jedoch – so schätzt der BDL – im Jahre 2025 jedes dritte UAS kommerziell betrieben werden. Insgesamt rechnet der BDL bezogen auf die Gesamtzahl der UAS mit einer jährlichen Steigerungsrate von 14,5 % bis zum Jahr 2025.

Allerdings hat sich die Prognose der Deutschen Flugsicherung (DFS), die ich in der Vorauflage noch wiedergegeben habe und laut der sich bis 2020 bundesweit über eine Million UAS im Privatbesitz befinden werden, offensichtlich nicht realisiert, da der zunächst mit der Markteinführung verursachte Boom sich nicht nur abgeflacht hat, sondern rückläufig ist.

5.2.1 Gefährdung durch UAS

Gefährdungspotenzial durch UAS

Die gleichwohl sehr hohe Zahl von UAS im Privatbesitz ist – insbesondere bei Nichteinhaltung von Sicherheitsstandards – logischerweise auch mit erheblichen Risiken für Leib und Leben von Menschen verbunden. Viele Menschen haben auch tatsächlich Angst, in ihrer Privatsphäre und in ihrer körperlichen Sicherheit durch UAS beeinträchtigt bzw. gefährdet zu werden. Diese Angst wird natürlich dadurch bestärkt, dass es bereits mehrfach zu schwerwiegenden Zwischenfällen im Flugverkehr durch leichtsinnigen und verantwortungslosen Umgang mit solchen Fluggeräten gekommen ist.

[zB]

Bereits im Jahr 2015 wurde eine Reihe von Behinderungen im Luftverkehr, verursacht durch UAS, von der DFS registriert, mehrere Male allein am Flughafen Leipzig/Halle. In einem Fall, von dem auch die Presse und das Internet berichteten, hatte ein verantwortungsloser Betreiber unter völliger Missachtung bestehender Kontrollzonen sein Fluggerät unmittelbar über das Flughafengelände gesteuert. Im Jahr 2016 lagen die bei der DFS registrierten Zwischenfälle schon bei dem Fünffachen gegenüber dem Vorjahr, nämlich bei über 60 Fällen (Angabe der DFS).

Im August 2016 kam es beispielsweise beim Landeanflug eines Airbus A321 der Lufthansa auf den Flughafen München in 1.700 m Höhe (!) zu einem Beinahe-Zusammenstoß, als ein UAS mit nur etwa 10 m Abstand an der Linienmaschine vorbeiflog. Ähnliches ereignete sich am Flughafen Warschau und in London Heathrow in etwa gleicher Höhe bei einem Abstand von 20 m zum Verkehrsflugzeug. In allen drei genannten Fällen befand sich das Fluggerät in einer nicht erlaubten Höhe. Der ADAC berichtete schon vor Jahren von Gefährdungen seiner Rettungshubschrauber durch UAS, und bei einem Ski-Rennen in Madonna di Campiglio (Italien) wurde ein österreichischer Skiprofi nur knapp von einem herunterstürzenden UAS verfehlt, das zwar genehmigt flog, aber den ihm zugewiesenen Flugkorridor unzulässigerweise verlassen hatte. Den bislang schwersten und zugleich traurigsten Zwischenfall mit einem solchen Fluggerät gab es in Stourport-on-Severn (Großbritannien), als der Betreiber die Beherrschung über sein Flugobjekt verlor und einer der rotierenden Propeller einem 18 Monate alten Kind quer durchs Gesicht schnitt, das dabei ein Auge verlor.

Im Jahre 2018 wurden bei der DFS sage und schreibe 158 Fälle registriert, in denen es im deutschen Luftraum Behinderungen durch Multicopter gab; im Jahre 2019 gab es 125 Meldungen, im Jahre 2020 schließlich »nur noch« 92 Vorfälle (Quelle: Pressemitteilung der DFS vom 18.01.2021, »Drohnen machen auch bei wenig Flugverkehr Ärger«, *https://www.dfs.de/dfs_homepage/de/Presse/Pressemitteilungen*). Der Flugverkehr lag 2020 aufgrund der weltweiten Corona-Pandemie 56 % unter dem Vorjahresniveau, der Rückgang der registrierten Behinderungen ist jedoch prozentual deutlich niedriger. In einem Drittel der gemeldeten Vorfälle wurde der Flugbetrieb spürbar eingeschränkt, in 24 Fällen allein am größten deutschen Flughafen, in Frankfurt/Main. Zu Jahresbeginn 2020 war der Flughafen Frankfurt aufgrund zweier Zwischenfälle insgesamt viereinhalb Stunden (!) betriebsunfähig.

Sie sollten wissen, was Sie tun!

Die geschilderten Ereignisse sollten eigentlich jedem Betreiber eines UAS verdeutlichen, dass ein solches Fluggerät alles andere als ein harmloses und nicht nennenswert den Luftraum störendes Spielzeug ist, was auch daran erkennbar wird, dass solche Vorkommnisse von den Strafgerichten in Deutschland als gefährlicher Eingriff in den Luftverkehr behandelt werden, was mit einer Freiheitsstrafe bis zu 10 Jahren geahndet werden kann. Experten schätzen die Gefahren von UAS für den Luftverkehr mittlerweile höher ein als diejenigen, die von Vögeln verursacht werden. Jeder, der ein solches Gerät – zu welchem Zweck auch immer – nutzt, sollte sich deshalb unbedingt mit den hierfür geltenden Vorschriften genauestens vertraut machen und sein Gerät mit äußerster Umsicht und Sorgfalt steuern.

[!]

UAS sind kein Kinderspielzeug
Unter Berücksichtigung der Tatsache, dass von UAS eine nicht zu unterschätzende Betriebsgefahr ausgeht, ist es umso wichtiger, sich sorgfältig mit den gesetzlichen Bestimmungen vertraut zu machen.

5.3 Entwicklung der Rechtsnormen für den Betrieb von UAS

Die geschilderten Zwischenfälle, verbunden mit der zunächst seit ihrer Markteinführung rasant angestiegenen Zahl von UAS, aber auch der notwendige Schutz der Privatsphäre Dritter haben den nationalen und nun auch den europäischen Gesetzgeber veranlasst, sich verstärkt der Aufstellung von Vorschriften für den Betrieb solcher Fluggeräte zu widmen.

Bis zum Beginn des Jahres 2017 unzureichende Regelungen

Bis zum Beginn des Jahres 2017 war die Rechtssituation zunächst nur unzureichend geregelt. Zwar gab es bereits Auflagen und Beschränkungen, diese waren jedoch nicht in einer einheitlichen Vorschrift zusammengefasst und somit für den Laien nicht übersichtlich, weshalb es auch immer wieder unterschiedliche Meinungen zu dem ein oder anderen Punkt gab, z. B. was überhaupt die maximal zulässige Flughöhe für ein UAS war.

07.04.2017: Verordnung zur Regelung des Betriebs von unbemannten Fluggeräten

Am 07.04.2017 trat dann die »Verordnung zur Regelung des Betriebs von unbemannten Fluggeräten« (BGBl 2017 Nr. 17) in Kraft. Dabei handelte es sich im Wesentlichen um eine Erweiterung der bestehenden luftverkehrsrechtlichen Vorschriften. Logischerweise galt diese Verordnung des deutschen Gesetzgebers nur für Flüge von UAS innerhalb der Bundesrepublik Deutschland. In anderen Ländern galten teils schärfere Regelungen (wie z. B. in Österreich), daneben gab es Länder mit wesentlich lockereren Vorschriften und Länder, in denen gar keine besonderen Vorgaben für Flüge mit UAS bestanden.

31.12.2020: EU-DrohnenVO

Seit dem 31.12.2020 gilt nun die oben bereits angesprochene EU-VO für alle 27 Mitgliedstaaten. Ursprünglich sollte die EU-VO bereits zum 01.07.2020 in Kraft treten, dieses Datum wurde jedoch im Hinblick auf die weltweite Corona-Pandemie aufgrund einer weiteren EU-VO vom 04.06.2020 auf den 31.12.2021 verschoben. Auf diese EU-VO vom 04.06.2020 muss ich allerdings hier nicht näher eingehen, da sie keinerlei inhaltliche Veränderungen gegenüber der EU-VO vom 24. Mai 2019, sondern lediglich die durch die Verschiebung des Inkrafttretens notwendigen Anpassungen von Übergangsfristen und zeitlichen Daten enthält. Wenn im Nachfolgenden von EU-VO die Rede ist, so sind damit ausschließlich die Durchführungsverordnung 2019/947 und ihr Anhang gemeint.

Weitere Länder

Zwischenzeitlich bereits übernommen wurde die EU-VO außerhalb der EU von Norwegen, in Island soll sie bis Mitte 2021 verbindlich werden, und auch die Schweiz und das sich an der Schweiz orientierende Fürstentum Liechtenstein möchten die EU-VO gerne übernehmen, aber die

Schweiz steht diesbezüglich noch in Verhandlungen mit der EU, worauf ich in Kapitel 10 nochmals zurückkommen werden.

»Alte« Gesetze gelten teilweise weiter

Gleichwohl gilt die Verordnung aus dem Jahre 2017, die Änderungen und Ergänzungen zu bereits bestehenden Gesetzen, der *Luftverkehrszulassungsordnung* (LuftVZO – im Wortlaut unter *www.gesetze-im-internet.de/luftvzo/*) und der *Luftverkehrsordnung* (LuftVO – im Wortlaut unter *www.gesetze-im-internet.de/luftvo_2015*) beinhaltet, teilweise zunächst weiter, weil die EU-VO nämlich nicht regelt, *wo* mit UAS geflogen bzw. nicht geflogen werden darf, also beispielsweise, ob über Naturschutz- oder Wohngebieten geflogen werden darf, welcher Abstand von Flugkontrollzonen einzuhalten ist etc. Denn dies zu regeln, ist gemäß Art. 15 der EU-VO den einzelnen Mitgliedstaaten überlassen. Hierzu jedoch in Abschnitt 5.4 mehr.

Im Folgenden werden wir uns zunächst einmal die auf den ersten Blick durchaus komplizierten Regelungen in der EU-VO näher anschauen.

5.3.1 Die neuen Regelungen der EU-Verordnung

Keine vollumfängliche Einheitlichkeit

Die EU-VO regelt für alle Mitgliedstaaten verbindlich die Grundregeln für den Betrieb von UAS mit dem Ziel, eine einheitliche Regelung für Flüge mit UAS herbeizuführen, was natürlich insoweit nicht gelingen kann, als die Frage, wo man mit seinem UAS fliegen darf, von der EU-VO nicht geregelt, sondern den einzelnen Mitgliedstaaten überlassen wird. Somit dürfte sich die erstrebte europäische Einheitlichkeit lediglich auf die Aspekte, die unmittelbar mit dem Betrieb eines UAS zusammenhängen, erstrecken. Hierzu gehört auch die Regelung über die europäischen Befähigungsnachweise, die es in zwei Ausführungen gibt und den bisherigen deutschen Kenntnisnachweis ersetzen.

Noch keine abschließende Klarheit

Im Übrigen ist es bei einer neuen Regelungssituation, wie sie im Bereich des Betriebes von UAS besteht, nicht selten so, dass zu allen Punkten möglicherweise noch keine abschließende Klarheit besteht, was leider in Kauf zu nehmen ist. Dies gilt momentan auch für die neue Rechtslage bezüglich des Betreibens von unbemannten Flugsystemen, weshalb im Nachfolgenden auch möglicherweise nicht jeder Aspekt rechtssicher dargestellt werden kann.

Sonderregelungen und Übergangsfristen

Auch ist zu beachten, dass es für diejenigen UAS, die bereits benutzt werden, Sonderregelungen und Übergangsfristen für bereits in Umlauf befindliche UAS gibt. Auch das vereinfacht die Rechtslage und auch ihre Darstellung leider nicht. Gleichwohl werde ich mich bemühen, die rechtlichen Aspekte rund um das Fliegen von UAS so verständlich wie möglich aufzuzeigen.

5.3.2 Grundsätzliche Änderungen der bestehenden Rechtslage

Folgende Punkte beinhalten eine Änderung gegenüber der bis zum 31.12.2020 in Deutschland bestehenden Rechtslage:

- Die verpflichtende Registrierung *aller* UAS-Piloten wird eingeführt, und die bisherige Kennzeichnungspflicht von UAS wird durch eine elektronische ID (eID) ersetzt (Art. 14 EU-VO). Hiervon ausgenommen sind nur UAS mit einem Gewicht unter 250 g, sofern sie *keine* Kamera an Bord haben.

- UAS werden in drei Betriebskategorien mit Unterkategorien eingeteilt (Art. 3 bis 6 EU-VO).
- Es erfolgt eine Einteilung in fünf Risikoklassen (C0–C4), die sogenannte *C-Klassifizierung* (Anhang zur EU-VO, Teil A).
- Die maximale Flughöhe wird für die Betriebskategorie »offen« von 100 m auf 120 m angehoben (Art. 4 Abs. 1 lit e EU-VO).
- Die Gewichtsgrenzen der UAS werden angepasst.
- Der deutsche Kenntnisnachweis wird durch den EU-Kompetenznachweis und das EU-Fernpiloten-Zeugnis ersetzt (Art. 8 EU-VO).

Registrierungspflicht und UAS-Kennzeichnung | Seit dem 30.04.2021 muss sich *jeder* Pilot eines UAS mit Sensoren zur Datenaufzeichnung, wie z. B. einer Kamera, gemäß Art. 14 EU-VO registrieren lassen. Ursprünglich war der Stichtag der 31.12.2020, aber durch die Verschiebung der Inkraftsetzung der EU-VO war auch diese Frist entsprechend anzupassen.

Die Registrierungspflicht gilt für alle Betreiber eines UAS, mit einer einzigen *Ausnahme*: Sofern ein UAS mit einer Startmasse von unter 250 Gramm nicht mit einer Kamera oder einem sonstigen zur Datenaufzeichnung geeigneten Gerät ausgestattet ist, muss eine Registrierung nicht erfolgen.

Online-Registrierung

Die Registrierung erfolgt online über die Website des Luftfahrtbundesamtes (LBA), unter *www.lba.de*, dort unter dem Stichwort »UAS-Betreiberregistrierung«. Dabei sind die persönlichen Daten, wie Name, Adresse, Geburtsdatum, E-Mail-Adresse, Telefonnummer sowie Name des Versicherers und die Versicherungsnummer mitzuteilen und ein Scan des offiziellen Ausweisdokumentes zu übersenden.

Der Betreiber erhält dann eine elektronische ID (eID) oder auch Registrierungsnummer, die auf dem UAS sichtbar und dauerhaft anzubringen ist. Wie wir noch sehen werden, muss in bestimmten Risikoklassen diese eID auch in die Software des UAS implementiert werden, damit das UAS regelmäßig die Daten z. B. im Rahmen einer Fernidentifizierung senden kann. Nicht mehr erforderlich, gleichwohl jedoch durchaus empfehlenswert ist eine feuerfeste Plakette.

Gefährdungshaftung

Versicherungspflicht | Grundsätzlich haftet der Betreiber eines UAS für alle Schäden, die durch sein Fluggerät verursacht werden, etwa wenn es aus technischen Gründen abstürzt oder außer Kontrolle gerät und damit Dritten einen Schaden zufügt, und zwar, dies sei ausdrücklich betont, gleichgültig, ob den Betreiber ein Verschulden trifft oder nicht. Denn es handelt sich um eine sogenannte *Gefährdungshaftung*, die allein dadurch entsteht, dass ein Gerät betrieben wird, von dem durch seinen Betrieb ein nicht unerhebliches Gefährdungspotenzial ausgeht. Dies ist sicherlich auch richtig, denn man stelle sich folgende Absurdität vor: Ein UAS stürzt ab, ein Mensch wird schwer verletzt, und der Betreiber des UAS könnte sich dadurch entlasten, dass er einwendet, er habe sein Fluggerät vor dem Start geprüft, alles sei in Ordnung gewesen, und für den während des Fluges entstandenen Defekt könne er schließlich nichts, und am Ende reguliert niemand den Schaden des Betroffenen. Jeder wird sich nun auch ausrechnen können, dass je nach Einzelfall Ansprüche auf Schadensersatz gestellt werden können, die sehr schnell die eigenen finanziellen Mittel übersteigen werden. In extremen Fällen, beispielsweise bei Verletzungen Dritter oder aber auch beim Verstoß gegen die Versicherungspflicht, drohen auch strafrechtliche Konsequenzen, wobei es dagegen natürlich überhaupt keine Versicherung gibt.

Versicherungspflicht!

Deshalb ist eine Versicherung für Betreiber von unbemannten Flugobjekten, gleichgültig, ob diese gewerblich oder privat genutzt werden, Pflicht. Aus der EU-VO ergibt sich dies allerdings nicht, dort wird kein Wort über eine Verpflichtung zum Abschluss einer Versicherung verloren, diese Regelung wird vielmehr in die Kompetenz der Mitgliedstaaten verlagert. Nach § 43 Abs. 2 LuftVG müssen in Deutschland bereits seit 2005 alle Luftfahrzeuge versichert werden. Welche Deckungssummen jeweils für die Versicherung erforderlich sind, richtet sich dabei nach dem Gewicht des UAS und ergibt sich aus § 37 LuftVG. Bei Luftfahrzeugen unter 500 kg, worunter alle üblicherweise genutzten UAS fallen, sind dies mindestens 750.000 Sonderziehungsrechte, eine internationale Kennzahl und Standard im zwischenstaatlichen Luftverkehr. Bei einem Umrechnungsfaktor (Stand 08.07.2021) von 1 € = 0,83157 SDR (*SDR = Special Drawing Right*) entspricht dies einem Betrag von 901.908,43 €, woraus sich eine Mindestversicherungssumme von 1 Million ableiten lässt. Da sich dieser Umrechnungsfaktor immer wieder verändert, empfiehlt es sich, dies bei der Festlegung der Deckungssumme bei der Haftpflichtversicherung zu berücksichtigen und gegebenenfalls eine Versicherung über 1,5 Millionen € Deckungssumme abzuschließen.

Wie oben gesehen, ist der Nachweis einer Versicherung durch Vorlage der Versicherungspolice auch eine grundsätzliche Voraussetzung dafür, sich beim LBA als Betreiber registrieren lassen zu können.

Haftpflicht reicht in der Regel nicht

Für den ein oder anderen stellt sich jetzt die Frage, ob Schäden, die durch den Betrieb von UAS verursacht werden, von einer möglicherweise bereits bestehenden Haftpflichtversicherung abgedeckt werden. Dies ist in aller Regel nicht der Fall! Lediglich Modellflugzeuge ohne Motor sind vereinzelt, aber auch nicht grundsätzlich in den Deckungsumfang von Haftpflichtversicherungen einbezogen. Von solchen Fluggeräten ist hier jedoch nicht die Rede. Schäden, die mit UAS verursacht werden, sind dagegen standardmäßig vom Umfang einer normalen Haftpflichtversicherung ausgeschlossen. Allenfalls besteht die Möglichkeit, eine entsprechende Zusatzversicherung zur bestehenden Haftpflichtversicherung abzuschließen. Ob dies tatsächlich möglich und auch hinsichtlich der dafür fälligen Prämien finanziell interessant ist, kann an dieser Stelle nicht beantwortet werden. Dies muss jeder, der ein UAS betreibt oder betreiben möchte, mit seiner Versicherungsgesellschaft selbst abklären.

[!]

Haftpflichtversicherung deckt den Schaden nicht!
Schäden, die mit dem Betrieb eines UAS verursacht werden, sind von der privaten Haftpflichtversicherung in der Regel nicht gedeckt!

Versicherungsgesellschaften

Die Versicherungsgesellschaften haben sich jedoch schon länger dem insoweit veränderten Markt angepasst und bieten spezielle, teilweise auch durchaus erschwingliche Versicherungen für den Betrieb eines UAS an. Die Prämien hängen davon ab, welche Tarifvarianten im Einzelfall gewählt werden. Es gibt teilweise erhebliche Unterschiede im Leistungsangebot der Versicherer und bei den Prämien, je nachdem, welche Startmasse das UAS hat, ob es gewerblich oder privat genutzt wird, wie hoch die Deckungssumme gewählt wird, ob Dritte das Flugobjekt ebenfalls benutzen, ob Foto- oder Videoflüge, Flüge bei öffentlichen Veranstaltungen und Flugwettbewerben, Indoor-Flüge etc. mitversichert werden sollen. Außerdem hängt die Prämienhöhe davon ab, ob und in welcher Höhe eine Selbstbeteiligung im Schadensfall vereinbart wird. Hier muss jeder Betreiber für sich zunächst entscheiden, was er versichern möchte oder muss, und dann die entsprechenden Angebote verschiedener Versicherer miteinander vergleichen, wozu das Internet eine recht gute erste Informationsquelle ist.

Die drei Betriebskategorien der EU-VO | Nach der EU-VO gibt es zunächst drei Betriebskategorien, nämlich:

- *open* (offen) – Art. 4
- *specific* (speziell) – Art. 5
- *certified* (zulassungspflichtig) – Art. 6

Dabei sind die Kriterien für die ersten beiden Kategorien ergänzend in einem Anhang zur EU-VO geregelt.

Höhe des Risikos

Laut den Erwägungsgründen in der EU-VO soll sich die Festlegung der drei Betriebskategorien auf das Kriterium der Höhe des Risikos sowie auf weitere Kriterien stützen (Ziffer 6 der Erwägungsgründe, einleitend zum Text der EU-VO). Für den UAS-Betrieb, so heißt es in Ziffer 7 der Erwägungsgründe zur EU-VO, sollten abhängig von der Höhe des jeweiligen Risikos, den Betriebsmerkmalen des betreffenden unbemannten Luftfahrzeugs und den Merkmalen des Betriebsbereichs Anforderungen an die Risikominimierung gelten. Entscheidend für die Zuordnung zu einer Betriebskategorie ist somit eindeutig das vom UAS ausgehende Risiko.

Ich möchte mich zunächst den Kategorien »specific« und »certified« zuwenden und sie nur der Vollständigkeit halber ganz kurz abhandeln. Das hat seinen Grund darin, dass diese Kategorien sowohl für hobbymäßig betriebene UAS-Flüge als auch für die meisten kommerziellen Verwendungen keinerlei Bedeutung haben. Beide Kategorien beziehen sich, wie die Bezeichnungen schon erkennen lassen, auf Spezialanwendungen, die für den »normalen« Nutzer völlig uninteressant sind. Sie werden deshalb nur der Vollständigkeit halber hier erwähnt.

Specific (erhöhtes Betriebsrisiko) – Art. 5 EU-VO **|** Unter die Betriebsart »specific« fallen automatisch solche Anwendungen, mit denen die Vorgaben der Kategorie »open« überschritten werden, z. B. Flüge in mehr als 120 m Höhe, außerhalb der Sichtweite des Piloten oder mit einer Startmasse des UAS von 25 kg und mehr.

Für einen solchen Betrieb sind gemäß Art. 11 der EU-VO aufwendige Risikobewertungen (*SORA = Specific Operation Risk Assessments*) durchzuführen und auf deren Basis dann Ausnahmegenehmigungen einzuholen, die meist auch mit speziellen Auflagen verbunden sind. Bei Vorliegen einer dauerhaften Betriebsgenehmigung für Vielflieger, eines sogenannten *LUC* (*Light UAS Operator Certificate*), ähnlich einer ISO-Zertifizierung, ist keine SORA erforderlich. Dies gilt auch für ein sogenanntes »Standardszenario« für verschiedene typische Anwendungsszenarien, z. B. für die Inspektion von Windenergieanlagen.

Für den Hobbybereich und normale kommerzielle Anwendungen scheidet diese Betriebskategorie somit in aller Regel erkennbar aus.

Flugtaxis und Lieferdrohnen

Certified (komplexes Betriebsrisiko) – Art. 6 EU-VO **|** Dies gilt erst recht für die Betriebsart »certified«, zu der auch derzeit noch gar nicht viel gesagt werden kann, hier aber auch nicht gesagt werden muss. Denn es handelt sich hier um Spezialanwendungen für die Industrie und das Transportwesen mit komplexem Risiko, für die besondere Lizensierungsprozesse erforderlich sind, die jedoch momentan noch überhaupt nicht geregelt sind. Hierunter fallen nach Art 6 der EU-VO auch die Beförderung von Menschen (Flugtaxis) sowie von gefährlichen Gütern (Lieferdrohnen), die bei einem Unfall ein hohes Risiko für Dritte darstellen. Ein hobbymäßiger Betrieb scheidet in dieser Kategorie definitiv ebenso aus wie eine alltägliche gewerbliche Anwendung.

»open« > »specific« > »certified«

Die Systematik der Betriebskategorien ist so zu verstehen, dass der Betrieb eines UAS, der die Vorgaben der Kategorie »open« überschreitet, automatisch der Kategorie »specific« zugerechnet wird, und sind auch die Kriterien dieser Betriebskategorie überschritten, automatisch in die Kategorie »certified« fällt.

Für alltägliche Anwendungsfälle

Open (geringes Betriebsrisiko) – Art. 4 EU-VO **|** Wenden wir uns also der für die meisten Fälle anzuwendenden und hier allein interessanten Betriebskategorie »open« zu, geregelt in Art. 4 EU-VO. Gedacht ist diese Risikokategorie für Flüge mit geringem Risiko und für typische, d. h. alltägliche Anwendungsfälle, die für Menschen weitestgehend risikolos sind. In dieser Betriebskategorie ist keine besondere Erlaubnis für den Flug erforderlich. Die frühere geltende Aufstiegserlaubnis ab 5 kg Startmasse ist damit entfallen.

Voraussetzungen

Die UAS-Betriebskategorie gilt laut Art. 4 EU-VO dann, und auch nur dann, als »open«, wenn grundsätzlich die folgenden Voraussetzungen erfüllt sind:

- Das UAS hat eine maximale Startmasse von weniger als 25 kg.
- Der Fernpilot sorgt dafür, dass das UAS in einer sicheren Entfernung von Menschen gehalten und nicht über Menschenansammlungen geflogen wird.
- Der Fernpilot hält das UAS zu jedem Zeitpunkt im *VLOS*-Betrieb (*VLOS = Visual Line Of Sight*, also *Betrieb in direkter Sicht*), es sei denn, er fliegt im »Follow-me-Modus« mit einem maximalen Abstand von 50 m zum Fernpiloten oder es wird ein Spotter, d. h. ein Beobachter, hinzugezogen, der das UAS dauerhaft im Blick hat (bei Flug mit Videobrille) und in Kontakt zum Piloten steht.
- Das UAS wird während des Fluges in einem Abstand von 120 m vom nächstgelegenen Punkt auf der Erdoberfläche gehalten, sofern es nicht ein Hindernis überfliegt. Der Überflug eines 120 m hohen Hindernisses ist mit maximal 15 m zulässig.
- Während des Fluges führt das UAS keine gefährlichen Güter mit und wirft kein Material ab.
- Eine Versicherung ist Pflicht.
- Der Fernpilot ist mindestens 16 Jahre alt.
- Es besteht Registrierungspflicht für alle Fernpiloten, wenn das UAS entweder mehr als 250 g wiegt oder unter 250 g wiegt, aber eine Kamera bzw. Sensoren zur Datenaufzeichnung an Bord hat.

In einem Anhang zur EU-VO, den ich oben bereits erwähnt habe, sind weitere Einzelheiten der Betriebskategorien geregelt, auf die ich hier an späterer Stelle eingehen werde, soweit sie die Kategorie »open« betreffen.

Der UAS-Betrieb in der Kategorie »offen« ist abhängig von den Betriebsbeschränkungen, den Anforderungen an den Fernpiloten und den technischen Anforderungen an das UAS. Die EU-VO unterteilt in Teil A des Anhangs die Betriebskategorie »open« in die drei Unterkategorien A1, A2 und A3, wobei hier Übergangsregelungen für bereits in Umlauf befindliche UAS, die noch ohne Klassifizierung bzw. Zertifizierung nach der EU-VO sind, zum Tragen kommen.

Ich stelle zunächst die Unterkategorien A1 bis A3 vor und komme später auf die Übergangsregelungen für Bestands-UAS zu sprechen.

***Unterkategorie A1* |** Die Kategorie A1 umfasst zwei Anwendungsbereiche:

Ohne EU-Kompetenznachweis

In diese Unterkategorie sind zum einen Flüge mit UAS mit einer Startmasse unter 250 g und einer maximalen Geschwindigkeit von 19 m/s (entspricht 68 km/h) einzuordnen. Der Überflug über einzelne Personen ist erlaubt. Der EU-Kompetenznachweis ist bei Betrieb eines UAS unter 250 g nicht erforderlich.

Mit EU-Kompetenznachweis

Ebenfalls in die Kategorie A1 fallen UAS mit einer Startmasse von weniger als 900 g und einer maximalen Geschwindigkeit von 19 m/s, wobei hier ein Überflug über beteiligte Personen zu vermeiden ist. Der EU-Kompetenznachweis ist erforderlich.

Mit EU-Fernpiloten-Zeugnis

Unterkategorie A2 **|** UAS mit einer Startmasse von 900 g und mehr, jedoch unter 4 kg, fallen in diese Unterkategorie und müssen im Betrieb einen Mindestabstand von 30 m zu Personen einhalten. Im sogenannten Low-Speed-Modus (maximal 3 m/s) reduziert sich dieser Abstand auf mindestens 5 m, wobei erforderlich ist, dass der Fernpilot die Situation im Hinblick auf Wetterbedingungen, Leistungsfähigkeit des UAS und Trennung des überflogenen Gebietes bewertet hat.

1:1-Regelung

Im Übrigen gilt die *1:1-Regelung*, die besagt, dass die Flughöhe der Entfernung von Personen zu entsprechen hat, wobei die 5 m grundsätzlich nicht unterschritten werden dürfen. So muss beispielsweise bei einer Flughöhe von 20 m ein Abstand von 20 m zu Personen, bei einer Flughöhe von 10 m ein Abstand von 10 m zu Personen eingehalten werden.

Aufgrund der »Privilegierung«, mit solchen UAS näher an Menschen heranzufliegen, ist in der Unterkategorie A2 das EU-Fernpiloten-Zeugnis erforderlich.

Mit EU-Kompetenznachweis

Unterkategorie A3 **|** Hierunter fallen alle UAS mit einer Startmasse ab 4 kg und unter 25 kg. Diese dürfen nur weit weg von Personen betrieben werden, sodass jede Gefährdung von Menschen ausgeschlossen ist, und müssen einen Abstand von mindestens 150 m zu Wohn-, Gewerbe-, Naturschutz- und Industriegebieten einhalten. In dieser Kategorie ist der EU-Kompetenznachweis erforderlich.

Risikoklassen von C0 bis C6

Die C-Klassifizierung (Risikoklassen) | Für Hersteller verpflichtend ist, alle UAS, die ab dem 01.01.2023, nach dem Ende der Übergangszeit, auf den Markt gebracht werden, in die Klassen C0 bis C6 einzuordnen und die UAS entsprechend zu deklarieren, wobei hier nur die vier Klassen von C0 bis C3 von Interesse sind.

Bei diesen Klassen handelt es sich um Risikoklassen, in die ein UAS je nach Startmasse (Gewicht), Bewegungsenergie und Bauform, Ausstattungsmerkmalen und Sicherheitsfunktionen vom Hersteller einzugruppieren ist, bevor er das UAS auf den Markt bringt. Je höher das Gewicht und damit das Risiko, desto höher ist auch die C-Klassifizierung.

Auf die Klasse C4 werde ich hier allerdings nicht näher eingehen, weil sie für Modellflieger und Flugmodelle vorgesehen ist und deshalb für das Thema dieses Buches, die Darstellung des Fotorechts, keinerlei Bedeutung hat. Die Klassen C5 und C6 sind, aufbauend auf der Klasse C3, für solche

UAS, die über ein integriertes System verfügen, das bei einem Absturz die übertragene Energie minimiert, z. B. durch Öffnung eines Fallschirms. Auch derartige UAS dürften im alltäglichen Hobby- oder kommerziellen Bereich wohl kaum zu finden sein.

Klasse C0

Die Klasse C0 umfasst UAS von weniger als 250 g Startmasse (*MTOM = Maximum Take-Off Mass*) und einer Geschwindigkeit von maximal 19 m/s. Die gilt auch für Eigenbau-UAS von weniger als 250 g. Die Flughöhe muss auf 120 m begrenzt sein. Es wird für UAS in dieser Klasse keine Fernidentifizierung und keine Geo-Sensibilisierung benötigt. Der Flugbetrieb ist in der Unterkategorie A1 zulässig.

Klasse C1

In die Klasse C1 fallen UAS mit einer Startmasse (MTOM) unter 900 g und einer maximalen Geschwindigkeit von ebenfalls 19 m/s. Die maximale Flughöhe muss am UAS einstellbar, und es muss eine *Return-to-Home-Funktion* vorhanden sein, um einen Rückflug zum zuletzt aufgezeichneten Startpunkt des UAS bei Verlust der Funkverbindung zu ermöglichen. Eine *elektronische Identifikation* (ID-Remote) ist zwingend. Dies ist ein elektronisches System, das regelmäßig während des Fluges Daten aussendet und jedem Interessierten im Sendebereich die Möglichkeit gibt, mit seinem Mobiltelefon folgende Daten per App zu empfangen:

- UAS-Betreiber-Kennung
- Seriennummer des UAS
- Positionsdaten, Flughöhe, Geschwindigkeit und Flugrichtung
- Mitteilung über die Position des Piloten oder den Startpunkt

Außerdem muss eine *Geo-Sensibilisierung* vorhanden sein. Hierunter versteht man eine Funktion, die ausgehend von den durch die Mitgliedstaaten bereitgestellten Geo-Daten eine potenzielle Verletzung der Luftraumgrenzen durch den Multicopter erkennt und den Fernpiloten warnt, sodass dieser sofort Maßnahmen zur Vermeidung dieser Verletzung ergreifen kann.

Der Flugbetrieb ist hier ebenfalls in der Unterkategorie A1 zulässig.

Klasse C2

Von der Klasse C1 unterscheidet sich die Klasse C2 in der Startmasse des UAS (weniger als 4 kg), der nicht limitierten Geschwindigkeit und darin, dass das UAS in der Klasse C2 über einen Low-Speed-Modus von maximal 3 m/s. verfügen muss.

Geflogen werden kann entsprechend den Unterkategorien A2 und A3.

Klasse C3

In der Klasse C3 muss die Startmasse des UAS unter 25 kg liegen oder es sich um einen Eigenbau eines UAS von mehr als 250 g handeln. Das UAS muss kleiner als 3 m sein. Ansonsten entsprechen die Ausstattungserfordernisse denen der Klasse C2.

Mit diesen UAS darf nur in der Unterkategorie A3 geflogen werden.

Da mir bewusst ist, wie komplex und deshalb schwer verständlich die neue Regelung für manchen Leser möglicherweise ist, habe ich die Regelung in Tabelle 5.1 für die Betriebskategorie »open« nochmals zusammengefasst, wobei ich davon ausgehe, dass zumindest im Hobbybereich in aller Regel die Klassen C1 und C2 relevant sein werden. Momentan gibt es allerdings noch keine UAS mit der neuen C-Klassifizierung; dies wird sich aber vermutlich relativ schnell ändern, da ab dem 01.01.2023 nur noch C-klassifizierte UAS auf den Markt gebracht werden dürfen.

Betriebskategorie	Klasse	Einschränkungen	Registrierung des Piloten und Kennzeichnung	Befähigungs-nachweis	ID-Remote	Geo-Sensibilisierung	Low-Speed	Return-to-Home
A1	C0 MTOM* < 250 g	Flüge über einzelne Personen sind zulässig.	ja	nein	nein	nein	nein	nein
	C1 MTOM < 900 g	Flüge über Personen sind zu vermeiden.	ja	EU-Kompetenz-nachweis	ja	ja	nein	ja
A2	C2 MTOM < 4,0 kg	30 m Abstand von Personen, 5 m bei Low-Speed-Modus	ja	EU-Fernpiloten-Lizenz	ja	ja	ja	ja
A3	C3 MTOM < 25,0 kg < 3,0 m	weit weg von Personen, 150 m von Wohngebieten etc.	ja	EU-Kompetenz-nachweis	ja	ja	nein	ja

Tabelle 5.1 Regelungen für die Betriebskategorie »open« im Überblick. Anhand dieser Tabelle dürfte jeder Betreiber anhand der Startmasse und der Ausrüstung seines UAS feststellen können, wo er mit seinem Fluggerät fliegen kann und ob er dafür einen Kenntnisnachweis benötigt oder nicht.
* MTOM = Maximum Take-Off Mass (Startgewicht)

Dauerhafte und zeitlich befristete Übergangsregelungen

Übergangsregelungen | Vielleicht fragt sich jetzt der ein oder andere Leser, ob er sein UAS, das möglicherweise nicht den nun geltenden Betriebskategorien A1 bis A3 entspricht und auch logischerweise noch keine Klassifizierung nach der EU-VO haben kann, überhaupt noch betreiben darf. Ja, das ist natürlich möglich; niemand muss sein Bestands-UAS verschrotten, denn es gibt Übergangsregelungen, und zwar eine dauerhafte und eine zeitlich befristete.

Allerdings dürfte die Frage, ob bei Bestands-UAS eine nachträgliche C-Klassifizierung möglich ist, sodass sie dann in die Klassen C0 bis C3 eingruppiert werden können, zu verneinen sein, da dies einen erheblichen logistischen Aufwand und vermutlich auch nicht unbeträchtliche Kosten verursachen würde, da die UAS zum Hersteller eingeschickt werden, gegebenenfalls dort die Software geändert und technische Anpassungen vorgenommen werden müssten. Letztlich bleibt aber abzuwarten, ob Hersteller einen solchen Service anbieten und was ein solcher dann kosten wird.

Grundsätzlich gilt für Bestands-UAS die EU-VO insoweit, als für den Betrieb das Mindestalter von 16 Jahren erforderlich ist, dass natürlich auch für diese Fluggeräte eine Haftpflichtversicherung bestehen muss und dass in der Betriebskategorie »open« auch für Bestands-UAS die maximale Flughöhe von 120 Metern gilt.

***Dauerhafte Eingruppierung von Bestands-UAS ohne Klassifizierung* |** Bei der dauerhaften Bestandsregelung werden die Bestands-UAS in zwei Gewichtsklassen eingeteilt und dürfen in der Betriebskategorie »open« weiterbetrieben werden. Aus Art. 20 EU-VO ergibt sich diesbezüglich Folgendes:

Startmasse unter 250 g

UAS mit einer Startmasse unter 250 g dürfen dabei in der Unterkategorie A1 betrieben werden, also ist auch der Überflug über einzelne Personen erlaubt (siehe Tabelle 5.1), aber natürlich ist auch hier der Flug über Menschenansammlungen ausnahmslos verboten. Ein EU-Kompetenznachweis ist nicht erforderlich, lediglich die Gebrauchsanweisung des UAS muss der Betreiber sorgfältig zur Kenntnis nehmen, was eigentlich jeder als Erstes tun sollte, wenn er sich ein UAS zugelegt hat.

Startmasse über 250 g

Alle übrigen UAS, die mehr als 250 g, jedoch weniger als 25 kg Startmasse haben, dürfen ausschließlich in der Unterkategorie A3 betrieben werden, was bedeutet, weit weg von Personen und mit 150 m Abstand zu Wohn-, Gewerbe-, Industrie- und Naturschutzgebieten. Zum Betrieb dieser UAS ist der EU-Kompetenznachweis erforderlich.

In der Praxis bedeutet dies, dass beispielsweise der Betreiber eines Bestands-UAS mit einer Startmasse von 2,5 kg sein Fluggerät weiterfliegen darf, und zwar nach Maßgabe der Unterkategorie A3, allerdings muss er dazu einen EU-Kompetenznachweis erbringen (auf die Befähigungsnachweise nach der EU-VO komme ich in Abschnitt »Befähigungsnachweise/Betreiberqualifikation der EU-VO« zu sprechen).

***Optionale und nur befristete Übergangsregelung* |** Während die vorgezeigte Regelung für Bestands-UAS ohne Klassifizierung dauerhaft besteht, kann der Betreiber eines Bestands-UAS auch von einer befristeten Regelung Gebrauch machen. Es handelt sich hier um eine optionale Übergangsregelung, von der der Betreiber keinen Gebrauch machen muss, aber machen kann. Ebenso kann er natürlich sein UAS von mehr als 250 g, aber unter 25 kg Startmasse direkt in A3 betreiben.

Diese befristete Übergangsregelung ist z. B. interessant für den Betreiber eines UAS mit einer Startmasse von 400 g, der damit nicht in der Unterkategorie A3, also weitab von Menschen fliegen, sondern die Gelegenheit haben möchte, sein UAS auch nahe an Menschen zu betreiben. Das Gleiche gilt für einen Betreiber, dessen UAS eine Startmasse von 1 kg hat, der aber damit nicht in der Unterkategorie A3, sondern nach Maßgabe der Unterkategorie A2 fliegen möchte. Beides ist gemäß der befristeten Übergangsregelung möglich.

Zunächst ist darauf hinzuweisen, dass diese Übergangsregelung nur für solche UAS gilt, die vor dem 01.01.2023 auf den Markt gekommen sind und noch keine C-Klassifizierung haben. Diese Übergangsregelung ist befristet auf 30 Monate ab Inkrafttreten der Verordnung. In Publikationen im Internet ist zum Teil noch zu lesen, dass die Übergangsfrist zwei Jahre, nämlich bis zum 31.12.2022, beträgt. Offensichtlich haben die Verfasser jedoch übersehen, dass durch die Verschiebung des Inkrafttretens der EU-VO auch die Frist in Art. 22 von zwei Jahren auf 30 Monate verlängert wurde. Die Übergangsfrist endet dann nach meinem Verständnis 30 Monate nach dem Inkrafttreten der EU-VO, und dies ist mit Ablauf des 30.06.2023.

Nach dieser in Art. 21 EU-VO geregelten Übergangsfrist dürfen UAS über 250 g, aber unter 500 g in der Kategorie A1, d. h. nahe an Menschen, betrieben werden. Voraussetzung ist jedoch der Erwerb des EU-Kompetenznachweises (siehe hierzu den folgenden Abschnitt »Die Befähigungsnachweise nach der EU-VO«).

Besitzer von UAS mit einem Gewicht von mehr als 500 g, aber weniger als 2.000 g können ihr Fluggerät auch in der Unterkategorie A2 betreiben und damit auch relativ nah an Menschen, allerdings nicht in einem Mindestabstand von 30 Metern, wie aus Tabelle 5.1 ersichtlich, sondern in einem horizontalen Mindestabstand von 50 Metern. Die Ausnahme eines Abstands von mindestens 5 Metern im Low-Speed-Modus gilt hier nicht! Ein weiterer Wermutstropfen für den Betreiber ist in dieser Konstellation, dass er für den Betrieb seines UAS in der Unterkategorie A2 das EU-Fernpiloten-Zeugnis benötigt (siehe hierzu ebenfalls den folgenden Abschnitt »Die Befähigungsnachweise nach der EU-VO«).

Der Betreiber eines UAS von beispielsweise 1.000 g Startmasse muss sich also überlegen, ob er während der Übergangsfrist tatsächlich einen Betrieb in der Unterkategorie A2 benötigt und hierzu das EU-Fernpiloten-Zeugnis ablegen möchte, das in den Unterkategorien A1 und A2 der Betriebskategorie »open« nicht benötigt wird, oder ob er von der optionalen Übergangsfrist keinen Gebrauch machen will und stattdessen sein UAS in der Unterkategorie A3 betreibt und dazu den einfacheren EU-Kompetenznachweis erwirbt.

UAS über 2.000 g, aber unter 25 kg fallen auch hier in die Unterkategorie A3, für die – wie gesehen – der EU-Kompetenznachweis erforderlich ist.

Nach Ablauf der Übergangsfrist erlischt die Privilegierung in dieser Übergangszeit, und alle Bestands-UAS mit einer Startmasse über 250 g, aber nicht mehr als 25 kg fallen in die Unterkategorie A3.

Während die dauerhafte Übergangsregelung noch relativ verständlich ist, habe ich die befristete Übergangsregelung nochmals zum besseren Verständnis in Tabelle 5.2 dargestellt.

Betriebs-kategorie	Gewicht	Einschränkungen	Registrierung des Piloten und Kennzeichnung	Befähigungs-nachweis
A1	MTOM* < 250 g mit Kamera	Flüge über einzelne Personen sind zulässig.	ja	nein
	MTOM 250 g bis 499 g	Flüge über Personen sind zu vermeiden.	ja	EU-Kompetenz-nachweis
A2	MTOM 500 g bis 1.999 g	50 m Abstand von Personen	ja	EU-Fernpiloten-Lizenz
A3	MTOM 2.000 g bis < 3,0 m	weit weg von Personen, 150 m von Wohngebieten etc.	ja	EU-Kompetenz-nachweis

Tabelle 5.2 Die optionalen und nur befristeten Übergangsregeln im Überblick.
* MTOM = Maximum Take-Off Mass (Startgewicht)

Befähigungsnachweise/Betreiberqualifikation der EU-VO | Nachdem bereits mehrfach von Befähigungsnachweisen des Betreibers die Rede war, möchte ich nun auf die beiden Formen des Qualifikationsnachweises eingehen, die hierzu in der EU-VO geregelt sind, und dabei auch darstellen, wie es sich zukünftig mit dem nach bisherigem Recht erworbenen Kenntnisnachweis nach §§ 21a, 21d LuftVO (alte Fassung, geändert mit Gesetz vom 14.06.2021) verhält, der bekanntlich erforderlich war, wollte man ein UAS mit einer Startmasse von mehr als 2 kg betreiben.

EU-Kompetenznachweis und EU-Fernpiloten-Zeugnis

Die EU-VO sieht zwei Formen des Nachweises der Befähigung zum Betreiben eines UAS vor, die in Teil A des Anhangs zur EU-VO geregelt sind. Ab einer Startmasse von 250 g ist ein entsprechender Nachweis erforderlich, und zwar

- der EU-Kompetenznachweis A1/A3 (in Publikationen auch »kleiner Drohnenführerschein« genannt) oder
- das EU-Fernpiloten-Zeugnis A2 (in Publikationen auch »großer Drohnenführerschein« genannt)

In der für alltägliche Anwendungen vorgesehenen Betriebskategorie »open« genügt im Allgemeinen der EU-Kompetenznachweis. Wie oben gesehen, ist jedoch in der Unterkategorie A2 das EU-Fernpiloten-Zeugnis erforderlich.

»Kleiner Drohnenführerschein«

Der EU-Kompetenznachweis A1/A3 | Der EU-Kompetenznachweis A1/A3 wird vom Luftfahrt-Bundesamtausgestellt, das auch das Prüfungsverfahren durchführt. Es besteht aus einem Onlinetraining von ca. 3 Stunden und einem sich daran anschließenden Onlinetest.

Das Onlinetraining soll dem Betreiber des UAS das notwendige Grundwissen vermitteln, damit er sein UAS sicher steuern und auch in unvorhergesehenen Situationen beherrschen kann. Das Training besteht aus Stoffvermittlung, u. a. Erklärvideos, und aus Aufgaben, die der Betreiber gestellt bekommt und deren Lösung ihn auf den Prüfungsstoff vorbereitet.

Nach dem Onlinetraining findet die Onlineprüfung statt, bei der 40 Fragen zu folgenden Themen gemäß den Regelungen im Anhang Teil A zur EU-VO nach dem Multiple-Choice-System zu beantworten sind:

- Flugsicherheit
- Luftraumbeschränkungen
- Luftrecht
- menschliches Leistungsvermögen und seine Grenzen
- Betriebsverfahren
- allgemeine Kenntnisse zu UAS
- Schutz der Privatsphäre und der Daten
- Versicherung
- Luftsicherheit

Von den Fragen müssen 75 % richtig beantwortet werden. Hierfür steht eine Zeit von 45 Minuten zur Verfügung, nach deren Ablauf die Prüfung automatisch als beendet gilt, auch wenn in dieser Zeit nicht alle Fragen beantwortet wurden. Die Prüfung kann mehrfach wiederholt werden.

Gültigkeit

Der EU-Kompetenznachweis ist 5 Jahre gültig und muss nach Ablauf dieses Zeitraums durch eine Wiederholungsprüfung oder einen Auffrischungskurs verlängert werden. Der EU-Kompetenznachweis wird vom LBA lediglich als PDF dem Betreiber übersandt. Da der EU-Kompetenznachweis stets mitzuführen ist, wenn das UAS betrieben wird, gibt es jedoch bereits Anbieter im Internet, bei denen man den Führerschein im Scheckkartenformat aus Plastik bestellen kann, was vielleicht ratsam ist. Nähere Einzelheiten hierzu sind auf der Website *www.drohnen.de* unter dem Begriff »EU-Drohnenführerschein« zu finden.

»Großer Drohnenführerschein«

Das Fernpiloten-Zeugnis A2 | Wie bereits erwähnt, ist das EU-Fernpiloten-Zeugnis in der Betriebskategorie »open«, Unterkategorie A2, erforderlich.

Dieser Befähigungsnachweis ist naturgemäß wesentlich umfangreicher als der EU-Kompetenznachweis, und seine Erlangung ist auch mit deutlichen Kosten verbunden, die sich – je nach Anbieter – momentan etwa zwischen ca. 300,00 und 450,00 € belaufen. Das EU-Fernpiloten-Zeugnis wird von durch das LBA anerkannten Stellen (AST) erteilt, und diese anerkannten Stellen, zertifizierte Prüfstellen, sind private Institutionen, die nicht an die LuftKostV gebunden sind und deshalb ihre Gebühren selbst festsetzen. Im Internet finden interessierte Leser auf der bereits angegebenen Website *drohnen.de* nähere Einzelheiten zu den zertifizierten Prüfstellen und deren Gebühren sowie zu den jeweiligen Ausbildungsinhalten.

Ergänzung zum EU-Kompetenznachweis

Grundsätzliche Voraussetzung für das EU-Fernpiloten-Zeugnis ist der Besitz eines aktuellen EU-Kompetenznachweises, was bedeutet, dass man das EU-Fernpiloten-Zeugnis nicht sofort machen kann. Das EU-Fernpiloten-Zeugnis baut vielmehr auf dem EU-Kompetenznachweis auf und ist hierzu eine Ergänzung.

Außerdem ist ein praktisches Selbsttraining auf offenem Feld zu absolvieren und dies schriftlich vom Betreiber selbst zu bestätigen.

Das Training besteht aus mehreren Modulen und wird teilweise online durchgeführt. Informieren Sie sich beim jeweiligen Anbieter, die es verteilt über ganz Deutschland gibt, über den Verlauf und die Durchführung, da es hierfür keine einheitlichen Vorschriften gibt. So gibt es bei einigen Anbietern mehr Onlineangebote, bis hin zum kompletten Onlineerwerb der Qualifikation, während andere Anbieter auch Praxiskurse und Präsenzveranstaltungen anbieten.

Die Prüfung erfolgt dann – online oder als Präsenzveranstaltung – in einem theoretischen Teil, in dem wiederum 30 Fragen aus den Fachgebieten Meteorologie, Flugleistung und Minderung von Risiken am Boden im Multiple-Choice-Verfahren zu beantworten sind, von denen 75 % richtig beantwortet werden müssen. Aus der Tatsache, dass hier weniger Fragen zu beantworten sind als beim EU-Kompetenznachweis, ist auch ersichtlich, dass das EU-Fernpiloten-Zeugnis auf dem EU-Kompetenznachweis aufbaut.

Die Erteilung des EU-Fernpiloten-Zeugnisses erfolgt allerdings nicht durch die zertifizierte Prüfstelle, sondern wiederum durch das Luftfahrt-Bundesamt, bei dem die Erteilung des EU-Fernpiloten-Zeugnisses unter Vorlage der Prüfungsbescheinigung zu beantragen ist. Auch hier erfolgt die Erteilung per PDF-Dokument. Beim EU-Fernpilotenzeugnis ist an das LBA eine Gebühr in Höhe von 30,00 € zu entrichten. Das EU-Fernpiloten-Zeugnis ist ebenfalls 5 Jahre gültig, danach muss die Prüfung wiederholt und die Erteilung erneut beantragt werden.

Fristen für den bisherigen Kenntnisnachweis

Fortdauer des bisherigen Kenntnisnachweises? **|** Der ein oder andere, der im Besitz eines Kenntnisnachweises nach §§ 21a, 21d LuftVO (alt) ist, wird sich jetzt fragen, ob dieser weiterhin Gültigkeit hat oder nun nichts mehr wert ist. Gemäß Art. 21 Abs. 1 und 2 EU-VO behält der bisherige Kenntnisnachweis seine Gültigkeit bis zum 01.01.2022. Bis zu diesem Termin kann der Kenntnisnachweis vom LBA auf Antrag auf den EU-Kompetenznachweis umgeschrieben werden. Erfolgt dies allerdings nicht innerhalb dieser Frist, verliert der Kenntnisnachweis nach §§ 21a, 21d LuftVO (alt) mit Ablauf der Frist seine Gültigkeit mit der Folge, dass der Betreiber dann den EU-Kompetenznachweis entsprechend dem oben geschilderten Verfahren neu machen muss. Deshalb sollte jeder Betreiber daran denken, einen gegebenenfalls vorhandenen Kenntnisnachweis rechtzeitig umschreiben zu lassen.

Grundsätzlich nicht möglich ist es jedoch, den Kenntnisnachweis nach §§ 21a, 21 d LuftVO (alt) direkt in das EU-Fernpiloten-Zeugnis umwandeln zu lassen. Und nicht ausreichend ist eine bloße Einweisungsbescheinigung, diese wird nicht als Grundlage für eine Umschreibung in den EU-Kompetenznachweis akzeptiert.

Gebühren

Gebühren des Luftfahrtbundesamtes | Mit der Änderung der Kostenverordnung der Luftfahrtverwaltung (LuftKostV) durch Gesetz vom 14.06.2021 ist die Erteilung und Verlängerung der Kompetenznachweise durch das Luftfahrtbundesamt nicht mehr gebührenfrei! Es werden je nach Vorgang Gebühren zwischen 15,00 und 50,00 € erhoben. Die Einzelheiten ergeben sich aus § 25a und §§ 34–38 der LuftKostV und können hier aus Platzgründen nicht dargestellt werden.

GEO-Zonen

Betriebsverbote/geografische UAS-Gebiete | Wie eingangs dieses Kapitels bereits erwähnt, wurde in der EU-VO keine Bestimmung darüber getroffen, wo mit einem UAS geflogen werden darf und in welchen Bereichen das Fliegen nicht gestattet oder eingeschränkt ist. Nach Art 15 EU-VO sind die Mitgliedstaaten der EU aufgerufen, ein eigenes System geografischer UAS-Gebiete unter der Bezeichnung GEO aufzustellen, aus dem sich ergibt, wo mit UAS überhaupt nicht geflogen werden darf bzw. wo der Flugbetrieb Einschränkungen unterliegt. Dieses System soll dann im Zusammenhang mit der bereits angesprochenen Geo-Sensibilisierung eingesetzt werden, indem diese Daten von dem UAS selbst ausgewertet werden können, aber auch dem Piloten online zur Verfügung stehen. Auch wenn es diese GEO-Zonen derzeit noch nicht offiziell gibt, regelt der Anhang Teil A zur EU-VO, dass der Fernpilot während des Fluges die für die geografischen Gebiete geltenden Betriebsbeschränkungen einzuhalten hat.

Ein einheitliches europäisches GEO-System, wenn es denn so umgesetzt wird, hat für den Fernpiloten den Vorteil, dass er – egal, wo er sich in Europa befindet – über sein Fluggerät Hinweise erhält, ob er in einem Bereich fliegt, wo er auch fliegen darf. Voraussetzung ist natürlich, sein UAS ist mit einer Geo-Sensibilisierung ausgestattet, also in den Klassen C1 bis C3.

Betriebsverbote und die Kontrollzonen der DFS

Die in § 21 LuftVO geregelten Betriebsverbote für die Kontrollzonen der DFS ohne ausdrückliche Genehmigung der DFS gelten unabhängig von dem geplanten GEO-System weiter, wobei die Flughafen-Kontrollzonen bzw. Flugverbotszonen für die einzelnen Flughäfen in Deutschland auf der Website der DFS unter *www.dfs.de* unter dem Stichwort »Drohnenflug« anhand entsprechender Karten dargestellt werden. Die Kontrollzonen für die internationalen deutschen Verkehrsflughäfen sind unterschiedlich. Sie werden von der DFS festgelegt und sind für jeden Flughafen anders geregelt. Sie können sich, um im Einzelfall eine Beurteilung vornehmen zu können, auf der Website der DFS informieren und dort die jeweiligen Karten für die einzelnen Flughäfen kostenlos nutzen.

Neues Gesetz vom 14.06.2021

Nur wenige Tage vor Redaktionsschluss für dieses Buch hat die Bundesregierung ein Gesetz erlassen, mit dem die LuftVO an die neue EU-VO angepasst wurde. Es handelt sich um das *»Gesetz zur Anpassung nationaler Regelungen an die Durchführungsverordnung (EU) 2019/947 der Kommission vom 24. Mai 2019 über die Vorschriften und Verfahren für den Betrieb unbemannter Luftfahrzeuge«* vom 14.06.2021. Dabei wurden u.a. auch die bisherigen Betriebsverbote, die in § 21b LuftVO geregelt waren, geändert.

§ 21h LuftVO ist die bereits angesprochene Festlegung der GEO-Gebiete gemäß Art. 15 EU-VO und trägt deshalb die Überschrift »Regelungen für den Betrieb von unbemannten Fluggeräten in geografischen Gebieten nach der Durchführungsverordnung (EU) 2019/947«.

Verbote mit Erlaubnisvorbehalt

Waren in § 21b LuftVO die Verbote noch ausdrücklich als solche benannt, so ist der neue § 21 h LuftVO für den juristischen Laien insoweit etwas schwieriger zu verstehen, als es dort heißt, dass der Betrieb von UAS in den nachfolgend genannten geografischen Gebieten unter näher benannten Voraussetzungen zulässig ist. Diese Zulässigkeitsvoraussetzungen beziehen sich allerdings meist auf UAS-Flüge in der »speziellen« Kategorie und mit besonderen Bewilligungen und Genehmigungen, die nun im Einzelnen in § 21i LuftVO geregelt sind und in aller Regel für private Flüge im Hobbybereich wohl kaum erteilt werden dürften, abgesehen davon, dass solche Genehmigungen nach §16a LuftKostV bis zu 3.500,00 € kosten können. Es handelt sich auch hier um sogenannte Verbote mit Erlaubnisvorbehalt, wobei es im Wesentlichen für die »offene« Kategorie jedoch aufgrund eines entsprechenden Umkehrschlusses aus den Vorschriften des § 21h LuftVO bei den bislang bereits geregelten Betriebsverboten bleibt, zu denen jedoch einige noch hinzugekommen sind. In der für die meisten Leser interessanten »offenen« Kategorie gelten folgende Verbote:

- über und in einem seitlichen Abstand von 100 m von Industrieanlagen, Justizvollzugsanstalten, Einrichtungen des Maßregelvollzugs, militärischen Anlagen und Organisationen, Anlagen der Energieerzeugung und Energieverteilung sowie über Einrichtungen, in denen erlaubnisbedürftige Tätigkeiten der Schutzstufe 4 nach der Biostoffverordnung ausgeübt werden
- über und in einem seitlichen Abstand von 100 m von Grundstücken, auf denen die Verfassungsorgane des Bundes oder der Länder oder oberste und obere Bundes- und Landesbehörden oder diplomatische und konsularische Vertretungen sowie internationale Organisationen des Völkerrechts ihren Sitz haben, sowie von Liegenschaften von Polizei und anderen Sicherheitsbehörden

- über und in einem seitlichen Abstand von 100 m von Bundesfernstraßen, Bundeswasserstraßen und Bahnanlagen, es sei denn, dass die Höhe des Fluggerätes über Grund (also beim Überflug über Bahnanlagen und Bundesfernstraßen) stets kleiner ist als der seitliche Abstand zur Infrastruktur und der seitliche Abstand zur Infrastruktur stets größer als 10 Meter ist, oder wenn im Falle eines Überflugs von Bundeswasserstraßen das Fluggerät mindestens 100 Meter über Grund oder Wasser betrieben wird, lediglich eine Querung auf kürzestem Weg erfolgt und keine Schiffe und Schifffahrtanlagen, insbesondere Schleusen, Wehre, Schiffshebewerke und Liegestellen überflogen werden
- über Naturschutzgebieten im Sinne des § 23 Abs. 1 Bundesnaturschutzgesetz, über Nationalparks im Sinne des § 24 des Bundesnaturschutzgesetzes und über Gebieten im Sinne des § 7 Abs. 1 Nummer 6 und 7 das Bundesnaturschutzgesetzes (u.a. FFH-Gebiete gemäß EU-Richtlinien (»Flora-Fauna-Habitat«) – und Vogelschutzgebiete)
- über Wohngrundstücken, es sei denn, der jeweilige Eigentümer oder Nutzungsberechtigte hat dem Überflug ausdrücklich zugestimmt, oder die Startmasse des UAS beträgt weniger als 250 g und verfügt über keine Möglichkeit der Datenaufzeichnung, oder der Betrieb erfolgt in einer Höhe von mehr als 100 Metern, wobei dann allerdings zusätzliche Voraussetzungen, die in § 21h Abs. 3 Ziffer 7 LuftVO geregelt sind, erfüllt sein müssen
- über Freibädern, Badestränden und ähnlichen Einrichtungen während der Betriebs- oder Badezeiten
- über und innerhalb eines seitlichen Abstands von 100 Metern von der Begrenzung von Krankenhäusern
- über und innerhalb eines seitlichen Abstands von 100 Metern von Unfallorten und Einsatzorten von Behörden und Organisationen mit Sicherheitsaufgaben sowie über mobilen Einrichtungen und Truppen der Streitkräfte im Rahmen angemeldeter Manöver und Übungen

Informieren Sie sich über die jeweils aktuelle Fassung

Schließlich regelt § 21h Abs. 4 LuftVO, dass der Bundesminister für Verkehr und digitale Infrastruktur oder eine von ihm bestimmte Bundesbehörde ermächtigt ist, weitere geografische Gebiete nach Art. 15 Abs. 1 und 2 EU-VO sowie Einzelheiten zum Betrieb von UAS festzulegen. Daher ist es zu empfehlen, sich jeweils im Internet über die gerade aktuelle Fassung des § 21h LuftVO zu informieren, zumal in § 21h Abs. 5 bis 7 LuftVO ausdrücklich geregelt ist, dass die Bestimmungen über einen Zeitraum von zwei Jahren ab dem 18.06.2021 zu evaluieren sind, Änderungen und Ergänzungen somit keineswegs ausgeschlossen werden können.

Einschränkungen, an die Sie sich halten sollten

Damit werden die Einsatzmöglichkeiten von UAS, gerade im Hobbybereich, spürbar eingeschränkt. Es sei – ich möchte es nochmals betonen – auch jedem dringend geraten, sich an diese Einschränkungen und Verbote zu halten, wobei es sehr wichtig ist, sich auch über gegebenenfalls zusätzlich geltende örtliche Besonderheiten und mögliche spezifische Regelungen im jeweiligen Bundesland zu erkundigen, die ebenfalls zu beachten sind. Eine gründliche Information über alle rechtlichen Auflagen und Beschränkungen beim Betreiben von UAS ist auch im Eigeninteresse des Betreibers dringend geboten, denn Verstöße gegen die Vorschriften der Luftverkehrsbestimmungen können sehr teuer werden. Auch wenn im Normalfall bei Privatpersonen vermutlich mit niedrigeren Bußgeldern, vor allem bei »Ersttätern«, zu rechnen ist, sieht das Luftverkehrsgesetz Bußgelder von bis zu 50.000 € vor. Aber schon ein deutlich geringeres Bußgeld dürfte wohl ein ganz erhebliches Loch in die Haushalts- oder Hobbykasse reißen. Davon unabhängig sind natürlich zivilrechtliche Schadensersatzansprüche der Betroffenen, wenn – wie im obigen Beispiel – der Betrieb auf dem Frankfurter Flughafen für mehrere Stunden stillsteht und ein vielstelliger Schaden entsteht, den auch keine Versicherung übernimmt, wenn man vorsätzlich oder grob fahrlässig mit seinem UAS in eine Verbotszone einfliegt. Jeder wird sich die möglichen Konsequenzen ausmalen können, auf die sich der Betreiber, sofern er identifiziert wird, einstellen muss.

Nachtflüge **|** Anders sieht es mit Nachtflügen aus, die nach § 21a Abs. 1 Ziffer 5 LuftVO einer besonderen Erlaubnis bedurften, die je nach Bundesland relativ einfach, schwierig oder überhaupt nicht zu bekommen war.

Dies ergibt sich nicht nur daraus, dass der § 21a Abs. 1 Ziffer 5 an mehreren Stellen für nicht mehr anwendbar erklärt wird, sondern auch aus einer Erklärung des LBA, in der es heißt:

[§]

> *»Im Gegensatz zum bisherigen deutschen Recht sind Flüge von UAS bei Nacht nicht ausgeschlossen und bedürfen damit keiner besonderen Genehmigung. Das UAS muss während des Betriebs bei Nacht mit einem grünen Blinklicht ausgestattet sein. Der Flug ist, wie am Tage, in direktem Sichtkontakt zwischen Fernpilot und Drohne durchzuführen. Zusätzliche Positionslichter, die die Beurteilung der Lage des UAS im Raum erleichtern, sind empfehlenswert.« (Quelle: https://www.lba.de/DE/Betrieb/Unbemannte_Luftfahrtsysteme/Allgemeine_Informationen/Allgemeine_Informationen_node.html).*

Es darf deshalb davon ausgegangen werden, dass ein Nachtflug zulässig ist, auch wenn dies in der EU-VO nicht ausdrücklich geregelt wird.

Auswirkungen der gesetzlichen Neuerungen auf die Praxis **|** Wie wirken sich die dargestellten Regelungen und Betriebsverbote in der Praxis für Fotografen und Filmer aus?

Beachten Sie Flugkontrollzonen!

Insbesondere die Beachtung von Flugkontrollzonen führt dazu, dass man beim Überfliegen von Städten größte Vorsicht walten lassen muss. Flugkontrollzonen sind die Zonen rund um einen Verkehrsflughafen, die von der Flugsicherung kontrolliert werden. Wer ein UAS starten lassen möchte und deshalb konkret wissen muss, wo genau Flugkontrollzonen in Deutschland liegen, sei auf die Website der *Deutschen Flugsicherung* (*https://www.dfs.de/dfs_homepage/de/Drohnenflug/Karten%20&%20Flughäfen/Flughäfen%20der%20DFS/*) verwiesen, wo man nähere Informationen über die von der DFS betreuten Flughäfen findet, ebenso wie entsprechende Ausschnitte von Karten der *Internationalen Zivilluftfahrtorganisation* (*International Civil Aviation Organization*, ICAO) sowie weitere wertvolle Hinweise zum Thema. All dies im Einzelnen darzustellen, würde den Rahmen dieses Buches bei Weitem sprengen. Aber schauen Sie sich auf der Website der DFS beispielsweise nur einmal die Kontrollzone für den Großraum Frankfurt auf dem Ausschnitt der ICAO-Karte an, so erkennen Sie unschwer, dass in diesem Bereich weiträumig nicht geflogen werden darf.

Informieren Sie sich über lokale Bestimmungen!

Ich habe bereits darauf hingewiesen, dass es unbedingt erforderlich ist, sich auch über die jeweils örtlich geltenden Regelungen zu informieren, die von Bundesland zu Bundesland unterschiedlich sein können. Denn neben den vorgenannten Flugkontrollzonen gibt es Flugverbotszonen, die nicht unbedingt etwas mit den Flugkontrollzonen zu tun haben. So können beispielsweise Bundesländer und Städte Verordnungen erlassen, nach denen es verboten ist, in bestimmten Gebieten mit einem UAS zu fliegen. Es gibt Bundesländer mit strengeren Regeln, wie zum Beispiel Baden-Württemberg, Rheinland-Pfalz, Bremen, Hamburg und Berlin, sowie Bundesländer, in denen weniger strenge Regeln gelten. So besteht beispielsweise für das Stadtgebiet von Hamburg grundsätzlich ein Flugverbot für UAS, in Berlin sind ebenfalls weite Stadtgebiete für UAS generell gesperrt. Ähnliches gilt für viele andere Großstädte wie Köln, Dresden, Düsseldorf und Leipzig, um nur einige zu nennen. Auch dort gibt es starke bis sehr starke Einschränkungen für Flüge von UAS. Hier ist es also dringend geboten, sich im Vorfeld eines Fluges genaue Informationen zu besorgen! Auch angesichts dieser lokalen Unterschiede können im Rahmen des Buches verständlicherweise nicht alle in Deutschland geltenden Regelungen dargestellt werden.

Ob es hier durch das neue GEO-System zu einer Vereinheitlichung kommen wird, ist derzeit nicht abzusehen, allerdings glaube ich, dass eine solche Einheitlichkeit aufgrund der föderalen Struktur der Bundesrepublik Deutschland nicht einfach zu erreichen sein dürfte.

Unbewohnte Landschaften

Auch beim Flug über unbewohnte Landschaften müssen Sie sich vorher informieren, ob es sich bei dem Gebiet, das überflogen werden soll, nicht möglicherweise um ein Naturschutzgebiet handelt, da auch hier, wie bereits erwähnt, Flüge grundsätzlich verboten sind, um vor allem die Tiere, insbesondere brütende Vögel, zu schützen. Das gleiche Verbot gilt im Übrigen auch für die Schutzgebiete gemäß § 7 BNatSchG, insbesondere für Vogelschutzgebiete und Gebiete gemäß der europäischen FFH-Richtlinie aus dem Jahre 1992 (»Flora-Fauna-Habitat«), sowie für Gebiete des Schutzgebietsystems »Natura 2000«, wobei ich auf Einzelheiten an dieser Stelle aus Platzgründen nicht näher eingehen kann.

[!]

Zusammenfassung

Grundsätzlich darf man ohne Einschränkungen über seinem eigenen Grundstück unter Beachtung der gesetzlichen Regelungen sowie über Modellfluggelände fliegen, benötigt jedoch gleichwohl eine Registrierung, also eine eID, die – wie gesehen – für alle UAS erforderlich ist. Über allen anderen Gebieten sind gesetzliche Verbote und Einschränkungen zu beachten und vorab Erkundigungen über die örtlich geltenden besonderen Regeln einzuholen.

Weitere Vorgaben für die Betriebskategorie »open«

Sonstige Regelungen in der EU-VO | Aus dem Anhang zur EU-VO, Teil A, ergeben sich für die Betriebskategorie »open« weitere Vorgaben, die vom Fernpilot einzuhalten sind, nämlich:

- Der Fernpilot muss während des Fluges das unbemannte Flugzeug in VLOS (Sichtweite) halten und ständig den das unbemannte Luftfahrzeug umgebenden Luftraum im Blick halten, um jedes Risiko einer Kollision mit einem bemannten Luftfahrzeug zu vermeiden. Der Fernpilot muss den Flug unterbrechen, sobald der Betrieb ein Risiko für ein anderes Luftfahrzeug, Menschen, Tiere, die Umwelt oder Gegenstände darstellt. Selbstverständlich haben UAS keine Vorfahrt vor bemannten Luftfahrzeugen, sondern haben sich ihnen fernzuhalten.

Fliegen Sie nüchtern und fit

- Der Fernpilot darf keine Aufgaben ausführen, wenn er unter dem Einfluss psychoaktiver Substanzen oder Alkohol steht oder nicht in der Lage ist, seine Aufgaben aufgrund von Verletzung, Müdigkeit, Medikamenteneinnahme, Krankheit oder sonstigen Gründen wahrzunehmen. Auch hierzu gab es in Deutschland bislang keine spezielle Vorschrift für Betreiber von UAS, sondern lediglich für Piloten bemannter Flugzeuge.
- Auch hat der Fernpilot das Betriebsfeld zu beobachten, nach Hindernissen zu überprüfen und festzustellen, ob unbeteiligte Personen anwesend sind.
- Der Fernpilot muss sicherstellen, dass die Masse einer möglichen zusätzlichen Nutzlast, die das UAS mit sich führt, nicht die vom Hersteller festgelegte MTOM oder das MTOM-Limit seiner Klasse übersteigt. Diese Vorschrift ist für alle diejenigen interessant, die kein UAS mit eigener Kamera verwenden, sondern ein UAS betreiben, an das eine Kamera vom Betreiber angebracht wird.
- Während des Fluges dürfen Fernpiloten oder UAS-Betreiber nicht an Gebiete heranfliegen oder in Gebieten fliegen, in denen ein Notfalleinsatz stattfindet, sofern sie nicht von den zuständigen Notfalldiensten die Erlaubnis hierfür erhalten haben.

5.3.3 Weitere Einschränkungen beim Betrieb von UAS außerhalb der EU-VO und der LuftVO

Ausführungen in Kapitel 2 und 3

Über die oben besprochenen Regelungen in der *EU-VO und der LuftVO* sind weitere rechtliche Aspekte im Zusammenhang mit dem Betreiben von UAS zu beachten, wobei grundsätzlich die Ausführungen in Kapitel 2, 3 und 4 dieses Buches zur Sach- und Personenfotografie und zum Datenschutz auch für Aufnahmen mithilfe von UAS bzw. an denen angebrachten Kameras gelten.

Persönlichkeitsrechte und Privatsphäre gelten auch beim Multicopterflug

Hausrecht, Privatsphäre und Datenschutz | Es versteht sich von selbst, dass alle Aspekte, die in Kapitel 3, »Menschen«, und in Kapitel 4, »Datenschutz«, im Zusammenhang mit der Fotografie von Personen ausführlich erörtert wurden, nämlich die Persönlichkeitsrechte und die Privatsphäre Dritter, strikt zu respektieren sind. Ein Flug eines UAS über die Terrasse des Nachbarn oder an dessen Fenster vorbei mag für den einen oder anderen vielleicht spaßig und ein toller Gag sein, für den betroffenen Nachbarn ist es das sicher nicht, und so etwas ist natürlich ohne Einwilligung des Nachbarn ausnahmslos verboten.

Nach § 905 BGB gehört der Luftraum über dem Grundstück (sowie der Boden unter der Erdoberfläche) zum Grundstück und unterliegt dem alleinigen Verfügungs- und Hausrecht des jeweiligen Eigentümers, sodass hier neben dem Persönlichkeitsrecht auch das Hausrecht des Nachbarn greift (den Wortlaut des Paragrafen im Bürgerlichen Gesetzbuch finden Sie unter *www.gesetze-im-internet.de/bgb*). Der Eigentümer kann nur solche Einwirkungen nicht verbieten, die in solcher Höhe und Tiefe vorgenommen werden, dass er an der Ausschließung kein Interesse hat, zum Beispiel beim Überfliegen eines Verkehrsflugzeugs oder bei staatlichen Vorrechten, wie zum Beispiel niedrig fliegenden Rettungs- und Polizeihubschraubern oder dergleichen. Ob darunter auch der Überflug mit einem UAS fällt, wurde von der Rechtsprechung – soweit erkennbar – noch nicht entschieden. Jedenfalls muss dann das UAS aber in einer solchen Höhe fliegen, dass für den Grundstückseigentümer kein objektives Interesse an einem Überflugverbot über sein Grundstück besteht, und dies dürfte meist zum Konflikt mit der maximal zulässigen Flughöhe von 120 m führen. Auch hier ist es, wie in vielen anderen Fällen, deshalb grundsätzlich geraten, zu fragen und die Einwilligung einzuholen, wenn Sie auf der sicheren Seite sein wollen.

Vorschriften des Bundesdatenschutzgesetzes

Fotografiert oder filmen Sie mit der Bordkamera eines UAS, so erheben Sie zweifellos Daten im Sinne der datenschutzrechtlichen Vorschriften, wie Sie in Kapitel 4, »Datenschutz«, bereits gesehen haben. Die Verarbeitung personenbezogener Daten ist – wie Sie wissen – nur zulässig, soweit ein Erlaubnistatbestand nach Art. 6 DSGVO vorliegt, was in jedem Einzelfall zu prüfen ist. Um hier Wiederholungen zu vermeiden, darf ich auf die Ausführungen in Kapitel 4 verweisen.

Für privat betriebene UAS bedeutet dies im Klartext, dass der Pilot eines UAS, sofern im Einzelfall kein Erlaubnistatbestand vorliegt, nicht nur Personen nicht fotografieren oder filmen darf, sondern auch nicht solche Gegenstände, die Rückschlüsse auf (eine) bestimmte Person(en) zulassen, wie beispielsweise Kraftfahrzeugkennzeichen, Gebäude oder ähnliche Merkmale, die eine eindeutige Zuordnung zum jeweiligen Besitzer erlauben. Für eine gezielte Überwachung oder Beobachtung bestimmter Personen und ihres privaten Umfeldes darf ein Multicopter somit keinesfalls eingesetzt werden!

Vorschriften des Urheberrechts | Auch dort, wo das Fliegen grundsätzlich zulässig ist, sind auch die urheberrechtlichen Vorschriften beim Fotografieren oder Filmen von Sachen mittels UAS zu beachten, insbesondere ein Urheberrecht an Gebäuden oder anderen Gegenständen. Denn die Panoramafreiheit (siehe Abschnitt 2.2.4) findet bei Aufnahmen aus der Luft schon vom Gesetzeswortlaut her keine Anwendung, da das Erfordernis, dass die Aufnahmen von öffentlichem Grund aus ohne Hilfsmittel gemacht werden müssen, erkennbar nicht erfüllt ist. Wer also ein Gebäude aus der Luft filmen möchte, muss, sofern es sich nicht um ein historisches Gebäude handelt, für das die Schutzrechte bereits abgelaufen sind (siehe Abschnitt 1.1.10, »Dauer des Urheberrechts und Schutzfristen«), den Architekten des Gebäudes um Einwilligung bitten.

Keine Panoramafreiheit

5.3.4 Fazit

Auch wenn Ihr erster Eindruck vielleicht ein anderer ist: Die gesetzlichen Vorschriften führen aus meiner Sicht nicht zwangsläufig dazu, dass den Hobbypiloten der Spaß an ihrem Hobby genommen wird. Natürlich werden durch die gesetzlichen Regeln gewisse Hürden errichtet. Trotz der Bemühungen des Gesetzgebers, die Flugsicherheit und die Privatsphäre besser zu schützen, bleiben jedoch dennoch genug Raum und Möglichkeit zum Betreiben von UAS in Deutschland. Und letztlich würde auch jeder Betreiber eines UAS sicherlich nicht wollen, dass seine eigene Sicherheit gefährdet und seine eigene Privatsphäre durch andere Betreiber beeinträchtigt wird.

Der Spaß bleibt

◄ **Abbildung 5.2**
Mit Multicoptern eröffnen sich fantastische Perspektiven. Behalten Sie dabei aber immer auch den gesetzlichen Rahmen im Blick, insbesondere im Ausland.
(Foto: iStockphoto 75256261 © Harvepino)

In meinen Augen darf man die Regelungen zum Betrieb von UAS durchaus als ausgewogenen Ausgleich zwischen den Interessen der Piloten von UAS einerseits und denjenigen Teilen der Bevölkerung andererseits ansehen, die solchen Fluggeräten – aus welchen Gründen auch immer – skeptisch oder sogar mit nicht unberechtigten Sorgen gegenüberstehen.

5.4 Die Rechtslage in anderen Ländern

Durch die einheitliche Regelung aufgrund der EU-VO stellt sich zunächst einmal die Frage, ob die in einem Mitgliedstaat erworbene Registrierung und auch die erbrachten Nachweise und damit verbundenen Bescheinigungen automatisch auch in anderen Mitgliedstaaten gelten.

Die europäischen Vorschriften sollen ja gerade einerseits gemeinsame Sicherheitsstandards für die gesamte EU gewährleisten und andererseits sowohl den Betreibern als auch den Herstellern Planungssicherheit geben, um Produkte und Dienstleistungen weiterzuentwickeln. Mit den neuen Regeln wird die europäische Flugsicherheitsverordnung aus dem Jahr 2008 reformiert.

Dies bedeutet natürlich, dass in allen Mitgliedstaaten die gleichen Anforderungen nach der EU-VO bestehen und deshalb sowohl die Registrierung von Betreiber und Fluggerät wie auch die Kenntnisnachweise in allen Mitgliedstaaten anerkannt werden.

Dies gilt jedoch nicht für Genehmigungen, die in der Betriebskategorie »specific« erteilt wurde. Hier gilt für den grenzübergreifenden Betrieb von UAS außerhalb des Eintragungsstaates der Art. 13 EU-VO. Beabsichtigt ein UAS-Betreiber einen Betrieb in der »speziellen« Kategorie, für den bereits eine Genehmigung nach Art. 12 erteilt wurde, ganz oder teilweise im Luftraum eines anderen Mitgliedstaates als dem des Eintragungsmitgliedstaats durchzuführen, hat der UAS-Betreiber der zuständigen Behörde des Mitgliedstaats, in dem der Betrieb durchgeführt werden soll, einen Antrag vorzulegen. Die weiteren Bestimmungen des Art. 13 regeln dann die Einzelheiten dieses Antrags, auf die ich hier jedoch nicht näher eingehe, weil es kaum Situationen geben dürfte, bei denen diese Einzelheiten für Sie als Leser wichtig werden könnten.

Noch müssen unterschiedliche Regelungen beachtet werden

Gleichwohl – wir haben es am Beispiel Deutschland bereits gesehen – gibt es, zumindest momentan noch, in den Mitgliedsstaaten der EU unterschiedliche Regelungen, wo Flugverbote bestehen und wo man ungestört sein UAS aufsteigen lassen darf. Deshalb bleibt es, solange es kein einheitliches GEO-System für alle Mitgliedstaaten gibt, dabei, dass Sie sich auch in anderen Ländern unbedingt nach den vor Ort geltenden Bestimmungen zum Betreiben von UAS erkundigen müssen.

Aber auch etwaige Einfuhrbestimmungen, insbesondere in Länder, die keine Mitgliedstaaten der EU sind, müssen beachtet werden; die Einholung einer gegebenenfalls erforderlichen Einfuhrerlaubnis dauert oft lange und sollte rechtzeitig, am besten schon Monate vorher, begonnen werden.

[!]

Einfuhrbestimmungen beachten!
Möchten Sie Ihr UAS im Urlaub ins Ausland mitnehmen, empfiehlt es sich dringend, bei den Vertretungen der jeweiligen Länder in der Bundesrepublik rechtzeitig Erkundigungen einzuholen, ob und gegebenenfalls welche Einfuhrbestimmungen für solche Fluggeräte bestehen, etwaige Einfuhrgenehmigungen frühzeitig zu beantragen und sich nach etwaigen Betriebsverboten vor Ort zu erkundigen.

[zB]

An dieser Stelle nur ein paar Beispiele, die zeigen sollen, wie unterschiedlich die Regelungen in einzelnen, willkürlich ausgewählten Ländern sind und mit welcher Sorgfalt Sie Reisen mit UAS in andere Länder außerhalb der EU vorbereiten sollten:

Während in Japan so gut wie keine Beschränkungen, insbesondere nicht in unbesiedelten Gebieten, bestehen, ist der Betrieb von UAS im Iran strengstens verboten (wie auch der Betrieb von anderen Kameras mit GPS-Funktion). Thailändische Gefängnisse, die nicht besonders komfortabel sein sollen, drohen schlimmstenfalls demjenigen, der sein UAS ohne Genehmigung aufsteigen lässt. In Montenegro riskieren Sie die Konfiszierung Ihres UAS, wenn Sie keine Genehmigung des Wirtschaftsministeriums einholen, und in Israel dürfen Sie UAS ab 300 g nur aufsteigen lassen, wenn Sie temporär Mitglied in einem israelischen Modellsportclub sind.

Es ist natürlich nicht möglich, im Rahmen dieses Buches die Betriebsverbote in allen anderen europäischen Ländern oder sogar noch darüber hinaus darzustellen. Zum einen würde dies den Rahmen dieses Buches völlig sprengen, zum anderen können diese in den einzelnen Ländern auch regional völlig unterschiedlich sein, und man kann überhaupt nicht sicher sein, ob sich zwischenzeitlich nicht wieder etwas geändert hat. Deshalb bleibt keine Möglichkeit, als sich vor Ort nach den aktuellen Regelungen zu erkundigen, wollen Sie nicht unter Umständen empfindliche Bußgelder in Kauf nehmen.

https://drohnen-camp.de

Ich darf an dieser Stelle jedoch auf eine höchst informative Website verweisen, und zwar die Seite *https://drohnen-camp.de* (vormals: *https://my-road.de/*), der ich auch die obigen Beispiele aus einigen Ländern entnommen habe. Die Betreiber dieser Website haben sich die Mühe gemacht, die Bestimmungen für den Betrieb von UAS in unzähligen Ländern darzustellen, und jeder Interessierte kann hier Erstinformationen einholen über die Rechtslage und etwaige Betriebseinschränkungen in anderen Ländern, wobei ich natürlich weder eine Gewähr übernehmen noch beurteilen kann, ob die Bestimmungen, die auf dieser Website wiedergegeben werden und die sich natürlich auch ändern können, tatsächlich immer auf dem neuesten Stand sind. Außerdem beziehen sich diese Angaben global auf ein Land, aber ob beispielsweise in Frankreich, Japan oder Brasilien an bestimmten regionalen Stellen zusätzliche Verbote bestehen, erschließt sich daraus nicht, was allerdings von einer solchen Site auch kaum erwartet werden kann. Hier müssen Sie im Bedarfsfall, zum Beispiel über die Botschaften, Konsulate oder Fremdenverkehrsverbände etc. der jeweiligen Länder, Erkundigungen einholen und den aktuellen Stand erfragen. Ergänzend sind natürlich vor Ort lokale Besonderheiten zu berücksichtigen, bezüglich derer Sie sich spätestens nach der Ankunft informieren müssen.

UAS eröffnen dem Fotografen und Filmer nicht nur ganz andere Perspektiven als einem konventionellen Fotografen, sie öffnen auch ein ganz neues Fass rechtlicher Anforderungen und Einschränkungen, was Ihnen das Betreiben eines UAS jedoch nicht verleiden soll, denn hierfür bleibt genügend Spielraum in Deutschland.

Kapitel 6

Foto- und Bildrecht im Internet

Facebook, Instagram, YouTube und Co.

Das Internet und speziell die sozialen Netzwerke wie Facebook, Instagram oder Pinterest sind im Guten wie im Schlechten nahezu unausweichlicher Bestandteil unseres Lebens geworden. Insbesondere für junge Menschen sind sie für die tägliche Kommunikation unverzichtbar. Und nirgendwo lassen sich Fotos schneller einer möglichst großen Zielgruppe präsentieren.

Gravierende urheberrechtliche Konsequenzen

Die stetig wachsende Zahl an Mitgliedern in sozialen Netzwerken wie Facebook, LinkedIn und Twitter, die dort fleißig Texte und Bilder einstellt, macht sich allerdings überwiegend anscheinend wenig Gedanken über rechtliche Probleme und Fragestellungen, die damit verbunden sind. Ob dies daran liegt, dass die jeweiligen Nutzungsbedingungen der Netzwerke nicht gelesen werden oder ob bewusst die Gefahr in Kauf genommen wird, in rechtliche Probleme zu geraten, vermag ich nicht zu beurteilen. Ich stelle aber immer wieder fest, dass bei vielen Nutzern der sozialen Netzwerke konstatiert werden muss: »Denn sie wissen nicht, was sie (in urheberrechtlicher Hinsicht) tun!«

Dabei spreche ich in diesem Zusammenhang nicht von Bildern, die der Nutzer von sich selbst als alkoholisiertem Partygast einstellt und die vom Personalchef eines potenziellen späteren Arbeitgebers leicht gefunden werden können, was leider oft, insbesondere von Jugendlichen, nicht bedacht wird. Ich spreche hier von urheberrechtlichen Problemen und Konflikten, die im Zusammenhang mit der Einstellung von Fotos in die sozialen Netzwerke entstehen können.

Sicherlich hat sich generell auch bei den sozialen Netzwerken, insbesondere beim Marktführer Facebook, zu dem auch der Messenger-Dienst WhatsApp und mittlerweile auch Instagram gehören, in den letzten Jahren, auch seit Erscheinen der Vorauflage, einiges in ihren Bedingungen geändert, zum großen Teil außerhalb des hier behandelten Urheberrechts, aber auch bezüglich diesem gibt es eine Weiterentwicklung. Nicht zuletzt auf massiven Druck vor allem der EU-Kommission musste Facebook einige Anpassungen vornehmen; wer aber glaubt, Facebook habe seine Politik grundsätzlich geändert, der dürfte sich wohl irren.

Dies gilt z. B. für die Behandlung der leider immer weiter zunehmenden Hasskommentare, Lügen irgendwelcher kruder Verschwörungstheoretiker und grenzenloser Hetze im Internet, die zu einem echten gesellschaftlichen Problem geworden sind, weil Menschen, denen es an Mut und Rückgrat fehlt, offen ihre Meinung in sachlicher Form zu äußern, sich in der Anonymität der sozialen Netzwerke verstecken, um den Mitmenschen ihren wahren Charakter zu zeigen und ihre Aggressionen auszuleben. Diesbezüglich wurden erfreulicherweise in den Bedingungen zwischenzeitlich die Grundlagen geschaffen, solche Nutzer ganz oder vorübergehend von den sozialen Netzwerken auszuschließen, wie das jüngste Beispiel des Ausschlusses eines amerikanischen Präsidenten bei Twitter aufgrund vorsätzlicher Falschaussagen gezeigt hat.

Auch zum Thema Datenschutz wurden die Bedingungen im Hinblick auf die DSGVO der EU für die Nutzer im europäischen Raum angepasst und etwas transparenter gestaltet, jedoch noch immer nicht dem europäischen Standard gänzlich angepasst. Man sieht es deutlich: Die sozialen Netzwerke führen Änderungen für die Nutzer aufgrund von Druck aus der Politik ein, fast möchte man sagen »zähneknirschend«, aber letztlich nur so weit unbedingt nötig und unter möglichst weitestgehender Aufrechterhaltung des Grundtenors der Bedingungen.

Nur eine typische Auswahl

Natürlich können hier nicht alle Aspekte der sozialen Medien aufgezeigt und auch nicht die urheberrechtlichen Regelungen aller Netzwerke dargestellt werden, deshalb beschränke ich mich nachfolgend auf die wohl bekanntesten von ihnen, und dies auch nur insoweit, als sie das Thema Bildrecht betreffen:

6.1 Die Bildrechte bei Facebook

[zB]

Gehen wir auch hier zur Illustration wieder von einem Beispielfall aus: Ein Fotograf erhält den Auftrag, eine Serie von Fotos zu erstellen, die sein Auftraggeber zur Illustration einer Broschüre benötigt. Es ist vereinbart, dass dem Auftraggeber – wie dies bei bezahlten Auftragsarbeiten im Übrigen meist die Regel ist – die alleinigen Nutzungsrechte zustehen, der Fotograf die Bilder jedoch für seine Eigenwerbung benutzen darf. Der Auftrag wird dann von beiden Vertragsparteien ordnungsgemäß abgewickelt. Ein paar Wochen später kommt unserem Fotografen die Idee, einige dieser Bilder bei einem großen sozialen Netzwerk, nehmen wir einmal Facebook, einzustellen, um so auf sich und seine fotografischen Fähigkeiten aufmerksam zu machen. Schließlich, so sagt sich der Fotograf, kann es doch kein besseres Medium für Eigenwerbung geben als ein täglich von Millionen auf der ganzen Welt frequentiertes Netzwerk. Also stellt der Fotograf einige seiner schönsten Werke in der Erwartung weiterer Aufträge bei Facebook ein.

Der mögliche Beginn eines fatalen Prozesses

Dass der Fotograf damit einen möglicherweise fatalen Prozess in Gang gesetzt hat, an dessen Ende schlimmstenfalls existenzvernichtende Schadensersatzforderungen, mindestens jedoch ein erheblicher Reputationsverlust stehen können, war ihm dabei vermutlich gar nicht bewusst. Nun mögen Sie sich fragen, wieso das denn sein kann, denn schließlich hat der Fotograf doch das Recht, die Fotografien für Eigenwerbung zu benutzen, und nichts anderes hat er doch auch beabsichtigt und getan.

Nutzungsbedingungen sozialer Netzwerke

Die Nutzungsbedingungen der meisten sozialen Netzwerke muss jeder Nutzer mit seiner Anmeldung akzeptieren. Wird das entsprechende Häkchen, dass die Bedingungen anerkannt werden, nicht angeklickt, ist eine Anmeldung gar nicht möglich. Bei den Nutzungsbedingungen von Facebook handelt es sich, wie bei den überwiegenden anderen Netzwerken auch, um dem angloamerikanischen Rechtskreis entstammende, höchst einseitig zugunsten des jeweiligen Netzwerkes formulierte Bedingungen, auch wenn sie – wie oben dargestellt – zwischenzeitlich auf Druck verbraucherfreundlicher gestaltet wurden. Aber immer noch bezwecken die Nutzungsbedingungen, das Netzwerk von allen Risiken und Haftungsfällen freizustellen und sich Rechte am eingestellten Text- und Bildmaterial einräumen zu lassen. Diese Bedingungen, die aus rechtlicher Sicht nichts anderes sind als allgemeine Geschäftsbedingungen (AGB) und nach unserer Rechtsordnung einer Inhaltskontrolle durch die Gerichte unterliegen, würden einer gerichtlichen Überprüfung in Deutschland in weiten Teilen nicht standhalten. Sich rechtlich gegen diese Bedingungen wehren zu wollen, dürfte allerdings zumindest für den einzelnen Nutzer ein mühsames, unbezahlbares und letztlich vergebliches Unterfangen sein. Und dies wissen natürlich auch die Betreiber der sozialen Netzwerke, die ansonsten wohl kaum solche Knebelbedingungen nach amerikanischem Muster verwenden würden. Hier gilt schlicht und einfach der Grundsatz »Friss oder stirb«, mit anderen Worten: »Wenn du an unserem Netzwerk partizipieren willst, dann hast du ohne Wenn und Aber auch unsere Bedingungen zu akzeptieren.« Völlig nutzlos sind entsprechende Posts einiger Nutzer, die ausdrücklich erklären, die Bedingungen nicht zu akzeptieren. Widersprüche gegen die Bedingungen der sozialen Netzwerke sind völlig nutzlos und das Papier nicht wert, auf dem sie geschrieben werden.

[!]

Stand der Nutzungsbedingungen

Nutzungsbedingungen im Internet können sich rasch ändern. Die im folgenden aufgeführten Nutzungsbedingungen ausgewählter sozialer Netzwerke geben den Stand von Juni 2021 wieder.

Zuletzt zum 20.12.2020 hat Facebook seine Bedingungen aktualisiert, teilweise in Passagen, die keine fotorechtlichen Aspekte betreffen, jedoch auch im Hinblick auf die Nutzung eingestellter Inhalte, insbesondere Fotos und Videos, gibt es mittlerweile eine signifikante und durchaus bedeutsame Änderung.

Nutzungsbedingungen von Facebook 2017

Schauen wir uns diese Bedingungen in den hier relevanten Passagen einmal an. So hieß es während der Fertigstellung der Vorauflage (Stand: 2017) in den Bedingungen von Facebook, die »Erklärung der Rechte und Pflichten« genannt werden, zunächst (Ziffer 2) noch:

> *»Dir gehören alle Inhalte und Informationen, die du auf Facebook postest.«*

Nutzungsbedingungen von Facebook 2021

Zwischenzeitlich findet man in den Facebook-Bedingungen folgende Aussage:

> *»Die von dir auf Facebook und den anderen von dir genutzten Facebook-Produkten erstellten und geteilten Inhalte gehören dir, und nichts in diesen Nutzungsbedingungen nimmt dir die dir hinsichtlich deiner eigenen Inhalte zustehenden Rechte. Du kannst deine Inhalte nach Belieben mit anderen teilen, wo immer du das möchtest. Damit wir unsere Dienste bereitstellen können, ist es jedoch erforderlich, dass du uns einige rechtliche Genehmigungen zur Verwendung solcher Inhalte erteilst.«*

Nutzungsbedingungen von Facebook 2017

Dies hört sich gegenüber den vorherigen Bedingungen schon anders und sicherlich auch deutlich konkreter an. Und auch bei der Nutzung der eingestellten Inhalte durch Facebook gibt es einen entscheidenden Unterschied. Früher hieß es hierzu, wie noch in der Vorauflage zitiert:

> *»Für Inhalte, die durch Rechte am geistigen Eigentum geschützt sind, wie Fotos und Videos (IP-Inhalte), erteilst du uns ausdrücklich nachfolgende Genehmigung, vorbehaltlich deiner Einstellungen für Privatsphäre und Apps: Du gewährst uns eine nicht-exklusive, übertragbare, unterlizenzierbare, gebührenfreie, weltweite Lizenz für die Nutzung jedweder IP-Inhalte, die du auf bzw. im Zusammenhang mit Facebook postest (IP-Lizenz). Diese IP-Lizenz endet, wenn du deine IP-Inhalte oder dein Konto löschst; es sei denn, deine Inhalte wurden mit anderen geteilt und diese haben die Inhalte nicht gelöscht.«*

Früher vollständiger Kontrollverlust!

In den normalen Sprachgebrauch übersetzt, hieß dies nichts anderes, als dass der Fotograf mit der Einstellung der Inhalte bei Facebook vollends die Kontrolle darüber verlor, was mit seinen Bildern geschieht, und Facebook seinerseits die Bilder – ohne irgendein Entgelt an ihn zahlen zu müssen – räumlich, zeitlich und sachlich unbegrenzt nutzen durfte und von sich aus und ohne Einwilligung des Fotografen sogar Dritten die gleichen Nutzungsrechte einräumen konnte, so zumindest war es den Bedingungen von Facebook zu entnehmen.

Nutzungsbedingungen von Facebook 2021

Betrachtet man sich diese Passage in der aktuellen Fassung von Juni 2021, so heißt es nun in Ziffer 3, »Deine Verpflichtungen gegenüber Facebook und unserer Gemeinschaft«, in Unterpunkt 3, »Diese Berechtigungen erteilst Du uns«:

> *»Insbesondere wenn du Inhalte, die durch geistige Eigentumsrechte geschützt sind (wie Fotos oder Videos), auf oder in Verbindung mit unseren Produkten teilst, postest oder hochlädst, gewährst du uns eine nicht-exklusive, übertragbare, unterlizenzierbare und weltweite Lizenz, deine Inhalte (gemäß deinen Privatsphäre- und App-Einstellungen) zu hosten, zu verwenden, zu verbreiten, zu modifizieren, auszuführen, zu kopieren, öffentlich vorzuführen oder anzuzeigen, zu übersetzen und abgeleitete Werke davon zu erstellen.* ***Diese Lizenz dient nur dem Zweck, dir unsere Produkte bereitzustellen.*** *(Hervorhebung durch den Verfasser) Das bedeutet beispielsweise, dass du uns, wenn du ein Foto auf Facebook teilst, die Berechtigung gibst, es zu speichern, zu kopieren und mit anderen zu teilen (wiederum im Einklang mit deinen Einstellungen); dies können u. a. Dienstleister sein, die unseren Dienst oder andere von dir genutzte Facebook-Produkte unterstützen.*
>
> *Du kannst diese Lizenz jederzeit beenden, indem du deine Inhalte oder dein Konto löschst. Du solltest wissen, dass aus technischen Gründen von dir gelöschte Inhalte möglicherweise für einen begrenzten Zeitraum in Sicherheitskopien bestehen bleiben. (Sie sind dann jedoch nicht mehr für andere Nutzer/innen sichtbar). Darüber hinaus erscheinen von dir gelöschte Inhalte möglicherweise weiterhin, wenn du diese mit anderen geteilt hast und diese Personen sie nicht gelöscht haben.«*

Damit wurde von Facebook klargestellt, dass die Verwendung der eingestellten Daten nach diesen Bedingungen von Facebook nur noch dann zulässig ist, wenn die Verwendung dazu dient, Facebook in die Lage zu versetzen, dem Nutzer die Leistungen von Facebook zur Verfügung stellen kann.

US-amerikanisches Rechtsverständnis

So zumindest die offizielle Lesart, wobei ich es dahingestellt lasse, ob der normale Nutzer überhaupt beurteilen kann, was im Einzelfall von Facebook benötigt wird, um die angebotenen Dienste zur Verfügung zu stellen, und ob im Einzelfall hierzu urheberrechtlich geschützte Inhalte eines Nutzers erforderlich sind. Es ist immer zu bedenken, dass es sich bei Facebook um ein amerikanisches Unternehmen handelt; auch wenn die Bedingungen in Europa von der Facebook Irland Ltd. kommen, so dürfte die Grundlage hierzu aus der Konzernzentrale in Kalifornien stammen bzw. von dieser vorgegeben sein. Amerikanische Unternehmen haben bekanntermaßen ein völlig anderes Verständnis von dem, was privat ist, und sie lassen sich auch nicht gerne in die Karten schauen. Ich kann deshalb an dieser Stelle nur anhand des Textes der überarbeiteten Nutzungsbedingungen beurteilen, was danach zulässig ist und was nicht. Was sich für den Nutzer im Hintergrund abspielt und ob die Auslegung, welche Daten zur Leistungserbringung von Facebook weitergegeben werden müssen, nicht von dem amerikanischen Unternehmen sehr »großzügig« interpretiert wird, muss an dieser Stelle offenbleiben.

[zB] Doch zurück zu unserem Beispielfall, der auch nach den aktuellen Änderungen der Bedingungen durchaus noch brisant werden könnte, obwohl ich damit natürlich keine Zwangsläufigkeit in einem vergleichbaren Fall behaupten möchte. Die rechtlichen Konsequenzen, denen sich unser Fotograf gegenübersieht, sind jedenfalls mehrschichtiger Natur.

6.1.1 Rechte im Verhältnis Fotograf – Auftraggeber

Schauen wir uns zunächst das Verhältnis des Fotografen zu seinem Auftraggeber an und erinnern uns daran, dass dieser die exklusiven Nutzungsrechte hat, während es dem Fotografen nur gestattet war, die Fotos zur Eigenwerbung zu nutzen. Durch die in den Nutzungsbedingungen verankerte Berechtigung von Facebook, die Bilder nutzen zu dürfen, wird ohne jeden Zweifel das exklusive Nutzungsrecht des Auftraggebers beeinträchtigt und verletzt. Damit liegt hier eindeutig eine zum Schadensersatz verpflichtende Vertragsverletzung des Fotografen gegenüber seinem Auftraggeber vor.

6.1.2 Rechte im Verhältnis Fotograf – Facebook

Wie sieht es nun auf der anderen Seite im rechtlichen Verhältnis des Fotografen zu Facebook aus?

Aufgrund der Tatsache, dass der Fotograf nur berechtigt ist, die Bilder zur Eigenwerbung zu nutzen, sein Auftraggeber jedoch die exklusiven Nutzungsrechte an den Fotos besitzt, konnte der Fotograf Facebook gar nicht wirksam Nutzungsrechte, auch nicht nach den aktuellen Bedingungen, einräumen, wie es die Nutzungsbedingungen von Facebook vorsehen. Denn über ein Recht, das ich nicht habe, kann ich auch nicht verfügen. Na gut, könnten Sie denken, wenn der Fotograf Facebook keine Rechte einräumen konnte, dann hat Facebook auch keine Rechte zur Nutzung, und die Nutzungsbedingungen von Facebook laufen insoweit ins Leere – es kann also eigentlich gar nichts passieren.

Dass dies leider ein Trugschluss ist, ergibt sich aus Ziffer 3, Unterpunkt 2, »Was Du auf Facebook teilen und tun kannst«, in dem es heißt:

> *»1. Du darfst unsere Produkte nicht nutzen, um etwas zu tun oder zu teilen, auf das Folgendes zutrifft:*
>
> *– Es verstößt gegen diese Nutzungsbedingungen, unsere Gemeinschaftsstandards oder sonstige Nutzungsbedingungen und Richtlinien, die für deine Nutzung von Facebook gelten.*

– Es ist rechtswidrig, irreführend, diskriminierend oder betrügerisch.

– Es verletzt die Rechte einer anderen Person oder verstößt dagegen, z. B. deren geistige Eigentumsrechte.«

Mit dem letzten Punkt dieser Klausel wird dem Fotografen die alleinige Verantwortung und Haftung dafür übertragen, dass die Bilder, die er einstellt, frei von Rechten Dritter sind, was in unserem Beispiel ohne jeden Zweifel aber nicht der Fall ist. Die Konsequenz ist deshalb auch hier, dass sich der Fotograf nicht nur seinem Auftraggeber gegenüber, sondern auch gegenüber Facebook vertragswidrig verhalten hat und je nach den Umständen des Einzelfalles unter Umständen auf Schadensersatz in Anspruch genommen werden kann.

Haftungszange

Unversehens ist der Fotograf damit in eine Haftungszange geraten, und es drohen ihm unter Umständen Schadensersatzansprüche in nicht unerheblicher Höhe von zwei Seiten.

[!]

Vorsicht bei der Einstellung von Fotos in soziale Netzwerke
Während ein Amateur in vielen Fällen vielleicht noch bereit sein wird, für die Möglichkeit weltweiter Kommunikation auf die exklusiven Nutzungsrechte als Urheber seiner Fotos zu verzichten, insbesondere wenn es sich um durchschnittliche Erinnerungsfotos handelt, an denen ohnehin kaum ein anderer Interesse haben dürfte, sollte sich jeder Fotograf, der beabsichtigt, seine Bilder zu vermarkten, reiflich überlegen, ob und welche Bilder er in soziale Netzwerke einstellt. Für manchen ernsthaften Fotografen dürfte es eine unerträgliche Vorstellung sein, dass über seine Bilder jemand anders, ohne ihn zu fragen und eine Vergütung zahlen zu müssen, weitgehend unkontrolliert verfügen kann.

Hilft das Löschen?

Ob in unserem Beispielfall der Fotograf durch rasches Löschen seiner Fotos bei Facebook den Schaden minimieren oder abwenden kann, halte ich für eher fraglich. Dazu ist in den Nutzungsbedingungen – wie oben bereits zitiert – von Facebook Folgendes geregelt:

»Du solltest wissen, dass aus technischen Gründen von dir gelöschte Inhalte möglicherweise für einen begrenzten Zeitraum in Sicherheitskopien bestehen bleiben. (Sie sind dann jedoch nicht mehr für andere Nutzer/innen sichtbar). Darüber hinaus erscheinen von dir gelöschte Inhalte möglicherweise weiterhin, wenn du diese mit anderen geteilt hast und diese Personen sie nicht gelöscht haben.«

Daraus lässt sich eindeutig ersehen, dass die Fotos noch vorhanden sind, zumindest in Sicherheitskopien. Wenn sie wie beim Leeren des Papierkorbs entfernt werden, dürfte es im Übrigen auch kein Problem sein, die

Daten jederzeit wiederherzustellen. Letzten Endes weiß der Nutzer jedenfalls nicht, was tatsächlich gelöscht wurde und was wiederhergestellt werden kann. Zieht man dabei noch ins Kalkül, dass die Rechtsausprägung in diesem Bereich in den USA – wie bereits angesprochen – deutlich geringer ist als in unseren Breitengraden, so bleiben viele Fragezeichen, was die Löschung von Inhalten in sozialen Netzwerken tatsächlich bewirkt.

Die früher in den Nutzungsbedingungen von Facebook geregelte uneingeschränkte, nichtexklusive und übertragbare Lizenz an den eingestellten Inhalten des Nutzers dürfte von Facebook auch aufgrund von rechtskräftigen Gerichtsurteilen im Zuge der Bearbeitung der Bedingungen eingeschränkt worden sein.

Verfahren gegen Facebook

Das LG Berlin hat in einem vom Bundesverband der Verbraucherzentralen und Verbraucherverbände angestrengten Verfahren gegen Facebook (Urteil vom 06.03.2012 – 16 O 551/10), in dem es primär um die Zulässigkeit von Freundschaftsanfragen bei Facebook ohne Einwilligung des Kontaktierten ging, u. a. festgestellt, dass Facebook sich nicht in seinen allgemeinen Geschäftsbedingungen ein umfassendes weltweites und kostenloses Nutzungsrecht an Inhalten einräumen lassen dürfe. Diese Entscheidung steht in Übereinstimmung mit der bisherigen Rechtsprechung des Bundesgerichtshofs (BGH) zum sogenannten *Syndication-Recht*, auf das ich in Abschnitt 8.2.4 noch detailliert eingehen werde und das beinhaltet, dass pauschal und unbegrenzt alle Rechte durch allgemeine Geschäftsbedingungen abgetreten werden.

Zweckübertragung

Facebook hat dagegen zwar Berufung beim Kammergericht Berlin eingelegt, das jedoch die Berufung mit Urteil vom 24.01.2014 – 5 U 42/12 zurückgewiesen hat. Das Kammergericht stellte dabei – wie schon die Vorinstanz – fest, dass die weitreichende Übertragung von Rechten, die von Facebook als »IP-Lizenz« bezeichnet wird, gegen den § 31 Abs. 5 UrhG zugrunde liegenden Zweckübertragungsgedanken verstößt (den Wortlaut des Urheberrechtsgesetztes finden Sie im Internet unter *www.gesetze-im-internet.de/urhg*). Der Grundsatz der *Zweckübertragung* solle eine weitgehende Beteiligung des Urhebers an der wirtschaftlichen Verwertung seines Werkes ermöglichen und eine geringe Übertragung seiner Ausschließlichkeitsrechte sicherstellen. Eine Nutzung aller IP-Inhalte, wie sie von Facebook beansprucht wird, gehe dabei jedoch zu weit und widerspreche – so das Kammergericht – dem Zweckübertragungsgedanken. Die Bestimmungen zur IP-Lizenz sind mithin nach § 307 Abs. 2 Nr. 1 BGB unwirksam (den Wortlaut des Bürgerlichen Gesetzbuches finden Sie unter *www.gesetze-im-internet.de/bgb*).

[zB]

Klar Position bezogen hat auch der Oberste Gerichtshof (OGH) in Österreich, der sich am 18.12.2015 mit der Weitergabe von Inhalten an Drittmedien befasst hat (Beschluss des OGH, 6 OB 14/16a). Hintergrund des Falles war folgender:

Die Klägerin des Verfahrens hatte sich von einer Freundin ein Bild von sich anfertigen lassen und die ausschließlichen Rechte daran erworben.

Außerdem hatte ihr die Fotografin alle Rechte aus einer etwaigen Urheberrechtsverletzung abgetreten. Dieses Bild stellte die Klägerin bei Facebook ein. Es wurde dann von einem Drittmedium in manipulierter Form in ein Video eingebettet, das sodann mit einem Begleittext veröffentlicht wurde, in dem der Klägerin eine bestimmte sexuelle Ausrichtung unterstellt wurde. Der OGH hat in dritter Instanz die Vorinstanzen bestätigt, die das beklagte Drittmedium zum Unterlassen, zur Zahlung eines Entgelts von 600,00 € und zur weiteren Zahlung von Schadensersatz in Höhe von 1.500,00 € verurteilt hatten.

In der Begründung seines Beschlusses hat der OGH – im Übrigen auch unter Bezugnahme auf weitere Entscheidungen des OLG Wien und des OLG Köln sowie die deutschen Kommentierungen zu § 22 KUG und die Rechtsprechung des BGH – ausgeführt, dass abgesehen davon, dass diese Darstellung ohnehin das Persönlichkeitsrecht der Klägerin nach § 78 UrhG Österreich verletze, Drittmedien nicht die Berechtigung hätten, auf Facebook hochgeladene Bilder ohne Zustimmung des jeweils Berechtigten zu veröffentlichen. Dem bloßen Umstand, dass die Klägerin ihre Fotos auf Facebook öffentlich gepostet hat, sei – so der OGH – aus Sicht eines redlichen Erklärungsempfängers nicht der Erklärungswert zu entnehmen, dass sich die Klägerin auch mit der Verwendung ihrer Fotos in einem anderen Medium, das sich zwangsläufig zumindest teilweise an einen anderen Personenkreis richtet, und versehen mit Kommentaren zu ihrer vermeintlichen sexuellen Einstellung sowie unter Manipulation eines der Fotos dadurch, dass eine die Klägerin küssende weitere weibliche Person hinzukopiert wurde, einverstanden erklärt hatte.

Auch wenn sich aus dem Beschluss des OGH nicht erkennen lässt, ob in dem Fall eine bewusste Weitergabe des Fotos durch Facebook erfolgte oder ob das Drittmedium sich das Foto selbst verschafft hatte (was aus meiner Sicht wahrscheinlicher sein dürfte), aus diesem Beispiel ist zu ersehen, dass es durchaus Möglichkeiten bereits vor der Aktualisierung der Facebook-Bedingungen gab, sich gegen derartige Verwendungsformen durch Drittmedien zur Wehr zu setzen. Das Problem dürfte allerdings sein, erst einmal festzustellen, dass ein bei Facebook hochgeladenes Foto auch in Drittmedien veröffentlicht wurde.

Schauen Sie sich die Nutzungsbedingungen an

Ob man angesichts der in weiten Teilen noch immer unvorteilhaften und teilweise auch schwammigen und schwer kontrollierbaren Nutzungsbedingungen wie auch den latenten Gefahren bei der Nutzung sozialer Netzwerke wie Facebook auf die Nutzung von Facebook und Co. generell verzichten sollte, muss jeder für sich selbst entscheiden. Eine Nutzung, ohne sich zuvor mit den Nutzungsbedingungen zu befassen und zu wissen, welche Risiken Sie eingehen und welche Bedingungen Sie mit der Anmeldung automatisch und unabänderlich akzeptiert haben, bleibt in jedem Fall ein riskantes Spiel.

6.2 Die Bildrechte bei Instagram

Instagram ist eine kostenlose Plattform zum Teilen von Fotos und Videos und damit besonders beliebt bei Fotografen und Filmern. Es gibt sie seit Oktober 2010, und sie wurde im April 2012 von Facebook zum damaligen Rekordpreis von 760 Millionen Euro übernommen. Seitdem hat sie eine immer größere Beliebtheit erfahren. Waren es zum Zeitpunkt der Übernahme durch Facebook »erst« 30 Millionen Nutzer, wuchs die Mitgliederzahl bis Juni 2018 auf über 1 Milliarde aktiver Nutzer an (Quelle: Wikipedia, Stichwort »Instagram«, Abruf 26.06.2021).

Tochter von Facebook

Die seit dem 20.12.2020 geltenden Bedingungen wurden denen der Konzernmutter Facebook angeglichen, so dass im Wesentlichen auf die obigen Ausführungen in Abschnitt 6.1 zu den Bedingungen von Facebook verwiesen werden darf.

So wurden die bisherigen Instagram-Bedingungen:

> *»Instagram beansprucht nicht, Inhaber irgendwelcher Rechte zu sein, die du auf dem oder über den Dienst postest. Stattdessen gewährst Du Instagram hiermit eine nicht-exklusive, vollständig gebührenfreie, übertragbare, unterlizenzierbare, weltweite Lizenz für die Nutzung der Inhalte, die du auf dem oder durch den Dienst postest; (...)«*

geändert in:

> *»Wir beanspruchen nicht das Eigentum an deinen Inhalten, die du auf dem bzw. über den Dienst postest. Du kannst deine Inhalte also nach Belieben mit anderen teilen, wo immer du das möchtest. Für die Bereitstellung des Dienstes benötigen wir jedoch bestimmte gesetzliche Berechtigungen (eine so genannte »Lizenz«) von dir. Wenn du Inhalte, die durch geistige Eigentumsrechte geschützt sind (wie Fotos oder Videos), auf oder in Verbindung mit unserem Dienst teilst, postest oder hochlädst, räumst du uns hiermit eine nicht-exklusive, übertragbare, unterlizenzierbare und weltweite Lizenz ein, deine Inhalte (gemäß deinen Privatsphäre- und App-Einstellungen) zu hosten, zu verwenden, zu verbreiten, zu modifizieren, auszuführen, zu kopieren, öffentlich vorzuführen oder anzuzeigen, zu übersetzen und abgeleitete Werke davon zu erstellen, damit wir den Instagram-Dienst zur Verfügung stellen können. Diese Lizenz endet, wenn deine Inhalte aus unseren Systemen gelöscht werden. Du kannst Inhalte einzeln oder alle gleichzeitig (durch Löschung deines Kontos) löschen.«*

Instagram darf den Inhalt verwerten

Auch die Verpflichtung des Nutzers, die Rechte anderer nicht zu verletzen, ist mit der bei Facebook nahezu identisch und lautet (auszugsweise):

»Du darfst nicht ohne Erlaubnis private oder vertrauliche Informationen einer anderen Person posten oder etwas tun, das die Rechte einer anderen Person verletzt, einschließlich geistiger Eigentumsrechte (z. B. Urheberrechtsverletzung, Markenverletzung, gefälschte oder raubkopierte Waren).«

6.3 Die Bildrechte bei WhatsApp

Tochter von Facebook

Wie oben bereits erwähnt, gehört auch der Messenger-Dienst »WhatsApp« zu Facebook. Auch wenn in erster Linie hierüber Textnachrichten verschickt werden dürften, werden hierüber auch Fotos und Videos, also urheberrechtlich geschützte Inhalte, versendet. Aus diesem Grunde soll auch bezüglich WhatsApp ein Blick auf die Nutzungsbedingungen geworfen werden.

Aufgrund der Konzernzugehörigkeit zu Facebook verwundert es nicht, dass die Nutzungsbedingungen von WhatsApp an die von Facebook inhaltlich angelehnt sind. So wird auch hier dem Nutzer zunächst garantiert, dass alle Urheberrechte an eingestellten Inhalten bei ihm verbleiben, aber WhatsApp auch hier eine Lizenz an den urheberrechtlich geschützten Inhalten erhält, um seine Dienste bereitstellen zu können. In den Bedingungen, deren letzter Stand derzeit der 04.01.2021 ist, heißt es hierzu im Abschnitt »Lizenzen«:

*»**Deine Rechte.** WhatsApp beansprucht nicht das Eigentum an den Informationen, die du für deinen WhatsApp Account oder über unsere Dienste übermittelst. Du musst über die erforderlichen Rechte in Bezug auf solche von dir für deinen WhatsApp Account bzw. über unsere Dienste übermittelten Informationen sowie über das Recht zur Gewährung der Rechte und Lizenzen gemäß unseren Nutzungsbedingungen verfügen.*

(…)

***Die Lizenz von dir gegenüber WhatsApp.** Damit wir unsere Dienste betreiben und bereitstellen können, gewährst du WhatsApp eine weltweite, nicht-exklusive, gebührenfreie, unterlizenzierbare und übertragbare Lizenz zur Nutzung, Reproduktion, Verbreitung, Erstellung abgeleiteter Werke, Darstellung und Aufführung der Informationen (einschließlich der Inhalte), die du auf bzw. über unsere/n Dienste/n hochlädst, übermittelst, speicherst, sendest oder empfängst. Die von dir im Rahmen dieser Lizenz gewährten Rechte beschränken sich auf den Zweck, unsere Dienste zu betreiben und bereitzustellen (beispielsweise uns zu gestatten, dein Profilbild und deine Statusmeldung anzuzeigen, deine Nachrichten zu übermitteln und deine nicht zugestellten Nachrichten für bis zu 30 Tage auf unseren Servern zu speichern, während wir versuchen sie zuzustellen).«*

Auch hier ist für den Nutzer nicht nachvollziehbar, wofür seine Daten genau verwendet werden und inwieweit sie für die Funktionalität des Messenger-Dienstes überhaupt erforderlich sind.

Derzeit läuft noch ein Verfahren gegen Facebook, das von dem Datenschutzbeauftragten von Hamburg eingeleitet wurde. Dieses Verfahren hat die Absicht von Facebook zum Gegenstand, Daten von WhatsApp automatisch mit Facebook zu teilen. Da momentan jedoch nicht eindeutig ist, welche Daten geteilt werden, wurde eine Anordnung erlassen, wonach das Teilen von Daten mit Facebook einstweilen untersagt ist. Kern des Anstoßes dürfte diese Passage in den Bedingungen von WhatsApp sein:

> »***Verbundene Unternehmen.*** *Wir gehören zu den Facebook-Unternehmen. Als Teil der Facebook-Unternehmen erhält WhatsApp Informationen von und teilt Informationen mit den Facebook-Unternehmen wie in der Datenschutzrichtlinie von WhatsApp beschrieben, um unter anderem Integrationen bereitzustellen, die es dir ermöglichen, WhatsApp mit anderen Produkten von Facebook-Unternehmen zu verbinden; um die Sicherheit und Integrität aller Produkte von Facebook-Unternehmen zu gewährleisten; und um dein Werbeanzeigen- und Produkterlebnis hinsichtlich Produkten von Facebook-Unternehmen zu verbessern.*«

Zwar hat diese Auseinandersetzung mit WhatsApp keinen unmittelbaren Einfluss auf die Nutzung des Messenger-Dienstes, aber auch an diesem Beispiel zeigt sich das unterschiedliche Verständnis von Datenschutz und Datensicherheit in Europa und den USA. Jeder, der ein soziales Netzwerk nutzt, muss wissen, dass damit eine Sicherheit nach europäischen Maßstäben nicht verbunden ist und wohl auch nie verbunden sein wird.

6.4 Die Bildrechte bei Pinterest

Virtuelle Pinnwand

Allgemein etwas weniger beachtet als Facebook und Instagram ist ein weiteres soziales Netzwerk, Pinterest. Hierbei handelt es sich um eine Plattform, auf der die Nutzer Bilder, Bilderkollektionen und Videos an virtuelle Pinnwände anheften können. Daher kommt auch der Name, denn das Kunstwort »Pinterest« setzt sich zusammen aus dem englischen *to pin* (anheften) und *interest* (Interesse). Sinn der Plattform ist, dass man dort seine eigenen Interessen herausstellen und sich hierüber mit anderen austauschen kann. So können die Nutzer Inhalte mit anderen Nutzern auch teilen, was man als »repinnen« bezeichnet. Im September 2018 wurde die Zahl von 250 Millionen aktiver Nutzer pro Monat überschritten. 85 % der Nutzer verwenden Pinterest über die entsprechende Mobiltelefon-App. (Quelle: Wikipedia, Stichwort »Pinterest«, Abruf am 26.06.2021).

Die aktuellen Nutzungsbedingungen für private Nutzer gelten seit dem 01.05.2018. Daneben gibt es für die gewerbliche Nutzung von Pinterest separate Bedingungen, die in der aktuellen Fassung seit dem 14.08.2020 in Kraft sind.

Bedingungen für private Nutzer

Bezüglich des hochgeladenen Inhaltes und der Verwendung von eingestellten Inhalten durch Pinterest ist in den Bedingungen für private Nutzer Folgendes zu lesen:

> *»Pinterest gestattet dir, Inhalte wie Fotos, Kommentare und andere Materialien zu posten. Alles, was du postest oder anderweitig auf Pinterest verfügbar machst, wird als ›Nutzerinhalt‹ bezeichnet. Alle Rechte an den Nutzerinhalten, die du auf Pinterest postest, sowie die alleinige Verantwortung dafür verbleiben bei dir.«*

Und weiter:

> *»Für den ausschließlichen Zweck des Betriebs, der Entwicklung, der Bereitstellung und Verwendung von Pinterest gewährst du uns und unseren Nutzern eine nicht ausschließliche, gebührenfreie, nicht übertragbare, nicht unterlizenzierbare, weltweite Lizenz, deinen Nutzerinhalt auf Pinterest zu verwenden, zu speichern, anzuzeigen, zu reproduzieren, aufzuheben, zu ändern, abgeleitete Arbeiten davon zu erstellen, ihn vorzuführen und zu verteilen. Durch keine Bedingung dieser AGB werden etwaige sonstige Rechte Pinterests an dem jeweiligen Nutzerinhalt eingeschränkt, beispielsweise aus anderen Lizenzen. Wir behalten uns das Recht vor, Nutzerinhalte nach eigenem Ermessen zu entfernen oder zu bearbeiten bzw. deren Verwendungsweise auf Pinterest zu ändern. Dazu gehören auch Nutzerinhalte, die unseres Erachtens gegen diese AGB, unsere Community-Richtlinien oder andere Richtlinien verstoßen.«*

Bedingungen für gewerbliche Nutzer

In den Bedingungen für gewerbliche Nutzer findet sich die gleichlautende Bestimmung, so dass ich hier auf eine nochmalige Zitierung verzichte.

Auch bei Pinterest wird damit die Verwendung eingestellter Inhalte auf den Zweck des Betriebes, der Entwicklung, der Bereitstellung und der Verwendung von Pinterest beschränkt, wobei sicherlich Fragen bleiben, wie weit der Begriff »Verwendung von Pinterest« zu sehen ist, und was im Einzelnen darunterfällt.

Einstellung fremder Inhalte

Die Besonderheit von Pinterest im Vergleich zu Facebook und Instagram besteht darin, dass man in den meisten Fällen nicht nur Inhalte einstellt, an denen man selbst die Rechte hat (eigene Fotos, eigene Texte), sondern dass man sich häufig auch fremder Werke bedient und diese kommentiert. So wird beispielsweise ein Kochrezept nebst Foto eingestellt und in irgendeiner Weise für die anderen Nutzer kommentiert; man zeigt seine Einrichtungsvorstellungen mit entsprechenden Fotos von Markenmöbeln und bittet die anderen Nutzer um Kommentare; man zeigt neueste Stücke seiner Garderobe oder, oder ... Die Möglichkeiten sind vielfältig, ist doch Pinterest so konzipiert, dass man sich über Hobbys, Interessen, Einkaufstipps und vieles mehr untereinander austauscht.

Das bedingt in vielen Fällen, dass im eigenen Beitrag fremde Inhalte einbezogen werden oder zu diesen verknüpft wird, und dafür wird die Einwilligung des jeweiligen Rechteinhabers benötigt. Andersherum bedeutet dies, dass beim Pinnen eines fremden Fotos, zu dem der Urheber nicht eingewilligt hat, eine Rechtsverletzung gegeben ist, was zu kostenpflichtigen Abmahnungen führen kann.

Es geht hier, dies sei klargestellt, nicht um eine Verlinkung auf andere Seiten, sondern um die Einbeziehung von urheberrechtlich geschützten Inhalten fremder Seiten in eigene Beiträge. Die reine Verlinkung, also sogenannte *Hyperlinks* auf andere Websites, ist urheberrechtlich unproblematisch.

Dabei ist es völlig unerheblich, ob man Pinterest privat oder gewerblich nutzt, denn das macht für die Urheberrechtsverletzung keinen Unterschied. Und auch eine Verteidigung mit dem Argument, man habe den »Pin it«-Button gedrückt, ohne zu wissen, dass man damit eine Urheberrechtsverletzung begeht, ist, wie Sie ja wissen, unerheblich, da es für eine Urheberrechtsverletzung nicht auf schuldhaftes Handeln ankommt. Die in solchen Fällen durchaus streng urteilenden Gerichte werden diesen Einwand deshalb nicht berücksichtigen.

Natürlich gilt auch bei anderen sozialen Netzwerken, dass Sie nichts ohne Einwilligung einstellen dürfen, an dem ein anderer Rechte hat, seien es Urheber- oder Persönlichkeitsrechte. Aber bei Pinterest kommt diesem Gebot aufgrund der speziellen Konzeption dieses Netzwerkes eine besondere Bedeutung zu.

Verweis auf das US-amerikanische Urheberrecht

> *»Pinterest hat seine Urheberrechtsrichtlinie nach Maßgabe des Digital Millennium Copyright Act (DMCA) und anderen anwendbaren Urheberrechtsgesetzen verabschiedet und implementiert. Weitere Informationen dazu findest du in unserer Urheberrechtsrichtlinie.«*

Da diese Urheberrechtsrichtlinie in englischer Sprache ist (eine deutsche Version konnte ich nirgendwo finden), dürfte sie allerdings nicht Bestandteil des Nutzungsvertrages werden, da allgemeine Geschäftsbedingungen, die in Deutschland verwendet werden, in der Vertragssprache verfasst sein müssen, und diese ist zweifellos Deutsch.

Auch wenn das US-amerikanische Urheberrecht in vielen Fällen nicht so streng wie das deutsche sein mag, empfehle ich dringend, sich im Zusammenhang mit Pinterest unbedingt an das deutsche Urheberrecht zu halten, soweit man der deutschen Gerichtsbarkeit unterliegt.

6.5 Die Bildrechte bei YouTube

Videoportal

Das US-amerikanische Videoportal YouTube wurde 2005 gegründet und gehört seit 2006 zu Google. Jeder kann hier seine Videos einstellen, und mittlerweile findet man auf diesem Portal alle Arten von Videos, angefangen bei Musikvideos über unzählige Filme mit Anleitungen, wie man beispielsweise Krawatten oder Seidentücher bindet oder ein bestimmtes Kochgericht zubereitet, bis hin zu Tests und Anwendungsbeschreibungen aller möglicher Geräte, natürlich auch von Kameras, Objektiven, Fotozubehör, und viele, teils sehr gute Tutorials zur Bildbearbeitung. Auch kommerzielle Anbieter stellen dort ihre Produkte in Kurzfilmen vor, und das alles natürlich in vielen Sprachen.

Aber auch hier ist zu beachten, dass man sich beim Einstellen von Inhalten eines Teils seiner Rechte begibt, sie also teilweise aufgibt. Die aktuellen Nutzungsbedingungen sind brandneu und datieren auf den 01.06.2021. Sie sehen bei Nutzung dieses Portals ebenfalls eine kostenlose Lizenzierung der Inhalte zugunsten YouTubes und all seiner Nutzer vor.

So heißt es in den Bedingungen, die im Gegensatz zu früheren Versionen allerdings nicht mehr durchnummeriert sind:

> ***»Von Ihnen gewährte Rechte***
>
> *Sie behalten Ihre Rechte als Urheber und alle bestehenden gewerblichen Schutzrechte an Ihren Inhalten. Kurz gesagt: Was Ihnen gehört, bleibt auch Ihres. Es ist jedoch erforderlich, YouTube und anderen Nutzern des Dienstes bestimmte, nachfolgend beschriebene Rechte zu gewähren.«*

Und weiter heißt es:

> ***»Lizenz an YouTube***
>
> *Durch das Einstellen von Inhalten in den Dienst räumen Sie YouTube und seinen verbundenen Unternehmen (unter anderem YouTube LLC, Google LLC und Google Commerce Limited) das weltweite, nicht-exklusive, kostenfreie Recht ein, diese Inhalte zu nutzen (einschließlich ihres Hosting, ihrer öffentlichen Zugänglichmachung, Vervielfältigung, Verbreitung, Änderung, Anzeige und Wiedergabe, jeweils unter Beachtung der Urheberpersönlichkeitsrechte), ausschließlich zum Zweck der Erbringung und Verbesserung des Dienstes (auch durch die Inanspruchnahme von Dienstleistern) und lediglich in dem dafür nötigen Umfang.*
>
> ***Lizenz an andere Nutzer***
>
> *Sie gewähren auch jedem anderen Nutzer des Dienstes das weltweite, nicht-exklusive, kostenfreie Recht, im Rahmen des Dienstes auf Ihre Inhalte zuzugreifen und diese nutzen zu können (einschließlich der Vervielfältigung, Verbreitung, Änderung, Anzeige und Wiedergabe, jeweils*

unter Beachtung der Urheberpersönlichkeitsrechte), soweit dies erforderlich ist und durch Funktionen des Dienstes ermöglicht wird.«

Was Sie einstellen, kann YouTube verwenden, ohne dass Einzelheiten kontrolliert werden können.

Diese Formulierung besagt schlicht und ergreifend: Das, was Sie bei YouTube einstellen, kann von YouTube, für Sie unkontrollierbar, verwendet werden, soweit YouTube dies für erforderlich hält.

Auch hier gilt aber das bereits Ausgeführte, dass nämlich aus Sicht der deutschen Rechtsprechung derart weitgehende Bedingungen zwar unwirksam sind, was jedoch hinzunehmen ist, wenn man dieses Portal nutzt. Abgesehen davon, dürfte es schon aus Machbarkeitsgründen kaum möglich sein, gegen einen Nutzer, der Ihre Inhalte in Fernost oder anderswo für seine Zwecke nutzt, mit gerichtlichen Schritten vorzugehen.

Die Alternative ist simpel: Stellen Sie nichts bei YouTube ein, an dem Sie die vollen Rechte als Urheber behalten möchten.

6.6 Die Bildrechte bei Twitter

Twitter lässt sich vom Nutzer – ähnlich wie YouTube – durch die Nutzungsbedingungen, die dem Stand vom 18.06.2020 entsprechen, weitgehende Rechte auf Verwendung der eingestellten Inhalte einräumen, die ganz sicherlich über das hinausgehen, was nach deutschem Recht zulässig ist, und die den Ursprung der Bedingungen in den USA eindeutig erkennen lassen. So heißt es unter der Überschrift »Ihre Rechte und die Rechteeinräumung an den Inhalten«:

»Sie behalten die Rechte an allen Inhalten, die Sie über die Dienste übermitteln, veröffentlichen oder anzeigen. ›Was Dein ist, bleibt Dein‹ – Sie sind Eigentümer Ihrer Inhalte (und Ihre darin integrierten Tonaufnahmen, Fotos und Videos werden betrachtet als Bestandteil der Inhalte).

Durch Übermittlung, Veröffentlichung oder Anzeigen von Inhalten auf oder über die Dienste gewähren Sie uns eine weltweite, nicht ausschließliche, unentgeltliche Lizenz (mit dem Recht zur Unterlizenzierung), diese Inhalte in sämtlichen Medien und über sämtliche Verbreitungswege, die gegenwärtig bekannt sind oder in Zukunft bekannt sein werden (zur Klarheit, diese Rechte umfassen z. B. das Kuratieren, Transformieren und Übersetzen) zu verwenden, zu vervielfältigen, zu reproduzieren, zu verarbeiten, anzupassen, abzuändern, zu veröffentlichen, zu übertragen, anzuzeigen und zu verbreiten. (...) Mit dieser Lizenz erteilen Sie uns die Erlaubnis, Ihre Inhalte weltweit verfügbar zu machen und dies auch Dritten zu ermöglichen. Sie bestätigen, dass Twitter mit dieser Lizenz das Recht hat, die Dienste bereitzustellen, zu fördern und zu verbessern und die an oder über die Dienste übermittelten Inhalte gemäß unseren Nutzungsbedingungen anderen Unterneh-

> *men, Organisationen oder Einzelpersonen zur Verfügung zu stellen, die mit Twitter zwecks Syndizierung, Ausstrahlung, Verbreitung, Retweet, Werbung oder Veröffentlichung dieser Inhalte in anderen Medien und Diensten zusammenarbeiten. Die von Ihnen im Rahmen der Dienste übermittelten, veröffentlichten, übertragenen oder anderweitig bereitgestellten Inhalte werden von Twitter oder anderen Unternehmen, Organisationen oder Einzelpersonen zusätzlich verwendet, ohne dass Ihnen hierfür eine Vergütung gezahlt wird, da die Nutzung der Dienste durch Sie hiermit als ausreichende Vergütung für die Inhalte und die Einräumung von Rechten hierin vereinbart wird.«*

Auch hier sollten Sie sich also genaue Gedanken machen, welche Risiken Sie eingehen wollen.

6.7 Die Bedingungen von LinkedIn

Die aktuellen Nutzungsbedingungen von LinkedIn sind am 11.08.2020 in Kraft getreten und haben sich nicht wesentlich geändert. Auch hier gilt die Lizenz, die man LinkedIn an den eingestellten Inhalten laut den Nutzungsbedingungen gewährt, nicht grenzenlos. Vielmehr heißt es in Abschnitt 3 unter Punkt 3.1 (»Ihre Lizenz für LinkedIn«):

> *»Bezüglich Ihres Verhältnisses mit LinkedIn sind Sie Eigentümer der Inhalte und Informationen, die Sie den Diensten senden oder auf den Diensten veröffentlichen, und Sie gewähren LinkedIn und unseren Tochterunternehmen die folgende, nicht ausschließliche Lizenz:*
>
> *Das weltweite, übertragbare und unterlizenzierbare Recht, Informationen und Inhalte, die Sie über unsere Dienste und Dienste von Dritten bereitstellen, ohne weitere Zustimmung Ihrerseits oder Mitteilung und/oder Entschädigungszahlung an Sie oder Dritte zu nutzen, zu kopieren, zu modifizieren, zu verteilen, zu veröffentlichen und zu verarbeiten. Diese Rechte sind wie folgt eingeschränkt:*
>
> *1. Sie können diese Lizenz für spezifische Inhalte beenden, indem Sie derartige Inhalte aus den Diensten löschen oder Ihr Konto schließen, wobei zu berücksichtigen ist, dass (a) andere Personen die auf den Diensten geteilten Inhalte möglicherweise kopiert, ihrerseits geteilt oder gespeichert haben, und (b) dass wir eine angemessene Frist haben, diese Inhalte aus Sicherungs- und sonstigen Systemen zu entfernen.*
>
> *2. Wir veröffentlichen Ihre Inhalte (einschließlich Sponsored Content) nicht in Anzeigen für die Produkte und Dienste Dritter, die sich an andere Personen richten, ohne dafür Ihre diesbezügliche separate Einwilligung erhalten zu haben. Wir behalten uns jedoch das Recht vor, ohne Entschädigung an Sie oder Dritte neben Ihren Inhalten und Informati-*

> *onen Anzeigen zu schalten. Wie in der Datenschutzrichtlinie vermerkt, sind Ihre sozialen Aktionen möglicherweise sichtbar und in Werbeanzeigen enthalten. Wenn Sie eine Funktion eines Diensts nutzen, erwähnen wir dies abhängig von Ihren Einstellungen mit Ihrem Namen oder Ihrem Foto, um in unseren Diensten für diese Funktion zu werben.*
>
> *3. Wir holen Ihre Zustimmung ein, wenn wir anderen Personen das Recht erteilen möchten, Ihre Inhalte außerhalb unserer Dienste zu veröffentlichen. Wenn Sie Ihren Beitrag jedoch »öffentlich« oder »für alle« (oder ähnliche Formulierungen) teilen, aktivieren wir eine Funktion, mit der andere Mitglieder diesen öffentlichen Beitrag in Dienste von Drittanbietern einbetten können, und wir aktivieren die Auffindbarkeit dieser öffentlichen Inhalte über Suchmaschinen-Dienste.*
>
> *4. Wir bearbeiten Ihre Inhalte möglicherweise und nehmen Änderungen an der Formatierung vor (indem wir beispielsweise Übersetzungen oder Transkriptionen anfertigen, Größe, Layout oder Dateityp ändern oder Metadaten entfernen), aber wir ändern den Sinngehalt Ihrer Beiträge nicht.*
>
> *5. Da Sie Eigentümer Ihrer Inhalte und Informationen sind und wir nur nicht ausschließliche Rechte daran haben, können Sie diese Inhalte und Informationen anderen zur Verfügung stellen, beispielsweise unter einer Creative-Commons-Lizenz.«*

Damit entspricht die Regelung inhaltlich im Wesentlichen der in der Vorauflage bereits skizzierten Lizenzregelung. Auf die erwähnte »Creative-Commons-Lizenz« (auch »CC-Lizenz«) komme ich in Abschnitt 6.9, »Was sind CC-Lizenzen?«, noch zu sprechen.

6.8 Die Bedingungen von Flickr

Bildergalerie und soziales Netzwerk

Flickr ist eine Internetplattform, die besonders für Fotografen lange Zeit interessant war, die aber in den letzten Jahren durch die starke Verbreitung von Instagram deutlich an Bedeutung verloren hat. Fotografen können dort ihre digitalen und digitalisierten Bilder einstellen, mit anderen registrierten Teilnehmern kommunizieren und auch fremde Bilder kommentieren. Damit ist Flickr eine Kombination aus Bildergalerie und sozialem Netzwerk. Der englische Name der Plattform lässt das auch anklingen, denn *to flick through something* heißt so viel wie »durch etwas durchblättern«. Seit 2005 gehörte Flickr zu Yahoo, das jedoch wiederum im Juli 2016 von Verizon übernommen wurde, aber zunächst noch unter seinem eigenen Namen Yahoo auf dem Markt operiert. Im April 2018 erfolgte dann der Verkauf an SmugMug, einem Foto-Sharing-Dienst aus Kalifornien, der sich auf die Fahne geschrieben hat, Flickr neues Leben einzuhauchen. Diese Plattform, die von Flickr, Inc. betrieben wird, darf nur privat genutzt werden.

Die Bedingungen sind unübersichtlicher geworden

Durch den Geschäftsübergang im Jahre 2008 sind auch die alten Yahoo-Bedingungen logischerweise Makulatur geworden. Seit dem 30.04.2020 sind Nutzungsbedingungen in Kraft, die sich in der Systematik stark an die Bedingungen der meisten anderen Plattformen anlehnen. Soweit in diesen Bedingungen »SmugMug« genannt wird, so bezieht es sich – so steht es in den Nutzungsbedingungen – auf Flickr. Dies ist zugegebenermaßen etwas verwirrend, aber diese Einschränkung ist erforderlich. So heißt es in Ziffer 6 der Nutzungsbedingungen unter der Überschrift »Nutzerinhalte«:

> *»Sie behalten alle geistigen Eigentumsrechte an sämtlichen Nutzerinhalten, die Sie veröffentlichen, hochladen oder auf sonstige Weise über den Dienst verfügbar machen, einschließlich der Urheberrechte an Ihren Fotos und Videos. SmugMug erhebt keinen Anspruch auf Besitz, Rechte, Eigentum oder Nutzung an bzw. auf Ihre Nutzerinhalte.*
>
> *Ungeachtet des Vorstehenden verlangen und gewähren Sie durch das Hochladen und/oder Einstellen bzw. Veröffentlichen von Nutzerinhalten in den Diensten ein zeitliche (sic!) unbegrenztes, nicht ausschließliches und unentgeltliches Recht zur Nutzung der Nutzerinhalte (und des Nutzernamen (sic!), der in Verbindung mit solchen Nutzerinhalten übermittelt wird) und gewähren SmugMug ein solches Recht, wie es sinnvollerweise erforderlich ist, um Folgendes zu tun: (1) die Dienste bereitzustellen, einschließlich der Anzeige der Nutzerinhalte auf den Diensten; (2) den Anweisungen gemäß dem Datenverarbeitungs Addendum von Flickr zu Folge zu leisten; (3) die rechtlichen Anforderungen zu erfüllen, einschließlich der Offenlegung von Nutzerinhalten als Reaktion auf rechtliche Schritte von Regierungsbehörden; (4) Nutzerinhalte ohne ein obligatorisches rechtliches Verfahren offenzulegen, wenn Flickr glaubt, dass eine Gefahr für Leib und Leben besteht. In Ermangelung einer gesetzlichen Verpflichtung kann Flickr davon absehen, Sie über die Offenlegung von Flickr gegenüber Regierungsbehörden zu benachrichtigen, wenn eine solche Benachrichtigung eine wichtige Strafverfolgungsuntersuchung gefährden könnte. Flickr kann Dienstanbieter zur Unterstützung bei der Erfüllung von Verpflichtungen oder der Ausübung von Rechten gemäß diesen Nutzungsbedingungen beauftragen.*
>
> *Sie versichern und garantieren, dass (i) Sie der Inhaber aller Rechte an den von Ihnen eingestellten oder übermittelten Nutzerinhalten sind oder diese anderweitig kontrollieren oder dass Sie sonst zur Veröffentlichung, Nutzung, Anzeige, Verbreitung und Wiedergabe dieser Nutzerinhalte und zur Einräumung der hierin gewährten Rechte berechtigt sind; (ii) die von Ihnen bereitgestellten Nutzerinhalte korrekt und nicht irreführend sind; und dass (iii) die Nutzung und Veröffentlichung der von Ihnen bereitgestellten Nutzerinhalte nicht gegen diese Nutzungsbedingungen verstößt und nicht die Rechte Dritter verletzt oder anderen Personen oder Organisationen einen Schaden zufügt.«*

Auch in diesen Bedingungen ist nicht mehr die Rede von unbegrenzter und unkontrollierbarer Lizenz von Flickr, auch hier sind die Rechte aus der Lizenz an bestimmte Voraussetzungen geknüpft.

Im Übrigen ist es bei Flickr auch weiterhin möglich, die eingestellten Fotos mit sogenannten »CC-Lizenzen« zu verbinden, man kann dann die Fotos, sofern sie mit Lizenzen verbunden sind, entsprechend ihrem Lizenzumfang nutzen. Die näheren Einzelheiten stelle ich im nächsten Abschnitt dar.

[!]

Resümee

So verlockend es sein mag, mit Freunden in der ganzen Welt via Internet vernetzt zu sein oder auch die große Reichweite der sozialen Netzwerke für berufliche Zwecke zu nutzen, so empfehle ich dringend jedem, der urheberrechtlich geschützte Inhalte wie Fotos und Videos in einem sozialen Netzwerk einstellt, sich vorher genau darüber zu informieren, welche rechtlichen Konsequenzen dies für seine Rechte haben kann, und für sich eine Entscheidung zu treffen, ob er dies akzeptieren möchte oder nicht. Auch wenn die Nutzungsbedingungen der meisten sozialen Netzwerke, die nach US-amerikanischem Recht operieren, auf Druck der europäischen Politik in Teilbereichen ein wenig entschärft wurden, bestehen bei der Nutzung der jeweiligen Plattformen weiterhin Nachteile, die man kennen sollte. Hierzu ist eine aufmerksame Lektüre der Nutzungsbedingungen vor Anmeldung bzw. Einstellung geschützter Inhalte unerlässlich.

6.9 Was sind CC-Lizenzen?

An dieser Stelle muss ich kurz auf den Begriff *Creative-Commons-Lizenz* (abgekürzt CC-Lizenz) eingehen. Was versteht man überhaupt darunter?

Der Name *Creative Commons* ist zurückzuführen auf eine 2001 in den USA gegründete gemeinnützige Organisation, die verschiedene Standardlizenzen entwickelt hat, mit denen ein Urheber, ohne seitenlange Lizenzverträge, mittels hierfür entwickelter Icons Nutzungsrechte an seinen Werken einräumen kann, so natürlich, neben anderen urheberrechtlich geschützten Werken, auch an Fotos und Videos. Flickr hat sich diese Standards zu eigen gemacht und gibt dem Nutzer die Möglichkeit, den Nutzungsumfang zu bestimmen, beispielsweise ob es sich um völlig lizenzfreie Bilder handelt, ob die Bilder frei genutzt, aber mit Namensnennung des Urhebers zu verwenden sind, ob eine Bearbeitung der Fotos stattfinden darf oder ob sich der Urheber alle seine Rechte vorbehält, man die Bilder also nicht ohne Einwilligung des Urhebers verwenden darf.

Schon daraus ist ersichtlich, dass es sich bei einer CC-Lizenz nicht um eine einzige Lizenz, sondern um verschiedene Lizenzen handelt, die sich in ihrer rechtlichen Tragweite deutlich voneinander unterscheiden. Einzelheiten hierzu finden Sie in deutscher Sprache unter *http://de.creativecommons.org*.

Man versieht seine Bildangaben einfach mit einem oder mehreren der angebotenen Symbole und legt damit den Umfang der Nutzungsrechte ebenso schlicht wie verständlich fest. Zu beachten ist dabei, dass – mit Ausnahme der Lizenz CC0, die seit 2015 auch bei Flickr zur Verfügung steht – alle CC-Lizenzen, wie aus der nachfolgenden Aufstellung in Tabelle 6.1 ersichtlich, Nutzungseinschränkungen in mehr oder weniger starker Form beinhalten, und wenn es nur die Verpflichtung zur Namensnennung ist. Für eine Lizenz, die nur zeitlich befristet ist oder nur für bestimmte Bereiche gelten soll, ist eine CC-Lizenz nicht geeignet. In diesen Fällen ist auch weiterhin eine individuelle Nutzungsvereinbarung erforderlich, in der die Rechte, auf den Einzelfall abgestimmt, geregelt werden.

Lassen wir zwei Lizenztypen einmal außer Betracht – und zwar zum einen die CC0-Lizenz, da diese Lizenz keinerlei Einschränkung beinhaltet, die so markierten Werke also Public Domain, sprich Allgemeingut sind, und zum anderen die uns allen geläufige Markierung mit dem bekannten Copyright-Zeichen, durch das alle Rechte dem Urheber vorbehalten bleiben, d. h., alle in Kapitel 1, »Urheberrecht«, dargestellten Aspekte des Urheberrechtsschutzes Anwendung finden –, so gehen alle übrigen CC-Lizenzen mindestens von einer Namensnennung des Urhebers aus.

Durch die Möglichkeit, die verschiedenen Module zu kombinieren, ergeben sich die in Tabelle 6.1 ersichtlichen Lizenzmodelle.

CC-Lizenz-Varianten

			Namensnennung
			Namensnennung, keine Bearbeitung
			Namensnennung, nicht kommerziell
			Namensnennung, nicht kommerziell, keine Bearbeitung
			Namensnennung, nicht kommerziell, Weitergabe unter gleichen Bedingungen
			Namensnennung, Weitergabe unter gleichen Bedingungen

Tabelle 6.1 Lizenzmodelle der Creative Commons

Als Lizenzvergabe anerkannt

Die Rechtsprechung hat die CC-Lizenz als wirksame Lizenzvergabe auch bereits vor Jahren anerkannt (LG Berlin vom 08.10.2010, 16 O 458/10).

Dies gibt dem Nutzer bei Flickr somit die Möglichkeit, selbst zu bestimmen, ob und in welchem Umfang er Nutzungsrechte vergeben möchte. Man kann also das erfreuliche Fazit ziehen, dass zumindest auf dem Papier die Rechte des Fotografen bei Flickr respektiert werden, was – wie gesehen – bei anderen sozialen Netzwerken keineswegs der Fall ist.

Urteil des OLG Köln zu CC-Lizenzen

Mit einem Beschluss vom 29.06.2016 hat das OLG Köln (6 W 72/16) geurteilt, dass sich derjenige *nicht* schadensersatzpflichtig macht, der ein Bild unter einer CC-Lizenz nutzt und dabei die Nutzungsbedingungen *nicht* einhält. Das Gericht begründet diesen Beschluss damit, dass Bilder, die kostenlos mit einer CC-Lizenz genutzt werden können, keinen wirtschaftlichen Wert haben, und zwar deshalb nicht, weil der Fotograf das Foto sowohl für nicht kommerzielle als auch für kommerzielle Nutzung kostenlos zur Verfügung gestellt habe und es deshalb nicht erkennbar sei, dass eine weitere entgeltliche Lizenzierung daneben einen wirtschaftlichen Wert habe. Eine andere Beurteilung sei auch nicht dadurch geboten, dass im vorliegenden Fall die Urheberbenennung unterlassen wurde. Auch insoweit sei nicht ersichtlich, dass sich daraus ein wirtschaftlicher Wert der Namensnennung für den Fotografen ergebe. Ein solcher liege unter Berücksichtigung, dass das Bild sowohl für die nicht kommerzielle als auch für die kommerzielle Nutzung unentgeltlich zur Verfügung gestanden hat, nicht vor.

In der Konsequenz bedeutet dies, dass man zwar noch einen Unterlassungsanspruch hat, wenn ein Foto entgegen den Nutzungsbedingungen der CC-Lizenz verwendet wird, aber keinen Schadensersatz in Form einer Lizenzentschädigung verlangen kann.

Bei Flickr gab es 2014 vorübergehend Ärger mit dem von Flickr angebotenen Service »Wall Art«, bei dem durch einen Ausbau dieses Service jeder Nutzer auf eine Sammlung von damals ca. 50 Millionen Fotos zugreifen und sich die ausgewählten Fotos auf Wunsch ausdrucken lassen konnte. Das Nachsehen hatten dabei all diejenigen Nutzer, die ihre Fotos nicht mit einer der CC-Lizenz-Varianten »nicht kommerziell« bezeichnet hatten. Das gab Flickr das Recht und die Möglichkeit, Ausdrucke je nach Größe für 17,40 bis 89,40 US$ anfertigen zu lassen, wobei der Erlös nicht etwa den jeweiligen Urhebern, sondern der Konzernkasse von Yahoo zufloss. Rechtlich war das nicht zu beanstanden, fair war es aber sicher nicht und führte zu einem Proteststurm und teilweisem Verlassen der Plattform durch die Nutzer, was Flickr schließlich veranlasste, diesen Service noch im gleichen Jahr wieder einzustellen.

[!]

Achtung vor kommerzieller Nutzung!
Derjenige, der nicht möchte, dass seine Bilder kommerziell verwendet werden und dass andere damit Geld verdienen, muss unbedingt darauf achten, dass er eine CC-Lizenz-Variante »nicht kommerziell« (siehe Tabelle 6.1) nutzt. Viele, die Flickr als eine Community verstehen, bei der Inhalte frei geteilt werden, denken hieran oft nicht.

Wenn man Fotos von irgendwelchen Fotoplattformen nutzt, gleich welcher und nicht nur von Flickr, empfiehlt es sich dringend, die jeweiligen Bedingungen und Lizenzvorschriften genauestens zu studieren.

[zB]

Aus meiner anwaltlichen Praxis kann ich in diesem Zusammenhang von folgendem Fall berichten:

Meine Mandantin, ein kleines Unternehmen, hatte ein Foto von der Bilderplattform *www.pixelio.de* heruntergeladen und auf ihrer gewerblich genutzten Website verwendet. Zu den Fotos auf dieser Bilderplattform gab es den eindeutigen und groß gedruckten Hinweis, dass die Fotos sowohl für nicht kommerzielle als auch für kommerzielle Nutzung kostenlos verwendet werden dürfen. In den Nutzungsbedingungen fand sich dann jedoch im tatsächlich bedeutend kleiner gedruckten Text, auf den man aber erst beim Anklicken eines Buttons NUTZUNGSBEDINGUNGEN stieß, der Hinweis, dass die Nutzung nur insoweit kostenlos ist, als der Name des Fotografen als Urheber bei der Veröffentlichung genannt wird, was meine Mandantin, die das Kleingedruckte aufgrund der groß angepriesenen kostenlosen Nutzung nicht zur Kenntnis genommen hatte, unterlassen hatte. Der Fotograf, im Übrigen ein im Internet nicht unbekannter Abmahner, machte daraufhin Lizenzgebühren geltend, weil nach seiner Auffassung sein Urheberpersönlichkeitsrecht durch die unterlassene Namensnennung verletzt werde.

Zwar konnte der Streit – allein aus wirtschaftlichen Gründen – durch Zahlung einer sehr geringen Entschädigung von 200 € (gegenüber einer Forderung von mehr als dem Vierfachen) außergerichtlich beigelegt werden. Im Lichte der oben angeführten Entscheidung des OLG Köln vom 29.06.2016 hätte ich meiner Mandantin jedoch bei rein rechtlicher Betrachtung geraten, es durchaus auf eine Klage des Fotografen ankommen zu lassen.

Zwar ist rechtlich durchaus fraglich, ob Nutzungsbedingungen dieser Art überhaupt wirksamer Bestandteil des Nutzungsvertrags geworden sind. Aber schon allein, um unnötigen Ärger und finanzielle Risiken zu vermeiden, sollten Sie sich grundsätzlich die Zeit nehmen, sie zu lesen.

Royalty-free ist nicht kostenlos!

An dieser Stelle soll auch ein Missverständnis ausgeräumt werden, das mit dem englischen und im Lizenzrecht weltweit gebräuchlichen Begriff *royalty-free* verbunden ist. Nach der wörtlichen Übersetzung bezeichnet dieser Begriff eine lizenzgebührenfreie Nutzung. Aber dies ist ein Trugschluss! Es geht bei diesem Begriff keineswegs um eine gebührenfreie Lizenz, sondern vielmehr versteht man darunter ein Nutzungsverfahren von urheberrechtlich geschützten Werken, bei dem ein Werk gegen eine einmalige, vom Urheber des Werkes festgelegte Nutzungsgebühr erworben und im Normalfall unbegrenzt oft, zeitlich unbegrenzt, in verschiedenen Medien und auch kommerziell verwendet werden kann (Quelle: Wikipedia, Stichwort »Royalty-free«, Abruf am 29.07.2021).

[!]

Lesen Sie unbedingt die Nutzungsbedingungen!
Generell rate ich jedem Leser, der angeblich kostenlos zu nutzende Fotos von Bilderplattformen herunterlädt, sich die Nutzungsbedingungen der jeweiligen Plattform genau durchzulesen. Dies erspart oft unnötigen Ärger.

6.10 Persönlichkeitsrechtsverletzung bei Fotos von Freunden in sozialen Netzwerken

Die Rechte Dritter

Die bereits zitierte und in allen Nutzungsbedingungen enthaltene Regelung, dass derjenige, der Bilder in sozialen Netzwerken einstellt, dafür verantwortlich ist, dass damit Rechte Dritter nicht beeinträchtigt werden, hat natürlich auch Bedeutung in den Fällen, in denen Bilder eingestellt werden, auf denen nicht nur der Nutzer selbst, sondern auch dritte Personen abgebildet sind. Dies ist, wie wir in Kapitel 3, »Menschen«, bereits festgestellt haben, nur mit Einwilligung der abgebildeten Personen zulässig.

Es sei an dieser Stelle wiederholt, dass das Veröffentlichen von Bildnissen ohne Einwilligung der abgebildeten Personen den Tatbestand einer Persönlichkeitsrechtsverletzung darstellt und rechtliche Konsequenzen bis hin zum Schadensersatzanspruch nach sich ziehen kann. Das gilt natürlich ebenso bei der Veröffentlichung in sozialen Netzwerken. Gleichwohl findet man immer wieder bei Facebook und Co. Bilder von Partys und sonstigen Ereignissen, auf denen Personen abgebildet sind, die ganz offenkundig nicht der Nutzer selbst sind. Ich wage zu bezweifeln, dass in allen diesen Fällen die vorherige Einwilligung eingeholt worden ist. Auch wenn im Freundes- und Bekanntenkreis vielleicht noch ein stillschweigendes, auch auf dem Foto erkennbares Einverständnis mit der Anfertigung des oder der Fotos bestanden hat, ein Einverständnis, dass das Bild danach weltweit in einem sozialen Netzwerk zu sehen ist, kann hieraus jedoch keinesfalls gefolgert werden. Derjenige, der ohne Einwilligung von jeder der abgebildeten Personen Fotos veröffentlicht, darf sich deshalb nicht wundern, wenn er Post vom Anwalt einer der abgebildeten Personen bekommt, vielleicht auch nicht unmittelbar, aber spätestens dann, wenn die zwischenmenschlichen Beziehungen zwischen den Personen abgekühlt oder unterbrochen sind. Auch über diese Konsequenzen zwischenmenschlicher Beziehungen sollten sich Nutzer Gedanken machen.

Aufpassen beim Teilen!

Das gilt im Übrigen nicht nur für das Einstellen, sondern auch für das Teilen von Inhalten aus dem Internet. Sowohl beim Teilen als auch beim Einstellen eines Personenfotos sind im Übrigen auch die im Kapitel 4 behandelten Datenschutzvorschriften zu beachten. Das bedeutet, man muss sich für das Teilen eines Personenfotos auf einen der Erlaubnistatbestände des Art. 6 DSGVO stützen können, weil auch das Teilen von Fotos eine Verarbeitung von personenbezogenen Daten ist. Der Teilende muss also ein eigenes berechtigtes Interesse geltend machen können, welches die Interessen des Abgebildeten überwiegt. Auch hier sprechen wir nicht vom Verlinken, sondern vom Teilen. Teilen ist die aktive Weitergabe und damit Verbreitung von Inhalten, die man von reinen Links, also Verweisen auf frei zugängliche Inhalte unbedingt unterscheiden muss. Auch bei Fotos, die keine Personen zeigen, aber urheberrechtlich geschützt sind, ist das Teilen eine Urheberrechtsverletzung.

Was ist »privat« in sozialen Netzwerken?

Man könnte nun freilich einwenden, man poste und teile doch immerhin nur mit Freunden, weshalb es sich um eine rein private Nutzung handelt, in deren Rahmen nach § 53 UrhG die Veröffentlichung zulässig sei (siehe Abschnitt 1.2.2, »Verwertungsrechte des Urhebers«). Diese Auffassung ist jedoch nicht ungefährlich, da es bislang keine Gerichtsurteile gibt, die rechtskräftig darüber befunden haben, was innerhalb von sozialen Netzwerken noch als privater Rahmen anzuerkennen ist. Dies dürfte aber praktisch nicht mehr der Fall sein, wenn man die Inhalte auch an die »Freunde der Freunde« postet, denn damit dürften die Grenzen einer privaten Veröffentlichung in der Regel weit überschritten sein. Wer deshalb Inhalte in sein Profil hochlädt oder teilt, die mit Rechten Dritter verbunden sind, begibt sich auf dünnes Eis, und zwar gleichgültig, ob er fremde Persönlichkeitsrechte verletzt oder Inhalte einstellt, die mit fremden Urheberrechten belegt sind. Auf der sicheren Seite ist auch hier nur derjenige, der den Rechteinhaber jeweils um Erlaubnis fragt.

[!]

Privater Rahmen

Was noch als privater Rahmen bei Veröffentlichungen in sozialen Netzwerken gilt und wo die unzulässige Verbreitung anfängt, ist gerichtlich bislang noch nicht geklärt.

Mit dem in diesem Zusammenhang relevanten Thema »Framing« befasse ich mich ausführlich noch in Abschnitt 6.12.

[zB]

Ich möchte in diesem Zusammenhang von einem höchst unerfreulichen Fall aus meiner eigenen Praxis erzählen, der deutlich macht, was – hier schon in sicherlich kriminellem Ausmaß – mit sozialen Netzwerken angerichtet werden kann und welche Rechtsverletzungen dort möglich sind:

Ein Mädchen von 16 Jahren wandte sich völlig verzweifelt an mich und trug folgenden Sachverhalt vor: Ihr 19-jähriger Freund hatte sie gebeten, ihm doch einige Nacktaufnahmen von ihr zu überlassen. Die Mandantin kam dieser Bitte nach. Die Bilder zeigten die Mandantin nackt auf ihrem Bett. Nur einige Monate später beendete die Mandantin die Beziehung mit dem Freund, der diese Trennung jedoch nicht akzeptieren wollte. Er stellte ihr zunächst nach, belauerte sie überall dort, wo sie sich befand, und schrieb ihr ständig E-Mails mit der Aufforderung, sich ihm wieder zuzuwenden. Als dies bei der Mandantin nicht fruchtete, begann er, damit zu drohen, die ihm überlassenen Nacktfotos zu veröffentlichen. Als auch diese Drohung keine Wirkung zeigte, setzte der »Freund« diese Drohung in die Tat um, aber nicht etwa so, dass er als derjenige erkennbar war, der die Bilder veröffentlichte. Perfiderweise loggte er sich mit den ihm bekannten Zugangsdaten unter dem Namen des Mädchens in deren Account eines sozialen Netzwerkes ein und veröffentlichte dort die Bilder. In Fachkreisen spricht man hier von »Pornrevenge« oder »Racheporno«. So erweckte es den Anschein, als habe das Mädchen selbst ihre Nacktaufnahmen, die nun weltweit zu sehen waren, veröffentlicht, was es natürlich aus rechtlicher Sicht kolossal erschwerte, gegen ihn überhaupt gerichtlich vorzugehen. Dies gelang schließlich in diesem Fall nur deshalb, weil der Täter so dreist gewesen war, sich gegenüber dritten Personen auch noch mit seiner Tat zu brüsten. Hätte er dies nicht getan, hätte die Mandantin wohl kaum eine rechtliche Handhabe gegen ihn gehabt. Manchmal hilft eben der Zufall, meist ist dies jedoch nicht der Fall, und die Täter wie in einem solchen Fall sind nicht greifbar. So musste in diesem Fall der Täter eine entsprechende Verpflichtungserklärung zur Unterlassung abgeben. Normalerweise wäre hier auch ein nicht unerheblicher Schadensersatz zu fordern gewesen, was in diesem Fall aus Gründen, die nicht weiter erörtert werden können, jedoch vom Opfer nicht gefordert wurde.

An diesem Beispiel lässt sich erkennen, wie unbedarft und vertrauensselig viele, insbesondere junge Menschen soziale Netzwerke nutzen und mit ihren Account-Daten umgehen, ohne sich dabei Gedanken darüber zu machen, welche gravierenden Rechtsverletzungen oder Risiken damit verbunden sein können. Das gilt insbesondere, wenn man daran denkt, dass niemand absehen kann, ob eine Löschung tatsächlich auch bedeutet, dass Inhalte gänzlich aus dem Internet verschwinden. Legt man den bekannten Spruch »einmal im Netz, immer im Netz« zugrunde, so dürfte dies wohl zu bezweifeln sein.

[!]

Nochmals: Vorsicht in sozialen Netzwerken!
Es ist in jeder Hinsicht geboten, sich Gedanken über seine Urheberrechte und die Rechte anderer zu machen, wenn Bilddateien in soziale Netzwerke bzw. in das Internet an sich eingestellt werden.

6.11 Der endlose Streit um die Bildersuche von Google

Über Jahre befassten sich die Gerichte in Deutschland mit der Frage, ob die Bildersuchfunktion von Google rechtmäßig ist oder einen Verstoß gegen das Urheberrecht der jeweiligen Inhaber der Bildrechte darstellt. Die Rechtslage dürfte nun, nach dem dritten Urteil des BGH jedoch endgültig geklärt sein.

6.11.1 Erstes Urteil zu den Vorschaubildern in der Bildersuche

Zunächst hatte sich der BGH im Jahr 2010 mit der Frage zu befassen, ob Google rechtswidrig handle und deswegen in Anspruch genommen werden könne, weil in der Google-Suchmaschine Vorschaubilder (sogenannte *Thumbnails*) von urheberrechtlich geschützten Werken gezeigt würden (Urteil vom 29.04.2010 – I ZR 69/08).

Eine Künstlerin hatte dagegen geklagt, dass bei Eingabe ihres Namens in der Google-Suchmaschine eine Abbildung ihrer Kunstwerke als Vorschaubild angezeigt wurde. Der BGH hat in diesem Zusammenhang entschieden, dass dies nicht rechtswidrig sei. Begründet wurde das damit, dass zwar die Darstellung der Vorschaubilder im Rahmen der Bildersuche einen Eingriff in das Urheberrecht darstelle (§ 19a UrhG – Recht der öffentlichen Zugänglichmachung, siehe Kapitel 1, »Urheberrecht«), dass jedoch Google, indem die Klägerin den Inhalt ihrer Website für den Zugriff durch Suchmaschinen zugänglich gemacht habe, davon ausgehen durfte, dass die Klägerin damit einverstanden gewesen sei, dass ihre Werke im Rahmen der Bildersuche der Suchmaschine gezeigt würden. Anderenfalls hätte die Klägerin die Möglichkeit nutzen können, die Abbildungen ihrer Werke durch Bildersuchmaschinen in Form von Vorschaubildern auszunehmen. [zB]

6.11.2 Zweites Urteil zu den Vorschaubildern in der Bildersuche

In einem zweiten Urteil vom 19.10.2011 (I ZR 140/10) hat der BGH seinen Rechtsstandpunkt nochmals bestätigt und nahm ebenfalls eine Einwilligung des Urhebers an, durch die ein Urheberrechtsverstoß nicht gegeben sei.

Zwar war der Sachverhalt insoweit anders, als das Bild nicht durch den Kläger selbst, sondern durch andere Website-Betreiber eingestellt worden war, ohne dass der Urheber hierin eingewilligt hatte. Insoweit verwies der BGH jedoch darauf, dass dem Urheber rechtliche Möglichkeiten zustünden, gegen den Website-Betreiber vorzugehen, der das Bild ohne Einwilligung des Urhebers ins Internet gestellt hatte. Damit hat der BGH die Reichweite der Einwilligung des Urhebers gegenüber dem ersten Urteil zu den Vorschaubildern noch weiter ausgedehnt.

6.11.3 Drittes Urteil zu den Vorschaubildern in der Bildersuche

Kurz nach dem Erscheinen der Vorauflage dieses Buches sprach der BGH seine dritte Entscheidung zur Bildersuche (Urteil vom 21.09.2017 – I ZR 11/16), durch die die Rechte der Suchmaschinen noch einmal verstärkt wurden.

Der für Urheberrecht zuständige 1. Zivilsenat des BGH hat die Klage der Betreiberin einer Erotikseite gegen AOL abgewiesen und damit für ein Urteil von weitreichender Bedeutung für die rechtliche Klassifizierung von Vorschaubildern gesorgt.

Die Betreiberin bot auf ihrer Seite »Perfect 10« Erotikfotos zum kostenpflichtigen Download in einem passwortgeschützten Bereich an. Einige Nutzer dieser Website hatten solche Fotos auf anderen Websites hochgeladen. Es erfolgte dann eine Indizierung durch die Suchmaschine von Google mit der Folge, dass diese Bilder mit entsprechenden »Thumbnails« bei Google auffindbar waren. Hiergegen richtete sich die Klage der Betreiberin der Erotikseite, die hierin ihr ausschließliches Recht zur öffentlichen Wiedergabe der Fotos verletzt sah.

Doch auch in diesem Fall hatte die Klägerin keinen Erfolg. Unter Bezugnahme auf Entscheidungen des EuGH wies der BGH die Klage mit folgender Begründung (auszugsweise) ab:

[§] *»§ 15 Abs. 2 UrhG setzt Art. 3 Abs. 1 der Richtlinie 2001/29/EG um und ist daher richtlinienkonform auszulegen. Nach der Rechtsprechung des Gerichtshofs der Europäischen Union (GRUR 2016, 1152 – GS Media/Sanoma u. a.) stellt das Setzen eines Links auf eine frei zugängliche Internetseite, auf der urheberrechtlich geschützte Werke ohne Erlaubnis des Rechtsinhabers eingestellt sind, nur dann eine öffentliche Wiedergabe dar, wenn der Verlinkende die Rechtswidrigkeit der Veröffentlichung der Werke auf der anderen Internetseite kannte oder vernünftigerweise kennen konnte. Diese Rechtsprechung beruht auf der Erwägung, dass das Internet für die Meinungs- und Informationsfreiheit von besonderer Bedeutung ist und Links zum guten Funktionieren des Internets und zum Meinungs- und Informationsaustausch in diesem Netz beitragen. Diese Erwägung gilt auch für Suchmaschinen und für Links, die – wie im Streitfall – den Internetnutzern den Zugang zu Suchmaschinen verschaffen.*

Im Streitfall musste die Beklagte nicht damit rechnen, dass die Fotografien unerlaubt in die von der Suchmaschine aufgefundenen Internetseiten eingestellt worden waren. Nach der Rechtsprechung des Gerichtshofs der Europäischen Union besteht zwar bei Links, die mit Gewinnerzielungsabsicht auf Internetseiten mit rechtswidrig eingestellten Werken gesetzt worden sind, eine widerlegliche Vermutung, dass sie in Kenntnis der fehlenden Erlaubnis des Urheberrechtsinhabers zur Veröffentlichung der Werke im Internet gesetzt worden sind. Diese Bewertung beruht auf der Annahme, dass von demjenigen, der Links mit Gewinnerzielungsabsicht setzt, erwartet werden kann, dass er sich vor der öffentlichen Wiedergabe vergewissert, dass die Werke auf der verlinkten Internetseite nicht unbefugt veröffentlicht worden sind. Diese Vermutung gilt wegen der besonderen Bedeutung von Internetsuchdiensten für die Funktionsfähigkeit des Internets jedoch nicht für Suchmaschinen und für Links, die zu einer Suchmaschine gesetzt werden. Von dem Anbieter einer Suchfunktion kann nicht erwartet werden, dass er überprüft, ob die von der Suchmaschine in einem auto-

matisierten Verfahren aufgefundenen Bilder rechtmäßig ins Internet eingestellt worden sind, bevor er sie auf seiner Internetseite als Vorschaubilder wiedergibt.«

Die Entscheidung des BGH ist, berücksichtigt man beide vorangegangenen Urteile zu den Vorschaubildern, konsequent und dürfte die Frage einer möglichen Urheberrechtsverletzung durch Vorschaubilder aus meiner Sicht endgültig geklärt haben.

6.11.4 Bildersuchfunktion mit Fotos in hoher Auflösung

2013 wurde eine neue Bildersuchfunktion von Google eingeführt, zunächst allerdings nur in den USA. Die neue Bilderseite ist dadurch gekennzeichnet, dass nicht nur sogenannte *Thumbnails* mit geringer Auflösung, sondern Bilder mit hoher Auflösung gezeigt werden und man nicht mehr durch Klick auf das Vorschaubild über die Quellseite gehen muss, um die Bilder im Großformat anschauen zu können. Allerdings war diese Funktion in Deutschland zunächst nur auf mobilen Endgeräten nutzbar und auch nur begrenzt verfügbar.

Klage durch Freelens

Hiergegen erhob der Fotografenverband Freelens im Jahr 2013 Klage beim LG Hamburg, das nach mehrjährigem Prozess im August 2016 sein Urteil fällte (Urteil vom 03.08.2016 – 308 O 96/13). Nach Auffassung von Freelens hat Google mit der neuen Bildersuche den vom BGH eingeräumten Spielraum überschritten. Denn neben der Größe der Bilder käme es auf die Präsentation an, und die neue Bildersuche führe dazu, dass man nun über die Thumbnails nicht mehr die Originalseiten aufrufen muss, sondern die Bilder direkt anklicken könne, die damit nicht mehr im Kontext zu Texten und Bildunterschriften stünden, was die Urheberrechte der jeweiligen Fotografen verletze. Damit – so der damalige Vorsitzende von Freelens, Roland Geisheimer – würde Google die Fotografen dreist zu reinen Content-Lieferanten degradieren, wodurch Googles Bildersuche eine Missachtung der Autorenrechte darstelle.

Das Landgericht Hamburg, das sich allein mit der Nutzung der Bildersuche auf mobilen Endgeräten befasst hat, hat schließlich entschieden, dass die mobile Bildersuchmaschine von Google nicht gegen das deutsche Urheberrecht verstoße. Außerdem stellte das LG fest, dass allein die Änderung der Bildgröße für die Frage, ob eine Urheberrechtsverletzung vorliege, nicht zur Beurteilung ausreiche und die Auflösung auf mobilen Endgeräten im Gegensatz zu der Darstellung auf einem normalen Computermonitor vergleichsweise gering sei.

Seite Anfang Februar 2017 auch in Deutschland

Seit Anfang Februar 2017 ist die neue Bildersuche mit den Bildern in hoher Auflösung auch in Deutschland ohne Einschränkung verfügbar. Daraufhin hat Freelens mit Unterstützung mehrerer anderer Foto- bzw. Urheberverbände Google zunächst angeschrieben und zu einer Rückkehr zu den Vorschaubildern aufgefordert. Nachdem Google hierauf nicht reagierte, erhob Freelens am 24.03.2017 erneut Klage gegen Google vor dem Landgericht Hamburg erhoben, und zwar im Wesentlichen mit den gleichen Argumenten wie bereits in der im Jahr 2013 erhobenen Klage.

In einer im Internet veröffentlichten Pressemitteilung des Fotoverbandes Freelens vom 29.03.2017 (unter *www.sportjournalist.de/VDS-Nachrichten/Meldungen/;2147-Klage_gegen_Google*, abgerufen am 05.05.2017) heißt es hierzu u. a.:

> *»(...) Nach der Rechtsprechung des Bundesgerichtshofs ist es maximal zulässig, im Internet auffindbare Fotos durch Suchmaschinen in Thumbnailgröße zu zeigen, wenn beim Anklicken eines Fotos auf die Website weitergeleitet wird, auf der das Originalfoto veröffentlicht ist.*
>
> *Diese Vorgaben werden durch Google nicht eingehalten. Vielmehr werden Aufnahmen beim Anklicken in großer Auflösung gezeigt, ohne direkt auf die Ursprungswebsite weiterzuleiten. Außerdem bietet Google dem Nutzer die Möglichkeit, sich mit Hilfe von Pfeilen, ähnlich einer Slideshow, durch alle gefundenen Bilder zu klicken. Die Aufnahmen des Fotografen werden nicht mehr vorrangig zum Auffinden der Quelle und des Urhebers, sondern ohne seine Genehmigung zur Veröffentlichung und Präsentation im Internet genutzt.*
>
> *(...)«*

Unter Berufung auf seinen Justitiar, Dirk Feldmann, spricht Freelens in der Erklärung weiter von einer Kollision mit der Schutzfunktion des deutschen Urheberrechts und der dazu ergangenen aktuellen Rechtsprechung. Freelens geht deshalb davon aus, dass diese Art von Fotonutzung durch Google von den zuständigen Gerichten untersagt werden wird.

Eine Entscheidung in dieser Sache ist allerdings, soweit erkennbar, noch nicht ergangen. Soweit das Verfahren überhaupt noch – im Hinblick auf die europäische Rechtsprechung zum Framing (siehe auch Abschnitt 6.12, »Die Framing-Thematik«) – anhängig ist, was im Internet nicht festgestellt werden konnte, dürfte es aus meiner Sicht keine Aussicht auf Erfolg haben.

Auch wenn es auf den ersten Anschein so aussieht, als seien die größeren Vorschaubilder eine massivere Beeinträchtigung der Urheber der Fotos, so ist spätestens seit der sogenannten »Svenson-Entscheidung« des EuGH (Beschluss vom 13.02.2014 – C 466/12) geklärt, dass die Verlinkung im Internet auf eine erlaubte öffentliche Wiedergabe, die frei zugänglich ist, kein neues Publikum erreicht und deshalb urheberrechtlich nicht relevant ist.

[§] *»Mangels neuen Publikums ist deshalb für eine öffentliche Wiedergabe wie die im Ausgangsverfahren keine Erlaubnis der Urheberrechtsinhaber erforderlich.«*

(Vergleiche auch im folgenden Abschnitt »Framing« die »Bestwater-Entscheidung« des EuGH.)

Vor diesem Hintergrund dürfte die Rechtsauffassung von Freelens und von verschiedenen anderen Urheberverbänden, dass die neue Bildersuche von Google das Recht des Urhebers auf öffentliche Zugänglichmachung gemäß § 19a UrhG verletzen würde, wohl kaum aufrechtzuerhalten sein. Damit wäre die Frage der Zulässigkeit der hochauflösenden Vorschaubilder über die nachstehende Framing-Thematik zugunsten der Suchmaschinen endgültig gelöst.

6.12 Die Framing-Thematik

Verlinkung vs. Framing

Während bislang die bloße Verlinkung auf andere Websites generell als rechtlich unproblematisch angesehen wird, beschäftigt Juristen seit längerer Zeit die Frage, ob das sogenannte *Framing* zulässig ist.

Framing ist das Einrahmen (von englisch *Frame* – der Rahmen) oder auch Einbetten von fremden Inhalten auf der eigenen Website oder in den eigenen Social-Media-Account. Beim Framing werden fremde Inhalte, die bereits im Internet veröffentlicht wurden, in einem Rahmen auf der eigenen Website gezeigt, wo sie – wie zum Beispiel Musikclips oder YouTube-Videos – abgespielt werden können, ohne dass hierzu – wie bei der Verlinkung – eine neue Seite geöffnet wird. Das Framing unterscheidet sich dabei vom *Embedded Link*, bei dem lediglich auf der eigenen Seite auf andere Inhalte im Internet verlinkt wird.

Sie erinnern sich: Die unautorisierte öffentliche Zugänglichmachung eines urheberrechtlich geschützten Werkes im Internet ist ein Verstoß gegen § 19 a UrhG und zugleich eine Verletzung des nur dem Urheber zustehenden Vervielfältigungsrechts nach § 16 UrhG, und damit natürlich eine Urheberrechtsverletzung, zumindest grundsätzlich (siehe auch Abschnitt 1.2, »Die Urheberrechte im Einzelnen«). Aber gilt das auch für das Framing?

Framing ist keine Urheberrechtsverletzung

Im Jahr 2014 hat der Europäische Gerichtshof (EuGH) nach Anrufung durch den BGH (weil europarechtliche Fragen, nämlich die Richtlinie 2001/29, berührt waren) durch Beschluss entschieden, dass die Einbettung fremder Inhalte mittels Framing keine Urheberrechtsverletzung darstellt (Beschluss vom 21.10.2014 – C-348/13- »Bestwater-Entscheidung«). Zur Begründung führte das Gericht aus, dass durch das Framing die eingebetteten Inhalte keinem neuen Nutzerkreis zugänglich gemacht werden, weil sie bereits im Internet veröffentlicht waren und weltweit aufgerufen werden konnten. Dabei spielt es keine Rolle, ob der Besucher der Website den Eindruck gewinnt, die im Frame gezeigten Inhalte seien vom Website-Betreiber.

[§]

»Die Einbettung eines auf einer Website öffentlich zugänglichen geschützten Werkes in eine andere Website mittels eines Links unter Ver-

wendung der Framing-Technik, wie sie im Ausgangsverfahren in Frage steht, allein stellt keine öffentliche Wiedergabe im Sinne von Art. 3 Abs. 1 der Richtlinie 2001/29/EG des Europäischen Parlaments und des Rates vom 22. Mai 2001 zur Harmonisierung bestimmter Aspekte des Urheberrechts und der verwandten Schutzrechte in der Informationsgesellschaft dar, soweit das betreffende Werk weder für ein neues Publikum noch nach einem speziellen technischen Verfahren wiedergegeben wird, das sich von demjenigen der ursprünglichen Wiedergabe unterscheidet.«

Unzulässig bleibt jedoch weiterhin, fremde Inhalte herunterzuladen und auf dem eigenen Server zu speichern. Dies sollte also nicht mit Framing verwechselt werden.

[!]

Was ist Framing?

Framing ist nur die Einbettung fremder Inhalte auf einer Website, ohne sie auf den eigenen Server herunterzuladen, und stellt keine Urheberrechtsverletzung dar. Dagegen ist das Herunterladen auf den eigenen Server ohne Einwilligung des Urhebers verboten.

Mit dieser Entscheidung trat zunächst einmal die erhoffte Rechtssicherheit ein, und diejenigen konnten aufatmen, die mittels Framing fremde Inhalte auf ihren Seiten eingebettet hatten.

Im Jahr 2015 hatte sich der BGH dann jedoch mit einem Fall zu beschäftigen, in dem es auch um Framing ging und in welchem der Kläger sich dahingehend eingelassen hat, er habe die urheberrechtlich geschützten Inhalte gar nicht selbst eingestellt, sondern diese seien von Dritten ohne seine Einwilligung eingestellt worden. Damit stellte sich die Frage für die Karlsruher Richter, ob Framing grundsätzlich erlaubt ist oder nur dann, wenn es sich um Inhalte handelt, die mit Zustimmung des Berechtigten ins Internet gestellt wurden.

In seiner Entscheidung vom 09.07.2015 (I ZR 46/12) hat der BGH die Auffassung vertreten, das Urteil des EuGH sei dahingehend zu interpretieren, dass dann, wenn es sich um Inhalte handele, die ohne Zustimmung des Berechtigten ins Internet gestellt wurden, eine öffentliche Wiedergabe und damit gleichzeitig Urheberrechtsverletzung vorliege. Hierzu heißt es im Urteil:

[§]

»Den Ausführungen des EuGH ist nach Ansicht des BGH (...) zu entnehmen, dass (...) eine öffentliche Wiedergabe erfolgt, wenn keine Erlaubnis des Urheberrechtsinhabers vorliegt (...)«

Der BGH, der dem EuGH damit nicht widerspricht, aber dessen Beschluss vom 21.10.2014 in einer bestimmten Richtung interpretiert, hat die Sache sodann zur weiteren Aufklärung an das Landgericht zurückverwiesen, das nunmehr feststellen muss, ob die Inhalte, die für das Framing verwendet wurden, mit Zustimmung des Rechteinhabers, also von demjenigen, von dem der Framing-Inhalt stammt, ins Internet gestellt wurden.

Der BGH hätte das Verfahren theoretisch auch aussetzen können, da nämlich zeitgleich ein weiteres Verfahren am EuGH anhängig war, hat dies aber aus anderen prozessualen Gründen nicht getan.

Mit Urteil vom 08.09.2016 (C-160/15) hat der EuGH dann in dem weiteren Verfahren die Framing-Frage endgültig geklärt. Der EuGH hat dabei nicht die Auffassung vertreten, die der BGH in das frühere Urteil des EuGH hineininterpretiert hat, sondern – kurz gefasst – entschieden, dass beim Framing von Inhalten, die ohne Einwilligung des Rechteinhabers ins Internet gestellt wurden, dann keine öffentliche Wiedergabe und somit auch keine eine Urheberrechtsverletzung vorliegt, wenn dies ohne Gewinnerzielungsabsicht und ohne Kenntnis der Rechtswidrigkeit der Veröffentlichung des Inhalts erfolgt. Anders ausgedrückt: Wenn ich als gewerblich Tätiger mit Gewinnerzielungsabsicht, also auf meiner gewerblichen Website, Inhalte von anderen Websites *frame*, muss ich mich zuvor erkundigen, ob diese Inhalte mit Einwilligung des Rechteinhabers ins Internet gestellt wurden. Denn wurden die Inhalte nicht mit der Einwilligung des Rechteinhabers ins Internet gestellt und binde ich diese Inhalte auf meiner Website ein, begehe ich eine Urheberrechtsverletzung, weil ich in diesem Fall gegen das Recht des Urhebers auf öffentliche Zugänglichmachung (§ 19a UrhG), das wir in Abschnitt 1.2.2 kennengelernt haben, verstoße.

Auch wenn sich diese Frage eigentlich mit Hyperlinks auf Inhalte, die ohne Einwilligung der Berechtigten ins Internet gestellt wurden, befasst (was hier der Klarheit halber von mir nicht tiefer ausgeführt wurde), so ist sie auf Framing entsprechend anwendbar.

Mit dieser Entscheidung ist die Rechtsproblematik des Framings nach langer Rechtsunsicherheit, zumindest zunächst einmal, geklärt.

[+]

Konsequenzen der Framing-Urteile für die Praxis

Für die Praxis ergibt sich, dass für Privatpersonen, die nicht mit Gewinnerzielungsabsicht handeln und in aller Regel keine Möglichkeit der Prüfung haben, ob die Inhalte, die von ihnen beim Framing eingebettet werden, rechtwidrig eingestellt wurden oder nicht, mit dem Urteil des EuGH Rechtssicherheit eingetreten ist. In diesen Fällen liegt keine Urheberrechtsverletzung vor. Für den gewerblichen Bereich bleibt das Einbetten illegal hochgeladener Inhalte auf der eigenen Website, ohne sich erkundigt zu haben, ob es sich um legal hochgeladene Inhalte handelt, somit gefährlich und stellt eine Urheberrechtsverletzung dar, wenn die Inhalte tatsächlich rechtswidrig eingestellt wurden.

Die nicht unerheblichen rechtlichen Probleme, die – wie Sie bis hierhin schon gesehen haben – mit der Nutzung sozialer Netzwerke verbunden sein können, lassen im Übrigen auch in Zukunft noch grundlegende Urteile erwarten, da noch längst nicht alle rechtlichen Fragen, die mit der Nutzung sozialer Netzwerke zusammenhängen, von der höchstrichterlichen Rechtsprechung verbindlich entschieden wurden.

Kapitel 7

Rechte schützen

Vom Unterlassungs- bis zum Schadensersatzanspruch

Das Gesetz bietet einem Fotografen verschiedene rechtliche Maßnahmen an, wenn er feststellt, dass sein Urheberrecht verletzt worden ist. Diese Maßnahmen reichen vom Unterlassungs- bis zum Schadensersatzanspruch. Der Fotograf kann diesen Ansprüchen aber auch selbst ausgesetzt sein, sofern er es ist, der das Urheber- oder Persönlichkeitsrecht eines anderen verletzt. Wie die Rechtslage hier im Einzelnen aussieht, erfahren Sie in diesem Kapitel.

Zunahme des »Bilderklaus«

Es ist heute gar nicht so selten, dass Bildrechte verletzt werden. Durch das Internet ist der sogenannte *Bilderklau* fast schon verführerisch leicht geworden. Viele, die eigene Fotos für bestimmte Zwecke nicht zur Verfügung haben, nicht selbst anfertigen können oder wollen oder die sich die Gebühren für Bildagenturen sparen möchten, schauen im Internet nach, ob es nicht preiswertes Bildmaterial gibt, das man sich schnell herunterladen kann. Das fängt im gewerblichen Bereich an, indem u. a. Bilder für Werbezwecke von Websites heruntergeladen werden, und reicht bis in den privaten Bereich, wo zum Beispiel bei eBay-Auktionen Bilder von anderen Teilnehmern übernommen werden, die gleiche Artikel auch verkaufen oder kürzlich verkauft haben.

Fotograf kann »Täter« oder »Opfer« sein

Der Fotograf kann bei solchen Urheberrechtsverletzungen sowohl »Täter« als auch »Opfer« sein. Als »Täter« kommt er zum Beispiel in Betracht, wenn er ohne Zustimmung des Urhebers das Bild eines urheberrechtlich geschützten Werkes veröffentlicht hat und die Panoramafreiheit im konkreten Fall nicht gegolten hat. Der Fotograf hat zum Beispiel eine urheberrechtliche geschützte Skulptur fotografiert und dabei nicht beachtet, dass er sich auf einem Privatgrundstück befunden hat (wir haben diesen Fall in Abschnitt 2.2.4, »Panoramafreiheit in Deutschland (§ 59 UrhG)« besprochen). Als »Opfer« einer Urheberrechtsverletzung dagegen stellt der Fotograf zum Beispiel fest, dass eines seiner Fotos, ohne seine Einwilligung und ohne seinen Namen zu nennen, in einer Internetwerbung verwendet wird.

Ansprüche gemäß Urhebergesetz

Die Ansprüche, die dem Verletzten in diesen Fällen zustehen, ergeben sich unmittelbar aus dem Urhebergesetz. Die wichtigsten Ansprüche werde ich in Abschnitt 7.1 im Einzelnen darstellen.

Ansprüche, die sich aus dem Recht am eigenen Bild ergeben

Außerdem entstehen Ansprüche immer dann, wenn das Recht am eigenen Bild verletzt wurde. Die abgebildete Person, deren Bildnis ohne ihre Einwilligung veröffentlicht wurde, kann im Wesentlichen dieselben Ansprüche geltend machen wie ein Urheber. Hier befinden sich die Anspruchsgrundlagen zum Teil im Bürgerlichen Gesetzbuch (BGB), weil es sich nicht um urheberrechtliche Ansprüche handelt, sondern um Ansprüche wegen Persönlichkeitsrechtsverletzung. Wegen des vermögensrechtlichen Charakters des Rechts am eigenen Bild gelten jedoch ergänzend auch die für Urheberrechtsverletzungen geltenden Grundsätze. Diesen Ansprüchen werde ich mich in Abschnitt 7.2 widmen.

Ansprüche aus Strafvorschriften

Auf einige Strafvorschriften im Strafgesetzbuch (StGB) und im UrhG für den Fall einer Urheberrechts- oder Persönlichkeitsrechtsverletzung werde ich in Abschnitt 7.3 kurz eingehen.

Schließlich widme ich mich in Abschnitt 7.4 der interessanten Frage, ob man sich gegen Paparazzi auch mit körperlicher Gewalt wehren darf.

[+]

Rechtsverfolgung mit oder ohne Anwalt?

Benötigt man zur Wahrung seiner Urheberrechte einen Anwalt? *Außergerichtlich* kann sicherlich jeder zunächst einmal selbst tätig werden und sich gegen Rechtsverletzungen wehren. Spätestens dann jedoch, wenn die Gegenseite einen Anwalt einschaltet, der mit allen möglichen rechtlichen Argumentationen den geltend gemachten Anspruch bestreitet, ist es an der Zeit, über die Beauftragung eines eigenen Anwalts ernsthaft nachzudenken. Zu berücksichtigen ist auch, dass es in manchen Fällen *Fristen* geben kann, deren Einhaltung darüber entscheidet, ob ein Anspruch durchsetzbar ist oder nicht. Der Laie wird vielfach die Fristen nicht kennen. Deshalb ist es durchaus überlegenswert, einen Anwalt sofort dann einzuschalten, wenn die Rechtsverletzung bemerkt wurde bzw. wenn ein Anspruchsschreiben eines vermeintlich Verletzten oder von dessen Anwalt eingegangen ist.

Im *gerichtlichen Verfahren* kann jedoch die Einschaltung eines Anwalts obligatorisch sein. Dies hängt davon ab, wie hoch der Gegenstandswert des Verfahrens ist. Unter *Gegenstandswert* versteht man den Wert, den die eingeklagten Ansprüche haben. Macht man vor Gericht eine Geldforderung in Höhe von 1.000 € geltend, ist dieser Betrag gleichzeitig der Gegenstandswert, dies ist noch einfach und leicht verständlich. Schwieriger wird es aber häufig bei nicht bezifferten Anträgen. Dann muss nämlich ein Streitwert ermittelt, gegebenenfalls auch geschätzt werden, der sich u. a. daran orientieren wird, was zum Beispiel der Fotograf vom Verlag an Honorar hätte beanspruchen können, wenn der Verlag ihm die Bildrechte abgekauft hätte, und was der Fotograf möglicherweise als Schadensersatz beanspruchen kann. Dies abzuschätzen ist am Beginn einer rechtlichen Auseinandersetzung zunächst Aufgabe des Anwalts. Der endgültige Gegenstandswert für ein Gerichtsverfahren wird vom Gericht am Ende des Verfahrens durch Beschluss endgültig festgelegt. Der Streitwert ist insoweit von Bedeutung, als sich danach die Zuständigkeit des Gerichts richtet, aus der sich wiederum ergibt, ob man einen Anwalt zwingend benötigt oder nicht. Bis zu einem Gegenstandswert von derzeit 5.000 € sind die Amtsgerichte zuständig. Dort herrscht kein Anwaltszwang, man kann sich dort selbst vertreten. Liegt der Streitwert über 5.000 €, also bereits ab 5.000,01 €, sind dagegen die Landgerichte zuständig. Hier herrscht ausnahmslos Anwaltszwang, man muss sich folglich von einem Anwalt vertreten lassen und kann selbst keine wirksamen Prozesshandlungen vornehmen, etwa Anträge stellen etc.

Grundsätzlich möchte ich Ihnen aus meiner langjährigen Anwaltserfahrung dringend dazu raten, auch dann einen Anwalt mit der Durchsetzung Ihrer Rechte zu beauftragen, wenn dies nicht zwingend vorgeschrieben ist, es sei denn, Sie kennen sich aus irgendwelchen Gründen mit dem materiellen und prozessualen Recht gut aus. Schon die korrekte Formulierung einer Abmahnung bereitet oft sogar Juristen, die normalerweise in gänzlich anderen Rechtsgebieten und nicht im Urheber- oder Wettbewerbsrecht tätig sind, erhebliche Schwierigkeiten, die immer wieder zu folgenschweren Fehlern führen können. Spätestens vor Gericht ist das Risiko, einen Prozess zu verlieren, den man ohne anwaltliche Unterstützung führt, recht hoch, insbesondere dann, wenn es sich um kompliziertere Sachverhalte und Rechtsfragen handelt, was nicht immer von vornherein erkennbar ist, und die Gegenseite zudem vielleicht noch (fach-)anwaltlich vertreten ist. Denn dann besteht in vielen Fällen keine »Waffengleichheit« mehr.

Hinzu kommt, dass bei einer tatsächlichen Rechtsverletzung die Gebühren des eigenen Anwalts von der Gegenseite getragen werden müssen, sodass es sich auch unter finanziellen Gesichtspunkten nicht lohnen dürfte, auf den Anwalt zu verzichten. Auf eine Rechtsschutzversicherung – dies sei abschließend erwähnt – kann man sich im Übrigen nicht verlassen, denn gemäß den meisten Allgemeinen Rechtsschutzbedingungen (ARB) der Versicherungsgesellschaften (Übersicht bei *www.rsv-bedingungen.de*) fallen Urheberrechtsstreitigkeiten unter die allgemeinen Risikoausschlüsse. Deshalb besteht in solchen Fällen ein Versicherungsschutz grundsätzlich nicht.

7.1 Ansprüche wegen Urheberrechtsverletzung

Wenden wir uns nun zunächst den Ansprüchen aus dem Urheberrecht zu. Dabei werden wir von folgendem einfachen Beispielfall ausgehen: Der Fotograf entdeckt in einer Buchhandlung einen Bildband über die Alpen. Beim Durchblättern stellt er fest, dass sich in dem Bildband drei seiner [zB] besten Fotos befinden, die er im Vorjahr während einer Bergtour gemacht hat und die nun offensichtlich aus der Galerie auf seiner Website ohne seine Einwilligung heruntergeladen wurden, weil er – was jedoch rechtlich nicht erheblich ist – versäumt hatte, die Fotos mit Wasserzeichen und kleiner Auflösung einzustellen. Der Fotograf stellt darüber hinaus fest, dass natürlich auch nicht sein Name im Zusammenhang mit den Fotos in dem Bildband genannt wird. Er möchte nun wissen, welche rechtlichen Möglichkeiten er hat, gegen den Verlag vorzugehen.

Wenn wir einmal unterstellen, dass seine Urheberschaft an den Fotos eindeutig nachweisbar ist, was natürlich Voraussetzung ist, um wirksam urheberrechtliche Ansprüche durchsetzen zu können, ist der Fall aus materieller rechtlicher Sicht eindeutig: Die Fotos sind ohne Einwilligung des Fotografen und ohne Nennung seines Namens veröffentlicht worden. Es handelt sich um einen nahezu klassischen Fall einer Urheberrechtsverletzung, denn wie Sie ja aus Kapitel 1, »Urheberrecht«, bereits wissen, verletzt vor allem derjenige das Urheberrecht eines anderen, der eine Verwertungshandlung ohne Einwilligung des Urhebers vornimmt. Dass die Veröffentlichung der Bilder in einem Bildband zweifelsfrei auch eine Verwertungshandlung darstellt, wissen Sie aus meinen bisherigen Ausführungen.

7.1.1 Unterlassungsanspruch (§ 97 Abs. 1 UrhG)

Der Fotograf kann zunächst verlangen, dass die Urheberrechtsverletzung sofort beseitigt und in Zukunft unterlassen wird.

Nachweis der Urheberschaft

Allerdings ist es zunächst die Aufgabe des Urhebers, seine Urheberschaft nachzuweisen. Hierauf habe ich bereits in Abschnitt 1.1.8, »Verletzung des Urheberrechts und Nachweis der Urheberschaft«, hingewiesen. In den meisten Abmahnschreiben in der Praxis wird von den beauftragten Anwälten einfach die Behauptung in den Raum gestellt, ihr Mandant sei Urheber eines bestimmten Werkes, ohne dass dies näher ausgeführt, geschweige denn bewiesen wird.

Das OLG Hamburg hat bereits mit Urteil vom 29.01.2010 (308 S 2/09) entschieden, dass es nicht ausreicht, zu behaupten, man sei Urheber, und hat eine Klage, mit der die unberechtigte Nutzung von 13 Fotos von der Klägerin gerügt wurde, deshalb als unsubstanziiert, also weil nicht bewiesen, abgewiesen.

Interessant ist in diesem Zusammenhang eine Verfügung in einem Berufungsverfahren vor dem Landgericht Berlin vom 19.08.2014 (15 S 10/14), mit der dem Kläger, der eine Bildrechtsverletzung gerichtlich verfolgte, vom Gericht aufgegeben wurde, Beweise dafür vorzulegen, dass er als Berufsfotograf tätig ist, indem er seine Mitgliedschaft in einem einschlägigen Berufsverband, nennenswerte Einkünfte aus Lizenzverträgen, Beteiligungen an Ausschreibungen und entsprechenden Werbemaßnahmen für seine Tätigkeit im Einzelnen nachwies.

Diese Verfügung des Gerichts zeigt, dass die Rechtsprechung den unbewiesenen Darlegungen in fast allen Abmahnschreiben entgegentritt und fordert, dass der Anspruchsteller zunächst seine Urheberschaft beweist. Positiv zu vermerken ist auch, dass es daneben für maßgeblich hält, ob es sich um Fotos eines Berufsfotografen handelt oder um Laienaufnahmen. Mit den Auswirkungen dieser Differenzierung auf die Höhe des im Einzelfall festzusetzenden Schadensersatzanspruchs befasse ich mich in Abschnitt 7.1.8.

§ 97 UrhG regelt, dass der Urheber bei einer Verletzung seines Urheberrechts den Verletzer auf Unterlassung in Anspruch nehmen kann, sofern eine Wiederholungsgefahr besteht, wovon in der Regel auszugehen ist, denn wer einmal eine Verletzungshandlung vornimmt, von dem muss angenommen werden, dass er es mangels Sanktionen auch erneut tun wird. (Nachlesen können Sie das im Wortlaut im Urheberrechtsgesetz unter *www.gesetze-im-internet.de/urhg*.)

Vorbeugender Unterlassungsanspruch

Der Unterlassungsanspruch besteht auch, wenn eine Verletzung noch nicht eingetreten ist, aber in naher Zukunft droht. Man spricht dann von einem *vorbeugenden Unterlassungsanspruch*. Dieser käme zum Beispiel in Betracht, wenn der Verlag den Bildband als demnächst erscheinend angekündigt hat und auf dem gezeigten Cover des Buches ein Bild unseres Fotografen abgedruckt wäre. Mit einem vorbeugenden Unterlassungsanspruch könnte der Fotograf die Veröffentlichung des Bildbandes noch verhindern.

Verschuldensunabhängiger Anspruch

Nicht erforderlich ist, dass ein Verschulden des Verletzers vorliegt, der Verletzer muss also nicht schuldhaft, d. h. vorsätzlich oder fahrlässig, gehandelt haben. Insoweit spricht man deshalb auch von *verschuldensunabhängigen Ansprüchen* des Urhebers. Bezogen auf unseren Beispielfall bedeutet dies, dass sich der Verlag des Bildbandes nicht damit herausreden kann, er habe die Bilder nicht von der Website des Fotografen heruntergeladen. Dies müsse ein anderer Fotograf gewesen sein, von dem er die Bilder gekauft habe, nachdem ihm glaubhaft versichert worden sei, dass der anbietende Fotograf selbst Urheber der Fotos sei. Auch in diesem Fall ist der Verlag richtiger Adressat des Beseitigungs- und Unterlassungsanspruchs, unabhängig davon, dass dann gegen den Fotografen, der die Bilder verkauft hat, natürlich vom Verlag auch Ansprüche gestellt werden können, mit denen wir uns an dieser Stelle jedoch nicht weiter beschäftigen werden.

[!]

Verschuldensunabhängiger Anspruch

Für eine Verletzung von Urheberrechten ist ein Verschulden nicht erforderlich. Auch derjenige, der unwissend fremdes Urheberrecht verletzt, kann in Anspruch genommen werden.

Voraussetzungen des Unterlassungsanspruchs nach § 97 UrhG sind somit:

- Vorliegen einer Urheberrechtsverletzung
- Wiederholungsgefahr

Wiederholungsgefahr

Das Vorliegen einer Urheberrechtsverletzung haben wir in unserem Beispielfall bereits festgestellt. Aber woran lässt sich eine Wiederholungsgefahr festmachen? Woher kann man wissen, dass die Gefahr besteht, der Verlag könne erneut Bilder von der Website des Fotografen herunterladen? Die völlig herrschende Meinung in Rechtsprechung und Literatur, die nicht nur für das Urheberrecht, sondern auch im Bereich des gesamten gewerblichen Rechtsschutzes Anwendung findet und zunächst auch für den Bereich des Wettbewerbsrechts entwickelt wurde, hält die bereits begangene Rechtsverletzung für ein Indiz für eine Wiederholungsgefahr. Das bedeutet, man nimmt grundsätzlich an, dass derjenige, der eine Verletzungshandlung begangen hat, eine solche auch wiederholen wird.

[!]

Wiederholungsgefahr

Die Gefahr, dass der Verletzer eines Urheberrechts seine Rechtsverletzung wiederholt, wird bereits deshalb unterstellt, weil er diese Rechtsverletzung bereits erstmalig begangen hat. Einer besonderen Darlegung des Verletzten, warum mit einer Wiederholung zu rechnen ist, bedarf es nicht.

Für unseren Fall bedeutet dies, dass Wiederholungsgefahr besteht und deshalb der Unterlassungsanspruch gegen den Verlag in jedem Fall gegeben ist. Die Wiederholungsgefahr wird aber nicht dadurch beseitigt, dass der Verletzer treuherzig erklärt, er werde die Verletzungshandlung nicht wiederholen. Vielmehr wird die Wiederholungsgefahr nur durch eine Unterlassungserklärung des Verletzers ausgeräumt, die ihn zur sofortigen Unterlassung der Verletzungshandlung und zur Zahlung einer Vertragsstrafe im Wiederholungsfall verpflichtet.

Wie wird ein Unterlassungsanspruch durchgesetzt?

Was bedeutet dies nun in der Praxis? Was muss unser Fotograf tun, um seinen Unterlassungsanspruch durchzusetzen? Er wird sich sinnvollerweise zunächst an einen Anwalt wenden. Dieser wird dann in seinem Namen zunächst an den Verlag eine Abmahnung senden, in der er die Rechtsverletzung durch den Verlag konkret darstellt und rügt sowie den Verlag auffordert, innerhalb einer kurzen Frist eine vom Anwalt formulierte sogenannte *strafbewehrte Unterlassungs- und Verpflichtungserklärung* abzugeben. Die dem Verletzer zu setzende Frist zur Abgabe der Erklärung ist deshalb kurz (etwa eine Woche), weil der rechtswidrige Zustand, der durch eine Urheberrechtsverletzung hervorgerufen wurde, schnellstens beendet werden muss.

Abmahnung

Die *Abmahnung* ist im Einzelnen in § 97a UrhG geregelt. Sie soll einem Prozess vorgeschaltet werden, um unnötige Gerichtsverfahren zu vermeiden, und dient auch der Wahrung des rechtlichen Gehörs des Verletzers. Dann allerdings, wenn sie von vornherein keine Aussicht auf Erfolg hat, weil zum Beispiel der Verletzer bereits angekündigt hat, mit seiner Verletzungshandlung fortzufahren und eine Abmahnung zu ignorieren, muss das

Gericht sofort angerufen werden. Da dies allerdings Ausnahmefälle sein dürften, ist in der Regel eine Abmahnung vor Einleitung gerichtlicher Schritte sinnvoll, sie ist allerdings keine gesetzliche Notwendigkeit und auch keine Prozessvoraussetzung.

Leider hat die Abmahnung gerade in der letzten Zeit einen üblen Beigeschmack dadurch bekommen, dass sich einige – häufig im Internet auch bereits einschlägig bekannte – Anwaltskanzleien bundesweit darauf spezialisiert haben, das Internet nach Bagatellverstößen zu durchkämmen und diese dann mit vorgefertigten Computerschreiben gebührenpflichtig abzumahnen, sodass sich bereits der Gesetzgeber einschalten musste und innerhalb kurzer Zeit den § 97a UrhG bereits zweimal angepasst hat, um die Abmahnflut, insbesondere gegenüber Privatpersonen, die geschützte Werke nicht für ihre gewerbliche oder selbstständige berufliche Tätigkeit verwenden, einzudämmen. Als Antwort auf die immer größere Flut von Abmahnungen wegen vermeintlicher Rechtsverletzungen ist der Gesetzgeber bereits vor Jahren tätig geworden und hat an die Abmahnung noch strengere Voraussetzungen geknüpft als bisher. Insbesondere hat er für Abmahnungen gegenüber privaten Endverbrauchern den Streitwert einer Abmahnung limitiert, nach dem sich die zu erstattenden Anwaltskosten des Abmahnenden richten.

Abmahnung ist an bestimmte Formvorschriften gebunden

Nach dem neuen § 97a UrhG ist zunächst die Abmahnung an bestimmte Formvorschriften gebunden, ansonsten ist sie unwirksam! So muss die Abmahnung den Namen oder die Firma des Verletzten angeben, wenn der Verletzte nicht selbst, sondern ein Vertreter (also auch ein Anwalt) abmahnt, die Rechtsverletzung ist genau zu bezeichnen, geltend gemachte Zahlungsansprüche sind aufzuschlüsseln in Schadensersatz- und Aufwendungsersatzansprüche, und schließlich ist, wenn eine Aufforderung zur Abgabe einer Unterlassungsverpflichtung erfolgt, anzugeben, inwieweit die vorgeschlagene Unterlassungsverpflichtung über die abgemahnte Rechtsverletzung hinausgeht (§ 97a Abs. 2 UrhG).

[!]

Eine formfehlerhafte Abmahnung ist unwirksam!
Hält der Abmahnende die verschärften gesetzlichen Vorschriften nicht ein, ist die Abmahnung unwirksam und muss von dem Abmahnenden nicht beachtet werden. Zur Vermeidung unnötiger Gerichtsverfahren sollte der Abgemahnte jedoch mit anwaltlicher Hilfe entsprechend auch eine unwirksame Abmahnung kurz und knapp erwidern.

Streitwertgrenze

Soweit die Abmahnung dagegen berechtigt ist und den vorgenannten Formvorschriften entspricht, kann der Ersatz der erforderlichen Aufwendungen verlangt werden. Hier gilt jedoch nun eine Streitwertgrenze von 1.000 €, sofern der Abgemahnte eine natürliche Person ist, die nach dem Gesetz geschützte Werke nicht für ihre gewerbliche oder selbstständige berufliche Tätigkeit verwendet und nicht bereits wegen eines Anspruchs des Abmahnenden durch Vertrag, aufgrund einer rechtskräftigen gerichtlichen Entscheidung oder einer einstweiligen Verfügung zur Unterlassung verpflichtet ist. (§ 97a Abs. 3 UrhG).

Dies bedeutet für den abgemahnten privaten Endverbraucher eine Begrenzung der Rechtsverfolgungskosten auf 124 € zuzüglich MwSt. nach dem derzeitigen Stand der im Rechtsanwaltsvergütungsgesetz geregelten Gebühren (Stand: 2020; nachzulesen im Internet unter *www.gesetze-im-internet.de/rvg*). Damit ist gegenüber privaten Endverbrauchern der Abmahnpraxis der »Abmahnhaie«, einen Streitwert von mehreren tausend Euro und daraus resultierende Anwaltsgebühren von mehreren hundert Euro zugrunde zu legen, endlich ein Ende bereitet worden.

Ob im Übrigen immer die übliche 1,3-Anwaltsgebühr gerechtfertigt ist, erscheint zumindest bei vorgefertigten Massenabmahnungen zu Recht zweifelhaft. Das Amtsgericht Berlin-Charlottenburg hat schon im Jahr 2009 (Urteil vom 25.02.2009 – 212 C 209/08) für eine vielfach versendete Abmahnung (sogenannte *Massenabmahnung*) entschieden, dass es sich dabei um ein Schreiben einfacher Art handelt, für das lediglich eine 0,3-Anwaltsgebühr verlangt werden kann.

[zB]

Anwaltsgebühren

Ich kann an dieser Stelle nicht näher auf die Struktur der Anwaltsgebühren gemäß Rechtsanwaltsvergütungsgesetz eingehen, dies ist ja nicht unser Thema. Aber um Ihnen eine Vorstellung über den Unterschied zu geben, hier ein Beispiel: Bei einem Streitwert von beispielsweise 3.000,00 € beläuft sich (Stand 2017) eine 1,3-Gebühr auf netto 261,30 €, eine 0,3-Gebühr beträgt dagegen nur 60,30 €. Durchaus ein signifikanter Unterschied!

Es empfiehlt sich deshalb, schon allein wegen der gebührenrechtlichen Betrachtung einen Anwalt hinzuzuziehen, sollte man tatsächlich einmal mit einer Abmahnung konfrontiert werden.

Ersatz der Rechtsverteidigungskosten

Schließlich hat der Gesetzgeber nunmehr auch normiert, dass diejenigen, die zu Unrecht oder unwirksam abgemahnt werden, ihrerseits vom Abmahnenden den Ersatz ihrer Rechtsverteidigungskosten verlangen können, es sei denn, es war für den Abmahnenden zum Zeitpunkt der Abmahnung nicht erkennbar, dass die Abmahnung unberechtigt war (§ 97a Abs. 4 UrhG).

Ungeachtet der Unsitte einiger »Abmahnhaie« ist die Abmahnung jedoch gerade das geeignete Mittel, teure Rechtsstreitigkeiten zu vermeiden und die Angelegenheit einer außergerichtlichen Klärung zuzuführen. Sie ist deshalb bei eindeutigen Urheberverstößen, die man nicht mehr als Bagatelle ansehen kann, ein durchaus vernünftiges und hilfreiches Mittel.

Abmahnung

Eine strafbewehrte Unterlassungs- und Verpflichtungserklärung beinhaltet im Wesentlichen eine rechtsverbindliche Erklärung des Verletzers, wonach er sich verpflichtet:

- es ab sofort zu unterlassen, die genau zu bezeichnenden Fotos zu bestimmten Zwecken zu verwenden;
- es auch zukünftig zu unterlassen, diese Fotos zu verwenden;
- für jeden Fall der Zuwiderhandlung in der Zukunft eine Vertragsstrafe in bestimmter Höhe zu bezahlen;
- die mit dieser Abmahnung entstandenen Anwaltsgebühren zu zahlen.

Außerdem kann, wenn das Ziel auch die Geltendmachung von Schadensersatzansprüchen ist, zusätzlich Auskunft darüber verlangt werden, wie oft, an wen und zu welchem Preis der Bildband bereits verkauft wurde. Das sähe dann so aus:

- Auskunft zu erteilen darüber, wie oft, an wen, über welches Verkaufsmedium und zu welchem Preis der Bildband bislang verkauft wurde

Darauf kommen wir später im Rahmen des Auskunftsanspruchs noch einmal zurück.

[!]

Abmahnung und strafbewehrte Unterlassungs- und Verpflichtungserklärung

Vor Einleitung gerichtlicher Schritte soll der Verletzer von Urheberrechten bezüglich seines rechtswidrigen Verhaltens abgemahnt und aufgefordert werden, sich durch schriftliche Erklärung zu verpflichten, die Rechtsverletzung sofort und in der Zukunft zu unterlassen, für den Wiederholungsfall eine Vertragsstrafe zu zahlen und die Anwaltskosten für die Abmahnung zu übernehmen. Dabei handelt es sich um zwei miteinander verbundene Maßnahmen, nämlich die Abmahnung nach § 97a Abs. 1 UrhG, die ein bestimmtes Verhalten missbilligt und abmahnt (zum Beispiel den Bilderklau), und gleichzeitig die Aufforderung an den Verletzer, sich schriftlich durch eine strafbewehrte Unterlassungserklärung zu verpflichten, den Rechtsverstoß keinesfalls mehr zu wiederholen.

Diese schriftliche Erklärung des Verletzers nennt man *strafbewehrte Unterlassungs- und Verpflichtungserklärung*. Nur durch die Abgabe einer solchen strafbewehrten Unterlassungs- und Verpflichtungserklärung wird eine Wiederholungsgefahr ausgeschlossen und die gerichtliche Geltendmachung eines Unterlassungsanspruchs zunächst obsolet.

Reaktionen auf die Abmahnung

Hat der Verlag die Abmahnung erhalten, stehen ihm zwei Möglichkeiten zur Auswahl:

Möglichkeit 1: Unterlassungserklärung unterschreiben

Wenn der Verlag die strafbewehrte Unterlassungserklärung unterschreibt, dann ist die Wiederholungsfahr zunächst einmal ausgeräumt, eine gerichtliche Geltendmachung des Unterlassungsanspruchs ist dann nicht mehr möglich, es würde dann an einem Rechtsschutzinteresse des Fotografen für den Unterlassungsanspruch fehlen. Der Verlag darf den Bildband dann natürlich ab sofort nicht mehr verkaufen und auch keine Fotos mehr von der Internetgalerie herunterladen, er muss, wenn er es doch tut, eine empfindliche Vertragsstrafe zahlen, und er muss die Anwaltskosten übernehmen, so wie es in der strafbewehrten Unterlassungs- und Verpflichtungserklärung im Einzelnen geregelt ist.

Möglichkeit 2: Unterlassungserklärung nicht unterschreiben

Unterschreibt der Verlag die Erklärung in der vorgegebenen Frist jedoch nicht, dann wird der Anwalt den Unterlassungsanspruch gerichtlich geltend machen. Da gerichtliche Verfahren bekanntermaßen lange dauern können, bis sie rechtskräftig entschieden werden, die Rechtsverletzung währenddessen jedoch andauert, wird der Anwalt hier zu dem Mittel einer *einstweiligen Verfügung* greifen, durch die dem Verlag sofort und zur Vermeidung eines empfindlichen Ordnungsgeldes bis zu 250.000 € verboten wird, den Bildband weiter zu vertreiben und Fotos von der Website seines Mandanten herunterzuladen.

Bei der einstweiligen Verfügung handelt es sich um ein Instrument des vorläufigen Rechtsschutzes. Bekanntlich mahlen die Mühlen der Justiz gelegentlich langsam, und durch die Dauer eines normalen Gerichtsverfahrens, gegebenenfalls über mehrere Instanzen, kann die Rechtsverletzung zunächst ungehindert fortgesetzt werden, weil erst am Ende eines Verfahrens bzw. Instanzenzuges rechtskräftig entschieden ist, ob die vom Kläger beanstandete Handlung tatsächlich eine Rechtsverletzung darstellt oder nicht. Der Verlag könnte also bei einem normalen Klageverfahren den Bildband in aller Ruhe zunächst weiterverkaufen, bis vielleicht nach mehreren Jahren ein Gericht rechtskräftig festgestellt hat, dass eine Urheberrechtsverletzung durch den Bilderklau begangen wurde und deshalb ein Unterlassungsanspruch des Fotografen besteht. Um diese für den Fotografen inakzeptable Konsequenz und die Fortführung der Rechtsverletzung zu vermeiden, wird im einstweiligen Verfügungsverfahren eine vorläufige Entscheidung des Gerichts im Eilverfahren erlassen, damit weitere Rechtsverletzungen zunächst einmal unterbunden werden. Dabei reicht es im einstweiligen Verfügungsverfahren aus, dass der Verletzte dem Gericht glaubhaft macht, dass seine Rechte vom Antragsgegner verletzt werden, die strengen Beweisregeln für ein normales Gerichtsverfahren gelten hier nicht und würden dem Sinn und Zweck des einstweiligen Verfügungsverfahrens zuwiderlaufen.

Natürlich kann der Verlag gegen die einstweilige Verfügung Einspruch erheben. Es kommt dann zu einem dem einstweiligen Verfügungsverfahren nachgeschalteten Hauptverfahren, in dem die gesamte Rechtslage überprüft wird. Aber erst einmal ist durch die einstweilige Verfügung gewährleistet, dass bis zur Hauptsachenentscheidung eine Fortsetzung der Urheberrechtsverletzung ausgeschlossen ist.

Allerdings muss der Verlag auch nur auf eine berechtigte Abmahnung reagieren. Sollte sich der Fotograf geirrt haben und es sind gar nicht seine Fotos in dem Bildband, sondern nur sehr ähnliche, die der Verlag aber nachweisbar von einer Fotoagentur oder einem anderen Fotografen direkt gekauft hat, besteht kein Erfordernis des Verlags, auf die Abmahnung zu reagieren. Um allerdings nicht einen unnötigen Rechtsstreit zu provozieren, wird der Verlag sinnvollerweise in aller Regel in einem kurzen Schreiben die Ansprüche ablehnen und den Fotografen über den tatsächlichen Sachverhalt informieren.

7.1.2 Beseitigungsanspruch (§ 97 Abs. 1 UrhG)

Die Vorschrift des § 97 UrhG enthält einen weiteren, ebenfalls verschuldensunabhängigen Anspruch, der allerdings in der Praxis bei Weitem nicht die Bedeutung hat wie der Unterlassungsanspruch. Es ist der *Beseitigungsanspruch*, nicht zu verwechseln mit dem Vernichtungsanspruch nach § 98 UrhG, der ebenfalls eine Beseitigungshandlung erfordert und im nächsten Abschnitt noch behandelt werden wird.

Es kann Fälle geben, in denen der Unterlassungsanspruch allein eine fortdauernde Rechtsgefährdung nicht beseitigen kann. Mit dem Beseitigungsanspruch kann etwa der Anspruch auf Entfernung von Entstellungen eines Fotos gemäß § 14 UrhG (siehe Kapitel 1, »Urheberrecht«) verfolgt werden, denn der Unterlassungsanspruch führt in solchen Fällen nicht dazu, dass die einmal vorgenommene Entstellung beseitigt wird.

»Felseneiland mit Sirenen«

Unser Beispielfall bietet keinen Raum für die Geltendmachung eines Beseitigungsanspruchs, hier reicht der Unterlassungsanspruch zur Wahrung der Rechte aus. Deshalb soll der Beseitigungsanspruch an einem berühmten Rechtsstreit verdeutlicht werden, der schon im Jahr 1912 vom Reichsgericht (RG), dem Vorgänger des BGH (Urteil vom 08.06.1912 – Rep. I 382/11), auf Basis der damals geltenden Urheberschutzvorschriften entschieden wurde und auch heute immer noch aktuell ist, auch wenn es damals § 97 UrhG in seiner heutigen Gestaltung noch gar nicht gab. Es handelt sich um den Fall »Felseneiland mit Sirenen«:

Der Kläger, ein Künstler, hatte im Treppenflur der Beklagten auf deren Bestellung ein Freskengemälde mit dem Titel »Felseneiland mit Sirenen« gemalt, auf dem die Sirenen unbekleidet dargestellt waren. Die Beklagte ließ wenig später ohne Zustimmung des Klägers das Bild so übermalen, dass die Sirenen nun bekleidet erschienen. Daraufhin klagte der Urheber des Bildes und stellte den Antrag, die Beklagte zu verurteilen, die Übermalung wieder zu beseitigen, was ohne Weiteres möglich sei. Die Beklagte berief sich auf ihr Eigentumsrecht und vertrat die Auffassung, mit dem Bild machen zu können, was sie wolle. Das RG verurteilte die Beklagte in letzter Instanz zur Beseitigung der Übermalung.

Das Reichsgericht setzte sich in seinem Urteil mit dem Rechtsverhältnis zwischen Urheber und Eigentümer auseinander und stellte fest, dass neben dem Urheberrecht des Klägers an dem Gemälde zwar ein Eigentumsrecht der Beklagten bestehe, dieses jedoch nicht die Berechtigung zur Veränderung des Kunstwerkes umfasse. Die Beklagte hätte als Eigentümer das Kunstwerk vernichten, also gänzlich übermalen können, wenn es ihr nicht mehr gefallen habe. Sie konnte zum Beispiel die ganze Decke weiß streichen. Damit hätte sie in das Urheber- und in das Persönlichkeitsrecht des Künstlers nicht eingegriffen. Aber in die künstlerische Eigenart des Bildes einzugreifen habe der Beklagten nicht zugestanden.

In diesem Fall wäre ein Unterlassungsanspruch nicht zielführend gewesen. Die Übermalung war erfolgt, und die damit andauernde Rechtsverletzung konnte nur durch Beseitigung beendet werden.

[zB] In neuerer Zeit hat das OLG Köln (Urteil vom 12.06.2009 – 6 U 215/08) sich wiederum mit einem Beseitigungsanspruch auseinandergesetzt:

Ein Aachener Künstler hatte im Auftrag der Stadt Aachen eine bronzene Pferdeskulptur angefertigt, die aus fünf Pferden bestand. Eine Verankerung am Fuß der Skulptur sicherte dabei die Position der Pferde zueinander. Die Skulptur wurde 1977 auf einem kleinen Hügel gegenüber dem Hauptbahnhof postiert. Als in den Jahren 2004/2005 der Bahnhofsvorplatz umgestaltet wurde, führte dies u. a. dazu, dass die Skulptur versetzt wurde. Außerdem wurde die ursprüngliche Verankerung aufgehoben, und die Pferde wurden in einer anderen Zuordnung zueinander aufgestellt. Der Künstler verlangte von der Stadt die Zurückversetzung der Pferde an den ursprünglichen Standort und eine Wiederherstellung der ursprünglichen Formation zueinander.

[!]

Beseitigungsanspruch

Der *Beseitigungsanspruch* ist das rechtliche Mittel, um gegen eine fortdauernde Beeinträchtigung des Urheberrechts, etwa eine Entstellung oder Bearbeitung, vorzugehen, wozu der Unterlassungsanspruch nicht das geeignete Mittel ist. In der Praxis ist der Beseitigungsanspruch durch seine Beschränkung auf bestimmte Sachverhalte jedoch weniger bedeutend.

Der Beseitigungsanspruch des § 97 UrhG ist nicht zu verwechseln mit dem *Vernichtungsanspruch* nach § 98 UrhG.

Das OLG Köln vertrat die Auffassung, dass das Umsetzen der Skulptur an einen anderen Ort keinen Eingriff in das Urheberrecht darstelle. Der künstlerische Gesamteindruck käme auch nach der Versetzung hinreichend zur Geltung. Insoweit wies es den Anspruch des Künstlers ab, die Bronzepferde wieder an ihren ursprünglichen Standort zurückzuversetzen. Gleichzeitig hat das OLG jedoch einen Eingriff in das künstlerische Werk darin gesehen, dass die Pferde in einer anderen Zuordnung zueinander wieder aufgestellt wurden. Es seien auch keine schutzwürdigen Interessen der Stadt sichtbar, von der ursprünglichen Formation abzuweichen. Das Gericht verurteilte die Stadt zur Wiederherstellung der ursprünglichen Zuordnung der Pferde zueinander.

Auch in diesem Fall hätte ein Unterlassungsanspruch nicht zu dem gewünschten Ergebnis geführt.

7.1.3 Vernichtungsanspruch (§ 98 Abs. 1 UrhG)

Im vorangegangenen Abschnitt habe ich bereits den Vernichtungsanspruch kurz erwähnt. Dieser ist in § 98 UrhG geregelt und bezeichnet das Recht des Urhebers, vom Verletzer die Vernichtung aller in dessen Besitz befindlichen, rechtswidrig hergestellten, verbreiteten oder zur rechtswidrigen Verbreitung bestimmten Vervielfältigungsstücke zu verlangen.

Hohe Kosten

Dies ist ein Anspruch des Urhebers, der für den Verletzer richtig teuer werden kann. In unserem ursprünglichen Beispielfall mit dem Bildband bedeutet dies, dass der Verlag die gesamte Buchauflage »einstampfen« oder auf sonstige Weise unbrauchbar machen muss, wobei sich de facto dieser Anspruch schon aus dem Unterlassungsanspruch ergibt, da dieser es dem Verlag verbietet, die unzulässige Vervielfältigung des Fotos dadurch fortzusetzen, dass er weitere Bildbände in den Verkehr bringt. Im Gegensatz zum Unterlassungsanspruch, bei dem die Bildbände »auf Halde« liegenbleiben könnten und nur nicht verkauft werden dürfen, bezieht sich der Vernichtungsanspruch darauf, dass die Bildbände unbrauchbar gemacht werden. Allerdings ist eine gänzliche Substanzvernichtung nicht zwingend erforderlich, wenn sie auf andere Weise unbrauchbar gemacht werden können. Aus § 98 Abs. 4 UrhG ergibt sich, dass grundsätzlich das mildeste Mittel zur Beseitigung verwendet werden soll. Im Einzelfall können deshalb anstelle der kompletten Substanzvernichtung etwa auch ein Unkenntlichmachen von Teilen, ein Entfernen einzelner Seiten oder ähnliche Maßnahmen in Betracht kommen, wobei sich natürlich die Frage stellt, ob ein hochwertiger Bildband nach der Durchführung derart milderer Maßnahmen überhaupt noch verkäuflich ist, was sicherlich bezweifelt werden darf.

Gerichtsvollzieher

Die Vernichtung erfolgt im Übrigen durch einen Gerichtsvollzieher, der auch bestimmt, welche Vernichtungsart letztlich gewählt wird. Die rechtswidrig hergestellten Vervielfältigungsstücke hat der Verlag an den Gerichtsvollzieher herauszugeben, sodass er über keine eigene Entscheidungskompetenz bezüglich der Einzelheiten der Vernichtung mehr verfügt.

Dies bedeutet für den Verlag, dass er nicht nur auf die Verkaufserlöse zur Deckung seines Herstellungsaufwands verzichten, sondern auch zusätzliche Kosten für die Vernichtung aufbringen muss. Will der Verlag an dem Bildband als Produkt festhalten, muss er eine Neuauflage drucken, bei der die Bilder des Fotografen natürlich keine Verwendung mehr finden dürfen oder – was wenig praxisgerecht erscheint – unkenntlich gemacht wurden.

Der Vernichtungsanspruch, der im Übrigen ebenfalls verschuldensunabhängig ist, richtet sich allerdings nur gegen den Verlag selbst, nicht etwa gegen andere Glieder der Vertriebsketten, wie etwa Buchhandlungen, Leihbüchereien etc. Denn insoweit richtet sich der Anspruch auf Vernichtung nur gegen denjenigen, der das Urheberrecht widerrechtlich verletzt hat, und dies ist hier nur der Verlag. Hier geht es aber wohlgemerkt nur um den Vernichtungsanspruch, gegen Buchhandlungen, Leihbüchereien und andere Stellen besteht natürlich der bereits besprochene Unterlassungsanspruch, da diese Stellen als »Störer« anzusehen sind, wenn sie der Öffentlichkeit einen Bildband zugänglich machen, der Urheberrechtsverletzungen beinhaltet.

Keine einstweilige Verfügung

Der Vernichtungsanspruch kann jedoch – anders als etwa der Unterlassungsanspruch – nicht mittels einstweiliger Verfügung durchgesetzt werden. Die einstweilige Verfügung ist – wie Sie bereits erfahren haben – ein Instrument des vorläufigen Rechtsschutzes, das dazu dient, weitere bzw. fortdauernde Rechtsverletzungen einstweilen zu beseitigen, um einen größeren Schaden abzuwenden oder die Fortdauer einer Rechtsverletzung zu verhindern. Über die Rechtslage wird im anschließenden Hauptverfahren entschieden, durch die einstweilige Verfügung darf das Ergebnis der Hauptsache aber nicht vorweggenommen werden. Durch eine Vernichtungsverpflichtung im einstweiligen Verfügungsverfahren würde jedoch genau das geschehen. Da die Beseitigung der Rechtsverletzung genauso gut zunächst durch die einstweilige Verfügung auf Unterlassung erreicht werden kann, ist eine endgültige Vernichtung im einstweiligen Verfügungsverfahren auch nicht erforderlich.

[!]

Vernichtungsanspruch

Der verschuldensunabhängige *Vernichtungsanspruch* zielt darauf ab, alle im Besitz oder Eigentum des Verletzers befindlichen Vervielfältigungsstücke unbrauchbar zu machen und damit einer Weiterverbreitung zu entziehen.

In der Praxis werden die Parteien sich vor einer Vernichtung häufig auf einen Vergleich einigen.

In der Praxis eher selten

Der Vernichtungsanspruch wird aus wirtschaftlichen Gründen in der Praxis jedoch nicht so häufig vorkommen. Der Fotograf hat in unserem Beispielfall nichts davon, wenn er den Verlag verpflichtet, die gesamte Auflage, die sich noch beim Verlag befindet, zu vernichten. Der Verlag wird jedoch mit großer Wahrscheinlichkeit daran interessiert sein, dem Fotografen ein Angebot auf finanzielle Entschädigung zu machen, wenn er ihm dafür im Gegenzug gestattet, den Bildband weiter zu vertreiben, d. h. seine Bilder zu nutzen. Man spricht dann auch von einem *Vergleich*, der zwischen den Parteien geschlossen wird. Im Zweifel wird unser Fotograf sogar einen deutlich höheren Betrag bekommen, als er bekommen hätte, wenn er vor der Veröffentlichung um Einwilligung gebeten worden wäre, da der Verlag nun nicht nur juristisch, sondern insbesondere auch wirtschaftlich die entschieden schlechteren Karten hat. Der Fotograf wird mithilfe seines Anwalts versuchen, in finanzieller Hinsicht das bestmögliche Ergebnis für sich zu erreichen.

7.1.4 Rückruf und Entfernung aus den Vertriebswegen (§ 98 Abs. 2 UrhG)

Rückruf und Entfernung aus den Vertriebswegen – zwei sich gegenseitig ergänzende Ansprüche – wurden erst 2008 durch das Gesetz zur Verbesserung der Rechte des geistigen Eigentums aufgrund der EU-Richtlinie 2004/48/EG in das UrhG übernommen. Zuvor waren diese Ansprüche im UrhG gar nicht geregelt.

Rückruf | Der *Rückruf* ist Ihnen wahrscheinlich aus der Automobilindustrie geläufig, wenn die Hersteller ihre Fahrzeuge wegen eines bestimmten Defekts oder zur Nachrüstung in die Werkstätten zurückrufen. So muss man sich auch den Rückruf von rechtswidrig hergestellten Vervielfältigungsstücken vorstellen. Der Verlag – um wieder unser Beispiel zu bemühen – hat durch aktives Handeln dafür Sorge zu tragen, dass die von ihm ausgelieferten Bildbände von überall zurückgeholt werden, wohin sie geliefert wurden. Dass es nicht gelingen wird, aller Exemplare auf diesem Weg wieder habhaft zu werden, steht außer Frage. Ein Rückruf von 100 % der ausgelieferten Produkte dürfte realistischerweise nie gelingen, ist aber auch nicht Voraussetzung zur Geltendmachung des Rückrufanspruchs. Das hängt damit zusammen, dass der Verlag natürlich niemanden dazu zwingen kann, einen Bildband herauszugeben, den der Käufer rechtmäßig erworben hat, wenn dieser sich deshalb weigert, ihn wieder herauszugeben.

Endverbraucher ist nicht betroffen

Der Endverbraucher ist im Übrigen von einem Rückruf nach § 98 Abs. 2 UrhG nicht betroffen, wobei es keine Rolle spielt, ob es sich um einen privaten oder gewerblichen Endverbraucher handelt. Der Endverbraucher ist also kein Verletzer. Sowohl Otto Normalverbraucher, der den Bildband im Buchhandel erworben hat, als auch die Stadtbücherei, die durch Kauf des Bildbandes ihr Angebot für ihre Leser erweitert hat, müssen nicht befürchten, den Bildband im Rahmen einer solchen Rückrufaktion zurückgeben zu müssen. Das ändert, um dies nochmals zu verdeutlichen, jedoch nichts daran, dass die Stadtbücherei, die einen Bildband zur Ausleihe bereitstellt, »Störer« ist und deshalb vom Verletzten auch auf Unterlassen in Anspruch genommen werden kann. Lediglich vom Rückruf ist sie nicht betroffen. Ansonsten kann der in seinen Rechten verletzte Fotograf gegen jeden Abnehmer in der Vertriebskette vorgehen, wobei dies natürlich insoweit eher theoretisch ist, als der Fotograf in der Regel gar nicht weiß, wo sich der Bildband überall befindet und der Öffentlichkeit zur Verfügung gestellt wird. In jedem Fall ist der Rückrufanspruch eine sehr scharfe Waffe, die dem Verletzten zur Verfügung steht. Höchstrichterliche Rechtsprechung gibt es zu diesem Anspruch – soweit erkennbar – noch nicht. Man wird abwarten müssen, ob er in der Praxis überhaupt eine große Rolle spielen wird oder ob nicht das Problem im Vorfeld bereits durch finanzielle Kompensation gelöst wird.

Entfernung aus den Vertriebswegen | Das Gleiche gilt auch für den Anspruch auf *Entfernung aus den Vertriebswegen* der rechtswidrig entstandenen Vervielfältigungsstücke. Der verletzte Urheber kann verlangen, dass alle unter Verletzung seiner Urheberrechte gefertigten Vervielfältigungsstücke aus den Vertriebswegen entfernt werden. Dazu müssen – anders als beim Rückruf – nicht die Vervielfältigungsstücke an den Verletzer zurückgelangen, sie können auch bei den einzelnen Gliedern der Vertriebskette unmittelbar vernichtet werden. In ihrer Wirkung ist die Entfernung aus den Vertriebswegen identisch mit einem Rückruf.

Man wird auch hier die Praxisrelevanz dieses Anspruchs, mit der es noch keine Erfahrung gibt, abwarten müssen. Auch hier gilt jedenfalls, dass dieser Anspruch nicht den Endverbraucher – weder gewerblich noch privat – trifft.

7.1.5 Überlassungsanspruch (§ 98 Abs. 3 UrhG)

Anstelle der Ansprüche auf Vernichtung, Rückruf oder Entfernung aus den Vertriebswegen kann der Fotograf vom Verlag, sofern dieser noch Eigentum an den Bildbänden hat, auch verlangen, dass ihm die Bildbände gegen angemessene Vergütung überlassen werden. Dieser Anspruch ergibt sich aus § 98 Abs. 3 UrhG und stellt gegenüber den Ansprüchen auf Vernichtung, Rückruf und Entfernen aus den Vertriebswegen sicherlich eine weniger gravierende Maßnahme für den Verlag dar. Die angemessene Vergütung, die im Rechtsstreit vom Gericht nach § 287 Abs. 2 ZPO zu schätzen ist, darf nach dem Gesetz die Herstellungskosten nicht übersteigen. Die Herstellungskosten bilden somit die Obergrenze einer angemessenen Vergütung, die angemessene Vergütung kann vom Gericht unter Berücksichtigung aller Umstände des Einzelfalls durchaus aber auch deutlich niedriger geschätzt werden. Denn in vielen Fällen wäre eine Vergütung, die den Herstellungskosten entspricht, gerade nicht angemessen, denn das hätte letztlich zur Konsequenz, dass sich für den Verlag lediglich die Gewinnerwartungen an dem Bildband nicht erfüllen würden, er bezüglich seines Herstellungsaufwands aber schadlos gestellt würde.

Bedeutung in der Praxis eher gering

Dennoch hat diese Vorschrift für die Praxis, was unsere Thematik anbetrifft, keine besondere Bedeutung. Auf den ersten Blick kommt der Fotograf bei Geltendmachung dieses Anspruchs zwar vielleicht sehr preiswert an etliche Exemplare, vielleicht sogar an fast die gesamte Auflage des Bildbandes. Aber er muss sich auch die Frage stellen, was er damit anfangen will. Selbst wenn er über die Fähigkeiten und Möglichkeiten verfügen sollte, möglicherweise tausende von Bildbänden in Eigenregie zu vermarkten, bestehen noch andere Urheberrechte an dem Bildband, wahrscheinlich vom Verlag selbst, der das Layout gestaltet hat etc. Ein Vertrieb des Bildbandes ohne seine Einwilligung, für deren Erteilung der Fotograf im Zweifel den Verlag am Erlös beteiligen muss, stößt deshalb vielfach auf im ersten Moment nicht absehbare rechtliche Schwierigkeiten.

Plagiate von Markenprodukten

Sinnvoll ist der Überlassungsanspruch, und in diesen Fällen spielt er in der Praxis auch durchaus eine Rolle, nämlich bei Plagiaten von Markenprodukten, die in Ausführung und Qualität den Originalen entsprechen. Dann mag es für den Hersteller der Originale sinnvoll sein, den Überlassungsanspruch geltend zu machen und die Plagiate selbst zu vermarkten, insbesondere weil er hier den Hersteller der Plagiate nicht beteiligen muss. Denn dieser dürfte kaum Urheberrechte an den Plagiaten haben, weil es dem Plagiat, wenn es mit dem Original identisch ist, an der für das Entstehen eines eigenen Urheberrechts erforderlichen Schöpfungshöhe fehlen dürfte. Denn es hat beim Plagiat in der Regel nur eine handwerkliche Nachbildung stattgefunden.

7.1.6 Verhältnismäßigkeitsgrundsatz (§ 98 Abs. 4 UrhG)

Die Ansprüche auf Vernichtung, Rückruf, Entfernung aus dem Vertriebsweg und Überlassung können nach § 98 Abs. 4 UrhG im Einzelfall ausgeschlossen sein, wenn die Maßnahme unverhältnismäßig ist. Ob eine Maßnahme unverhältnismäßig ist, kann nur anhand des Einzelfalls festgestellt werden, wie der Bundesgerichtshof (BGH) in einer Entscheidung vom 10.04.1997 (I ZR 242/94), in der es um die Vernichtung von Waren ging, die unter Verletzung des Markenrechts in den Verkehr gebracht wurden, ausdrücklich festgestellt hat. Sinn und Zweck des *Verhältnismäßigkeitsgrundsatzes* erfordere eine umfassende Abwägung des Vernichtungsinteresses des Verletzten und des Erhaltungsinteresses des Verletzers. Anders ausgedrückt: Stehen die Maßnahmen in § 98 Abs. 1 bis 3 UrhG in keinem Verhältnis zum Ausmaß der Verletzung, kommen die Maßnahmen nicht in Betracht.

Allerdings wird diese Vorschrift sehr restriktiv ausgelegt. Eine Maßnahme ist nicht schon deshalb unverhältnismäßig, weil sie beim Verletzer zu hohen finanziellen Belastungen führt.

[zB]

Das OLG Düsseldorf (Urteil vom 13.02.1996 – 20 U 115/95) hat zum Beispiel entschieden, dass der ungenehmigte Abdruck von Fotografien des Künstlers Joseph Beuys in einem Dokumentationsheft einen Vernichtungsanspruch des Urhebers begründet habe. Zur Begründung führte das Gericht aus, dass der durch die Verletzung entstandene Zustand nur durch Vernichtung beseitigt werden könne, weshalb es auf die Frage der Verhältnismäßigkeit nicht ankomme.

Auf unseren Beispielfall ist in Übereinstimmung mit der Rechtsprechung der Verhältnismäßigkeitsgrundsatz nicht anwendbar. Der Fotograf hat also die dargestellten Ansprüche nach § 98 Abs. 2 UrhG. Vorstellbar wäre die Anwendbarkeit dieses Grundsatzes möglicherweise in dem Fall, dass außerordentlich hohe Herstellungskosten für einen aufwendig gestalteten Bildband der ungenehmigten Veröffentlichung eines einzelnen, relativ unbedeutenden Bildes, das in kleinem Format abgedruckt wurde, gegenüberstehen – aber auch das müsste im konkreten Einzelfall geprüft werden.

[!]

Verhältnismäßigkeitsgrundsatz

Durch den *Verhältnismäßigkeitsgrundsatz* erfolgt eine Abwägung zwischen den Interessen des Verletzers und denen des Urhebers im Einzelfall. Finanzielle Belastungen des Verletzers spielen für sich betrachtet keine Rolle. Der Verhältnismäßigkeitsgrundsatz ist in der Regel dann nicht anzuwenden, wenn nur durch Vernichtung etc. die Urheberrechtsverletzung beseitigt werden kann oder wenn das Interesse des Urhebers gegenüber dem des Verletzers nur als sehr gering anzusehen ist.

7.1.7 Auskunftsanspruch (§ 101 UrhG)

Mit dem in § 101 UrhG geregelten Auskunftsanspruch nähern wir uns dem Anspruch auf Schadensersatz, denn der Auskunftsanspruch dient der Vorbereitung eines Schadensersatzanspruchs. Der verletzte Urheber hat das Recht, vom Verletzer alle Auskünfte zu verlangen, die er benötigt, um seinen Schadensersatzanspruch zu beziffern. Je nachdem, wie man den Schadensersatzanspruch berechnet (mehr dazu im nächsten Abschnitt), benötigt man dazu detaillierte Angaben des Verletzers. Dabei hilft der § 101 UrhG.

Durch diese Vorschrift erhält der Verletzte gegenüber demjenigen, der in gewerblichem Ausmaß das Urheberrecht widerrechtlich verletzt, einen Anspruch auf wahrheitsgemäße Auskunft zum Beispiel über:

- die Namen und Anschriften der Hersteller, Lieferanten und anderer Vorbesitzer der Vervielfältigungsstücke
- die Menge der hergestellten, ausgelieferten, erhaltenen oder bestellten Vervielfältigungsstücke
- die Preise, die für die Vervielfältigungsstücke bezahlt wurden

§ 101 UrhG regelt allerdings nicht die Auskunftspflicht des Verletzers bezüglich dessen Kosten. Allein mit der Auskunft über Menge, Preise und Abnehmer kann der Verletzte aber noch nicht sonderlich viel anfangen. Der Auskunftsanspruch ist insoweit unvollkommen. Hinzu kommt deshalb ein allgemeiner zivilrechtlicher Auskunftsanspruch, der sich aus § 242 BGB ergibt und immer dann greift, wenn der Berechtigte über den Umfang seines Rechts im Ungewissen ist und sich die zur Durchsetzung seines Anspruchs erforderlichen Tatsachen nicht selbst beschaffen kann. (Den Wortlaut des Paragrafen finden Sie unter *www.gesetze-im-internet.de/bgb*.)

Gewerbliches Ausmaß

Die Rechtsprechung hat sich in verschiedenen Urteilen mit der Frage zu befassen gehabt, wann ein gewerbliches Ausmaß im Sinne von § 101 UrhG vorliegt. Dabei ging es überwiegend um die Tauschbörsenfälle, also jene Sachverhalte, bei denen Musikstücke, ganze Musikalben oder Filme heruntergeladen und auf Tauschplattformen im Internet angeboten werden. Gewerbliches Ausmaß besteht zum Beispiel dann, wenn ein ganzes Musikalbum für diesen Zweck aus dem Internet geladen und zum Erwerb angeboten wird (so das OLG Köln) oder wenn eine komplette Film-DVD zugänglich gemacht wird (so das OLG Frankfurt). Ich werde auf diese Rechtsprechung hier nicht näher eingehen, da sie mit unserem Thema unmittelbar nichts zu tun hat. Man kann jedoch nach Analyse der entsprechenden Urteile zusammenfassend feststellen, dass es sich bei »gewerblichem Ausmaß« um eine erhebliche Rechtsverletzung handeln und eine Verbreitung stattfinden muss, deren Umfang deutlich über den privaten Gebrauch hinausgeht. Das ist in unserem Beispiel mit dem Bildband der Fall, sodass hier ein Auskunftsanspruch gegeben ist.

Durch § 101 Abs. 2 UrhG ist ein Auskunftsanspruch bei offensichtlicher Rechtsverletzung in gewerblichem Ausmaß u. a. auch gegenüber demjenigen gegeben, der zwar selbst nicht Verletzer ist, jedoch

- rechtsverletzende Vervielfältigungsstücke im Besitz hatte
- rechtsverletzende Dienstleistungen in Anspruch nahm
- für rechtsverletzende Tätigkeiten genutzte Dienstleistungen erbrachte

Auskunftsanspruch gegenüber Internet-Providern

Insbesondere der dritte Punkt, Dienstleistungen, die für rechtsverletzende Tätigkeiten erbracht werden, hat im Internetzeitalter eine große Bedeutung. Denn durch diese Vorschrift ist der Auskunftsanspruch unmittelbar gegenüber den Internet-Providern gegeben. Dem Urheber, dessen Rechte verletzt wurden, soll die Identifizierung derjenigen Rechtsverletzer ermöglicht werden, die meist im Internet unter einem Pseudonym oder einem Benutzernamen auftreten und deshalb nicht ohne Weiteres in Anspruch genommen werden können. Bei den sogenannten *Tauschbörsen* geht es hier darum, über die IP-Adresse, über die jeder Computer in einem Netzwerk verfügt, den Verletzer, d. h. den Besitzer des Anschlusses, ausfindig zu machen. Soweit allerdings die Auskunft nur unter Verwendung der Verkehrsdaten im Sinne des § 3 Nr. 10 des Telekommunikationsgesetzes (TKG – *www.gesetze-im-internet.de/tkg_2004*) möglich ist – dies sind alle Daten, die bei der Erbringung eines Telekommunikationsdienstes erhoben, verarbeitet oder genutzt werden –, muss beim zuständigen Landgericht eine richterliche Anordnung über die Zulässigkeit der Verwendung der Verkehrsdaten beantragt werden. Das Fernmeldegeheimnis ist jedoch insoweit eingeschränkt.

[!]

Auskunftsanspruch

Der Urheber, dessen Rechte verletzt wurden, kann vom Verletzer umfangreiche Auskunft über die Herkunft und den Vertriebsweg, die Menge und den Preis der rechtswidrigen Vervielfältigungsstücke verlangen. Diese Angaben dienen der Vorbereitung der Schadensersatzforderung. In bestimmten Fällen muss auch ein Dritter, der selbst die Rechte nicht verletzt hat, Auskunft erteilen (Stichwort »Internet-Provider«).

7.1.8 Schadensersatzanspruch (§ 97 Abs. 2 UrhG)

Im deutschen Schadensersatzrecht gilt, dass derjenige, der einen Schadensersatzanspruch gegenüber einem anderen geltend macht, gleichgültig, ob dies gerichtlich oder außergerichtlich geschieht, zunächst nachvollziehbar darlegen und gegebenenfalls auch beweisen muss, dass ihm der geltend gemachte Schaden durch den Inanspruchgenommenen dem Grunde und auch der Höhe nach tatsächlich entstanden ist. Kann der Verletzte seinen Schaden und die Kausalität zwischen der Handlung des Inanspruchgenommenen und dem eingetretenen Schaden nicht plausibel darlegen, wird er kaum eine Chance haben, seinen Anspruch durchzusetzen.

[!]

Grundsatz 1 des Schadensersatzrechts

Derjenige, der einen Schaden geltend macht, muss ihn darlegen und beweisen. Außerdem muss er die Kausalität des Schadens beweisen, also dass die Verletzungshandlung ursächlich für den eingetretenen Schaden ist. Gelingt ihm dies nicht oder nur hinsichtlich eines Teils des Schadens, scheitert er mit seinem Anspruch ganz oder teilweise. Ohne Schaden und ohne Kausalzusammenhang mit der Verletzungshandlung gibt es keinen Schadensersatz!

Abgesehen von einigen Fällen der Gefährdungshaftung, bei der man nur deshalb grundsätzlich haftet, weil man etwas Gefährliches tut (zum Beispiel Autofahren im Straßenverkehr, das per se durch das Straßenverkehrsgesetz, StVG, als gefährlich gilt, oder durch das Betreiben einer gefährlichen Anlage), und abgesehen von den Fällen der verschuldensunabhängigen Haftung, in denen man auch ohne Verschulden haftet, wie oben am Beispiel des Unterlassungsanspruchs etc. festgestellt, gilt für das deutsche Schadensersatzrecht darüber hinaus, dass eine Haftung auf Schadensersatz nur dann in Betracht kommt, wenn der Verletzer vorsätzlich oder fahrlässig handelt. Vorsätzlich handelt zum Beispiel der Verlag, der in Kenntnis, dass er gar keine Veröffentlichungsrechte hat, trotzdem ein fremdes Foto veröffentlicht, also die Rechtsverletzung kennt und bewusst begeht. Fahrlässigkeit wäre dagegen gegeben, wenn der Verlag Bildrechte von einem Fotografen aufgekauft hat, ohne sich zu vergewissern und sich bestätigen zu lassen, dass dieser tatsächlich im Besitz aller Bildrechte ist, und damit die im (Rechts-)Verkehr erforderliche Sorgfalt außer Acht gelassen hat.

Grundsatz 2 des Schadensersatzrechts

[!]

Eine Schadensersatzpflicht setzt im Regelfall Verschulden, d. h. Vorsatz (bewusste Schadenszufügung) oder Fahrlässigkeit (Außerachtlassen der im Verkehr erforderlichen Sorgfalt), voraus. Wer nicht vorsätzlich oder fahrlässig handelt, haftet in der Regel auch nicht.

Auch für den Schadensersatzanspruch im Urheberrecht gilt, dass eine Haftung nur für Vorsatz und Fahrlässigkeit in Betracht kommt.

Schadensersatzpflicht nach § 97 Abs. 2 UrhG

[!]

§ 97 Abs. 2 UrhG regelt, dass derjenige, der schuldhaft, also vorsätzlich oder fahrlässig, das Urheberrecht eines anderen verletzt, diesem zum Schadensersatz verpflichtet ist.

Die Frage der Schadensersatzpflicht ist in Fällen wie unserem Beispiel nicht problematisch. Der Verlag hat eine Urheberrechtsverletzung begangen. Diese war hier, wenn nicht sogar vorsätzlich, weil die Bilder bewusst von der Website des Fotografen heruntergeladen wurden, so doch auf jeden Fall fahrlässig. Denn die im Verkehr anzuwendende Sorgfaltspflicht hätte den Verlag vor dem Abdruck der Bilder und der Veröffentlichung des Bildbandes veranlassen müssen, genau zu überprüfen, ob die Veröffentlichungsrechte an den Bildern wirksam erworben wurden.

Materieller und Vermögensschaden

Bei einem materiellen Schaden, der durch Wiederherstellung des ursprünglichen Zustands oder durch Erstattung der dazu erforderlichen Kosten beseitigt werden muss, ist die Darlegung der Schadenshöhe durch entsprechende Reparaturrechnungen, Belege über Wiederbeschaffungskosten o. Ä. oft noch relativ einfach. Weitaus schwieriger ist es für den Geschädigten dagegen, einen Vermögensschaden, wie er beim »Bilderklau« vorliegt, der Höhe nach zu beziffern und geltend zu machen. Natürlich kann der Fotograf sich auf den Standpunkt stellen, seine Fotos seien so überragend, dass jedes von ihnen eine einmalige Nutzungsgebühr von mindestens 1.000 € rechtfertigen würde. Mit dieser Argumentation »ins Blaue hinein« und auf Basis rein subjektiver Wertvorstellungen wird unser Fotograf jedoch kein Gericht überzeugen können. Gar nicht so selten liegen bekanntermaßen Welten zwischen dem Wert, der einer Sache subjektiv beigemessen wird, und dem Wert, den ein objektiver Betrachter, für den ideelle Gesichtspunkte nicht maßgebend sind, ihr zumisst. Vor Gericht zählen jedoch nur konkrete Tatsachen, die sich in geeigneter Form beweisen lassen. Ideelle Werte finden im Schadensersatzrecht allenfalls in Ausnahmefällen eine Berücksichtigung.

Drei Methoden zur Schadensberechnung

Schon das Reichsgericht hat im Jahr 1895 drei verschiedene Methoden zur Schadensberechnung dargestellt, die später vom BGH übernommen wurden und zur ständigen Rechtsprechung geworden sind, noch bevor sie in den heutigen § 97 Abs. 2 UrhG eingeflossen sind:

- Berechnung des entgangenen Gewinns
- Herausgabe des Verletzergewinns
- Lizenzanalogie

Wie sehen nun die einzelnen Berechnungsarten im Detail aus?

Berechnung des entgangenen Gewinns (§ 97 Abs. 2 Satz 1 UrhG) | Die erste Alternative ist eigentlich im UrhG nur unvollkommen geregelt. Dort heißt es in § 97 Abs. 2 Satz 1 nur, dass derjenige, der die Verletzungshandlung begangen hat, dem Verletzten zum Ersatz des daraus entstandenen Schadens verpflichtet ist. Wie der Schaden zu berechnen ist und was alles zum Schaden gehört, wird dagegen im BGB geregelt. Dort heißt es dann in § 252, dass zum Schaden auch der entgangene Gewinn gehört. Als entgangen gilt der Gewinn nach § 252 BGB dann, wenn er nach dem gewöhnlichen Lauf der Dinge oder nach den besonderen Umständen mit Wahrscheinlichkeit hätte erwartet werden können.

[zB] Nehmen wir an, unserem Fotografen hätte ein verbindliches und schriftliches Angebot eines Kalenderverlags vorgelegen, die Nutzungsrechte an den drei Fotos für einen bestimmten Betrag zu erwerben, allerdings hätte der Kalenderverlag diesen Erwerb davon abhängig gemacht, dass er die Nutzungsrechte exklusiv an noch nicht veröffentlichten Fotos übertragen bekommt. Bevor es zum Vertragsabschluss mit dem Kalenderverlag gekommen ist, wäre der Bildband vom Verlag veröffentlicht worden. Da der Fotograf die exklusive Nutzung dem Kalenderverlag nun nicht mehr übertragen könnte, würde der Kalenderverlag sein Angebot zurückziehen. Hier entspricht der entgangene Gewinn des Fotografen dem für die drei Fotos vom Kalenderverlag angebotenen Betrag.

Diesem Beispiel liegt der Idealfall zugrunde, dass der entgangene Gewinn nachgewiesen und exakt beziffert werden kann. Dies ist jedoch in solchen Fällen eher die Ausnahme. Hätte dem Fotografen nicht zufällig dieses Angebot vorgelegen, hätte er nach dieser Berechnungsmethode überhaupt keinen konkreten Schaden beziffern können. Hätte der Kalenderverlag nur eine mündliche Zusage gemacht, wäre dem Fotografen zwar Gewinn entgangen, aber er hätte möglicherweise ein Beweisproblem gehabt, weil er nicht hätte beweisen können, dass es ein verbindliches Angebot und nicht nur eine bloße Anfrage des Kalenderverlags war. Denn dann könnte man von einem definitiv entgangenen Gewinn sicherlich noch nicht ausgehen. Kann der Fotograf einen konkreten Gewinnausfall nicht oder nicht hinreichend darlegen und beweisen, bleibt ihm nur, mit einer Gewinnvermutung zu argumentieren und vor Gericht darzulegen, dass nach dem gewöhnlichen Verlauf der Dinge damit zu rechnen gewesen wäre, dass er die Nutzungsrechte an den Fotos zu einem vermuteten Preis in Höhe von X € verkauft hätte. Außerdem müsste der Fotograf den Nachweis führen, dass ausschließlich die Rechtsverletzung der Grund für den entgangenen Gewinn war.

Aus so vielen konjunktivischen Formulierungen und Unwägbarkeiten ergibt sich die Problematik einer rechtlichen Durchsetzung dieses Anspruchs. Gerade für den Amateurfotografen, der nicht ständig Nutzungsverträge für seine Fotos mit Dritten abschließt und keine ausreichende Zahl von Belegen für Geschäfte aus der Vergangenheit und damit auch keinen gewöhnlichen Lauf der Dinge darlegen kann, ist der Anspruch auf Ersatz des entgangenen Gewinns ziemlich wertlos.

Der klassische Anwendungsfall für die Geltendmachung von entgangenem Gewinn ist auch wohl eher nicht das Bildrecht, sondern zum Beispiel der Produktionsausfall durch Beschädigung einer Maschine und dadurch hervorgerufene Produktionsmindermengen. In solchen Fällen kann durch betriebswirtschaftliche Berechnungen der entgangene Gewinn vielfach nachvollziehbar ermittelt werden.

Der BGH hat das Problem des Anspruchs auf entgangenen Gewinn in seinem Urteil vom 02.11.2000 (I ZR 246/98) so beschrieben:

> *»Es liegt in der Natur der Immaterialgüterrechte, dass im Einzelfall kaum feststellbar und beweisbar ist, welcher Gewinn dem Rechtsinhaber dadurch entgangen ist, dass der Verletzer in das ihm zugewiesene Ausschließlichkeitsrecht eingegriffen und damit seine eigenen Möglichkeiten zur Auswertung des Rechts geschmälert hat.«* [§]

[!]

Anspruch auf entgangenen Gewinn

Dieser Anspruch, der sich aus § 97 Abs. 2 Satz 1 UrhG in Verbindung mit § 252 BGB ergibt, ist darauf gerichtet, vom Verletzer das zu verlangen, was durch die Verletzungshandlung an Gewinn vom Verletzten nicht erzielt werden konnte. Wegen der Schwierigkeit, den Schaden und die Kausalität der Verletzung für den entgangenen Gewinn nachzuweisen und genau zu beziffern, ist die Geltendmachung des Anspruch auf diesem Wege im Bereich des Bildrechts wohl nur in seltenen Fällen und dem Amateurfotografen praktisch nie zu empfehlen.

Herausgabe des Verletzergewinns (§ 97 Abs. 2 Satz 2 UrhG) | Mit dem Anspruch auf Herausgabe des Verletzergewinns kann der Fotograf vom Verlag den Gewinn verlangen, den der Verlag mit dem Bildband gemacht hat. Dabei kommt es überhaupt nicht darauf an, ob der Fotograf diesen Gewinn auch hätte machen können.

Der Anspruch auf Herausgabe des Verletzergewinns ist kein Anspruch auf Ersatz des konkret entstandenen Schadens, sondern zielt in anderer Weise auf einen billigen Ausgleich des Vermögensnachteils ab, den der verletzte Rechtsinhaber erlitten hat (BGH, Urteil vom 02.02.1995 – I ZR 16/93). Aus der Erkenntnis, dass sich der entgangene Gewinn nur schwer nachweisen lässt, folgert der BGH in seiner bereits zitierten Entscheidung vom 02.11.2000, dass die mangelnde Durchsetzbarkeit des Anspruchs auf Ersatz des entgangenen Gewinns nicht dazu führen dürfe, dem Verletzer einen Gewinn, der auf der unbefugten Nutzung des Ausschließlichkeitsrechts beruht, zu belassen. Deshalb enthalte das Gesetz den Anspruch auf Herausgabe des Verletzergewinns. Zwar ist diese Entscheidung zum damaligen Geschmacksmustergesetz ergangen, aber in vollem Umfang auf das Urheberrecht übertragbar. Der BGH führt weiter aus, es werde beim Anspruch auf Herausgabe des Verletzergewinns, um einen Ausgleich herbeizuführen, unterstellt, dass der Rechtsinhaber ohne die Rechtsverletzung durch die Verwertung seines Schutzrechts den gleichen Gewinn wie der Verletzer erzielt hätte. Die Abschöpfung des Verletzergewinns diene dabei auch der Sanktionierung des schädigenden Verhaltens und auf diese Weise auch der Prävention gegen eine Verletzung der besonders schutzbedürftigen Immaterialgüterrechte.

Will unser Fotograf diesen Anspruch geltend machen, kann er dies natürlich nur, wenn er zuvor den Auskunftsanspruch durchgesetzt hat (siehe Abschnitt 7.1.7). Denn wenn der Fotograf den Gewinn des Verletzers ermitteln will, benötigt er natürlich detaillierte Angaben zur Gewinnberechnung.

Aber auch hier wird der Fotograf im Zweifel auf Schwierigkeiten stoßen. Zum einen setzt die Geltendmachung dieses Anspruchs ein gewisses betriebswirtschaftliches Grundverständnis voraus, man muss aber auch davon ausgehen, dass der Verlag schon bei der Auskunftserteilung versuchen wird, die Auskünfte in seinem Sinne zu »schönen«, und dass er auch seinen Finanzexperten alles abverlangen wird, um den Gewinn irgendwie herunterzurechnen. Da es keinen Anspruch auf Herausgabe von Firmenunterlagen gibt, sind die Auskünfte in der Regel mit Fragezeichen zu versehen.

Auch der Anspruch auf Herausgabe des Verletzergewinns ist deshalb nicht unproblematisch und wird bei realistischer Betrachtung in der Regel nur zu einem Teilerfolg im Klageverfahren führen, was im Übrigen die unangenehme Begleiterscheinung hat, dass der Verletzte auch noch die Kosten des Gerichtsverfahrens tragen muss, weil er mit seinem Anspruch keinen Erfolg hat. Wenn er zum Beispiel von eingeklagten 10.000 € nur 6.000 € zugesprochen bekommt, muss er 40 % der Verfahrenskosten, der Verlag dagegen 60 % der Kosten übernehmen.

Auch der Anspruch auf Herausgabe des Verletzergewinns ist deshalb in vielen Fällen nicht die beste Wahl.

Anspruch auf Herausgabe des Verletzergewinns
Der Anspruch auf Herausgabe des Verletzergewinns setzt eine exakte und nachvollziehbare Berechnung des Gewinns des Verletzers voraus und stößt damit ebenfalls in vielen Fällen auf prozessuale Schwierigkeiten. Im Bereich der Bildrechtsverletzung ist auch dieser Anspruch zur Durchsetzung von Schadensersatzforderungen in der Regel nicht optimal.

[!]

Lizenzanalogie (§ 97 Abs. 2 Satz 3 UrhG) | Aufgrund der geschilderten Schwierigkeiten, die im Zusammenhang mit den beiden vorgenannten Berechnungsarten bei der Bildrechtsverletzung bestehen, hat sich in der Praxis bei der Schadensermittlung die dritte Berechnungsmethode, die sogenannte *Lizenzanalogie*, durchgesetzt, bei der eine fiktive Lizenzgebühr zugrunde gelegt wird. In § 97 UrhG heißt es:

> *»Der Schadensersatzanspruch kann auch auf der Grundlage des Betrages berechnet werden, den der Verletzer als angemessene Vergütung hätte entrichten müssen, wenn er die Erlaubnis zur Nutzung des verletzten Rechts eingeholt hätte.«*

[§]

In den Fällen, in denen die Zahlung eines Nutzungsgeldes üblich ist, was bei der Überlassung von Fotos meistens der Fall ist, tut man also so, als sei zwischen dem Fotografen und dem Verlag ein Lizenz- bzw. Nutzungsvertrag abgeschlossen worden, und stellt fest, welche Lizenzgebühr für die drei Fotos angemessen gewesen wäre. Man bildet also eine Analogie zu einem gedachten Lizenzvertrag und überlegt sich aus der Sicht eines objektiven Betrachters, was ein vernünftiger Lizenzgeber gefordert und ein vernünftiger Lizenznehmer gezahlt hätte. Zu ermitteln ist der objektive Wert der Nutzungsberechtigung; ob der Verletzer tatsächlich bereit gewesen wäre, die so ermittelte Lizenzgebühr zu zahlen, spielt dabei keine Rolle.

Der Schadensberechnung nach der Lizenzanalogie liegt nach der ständigen Rechtsprechung des BGH die Überlegung zugrunde, dass der Verletzer grundsätzlich nicht anders gestellt werden soll als ein vertraglicher Lizenznehmer, der eine Lizenzgebühr entrichtet hätte. Dabei ist es – so auch der BGH (Urteil vom 23.06.2005 – I ZR 263/02) – unerheblich, ob es bei korrektem Verhalten des Verletzers im konkreten Fall tatsächlich zu einer entsprechenden Lizenzerteilung gekommen wäre; entscheidend ist vielmehr allein, dass der Verletzte die Nutzung nicht ohne Gegenleistung gestattet hätte. Zulässig ist die Schadensberechnung auf der Grundlage einer angemessenen Lizenzgebühr überall dort, wo die Überlassung von Rechten zur Benutzung durch Dritte gegen Entgelt rechtlich möglich und verkehrsüblich ist. Dies ist sicherlich im Bereich der Nutzungsrechte für Fotos der Fall.

Was ist eine angemessene Vergütung?

Es fragt sich jedoch, was eine angemessene Vergütung ist. Dabei handelt es sich wiederum um eine Frage des Einzelfalls, für die es natürlich keine allgemeingültige Aussage geben kann. Zunächst muss überprüft werden, ob der Verlag möglicherweise über eine Preisliste oder Tarifvereinbarung verfügt, die für Bildnutzung zu zahlende Entschädigungen enthält. Gibt es eine solche Liste, dann ist sie anzuwenden, denn der Verletzer soll nicht besser, aber auch nicht schlechter gestellt werden, als er stünde, wenn es einen Lizenzvertrag gäbe. Existiert eine solche verbindliche Liste nicht oder liegen die darin aufgeführten Beträge unter dem, was üblicherweise ein verständiger Lizenzgeber gezahlt hätte, muss das Gericht die zu zahlende Gebühr schätzen.

Bildhonorare – MFM-Übersicht

Gerade im Bereich des Foto- und Bildrechts gibt es dafür seit vielen Jahren ein Hilfsmittel, das auch von den Gerichten bei der Festlegung der fiktiven Lizenzgebühr regelmäßig herangezogen wird. Auf diese Weise werden in den meisten Fällen ein ansonsten möglicherweise erforderliches Sachverständigengutachten oder Schätzungen des Gerichts entbehrlich. Dieses Hilfsmittel ist die jährlich neu erscheinende Übersicht über Bildhonorare, die von der Mittelstandsgemeinschaft Foto-Marketing (MFM) herausgegeben wird. Falls Sie daran interessiert sind, können Sie sie problemlos über das Internet (*http://bvpa.org/mfm*) käuflich erwerben. Es gibt daneben zwar noch einige andere Tarife, wie etwa den der Verwertungsgesellschaft Bild-Kunst. Diese erfassen jedoch meist nur einzelne Bereiche und spielen in der Praxis der Schadensberechnung durch die Gerichte keine nennenswerte Rolle.

In der sehr ausführlichen und umfangreichen Honorarübersicht der MFM sind Lizenzgebühren nach Nutzungsart (zum Beispiel Kalender, Bücher und Bildbände, Zeitschriften, Reiseführer, Schulbücher), nach Nutzungsumfang (Größe und Format der Wiedergabe) und Verbreitung (Auflagenstärke und Dauer der Veröffentlichung) aufgelistet. Zu diesen drei Grundparametern kommen noch allgemeine und spezifische Konditionen, zum Beispiel bestimmte Zuschläge und Nachlässe, die jeweils den einzelnen Nutzungsarten bzw. den bestimmten Medien zugeordnet sind.

Die Tarifgebühren nach den MFM-Honoraren stellen eine Grundlage im Rahmen der Ermessensentscheidung des Gerichts nach § 287 Zivilprozessordnung (ZPO – *www.gesetze-im-internet.de/zpo*) dar (LG Düsseldorf, Urteil vom 01.04.2009 – 12 O 277/08), gebunden sind die Gerichte allerdings nicht daran.

Im Fall unseres Fotografen würde das Gericht höchstwahrscheinlich anhand dieser Liste feststellen, was an Lizenzgebühr für die Nutzung der Fotos in der abgebildeten Größe in einem Bildband mit dieser Auflage zu zahlen gewesen wäre. Dazu gibt die MFM-Übersicht in diesem Fall auch hinreichend Auskunft. Der so ermittelte Betrag wird als Schadensersatz zugesprochen. Macht der Fotograf einen höheren Anspruch geltend, muss er diesen darlegen und beweisen – zum Beispiel, dass üblicherweise für derartige Bildbände Honorare gezahlt werden, die deutlich über der MFM-Übersicht liegen.

Eine Anwendung der MFM-Übersicht kann allerdings auch nicht in allen Fällen erfolgen. Wenn der Verlag zu Recht einwenden kann, dass die konkrete Nutzungsart nicht in der MFM-Liste enthalten ist oder dass ein Sachverhalt vorliegt, auf den die MFM-Liste im konkreten Fall nicht anwendbar ist, wird das Gericht nicht umhinkommen, den Schaden durch einen Sachverständigen feststellen zu lassen. Eine Entscheidung ausschließlich auf Basis der MFM-Übersicht dürfte in diesen Fällen zu keinem akzeptablen Ergebnis führen.

eBay-Fotos

Auch Personen, die sich etwa beim privaten Verkauf von Gegenständen auf der Internetplattform eBay das Anfertigen eigener Fotos ersparen und stattdessen Fotos verwenden, die sie Angeboten anderer, die den gleichen Artikel verkaufen, entnehmen, haben mit Ansprüchen auf Schadensersatz seitens der jeweiligen Fotografen zu rechnen. Dies kann im Einzelfall teuer werden, denn die Rechtsprechung hat in verschiedenen Urteilen schon Schadensersatzansprüche in unterschiedlicher Höhe zugesprochen, ein Beispiel dazu gebe ich Ihnen in Abschnitt 7.1.9, »Beispiel einer Schadensberechnung nach der Lizenzanalogie«. Zuvor möchte ich jedoch noch einen weiteren Gesichtspunkt nennen, der auch beim angekündigten Beispiel eine Rolle spielt.

Allerdings hat der BGH in einem Fall (Entscheidung vom 13.09.2018 – I ZR 187/17) entschieden, es sei nicht ersichtlich, dass die MFM-Liste auf die Vergütung von Fotos, die von nichtprofessionellen Marktteilnehmern erstellt worden sind, Anwendung finde. Ein Amateurfotograf hatte unter Zugrundelegung der MFM-Liste auf Zahlung von 450,00 € geklagt, weil sein Foto eines Sportwagens von seiner Facebook-Seite ohne Einwilligung heruntergeladen, bearbeitet und für die Bewerbung einer Veranstaltung benutzt worden war. Zugesprochen wurden dem Kläger jedoch lediglich 100,00 €, weil dies für einen einfachen Schnappschuss angemessen sei.

Schadenshöhe im Amateurbereich nicht zwingend nach MFM-Liste

Aus dieser höchstrichterlichen Entscheidung muss abgeleitet werden, dass Amateurfotografen ihren Ansprüchen nicht zwangsläufig die in der MFM-Liste enthaltenen Vergütungssätze zugrunde legen sollten, sondern dass im Bereich der Bildverletzung im Amateurbereich die Schadenshöhe unter Berücksichtigung aller Umstände des Einzelfalles von den Gerichten zu schätzen ist. Dies ist insoweit bedeutsam, als beispielsweise im vorstehend geschilderten Fall der Amateurfotograf seine Forderung nur zu ca. 22,5 % realisieren konnte und deshalb die Verfahrenskosten zu ca. 77,5 % zu tragen hatte. Dass ihm dabei der Betrag, die ihm zugesprochen wurde, besonders hilfreich war, darf sicherlich bezweifelt werden.

Also: Vorsicht bei einem Vorgehen nach der MFM-Liste bei Bildverletzungen im Amateurbereich!

In einer anderen Entscheidung hat das OLG Köln (11.01.2019 – 6 U 10/16 – »Palast der Republik«) bei einem Schadensersatzanspruch für 52 Fotos des früheren Palasts der Republik in Berlin, die ohne Zustimmung des Fotografen und damit widerrechtlich über ein Internetbildarchiv online abrufbar waren, die MFM-Liste angewandt. Nach Auffassung des Gerichts sprachen dafür die gewerbliche Tätigkeit des Fotografen, die Professionalität der Aufnahmen und die Tatsache, dass die Fotos insoweit besonders waren, als sie sich nach dem Abriss des Palasts der Republik nicht mehr wiederholen ließen. Außerdem konnte der Fotograf anhand eigener Unterlagen nachweisen, dass diese Bilder von ihm in dem entsprechenden Preisniveau der MFM-Liste verkauft wurden.

Es darf jedoch kritisch hinterfragt werden, ob die Differenzierung der Rechtsprechung danach, ob Fotos von Amateuren oder Profis gemacht werden, sachgerecht ist. Damit scheint die Rechtsprechung der Auffassung zu sein, nur Profis machen qualitativ hochwertige Fotos, während Amateure nur »knipsen«. Dass es unzählige Fotografen im Amateurbereich gibt, deren Fotos mindestens das Niveau eines Profifotografen haben, oft sogar noch besser sind, weil den Amateuren oft viel mehr Zeit und Muße zur Verfügung steht, Fotos anzufertigen, als den Profifotografen, ist etwas, was sich immer wieder feststellen lässt, wenn man sich Ausstellungen von Amateurfotografen anschaut, wie ich aus eigener Erfahrung immer wieder erfahre.

Aufschlag bei fehlender Namensnennung gemäß § 13 UrhG | Es ist eine weit verbreitete Unsitte, Fotos ohne Nennung des Fotografen oder auf eine Weise zu veröffentlichen, bei der der Urheber nicht eindeutig erkennbar ist oder falsch bezeichnet wurde. Dies ist – wie Sie aus Kapitel 1, »Urheberrecht«, wissen – eine Verletzung des Urheberpersönlichkeitsrechts nach § 13 UrhG.

Wenn zu einer Verletzungshandlung noch eine Unterlassung der Namensnennung des Urhebers hinzukommt, spricht die Rechtsprechung nach mittlerweile ständiger Rechtsprechung einen Aufschlag von 100 % auf die in Lizenzanalogie ermittelte Lizenzgebühr zu.

In unserem Beispielfall war die Namensnennung unterblieben, sodass dem Fotografen der doppelte Schadensersatzanspruch zusteht, den er sinnvollerweise nach der Lizenzanalogie geltend machen wird.

Auch in der oben zitierten Entscheidung über das Sportwagenfoto wurde für die unterlassene Namensnennung 100 % Zuschlag gewährt, aber natürlich nicht in Höhe der geforderten 450,00 €, sondern ebenfalls nur in Höhe von 100,00 €.

[!]

Schadensersatz nach der Lizenzanalogie

Wird der Schadensersatz nach dem Grundsatz der Lizenzanalogie berechnet, was heute allgemein üblich ist, wird anhand objektiver Kriterien ermittelt, was bei einem unterstellten Nutzungs- oder Lizenzvertrag zwischen Fotograf und Verletzer dem Fotografen an Lizenzgebühr zu zahlen gewesen wäre. Die so ermittelte Lizenzgebühr ist der zu fordernde Schadensersatzbetrag.

Die Rechtsprechung orientiert sich dabei meist an der von der Mittelstandsgemeinschaft Foto-Marketing jährlich herausgegebenen Übersicht über Bildhonorare.

Für den Fall, dass bei der Veröffentlichung die Namensnennung des Fotografen unterblieben ist und damit das Urheberpersönlichkeitsrecht des § 13 UrhG verletzt wurde, wird bei der Schadensermittlung üblicherweise auf die ermittelte Lizenzgebühr ein Aufschlag von 100 % auf die Gebühren in der MFM-Liste erhoben.

7.1.9 Beispiel einer Schadensberechnung nach der Lizenzanalogie

Im Folgenden möchte ich Ihnen an einem Beispiel zeigen, wie mit einem Fall des sogenannten *Bilderklaus* im Internet umgegangen wird. Das Beispiel beruht auf einem authentischen Fall, den das LG Düsseldorf (Urteil vom 19.03.2008 – 12 O 416/06) zu entscheiden hatte und der sich so oder so ähnlich in der Praxis häufig wiederholt:

Die Klägerin war Betreiberin eines Onlineshops bei der Auktionsplattform eBay, über den sie Designer-Modeartikel verkaufte, u. a. Damenhandtaschen. Der Beklagte hatte fünf Produktbilder der Klägerin von deren eBay-Auktionen kopiert und in die Produktbeschreibung von zwei eigenen eBay-Auktionen eingefügt. Die Klägerin hatte die Bilder selbst von einem Fotografen mit hohem Aufwand herstellen lassen und besaß die uneingeschränkten und ausschließlichen Nutzungsrechte an den Bildern.

Unter Anwendung der Lizenzanalogie hat das LG Düsseldorf den Beklagten auf Basis der für diesen Fall anzuwendenden MFM-Liste 2006 (es gilt immer die zum Zeitpunkt der Verletzungshandlung gültige Liste) zu einem Schadensersatz von 300 € pro Bild, also zu 1.500 € für die fünf Bilder insgesamt, verurteilt. Der Betrag von 300 € pro Bild setzte sich zusammen aus einer Lizenzgebühr von 100 € in der ersten Auktion, zuzüglich weiterer 50 € für die Verwendung in der zweiten Auktion. Auf den sich daraus ergebenden Betrag von 150 € wurde ein Aufschlag von 100 % erhoben, da das Bild ohne Namensnennung veröffentlicht worden war, somit ergab sich pro Bild ein Schadensersatzanspruch von 300 €.

Dieses Beispiel macht deutlich, dass die unbefugte Verwendung fremden Bildmaterials keineswegs ein Kavaliersdelikt ist und sehr schnell sehr teuer werden kann. Der Beklagte in diesem Fall und viele Bilderdiebe in vergleichbaren Fällen werden mit ihren Auktionen nicht nur kein Geld verdient, sondern kräftig draufgelegt haben.

Orientierung der MFM-Liste nicht einheitlich

Rechtsprechung wurde in Teilen verbraucherfreundlicher | Von Teilen der Rechtsprechung ist allerdings die schematische Übernahme der MFM-Liste bei der Ermittlung von Schadensersatzansprüchen abgelehnt worden (so u. a. das OLG Hamm, Urteil vom 13.02.2014 – 22 U 98/13). Zwar sei die MFM-Liste als Basis verwendbar, darüber hinaus müsse jedoch geprüft werden, ob das konkrete Lichtbild als professionelles Werk anzusehen ist oder ob es sich um eine »Laienaufnahme« handelt, bei der entsprechende prozentuale Abschläge von der MFM-Liste vorzunehmen seien. Das OLG Hamm hat in einem solchen Fall einen Abschlag von 60 % auf die MFM-Liste vorgenommen. Bei der Frage, welcher Schadensersatzanspruch im Einzelnen berechtigt und angemessen ist, muss deshalb stets auch eine qualitative Bewertung der unberechtigt verwendeten Fotografie erfolgen. So wird verhindert, dass Anspruchsteller mit einfachen und künstlerisch wertlosen Fotografien überzogene Schadensersatzforderungen stellen können. Allerdings ist zu betonen, dass die Rechtsprechung zur Ermittlung des Schadensersatzes noch keineswegs einheitlich ist und es durchaus Gerichte gibt, die sich nach wie vor strikt an der MFM-Liste orientieren.

Gerade bei der unberechtigten Verwendung von fremdem Bildmaterial bei privaten eBay-Auktionen gibt es jedoch zwischenzeitlich auch Entscheidungen, denen zufolge die MFM-Liste gar nicht anwendbar ist. So hat das Amtsgericht Hannover am 24.04.2013 (550 C 1163/12) entschieden, dass die MFM-Liste nur bei gewerblicher Nutzung Anwendung findet, nicht jedoch für einen Privatverkauf bei eBay. Auch sei der sogenannte *Verletzerzuschlag* von 100 % bei unterlassener Urhebernennung nicht anwendbar, da eine Urhebernennung bei Fotos in eBay nicht üblich sei. Das Gericht legte einen Schadensersatzanspruch von 30 € zugrunde. Bereits zuvor hatte das OLG Braunschweig (Urteil vom 08.02.2012 – 2 U 7/11) aus den gleichen Erwägungen einen Schadensersatzanspruch von nur 20 € pro Bild zuerkannt.

Gleichwohl empfiehlt es sich natürlich, bei der Einstellung von eBay-Auktionen eigenes Bildmaterial zu verwenden, da in jedem Fall neben den ausgeurteilten Schadensersatzbeträgen auch die Rechtsverfolgungskosten vom Verletzer zu zahlen sind, die je nach Fall die Schadensersatzsummen deutlich übersteigen können.

7.1.10 Immaterielle Schadensersatzansprüche (§ 97 Abs. 2 Nr. 4 UrhG)

Grundsätzlich können Urheber auch wegen eines Schadens, der nicht Vermögensschaden ist, eine Entschädigung in Geld verlangen. Eine solche wird jedoch grundsätzlich von der Rechtsprechung nur dann zuerkannt, wenn es sich um eine besonders schwerwiegende und nachhaltige Rechtsverletzung handelt.

»Petite Jacqueline«

Eine Entscheidung des BGH, die Sie bereits aus Kapitel 1, »Urheberrecht«, kennen, sei hier beispielhaft nochmals genannt, und zwar das Urteil »Petite Jacqueline« vom 05.03.1971 (I ZR 94/69). Ein Buchverlag hatte das prämierte Foto eines Fotografen dadurch erheblich entstellt, dass er nur einen kleinen Ausschnitt, nämlich die Augenpartie eines Mädchens, für ein Buchcover verwendet hatte. Der BGH hat in diesem Fall entschieden, dass es sich aufgrund der weltweiten Anerkennung um ein Bild von außergewöhnlich schöpferischer Eigenart gehandelt habe, das in die von Karl Pawek in seinem Werk »Totale Fotografie« (1960) aufgestellte Liste von 400 hervorragenden Fotografien der Welt aufgenommen worden sei. Durch diese besondere Sachlage stelle die Entstellungshandlung des Verlags eine so gravierende Verletzung des Urheberpersönlichkeitsrechts dar, dass eine Geldentschädigung (in Höhe von hier 5.000 DM) gerechtfertigt sei.

[!]

Ersatz für immaterielle Schäden
Der Anspruch eines Urhebers auf Ersatz immaterieller Schäden ist grundsätzlich auf schwerwiegende und nachhaltige Verletzungen beschränkt und bildet die Ausnahme. Die überwiegende Anzahl der Urheberrechtsverletzungen löst keine Ansprüche auf Zahlung einer zusätzlichen Entschädigung aus.

7.1.11 Entschädigung bei unverschuldeter Urheberrechtsverletzung (§ 100 UrhG)

Wie Sie gesehen haben, setzt ein Schadensersatzanspruch – bis auf gesetzlich geregelte Ausnahmen – ein Verschulden voraus, d. h., es muss Vorsatz oder Fahrlässigkeit bezüglich der Rechtsverletzung vorliegen. Es sind jedoch auch ausnahmsweise Fälle denkbar, in denen der Verletzer in gutem Glauben, sich rechtmäßig zu verhalten, das Urheberrecht eines anderen verletzt und ihm keine Fahrlässigkeit vorzuwerfen ist. Zum Beispiel kauft ein Verlag von einem Fotografen Fotos, lässt sich von diesem ausdrücklich schriftlich bestätigen, dass dieser Urheber der Aufnahmen sei, tatsächlich hat der Fotograf sich jedoch die Bilder widerrechtlich von einem Kollegen angeeignet, der davon natürlich nichts weiß. Hier hätte der Verletzte, also der Fotograf, dem die Bilder abhandengekommen sind, mangels Fahrlässigkeit des Verwerters keinen Schadensersatzanspruch gegen den Verlag.

Diese Regelungslücke schließt § 100 UrhG so, dass dann, wenn keine vorsätzliche oder fahrlässige Verletzungshandlung vorliegt, der Verletzer die verschuldensunabhängigen Ansprüche nach §§ 97, 98 UrhG (Unterlassung und Vernichtung etc.) durch Zahlung einer angemessenen Entschädigung abwenden kann, wenn ihm durch die Erfüllung der Ansprüche aus §§ 97, 98 UrhG ein unverhältnismäßig großer Schaden entstünde und dem Verletzten die Abfindung in Geld zuzumuten ist. Beides muss in jedem Einzelfall entschieden werden. Das bedeutet, dass bei fehlendem Verschulden im Rahmen einer Interessenabwägung geprüft werden kann, ob sich der Verletzer durch Zahlung einer Entschädigung von seinen Verpflichtungen zur Unterlassung, Beseitigung, Vernichtung etc. »freikaufen« kann und ob eine solche Zahlung auch den berechtigten Interessen des Urhebers gerecht wird.

Wenn eine solche Entschädigung in Betracht kommt, muss der Verletzer den Betrag zahlen, der im Fall einer vertraglichen Einräumung des Rechts als Vergütung angemessen wäre. Mit der Zahlung der Entschädigung gilt die Einwilligung des Verletzten zur Verwertung im üblichen Umfang als erteilt.

In der Praxis werden jedoch die Fälle, in denen weder Vorsatz noch Fahrlässigkeit des Verletzers vorliegt, eher selten vorkommen. Die meisten Verletzungshandlungen sind mindestens auf Fahrlässigkeit zurückzuführen. Aufgrund der Tatsache, dass die Rechtsprechung nur geringe Anforderungen an das Vorliegen von Fahrlässigkeit stellt, dürfte der erst 2004 durch die EU-Richtlinie 2004/48/EG vom 29.04.2004 eingeführten Regelung des § 100 UrhG deshalb in der Praxis kaum eine nennenswerte Bedeutung zukommen, sie wird hier jedoch der Vollständigkeit halber erwähnt.

7.1.12 Verjährung

Die Ansprüche aus dem Urheberrecht verjähren in der regelmäßigen Verjährungsfrist von drei Jahren (Regelverjährungsfrist des § 195 BGB), die gemäß § 199 Abs. 1 BGB mit dem Schluss (so der Gesetzeswortlaut!) des Jahres beginnt, in dem der Anspruch entstanden ist. Dies ergibt sich durch den Verweis in § 102 UrhG auf die allgemeinen Verjährungsregeln der §§ 194 ff. BGB. Die Regelverjährungsfrist von drei Jahren gemäß § 195 BGB gilt grundsätzlich auch für Schadensersatzansprüche. Hier ist allerdings Voraussetzung, dass der Geschädigte überhaupt Kenntnis von den Anspruchsvoraussetzungen hat, er also von dem zum Schadensersatz verpflichtenden Verhalten des Verletzers etwas weiß. Der in Deutschland lebende Fotograf muss also etwa die unautorisierte Veröffentlichung seines Bildes zur Kenntnis genommen haben. Da aber auch Fälle denkbar sind, in denen der Geschädigte zunächst überhaupt gar keine Kenntnis von dem Schaden bekommt, weil zum Beispiel der in den USA lebende oder dorthin verzogene Fotograf erst nach Ablauf der Regelverjährungsfrist entdeckt, dass sein Urheberrecht in Deutschland verletzt wurde, sieht § 199 BGB für Schadensersatzansprüche eine kenntnisunabhängige Verjährungsfrist von meist 30 Jahren vor. Das bedeutet, unabhängig von der Kenntnis des Geschädigten ist jeglicher Schadensersatzanspruch in der Regel nach 10 Jahren verjährt, wie sich ebenfalls aus § 199 BB ergibt. Auf Sondertatbestände, in denen auch eine dreißigjährige Verjährungsfrist gilt, soll hier nicht weiter eingegangen werden, da sie im Zusammenhang mit dem hier behandelten Bildrecht nicht vorkommen.

Auf die Darstellung weiterer Einzelheiten des gelegentlich durchaus komplizierten Verjährungsrechts möchte ich an dieser Stelle jedoch verzichten, da die Verjährungsfrage im Einzelfall nur anhand der konkreten Umstände beantwortet werden kann.

7.2 Ansprüche bei Verletzung des allgemeinen Persönlichkeitsrechts

Ansprüche wegen Persönlichkeitsrechtsverletzung

Wie zu Beginn dieses Kapitels bereits erwähnt, richten sich die Ansprüche, die gegen den Fotografen geltend gemacht werden können, weil er ohne Einwilligung das Bildnis einer Person veröffentlicht hat, primär nach allgemeinen zivilrechtlichen Vorschriften, aber die zum Urheberrecht geltenden Grundsätze finden auch hier Anwendung. Da es viele Übereinstimmungen mit den in Abschnitt 7.1 dargestellten Ansprüchen gibt, werde ich die Ansprüche hier nur kurz darstellen und nur auf die Ansprüche näher eingehen, die Besonderheiten gegenüber denen bei Urheberrechtsverletzungen aufweisen.

[zB] Aber bilden wir jedoch auch hier zunächst wieder einen Beispielfall: Der Fotograf macht in seinem Studio verschiedene Aufnahmen einer guten Bekannten, nennen wir sie Anna, die sich ihm ohne Vergütung als Model zur Verfügung gestellt hat, um seine fotografischen Fertigkeiten zu trainieren. Auch ein paar Aktaufnahmen von Anna wurden gefertigt. Ein schriftlicher Vertrag wurde nicht abgeschlossen, beide waren sich jedoch einig, dass es sich um Testaufnahmen handelt, die für eine Veröffentlichung nicht in Betracht kommen sollten. Dennoch veröffentlicht der Fotograf einige Zeit später eine von zwei außerordentlich gut gelungenen Aktaufnahmen auf seiner Website. Welche Ansprüche hat Anna?

7.2.1 Unterlassungsanspruch (§ 1004 BGB analog)

Der Unterlassungsanspruch, der Anna zusteht, richtet sich hier nach dem Bürgerlichen Gesetzbuch (BGB). Dort ist die Vorschrift des § 1004 die Rechtsgrundlage für diesen Anspruch, auch wenn er sich nach seinem Wortlaut auf Abwehransprüche des Eigentümers richtet. Er wird jedoch für einen wie hier skizzierten Fall analog angewandt.

Im Übrigen gilt das, was ich in Abschnitt 7.1.1 über den Unterlassungsanspruch nach dem Urhebergesetz ausgeführt habe, auch für den Unterlassungsanspruch nach § 1004 BGB.

7.2.2 Beseitigungsanspruch (§ 1004 BGB analog)

Auch für den Beseitigungsanspruch nach BGB gilt das Gleiche wie für das Urhebergesetz (siehe Abschnitt 7.1.2). Auch hier stünde Anna der Anspruch zu, die Beseitigung noch andauernder Störungen zu verlangen.

Die Beseitigung des Aktfotos von der Website des Fotografen wird jedoch hier bereits durch den Unterlassungsanspruch umfasst, mit dem der Fotograf verpflichtet wird, es sofort zu unterlassen, die Bilder auf seiner Website (und an anderer Stelle) zu zeigen. Dies impliziert natürlich die sofortige Beseitigung von der Website, sodass ein separater Beseitigungsanspruch hier nicht in Betracht kommt.

7.2.3 Vernichtungsanspruch (§ 37 KUG)

Auch ein Vernichtungsanspruch steht Anna zu, der sich hier jedoch nach der Sonderregelung in § 37 KUG richtet (das Kunsturhebergesetz finden Sie unter *www.gesetze-im-internet.de/kunsturhg*). Inwieweit hier auch der Anspruch auf Rückruf oder Entfernung aus dem Vertriebsweg greift, wurde noch nicht entschieden. Hier gilt das zu diesen Ansprüchen in Abschnitt 7.1.4 Gesagte.

7.2.4 Anspruch auf Übernahme (§ 38 KUG)

Anna steht ein Recht auf Übernahme zu, das sich aus § 38 KUG ergibt. Im Gegensatz zum Überlassungsanspruch des § 98 Abs. 3 UrhG, der einem Urheber zusteht, kommt dem Anspruch auf Übernahme nach § 38 KUG eine wesentlich größere Bedeutung in der Praxis zu. Denn dieser Anspruch beinhaltet die Herausgabe der Bilder und aller Abzüge bzw. Duplikate, aber auch der entsprechenden Trägermaterialien – etwa Negative, Dias und natürlich auch der jeweiligen Dateien.

Sofern die Veröffentlichung noch nicht erfolgt, aber bereits angekündigt ist, kann Anna vorbeugend über eine einstweilige Verfügung bei Gericht beantragen, dass die Bilder und Trägermaterialien bzw. Dateien an einen Gerichtsvollzieher herausgegeben werden müssen. Sie selbst hat in dieser Phase keinen eigenen Anspruch auf Übernahme, da dieser eine bereits vollendete Verletzungshandlung voraussetzt.

7.2.5 Anspruch auf Schadensersatz (§ 823 Abs. 1 und 2 BGB in Verbindung mit § 22 KUG)

Auch hier gilt im Wesentlichen das, was für den Bereich von Verletzungen urheberrechtlicher Vorschriften bereits in Abschnitt 7.1.8 ausgeführt wurde, insbesondere die Grundsätze des Schadensersatzrechts. Ebenso wie bei Urheberrechtsverletzungen stehen bei einer Verletzung des Rechts am eigenen Bild die drei Schadensberechnungsmethoden (entgangener Gewinn, Herausgabe des Verletzergewinns und Lizenzanalogie) dem Verletzten zur Auswahl, wegen der prozessualen Schwierigkeiten hat sich jedoch auch hier die Lizenzanalogie in der Praxis durchgesetzt.

Der Schadensersatzanspruch richtet sich zwar jetzt nicht nach den Vorschriften des UrhG, sondern nach den Vorschriften des BGB. Die Vorschriften der sogenannten *unerlaubten Handlungen*, die hier zur Anwendung kommen, sind in den §§ 823 ff. BGB geregelt. Nach § 823 Abs. 1 BGB ist derjenige einem anderen zum Schadensersatz verpflichtet, der dessen Leben, Körper, Gesundheit, Freiheit, das Eigentum oder ein sonstiges Recht schuldhaft und widerrechtlich verletzt. Die gleiche Verpflichtung trifft nach § 823 Abs. 2 BGB denjenigen, der gegen ein Gesetz verstößt, das den Schutz eines anderen bezweckt. Ein solches Schutzgesetz ist zum Beispiel die Bestimmung des § 22 KUG, der – wie gesehen – das Recht am eigenen Bild regelt und es verbietet, Bildnisse ohne Einwilligung des Abgebildeten zu verbreiten oder öffentlich zur Schau zu stellen.

Jedoch liegt nicht in jedem Fall überhaupt ein materieller Schaden vor, der zu ersetzen wäre. Ein materieller Schaden entsteht in den Fällen unerlaubter Veröffentlichung von Bildnissen dann, wenn es sich um ein Bildnis einer Person handelt, die normalerweise die Benutzung ihres Bildes zu kommerziellen Zwecken zur Verfügung stellt. Dies ist bei professionellen Darstellern und Prominenten in der Regel der Fall. Auch ein Model vermarktet seine Bildnisse oder lässt zu, dass sie gegen Zahlung einer entsprechenden Nutzungs- oder Lizenzgebühr vom Fotografen verwertet werden.

[!]

Anspruch auf Schadensersatz
Bei einer Verletzung des Rechts am eigenen Bild steht der abgebildeten Person ein Anspruch auf Schadensersatz zu, der sich danach bestimmt, was bei einer Einwilligung in eine Veröffentlichung an Lizenz gezahlt worden wäre (Lizenzanalogie). Die Rechtsprechung billigt bislang diesen Anspruch jedoch nur dann zu, wenn die abgelichtete Person sich üblicherweise gegen Zahlung von Honorar ablichten lässt. Der Normalbürger hat dagegen nach der Rechtsprechung keinen Anspruch auf Schadensersatz.

In diesen Fällen kann ein materieller Schadensersatzanspruch gegeben sein, der sich nach der in Abschnitt 7.1.8, »Schadensersatzanspruch (§ 97 Abs. 2 UrhG)«, erörterten Lizenzanalogie richtet. Ausgangspunkt der Schadensermittlung ist auch hier die Frage, was an das Model vernünftigerweise zu zahlen gewesen wäre, wenn man die entgeltliche Nutzung der Aktfotos zwischen Model und Fotograf vertraglich vereinbart hätte.

So hilfreich die Honorarübersicht der MFM bei Bildern, die keine Bildnisse sind, auch ist, so wenig ist sie geeignet bei einem Anspruch wegen Verletzung des Rechts am Bild. Denn hier ist neben den Fragen der Nutzungsart, des Nutzungsumfangs und der Verbreitung noch die abgebildete Person zu berücksichtigen, sodass die MFM-Liste allenfalls einen ersten Anhaltspunkt liefern kann. Als weiteres Kriterium spielt der Bekanntheitsgrad der abgebildeten Person eine wichtige Rolle, denn er hätte zu einem nicht unerheblichen Anteil auch die zu zahlende Lizenz bestimmt. Das Topmodel hätte – anders als ein noch völlig unbekanntes Model – ein Vielfaches an Gage genommen, ein international bekannter Hollywood-Star wäre deutlich höher zu vergüten gewesen als ein nur lokal bekannter Schauspieler. Auch wird man bei der Festlegung des angemessenen Honorars zu berücksichtigen haben, ob es sich nur um ein Porträt im bekleideten Zustand, um eine Aufnahme in Dessous oder um eine Aktaufnahme handelt. Je mehr das Model von sich unverhüllt zeigt, desto mehr wird man dafür bezahlen müssen, um die Veröffentlichungsrechte zu erhalten. Bei Aktaufnahmen wiederum wird man unterscheiden müssen, ob es sich nur um einen Halb- oder um einen Ganzkörperakt handelt, inwieweit Erkennbarkeit gegeben ist und inwieweit die Schambereiche auf dem Bild zu sehen sind. Alle diese Faktoren spielen bei der Ermittlung der fiktiven Lizenzgebühr eine Rolle, sodass irgendwelche standardisierten Listen wohl kaum zu einem befriedigenden Ergebnis führen dürften. Vielmehr ist auch dies ein Fall der Festlegung des Einzelfalls, die Gerichte müssen – gegebenenfalls durch Heranziehen von vergleichbaren Fällen und Gutachten eines Sachverständigen – die fiktive Lizenzgebühr schätzen.

In der Rechtsprechung zu den Schadensersatzzahlungen, bei denen es stets um Prominente ging, wurden fiktive Lizenzgebühren von 10.000 DM (an Alexander Schalck-Golodkowski wegen einer Plakatwerbung) bis zu

1,2 Millionen € (an Boris Becker wegen einer Werbeanzeige in der FAZ) ausgeurteilt.

Die Rechtsprechung des BGH (begründet mit Urteil vom 14.02.1958 – I ZR 151/56 – »Herrenreiter«) versagt den Schadensersatzanspruch nach der Lizenzanalogie in den Fällen, in denen der Verletzte zu einer kommerziellen Verwertung seines Bildnisses grundsätzlich nicht bereit ist, wenn sich also die abgebildete Person in der Regel nicht gegen Entgelt ablichten lässt, da man dann auch nicht davon ausgehen könne, dass die fotografierte Person auf Befragen eine Lizenz erteilt hätte. Die Vorinstanz (OLG Köln) hatte den Schaden noch nach der Lizenzanalogie berechnet.

Dennoch sprach der BGH in dieser Entscheidung dem Herrenreiter (Dressurreiter) wegen der Verletzung des Rechts am eigenen Bild einen Schadensersatzanspruch in Form von Schmerzensgeld zu. Das Urteil des BGH ist deshalb von rechtsgeschichtlicher Bedeutung, weil damit die Rechtsprechung zum Schmerzensgeld bei unautorisierter Bildveröffentlichung begründet wurde. Dabei war es in diesem Fall entscheidend, dass das Persönlichkeitsrecht des Reiters dadurch erheblich verletzt worden war, dass das Bild des Reiters im Zusammenhang mit der Herstellerwerbung für ein Potenzmittel verwendet wurde. Dies hat der BGH sicherlich zu Recht als erhebliche Persönlichkeitsrechtsverletzung gewertet. Ohne diese Verletzung des Persönlichkeitsrechts, wenn also die Veröffentlichung des Fotos nicht in Verbindung mit der Potenzmittelwerbung erfolgt wäre, hätte der BGH den Schadensersatzanspruch im Zweifel abgewiesen.

Für unseren Beispielfall bedeutet dies ebenfalls, dass Anna, die kein professionelles Model ist, sondern lediglich dem Fotografen einen unentgeltlichen Freundschaftsdienst erwiesen hat, keinen materiellen Schadensersatzanspruch nach der Lizenzanalogie hat, da auch bei ihr davon auszugehen ist, dass sie gar keine Lizenz erteilt hätte. Zur Frage, ob Anna ein Schmerzensgeld- bzw. Entschädigungsanspruch zusteht, kommen wir an späterer Stelle.

In der Literatur wird zum Teil gegen die Rechtsprechung des BGH das Argument eingewandt, dass es nicht darauf ankomme, ob der Verletzte bereit gewesen wäre, die Nutzung der Fotos zu lizenzieren, sondern entscheidend nur sei, ob es rein objektiv einen Marktwert für die Nutzung des Bildnisses gebe, auch wenn die Nutzung ohne Einwilligung erfolgte. Diese Auffassung konnte sich bislang jedoch nicht durchsetzen.

Damit besteht im Prinzip eine Sanktionslücke, weil der Normalbürger im Gegensatz zu solchen Personen, die entweder prominent sind und/oder sich üblicherweise gegen Honorar ablichten lassen, keinen materiellen Schadensersatzanspruch hat.

7.2.6 Bereicherungsausgleich (§§ 812 ff. BGB)

Wie Sie ja bereits erfahren haben, setzt ein Schadensersatzanspruch Verschulden voraus. In Fällen, in denen ein Verschulden des Verwerters nicht vorliegt oder nicht nachweisbar ist, gibt es noch eine andere Möglichkeit, einen Schadensersatz geltend zu machen. Dies ist der Ausgleich mittels eines Bereicherungsanspruchs, der verschuldensunabhängig ist.

[!]

Bereicherungsgrundsatz

Der Bereicherungsgrundsatz oder Grundsatz der ungerechtfertigten Bereicherung, der in §§ 812 ff. BGB geregelt ist, besagt, dass derjenige eine Leistung zurückzugewähren hat, der diese Leistung ohne Rechtsgrund erhalten hat.

Ein klassischer Fall der Bereicherung, den viele Leser wahrscheinlich schon gehört oder selbst erlebt haben, ist die Lohnüberzahlung des Arbeitgebers. Anstelle der geschuldeten 2.000 € überweist der Arbeitgeber versehentlich 3.000 € auf das Konto des Arbeitnehmers. Dann hat der Arbeitnehmer 1.000 € zu viel und damit ohne Rechtsgrund erhalten und ist ungerechtfertigt bereichert. Er muss diesen Betrag deshalb zurückzahlen.

Die Überlegung, den Bereicherungsanspruch bei einer Verletzung des Bildrechts anzuwenden, ist folgende:

Derjenige, der rechtswidrig ein Bild vermarktet, hat die Möglichkeit, das Bildnis zu nutzen, ohne Rechtsgrund erlangt, da keine vertragliche Vereinbarung, das Bildnis nutzen zu dürfen, vorhanden ist und er dafür keine Leistung erbracht hat. Deshalb ist auch er ungerechtfertigt bereichert. Die Nutzungsmöglichkeit kann natürlich nicht herausgegeben werden, aber ihr Verkehrswert. Dieser entspricht der üblichen Lizenzgebühr, die vom Gericht unter Berücksichtigung aller Umstände des Einzelfalls geschätzt werden muss. Auch hier wird die Lizenzanalogie angewandt.

Auch dieser Anspruch ist jedoch nach der BGH-Rechtsprechung nur dann durchsetzbar, wenn die abgebildete Person sich üblicherweise gegen Geld ablichten lässt. Für den Normalbürger, der dies nicht tut, ist auch diese Schadensberechnung wenig hilfreich.

[!]

Herausgabe der Bereicherung

Der Verletzer ist verpflichtet, an den Verletzten den Wert der Nutzung, für die es keine Rechtsgrundlage gibt, an den Verletzten herauszugeben. Der Wert der Nutzung besteht in den Lizenzgebühren, die der Verletzer durch seine unberechtigte Verwertungshandlung gespart hat.

7.2.7 Geldentschädigung (Art. 1 und 2 GG)

Da die Verletzung des Rechts am eigenen Bild gleichzeitig eine Verletzung des allgemeinen Persönlichkeitsrechts darstellt, gewährt die Rechtsprechung der verletzten Person einen Anspruch auf Geldentschädigung, der unmittelbar aus der Verfassung, Art. 1 und 2 GG (*www.gesetze-im-*

internet.de/gg), abgeleitet wird und im Einzelfall von den Gerichten unter Berücksichtigung aller Umstände geschätzt werden muss.

Dieser Anspruch hat weniger schadensausgleichende Funktion, sondern soll einerseits Genugtuung für die verletzte Person sein und andererseits auch der Prävention dienen. Dieser Anspruch steht Prominenten wie Normalbürgern gleichermaßen zu.

Schwerwiegende Persönlichkeitsrechtsverletzungen

Aber wie schon die immateriellen Schadensersatzansprüche des Urhebers stehen die Entschädigungsansprüche dem Verletzten ebenfalls nicht bereits bei jeder Verletzung zu. Es muss sich vielmehr auch hier um eine schwerwiegende Verletzung oder um eine andauernde Verletzung durch wiederholte Veröffentlichung handeln. Dies kann zum Beispiel der Fall sein, wenn das Bildnis dazu benutzt wird, die abgebildete Person herabzuwürdigen oder lächerlich zu machen, sie in einem für sie unvorteilhaften Kontext oder im Zusammenhang mit negativen Ereignissen zu zeigen, mit denen sie nichts zu tun hat. Erst jüngst haben Landgericht und Kammergericht Berlin im Fall der »Frau mit dem Leopardenmantel« – wie in Abschnitt 3.3.1 dargelegt – einen Schadensersatzanspruch verneint, weil keine schwerwiegende Rechtsverletzung vorgelegen habe.

Regelmäßig werden dagegen unautorisierte Veröffentlichungen von Nacktaufnahmen, auch bei Prominenten, als schwerwiegende Eingriffe in die Privat- und Intimsphäre der fotografierten Person angesehen, die zu einer Entschädigungszahlung verpflichten. Bei Werbeaufnahmen ist ein schwerwiegender Eingriff nicht per se gegeben, sondern nur dann, wenn die abgebildete Person durch die Werbung in ein für sie ungünstiges Licht gestellt wird, etwa Werbung für Potenzmittel oder Liebestropfen (BGH, Urteil vom 14.02.1958 – I ZR 151/56 – »Herrenreiter« und vom 26.01.1971 – VI ZR 95/70 – »Pariser Liebestropfen«).

Für unseren Fall bedeutet dies, dass Anna natürlich ein Anspruch auf Zahlung einer angemessenen Entschädigung aufgrund eines schwerwiegenden Eingriffs in ihr Persönlichkeitsrecht durch die Veröffentlichung der Nacktaufnahmen zusteht.

Dass Geldentschädigungen nur bei schwerwiegenden Persönlichkeitsrechtsverletzungen gewährt werden, bedeutet im Umkehrschluss jedoch auch, dass eine einmalige Veröffentlichung eines normalen Porträts im Zweifel keine derart gravierende Persönlichkeitsrechtsverletzung darstellt, dass ein Anspruch auf Geldentschädigung zugesprochen würde. Die Rechtsprechung lehnt deshalb auch Ansprüche auf Entschädigung ab, wenn es sich um harmlose Alltagsfotos eines Normalbürgers handelt.

Hätte der Fotograf also ein ganz normales Bildnis von Anna einmalig veröffentlicht, würde ein Anspruch von Anna auf Zahlung einer Geldentschädigung vom Gericht abgewiesen.

Höhe der zu zahlenden Entschädigung

Die Höhe der zu zahlenden Entschädigung ist eine Frage der Konstellation des Einzelfalls. So finden sich in der Rechtsprechung je nach Fall Entschädigungszahlungen von 200 € (für einen Mann, der beim Christopher-

Street-Day fotografiert und dessen Bild zu einem Bericht über Homosexuelle verwendet wurde) bis hin zu 256.000 € (für Sabrina Setlur für den Abdruck von Nacktfotos), der – soweit erkennbar – bisher höchsten in Deutschland jemals zugesprochenen Entschädigung auf diesem Gebiet. Zwischen den beiden genannten Summen gibt es eine fast unüberschaubare Anzahl von Gerichtsurteilen mit unterschiedlichen Summen, die zugesprochen wurden, viele im fünf- oder sechsstelligen Euro- bzw. DM-Bereich, auch die bereits mehrfach erwähnte Caroline von Monaco hat Summen von 150.000 DM bzw. 180.000 DM erstritten.

Entschädigungsbeträge sind deutlich gestiegen

Schaut man sich die Entscheidungen an, in denen Entschädigungszahlungen zugesprochen wurden, ist eindeutig festzustellen, dass sich seit der Rechtsprechungsänderung aufgrund der Caroline-Entscheidung des Europäischen Gerichtshofs für Menschenrechte (EGMR) die bis dahin durchaus maßvollen und nur in seltenen Fällen zu zahlenden Entschädigungsbeträge deutlich erhöht haben. Der Grund dafür ist, dass die Rechtsprechung nun viel mehr den Präventionsgedanken berücksichtigt als früher. Es soll durch den Zuspruch hoher Entschädigungen abgeschreckt und verhindert werden, dass die Massenmedien unter Ausnutzung von Sensationsgier der Öffentlichkeit und nur zum Zwecke der Auflagensteigerung vorsätzlich das Recht am eigenen Bild verletzen. Es liegt deshalb in der Natur der Sache, dass den Personen, deren Rechte durch Darstellung in den Medien verletzt werden, höhere Geldentschädigungen zugesprochen werden als einem Normalbürger, was nicht bedeuten soll, dass es nicht auch Fallkonstellationen gibt, in denen dem Normalbürger eine hohe Entschädigung zugesprochen wird. Es handelt sich eben immer um Einzelfallentscheidungen. Generell lässt sich jedoch feststellen: Es wird für den Verletzer immer teurer, wenn Prominente betroffen sind, und die Entschädigungszahlen potenzieren sich ein weiteres Mal, wenn es dabei auch noch um Nacktaufnahmen geht. Dass auf der anderen Seite die Zeitschriftenverlage immer wieder solche Aufnahmen veröffentlichen und dabei Zahlungen an die Betroffenen in Kauf nehmen, zeugt davon, dass der Absatz der Zeitungen durch Abdruck solcher Bilder offenbar so eklatant gesteigert werden kann, dass etwaige Entschädigungszahlungen einkalkuliert werden können.

[!]

Geldentschädigung

Der Anspruch auf Geldentschädigung besteht nur bei schwerwiegenden oder andauernden Rechtsverletzungen. Solche liegen regelmäßig bei der Veröffentlichung von Nacktfotos oder Fotos aus dem Privat- und Intimbereich vor. In allen anderen Fällen muss im Einzelfall unter Abwägung aller Umstände vom Gericht entschieden werden, ob und in welcher Höhe eine Geldentschädigung gewährt wird.

7.2.8 Verjährung (§ 48 KUG)

Die Ansprüche auf Schadensersatz wegen Verletzung des Rechts am eigenen Bild verjähren gemäß § 48 KUG in drei Jahren ab dem Tag, an dem die widerrechtliche Handlung zuletzt stattgefunden hat.

7.3 Strafvorschriften

Der Fotograf, der Urheber- oder Persönlichkeitsrechte verletzt, sieht sich unter Umständen auch einem Strafverfahren ausgesetzt. Im Folgenden werde ich die wichtigsten in Betracht kommenden Strafvorschriften kurz darstellen. Ich werde jedoch darauf verzichten, sie näher zu kommentieren, da der jeweils dazu wiedergegebene Gesetzeswortlaut eindeutig ist. Soweit Teile der zitierten Gesetzesvorschriften für Fotografen keine Bedeutung haben, habe ich sie bei der Zitierung weggelassen.

Einige Strafvorschriften sind im Urhebergesetz selbst, einige auch in anderen Gesetzen geregelt. Insgesamt kann man jedoch beobachten, dass die Vorschriften in der gerichtlichen Praxis gegenüber den zivilrechtlichen Ansprüchen keine allzu große Rolle spielen. Dies dürfte daran liegen, dass eine Strafverfolgung bei den meisten der hier in Betracht kommenden Delikte nur auf Antrag der Geschädigten erfolgt. Diesen ist jedoch meist eher daran gelegen, ihre zivilrechtlichen Ansprüche durchzusetzen und gegebenenfalls Zahlungen auf Schadensersatz oder als Entschädigung vom Verletzer zu erhalten, sodass Strafanzeigen selten gestellt werden. Denn persönliche Vorteile hat der Geschädigte nur bei Geltendmachung zivilrechtlicher Ansprüche. Die Vorschriften des Strafgesetzbuches sind dagegen Normen, die bestimmte Verhaltensweisen sanktionieren und dem Staat die Möglichkeit geben, durch Strafverhängung als strafwürdig angesehenes Verhalten zu ahnden. Geldstrafen fließen dem Staat oder vom Gericht bestimmten gemeinnützigen Einrichtungen zu, der Geschädigte hat davon gar nichts. Deshalb gibt es für ihn eigentlich auch keinen Anreiz, Strafanzeige zu erstatten. Dies ist sogar für ihn oft eher lästig, da er dann unter Umständen vor Gericht als Zeuge auftreten muss, ohne dass ihm der Aufwand dafür angemessen vergütet wird. Folglich konzentriert sich der Geschädigte sinnvollerweise auf die Geltendmachung seiner Unterlassungs-, Schadens- und sonstigen Ansprüche, die unmittelbar seine Rechte sichern und seinen Schaden kompensieren.

7.3.1 Unerlaubte Verwertung urheberrechtlich geschützter Werke (§ 106 UrhG)

»(1) Wer ohne Einwilligung des Berechtigten, außer in den gesetzlich zulässigen Fällen, ein Werk oder eine Bearbeitung oder Umgestaltung eines Werkes vervielfältigt, verbreitet oder öffentlich wiedergibt, wird mit Freiheitsstrafe bis zu drei Jahren oder Geldstrafe bestraft.

(2) Der Versuch ist strafbar.«

Die Tat wird allerdings nur auf Antrag verfolgt (§§ 106, 109 UrhG).

7.3.2 Unzulässiges Anbringen der Urheberbezeichnung (§ 107 UrhG)

[§]

»(1) Wer

1. auf dem Original eines Werkes der bildenden Künste die Urheberbezeichnung ohne Einwilligung des Urhebers anbringt oder ein derart bezeichnetes Original verbreitet,

2. auf einem Vervielfältigungsstück, einer Bearbeitung oder Umgestaltung eines Werkes der bildenden Künste die Urheberbezeichnung auf eine Art anbringt, die dem Vervielfältigungsstück, der Bearbeitung oder Umgestaltung den Anschein eines Originals gibt, oder ein derart bezeichnetes Vervielfältigungsstück, eine solche Bearbeitung oder Umgestaltung verbreitet, wird mit Freiheitsstrafe bis zu drei Jahren oder Geldstrafe bestraft,

wenn die Tat nicht in anderen Vorschriften mit schwererer Strafe bedroht ist.

(2) Der Versuch ist strafbar.«

Auch hier wird die Tat nur auf Antrag verfolgt (§§ 107, 109 UrhG).

7.3.3 Unerlaubte Eingriffe in verwandte Schutzrechte (§ 108 UrhG)

[§]

»(1) Wer in anderen als den gesetzlich zugelassenen Fällen ohne Einwilligung des Berechtigten

1. (...)

2. (...)

3. ein Lichtbild (§ 72) oder eine Bearbeitung oder Umgestaltung eines Lichtbilds vervielfältigt, verbreitet oder öffentlich wiedergibt,

4. (...)

5. (...)

6. (...)

7. einen Bildträger oder Bild- und Tonträger entgegen §§ 94 oder 95 in Verbindung mit § 94 verwertet (...)

8. (...)

wird mit Freiheitsstrafe bis zu drei Jahren oder Geldstrafe bestraft.

(2) Der Versuch ist strafbar.«

Die Tat wird nur auf Antrag verfolgt (§§ 108, 109 UrhG).

7.3.4 Gewerbsmäßige unerlaubte Verwertung (§ 108a UrhG)

[§] *»(1) Handelt der Täter in den Fällen der §§ 106 bis 108 gewerbsmäßig, so ist die Freiheitsstrafe bis zu fünf Jahren oder Geldstrafe.*

(2) Der Versuch ist strafbar.«

Hier wird die Tat allerdings auch ohne Antrag des Verletzten verfolgt (§ 108a UrhG).

7.3.5 § 33 KUG

[§] *»(1) Mit Freiheitsstrafe bis zu einem Jahr oder mit Geldstrafe wird bestraft, wer entgegen §§ 22, 23 KUG ein Bildnis verbreitet oder öffentlich zur Schau stellt.*

(2) Die Tat wird nur auf Antrag verfolgt.«

7.3.6 § 201a StGB/§ 184c StGB

Auf die Strafbarkeit der Paparazzi-Fotografie, der Fotografie Hilfloser und den Erwerb und die Verbreitung von Nacktaufnahmen gemäß § 201a StGB (Strafgesetzbuch – *www.gesetze-im-internet.de/stgb*) sowie die Verbreitung, den Erwerb und den Besitz jugendpornografischer Schriften (Nacktaufnahmen von Jugendlichen im Alter von 14 bis 18 Jahren) bin ich bereits in Kapitel 3, »Menschen«, eingegangen.

7.3.7 § 74 ff. StGB/§ 110 UrhG

Sowohl nach § 74 ff. StGB als auch nach § 110 UrhG können Gegenstände, auf die sich die Straftat bezieht, d. h. mit denen die Straftat begangen wurde (in der Regel Bildaufnahmegeräte und Bildträger), eingezogen werden.

7.4 Notwehr gegen Paparazzi?

Nach den Ausführungen, welche rechtlichen Möglichkeiten zur Verfügung stehen, sich gegen die Verletzung seiner Persönlichkeitsrechte zu schützen, stellt sich die berechtigte Frage: Darf man sich nicht auch selbst zur Wehr setzen und handgreiflich werden, wenn man gegen seinen Willen fotografiert wird und der Fotograf trotz mehrfacher Aufforderung das Fotografieren nicht unterlässt?

[zB] Folgenden Fall hatte das OLG Hamburg zu entscheiden (Beschluss vom 05.04.2012 – AZ: 3-14/12):

Ein vermeintlicher Straftäter, dem eine Körperverletzung vorgeworfen wurde, befand sich auf dem Weg zum Verhandlungssaal im Gericht, als er vom Reporter einer Boulevardzeitung mehrfach fotografiert wurde. Obwohl ihn der Mann wiederholt aufforderte, das Fotografieren zu unterlassen, machte der Reporter immer weiter Aufnahmen von ihm. Schließlich stürzte der Mann auf den Fotoreporter zu und schlug heftig mit der flachen Hand auf die Vorderseite des Objektivs, sodass die Kamera auf das Gesicht des Fotoreporters gedrückt wurde. Dabei wurden dem Reporter Blessuren an Nase und Gebiss zugefügt, und er zeigte den vermeintlichen Straftäter wegen gefährlicher Körperverletzung an.

Keine Selbstjustiz

Grundsätzlich liegen die Justiz und Bestrafung eines Täters in den Händen des Staates, und eine aufgeklärte Gesellschaft kennt und akzeptiert zum Glück grundsätzlich keine Selbstjustiz. Der geschilderte Gerichtsfall erinnert sofort an den »Prügelprinzen« Ernst-August von Hannover, der bekanntlich bereits mehrfach vor Gericht stand, weil er Fotoreporter unter anderem mit Fäusten und Regenschirm traktiert hatte. Wiederholt kannten die Richter mit dem »wehrhaften« Prinzen kein Pardon und verurteilten ihn wegen Körperverletzung. Anderen Prominenten, die ebenfalls gegenüber Fotoreportern handgreiflich wurden, erging es ähnlich.

Werden Handlungen von »Normalbürgern« anders bewertet?

Aber in all diesen Fällen handelte es sich um Bildnisse aus dem Bereich der Zeitgeschichte, die von den jeweiligen Fotografen gemacht wurden. An meine diesbezüglichen Ausführungen in Abschnitt 3.2.2, »Ausnahmen vom Recht am eigenen Bild (§ 23 Abs. 1 KUG)«, werden Sie sich sicher noch erinnern. Ist der Fall des OLG Hamburg möglicherweise anders zu beurteilen, weil hier ein »Normalbürger«, dem eine vergleichsweise leichte Straftat vorgeworfen wurde, zum Opfer eines offensichtlich sehr penetranten Fotografen wurde?

Das LG Hamburg als Vorinstanz hatte den Mann noch wegen gefährlicher Körperverletzung verurteilt und damit so behandelt wie die oben genannten Prominenten. Das OLG Hamburg hat das erstinstanzliche Urteil jedoch aufgehoben und den Fall zur erneuten Verhandlung an das Landgericht zurückverwiesen. In seiner Begründung hat das OLG Hamburg zunächst klargestellt, dass es sich um eine Straftat im Bereich der Kleinkriminalität gehandelt habe, weswegen der Angeklagte vor Gericht erscheinen musste. Ein öffentliches Interesse sei auszuschließen gewesen, was zur Folge hatte, dass auch kein Ereignis aus dem Bereich der Zeitgeschichte vorlag, der Ausnahmetatbestand des § 23 also gar nicht vorlag (siehe Abschnitt 3.2.2).

Fotografie als rechtswidriger Angriff

Das Gericht kam dann zu der Überzeugung, dass hier ein Fall der Notwehr vorgelegen habe. Das Fotografieren einer Person, die nicht im Zusammenhang mit einem Ereignis der Zeitgeschichte und gegen deren Willen abgebildet wird – so das Gericht –, ist ein rechtswidriger Angriff. Wer unfreiwillig fotografiert wird und mehrfach vergeblich dazu aufgefordert hat, dies zu unterlassen, müsse sich auch nicht darauf beschränken, sein Gesicht mit Händen oder Gegenständen zu verdecken, sondern dürfe sich so verteidigen, dass der rechtswidrige Angriff, der in der unzulässigen Ablichtung besteht, sofort und wirkungsvoll abgewehrt wird.

[§]

§ 32 Strafgesetzbuch (StGB)

»(1) Wer eine Tat begeht, die durch Notwehr geboten ist, handelt nicht rechtswidrig.

(2) Notwehr ist die Verteidigung, die erforderlich ist, um einen gegenwärtigen, rechtswidrigen Angriff von sich oder einem anderen abzuwenden.«

Die rechtswidrige Herstellung von Fotos einer Person gibt somit dem Fotografierten das Recht, ein weiteres Fotografieren notfalls durch körperliche Gewalt zu verhindern, wenn vorherige Unterlassungsaufforderungen vom Fotografen nicht beachtet werden.

Kein Freibrief

Damit soll natürlich nicht zum Ausdruck gebracht werden, dass man gleich handgreiflich werden darf, wenn ein Fotograf auf die Aufforderung, nicht zu fotografieren, nicht reagiert. Dies war selbstverständlich auch nicht der Tenor der Gerichtsentscheidung. Ob tatsächlich eine Notwehrsituation vorliegt, ist stets im Einzelfall zu prüfen und kann niemals pauschal beantwortet werden. Im Bereich der Notwehr ist immer das mildeste Mittel zu wählen, das geeignet ist, den Angriff abzuwehren. Gegebenenfalls kann dieses auch darin bestehen, sich einfach zu entfernen, was in dem vom OLG zu entscheidenden Fall jedoch nicht möglich war, weil der Betroffene zu seiner Gerichtsverhandlung gehen musste. Wer über das Ziel hinausschießt, also mehr Notwehr ausübt, als zur Abwehr des Angriffs geboten ist, begeht einen sogenannten *Notwehrexzess* und macht sich damit selbst strafbar.

[!]

Wer angegriffen wird, darf sich wehren

Wer von Paparazzi in seinen Rechten verletzt wird, weil er trotz Aufforderung zum Unterlassen weiter fotografiert wird, muss sich dies nicht gefallen lassen – insofern darf er unter Umständen auch Gewalt gegen den Fotografen anwenden. Im Fall einer solchen Notwehrsituation muss aber immer kritisch geprüft werden, welche Maßnahmen zur Abwehr eines rechtswidrigen Angriffs wirklich geeignet und erforderlich sind. Immer muss das mildeste Mittel, das zur Beseitigung des rechtswidrigen Angriffs geeignet ist, gewählt werden.

Dieses Kapitel war das letzte zum eigentlichen Foto- und Bildrecht in Deutschland, ein kurzer Ausblick auf unsere Nachbarländer Österreich und Schweiz erfolgt später noch in Kapitel 10. Eine Darstellung über das Fotorecht, insbesondere ein Ratgeber für den fotografischen Alltag, wäre jedoch unvollständig, würde er nicht auch Hinweise und allgemeine Grundsätze enthalten, was bei einem Abschluss verschiedener Verträge, mit denen man als Fotograf in Berührung kommen kann, zu beachten ist. Deshalb befasst sich Kapitel 8, »Vertragsrecht«, mit einigen ausgewählten Aspekten vertraglicher Gestaltung.

Kapitel 8

Vertragsrecht

Fotografier- und Nutzungsrechte eindeutig regeln

Viele rechtliche Auseinandersetzungen enden unbefriedigend oder in einem Desaster, nur weil zu Beginn der Vertragsbeziehung nicht auf eindeutige und später auch nachweisbare Absprachen geachtet wurde. Dieses Kapitel befasst sich deshalb mit der Vertragsgestaltung und geht auf einige wichtige Aspekte zu Vertragsform, Vertragsinhalt und Vertragstypen ein.

Patti chiari, amicizia lunga

Ein italienisches Sprichwort sagt treffend: *Patti chiari, amicizia lunga* – »Klare Vereinbarungen, lange Freundschaften«. Dieses Sprichwort fällt mir immer wieder ein, wenn ich Mandanten vertrete, die ihre Ansprüche geltend machen wollen, aber letztlich daran scheitern müssen, dass entweder zwar eine eindeutige Regelung getroffen wurde, sich diese später aber nicht mehr beweisen lässt, oder dass es generell an einer eindeutigen vertraglichen Regelung fehlt.

Wie wichtig klare vertragliche Regelungen sind, ist auf den vorangegangenen Seiten schon mehrfach deutlich geworden, jetzt möchte ich Ihnen konkret einige wesentliche Punkte der vertraglichen Gestaltung erläutern. Ob Sie nun selbst einen Vertrag aufsetzen oder mit einem vorformulierten Entwurf Ihres Vertragspartners konfrontiert werden – je mehr Sie wissen, desto bewusster können Sie entscheiden.

8.1 Vertragsform

Übereinstimmende Willenserklärungen

Für einen Vertrag reicht es grundsätzlich aus, dass die Parteien in einem oder mehreren Gesprächen alle vertragsrelevanten Punkte besprochen und darüber Einigung erzielt haben. Damit kommt ein Vertrag zustande, denn dieser beruht auf übereinstimmenden Willenserklärungen. Schriftlichkeit ist keine Bedingung für das Zustandekommen eines Vertrags, sieht man von einigen gesetzlichen Ausnahmen ab, in denen es für bestimmte Verträge ausdrückliche Formvorschriften gibt, die für unser Thema allerdings irrelevant sind.

Zum Beispiel will der Fotograf ein Model gegen Entgelt fotografieren und die Bilder anschließend unbeschränkt gewerblich nutzen, und das Model ist einverstanden damit, dass es gegen das angebotene Honorar fotografiert wird und die Bilder später unbeschränkt genutzt werden dürfen.

Hier liegen erkennbar zwei übereinstimmende Willenserklärungen vor. In der Regel macht also eine Partei ein Angebot auf Abschluss eines Vertrags mit bestimmtem Inhalt, die andere Partei nimmt dieses Angebot entweder an oder lehnt es ab – es kommt also entweder zum Vertrag oder nicht.

Modifizierte Annahme

Denkbar ist auch die modifizierte Annahme, etwa wenn das Model zwar damit einverstanden ist, gegen Honorar fotografiert zu werden, aber nur möchte, dass der Fotograf die Bilder für seine Imagemappe und seine Internetgalerie, nicht jedoch für kommerzielle Werbung verwendet. Damit nimmt das Model das Angebot des Fotografen nicht an, es liegen keine deckungsgleichen Willenserklärungen vor. In diesen Fällen ist die modifizierte Annahme des Models vielmehr als ein neues Angebot an den Fotografen zu verstehen, den Vertrag mit den modifizierten Bedingungen abzuschließen. Stimmt der Fotograf zu, kommt es zu einem Vertrag, der nur die eingeschränkte Nutzung beinhaltet, lehnt der Fotograf dagegen ab, weil er nach wie vor auf der unbeschränkten gewerblichen Nutzung besteht, kommt überhaupt kein Vertrag zustande.

Dies ist das Grundprinzip über das Zustandekommen eines jeden Vertrags, das ich an dieser Stelle nicht weiter vertiefen möchte.

[+]

Das Entstehen eines Vertrags

Ein *Vertrag* entsteht durch ein Angebot und dessen deckungsgleiche Annahme. Dazu bedarf es übereinstimmender Willenserklärungen. Wird auf ein Angebot mit einer modifizierten Annahme reagiert, kommt ein Vertrag nur dann zustande, wenn derjenige, der das ursprüngliche Angebot gemacht hat, den Modifikationen zustimmt.

Vertragsabschlüsse sind in der Praxis komplizierter

In der Praxis gestalten sich Vertragsabschlüsse in der Regel deutlich komplizierter als im oben dargestellten Grundmodell. Bis zum endgültigen Vertragsabschluss kann es gelegentlich über einen längeren Zeitraum zwischen den Vertragsparteien noch mehrfach hin- und hergehen. So könnte in unserem Beispiel der Fotograf zwar grundsätzlich damit einverstanden sein, die Aufnahmen nicht für Werbezwecke zu benutzen, will dann im Gegenzug jedoch deutlich weniger an das Model zahlen, als er zunächst angeboten hat. Das Model wiederum will sich dann aber nur noch eingeschränkt zur Verfügung stellen etc. Schließlich kommt es irgendwann zu einem Vertrag, der mit dem ursprünglichen Angebot nicht mehr sehr viel zu tun hat.

Die Schriftform ist nicht immer vorgeschrieben

Wenn gerade in solchen Fällen die Vertragspartner nicht die entscheidenden Punkte ihrer Übereinkunft vor Vertragsabschluss schriftlich fixiert haben, kann sich dies später rächen und unter Umständen sehr teuer werden. Wie bereits erwähnt, können bis auf wenige Ausnahmen, für die eine bestimmte Form des Vertragsabschlusses gesetzlich vorgeschrieben ist (etwa Schriftlichkeit für einen Ausbildungsvertrag oder notarielle Beurkundung für eine Verfügung über eine Immobilie), Verträge *formfrei* abgeschlossen werden. Demzufolge sind auch mündliche Vereinbarungen in vollem Umfang gültig und unterscheiden sich damit in ihrer Rechtswirksamkeit in keiner Weise von schriftlichen Vereinbarungen. In der Praxis erlebe ich es immer wieder, dass – gerade im Arbeitsrecht – Mandanten zu mir kommen und mir sagen, dass sie seit zehn Jahren in der Firma beschäftigt seien, aber keinen Vertrag hätten, weil sie nämlich der irrigen Auffassung sind, nur ein schriftlich abgeschlossenes Dokument sei ein Vertrag.

Deshalb heißt es nicht umsonst schon in Goethes Faust, erster Teil:

> *»Denn, was man schwarz auf weiß besitzt, kann man getrost nach Hause tragen.«*

Fehlende Schriftform führt schnell zu Problemen

Das Problem mangelnder Schriftlichkeit wird nämlich evident, wenn man sich einen der fundamentalen Grundsätze von Zivilprozessen vor Augen führt, der besagt, dass in einem Rechtsstreit vor den Zivilgerichten – hier werden Urheberrechts- und Schadensersatzstreitigkeiten ausschließlich verhandelt – nur das zur Urteilsfindung berücksichtigt wird, was die Parteien dem Gericht gegenüber vortragen, und dass derjenige, der Tatsachen vorträgt, dafür auch den Beweis antreten muss. Etwas beweisen kann man vor allem durch Vorlage von Dokumenten und durch Zeugen, die einen Vorgang aus eigener Wahrnehmung bekunden können. Es ist deshalb in einem Zivilprozess nicht Aufgabe der Gerichte, von sich aus zu ermitteln, was die Parteien wohl vereinbart haben könnten.

[!]

Die Parteimaxime im Zivilrecht

Im Zivilprozess und damit auch im Urheber- und Schadensersatzprozess gilt die *Parteimaxime*. Das bedeutet, dass nur das, was die Parteien vortragen und auch beweisen können, bei der Entscheidung des Gerichts berücksichtigt wird. Es gibt keine Sachverhaltsaufklärung von Amts wegen. Was eine Partei nicht vorträgt, kann auch nicht berücksichtigt werden.

Nun stellen wir uns vor, der Fotograf hat ein Foto seines Models an eine Werbeagentur verkauft, die es für eine kommerzielle Werbung einsetzt. Das Model macht Unterlassungs- und Schadensersatzansprüche geltend. Tatsächlich war zwar die Nutzung der Fotos für Werbezwecke vereinbart, das Model bestreitet dies jedoch hinterher, wobei es auf die Gründe des Bestreitens nicht ankommt, das Model muss sein Bestreiten auch gar nicht begründen. Es kann einfach nur vortragen, dass der Vortrag des Fotografen nicht stimmt. Der Fotograf ist nunmehr in der äußerst misslichen Lage, beweisen zu müssen, dass die Nutzung der Fotos für Werbezwecke vertraglich vereinbart war. Denn jeder, der im Zivilverfahren etwas behauptet oder sich auf bestimmte Rechte beruft, muss seine Behauptung bzw. das

Bestehen seiner Rechte auch beweisen, anderenfalls wird sein Vortrag nicht berücksichtigt.

Wenn bei dieser Vereinbarung mit dem Model kein Zeuge zugegen war, der in der Lage wäre, dies vor Gericht zu bestätigen, was als Beweismittel ausreichen würde, und wenn es auch keinerlei Schriftverkehr, geschweige denn eine schriftliche Vereinbarung zwischen den Parteien gibt, hat der Fotograf unabwendbar das Nachsehen. Dies gilt zum Beispiel auch dann, wenn die Höhe des Honorars den Schluss zulassen sollte, dass auch eine werbliche Nutzung vereinbart war. Dies ist jedoch nur ein Indiz, kein Beweis für eine entsprechende Vereinbarung.

[+]

Bedeutung der Schriftform

Die mangelnde Schriftform hat keinerlei Auswirkungen auf die Gültigkeit eines Vertrags, wenn nicht das Gesetz bestimmte Formen für den Vertragsabschluss vorschreibt. Ein nur mündlich und ohne Anwesenheit von Zeugen abgeschlossener Vertrag wird allerdings in der Regel zu erheblichen Beweisproblemen und zur Nichtdurchsetzbarkeit von Ansprüchen führen.

Immer die Schriftform wählen!

Ich kann Ihnen deshalb nicht eindrücklich genug dazu raten, Verträge zur eigenen Sicherheit grundsätzlich schriftlich abzuschließen, zumindest die wichtigsten Punkte stichwortartig zu skizzieren und dann von allen Vertragsparteien unterschreiben zu lassen. Lediglich dann, wenn von vornherein definitiv feststeht, dass ein Foto ausschließlich für den Privatgebrauch angefertigt wird, mag es vertretbar sein, auf die Schriftlichkeit zu verzichten, da im Zweifel ohnehin nichts passieren wird. Dass im Familien- und Freundeskreis jemand auf den Gedanken kommt, eine schriftliche Vereinbarung mit dem fotografierten Onkel abzuschließen, dürfte ohnehin eher ungewöhnlich sein.

8.2 Vertragsinhalt

Keine Scheu vor Formalien

Für viele Menschen sind Formalien schlichtweg ein Gräuel und schriftliche Verträge lästiger Papierkram, den man zwar erledigen muss, der aber nicht zu einer Beeinträchtigung der Arbeit führen darf und deshalb erst in zweiter Linie eine Rolle spielt.

[zB]

Das folgende fiktive Beispiel ist in Bezug auf die rechtliche Unbekümmertheit der Protagonisten beinahe ein Klassiker: Der Fotograf vereinbart mit einem Burgbesitzer, den er schon seit einiger Zeit aus dem örtlichen Tennisverein kennt, beim »Bierchen« im Clubhaus, dass er auf dessen Anwesen für eine Broschüre des Heimatvereins mit ein paar Models in mittelalterlichen Kostümen Aufnahmen machen darf. Gerade weil sich die Parteien »gut kennen« und die Angelegenheit wegen des Redaktionsschlusses auch besonders eilig ist, vereinbaren sie, die Aufnahmen erst einmal zu machen und sich dann hinterher in Ruhe zusammenzusetzen, um »die Formalien« zu erledigen. Diesbezüglich – so die meist verwendete Floskel – werde man sich schon einig werden, schließlich kenne man sich ja schon eine längere Zeit.

Während zwischen Fotograf und Model im ersten Beispiel dieses Kapitels eine klare Vereinbarung getroffen wurde, diese aber nur nicht schriftlich fixiert wurde, haben die Parteien hier nicht nur keinen schriftlichen Vertrag abgeschlossen, sie haben sich bei genauem Hinsehen noch nicht einmal in allen Punkten geeinigt. Die einzige Abrede, die auf die Schnelle getroffen wurde, beinhaltet das Recht des Fotografen, auf dem Anwesen des ihm bekannten Burgbesitzers zu fotografieren, nicht mehr und nicht weniger. Es wurde nicht vereinbart, ob dies – wie es der Fotograf aufgrund der guten Bekanntschaft mit dem Burgbesitzer annimmt – als kostenlose Gefälligkeit oder – wie der Burgbesitzer es als selbstverständlich voraussetzt – gegen Zahlung einer angemessenen Nutzungsgebühr erfolgen soll. Geklärt sind auch nicht Haftungsfragen für den Fall, dass in dem alten Gemäuer jemand zu Schaden kommt, der Umfang der Veröffentlichungsrechte wurde nicht geregelt, und weitere noch klärungsbedürftige Fragen warten auf ihre Antwort. Nachdem die Fotosession abgeschlossen ist, müssen beide Parteien feststellen, dass sie sich in wesentlichen Dingen nicht geeinigt haben und von völlig unterschiedlichen Voraussetzungen ausgegangen sind.

Sie sehen, wie schnell so etwas gehen kann und dass so ungeklärte Fragen nicht unerhebliche rechtliche Probleme verursachen können, sofern es die Parteien eines Vertrags trotz aller Unklarheiten bezüglich des Vertragsinhalts nicht doch noch schaffen, sich in irgendeiner Form nachträglich zu einigen, sondern die Angelegenheit streitig, gegebenenfalls sogar vor Gericht, ausgetragen werden muss. In unserem Beispiel mit den Fotos auf der Burg stellt sich nämlich zunächst die Frage, ob ein Vertrag überhaupt abgeschlossen wurde, da sich die Parteien über den wesentlichen Inhalt des Vertrags nicht bzw. nicht vollständig geeinigt haben und sich des Einigungsmangels bewusst sind. In diesen Fällen kommt in der Regel ein Vertrag gar nicht zustande. Mit gewisser Berechtigung könnte man hier annehmen, dass es sich um eine Gefälligkeit seitens des Burgherrn aufgrund der langjährigen Bekanntschaft handelt. Aber selbst wenn man aus Gründen des Einzelfalls zu dem Ergebnis käme, ein rechtswirksamer Vertrag sei bezüglich der Nutzung des Anwesens zustande gekommen, stellt sich noch immer die weitere Frage, ob derartige Verträge üblicherweise unentgeltlich oder nur gegen Entgelt abgeschlossen werden und was als Entgelt gegebenenfalls angemessen ist. Und wie sieht es mit den vielen Punkten aus, die überhaupt nicht angesprochen wurden, wie etwa die Nutzungsbedingungen? Wie Sie sehen, gibt es Fragen über Fragen, was niemals günstig für beide Parteien sein kann, da nicht zu prognostizieren ist, ob und welche Rechte in solchen Fällen durchsetzbar sind – und zwar umso weniger, je mehr offene Fragen es gibt.

Alle Punkte ansprechen und regeln

Damit ist neben der Schriftform für jeden Vertrag zu empfehlen, alle Punkte, die aus Sicht von mindestens einer der Parteien regelungsbedürftig sind, auch eindeutig zu regeln, bevor mit den Vertragshandlungen oder den Vorbereitungen dazu begonnen wird.

Stellen Sie sich vor, der Fotograf habe die Models aufgrund der Zusage des Burgherrn zu den Aufnahmen bestellt, mit ihnen ein Honorar vereinbart, die mittelalterlichen Kostüme gegen Leihgebühr besorgt, vielleicht noch einen Maskenbildner bestellt etc., und plötzlich kann sich der Burgherr nicht mehr an seine Zusage in »Bierlaune« erinnern und meint, dies sei alles wohl ein Missverständnis, sein Anwesen stehe für Fotoaufnahmen nicht zur Verfügung. Der Fotograf könnte in diesem Fall eine erteilte Einwilligung des Burgherrn nicht beweisen, aber er müsste seine Verpflichtungen gegenüber Models, Kostümverleih und Maskenbildner etc. erfüllen. Ein Recht, diese Verträge zu kündigen, weil die Möglichkeit, die Fotos wie geplant in der Burg herzustellen, nun doch nicht eingetreten ist, besteht nicht, wenn der Fotograf nicht ausdrücklich in seinen Verträgen ein wirksames Kündigungsrecht für diesen Fall vereinbart hat, was aber wohl unwahrscheinlich sein dürfte. Außerdem ist fraglich, ob eine Vereinbarung wirksam ist, bei der das unternehmerische und finanzielle Risiko auf die bestellten Models in der Weise übertragen wird, dass diese kein Honorar erhalten, wenn die Fotosession aus Gründen, die sie nicht zu vertreten haben, ausfällt.

[+]

Regelungsbedarf im Vertrag

In einem Vertrag, der vor der Aufnahme und den dazu erforderlichen Vorbereitungen abgeschlossen wird, müssen alle Punkte geregelt werden, die für mindestens eine Partei von Wichtigkeit sind. Haben sich die Parteien auf zentrale Vertragsinhalte, wie etwa auf die Vergütung, nicht geeinigt, ist im Zweifel ein Vertrag gar nicht zustande gekommen.

Welche Punkte allgemein bei der vertraglichen Gestaltung besondere Aufmerksamkeit verdienen, werden wir uns nun näher ansehen.

Die wichtigen Vertragsregelungen richten sich natürlich im Wesentlichen danach, um welchen Typ von Vertrag es sich handelt. Einen Standardvertrag für alle Anwendungsbereiche gibt es nicht. Ein paar grundsätzliche Überlegungen sind jedoch für alle Vertragstypen gültig.

8.2.1 Bezeichnung der Vertragsparteien

Vollständiger Name und vollständige Adresse

Bereits bei der Bezeichnung der Vertragsparteien muss auf Vollständigkeit geachtet werden, dies gilt insbesondere für den vollständigen Namen und die vollständige Adresse der Parteien. Denn muss man in einem späteren Streitfall tatsächlich Ansprüche gegen die Vertragsparteien geltend machen, benötigt man diese Angaben sowohl beim Antrag auf Erlass eines

Mahnbescheids als auch bei einer Klageerhebung. Hat man den Vertrag nur mit einem Model »A. Meyer« abgeschlossen, weiß man vermutlich zwei Jahre später nicht mehr, ob es sich um eine Anita oder eine Andrea Meyer gehandelt hat. Wenn die Dame dann zwischenzeitlich noch umgezogen ist, stehen bestenfalls umfangreiche Recherchen bevor. Noch tückischer ist es, wenn man in den Vertrag nur Andrea M. schreibt. Bei Verträgen mit Firmen muss zusätzlich die korrekte gesellschaftliche Bezeichnung, einschließlich der Angabe der jeweiligen gesetzlichen Vertreter (bei Kapitalgesellschaften), genannt werden.

[+]

Banal, aber entscheidend

Es mag Ihnen banal erscheinen, aber in der Praxis kommen solche grundlegenden Fehler in der Bezeichnung der Vertragsparteien immer wieder vor.

8.2.2 Regelung des Nutzungsrechts

Leistung und Gegenleistung vereinbaren

Die häufigsten Fehler beim Vertragsschluss werden sicherlich gemacht, indem *Leistung* und *Gegenleistung* der Vertragsparteien nicht sauber definiert werden. Dies gilt nicht nur für die Höhe und Fälligkeit der Vergütung, sondern insbesondere auch für die Bestimmung der dafür zu erbringenden Gegenleistung. Es geht also um die Frage, welche Rechte man mit Zahlung der vereinbarten Vergütung erwirbt.

Nutzungsrecht

Und damit sind wir auch schon beim wichtigsten Kernpunkt der vertraglichen Gestaltung angelangt, nämlich beim *Nutzungsrecht*. Viele Beispiele in diesem Buch haben bereits deutlich gemacht, wie wichtig es ist, bezüglich der Nutzung von Rechten eindeutige und jederzeit nachvollziehbare Vereinbarungen zu treffen, um nicht später anhand des Zweckübertragungsgrundsatzes (siehe Abschnitt 1.2.3, »Einräumung von Nutzungsrechten – der Zweckübertragungsgrundsatz«) vom Gericht festlegen lassen zu müssen, was vertraglich vereinbart war und was nicht.

Sie wissen bereits, dass ein Urheberrecht nicht übertragen werden kann, wohl aber die Nutzungsrechte daran. Die Frage, welche Rechte in welchem Umfang für welche Zeit übertragen werden, unterliegt der Vertragsfreiheit, die sich von der Privatautonomie ableitet. Die Privatautonomie besagt, dass zwei oder mehr Parteien alles frei miteinander vereinbaren können, solange das Vereinbarte nicht gegen zwingende Vorschriften des geltenden Rechts oder gegen ein gesetzliches Verbot verstößt oder sittenwidrig ist.

[+]

Sittenwidrigkeit

Sittenwidrig ist nach ständiger Rechtsprechung ein Rechtsgeschäft, das gegen das Anstandsgefühl aller billig und gerecht Denkenden verstößt und das mit den sich aus der Sittenordnung ergebenden Verhaltensgeboten nicht übereinstimmt. Ein klassischer Fall für Sittenwidrigkeit ist – um nur ein Beispiel zu nennen – das bewusste Ausnutzen einer Notsituation durch völlig unangemessene Vertragsbedingungen, durch die der in Not befindliche Vertragspartner völlig übervorteilt wird (Stichwort »Wucher«).

[+]

Privatautonomie

Unser Zivilrecht ist geprägt von der Vertragsfreiheit, was bedeutet, dass Vertragsparteien, wenn im Einzelfall gesetzlich nichts anderes bestimmt ist, untereinander grundsätzlich vereinbaren können, was sie wollen, sofern dies nicht gegen ein gesetzliches Verbot verstößt oder sittenwidrig ist. Daraus folgt, dass die Parteien auch bezüglich der Übertragung von Nutzungsrechten frei sind in dem, was sie miteinander vereinbaren.

So kann sich zum Beispiel jemand durchaus vertraglich verpflichten, Nutzungsrechte, die ihm gar nicht zustehen, einem anderen zu übertragen. Dieser Vertrag ist rechtlich in vollem Umfang wirksam, denn er verstößt nicht gegen ein gesetzliches Verbot und auch nicht gegen die guten Sitten. Dass der sich zur Übertragung verpflichtende Vertragspartner den Vertrag nicht erfüllen kann, weil natürlich nur der Eigentümer der jeweiligen Rechte die Nutzung daran auf einen anderen übertragen kann, hat keine Auswirkung auf die Wirksamkeit des Vertrags. Dass natürlich derjenige, der sich in Kenntnis der Sach- und Rechtslage zu einer für ihn unmöglichen Leistung vertraglich verpflichtet hat, in der Regel schadensersatzpflichtig ist und sich möglicherweise auch wegen Betrugs strafbar macht, steht auf einem anderen Blatt, hat mit der grundsätzlichen Wirksamkeit des Vertrags jedoch nichts zu tun.

Für das Nutzungsrecht an Fotografien können die Parteien somit im Wesentlichen vereinbaren, was sie wollen. Ausgangspunkt ist § 31 UrhG, in dem – wie Sie in Kapitel 1, »Urheberrecht«, bereits gesehen haben – geregelt ist, dass der Urheber einem anderen ein Nutzungsrecht an seinem urheberrechtlich geschützten Werk einräumen kann – und zwar ein einfaches Nutzungsrecht oder ein ausschließliches Nutzungsrecht, das in beiden Fällen räumlich, zeitlich oder inhaltlich beschränkt sein kann. (Den Wortlaut des Urheberrechtsgesetzes finden Sie im Internet unter *www.gesetze-im-internet.de/urhg*.)

Vier Aspekte des Nutzungsrechts

Ein Nutzungsrecht sollte im Vertrag unter folgenden Aspekten vollständig und lückenlos geregelt werden:

- persönliche Nutzung
- zeitliche Nutzung
- räumliche Nutzung
- sachliche Nutzung

Bei der persönlichen Nutzung des Urheberrechts geht es darum, wer das Urheberrecht nutzen darf. Möglich ist hier, dass der Fotograf nur ein einfaches Nutzungsrecht an einem oder mehreren Fotos vergibt, was bedeutet, dass er selbst weiterhin berechtigt bleibt, die Fotos selbst zu nutzen, und sie sogar auch anderen zur einfachen Nutzung anbieten kann. Denkbar ist auch das Gegenteil, dass der Fotograf ein ausschließliches Nutzungsrecht vergibt und selbst die Fotos nicht mehr verwerten darf. Zwischen diesen beiden Extremen sind viele andere Varianten vorstellbar, zum Beispiel, dass der Fotograf zwar berechtigt ist, die Fotos weiterhin auf seiner Website und in seiner Imagemappe zur Eigenwerbung zu verwenden, es ihm jedoch untersagt ist, Nutzungsrechte an den Fotos an Dritte zu übertragen, oder dass er nur an einen bestimmten Abnehmerkreis, etwa an Konkurrenten des Auftraggebers, keine Rechte übertragen darf.

Persönliche Nutzung

Bei der zeitlichen Nutzung kommt es darauf an, ob das Recht, ein oder mehrere Fotos zu benutzen, für unbeschränkte Zeit oder nur für eine bestimmte Zeit übertragen wurde. So kann ein Fotograf einem Unternehmen für dessen Werbung dauerhaft die Nutzung eines Fotos gestatten, oder er stellt für einen Katalog eines Versandhauses ein Foto zur Verfügung, das nur so lange genutzt werden darf, wie der Katalog gültig ist. Auch hier sind etliche verschiedene Vertragsgestaltungen denkbar.

Zeitliche Nutzung

Die räumliche Nutzung regelt die Region, in der das Foto verwendet werden darf, zum Beispiel nur in Deutschland, in Europa oder weltweit. Man könnte dies auch als *territorialen Geltungsbereich* des Vertrags bezeichnen.

Räumliche Nutzung

Entscheidende Bedeutung kommt schließlich auch der exakten Regelung der sachlichen Nutzung des Urheberrechts zu.

Sachliche Nutzung

Die erste Frage, die in diesem Zusammenhang zu regeln ist, betrifft den Zweck der Nutzung, also wofür das Foto überhaupt verwendet wird. Eng damit verknüpft ist die Frage, wo das Foto in diesem Zusammenhang genutzt wird. Hier geht es darum, in welchen Medien das Foto verwendet wird, insbesondere in der heutigen Zeit immer auch um die Frage, ob es auch im Internet verwendet werden darf. Schließlich muss im Zusammenhang mit der sachlichen Nutzung festgelegt werden, ob eine Nutzung nur zu privaten Zwecken erlaubt ist, ob das Nutzungsrecht sich auf die gewerbliche Nutzung erstreckt und ob das Foto auch im Rahmen der kommerziellen Werbung verwendet werden darf.

Es versteht sich von selbst, dass die Höhe der zu regelnden Vergütung, die ja das unmittelbare Pendant zur Übertragung des Nutzungsrechts darstellt, sich in der Regel danach bemessen wird, in welchem Umfang Rechte übertragen werden. Je umfangreicher die Nutzungsrechte sind, desto höher wird im Zweifel die Vergütung ausfallen – wer viel kauft, bezahlt auch mehr.

Höhe der Vergütung

In der Regel wird man vertraglich die Höhe des Nutzungsentgeltes festlegen. Dies kann eine einmalige Pauschalgebühr sein, aber auch eine wiederkehrende Gebühr für jeden Anwendungsfall. Hier sind aufgrund der

Vertragsfreiheit den Parteien keine Grenzen gesetzt, solange das, was sie vereinbaren, nicht sittenwidrig ist oder gegen ein gesetzliches Verbot verstößt.

Angemessene Vergütung

Wenn aber im Einzelfall keine Regelung über die Vergütung getroffen wurde, so heißt dies nicht, dass der Nutzungsberechtigte nichts zahlen muss, nur weil der Urheber die Vereinbarung einer Nutzungsgebühr und deren Höhe nicht nachweisen kann. In diesen Fällen gilt vielmehr § 32 UrhG, wonach dann, wenn die Höhe der Vergütung für ein Nutzungsrecht nicht bestimmt ist, eine angemessene Vergütung als vereinbart gilt. Als Richtlinie dessen, was im Einzelfall angemessen ist, dient dabei wieder die bereits erwähnte MFM-Liste.

[!]

Plicht zur angemessenen Vergütung

Haben die Vertragsparteien keine wirksame Bestimmung über die Höhe der Nutzungsentschädigung getroffen, aber auch nicht ausdrücklich eine solche ausgeschlossen, so ist nach § 32 UrhG eine angemessene Vergütung zu zahlen.

Wie man sieht, ist gerade bei der Regelung der Nutzungsrechte allergrößte Sorgfalt geboten. Immer wieder zeigen Urteile, wie schlampig Parteien mit der Regelung der ihnen zustehenden Rechte umgehen.

[zB]

Das OLG Düsseldorf (Urteil vom 22.03.1988 – 20 U 166/87) hatte folgenden Fall zu entscheiden: Zwei miteinander konkurrierende Vertreiber von Automobilzubehör standen sich vor Gericht gegenüber. Wettbewerber A hatte von einem Fotografen verschiedene Original-Dias erhalten. Wettbewerber B kopierte die entsprechenden Bilder aus dem Katalog des A und verwendete sie für seinen eigenen Katalog. A verklagte daraufhin B auf Schadensersatz. A unterlag in dem Rechtsstreit. Eigene Urheberrechte konnte A nicht geltend machen, da ihm nur ein Nutzungsrecht zustand. A hatte jedoch versäumt, sich vom Fotografen das ausschließliche Nutzungsrecht einräumen zu lassen. Nur dieses hätte A in die Lage versetzt, gegen B erfolgreich vorzugehen. So entschied das OLG, dass nur einfache Nutzungsrechte übertragen worden seien. Dies ist ein typischer Fall nachlässiger Vertragsregulierung. (Ob dem Fotografen wegen der Nutzung seiner Bilder durch B Ansprüche zustanden, wird man sicherlich bejahen müssen, dies war jedoch nicht Gegenstand dieses Rechtsstreits.)

[zB]

Auch der Fall, den das OLG Hamburg zu entscheiden hatte (Urteil vom 09.01.1986 – 3 U 142/85) zeugt von Fehlern beim Vertragsabschluss: Für eine bundesweit verlegte Illustrierte hatte der Fotograf dem Druckhaus an verschiedenen Fotos gegen Zahlung eines Garantiehonorars eine »exklusive Option« eingeräumt. Es kam dann zu Differenzen zwischen Verlag und Fotograf wegen eines zugesagten, aber nicht erfolgten zweiten Abdrucks und wegen des Ausbleibens weiterer Honorarzahlungen. Dies veranlasste den Fotografen, das Bildmaterial einer deutschsprachigen Illustrierten in der Schweiz anzubieten. Das Gericht sah hier einen Verstoß gegen die Exklusivabrede als gegeben an, weil der Vertrag mit dem Druckhaus so auszulegen sei, dass sich die Exklusivität nicht nur auf das Gebiet der Bundesrepublik, sondern auch auf die deutschsprachige Schweiz erstrecke, wo die Zeitschrift des Druckhauses ebenfalls vertrieben wurde. Hätte der Fotograf bei Vertragsabschluss darauf geachtet, die Exklusivität ausdrücklich auf das Gebiet der Bundesrepublik Deutschland zu beschränken, hätte er ohne Verstoß gegen den Vertrag die Fotos einer Schweizer Illustrierten zur Verfügung stellen können.

In der Entscheidung des OLG Karlsruhe (Urteil vom 09.05.1984 – 6 U 142/83) ging es darum, dass der Fotograf der Auffassung war, das Druckhaus hätte die Fotos nur einmalig nutzen dürfen. Das Gericht hat den Vertrag mangels eindeutiger Regelung jedoch dahingehend interpretiert, dass der Verlag zur mehrmaligen Nutzung, auch in anderen Verlagsprodukten, berechtigt war. Auch hier hätte eine eindeutige Regelung zum Nutzungsumfang dem Fotografen einen teuren und letztlich fruchtlosen Rechtsstreit erspart. [zB]

Abschließend möchte ich in diesem Zusammenhang noch auf ein wichtiges Urteil des BGH eingehen, der sich mit dem Fall »Spiegel-CD-ROM« befasst hat (Urteil vom 05.07.2001 – I ZR 311/98): Auf der CD-ROM hatte »Der Spiegel« die Jahresausgabe seiner Zeitschrift in digitalisierter Form angeboten, ohne die ausdrückliche Zustimmung der Fotografen, die für die Printausgabe des Journals Bilder geliefert hatten, zu dieser Verwertungsform einzuholen. Dagegen wandten sich gleich mehrere Fotografen, vertreten durch einen berufsständischen Verein. Der BGH hat den Fotografen recht gegeben und entschieden, dass es sich bei der Digitalisierung auf CD-ROM um eine eigenständige Verwertungsart gehandelt habe, für die es einer ausdrücklichen vertraglichen Regelung bedurft hätte, die jedoch nicht getroffen worden war. Auch hier wurde – Sie haben es sicher schon bemerkt – vom BGH der Zweckübertragungsgrundsatz angewandt. Der Verlag wurde zur Unterlassung verurteilt, und ein Schadensersatzanspruch wurde dem Grunde nach anerkannt. Wie in den anderen Fällen auch hätte eine entsprechende vertragliche Regelung über den Nutzungsumfang hier Klarheit geschaffen und einen Rechtsstreit verhindert. [zB]

Die Reihe ähnlicher Urteile, in denen es immer wieder um den Umfang der Nutzungsrechte ging, ließe sich fast schon beliebig fortsetzen. Ihnen sollte aber auch schon durch die wenigen Beispiele klar geworden sein, wie wichtig die saubere Formulierung der Nutzungsrechte im Vertrag ist und dass sich eine eindeutige Vereinbarung natürlich nur in einem schriftlichen Vertrag realisieren lässt.

Die vertragliche Regelung des Nutzungsrechts [!]

Der Umfang eines Nutzungsrechts ist ein ganz wesentlicher Bestandteil eines Vertrags, in dem es um die Nutzung und Verwertung von Bildmaterial geht. Wenn der Nutzungsumfang nicht in personeller, sachlicher, zeitlicher und räumlicher Hinsicht eindeutig geregelt ist, sind spätere Rechtsstreitigkeiten vorprogrammiert.

8.2.3 Anspruch des Auftraggebers auf Herausgabe von Originalen

Originale bleiben beim Urheber

Grundsätzlich nicht unter das Nutzungsrecht fällt die Herausgabe der Originale, seien es nun Dias, Negative oder digitale Dateien. Diese verbleiben grundsätzlich immer beim Urheber, und kein ernsthafter Fotograf wird sich darauf einlassen, seinem Auftraggeber die Originale, die schließlich sein Werk als Urheber verkörpern, herauszugeben.

8.2.4 Syndication-Recht

Vor einigen Jahren hatte die Axel Springer AG ihre allgemeinen Geschäftsbedingungen (AGB) für Fotografen drastisch verschlechtert und ein sogenanntes *Syndication-Recht* eingeführt. Dieses besagte, dass ein Fotograf, der für einen redaktionellen Beitrag dem Verlag Bilder gegen Vergütung zur Verfügung stellt, gleichzeitig darin einwilligt, dass das Bildmaterial auch in allen anderen Verlagserzeugnissen, auch im Ausland, verwendet werden dürfe und dass der Verlag berechtigt sei, das Bildmaterial auch zu verwerten und in der kommerziellen Werbung einzusetzen.

Das LG Berlin (Urteil vom 05.06.2007 – 16 O 106/07) hat zunächst in einem einstweiligen Verfügungsverfahren dazu entschieden, dass diese Regelung den Fotografen in der wirtschaftlichen Verwertung seiner Fotos unangemessen behindere. Zwar hat das Gericht es für zulässig erachtet, dass der Verlag Bildmaterial unbeschränkt für eigene Zwecke benutzen dürfe, weil dies zwischen den Parteien unter dem Gesichtspunkt der Vertragsfreiheit vereinbart werden könne. Einer solchen umfangreichen Nutzungsübertragung müsse jedoch eine angemessene Vergütung des Fotografen gegenüberstehen, was jedoch nicht der Fall war. Dem Versuch des Verlags, sich durch die »normale« Vergütung für eine Fotoüberlassung für einen redaktionellen Beitrag jegliche Verwertungsrechte zu sichern, wurde vom LG Berlin ein Riegel vorgeschoben.

Im späteren Berufungsverfahren hat das KG Berlin dann am 26.03.2010 (5 U 90/07) der Axel Springer AG endgültig untersagt, bestimmte Klauseln zu verwenden, so zum Beispiel die Klausel, dass eine Nutzung der Urheberrechte auch durch andere als den Axel Springer Verlag selbst erfolgen könne und dass dem Verlag das Recht zustehe, die Nutzungsrechte ohne Zustimmung des Fotografen weiter auf Dritte zu übertragen. Ebenfalls für unzulässig hat das KG Berlin die Regelung angesehen, wonach bei einer Nutzung der Fotos in der kommerziellen Werbung eine gesonderte Vergütung zwar vereinbart werden könne, aber nicht vereinbart werden müsse, was somit nach den AGB in das Belieben des Verlags gestellt war. Schließlich wurde auch die Bestimmung in den AGB für rechtswidrig erklärt, wonach bei einer fehlenden Urheberbenennung keine gesonderten Vergütungsansprüche des Fotografen entstünden.

Auch das OLG Hamburg (Urteil vom 01.06.2011 – 5 U 113/09) musste sich mit ähnlichen und ebenso einseitigen AGB auseinandersetzen, hier ging es um den »Rahmenvertrag für Auftragsproduktionen/Foto« der Bauer Achat KG, einem Unternehmen der Bauer Media Group. Auch diese AGB sahen vor, dass freie Bildjournalisten dem Verlag und gleichzeitig seinen Gesellschaftern, allen verbundenen Unternehmen und Dritten für ein einmaliges Pauschalhonorar das einfache, zeitlich, räumlich und inhaltlich uneingeschränkte Recht einräumen mussten, die Fotos weltweit in körperlicher und unkörperlicher Form unbeschränkt in allen Medien zu nutzen. Auch sollte der Verlag generell von der Verpflichtung befreit sein, den Namen des Fotografen bei der Veröffentlichung anzugeben.

Wie schon das KG Berlin im Fall Axel Springer Verlag hat auch hier das OLG Hamburg die AGB der Bauer Achat KG in entscheidenden Teilen für unwirksam erklärt, da durch sie die wirtschaftliche und künstlerische Handlungsfreiheit des Fotografen unangemessen eingeschränkt werde, wenn er dem Verlag derart umfassende Rechte übertragen müsse. Wenn sich ein Verlag solche Nutzungsrechte durch seine Bedingungen einräumen lasse, dann liege – so das OLG Hamburg – ein Fall des Missbrauchs vor.

Gerichtliche Inhaltskontrolle von AGB

Zu beachten ist allerdings, dass diese Entscheidungen zu einer Regelung in allgemeinen Geschäftsbedingungen ergangen sind. Bei diesen steht den Gerichten ein Kontrollrecht dahingehend zu, ob der Verwender von AGB seinen Vertragspartner unangemessen benachteiligt. Man spricht in diesem Zusammenhang auch von einer »gerichtlichen Inhaltskontrolle von AGB«. Dies war hier der Fall. Nach dem Motto »Friss oder stirb« mussten die Fotografen die AGB des Verlags akzeptieren, wollten sie mit ihm ins Geschäft kommen. Anders wäre der Fall zu entscheiden gewesen, hätten Verlag und Fotograf in einer Individualvereinbarung, also einem zwischen den Parteien individuell ausgehandelten Vertrag, geregelt, dass gegen Zahlung eines Honorars in bestimmter Höhe alle Rechte am Bildmaterial auf den Verlag übergehen. Ein solcher Vertrag wäre aufgrund der Vertragsfreiheit vom Gericht nicht zu überprüfen gewesen, es sei denn, man würde ihn als sittenwidrig ansehen, wofür es hier jedoch keinen Anhaltspunkt gab.

[!]

Angemessene Vergütung beim Syndication-Recht

Durch allgemeine Geschäftsbedingungen (AGB) kann ein sogenanntes *Syndication-Recht*, dies ist die weitgehende Übertragung aller Nutzungsrechte, nur dann geregelt werden, wenn der Rechteübertragung ein angemessenes Honorar gegenübersteht und der Fotograf deshalb in der wirtschaftlichen Verwertung seiner Fotos nicht unangemessen benachteiligt wird. In einem individuell ausgehandelten Vertrag ist die Vereinbarung eines Syndication-Rechts in aller Regel auch gegen objektiv nicht angemessene Vergütung aufgrund der Vertragsfreiheit möglich.

8.2.5 Allgemeine Geschäftsbedingungen (AGB)

Was sind AGB?

Nachdem nun mehrfach der Begriff *allgemeine Geschäftsbedingungen* (AGB) gefallen ist, möchte ich ihn kurz erläutern. Unter AGB, die in §§ 305 ff. BGB ihre gesetzliche Grundlage haben (den Wortlaut des Bürgerlichen Gesetzbuches finden Sie unter *www.gesetze-im-internet.de/bgb*), versteht man für eine Vielzahl von Verträgen vorformulierte Vertragsbedingungen, die bei Vertragsabschluss eine Partei, nämlich der Verwender, der anderen Partei stellt. Solche Klauseln haben den Vorteil, dass man im Massengeschäft nicht immer wieder alle Vertragsbestandteile neu regeln muss, sondern bezüglich bestimmter Regelungen, die immer gleich sind, auf seine AGB verweisen kann. Ohne AGB gilt grundsätzlich immer das, was im Gesetz steht. Mit AGB können teilweise gegenüber dem Gesetz für den Verwender günstigere Regelungen vereinbart werden.

Beispiel: Wie Sie bereits gesehen haben, setzt eine Schadensersatzhaftung Vorsatz oder Fährlässigkeit voraus. Dabei reicht eine leichte Fahrlässigkeit zur Haftung auf Schadensersatz aus. Mit einer entsprechenden Klausel in den AGB kann man die Haftung auf Vorsatz und grobe Fahrlässigkeit beschränken und eine Haftung bei nur leichter Fahrlässigkeit ausschließen.

Gleichwohl kann die Verwendung von AGB – wie Sie gerade gesehen haben – auch tückisch sein, weil sie in vollem Umfang der gerichtlichen Inhaltskontrolle unterliegen. Bestimmte Klauseln sind auch per se unwirksam, nämlich dann, wenn sie den Vertragspartner unangemessen benachteiligen. Das ist im Zweifel der Fall, wenn sie Regelungen enthalten, die mit dem Grundgedanken der gesetzlichen Regelung, von der abgewichen wird, nicht vereinbar sind, oder wenn wesentliche Rechte oder Pflichten, die sich aus der Natur des Vertrags ergeben, so eingeschränkt werden, dass die Erreichung des Vertragszwecks gefährdet ist. So wäre – um beim genannten Beispiel zu bleiben – ein genereller Haftungsausschluss auch für Vorsatz und grobe Fahrlässigkeit eindeutig unwirksam. Und zwar deshalb, weil er mit dem Grundgedanken der gesetzlichen Regelung in § 823 BGB, dass derjenige, der schuldhaft einen Schaden bei einem anderen verursacht, auch dafür haftbar ist, nicht vereinbar wäre und im Falle eines vorsätzlich oder grob fahrlässig herbeigeführten Schadens den Vertragspartner, der nach den AGB keinerlei Ansprüche hätte, unangemessen benachteiligen würde.

Zusätzliche Probleme bereitet die wirksame Einbeziehung von AGB in den Vertrag, denn auch hier gibt es rechtliche Hürden zu überwinden. Denn es reicht bei Weitem nicht aus, dass der Verwender sich lediglich auf seine AGB beruft, vielmehr muss der Vertragspartner ausdrücklich und deutlich auf die AGB hingewiesen werden und mit der Geltung einverstanden sein. So reicht zum Beispiel nur ein klein gedruckter Hinweis auf die Geltung von nicht näher bekannt gemachten AGB im Zweifel nicht aus, um diese wirksam in den Vertrag einzubeziehen.

Bereits jetzt wird deutlich, dass allgemeine Geschäftsbedingungen durchaus eine komplizierte Rechtsmaterie darstellen, die Spezialwissen voraussetzt und den Laien häufig völlig überfordert. Häufig wird dies jedoch nicht erkannt, und es herrscht die Meinung vor, dass jeder gewerblich Tätige, der etwas auf sich hält, auch eigene AGB benötigt. Dem möchte ich jedoch widersprechen.

Der Fotoamateur wird wohl kaum auf die Idee kommen, AGB verwenden zu wollen, und auch für einen Berufsfotografen halte ich aus den dargestellten Gründen AGB sowohl aus juristischen als auch aus praktischen Erwägungen nur sehr bedingt für empfehlenswert (Näheres dazu erfahren Sie in Abschnitt 9.5.2, »Firmierung, Rechnungen, Verträge und AGB«).

Wenn Sie allerdings absolut nicht auf AGB verzichten möchten, sollten Sie sie nur von einem erfahrenen Anwalt entwerfen lassen.

8.2.6 Vertragsmuster/Musterverträge

Hobby- und Berufsfotografen kommen in der Regel mit den AGB-Vorschriften in Berührung, indem sie Musterverträge (oder Vertragsmuster, begrifflich besteht hier kein Unterschied) verwenden. Das können sowohl selbst erstellte Vertragsmuster sein als auch solche, die im Internet oder in der Literatur zur freien Verfügung gestellt werden.

Standardisierte Verträge werden wie AGB behandelt

Standardisierte Verträge, die in einer Vielzahl von Fällen verwendet werden, was nach der BGH-Rechtsprechung schon bei zwei- bis dreimal der Fall ist, werden wie AGB behandelt und unterliegen in vollem Umfang der AGB-Kontrolle. Verwenden Sie als Fotograf Musterverträge mehrfach, zum Beispiel einen Model-Vertrag (auch *Model Release* genannt), und nehmen Sie darin Klauseln auf, die das Model unangemessen benachteiligen, müssen Sie damit rechnen, dass im Falle einer gerichtlichen Auseinandersetzung die Rechtswidrigkeit und Unwirksamkeit der jeweiligen Klauseln gerichtlich festgestellt werden. Die Verwendung von Musterverträgen ist deshalb nicht ungefährlich, zumindest dann nicht, wenn sie nicht rechtlich abgesichert sind. Allerdings kann und wird auch kein Jurist garantieren, dass Klauseln, die die Rechtsprechung heute als zulässig erachtet, nicht morgen schon von einem anderen Gericht als unzulässig angesehen werden. Das kann durchaus passieren, solange keine höchstrichterliche Rechtsprechung zu dieser Frage vorliegt, da die Instanzgerichte nicht an die Urteile anderer Instanzgerichte gebunden sind. Das OLG Köln mag ein und denselben Fall durchaus anders beurteilen als etwa das OLG in Frankfurt, in München oder das Kammergericht in Berlin, insbesondere dann, wenn es um Auslegungsfragen und Ermessensentscheidungen geht. Deshalb erfolgt jede Verwendung von Vertragsmustern ohne Garantie und auf ausschließliches Risiko des Verwenders.

Auch Musterverträge unterliegen dem Urheberschutz

Hat man Vertragsmuster nicht selbst hergestellt oder vom Vertragsspezialisten für sich herstellen lassen, ergibt sich bei der Übernahme und Kopie fremder Vertragsmuster ein weiteres Problem: Ebenso wie Lichtbilder und Lichtbildwerke unterliegen auch Schriftwerke dem Urheberschutz.

Hat der Urheber eines Mustervertrags nicht ausdrücklich das Vertragsmuster als frei nutzbar bezeichnet, begeht derjenige eine Urheberrechtsverletzung, der sich von irgendeiner Website ein Vertragsmuster herunterlädt und dieses als sein eigenes ohne Zustimmung des Urhebers verwendet. Dieser Fall ist nicht anders zu beurteilen als die unautorisierte Nutzung eines fremden Fotos. Auch diejenigen, die fremde AGB ohne Zustimmung des Urhebers als eigene AGB verwenden, begehen natürlich gleichermaßen eine Urheberrechtsverletzung, mit Ausnahme vielleicht solcher Formulierungen, die sich als Standard eingebürgert haben und deshalb in nahezu allen AGB gleichlautend zu finden sind, weil der darin geregelte Sachverhalt kaum anders formuliert werden kann. Abgesehen davon, weiß man bei der Nutzung fremder Schriftwerke nie, wer sie erstellt hat, und kann als Laie deshalb auch nicht beurteilen, ob die jeweiligen Schriftwerke juristisch abgesichert sind.

[!]

Verwendung von Musterverträgen

Musterverträge, die für eine Vielzahl von Fällen zur Anwendung kommen, werden wie AGB behandelt und unterliegen der gerichtlichen Inhaltskontrolle. Dadurch wird die Vertragsfreiheit wieder eingeschränkt. Musterverträge sollten nur verwendet werden, wenn sie juristisch überprüft wurden und wenn die Zustimmung des Urhebers eingeholt wurde, sofern sie nicht zum allgemeinen Gebrauch freigegeben wurden.

8.2.7 Vertragsbruch

Vereinbarung von Vertragsstrafen

Schon die Römer wussten: *Pacta sunt servanda* – »Verträge sind einzuhalten.« Dennoch kommt es immer wieder vor, dass Verträge nicht eingehalten werden, das Model erscheint zum Beispiel nicht zum vorgesehenen Termin, der Fotograf liefert die Aufnahmen nicht innerhalb der vereinbarten Frist ab etc. Bei mündlichen Verträgen entstehen dann – wie Sie bereits gesehen haben – meist große Beweisprobleme. Bei schriftlichen Verträgen empfiehlt es sich unter Umständen, von vornherein eine Klausel aufzunehmen, durch die ein Vertragsbruch sanktioniert wird. Dazu bietet sich die Vereinbarung einer Vertragsstrafe an, die allerdings angemessen sein muss, wenn sie rechtlichen Bestand haben soll. Ein Model mit einer pauschalen Vertragsstrafe von 5.000 €, also mit einem Vielfachen ihres Honorars, für den Fall des Nichterscheinens zu belegen, dürfte ganz sicher einer gerichtlichen Überprüfung nicht standhalten.

8.2.8 Zahlungen

Schriftliche Quittungen

Wird der Erhalt der Zahlung nicht schon, wie häufig bei Model-Verträgen üblich, mit der Vertragsunterschrift quittiert, so muss sie, einmal völlig abgesehen von Nachweispflichten gegenüber dem Finanzamt, zum Eigenschutz auf jeden Fall bei späteren Zahlungen schriftlich quittiert werden.

Da Freundschaft bekanntlich beim Geld aufhört, gilt dies auch dann, wenn man mit dem Model bzw. Vertragspartner sehr gut bekannt ist. Derjenige, der Zahlungsverkehr ohne Quittung oder Beleg und ohne Beisein von Zeugen abwickelt, darf sich nicht wundern, wenn ein böswilliger oder enttäuschter Vertragspartner später behauptet, die Vergütung noch nicht bekommen zu haben. Dann heißt es nur: noch mal zahlen!

8.2.9 Laufzeit und Kündigung

Laufzeit und Kündigung, in vielen Fällen ebenso feste wie notwendige Bestandteile eines Vertrags, sind hier in den meisten Fällen nicht zu regeln, da diese Punkte nur bei einem Dauerschuldverhältnis, wie etwa einem Mietvertrag, Relevanz haben. Sollte es jedoch zu einem auf längere Zeit angelegten Vertrag kommen, wenn zum Beispiel ein Fotograf für einen unbestimmten Zeitraum beauftragt wird, einem Verlag zu bestimmten Themen Bilder zu beschaffen, muss der Vertrag auch eine Bestimmung über das Inkrafttreten, die Laufzeit und die einzuhaltenden Kündigungsfristen und -termine enthalten. Wichtig ist in einem solchen Fall wegen der bereits besprochenen Beweisproblematik auch, eine Schriftlichkeit der Kündigung zu vereinbaren. Die Zahl der Rechtsstreitigkeiten, bei denen Gerichte sich in der Vergangenheit nur damit befassen mussten, ob eine bestimmte, interpretationsbedürftige Erklärung nun tatsächlich als Kündigung im Rechtssinn zu interpretieren war, ist unüberschaubar, was den Gesetzgeber zum Beispiel veranlasst hat, vor einigen Jahren die schriftliche Kündigung eines Arbeitsverhältnisses zur Wirksamkeitsvoraussetzung zu machen (§ 623 BGB).

8.2.10 Gerichtsstandsvereinbarungen

Fast immer findet man in vorformulierten Verträgen oder AGB Klauseln mit sogenannten *Gerichtsstandsvereinbarungen*. Solche Regelungen erklären einen bestimmten Ort, meist denjenigen, an dem der Verwender, also derjenige, der den Vertrag oder die AGB in die Verhandlungen einführt, seinen Sitz hat, zu dem Ort, an dessen Gericht etwaige Rechtsstreitigkeiten ausgetragen werden sollen. Eine solche vorab getroffene Vereinbarung über ein eigentlich unzuständiges Gericht ist gemäß Zivilprozessordnung (ZPO) nur zwischen Kaufleuten wirksam. Ist einer der Vertragspartner nicht Kaufmann, gilt grundsätzlich der gesetzliche Gerichtsstand, und dies ist in den meisten Fällen der Wohnsitz des Schuldners, also desjenigen, von dem der jeweils andere Vertragspartner etwas fordert bzw. einklagt.

8.2.11 Nebenabrede- und Schriftformklausel

Häufig wird in Verträgen auch geregelt, dass Nebenabreden nicht getroffen wurden und dass Änderungen und Ergänzungen der Schriftform bedürfen. Diese Klausel ist sinnvoll, weil dann in einem späteren Streit keine Partei rechtswirksam vorbringen kann, es sei aber etwas anderes vereinbart worden, als schriftlich fixiert wurde.

8.2.12 Salvatorische Klauseln

Beliebt, aber sinnlos

Sogenannte *salvatorische Klauseln* sind derzeit in Musterverträgen und auch in AGB sehr beliebt, aber völlig sinnlos und überflüssig. Unter einer salvatorischen Klausel versteht man die am Ende vieler AGB und Musterverträge zu findenden Klauseln, die besagen, dass für den Fall, dass eine oder mehrere Klauseln unwirksam sein sollten, diese automatisch durch wirksame Klauseln ersetzt werden sollen, die dem, was mit den unwirksamen Klauseln geregelt werden sollte, am nächsten kommen.

Die Sinnlosigkeit solcher Klauseln ergibt sich aus § 306 Abs. 2 BGB. Dort ist geregelt, dass dann, wenn Klauseln unwirksam sind, an deren Stelle die gesetzliche Regelung tritt. Diese zwingende Rechtsfolge kann nicht durch eine salvatorische Klausel außer Kraft gesetzt werden.

8.3 Vertragstypen

Bei bestimmten Vertragstypen, mit denen ein Fotograf in der Regel konfrontiert wird, haben sich im Laufe der Zeit gewisse Standards herausgebildet, die sich nur unwesentlich voneinander unterscheiden. Dies gilt insbesondere für:

- den Model-Vertrag (auch *Model Release* genannt)
- den TFP-Vertrag (TFP = *Time for Pictures*, auch *Time for Prints*)
- das Property Release

Auf der Verlagswebseite zu diesem Buch finden Sie für die drei Vertragstypen jeweils Muster zur freien Verwendung. Auch für diese Muster gilt, dass keinerlei Garantie für den rechtlichen Bestand übernommen wird, obwohl die Muster natürlich nach bestem Wissen und auf Basis der derzeit geltenden Rechtslage angefertigt wurden.

[+]

Vertragsmuster zum Download

Als Leser können Sie auf der Verlagswebseite des Rheinwerk Verlags zu diesem Buch (*https://www.rheinwerk-verlag.de/fotorecht_5348/*) vier Vertragsmuster herunterladen und frei verwenden: einen Model-Vertrag, einen TFP-Vertrag, ein Property Release für die Nutzung eines fremden Grundstücks und ein Property Release für die Aufnahme eines geschützten Werkes. Darüber hinaus finden Sie dort ein Beispiel für einen Disclaimer für eine Website.

Kein Muster für einen allgemeinen Fotoauftrag

Für andere Vertragsgestaltungen, etwa für einen Auftrag eines Unternehmens an einen Fotografen, bestimmte Produkte des Unternehmens zu fotografieren, kann es einheitliche Vertragsmuster schon deshalb nicht geben, weil in der Praxis jeder Fall anders gelagert ist. Das macht die Entwicklung von Standards schwierig bis unmöglich. Nichts ist bei der

Verwendung irgendwelcher Vertragsmuster gefährlicher, als sie überall unreflektiert zu verwenden und nur schnell ein wenig an den aktuellen Anwendungsfall anzupassen! Deshalb werden Sie in diesem Buch kein Muster für einen allgemeinen Fotoauftrag finden. Ich kann in dieser Hinsicht nur auf die grundsätzlichen Punkte verweisen (siehe Abschnitt 8.2, »Vertragsinhalt«), die ein Vertrag über einen Fotoauftrag beinhalten sollte.

Verträge mit Agenturen

Für Verträge, die mit Agenturen abgeschlossen werden, gelten wiederum besondere Regeln, die hier jedoch von den Agenturen unter Anwendung ihrer AGB vorgegeben werden. Der Fotograf, der über eine Agentur Bilder vermarkten möchte, muss sich diesem Regelwerk unterwerfen, anderenfalls wird die Agentur seine Bilder nicht annehmen. Ein eigener Gestaltungsspielraum besteht hier nicht, es sei denn, man gehört zu den wenigen ganz Großen der Fotoszene und kann den Agenturen seine eigenen Bedingungen stellen. Aber diese Großen brauchen wiederum meist auch keine Agenturen zur Vermarktung ihrer Bilder.

Grundsätzlich gilt, dass Verträge im Interesse aller Beteiligten immer vor Beginn des Shootings und der dazu unmittelbar erforderlichen Vorbereitungshandlungen abgeschlossen werden sollten. Es wirft immer Probleme auf und führt zu meist unfruchtbaren Diskussionen, wenn Verträge erst später abgeschlossen werden und dann vielleicht sogar noch rückdatiert werden sollen.

8.3.1 Model-Vertrag

Im *Model-Vertrag* oder *Model Release* muss zunächst geregelt werden, welche Art von Aufnahmen und zu welchem Zweck die Aufnahmen gemacht werden. Welche Aufnahmen das Model zulässt, entscheidet natürlich ausschließlich das Model selbst.

Kernpunkt Nutzungsrechte

Kernpunkt eines jeden Model-Vertrags muss der Umfang der späteren Nutzung der Aufnahmen sein. Dabei ist nicht nur zu regeln, wie der Fotograf die Bilder nutzen darf, sondern auch, ob das Model berechtigt ist, selbst die Bilder zu benutzen oder zu verwerten. Der Fotograf wird in der Regel bestrebt sein, sich umfangreiche und uneingeschränkte Rechte einräumen zu lassen, das Model erhält in der Regel nur das Recht, die Bilder zu eigenen Werbezwecken auf der Website oder in seiner Imagemappe zu verwenden.

Geregelt werden sollte auch die Frage der Namensnennung bei einer Veröffentlichung, sowohl des Namens des Models als auch des Namens des Fotografen, wenn das Model die Aufnahmen ebenfalls nutzt.

Außerdem muss natürlich die Vergütung des Models und ihre Fälligkeit geregelt werden. Dies geschieht meist durch die Vereinbarung von Stundenhonoraren oder Tagesgagen, auf die für besondere oder zusätzliche Leistungen Aufschläge erhoben werden können. Dazu gibt es allerdings keine verbindlichen Sätze, vielmehr unterliegt auch die Vergütung der freien Parteivereinbarung. So wird die Höhe der Gage entscheidend davon abhängen, über welche Erfahrung das Model verfügt und welche Aufnahmen gemacht werden. Es ist einleuchtend, dass das Amateurmodel deutlich geringer entlohnt wird als das Profimodel mit jahrelanger Erfahrung und dass Aktaufnahmen in der Regel eine höhere Gage bedingen als Aufnahmen in Dessous oder völlig bekleidet. Andere Faktoren sind die Intensität der Nutzung sowohl in zeitlicher Hinsicht (etwa zeitlich unbegrenzt) als auch in räumlicher Hinsicht (etwa weltweite Nutzung) sowie die Frage, in welchen Medien die Nutzung erfolgen soll. Auch die Frage, ob eventuelle Reisekosten mit dem Honorar abgegolten sind, bedarf der Regelung und wird sich auf die Höhe des Honorars auswirken.

KöGa-Liste

Auf dem Markt existiert für den Bereich der Bildnisnutzung eine inoffizielle Honorarliste für Models, die sich nach den Anfangsbuchstaben der Nachnamen ihrer Urheber, Rechtsanwalt Daniel Kötz aus Düsseldorf und Rechtsanwältin Eva Gabriel-Jürgens aus Hamburg, »KöGa-Liste« nennt. Sie besitzt allerdings keine solche Verbindlichkeit wie die bereits genannte MFM-Liste. Sie ist jedoch ein recht gutes Orientierungsmittel für diejenigen, die die Gebührenstrukturen auf dem Model-Markt nicht kennen. Profimodels haben oft auch ihre eigenen Gagen, letztlich wird auch hier der Preis – wie überall – durch Angebot und Nachfrage bestimmt, Marktmacht entscheidet bekanntlich über den Preis.

Es empfiehlt sich unter Umständen auch, eine Regelung für den Fall in den Vertrag aufzunehmen, dass das Model entgegen der vertraglichen Vereinbarung nicht zum Aufnahmetermin erscheint und dem Fotografen möglicherweise Schäden dadurch entstanden sind, dass er andere Aufträge abgesagt oder eine Visagistin vergeblich bestellt hat, die er nun bezahlen muss. Dies kann man gegebenenfalls durch eine pauschalierte, angemessene Vertragsstrafeklausel regeln oder festlegen, dass das Model den gesamten nachgewiesenen Schaden zu ersetzen hat.

Ist das Model noch minderjährig und sollen die Aufnahmen, was ja die Regel sein dürfte, später verwertet werden, ist auch eine Genehmigung der Erziehungsberechtigten erforderlich, die allerdings auch später noch eingeholt werden kann, wenn die Veröffentlichung bevorsteht, da – wie Sie gesehen haben – für die Herstellung von Bildnissen von Minderjährigen eine Zustimmung der Erziehungsberechtigten nicht erforderlich ist, zumindest dann nicht, wenn der Minderjährige über eine ausreichende geistige Reife verfügt.

8.3.2 TFP-Vertrag

Der Begriff *TFP* kommt aus dem Englischen und heißt übersetzt *Time for Pictures*, gelegentlich wird die Abkürzung auch als *Time for Prints* gelesen. Gemeint ist jedenfalls, dass das Model seine Zeit für Aufnahmen zur Verfügung stellt und dafür eine bestimmte Anzahl der hergestellten Bilder erhält.

Honorarfreier Model-Vertrag

Unter einem *TFP-Vertrag* versteht man einen honorarfreien Model-Vertrag, dessen Hintergrund Übungszwecke sind. Das Model übt das Posing und möchte insgesamt als Model Erfahrung sammeln. Der Fotograf testet eine neue Ausrüstung, probiert verschiedene Belichtungssituationen, um sich mit seiner Studiobeleuchtung vertraut zu machen, und will den Umgang mit seiner Ausrüstung, aber natürlich auch mit einem Model, trainieren und perfektionieren.

Das Charakteristische an einem TFP-Vertrag ist, dass eine kommerzielle Nutzung der Aufnahmen meist ausgeschlossen ist, der Fotograf darf die Aufnahmen nur im Rahmen seiner eigenen Werbung veröffentlichen. Das Model erhält dafür keine Vergütung in Geld, sondern lediglich einen Satz der gemachten Aufnahmen, die es dann seinerseits nicht verwerten, aber für die Eigenwerbung verwenden darf.

Auch hier kann durch die Parteien natürlich etwas anderes vereinbart werden, allerdings wird man sich mit Vereinbarungen, die über das Übliche eines TFP-Vertrags hinausgehen, auch schnell einem »normalen« Model-Vertrag annähern. Wohl kaum ein Model wird unter dem Deckmantel eines TFP-Vertrags auf eine Vergütung verzichten, wenn sich gleichzeitig der Fotograf das Recht einräumen lässt, die gemachten Aufnahmen kommerziell zu verwerten.

8.3.3 Property Release

Rechtlich gesehen ein Mietvertrag

Bei einem *Property Release* handelt es sich in erster Linie um einen Vertrag mit dem Inhaber des Hausrechts, der beinhaltet, dass man sein Grundstück oder seine Räume vorübergehend zur Herstellung von Fotos oder Filmen betreten und nutzen darf. Rechtlich gesehen handelt es sich um einen Mietvertrag. Da die deutsche Sprache mit dem Begriff »Mietvertrag« die Situation nur unvollständig wiedergibt und keine passende Kurzbezeichnung für den Nutzungsvertrag mit dem Besitzer bietet – man müsste hier eigentlich sagen »Nutzungsvertrag über fremdes Eigentum« –, ist die Verwendung des englischen Begriffs *Property Release* in diesem Fall sicher gerechtfertigt.

Hausrecht

Ich habe Sie bereits an früherer Stelle in diesem Buch darauf hingewiesen, dass das Property Release in der Regel nichts mit einem Vertrag mit dem Eigentümer zu tun hat, demzufolge man dessen Eigentum fotografieren darf. Sie wissen ja inzwischen auch, warum das so ist – weil es nämlich kein Recht am Bild der eigenen Sache gibt, es sei denn, es handelt sich um eine urheberrechtlich geschützte Sache. Sehr wohl ist es aber erforderlich, sich eine Genehmigung einzuholen, wenn man auf fremdem Grund und Boden fotografieren will, da man ansonsten – wie Sie gesehen haben – gegen das Hausrecht verstößt.

In einem solchen Property Release ist zu regeln, wann bzw. wie lange ein fremdes Grundstück für Aufnahmen genutzt werden darf. Darüber hinaus muss festgelegt werden, ob diese Nutzung kostenlos oder gegen Zahlung einer dann auch im Vertrag zu konkretisierenden Summe zulässig ist.

Haftung regeln

Empfehlenswert ist möglicherweise – je nach Einzelfall – die Regelung der Haftung, gerade dann, wenn es sich – wie in unserem früheren Beispiel »Burg« – möglicherweise um etwas baufällige Lokalitäten handelt.

Hier wird der Besitzer, wenn er überhaupt eine Genehmigung erteilt, dies nur tun, wenn jegliche Haftungsrisiken für ihn vertraglich ausgeschlossen werden.

Von einigen wird ein Property Release auch dann verwendet, wenn ein Urheber die Berechtigung erteilt, ein von ihm geschaffenes Werk zu fotografieren und die gemachten Aufnahmen später zu nutzen.

8.3.4 Der »normale« Fotoauftrag

Zwei Vertragselemente

Bei der allgemeinen Auftragsfotografie haben wir es in der Regel mit einer vertraglichen Mischform zu tun, die aus Werkvertrags- und Lizenzvertragselementen besteht. Der Auftraggeber beauftragt einen Fotografen mit der Herstellung von Bildern, die er anschließend für bestimmte Zwecke nutzen möchte. Nur wenn der Fotograf Stockfotos, also solche, die er praktisch auf Vorrat für sein Archiv gefertigt hat, verkauft, kommen nur lizenzrechtliche, aber keine werkvertragsrechtlichen Aspekte zum Tragen.

Werkvertrag

Das erste Vertragselement, die Herstellung von Fotos, ist ein Werkvertrag, durch den der Fotograf verpflichtet wird, ein Werk zu erstellen, nämlich ganz bestimmte Bilder zu fertigen, zum Beispiel anlässlich einer Hochzeit, Produktfotos für einen Firmenkatalog oder für einen bestimmten Pressebericht. Hier schuldet der Fotograf die termingerechte Lieferung technisch einwandfreier Bilder, also eines mangelfreien Werkes. Der Auftraggeber kann die Abnahme und damit die Vergütung verweigern, wenn die Fotos mangelhaft, also zum Beispiel unscharf, farbstichig oder zu dunkel bzw. zu hell sind. Ein subjektives Nichtgefallen ist jedoch kein Ablehnungsgrund oder ein Grund, die vereinbarte Vergütung nicht zu leisten.

Lizenzvertrag

Das zweite Vertragselement besteht aus einer Lizenz oder Übertragung von Nutzungsrechten durch den Fotografen. Hier muss im Einzelfall durch freie Parteivereinbarung der Umfang des beiderseitigen Nutzungsrechts festgelegt werden. Insbesondere muss aus Sicht des Fotografen festgelegt werden, ob er eigene Rechte zur Nutzung der Bilder behält oder ob der Auftraggeber die Nutzungsrechte exklusiv erwirbt.

Zweckübertragungsgrundsatz

Haben die Parteien leichtsinnigerweise eine Regelung über die Nutzungsrechte, also über die Lizenzgewährung, nicht explizit getroffen, muss zur Ermittlung, wie die Nutzungsrechte zu regeln sind, der Zweckübertragungsgrundsatz herangezogen werden. Hat zum Beispiel ein Unternehmen den Fotografen mit der Erstellung von Aufnahmen für eine Imagebroschüre beauftragt, ergibt sich unter Anwendung des Zweckübertragungsgrundsatzes, dass die Bilder auch nur dafür genutzt werden dürfen. Der Fotograf ist bezüglich anderer Nutzungsarten jedoch frei, wobei dies natürlich nur insoweit gilt, als nicht Rechte des Unternehmens, wie etwa das Hausrecht des Auftraggebers oder Betriebsgeheimnisse, einer freien Verwertung entgegenstehen. Hat dagegen ein Auftraggeber ganz allgemein und ohne bestimmte Zwecknennung einen Fotoauftrag vergeben, wird man im Zweifel davon ausgehen müssen, dass dann der Fotograf bei entsprechender Vergütung nicht mehr zur Eigenverwendung der Aufnahmen berechtigt ist.

Hat der Fotograf alle seine Rechte an den Aufnahmen auf seinen Auftraggeber übertragen, kann dieser gegebenenfalls den Fotografen rechtlich belangen, wenn der Fotograf, anders als vereinbart, anderweitig über seine Bilder verfügt, da dann ein Verstoß gegen das vereinbarte Exklusivrecht vorliegt.

Der Urheber, der sich durch Vertrag selbst in seinen Rechten beschränkt, kann sich also Ansprüchen Dritter aussetzen, wenn er sich an die Beschränkungen nicht hält. Auch wenn das Urheberrecht, wie Sie wissen, immer beim Urheber bleibt, kann es sich durch vertragliche Übertragung umfangreichster Nutzungsrechte auf Dritte quasi bis zur Bedeutungslosigkeit für den Urheber entwickeln.

8.3.5 Verträge mit Bild- oder Model-Agenturen

Die Marktmacht entscheidet

Ich habe bereits angesprochen, dass Sie als Fotograf kaum eine Einflussmöglichkeit auf vertragliche Gestaltungen haben, sofern Sie mit einer Agentur in vertragliche Beziehungen treten, um entweder über diese Ihre Bilder zu verwerten (Bildagenturen) oder um über diese ein bestimmtes Model anzuheuern (Model-Agenturen). In diesen Fällen haben Sie es mit Vertragspartnern zu tun, die über eine gewisse Marktstellung und Marktmacht verfügen, sodass allein sie die Vertragsgrundlagen vorgeben, was zumeist durch Standardverträge bzw. AGB erfolgt. Hier bleibt Ihnen als Fotograf in aller Regel nichts anderes übrig, als die Bedingungen der einzelnen Agenturen zu vergleichen und sich dann zu entscheiden, ob und mit wem Sie vertragliche Beziehungen eingehen möchten. Entscheidend wird bei solchen Überlegungen sein, inwieweit Sie Ihre Rechte abtreten müssen und was Sie dafür als Gegenleistung erhalten.

8.3.6 Kaufmännisches Bestätigungsschreiben

Sollte es dem Berufsfotografen trotz aller Bemühungen im Einzelfall tatsächlich einmal nicht gelingen, seinen Vertragspartner von der Notwendigkeit einer schriftlichen Vereinbarung zu überzeugen, kann und sollte er, allerdings nur dann, wenn sein Vertragspartner ebenfalls keine Privatperson ist, zum Mittel eines sogenannten *kaufmännischen Bestätigungsschreibens* greifen. Ein solches ist nicht zu verwechseln mit einer Auftragsbestätigung, die nichts anderes ist als die Annahme eines Vertragsangebots. Das kaufmännische Bestätigungsschreiben hält dagegen in schriftlicher Form dasjenige fest, was zuvor mündlich vereinbart wurde. Der Fotograf bestätigt dem Vertragspartner schriftlich und unter Bezugnahme auf zuvor geführte Gespräche, dass man dieses und jenes vereinbart habe, und konkretisiert dabei das Vereinbarte so exakt wie möglich.

Schweigen bedeutet (nur) hier Zustimmung

Wenn der Vertragspartner auf dieses Schreiben nicht reagiert und dem Inhalt des Bestätigungsschreibens nicht widerspricht, kommt der Vertrag entsprechend dem Inhalt des Bestätigungsschreibens zustande. Während im Normalfall das Schweigen im Rechtsverkehr Ablehnung bedeutet, gilt es ausschließlich beim kaufmännischen Bestätigungsschreiben als Zustimmung. Der Fotograf ist so in einem späteren Streitfall in der Lage, das Vereinbarte zu beweisen.

Damit haben Sie einen Überblick über die wichtigsten Aspekte vertraglicher Gestaltung erhalten, die Sie in der Vertragsgestaltung etwas sicherer machen sollten. Dennoch rate ich Ihnen davon ab, Verträge, deren Inhalt Sie frei gestalten und beeinflussen können, ohne rechtliche Absicherung selbst zu formulieren. Auch wenn Sie sich sicher fühlen mögen, tatsächlich sicher können Sie sich aufgrund der Komplexität des Themas nur sein, wenn die Verträge von einem Fachmann überprüft wurden.

Im nächsten Kapitel geht es nun um einige ausgewählte Rechtsfragen, die relevant werden, wenn Sie sich als Fotograf entschließen, Ihr Hobby zum Beruf oder zum Zweitberuf zu machen.

Kapitel 9

Gewerblich fotografieren

Wenn das Hobby zum Beruf wird

Schon mancher Fotograf, für den das Fotografieren zunächst nur Hobby war, ist im Laufe der Zeit, veranlasst durch Veröffentlichungserfolge, durch Auszeichnungen bei Wettbewerben oder durch große Aufmerksamkeit auf sein Blog, auf die Idee gekommen, sein Hobby zum Beruf oder zur gewerblichen Nebentätigkeit zu machen. Mit einigen in diesem Zusammenhang auftretenden Rechtsfragen beschäftigt sich dieses Kapitel.

Schaut man sich die Kurzporträts von Fotografen in Büchern und Zeitschriften an, kann man immer wieder feststellen, dass es eine signifikante Anzahl von Fotografen gibt, die eine Ausbildung in einem völlig anderen Beruf absolviert und sich dann irgendwann dazu entschlossen haben, entweder den erlernten Beruf gänzlich zugunsten der Fotografie aufzugeben oder sich neben dem Beruf eine gewerbliche Nebentätigkeit oder einen Zweitberuf aufzubauen. Die Motive dazu mögen unterschiedlich sein, gemeinsam ist solchen beruflichen Umsteigern jedoch, dass bei der Begründung von Alternativ- oder Zweitberuf eine ganze Reihe von Rechtsfragen auftaucht. Ich werde mich im Folgenden einigen ausgewählten Problemkreisen zuwenden. Dabei ist der eine oder andere in diesem Zusammenhang behandelte Aspekt auch durchaus für den Fotoamateur interessant, der sich im Grenzbereich zur gewerblichen Fotografie bewegt oder diese Grenzen bereits überschritten hat, jedoch nicht vorhat, sich ganz der Fotografie zu verschreiben.

9.1 Die (Berufs-)Bezeichnung »Fotograf«

Wer darf sich Fotograf nennen?

Eine häufig gestellte Frage ist, wer sich eigentlich »Fotograf« nennen darf und ob es sich dabei um eine geschützte Bezeichnung handelt. Wenn Sie zu dieser Frage im Internet recherchieren, erhalten Sie – wie schon zu anderen Fragen des Foto- und Bildrechts – auch in durchaus neueren Beiträgen Antworten, die zu einem erschreckend hohen Anteil falsch sind. In aktuellen Beiträgen ist dort u. a. zu lesen, als Fotograf dürfe sich nur derjenige bezeichnen, der eine abgeschlossene Ausbildung zum Fotografen absolviert habe, der Amateur oder derjenige, der keine abgeschlossene Lehre vorzuweisen habe, dürfe sich nur »Fotodesigner« oder ähnlich nennen, während wieder andere behaupten, bei der Bezeichnung »Fotodesigner« handele es sich um eine geschützte Bezeichnung, ohne aber zu sagen, wann man diese führen darf. Was ist richtig?

Kein zulassungspflichtiges Handwerk mehr

Früher war die Berechtigung zum Führen der Berufsbezeichnung »Fotograf« davon abhängig, dass eine Handwerksausbildung zum Fotografen absolviert und mindestens mit der Gesellenprüfung abgeschlossen wurde. Seitdem im Jahr 2003 die Handwerksordnung im Zuge der Rechtsharmonisierung innerhalb der EU liberalisiert wurde, ist der Beruf des Fotografen kein zulassungspflichtiges Handwerk mehr, das in die Handwerksrolle eingetragen wird, sondern der Beruf Fotograf ist heute, wie sich aus der Anlage zur Handwerksordnung (HwO) ergibt, ein »zulassungsfreies Handwerk«, das zwar gemäß § 18 HwO bei Beginn und Beendigung des Betriebs bei der Handwerkskammer angemeldet werden muss, sofern der Beruf gewerblich betrieben wird, jedoch keine handwerkliche Ausbildung mehr voraussetzt. Wenn Sie die Handwerksordnung im Wortlaut einsehen möchten, finden Sie sie hier: *www.gesetze-im-internet.de/hwo*.

»Meister« setzt Meisterprüfung voraus

Daraus ist abzuleiten, dass sich jeder, der fotografiert, auch Fotograf nennen darf. Allerdings darf er sich nicht »Fotografenmeister« oder »-meisterin« nennen, denn die Bezeichnung »Meister« ist auch bei zulassungsfreien Handwerken gemäß § 51d HwO nur dann zulässig, wenn die entsprechende Meisterprüfung vor der Handwerkskammer abgelegt wurde.

[+]

(Berufs-)Bezeichnung »Fotograf«

Entgegen vielfach gegenteilig vertretener Auffassung ist die (Berufs-) Bezeichnung »Fotograf« nicht geschützt und kann von jedem, der fotografiert, verwendet werden.

Diejenigen, die den Beruf des Fotografen in mehrjähriger Lehre erlernt haben, mögen mit gewisser Berechtigung diese Liberalisierung des Handwerksrechts kritisch betrachten. Auch der ambitionierte Amateur oder Semiprofi mag vielleicht naserümpfend zur Kenntnis nehmen, dass auch diejenigen sich Fotografen nennen dürfen, die den Kölner Dom mit dem Blitz ihrer Kompaktkamera oder ihres Handys ausleuchten möchten.

Die Qualität zählt, nicht die Bezeichnung

Aus meiner Sicht ist jedoch die Bezeichnung von untergeordneter Bedeutung. Selbst in Zeiten, in denen so viele Menschen wie nie zuvor fotografieren und ihre Bilder anschließend zum Beispiel im Internet veröffentlichen, lässt sich noch immer aufgrund der fotografischen Qualität der Fotos der Fotograf leicht vom Knipser unterscheiden. Und letztlich zählt immer noch die – im Falle eines Fotografen offensichtliche – Qualität und nicht irgendeine Berufsbezeichnung.

9.2 Gewerbliche oder freiberufliche Tätigkeit?

Eine viel entscheidendere Bedeutung kommt der Frage zu, ob und ab wann ein Fotograf gewerblich tätig ist oder ob und ab wann er als Freiberufler anzusehen ist.

9.2.1 Gewerbliche Tätigkeit

Es unterliegt keinem Zweifel, dass derjenige, der die Fotografie beruflich betreibt und dabei im Wesentlichen auf Basis ihm erteilter Aufträge Fotos anfertigt, gewerblich tätig ist. Aber manche Hobbyfotografen, die gelegentlich ihre Fotos verkaufen möchten, stellen immer wieder die Frage, ob sie dann gewerblich tätig sind und ein Gewerbe anmelden müssen.

Was ist eine gewerbliche Tätigkeit?

Der Begriff der gewerblichen Tätigkeit ist nicht, wie man vielleicht annehmen könnte, in der Gewerbeordnung (GewO), sondern im Einkommensteuergesetz (EStG) definiert (die Gewerbeordnung finden Sie unter *www.gesetze-im-internet.de/gewo* im Internet, das Einkommensteuergesetz unter *www.gesetze-im-internet.de/estg*). Nach § 15 EStG ist ein Gewerbebetrieb eine selbstständige nachhaltige Betätigung, die mit der Absicht, Gewinn zu erzielen, unternommen wird und sich als Beteiligung am allgemeinen wirtschaftlichen Verkehr darstellt, wenn die Betätigung weder als Ausübung von Land- und Forstwirtschaft noch als Ausübung eines freien Berufs noch als eine andere selbstständige Arbeit anzusehen ist.

[!]

Gewerbliche Tätigkeit

Für eine gewerbliche Tätigkeit müssen eine selbstständige Tätigkeit, die Teilnahme am allgemeinen wirtschaftlichen Verkehr, eine nachhaltige Tätigkeit und eine Gewinnerzielungsabsicht vorliegen.

Merkmal »selbstständige Tätigkeit« | Eine selbstständige Tätigkeit liegt vor, wenn der Fotograf nicht, wie in einem Arbeitsverhältnis, weisungsgebunden ist und sich nicht in einen betrieblichen Arbeitsablauf einzugliedern hat. Mit *Weisungsgebundenheit* sind hier nicht die vorgegebenen Anforderungen des Auftraggebers gemeint, welchen Inhalt die Bilder haben und ob der Hintergrund hell oder dunkel zu sein hat. Weisungsgebundenheit heißt vielmehr, dass der Fotograf Weisungen unterliegt, wann und wo er zu arbeiten, wann er Pausen zu machen hat und wann er Urlaub nehmen darf.

Merkmal »Teilnahme am allgemeinen wirtschaftlichen Verkehr« | Mit der Teilnahme am wirtschaftlichen Verkehr ist gemeint, dass der Fotograf auf dem Markt in Konkurrenz zu seinen Wettbewerbern tritt und seine Tätigkeit nach außen als solche erkennbar ist.

Merkmal »nachhaltige Tätigkeit« | Es muss sich um eine auf gewisse Dauer ausgerichtete Tätigkeit handeln. Es reicht für die Annahme einer gewerblichen Tätigkeit nicht aus, wenn ein Fotograf gelegentlich ein paar Bilder im Auftrag herstellt, auch wenn er dafür entlohnt wird. Es muss vielmehr eine Regelmäßigkeit (Nachhaltigkeit) erkennbar sein. Wer jedoch regelmäßig alle paar Monate einen Fotoauftrag ausführt, handelt sicherlich nachhaltig.

Merkmal »Gewinnerzielungsabsicht« | Gewinnerzielungsabsicht liegt dann vor, wenn die Tätigkeit gerade darauf ausgerichtet ist, mit der Verwertung der Fotos Gewinn zu erzielen. Allerdings ist die Gewinnerzielungsabsicht im Gegensatz zu den anderen Merkmalen nicht zwingend erforderlich. Zumindest aus steuerlicher Sicht, und dies dürfte der Hauptaspekt für jeden Fotografen sein, liegt ein Gewerbebetrieb schon dann vor, wenn die Voraussetzungen im Übrigen zwar erfüllt, die Gewinnerzielungsabsicht jedoch nur Nebenzweck ist. Dies ergibt sich aus § 15 Abs. 2 Satz 3 EStG.

Selbst abschätzen, ob man gewerblich fotografiert

Bei einer gewissenhaften Prüfung dieser Kriterien für eine gewerbliche Tätigkeit wird jeder Fotograf für sich selbst abschätzen können, ob er die Grenze zur gewerblichen Fotografie bereits überschritten hat oder ob er sich noch im Bereich der Hobbyfotografie befindet.

Dass der freie, also nicht angestellte Berufsfotograf regelmäßig selbstständig und nachhaltig mit Gewinnerzielungsabsicht am allgemeinen wirtschaftlichen Verkehr teilnimmt, bedarf keiner weiteren Erörterung. Aber auch der Amateur, der mit gewisser Regelmäßigkeit auf Hochzeiten fotografiert, ist im Zweifel gewerblich tätig, wenn er dies, was unterstellt werden kann, selbstständig tut. Ob er dafür möglicherweise nur ein geringes Honorar verlangt, weil es ihm in erster Linie Spaß macht, Hochzeiten zu fotografieren, ist dabei unerheblich.

9.2.2 Freiberufliche Tätigkeit

Auch ein Fotograf, der mit seinen Fotos dauerhaft Geld verdient, muss jedoch nicht unbedingt Gewerbetreibender sein. Er kann durchaus auch freiberuflich tätig sein.

Bestimmte Berufsgruppen sind nicht gewerbetreibend

In § 18 definiert das EStG, dass bestimmte Berufsgruppen nicht Gewerbetreibende, sondern Freiberufler sind. Zu der freiberuflichen Tätigkeit gehören die selbstständig ausgeübte wissenschaftliche, künstlerische, schriftstellerische, unterrichtende oder erzieherische Tätigkeit und verschiedene Berufstätigkeiten, die im Einzelnen in § 18 EStG aufgezählt werden, wie etwa Ärzte aller Art, Rechtsanwälte, Steuerberater, Notare, Ingenieure, Architekten, aber auch Künstler ebenso wie Bildberichterstatter oder Journalisten, natürlich immer unter der Voraussetzung, dass sich die genannten Berufsvertreter nicht in einem Arbeitsverhältnis befinden. Der Fotograf, der zum Beispiel ohne Auftrag, also ohne Abschluss eines Werkvertrags mit einem Auftraggeber, Landschaftsbilder oder Architekturaufnahmen fertigt und diese dann zum Verkauf selbst oder über eine Agentur anbietet, ist vergleichbar mit einem Maler oder Zeichner, der ebenfalls Bilder herstellt und dann zum Verkauf anbietet. Er ist Künstler und damit nicht gewerblich, sondern freiberuflich tätig.

[!]

Freiberufliche Tätigkeit
Bestimmte Berufsgruppen sind nach gesetzlicher Definition keine Gewerbetreibenden, sondern freiberuflich tätig. Dazu zählen auch Fotografen, sofern sie künstlerisch tätig sind.

9.2.3 Abgrenzung der gewerblichen Tätigkeit von der freiberuflichen Tätigkeit

Wann ist man was?

Wann der Fotograf gewerblich und wann er freiberuflich tätig ist, richtet sich demzufolge danach, ob er als Auftragsfotograf oder als Fotoreporter oder sogenannter *Stockfotograf* (englisch *stock* = Vorrat) tätig ist und in dieser Eigenschaft fotografieren kann, was er will. Der Fotograf, der von Aufträgen lebt, auf Hochzeiten oder die Produkte einer Firma fotografiert, ist als gewerblich tätig einzustufen. Der Fotograf jedoch, der seine fertigen und nicht im Auftrag hergestellten Fotografien verkauft, ist als freiberuflich tätig anzusehen. Der Stockfotograf fotografiert zunächst einmal »auf Vorrat«, er legt sich ein bestimmtes Bildarchiv an, um dann die Fotos entweder in eigener Regie oder über Agenturen zu verkaufen. Auch er ist freiberuflich tätig.

Kommen beide Tätigkeitsformen zusammen, ist also der Fotograf sowohl auf Grundlage entsprechender Aufträge als auch in Eigenregie tätig, dann ist von einer insgesamt gewerblichen Tätigkeit auszugehen, da die Merkmale eines Gewerbebetriebs erfüllt sind und diese nicht von einem bestimmten Umfang der Tätigkeit abhängig sind.

Das Finanzamt entscheidet

Die Entscheidung, wie die Tätigkeit letztlich nach dem EStG einzuordnen ist, wird im Übrigen vom zuständigen Finanzamt getroffen, das insoweit auch umfangreiche Prüfungskompetenzen besitzt.

9.2.4 Folgen für die Praxis aus gewerblicher oder freiberuflicher Tätigkeit

Praktische Rechtsfolgen

Es ist keineswegs so, dass die Frage, ob ein Fotograf gewerblich oder freiberuflich tätig ist, nur von theoretischem Interesse ist, weil letztlich in jedem Fall Steuern gezahlt werden müssen. Vielmehr knüpft sich daran in der Praxis eine ganze Reihe von Rechtsfolgen.

Der Freiberufler muss …

Der freiberufliche Fotograf muss seine freiberufliche Tätigkeit nur dem zuständigen Wohnsitzfinanzamt gegenüber melden und erhält daraufhin eine Steuernummer zugeteilt. Im Rahmen seiner jährlich abzugebenden Steuererklärung muss er seine Einkünfte unter der Rubrik »Einkünfte aus selbständiger Arbeit« angeben und wird entsprechend seiner Steuerklasse zur Einkommensteuer veranlagt. Außerdem muss er sich bei der Künstlersozialkasse anmelden (siehe Abschnitt 9.4). Der Freiberufler muss jedoch weder ein Gewerbe anmelden noch eine Anmeldung seiner Betriebsaufnahme bei der Handwerkskammer vornehmen.

Der gewerblich tätige Fotograf muss ...

Der gewerblich tätige Fotograf muss dagegen Folgendes beachten: Er muss, sofern er gewerblich tätig wird, ein Gewerbe anmelden, beim Finanzamt eine Steuernummer beantragen, auf entsprechende Aufforderung, die automatisch per Post ins Haus flattert, Angaben gegenüber der Berufsgenossenschaft machen und die Aufnahme seiner gewerblichen Tätigkeit der zuständigen Handwerkskammer melden. Der künstlerisch tätige Fotograf muss sich unbedingt bei der Künstlersozialkasse anmelden. Im Einzelnen heißt dies:

Gewerbeanmeldung | Vor Aufnahme der gewerblichen Tätigkeit muss er beim zuständigen Gewerbeamt oder der ansonsten regional dafür zuständigen Behörde gegen Zahlung einer Verwaltungsgebühr ein Gewerbe anmelden.

Mitteilung an das Finanzamt | Automatisch informiert das Gewerbeamt daraufhin das Finanzamt über die Gewerbeanmeldung. Das Finanzamt übersendet dem Fotografen einen Fragebogen, auf dem er Fragen zur Größe des Betriebs, zur Anzahl möglicher Arbeitnehmer etc. beantworten muss.

Mitteilung an die Berufsgenossenschaft | Ebenfalls ohne Zutun des Fotografen wird vom Gewerbeamt die zuständige Berufsgenossenschaft (BG) informiert. Für gewerblich tätige Fotografen ist dies die BG Druck und Papier, in der die Fotografen Pflichtmitglieder werden. Sie genießen dafür einen Berufsunfallschutz, der auch bei vorübergehendem Aufenthalt im Ausland gilt. Auch die BG sendet dem Fotografen schon kurz nach der Anmeldung des Gewerbes einen Fragebogen über Größe des Betriebs, Mitarbeiter, eingesetzte Maschinen etc. zu.

Anzeige bei der Handwerkskammer | Eine gewerbliche Tätigkeit als Fotograf muss – anders als eine freiberufliche Fotografentätigkeit – bei der zuständigen Handwerkskammer angemeldet werden. Dies muss der Fotograf selbst machen. Er erhält eine Handwerkskarte im Scheckkartenformat, die ihn als Ausübenden eines zulassungsfreien Handwerks legitimiert. Es wird auch von der Handwerkskammer ein jährlicher Beitrag erhoben. Dieser ist allerdings, quasi als Hilfe bei der Existenzgründung, in den ersten Jahren der Selbstständigkeit etwas niedriger als der Normalbeitrag.

Meldung bei der Künstlersozialkasse | Auch jeder gewerblich tätige Fotograf, der sich selbstständig macht, sollte sich mit der Aufnahme seiner

Tätigkeit vorsorglich bei der Künstlersozialkasse anmelden, selbst wenn er möglicherweise nicht zu den Pflichtmitgliedern zählt, was nach der Anmeldung noch geklärt werden kann. Auf nähere Einzelheiten dazu werde ich in Abschnitt 9.4 eingehen, in dem es nur um den Aspekt »Künstlersozialkasse« geht.

Eintragung ins Handelsregister | Jeder Handwerker, und dazu zählt der Fotograf, sofern er nicht künstlerisch und damit freiberuflich tätig ist, ist Gewerbetreibender. Damit ist er gleichzeitig Kaufmann im Sinne des Handelsgesetzbuches (HGB – *www.gesetze-im-internet.de/hgb*), und zwar entweder ein sogenannter *Istkaufmann* (§ 1 HGB) oder ein sogenannter *Kannkaufmann* (§ 2 HGB).

Istkaufmann

Istkaufmann ist jeder, dessen Gewerbebetrieb einen in kaufmännischer Weise eingerichteten Geschäftsbetrieb erfordert. Ob dies der Fall ist, hängt von verschiedenen Kriterien ab, u. a. auch davon, ob der Gewerbetreibende eine kaufmännische Buchführung nach §§ 238 ff. HGB und einen Jahresabschluss nach §§ 242 ff. HGB machen muss. Das wiederum hängt u. a. davon ab, welche Größe der Gewerbebetrieb hat und welchen Umsatz er macht. Der Istkaufmann muss sich ins Handelsregister, Abteilung A, eintragen lassen und führt dann die Bezeichnung »eingetragener Kaufmann«, kurz »e. K.«.

Kannkaufmann

Demgegenüber ist derjenige ein Kleingewerbetreibender, der über einen gewissen Umsatz (maximal 17.500 € im Vorjahr und maximal 50.000 € im laufenden Jahr) nicht hinauskommt und seine Gewinnermittlung durch eine einfache Einnahmen-Ausgaben-Rechnung gemäß § 4 Abs. 3 EStG vornimmt. Der Kleingewerbetreibende ist lediglich ein »Kannkaufmann«, was bedeutet, dass er sich ins Handelsregister eintragen lassen kann, dies aber nicht muss. Er wird erst mit der Eintragung ins Handelsregister zum Kaufmann.

Beim Istkaufmann ist die Eintragung ins Handelsregister *deklaratorisch*, d. h., der Istkaufmann ist auch dann Kaufmann, wenn er (noch) nicht eingetragen ist. Beim Kannkaufmann ist die Eintragung ins Handelsregister dagegen *konstitutiv*, d. h., die Kaufmannseigenschaft entsteht erst mit der Eintragung ins Handelsregister und fällt auch wieder weg, wenn er sich später im Handelsregister wieder löschen lässt.

[!]

Ist- und Kannkaufmann

Der Istkaufmann ist derjenige, der aufgrund der Größe seines Gewerbebetriebs und Höhe seines Umsatzes zur kaufmännischen Buchführung und zum Erstellen eines Jahresabschlusses verpflichtet ist. Er muss ins Handelsregister eingetragen werden. Der Kleingewerbetreibende ist Kannkaufmann, er hat die Option, sich ins Handelsregister eintragen zu lassen.

9.3 Steuern

Dass Sie sowohl als gewerblich tätiger als auch als freiberuflicher Fotograf Ihre Einkünfte aus der fotografischen Tätigkeit versteuern müssen, auch wenn Sie in Ihrem Hauptberuf bereits Steuern zahlen, bedarf keiner vertiefenden Betrachtung. Welche Steuern fallen hier jedoch im Einzelnen an?

9.3.1 Einkommensteuer

Einkommensteuer muss sowohl der gewerblich als auch der freiberuflich tätige Fotograf zahlen. Beim gewerblich tätigen Fotografen unterliegen die Einkünfte aus dem Gewerbebetrieb gemäß § 2 Abs. 1 Nr. 2 EStG der Einkommensteuer, beim freiberuflichen Fotografen sind es die Einkünfte aus selbstständiger Arbeit gemäß § 2 Abs. 1 Nr. 3 EStG, die ebenfalls der Einkommensteuer unterliegen. Es handelt sich hier jedoch nur um verschiedene Einkunftsarten, deren Besteuerung aber gleich ist und sich nach der Steuerklasse und der Höhe des zu versteuernden Einkommens richtet.

Ausgaben und Einnahmen im Auge behalten!

Ausgaben, die der Fotograf im Rahmen seiner Tätigkeit hat, mindern das Einkommen. Hier ist allerdings eine gewisse Vorsicht geboten. Wilde »Anschaffungsorgien« sollten vermieden werden. Das Finanzamt akzeptiert nämlich nur eine gewisse Anfangszeit lang, dass die Ausgaben am Jahresende höher sind als die Einnahmen oder in keinem Verhältnis zu den Einnahmen stehen. Wenn nach einer gewissen Gründungsphase nicht ein positives zu versteuerndes Einkommen zu verzeichnen ist, kann es schnell passieren, dass die Ausgaben nicht anerkannt und die Tätigkeit als Liebhaberei eingestuft wird. Derjenige Fotograf also, der ein Gewerbe anmeldet, damit jedoch nur marginale Einkünfte erzielt, sich aber die teuerste Profikamera eines Herstellers nebst entsprechenden Profiobjektiven zulegt, um sie im Rahmen des Gewerbebetriebs als Betriebsausgabe absetzen zu können und damit für die erste Zeit seiner gewerblichen Tätigkeit keinen Gewinn ausweisen zu müssen, sei gewarnt.

9.3.2 Umsatzsteuer

Lieferungen und Leistungen, die ein Fotograf, der als Unternehmer tätig ist, im Inland gegen Entgelt im Rahmen seines Unternehmens ausführt, unterliegen der Umsatzsteuer. Dabei ist es unerheblich, ob der Fotograf gewerblich oder freiberuflich tätig ist.

Für sogenannte *Kleinunternehmer* gibt es in § 19 des Umsatzsteuergesetzes (UStG – *www.gesetze-im-internet.de/ustg_1980*) jedoch eine Ausnahmevorschrift, wonach von Unternehmern, die im vergangenen Kalenderjahr keinen höheren Umsatz als 17.500 € gemacht haben und deren Umsatz im laufenden Kalenderjahr voraussichtlich 50.000 € nicht übersteigen wird, keine Umsatzsteuer zu erheben ist. Das bedeutet natürlich auch, dass die Vorsteuer auf Ausgaben, die der Fotograf im Rahmen seines Unternehmens tätigt, keine Berücksichtigung finden kann.

Optionsrecht

Allerdings kann der Fotograf, wenn er Kleinunternehmer ist, für die Umsatzsteuer optieren, d. h., er kann dem Finanzamt gegenüber erklären, dass er auf die Anwendung der vorgenannten Ausnahmevorschrift verzichtet, mit der Folge, dass seine Umsätze auch dann der Umsatzsteuer unterliegen, wenn sie unterhalb der genannten Grenzen liegen. Im Gegenzug kann der Fotograf dann natürlich auch die Vorsteuer in voller Höhe geltend machen, was vereinfacht ausgedrückt bedeutet, dass die Umsatzsteuer, die er für seine Leistungen in Rechnung stellt, mit der Umsatzsteuer, die er auf empfangene Leistungen bezahlen muss, verrechnet wird.

Zu beachten ist dabei allerdings, dass der Fotograf, wenn er für die Umsatzsteuer optiert, an diese Erklärung mindestens fünf Jahre gebunden ist. Er kann nicht plötzlich nach zwei Jahren beantragen, doch wieder in den Genuss der Umsatzsteuerbefreiung zu kommen, wenn er feststellen sollte, dass dies für ihn günstiger ist.

Grundsätzlich muss die Umsatzsteuer nach vereinbarten Entgelten entrichtet werden. Das bedeutet, dass Sie als Fotograf ohne Rücksicht darauf, ob der Rechnungsempfänger die Rechnung ausgeglichen hat oder nicht, die Umsatzsteuer an das Finanzamt abführen müssen. Wenn dann Ihr Auftraggeber die Rechnung nicht oder erst viel später bezahlt, kann dies bei höheren Beträgen möglicherweise zu Liquiditätsproblemen führen. In § 20 UStG ist die Möglichkeit geregelt, dass auf entsprechenden Antrag, der formlos gestellt werden kann, die Steuer auf die vereinnahmten Entgelte erhoben wird. Das bedeutet, erst wenn die Rechnung bezahlt wurde, sind Sie verpflichtet, die entsprechende Umsatzsteuer an das Finanzamt abzuführen. Diesen Antrag können allerdings nur die Fotografen stellen, die im vorangegangenen Kalenderjahr nicht mehr als 125.000 € Umsatz erzielt haben, die von der Verpflichtung, Bücher zu führen und Abschlüsse zu machen, befreit sind oder freiberuflich (künstlerisch) tätig sind.

9.3.3 Gewerbesteuer

Soweit der Fotograf gewerblich tätig ist, also nicht bei freiberuflicher Tätigkeit, unterliegt er zusätzlich der Gewerbesteuerpflicht. Diese Steuer wird auf den Gewerbeertrag aufgrund von Steuermesszahlen und Steuermessbeträgen erhoben, die von Gemeinde zu Gemeinde unterschiedlich sind, da die Gemeinden hebeberechtigt sind. Allerdings gibt es in § 11 des Gewerbesteuergesetzes (GewStG) einen Freibetrag, der bei natürlichen Personen und Personengesellschaften derzeit bei einem Gewerbeertrag von jährlich 24.500 € liegt.

Erst für den über diesem Freibetrag liegenden Gewerbeertrag wird Gewerbesteuer erhoben. Den Wortlaut des Gewerbesteuergesetzes können Sie nachlesen unter *www.gesetze-im-internet.de/gewstg*.

9.3.4 Fotografieren als »Freundschaftsdienst«

Gefälligkeitsfotografie

Steuerlich nicht unproblematisch sind wiederholte und mehr oder weniger regelmäßige Fotoaufträge, die man für entferntere Freunde oder Bekannte für alle möglichen Events übernimmt, ohne dafür ein Entgelt zu nehmen.

Ein Beispiel: Der Hobby- oder Amateurfotograf, dessen erstklassige Aufnahmen immer wieder bewundert werden, wird im Freundes- oder Bekanntenkreis häufiger gefragt, ob er bereit sei, bei einem bestimmten Event zu fotografieren. Er stimmt gerne zu, weil ihm das Spaß macht. Für alle Engagements erhält er keine Vergütung, die gefertigten Aufnahmen händigt er später seinen jeweiligen »Auftraggebern« aus. Ein Selbstverwertungsinteresse des Fotografen an den Bildern besteht nicht.

Ich spreche hier das Problem von Freundschaftsdiensten für andere an, nicht solche Ereignisse, anlässlich derer der Fotograf Erinnerungsfotos für sich selbst oder seine eigene Familie herstellt. Unser Fotograf führt in diesen Fällen vielmehr regelmäßig kostenlose Auftragsarbeiten für Dritte aus, die in der Regel, bestellt man einen professionellen Fotografen, vergütet werden müssen. Damit verhält er sich eigentlich atypisch. Natürlich fotografiert jeder ab und zu ein Event innerhalb der Familie, für einen guten Freund oder Bekannten ohne Honorar. Dagegen wird auch niemand ernsthaft etwas einwenden. Geschieht dies jedoch mit gewisser Regelmäßigkeit und wird mit der Zeit der Kreis der »guten Bekannten«, die um solche Gefälligkeiten bitten, immer größer, kann es leicht Probleme geben. Denn erfährt davon das Finanzamt – zufällig oder zum Beispiel durch den Hinweis eines Berufsfotografen, der gerne selbst den Auftrag erhalten hätte –, kann der Fotograf schnell in Erklärungsnot geraten. Denn das Finanzamt wird ihm möglicherweise am Ende seiner Ermittlungen unterstellen, dass er Einkünfte aus gewerblicher Tätigkeit nicht angegeben hat, und ihn somit der Steuerhinterziehung verdächtigen, gegebenenfalls sogar Steuern aufgrund einer Schätzung erheben, weil es davon ausgeht, dass ein Fotograf, der in größerem Umfang fotografiert, dies in der Regel und nach allgemeiner Lebenserfahrung nicht ohne entsprechendes Honorar tun wird. In der Folge könnten dann theoretisch auch die Berufsgenossenschaft und die Handwerkskammer wegen nicht abgeführter Beiträge noch beim Fotografen vorstellig werden.

Unser Fotograf wird dann alle Mühe bei dem Versuch haben, das Finanzamt davon zu überzeugen, dass tatsächlich nur eine hobbymäßige Betätigung ohne Entgelt stattgefunden hat. Ob er das Finanzamt letztlich überzeugen kann oder möglicherweise erst gegen einen entsprechenden Steuerbescheid vor das Finanzgericht ziehen muss, ist letztlich eine Frage des Einzelfalls und der Glaubwürdigkeit des Fotografen und seiner dann sicherlich erforderlichen Entlastungsbeweise.

Vorsicht bei häufigen Freundschaftsdiensten/Gefälligkeiten
Ein Fotograf sollte zurückhaltend mit entgeltfreien Fotoaufträgen in größerem Umfang für alle möglichen Freunde und Bekannten sein (»Freundschaftsdienste«). Häufen sie sich, kann es passieren, dass das Finanzamt ihm Steuerhinterziehung unterstellt. Das Fotografieren im engsten Verwandten- und Freundeskreis, auch wenn dies häufiger vorkommt, stellt dagegen kein Problem dar, wenn nicht davon ausgegangen werden kann, dass dies üblicherweise nur gegen Entgelt erfolgt.

[+]

9.4 Künstlersozialkasse (KSK)

www.kuenstlersozialkasse.de

Seit 1983 sind die selbstständigen Künstler und Publizisten durch die Künstlersozialkasse (KSK) mit Sitz in Wilhelmshaven in den Schutz der gesetzlichen Sozialversicherung einbezogen. Rechtsgrundlage ist das Künstlersozialversicherungsgesetz (KSVG, nachzulesen unter *www.gesetze-im-internet.de/ksvg*). Ähnlich wie Arbeitnehmer im Arbeitsverhältnis zahlen Künstler die Hälfte der Beiträge selbst in die KSK ein, die andere Hälfte wird durch einen Zuschuss des Bundes und durch die Abgaben finanziert, die grundsätzlich derjenige zu zahlen hat, der künstlerische oder publizistische Leistungen in Anspruch nimmt oder verwertet (sogenannte *Verwerterabgabe*).

Ausnahme »Werbefotograf«

In der KSK versichert sind sowohl zum Beispiel bei Verlagen oder Werbeagenturen angestellte Künstler und Publizisten als auch selbstständige Künstler und Publizisten, nicht jedoch gewerblich tätige Fotografen. Das KSVG definiert in § 2 den Künstler als denjenigen, der Musik, darstellende Kunst oder bildende Kunst schafft, ausübt oder lehrt. Publizist ist nach dieser Vorschrift, wer Schriftsteller oder Journalist oder in anderer Weise publizistisch tätig ist oder Publizistik lehrt.

Seit einem Urteil des Bundessozialgerichts (BSG, Urteil vom 04.03.2004 – B 33 KR 17/03 R) ist allerdings der Werbefotograf grundsätzlich als Künstler anzusehen und damit Pflichtmitglied in der KSK, ohne Rücksicht darauf, dass er vorwiegend gewerblich tätig ist.

Die KSK ist eine Pflichtversicherung und hat die Aufgabe, für eine soziale Absicherung bei Krankheit und Pflegefall sowie für eine spätere Rente ihrer Versicherten aufzukommen. Sie entspricht damit der Kranken-, Pflege- und Rentenversicherung eines normalen Arbeitnehmers. Die Höhe der Beiträge ist abhängig von der Höhe der Einkünfte und den Unterhaltspflichten des Künstlers. Dabei wird aufgrund der unterschiedlichen monatlichen Einkünfte bei Künstlern das Jahreseinkommen zugrunde gelegt. Das Jahreseinkommen, das vom Fotografen an die KSK gemeldet werden muss, ist der nach den allgemeinen Gewinnermittlungsvorschriften des Einkommensteuerrechts ermittelte Gewinn aus der selbstständigen künstlerischen Tätigkeit, also die Differenz zwischen Betriebseinnahmen und Betriebsausgaben, wie sich aus § 15 SGB IV in Verbindung mit § 4 Abs. 3 EStG ergibt. Den Wortlaut des Sozialgesetzbuches IV finden Sie im Internet unter *www.gesetze-im-internet.de/sgb_4*. (Seit 2007 ist die Deutsche Rentenversicherung für die Überwachung der Beitragszahlungen an die KSK zuständig.)

Nähere Auskunft über die Beitragshöhe können Sie der Website der KSK (*www.kuenstlersozialkasse.de*) entnehmen. Von dort können Sie auch die Anmeldevordrucke für die KSK herunterladen.

[!]

Pflichtmitglied in der KSK
Der künstlerisch tätige, selbstständige Fotograf ist Pflichtmitglied in der KSK. Der Werbefotograf ist ungeachtet der weiteren Ausgestaltung seiner Tätigkeit in jedem Fall ebenfalls Pflichtmitglied in der KSK.

Wie bereits angesprochen, muss jeder, der einen Fotografen beauftragt und/oder die Fotografien verwertet, zusätzlich zu dem an den Fotografen zu zahlenden Honorar eine Verwerterabgabe an die KSK entrichten, die sich im Jahr 2017 auf 4,8 % der Entgelte beläuft, die an den Fotografen gezahlt wurden. Bis zum 31.03. eines jeden Jahres muss der KSK auf einem Meldebogen mitgeteilt werden, welche Entgelte im vorangegangenen Kalenderjahr an selbstständige Künstler gezahlt wurden.

Abgabepflichtige Unternehmen

Als abgabepflichtige Unternehmen werden in § 24 KSVG insbesondere Verlage, Presseagenturen, Theater- und Konzertdirektionen, Rundfunk und Fernsehen, Hersteller von bespielten Bild- und Tonträgern, Galerien, Kunsthandel, Werbung und Öffentlichkeitsarbeit für Dritte genannt. Dies ist jedoch nur eine beispielhafte Aufzählung von Unternehmen, die typischerweise künstlerische Leistungen verwerten. Grundsätzlich zählen alle Unternehmen dazu, die durch Einsatz ihrer Organisation, besonderer Strukturen oder speziellen »Know-hows« den Absatz künstlerischer Leistungen am Markt fördern oder ermöglichen. Aber auch Unternehmen, die Werbung oder Öffentlichkeitsarbeit für ihr eigenes Unternehmen betreiben, gehören gemäß § 24 Abs. 2 KSVG zum Kreis der Abgabepflichtigen, sofern sie regelmäßig Aufträge an selbstständige Fotografen erteilen.

Abgabepflichtige Künstler

Im Künstlerkatalog der KSK findet man aus dem fotografischen Sektor u. a. folgende Berufe: Bildjournalist, Filmbildner, Filmemacher, Fotodesigner, Fotograf (künstlerisch) und Werbefotograf.

Die Grenzen sind fließend

Der ausschließlich gewerblich und nicht künstlerisch tätige Fotograf muss sich im Prinzip nicht bei der KSK anmelden. Es empfiehlt sich jedoch unbedingt, sich zunächst bei der KSK anzumelden, insbesondere dann, wenn man sich nicht ausschließlich gewerblich, sondern auch künstlerisch betätigt, was bei Fotografen keine Seltenheit sein dürfte. Denn die Grenzen zwischen gewerblicher und künstlerischer Tätigkeit sind in der Praxis häufig fließend, im Streitfall muss durch Gutachter entschieden werden, ob eine Versicherungspflicht in der KSK gegeben ist oder nicht.

Die große Gefahr besteht darin, dass Sie zu Nachzahlungen unter Umständen für mehrere Jahre herangezogen werden, wenn Sie sich nicht bei der KSK angemeldet haben, später jedoch festgestellt wird, dass Sie sich hätten anmelden müssen. Da der hälftige Beitrag, der quasi dem Arbeitgeberanteil in der gesetzlichen Sozialversicherung entspricht, erst ab der Anmeldung bei der KSK gezahlt wird, hat eine fehlende oder verspätete Anmeldung gleichzeitig zur Folge, dass Sie nicht nur die hälftigen, sondern die vollen Beiträge nachentrichten müssen. Je nachdem, für welchen Zeitraum die Nachentrichtung der Beiträge zu erfolgen hat, kann leicht ein Jahreseinkommen oder mehr zusammenkommen, wenn man bedenkt, dass Sie als Fotograf in solchen Fällen pro Jahr knapp 20 % Ihres Jahresgewinns nachzahlen müssen.

[+]

Unbedingt immer bei der KSK anmelden
Als selbstständiger Fotograf sollten Sie sich mit Aufnahme Ihrer Tätigkeit unbedingt zunächst bei der KSK anmelden und von der KSK eine Entscheidung darüber einholen, ob Sie dort pflichtversichert sind oder nicht. Melden Sie sich nicht an, können Sie Jahre später sehr leicht in die Situation geraten, für mehrere Jahre den vollen Beitrag zur KSK nachentrichten zu müssen. Werden Sie dann zur Nachzahlung herangezogen, gibt es für Sie keine Möglichkeit, dieser Zahlungsverpflichtung zu entgehen, günstigstenfalls können Sie eine Ratenzahlung erreichen.

Visagisten

Im Künstlerkatalog der KSK findet man neben den soeben genannten fotografischen Berufen auch den Visagisten. Dass auch der Visagist unter die Künstler fällt, wurde vom Bundessozialgericht im Jahr 2005 mit der Begründung entschieden, dass die damalige Klägerin, eine Visagistin, durch ihre Arbeit zum Gelingen des Fotoshootings (es ging um eine Werbeaufnahme) in entscheidender Weise beigetragen und durch ihre Arbeit das Kunstwerk maßgeblich mitgestaltet habe. Ohne ihre Mitwirkung könne der Fotograf das Objekt nicht so vorteilhaft in Szene setzen. Deshalb sei die Visagistin – wie der Werbefotograf – als Künstlerin gemäß § 2 KSVG anzusehen (Urteil vom 12.05.2005 – B 3 KR 39/04 R).

[!]

Visagisten sind Künstler
Die Rechtsprechung sieht Visagisten als Künstler an, da sie am Gelingen einer Aufnahme entscheidenden Anteil haben und einen eigenen künstlerischen Beitrag leisten. Sie unterliegen deshalb der Künstlersozialversicherung.

Damit ist deutlich geworden, dass auch der Fotograf, der einen Visagisten oder eine Visagistin engagiert, seinerseits Abgaben an die KSK in Höhe von derzeit 3,9 % des Entgeltes abführen muss, was – wie Sie gesehen haben – zusammen mit dem Zuschuss des Bundes gewissermaßen der Arbeitgeberanteil für die Visagistin ist. Diese Kosten muss er berücksichtigen, wenn er sein Honorar kalkuliert. Ob das Bundessozialgericht seine Rechtsprechung in den nächsten Jahren weiter ausweitet und auch andere Personen, mit denen der Fotograf regelmäßig arbeitet, insbesondere Models, Beleuchtungsassistenten und ähnliche Berufe, als Künstler einstuft, bleibt abzuwarten, ist aber wohl eher nicht zu befürchten, da die KSK bestrebt ist, den Kreis der Pflichtversicherten möglichst klein zu halten. Auch die erwähnte Visagistin hat sich von sich aus in die KSK »eingeklagt«, weshalb es nicht zutreffend ist, wie man gelegentlich lesen kann, dass die KSK wegen knapper Kassen darum bemüht ist, möglichst viele Berufe in den Kreis der Pflichtversicherten einzubeziehen. Das Gegenteil ist der Fall.

9.5 Sonstige Rechtsfragen zur (Neben-)Berufsausübung

Weitere Rechtsfragen, die sich im Zusammenhang mit der Selbstständigkeit ergeben und die hier noch kurz angesprochen werden sollen, betreffen die Bereiche Internet, Firmierung – also mit welchem Namen und unter welcher Rechtsform der Fotograf auftritt –, Vertragsgestaltung und AGB, Werbung und Forderungsmanagement, VG Bild-Kunst und GEMA.

9.5.1 Internet

Der heutzutage möglicherweise bedeutendste Ort, auf sich aufmerksam zu machen, ist das Internet. Jeder Fotograf wird deshalb bestrebt sein, mittels einer eigenen Website oder auch über soziale Netzwerke seine Bilder als seine Referenzen einem möglichst großen Publikum zu zeigen. Mehr Personen als über das Internet kann er wohl nirgendwo sonst erreichen.

Abmahnhaien vorbeugen

Aber auch in Bezug auf die eigene Website stellen sich einige rechtliche Fragen, über die der Fotograf Bescheid wissen sollte, um nicht gleich zu Beginn seiner freiberuflichen Tätigkeit einem Abmahnhai ins Netz zu gehen.

Pflicht zur Verwendung eines Impressums? | Immer wieder findet man Websites, die kein Impressum haben, sodass sich die Frage stellt, ob man denn ein Impressum überhaupt braucht.

Die Antwort auf diese Frage findet sich unmittelbar im Gesetz, und zwar im Telemediengesetz (TMG – *www.gesetze-im-internet.de/tmg*). Dort ist in § 5 TMG geregelt, dass Diensteanbieter für geschäftsmäßige und in der Regel gegen Entgelt angebotene Telemedien bestimmte Informationen bereithalten müssen. Der erste Ansatzpunkt nach dieser Bestimmung ist also das geschäftsmäßige Anbieten von Diensten. Gemäß § 2 Nr. 1 TMG ist ein Diensteanbieter jede natürliche oder juristische Person, die eigene oder fremde Teledienste zur Nutzung bereithält oder den Zugang zur Nutzung vermittelt. Dies ist der für eine Website insgesamt Verantwortliche (OLG Frankfurt, Urteil vom 06.03.2007 – 6 U 115/06, noch zum alten § 3 Teledienstegesetz, TDG, das 2007 durch das TMG abgelöst wurde).

Geschäftsmäßiges Anbieten von Diensten

Es geht also darum, ob eine Website geschäftsmäßig betrieben wird. Das ist bei allen Fotografen, die beruflich tätig sind, auch wenn dies nur im Zweitberuf ist, der Fall. Aber auch der Fotoamateur kann mit seiner Website der Impressumspflicht unterliegen, wenn er geschäftsmäßig (nicht zwangsläufig gewerblich) tätig ist. Zeigt der Fotoamateur seine Bilder zum Beispiel nur auf seiner Website, ohne dass er sie zum Verkauf anbietet, ist ein Impressum überflüssig. Bietet er jedoch gleichzeitig seine Bilder auf der Website zum Verkauf und gibt ein entsprechender Button dem Betrachter Gelegenheit, mit dem Fotografen bezüglich eines Kaufs in Kontakt zu treten, oder kann der Interessierte die Fotos zum Kauf in einen virtuellen Einkaufswagen legen, dann liegt Geschäftsmäßigkeit vor – und das löst eine Impressumspflicht aus.

Notwendiger Inhalt eines Impressums | Der bereits erwähnte § 5 TMG regelt auch, welche Angaben ein Impressum erhalten muss. Dies sind im Einzelnen:

- Name und Anschrift, unter der der Fotograf niedergelassen ist. Sofern es sich um eine juristische Person handeln sollte, was allerdings selten vorkommen dürfte, müssen auch Angaben über die Vertretungsberechtigten, das Stammkapital und gegebenenfalls ausstehende Einlagen gemacht werden.
- Angaben, die eine schnelle elektronische Kontaktaufnahme und unmittelbare Kommunikation mit dem Fotografen ermöglichen, einschließlich der Adresse der elektronischen Post (E-Mail)
- Angaben zur zuständigen Aufsichtsbehörde, soweit der Dienst im Rahmen einer Tätigkeit angeboten oder erbracht wird, die der behördlichen Zulassung bedarf. Dies wäre bei gewerblichen Fotografen die zuständige Handwerkskammer.
- das Handelsregister, Vereinsregister, Partnerschaftsregister oder Genossenschaftsregister, in das der Fotograf gegebenenfalls eingetragen ist, und die entsprechende Registernummer
- in Fällen, in denen der Fotograf eine Umsatzsteuer-Identifikationsnummer nach § 27a des Umsatzsteuergesetzes oder eine Wirtschafts-Identifikationsnummer nach § 139c der Abgabenordnung besitzt, die Angabe dieser Nummer

Es empfiehlt sich, beim Impressum und seinem Inhalt keinen Fehler zu machen und genau zu überprüfen, ob alle Anforderungen des TMG erfüllt sind, da die bereits in Kapitel 7, »Rechte schützen«, erwähnten Abmahnhaie gerade dort suchen, wo gesetzliche Vorgaben nicht oder nicht richtig umgesetzt wurden, und dies zum Anlass einer Abmahnung nehmen.

Verlinkung und Disclaimer | Von der eigenen Website wird gerne auf andere Websites verlinkt, meist auf solche von Kooperations- und Geschäftspartnern. Dies ist grundsätzlich auch zulässig, eine Einwilligung des Inhabers der Seiten, auf die verlinkt wird, ist nicht erforderlich.

Solange man auf Websites vertrauter oder persönlich bekannter Inhaber verlinkt, dürften wohl keine Probleme auftreten. Was aber ist, wenn auf Websites verlinkt wird, die einen rechtswidrigen Inhalt haben? Für diesen Fall findet man auf fast jeder Website sogenannte *Disclaimer*, die eine Haftung für den Inhalt fremder Websites, auf die verlinkt wird, ausschließen sollen. Es heißt dann zum Beispiel:

[§]

> *»Ausgeschlossen wird jede Haftung oder Garantie für Websites, auf die mittels Hyperlink verwiesen wird und auf die kein Einfluss genommen werden kann.«*

So formulierte Disclaimer sind wirkungslos

Disclaimer mit dieser Formulierung sind wirkungslos und können die Haftung nicht ausschließen. Stellen Sie sich vor, der Inhaber der Website verlinkt auf eine Seite mit erkennbar kinderpornografischem Inhalt und haftet dafür nicht, weil er einwenden kann, er habe ja ohnehin keinen Einfluss auf den Inhalt der fremden Website. Jedem wird sofort klar sein, dass eine Haftungsbefreiung in diesem Fall nicht durch den Disclaimer erreicht werden kann.

Vielmehr ist jeder, der auf fremde Websites verlinkt, verpflichtet, sich zu vergewissern, dass diese Seiten keine rechtswidrigen Inhalte haben, und muss die Verlinkungen entfernen, wenn er später rechtswidrige Inhalte bemerkt. Allerdings ist es nach der Rechtsprechung nicht zumutbar, dass die verlinkten Seiten ständig daraufhin überwacht werden, ob zwischenzeitlich rechtswidrige Inhalte eingefügt wurden.

Downloadangebot

Im Downloadangebot zu diesem Buch finden Sie einen Vorschlag für die Formulierung eines Disclaimers, der einen nach derzeitiger Rechtslage korrekten Haftungsausschluss enthält, zur freien Verwendung: *https://www.rheinwerk-verlag.de/fotorecht_5348/*.

[!]

Haftungsausschluss durch Disclaimer

Mit dem bloßen Hinweis, dass bei Verlinkung auf andere Websites keine Haftung dafür übernommen wird, dass diese Seiten keinen rechtswidrigen Inhalt haben, kann eine eigene Haftung nicht wirksam ausgeschlossen werden.

9.5.2 Firmierung, Rechnungen, Verträge und AGB

Möchten Sie sich als Fotograf selbstständig machen, stellt sich eine Reihe weiterer Fragen, die allerdings in erster Linie den gewerblich tätigen Fotografen betreffen dürften. So werden Sie sich fragen, in welcher Rechtsform Sie am besten auf dem Markt auftreten sollen, wie Ihre Rechnungen auszusehen haben, ob Sie allgemeine Geschäftsbedingungen (AGB) verwenden und wie Sie Verträge gestalten sollen, um nur einige Aspekte anzusprechen.

Firmierung | In aller Regel wird sich einem einzelnen Fotografen die Frage, welche Rechtsform er wählen soll, nicht stellen. Er wird normalerweise entweder als Kaufmann oder als Kleingewerbetreibender tätig sein (siehe Abschnitt 9.2). Sämtliche Rechtsformen einer juristischen Person, also insbesondere GmbH (Gesellschaft mit beschränkter Haftung) und AG (Aktiengesellschaft), scheiden für ihn in aller Regel sicherlich aus.

Personengesellschaft

Allerdings könnte in seltenen Fällen eine Personengesellschaft als Rechtsform für Sie in Betracht kommen, zum Beispiel dann, wenn Sie sich mit einem oder mehreren Fotografen zur gemeinsamen Berufsausübung zusammenschließen wollen. Dies ist möglicherweise dann sinnvoll, wenn Sie eine teure Ausrüstung gemeinsam anschaffen und nutzen oder gemeinsam ein Studio unterhalten möchten, das für einen allein vielleicht zu teuer wäre.

In diesem Fall kämen zwei Gesellschaftsformen in Betracht, nämlich die *Gesellschaft bürgerlichen Rechts* (GbR) und die *offene Handelsgesellschaft* (oHG).

Gesellschaft bürgerlichen Rechts (GbR)

Die GbR, geregelt in §§ 705 ff. BGB (den Gesetzestext des Bürgerlichen Gesetzbuches finden Sie unter *www.gesetze-im-internet.de/bgb*), ist dadurch gekennzeichnet, dass sich die Gesellschafter durch einen Gesellschaftsvertrag gegenseitig verpflichten, die Erreichung eines gemeinsamen Zwecks in der durch den Vertrag bestimmten Weise zu fördern, insbesondere die vereinbarten Beiträge zu leisten. Dies ergibt sich aus §§ 705 ff. BGB. Der Gesellschaftsvertrag muss zwar nicht schriftlich abgefasst werden, aber es empfiehlt sich auch hier, unbedingt einen schriftlichen Gesellschaftsvertrag abzuschließen, der auch nur von Juristen erstellt, zumindest jedoch überprüft werden sollte. Der gemeinsame Zweck der Gesellschafter kann jeder erlaubte, dauernde oder vorübergehende – auch ideelle – Zweck sein. Er liegt hier zum Beispiel im Betrieb eines gemeinsamen Fotostudios oder in der gemeinsamen Nutzung von teurem Fotoequipment.

Offene Handelsgesellschaft (oHG)

Die oHG, die in §§ 105 ff. HGB geregelt ist, entspricht in ihrer Struktur weitgehend der GbR, unterscheidet sich von dieser aber dadurch, dass der Zweck der oHG nicht jeder beliebige Zweck sein kann, sondern der gemeinsame Zweck einer oHG kann nur der Betrieb eines Handelsgewerbes unter gemeinsamer Firma sein. Hier reicht es also nicht aus, dass zwei Fotografen eine Ausrüstung gemeinsam benutzen, da darin kein Betrieb eines Handelsgewerbes zu sehen ist. Ein weiterer Unterschied zur GbR besteht darin, dass die oHG ins Handelsregister eingetragen werden muss und dass für die Gesellschafter kraft Gesetzes ein Wettbewerbsverbot besteht (§ 112 HGB), das die Gesellschafter einer GbR im Gesellschaftsvertrag vereinbaren müssen. Schließen sich also zwei Fotografen zu einer oHG zusammen, kann keiner der Gesellschafter ohne die Einwilligung des anderen Gesellschafters mit der Fotografie eigene Geschäfte machen oder sich als persönlich haftender Gesellschafter an einer anderen oHG, die ebenfalls im Bereich der Fotografie tätig ist, beteiligen.

Welche der beiden Formen gewählt werden sollte, richtet sich zunächst einmal danach, ob die Fotografen, die sich zu einer Personengesellschaft zusammenschließen, gewerblich oder künstlerisch tätige Fotografen sind. Da die oHG nach dem Gesetz den Betrieb eines Handelsgewerbes voraussetzt, kommt sie nur für gewerblich tätige Fotografen, die Kaufleute sind, in Betracht; für Kleingewerbetreibende und erst recht für künstlerisch tätige Fotografen steht diese Gesellschaftsform nicht zur Verfügung. Kleingewerbetreibende und freiberufliche Fotografen können sich deshalb nur zu einer GbR zusammenschließen. Wird allerdings später durch die GbR ein Handelsgewerbe aufgenommen, wird die GbR automatisch zur oHG.

Volle Haftung mit dem gesamten Privatvermögen

Gemeinsam ist den Rechtsformen GbR und oHG, dass ihre Gesellschafter alle persönlich und unbeschränkt mit ihrem gesamten Vermögen für die Verbindlichkeiten der Gesellschaft haften. Einen Haftungsausschluss oder eine Haftungsbegrenzung gibt es nicht.

[!]

Rechtsformen

Wenn sich in einzelnen Fällen Fotografen zu einem gemeinsamen Zweck zusammenschließen, bietet sich für gewerbliche Fotografen, die Kaufleute sind, die Rechtsform der offenen Handelsgesellschaft (oHG) an. Für Kleingewerbetreibende und freiberufliche Fotografen kommt die Gesellschaft des bürgerlichen Rechts (GbR) in Betracht. In beiden Rechtsformen haften die Fotografen persönlich und mit ihrem gesamten Vermögen für die Verbindlichkeiten der Gesellschaft.

Fehler und Nachlässigkeiten können teuer werden

Rechnungen | Immer wieder findet man Fehler und Nachlässigkeiten bei der Gestaltung von Rechnungen. Sie müssen hier unbedingt darauf achten, dass Rechnungen alles enthalten, was sie nach dem Gesetz enthalten müssen. Ansonsten kann nicht nur der Rechnungsempfänger die Rechnung unter Umständen zurückweisen, sondern als Fotograf werden Sie auch bei einer Betriebsprüfung durch das Finanzamt Ärger zu erwarten haben.

Was Rechnungen enthalten müssen, ergibt sich aus § 14 Abs. 4 UStG. Danach sind folgende Angaben in einer Rechnung unverzichtbar:

- vollständiger Name und Adresse des leistenden Unternehmers und des Leistungsempfängers (Fotograf und Auftraggeber bzw. Rechnungsadressat)
- Steuernummer oder Umsatzsteuer-Identifikationsnummer des Fotografen
- Ausstellungsdatum
- fortlaufende Nummer mit einer oder mehreren Zahlenreihen, die zur Identifizierung der Rechnung vom Rechnungsaussteller einmalig vergeben wird (Rechnungsnummer)
- Art und Umfang der Leistung
- Zeitpunkt der Lieferung oder Leistung
- das nach Steuersätzen und einzelnen Steuerbefreiungen aufgeschlüsselte Entgelt für die Lieferung oder Leistung sowie jede im Voraus vereinbarte Minderung des Entgeltes, sofern sie nicht bereits im Entgelt berücksichtigt ist
- den anzuwendenden Steuersatz und den auf das Entgelt entfallenden Steuerbetrag

[zB]

Schon beim Namen auf Rechnungen und Geschäftspapieren begegnet man unzulänglichen Angaben. Eine Rechnung, deren Aussteller die Firma »Bilderland« in der Musterstraße in Musterstadt ist, genügt nicht den Anforderungen des § 14 Abs. 4 UStG. Viele Personen legen sich für ihre Tätigkeit einprägsame Firmenbezeichnungen zu, vergessen dabei jedoch, dass diese Firmenbezeichnungen nicht die Nennung des Inhabernamens ersetzen können. Wer verbirgt sich hinter »Bilderland«, wen muss man gegebenenfalls verklagen? Hier wäre der Inhaber der Firma »Bilderland« verpflichtet, seinen Namen als weiteren Zusatz zu verwenden, zum Beispiel »Bilderland, Inhaber: Achim Muster«.

Umsatzsteuer-Identifikationsnummer

Eine Umsatzsteuer-Identifikationsnummer, geregelt in § 27a UStG, deren Zuteilung man beim Bundeszentralamt für Steuern beantragen muss, ist nur erforderlich, wenn man innergemeinschaftliche Lieferungen und Erwerbe im Bereich der EU, also über das Gebiet der Bundesrepublik Deutschland hinaus, erbringt. Solange die Tätigkeit keinen Auslandsbezug hat, reicht die Angabe der Steuernummer auf Rechnungen und Geschäftsbögen aus.

Sie müssen Rechnungen zehn Jahre lang aufbewahren! In den §§ 257 ff. HGB ist gesetzlich vorgeschrieben, dass alle wichtigen Geschäftsunterlagen, dazu gehören u. a. Handelsbücher, Inventare, empfangene Handelsbriefe und Wiedergabe abgesandter Handelsbriefe (also die gesamte Geschäftskorrespondenz) sowie alle Buchungsbelege innerhalb der genannten Frist aufbewahrt werden müssen. Diese Aufbewahrungspflicht sollte ernst genommen werden, denn nicht nur Gerichte können in einem etwaigen Rechtsstreit unter Umständen die Vorlage der Geschäftsunterlagen anordnen, viel entscheidender ist, dass bei einer Prüfung durch das Finanzamt die Unterlagen vollständig vorhanden sein müssen, damit es nicht zu – oft deutlich zu hohen – Steuerschätzungen oder sonstigem Ungemach kommt.

Zahlungsfrist

Nicht gesetzlich vorgeschrieben, aber sinnvoll ist es dagegen, eine Zahlungsfrist in der Rechnung zu benennen, zum Beispiel innerhalb von 14 Tagen, und darauf hinzuweisen, dass die Rechnung ohne Abzüge zur Zahlung fällig ist. Wie ich schon öfter feststellen musste, sind viele der Auffassung, für Rechnungen gelte eine Zahlungsfrist von 30 Tagen. Das ist nicht richtig. Rechnungen sind, sofern nichts anderes vereinbart wurde, grundsätzlich zur sofortigen Zahlung fällig. Einige meinen auch, wenn sie Rechnungen sofort begleichen, stehe ihnen auch das Recht zu, Skonto zu ziehen. Auch dies ist falsch. Sogenannte *Skonto-Berechtigungen* müssen vereinbart oder vom Rechnungsaussteller ausdrücklich eingeräumt worden sein. Ein entsprechender Vermerk findet sich dann auf der Rechnung.

Berufsfotografen

Verträge | Für die Vertragsgestaltung gilt grundsätzlich das, was ich in Kapitel 8, »Vertragsrecht«, bereits ausgeführt habe. Auch als Berufsfotograf müssen Sie natürlich im eigenen Interesse in nachweisbarer Form vereinbaren, welches genau die wechselseitigen Vertragsverpflichtungen sind, also sowohl Ihre eigenen Leistungen als auch Ihren Vergütungsanspruch genauestens regeln.

Natürlich sind beim Berufsfotografen Besonderheiten in der vertraglichen Gestaltung zu beachten, die beim Amateurfotografen wohl kaum auftreten dürften. So kommen Sie als Berufsfotograf zum Beispiel gelegentlich in die Lage, dass Sie in Vorleistung treten oder für Vorbereitungen eines Auftrags bereits finanzielle Aufwendungen erbringen müssen. So müssen Sie möglicherweise einen Mietvertrag über ein Studio abschließen oder Models engagieren oder andere Vorbereitungen vorfinanzieren, um die Auftragsarbeiten überhaupt ausführen zu können.

Wenn der Auftraggeber dann aus irgendwelchen Gründen vom Auftrag Abstand nimmt, sind Sie als Fotograf bereits Verpflichtungen eingegangen, die Sie im Normalfall selbst als Vertragspartner erfüllen müssen. Unabhängig davon, dass Sie im Zweifel einen Ersatzanspruch gegen Ihren Auftraggeber haben, fehlt Ihnen jedoch zunächst einmal das Geld. Dabei wollen wir gar nicht vom schlimmsten Fall sprechen, dass der Auftraggeber plötzlich insolvent wird und Sie auf den Kosten sitzen bleiben.

Da solch ein Risiko vertraglich nicht auszuschließen ist, empfiehlt es sich dringend, entweder mit Vorschüssen zu arbeiten oder Regelungen zu treffen, wonach der Auftraggeber die Verträge mit dem Mietstudio oder dem Model unmittelbar abschließt. Wenn es um größere Summen geht, mit denen in Vorleistung getreten werden muss, könnte auch eine Bankbürgschaft, die der Auftraggeber beibringen muss, in Betracht kommen.

Allgemeine Geschäftsbedingungen (AGB) | Auch mit *allgemeinen Geschäftsbedingungen* haben wir uns in Kapitel 8, »Vertragsrecht«, schon beschäftigt, sodass ich Sie zunächst auf die dortigen Ausführungen verweisen möchte.

AGB sinnvoll oder nicht?

Für den Berufsfotografen stellt sich die Frage, ob die Verwendung von AGB sinnvoll ist oder nicht. Über diese Frage kann man durchaus geteilter Meinung sein, ich persönlich würde Ihnen davon eher abraten. Zwar mögen AGB den Eindruck von Professionalität vermitteln und es bei vertraglichen Vereinbarungen entbehrlich machen, bestimmte Dinge, die Bestandteil eines jeden Vertrags des Fotografen sind, immer wieder neu zu schreiben. Andererseits wird der Bereich, in dem Sie als Fotograf Ihre eigenen AGB rechtswirksam einsetzen können, relativ klein sein. Gegenüber großen Auftraggebern und Agenturen werden Sie kaum Chancen haben, diese AGB gegen die Bedingungen der Gegenseite durchzusetzen, hier gilt das Gesetz der Marktmacht. Gegenüber privaten Endverbrauchern ist das, was man üblicherweise mit AGB erreichen will, nämlich die Abweichung von der gesetzlichen Regelung zu seinen eigenen Gunsten, aufgrund der strengen Verbraucherschutzvorschriften im Gesetz vielfach überhaupt nicht möglich, sodass solche abweichenden Klauseln einer gerichtlichen Überprüfung im Zweifel nicht standhalten werden.

Wenn AGB, dann ...

Wenn Sie trotzdem nicht auf AGB verzichten möchten, sollten Sie Folgendes beachten: Die Verwendung von wirksamen AGB-Klauseln setzt das Wissen darüber voraus, was überhaupt mit AGB wirksam vereinbart werden kann und was nicht. Dies ist ein durchaus komplexes Rechtsgebiet, in dem auch noch lange nicht jeder Anwalt, wenn er sich nicht regelmäßig mit dieser Materie beschäftigt, fit ist. Da in der Regel nicht davon auszugehen ist, dass Sie als Fotograf die rechtlichen Probleme von AGB beurteilen können, rate ich Ihnen von einer Eigenkreation der AGB dringend ab.

Noch deutlicher warne ich Sie davor, AGB anderer Fotografen oder solche AGB, von denen Sie den Eindruck haben, sie würden schon passen, aus dem Internet oder anderen Quellen zu übernehmen. Abgesehen davon, dass die unveränderte Übernahme fremder AGB – wie bereits in Abschnitt 8.2.6, »Vertragsmuster/Musterverträge«, ausgeführt – eine Urheberrechtsverletzung ist, können Sie in der Regel nicht beurteilen, ob sich der Urheber juristisch überprüfte Bedingungen zu eigen gemacht oder ober er nicht vielmehr auch die Fehler übernommen hat, die schon in den AGB anderer enthalten sind. Denn wenn man sieht, welche für den Verwender gut klingenden, aber völlig einseitigen und nicht annähernd einer juristischen Überprüfung standhaltenden AGB teilweise verwendet werden, ist die Gefahr, die mit der Nutzung fremder Bedingungen verbunden ist, bei Weitem höher als ihr Nutzen.

Eine weitere Gefahr von AGB liegt darin, dass derjenige, der AGB mit unzulässigem Inhalt verwendet, nicht nur seine AGB im Streitfall nicht durchsetzen kann, sondern sich auch in vielen Fällen wettbewerbswidrig verhält und deshalb auch Ärger mit Mitbewerbern oder Verbraucherverbänden bekommen kann, die ihn abmahnen und zur Abgabe einer strafbewehrten Unterlassungs- und Verpflichtungserklärung auffordern können.

[+]

Sind AGB sinnvoll?

Als Fotograf sollten Sie vertragliche Regelungen von Fall zu Fall aushandeln oder sich anwaltlich geprüfter Vertragsmuster bedienen, auf AGB können Sie dagegen in der Regel verzichten. Sollten Sie nicht auf AGB verzichten wollen, dann sollten Ihre AGB in jedem Fall von einem Anwalt, der auf diesem Gebiet über praktische Erfahrung verfügt, erstellt werden. Rechtswidrige oder unwirksame AGB schaden mehr, als sie nützen.

9.5.3 Werbung

Gesetz gegen den unlauteren Wettbewerb

Auch die Werbung für das eigene Unternehmen ist nicht grenzenlos zulässig. Mit dem Gesetz gegen den unlauteren Wettbewerb (UWG) hat der Gesetzgeber sozusagen einen Ehrenkodex für alle geschäftlichen Handlungen geschaffen. Danach sind unlautere geschäftliche Handlungen unzulässig, wenn sie geeignet sind, die Interessen von Mitbewerbern, Verbrauchern oder sonstigen Marktteilnehmern spürbar zu beeinträchtigen (§ 3 UWG – im Wortlaut nachzulesen unter *www.gesetze-im-internet.de/uwg_2004*).

Jeder, der auf dem Markt tätig ist, also nicht nur Kaufleute, muss die Grundsätze des lauteren Wettbewerbs einhalten. Beispiele für unlautere geschäftliche Handlungen sind in § 4 UWG aufgelistet, diese Auflistung ist allerdings nicht vollständig. So ist es zum Beispiel unzulässig, dass der Fotograf die Dienstleistungen und Tätigkeiten eines Mitbewerbers herabwürdigt, über dessen Unternehmen und Dienstleistungen nicht nachweislich wahre Tatsachen behauptet oder verbreitet, die geeignet sind, dessen Betrieb oder Kredit zu schädigen, oder wenn er Mitbewerber gezielt behindert.

Auch eine vergleichende Werbung, die früher vollständig verboten war, heute jedoch nach § 6 UWG grundsätzlich zulässig ist, muss so gestaltet sein, dass sie u. a. sachlich und nachprüfbar ist und den Mitbewerber und dessen Leistungen nicht herabwürdigt oder verunglimpft.

Sie kennen vermutlich die ungebetenen Anrufe von irgendwelchen Glücksspielbetreibern oder Firmen, die irgendwelche Waren oder Leistungen verkaufen wollen. So könnte auch ein Fotograf auf die Idee kommen, die Hochzeitstermine des Standesamtes zu ermitteln oder die Tageszeitungen nach Hochzeitsanzeigen zu durchforsten, bei den Brautleuten anzurufen und sich diesen als Hochzeitsfotograf anzubieten. Abgesehen davon, dass die Chance, auf diesem aufdringlichen Weg nennenswerte Aufträge zu generieren, recht minimal sein dürfte, ist diese Art der Kundengewinnung schlichtweg verboten. Denn das Gesetz regelt in § 7 UWG den Tatbestand der unzumutbaren Belästigung, der einen eindeutigen Wettbewerbsverstoß darstellt. Eine unzumutbare Belästigung liegt danach u. a. dann vor, wenn man ohne ausdrückliche oder mutmaßliche Einwilligung gegenüber einem (privaten) Verbraucher Werbung per Telefon, automatischer Anrufmaschine, Telefax oder elektronischer Post betreibt. Gegenüber Marktteilnehmern, die nicht private Verbraucher sind, ist der ungenehmigte Telefonanruf zwar nicht verboten, wohl aber auch die Kontaktaufnahme mittels Anrufmaschine, Telefax oder elektronischer Post.

[+]

Regeln des lauteren Wettbewerbs einhalten

Bei allem durch die freie Marktwirtschaft gebotenen Wettbewerb und Konkurrenzkampf um Kunden und Aufträge sollten Sie sich als Fotograf keinesfalls unlauter verhalten, weil dies im Zweifel sehr schnell zu einer Abmahnung mit strafbewehrter Unterlassungs- und Verpflichtungserklärung führen kann. Und da es im Wettbewerbsrecht meist um hohe Streitwerte geht, kann ein solcher Wettbewerbsverstoß richtig teuer werden. So teuer, dass es für einen Kleinunternehmer, der die Wettbewerbsregeln natürlich ebenso einzuhalten hat wie jeder andere auch, vielleicht existenzgefährdend, im schlimmsten Fall sogar existenzvernichtend werden kann.

9.5.4 Forderungsmanagement/Inkasso

Der Begriff *Forderungsmanagement*, der ursprünglich als Konditionen- oder Kreditmanagement im Rechnungswesen zu verstehen war, bezeichnet heute auch den Einzug offener Forderungen, also das Inkasso.

Irgendwann kommt vermutlich der Tag, an dem Sie trotz aller Vorsichtsmaßnahmen feststellen müssen, dass Rechnungen nicht bezahlt werden. Der erste Schritt ist dann, die offene Forderung unter Setzung einer letzten Zahlungsfrist anzumahnen. Eine Mahnung hat zur Folge, dass der säumige Zahler ab diesem Zeitpunkt in Verzug mit seiner Leistung ist, weshalb er auch für den Verzugsschaden aufzukommen hat. Dazu zählen Zinsen, Schadensersatzansprüche und der Anspruch auf Ersatz der Anwaltskosten.

Bevor Sie einen Anwalt mit dem Inkasso beauftragen, sollten Sie selbst durch ein Mahnschreiben mit Fristsetzung den Verzug, wie gerade beschrieben, herbeigeführt haben, da es ansonsten kaum möglich sein wird, die Gebühren des Anwalts auf den säumigen Schuldner abzuwälzen.

Drei Mahnungen sind kein Muss

Es ist im Übrigen ein weit verbreiteter Irrtum, dass man einen Schuldner dreimal mahnen muss, bevor man gerichtlich gegen ihn vorgehen kann. Viele Unternehmen haben automatisierte Mahnläufe, die zunächst eine freundliche Zahlungserinnerung, als Nächstes eine Mahnung mit Fristsetzung und schließlich eine letzte Mahnung mit nochmaliger Fristsetzung und Androhung rechtlicher Schritte vorsehen. Das kann man so machen, eine rechtliche Notwendigkeit dazu besteht jedoch nicht. Aus rechtlicher Sicht reicht *eine* Mahnung völlig aus, um den Schuldner in Verzug zu setzen.

Wird auf die Mahnung(en) nicht gezahlt, bleibt nur die Möglichkeit, einen Mahnbescheid gegen den Schuldner zu erwirken oder direkt Klage vor dem zuständigen Gericht zu erheben. Welcher Weg der sinnvollere ist, muss im Einzelfall entschieden werden. Ob Sie die rechtlichen Schritte selbst einleiten können oder durch einen Anwalt einleiten lassen müssen, hängt – wie Sie in Kapitel 7, »Rechte schützen«, gesehen haben – in erster Linie davon ab, wie hoch die jeweilige Forderung ist, also ob das Amts- oder das Landgericht sachlich zuständig ist, und ob Sie sich imstande sehen, Ihre Rechtsangelegenheiten gegen einen Gegner, der möglicherweise anwaltlich unterstützt wird, selbst zu vertreten und mit den gerichtlichen Formalien richtig umzugehen.

Die gerichtliche Verfolgung von Forderungen und insbesondere die sich danach gegebenenfalls anschließende Zwangsvollstreckung ist allerdings meist arbeits- und zeitaufwendig, weshalb sich für Sie durchaus die Überlegung lohnt, ob Sie sich nicht lieber Ihrem Kerngeschäft widmen und sich beim Forderungsmanagement kompetenter Hilfe bedienen sollten.

9.5.5 Von der Arbeit mit Agenturen

Micro- und Macro-Agenturen

Mit dem Zeitalter der Digitalfotografie sind Bildagenturen fast wie Pilze aus dem Boden geschossen. Mittlerweile hat sich auch eine Menge sogenannter *Microstock-Agenturen* etabliert, die über das Internet eine Unmenge von Fotos anbieten, an denen für meist geringes Entgelt Nutzungsrechte erworben werden können. Die erste dieser Agenturen war iStock, früher iStockphoto (2006 von Getty Images aufgekauft). Der Begriff *Micro* bezieht sich bei diesen Agenturen auf den Preis. Bis zum Erscheinen dieser Microstock-Agenturen gab es nur Agenturen, bei denen man je nach Verwendungszweck und Größe des Fotos für die Nutzung durchaus respektable Lizenzgebühren zu zahlen hatte. Diese Agenturen bestehen natürlich heute auch noch und werden im Unterschied zu Microstock-Agenturen auch als *Macrostock-Agenturen* bezeichnet. Die wohl bekannteste dieser Art dürfte Getty Images Inc. sein, deren Hauptsitz in Seattle/USA und Europa-Sitz in London ist (deutsche Niederlassung in München) und zu deren Bestand nach Wikipedia ca. 80 Millionen Bilder gehören. Die ebenfalls in Seattle ansässige Agentur Corbis (von Bill Gates 1989 gegründet und im Januar 2016 an Unity Glory, ein Unternehmen der chinesischen Visual China Group, verkauft) dürfte allerdings mit über 100 Millionen Bildern (laut Wikipedia) die vom Bildangebot her größte Macrostock-Agentur sein.

Viele Fotografen bedienen sich bei der Vermarktung ihrer Fotos solcher Bildagenturen, und viele derjenigen, die Fotos für alle denkbaren Anwendungszwecke benötigen, vorwiegend Werbeagenturen, beziehen die benötigten Fotos von Bildagenturen. Der Fotograf erspart sich damit die Eigenvermarktung seiner Fotos und nutzt den großen Kundenkreis, den die

Agenturen haben, wenngleich der Fotograf andererseits dafür auch einen von Agentur zu Agentur unterschiedlichen Prozentsatz des Honorars bei Bildverkäufen an die jeweilige Agentur abführen muss. Die Werbeagentur oder andere Kunden, die ein Foto mit einem bestimmten Motiv suchen, haben natürlich bei den Agenturen die größere Auswahl und müssen nicht die Internetgalerien von etlichen Fotografen auf gut Glück nach geeignetem Bildmaterial durchforsten.

Ich kann an dieser Stelle nicht auf alle Fragen, die sich bei der Zusammenarbeit mit Agenturen ergeben können, eingehen. Dazu möchte ich Sie auf entsprechende Spezialliteratur, die sich mit der Verwertung und Vermarktung von Fotos beschäftigt, verweisen. Auch kann ich Ihnen hier keine eindeutige Empfehlung geben, ob Sie Ihre Bilder besser über Microstock- oder über Macrostock-Agenturen vermarkten sollten. In einem nicht unbedeutenden Maße hängt das auch von der Art und Qualität Ihrer Aufnahmen ab. Letztlich müssen Sie für sich selbst die Entscheidung treffen, ob das Massengeschäft zu geringen Gebühren oder der deutlich seltenere Verkauf Ihrer Bilder für deutlich höheres Honorar für Sie die richtige Vermarktungsstrategie ist.

Zusammenarbeit mit Agenturen

Einige Hinweise zur Zusammenarbeit mit Bildagenturen möchte ich Ihnen aber geben:

Von Agentur zu Agentur verschieden sind die vertraglichen Bedingungen, einschließlich der Preisgestaltung, auf die Sie als Fotograf jedoch als der »schwächere« Vertragspartner kaum einen Einfluss haben werden. Die unterschiedlichen Vertragsbedingungen beziehen sich vor allem auf die Nutzungsbedingungen. Einige Agenturen bestehen darauf, dass Sie als Fotograf nur für diese Agentur tätig sind, dass Sie der Agentur also Exklusivität einräumen (Exklusivität bezüglich des Fotografen), andere Agenturen wiederum lassen Ihnen zwar die Möglichkeit, auch für andere Agenturen tätig zu werden, bestehen jedoch darauf, die exklusiven Vermarktungsrechte für die von Ihnen gelieferten Aufnahmen zu bekommen, sodass auch eine Eigenvermarktung durch Sie bezüglich der der Agentur überlassenen Bilder nicht mehr möglich ist (Exklusivität bezüglich des Bildmaterials). Auch andere Gestaltungen des Vertrags sind möglich und üblich, wie zum Beispiel auch überhaupt keine Exklusivitätsvereinbarung. Auch der prozentuale Anteil des Fotografen an den Verwertungserlösen für die Bilder variiert von Agentur zu Agentur und schwankt ungefähr zwischen 20 % und 60 %. Auf etwaige Vor- und Nachteile der einzelnen Vertragsgestaltungen kann ich an dieser Stelle nicht weiter eingehen, letztlich können auch nur Sie selbst entscheiden, wozu Sie bereit sind und worauf Sie eingehen. Wenn Sie Ihre Bilder über eine Agentur vermarkten wollen, möchte ich Ihnen aber ausdrücklich dazu raten, nicht nur die jeweiligen Agenturverträge genau zu studieren, sondern auch miteinander zu vergleichen, um herauszufinden, welche Agentur die im jeweiligen Einzelfall in jeder Hinsicht günstigsten Konditionen bietet.

[+]

Agenturverträge vergleichen

Sehr unterschiedlich sind die Vertragsbedingungen in den Vertragsmustern der einzelnen Bildagenturen. Als Fotograf sind Sie gut beraten, die Verträge der in Betracht kommenden Agenturen sorgfältig zu prüfen und miteinander zu vergleichen. Eine Möglichkeit, Verträge zu Ihren Gunsten zu verändern, werden Sie in der Regel nicht haben.

Bild- und Nutzungsrechte nachweisen

Spätestens dann, wenn Sie mit Agenturen zusammenarbeiten, ist es dringend erforderlich, dass Ihre Bilder nachweislich frei von Rechten Dritter sind und dass Sie Ihre Bild- und Nutzungsrechte durch Vorlage entsprechender Verträge nachweisen können. Die in Kapitel 8, »Vertragsrecht«, besprochenen Verträge werden hier zum Muss für Sie. Um sich nicht selbst der Gefahr rechtlicher Angriffe auszusetzen, wird keine Agentur ein Personenfoto ohne dazugehörigen Model-Vertrag annehmen, mit dem Sie Ihr Vermarktungsrecht nachweisen können. Aber auch bei Sachaufnahmen ist Vorsicht geboten: Bei der Aufnahme eines ICE ist zum Beispiel die Vorlage einer entsprechenden Genehmigung der DB ebenso unumgänglich. Sehr schnell werden Sie jedoch die »Spielregeln« in der Zusammenarbeit mit Agenturen lernen, da diese Bilder, die den Spielregeln nicht in vollem Umfang entsprechen, rigoros ablehnen, um sich nicht selbst der Gefahr einer Inanspruchnahme durch Dritte auszusetzen.

[+]

Nachweis der Rechte erforderlich

Wer beabsichtigt, seine Fotos später über Agenturen zu vermarkten, sollte in der Lage sein, seine Nutzungsrechte in Form von Model-Verträgen, Property Releases etc. nachzuweisen. Der Abschluss entsprechender Verträge, die das Nutzungsrecht regeln, ist in diesem Fall nicht nur sinnvoll, sondern ein unbedingtes Muss.

Liste problematischer Motive

Im Internet kursieren verschiedene Listen über Motive, bei denen die Verwertung der entsprechenden Fotos problematisch und riskant ist. Solche Aufnahmen werden von den Agenturen in aller Regel ebenfalls gar nicht angenommen. Sie finden in Anhang B dieses Buches eine Liste mit solchen Motiven, die jedoch keinerlei Anspruch auf Vollständigkeit erheben kann.

RM- und RF-Lizenzen

Da im Zusammenhang mit Bildagenturen immer wieder insbesondere zwei Arten von Lizenzen genannt werden, möchte ich darauf abschließend noch kurz eingehen. Bei den Gebühren, die für Lizenzen an Bildern zu zahlen sind, unterscheidet man hauptsächlich zwischen *RM-* und *RF-Lizenzen*.

Rights-managed-Lizenzen | RM steht für *rights-managed* und bezeichnet Lizenzen, die nur für eine ganz bestimmte Nutzung verliehen werden. Die Lizenzgebühren richten sich danach, in welchem Umfang das Bild genutzt werden darf. Der Nutzer des Bildes muss dazu der Agentur die entsprechenden Angaben machen.

Royalty-free-Lizenzen | Hier stehen die Buchstaben R und F für *royalty-free*, wobei das Wort »free« Sie nicht dazu verleiten sollte, anzunehmen, dass das Nutzungsrecht frei von der Zahlung einer Nutzungsgebühr sei. Denn mit Gebührenfreiheit hat dies nicht das Geringste zu tun. Mit RF-Lizenzen sind vielmehr solche Lizenzen gemeint, die im Gegensatz zu RM-Lizenzen für eine Vielzahl von Anwendungszwecken erteilt werden. Der Bildnutzer zahlt einmal eine Lizenz und muss nicht bei jedem Verwendungszweck eine neue Lizenz einholen, wie dies bei RF-Lizenzen der Fall ist. Bei RF-Lizenzen ist das Foto für alle Nutzungsarten (Lizenzen) »frei«, dies bedeutet *royalty-free*.

9.6 Verwertungsgesellschaft (VG) Bild-Kunst

Bei der *VG Bild-Kunst* handelt es sich um eine Verwertungsgesellschaft, die die Urheberrechte derjenigen Urheber wahrnimmt, die ihre Rechte nicht selbst wahrnehmen wollen oder können. Außerdem vergibt die VG Bild-Kunst Nutzungsrechte an den Werken der ihr beigetretenen Urheber gegen entsprechende Lizenzgebühren. Schließlich betätigt sich die VG Bild-Kunst als Lobbyist in der politischen und rechtlichen Stärkung des Urheberschutzes.

Der freiwillige Beitritt erfolgt durch Abschluss eines sogenannten *Wahrnehmungsvertrags*, ein Muster finden Sie übrigens auf der Website der VG Bild-Kunst (*www.bildkunst.de*). Ein Mitgliedsbeitrag wird nicht erhoben, stattdessen behält die Gesellschaft zur Abgeltung ihrer Verwaltungskosten einen bestimmten Prozentsatz vom Erlös ein.

9.7 Foto- und Filmvorführungen mit Musik – die GEMA ist dabei

Häufig werden Dia- und Beamer-Präsentationen sowie Filme mit Musikuntermalung gezeigt. Wenn sie dann öffentlich aufgeführt werden, entsteht ein Problem, wenn dabei Musik, die mit Urheberrechten belegt ist, verwendet wird. Darüber wacht die *Gesellschaft für musikalische Aufführungs- und mechanische Vervielfältigungsrechte*, kurz GEMA. Bei dieser Gesellschaft mit Sitzen in Berlin und München handelt es sich um eine Verwertungsgesellschaft, die Urheberrechte u. a. von Komponisten vertritt. Das Pendant in Österreich ist im Übrigen die AKM mit Sitz in Wien, in der Schweiz ist das die SUISA in Zürich.

Für die öffentliche Aufführung von Musikstücken, die urheberrechtlich geschützt und bei der GEMA registriert sind, müssen Sie an die GEMA eine Lizenzvergütung zahlen. Darauf müssen Sie achten, wenn Sie öffentlich Musik, auch als Hintergrundmusik, nutzen.

[+]

GEMA-freie Musik

Es gibt auch GEMA-freie Musik und Software, mit der man Musik selbst herstellen kann, die dann natürlich GEMA-frei ist. Eine solche Software ist zum Beispiel Magix Music Maker, um nur ein Programm zu nennen. Eine interessante Internetadresse, über die Sie GEMA-freie Musik beziehen können, lautet *www.highland-musikarchiv.com*.

Achtung: Leistungsschutzrechte!

Wer nun meint, die »Neunte« von Beethoven oder die »Vier Jahreszeiten« von Vivaldi ohne Bedenken GEMA-frei nutzen zu können, weil die Komponisten bereits seit mehr als 70 Jahren verstorben sind und deshalb das Urheberrecht erloschen sei, der irrt. Zwar ist ein unmittelbarer Urheberschutz an den kompositorischen Werken in der Tat nicht mehr vorhanden, aber bezüglich dieser klassischen Werke bestehen – wie auch für andere musikalische Werke, bei denen der Komponist bereits seit mehr als 70 Jahren verstorben ist – sogenannte *Leistungsschutzrechte*. Danach bestehen an den Aufzeichnungen von Orchestereinspielungen Urheberrechte zum Beispiel der jeweiligen Orchester oder der Musikfirmen, die den Tonträger produzieren. Deshalb kann die GEMA in der Regel nicht dadurch übergangen werden, dass man einfach Musikstücke nimmt, die älter als 70 Jahre sind, es sei denn, man spielt sie selbst. Es hilft auch nicht weiter, damit zu argumentieren, dass man der Aufnahme eines bekannten Stücks möglicherweise nicht anhört, um welche Aufnahme es sich handelt. In einem solchen Fall wäre nämlich der Aufführende bei einer Inanspruchnahme durch die GEMA in der Beweispflicht, darzulegen, dass er keine urheberrechtlich geschützte Aufnahme verwendet hat.

[!]

Vorsicht bei Musikuntermalung von Filmen und Präsentationen

Die Untermalung von öffentlich vorgeführten Filmen und Präsentationen sollte nur mit solchen Musikstücken erfolgen, die ausdrücklich GEMA-frei sind. Anderenfalls müssen Lizenzgebühren an die GEMA gezahlt werden.

Nachdem Sie nun die wichtigsten Aspekte des Foto- und Bildrechts bzw. Urheberrechts in Deutschland im engeren und weiteren Sinne kennengelernt haben, möchte ich Sie nun im letzten Kapitel mit über die Grenze zu unseren Nachbarn in Österreich und der Schweiz nehmen und Ihnen grob skizzieren, in welchen Punkten es für die Praxis wesentliche Unterschiede in beiden Ländern zur Rechtslage in Deutschland gibt.

Kapitel 10

Foto- und Bildrecht in Österreich und der Schweiz

Ein Blick über die Grenzen

Inwieweit lassen sich die Ausführungen zum deutschen Urheberrecht auf unsere Nachbarländer Österreich und Schweiz übertragen? In diesem Kapitel gehe ich auf die Abweichungen ein, die es in beiden Ländern gegenüber den deutschen Regelungen gibt.

Haben wir uns bislang – außer im Zusammenhang mit der Panoramafreiheit in Kapitel 2, »Natur, Architektur, Sachen und Tiere«, und den unbemannten Luftfahrtsystemen in Kapitel 5 – im Großen und Ganzen mit der rechtlichen Situation und dem Urheberrecht in Deutschland befasst, so werde ich mich in diesem Kapitel der Rechtslage in unseren deutschsprachigen Nachbarländern Österreich und Schweiz widmen. Dabei werde ich mich im Folgenden allerdings darauf beschränken müssen, die wesentlichen Unterschiede in beiden Ländern gegenüber der Rechtslage in Deutschland darzustellen. Es ist mir schon aus (den häufiger bemühten) Platzgründen hier nicht möglich, mich mit allen Aspekten und Feinheiten des Bild- und Fotorechts in diesen beiden Ländern zu befassen und mich insbesondere mit der jeweils umfangreichen Rechtsprechung zum Thema Bild- und Fotorecht bis ins Detail auseinanderzusetzen.

[+]

Konsultieren Sie im Streitfall einen Anwalt

Im Bewusstsein der zwangsläufigen Lückenhaftigkeit empfehle ich meinen Lesern aus Österreich und der Schweiz, im Streitfall unbedingt anwaltlichen Rat vor Ort einzuholen.

Die gesetzlichen Regeln in unseren Nachbarländern sind zu großen Teilen gleich oder sehr ähnlich, allerdings gibt es auch Abweichungen in beiden Ländern – sie sollen in diesem Kapitel näher dargestellt werden.

Die wichtigsten Paragrafen und ihre Regelungsinhalte werden in Anhang A in einer Tabelle einander gegenübergestellt, sodass Sie anhand der bisher zitierten Paragrafen des deutschen Urhebergesetzes herausfinden können, welche Paragrafen in den beiden Nachbarländern der deutschen Regelung entsprechen – soweit es eine Entsprechung gibt, was aufgrund unterschiedlicher Gesetzeskonzeptionen nicht immer der Fall ist, wie Sie im Folgenden erfahren.

10.1 Österreich

Wie in Deutschland ist auch in Österreich die Basis des Bild- und Fotorechts das »Österreichische Bundesgesetz über das Urheberrecht an Werken der Literatur und der Kunst und über verwandte Schutzrechte« (UrhG – im Wortlaut unter *www.jusline.at* zu finden, ebenso andere österreichische Gesetze). Da für dieses Gesetz üblicherweise die gleiche Abkürzung wie für das deutsche Urheberrechtsgesetz, nämlich UrhG, verwendet wird, werde ich das österreichische Gesetz zur besseren Unterscheidung im Folgenden mit »ÖUrhG« bezeichnen, betone jedoch, dass dies nicht die amtliche Abkürzung ist.

(Ö)UrhG

Das ÖUrhG stammt aus dem Jahr 1936 und wurde seitdem mehrfach geändert, ergänzt und an EU-Richtlinien angepasst, zuletzt im Jahr 2018 vor allem durch Umsetzung weiterer EU-Richtlinien in nationales Recht. Davon war eine ganze Reihe von Vorschriften im ÖUrhG betroffen, ohne dass dadurch allerdings – jedenfalls bezüglich der in diesem Buch behandelten Themen – eine grundsätzliche Änderung der Rechtslage gegenüber der Rechtslage in Deutschland eingetreten ist. Aus diesem Grunde gehe ich auf die Gesetzesänderungen in diesem Buch nur insoweit ein, als sich Abweichungen gegenüber der Vorauflage ergeben haben, da hier keine vollständige Darstellung der Rechtslage in Österreich erfolgen kann.

Viele Regelungen in Österreich sind mit denen im deutschen UrhG identisch, teilweise stimmen die Regelungen sogar im Wortlaut überein. Allerdings enthält das ÖUrhG zum Teil Definitionen, für die man in Deutschland den Gesetzeskommentar zurate ziehen muss, wie etwa zur Frage der Abgrenzung vom Lichtbildwerk zum Lichtbild, auf die ich gleich noch zu sprechen kommen werde.

Auch der Oberste Gerichtshof (OGH) in Österreich orientiert sich bei seiner Rechtsprechung immer mal wieder an der Rechtsprechung des BGH und nimmt hierauf ausdrücklich Bezug, was natürlich damit zusammenhängt, dass die Urheberrechte in beiden Ländern so ähnlich sind, dass vielfach die Rechtsgedanken und -entscheidungen des BGH auch auf die vom OGH zu entscheidenden Fälle zutreffen und deshalb übernommen werden können. Dies wird allerdings von einigen österreichischen Juristen durchaus kritisch gesehen.

10.1.1 Grundlagen des Urheberrechts

In den urheberrechtlichen Grundlagen unterscheiden sich die Regelungen in beiden Ländern nicht. Der Ansatz im österreichischen Gesetz, wonach der Urheber der Schöpfer des Werkes ist (§ 10 ÖUrhG), zeitlebens auch Urheber bleibt und an seinem Werk nur Nutzungsrechte einräumen, das Urheberrecht jedoch nicht übertragen, wohl aber vererben kann (§ 23 ÖUrhG), entspricht exakt dem deutschen Grundansatz.

Dies gilt auch für den Schutzbereich des Gesetzes, der sich hier wie dort sowohl auf Lichtbildwerke als auch auf Lichtbilder erstreckt, mit dem aus dem deutschen Recht bekannten Unterschied in der Schutzdauer (70 Jahre ab dem Tod des Herstellers bei Lichtbildwerken, 50 Jahre ab Erscheinen bzw. Herstellung, siehe Abschnitt 1.1.10). Allerdings findet man im ÖUrhG – wie gerade bereits erwähnt – eine gesetzliche Definition, was ein Lichtbild ist, während es in § 72 des *deutschen* UrhG nur heißt:

> *»Lichtbilder und Erzeugnisse, die ähnlich wie Lichtbilder hergestellt werden, werden in entsprechender Anwendung der für Lichtbildwerke geltenden Vorschriften des Teils 1 geschützt.«*

Die Frage, was ein Lichtbild überhaupt ist, ergibt sich in Deutschland aus der Rechtsprechung. In § 73 Abs. 1 ÖUrhG heißt es:

> *»Lichtbilder im Sinne dieses Gesetzes sind durch ein photographisches Verfahren hergestellte Abbildungen. Als photographisches Verfahren ist auch ein der Photographie ähnliches Verfahren anzusehen.«*

◄ **Abbildung 10.1**
Wie in Deutschland genießt auch dieser aus der Wartehalle des Moskauer Flughafens Scheremetjewo durch die Scheibe gemachte Schnappschuss in Österreich vollen Urheberrechtsschutz.

Das ÖUrhG wiederholt dann in § 74 die für das Lichtbild geltenden Regelungen, während sich das deutsche UrhG in § 72 auf einen Verweis auf die Regelungen zu Lichtbildwerken beschränkt und auf Wiederholungen verzichtet. Inhaltliche Änderungen ergeben sich nicht, es handelt sich lediglich um eine andere Systematik im Gesetzesaufbau. Auch an anderen Stellen treten derartige Unterschiede auf. Darauf werde ich jedoch nicht näher eingehen, da sie keine inhaltlichen Auswirkungen haben.

Amtliche Werke

Auch in Österreich sind amtliche Werke vom Urheberschutz ausgenommen. Die dem § 5 UrhG entsprechende Regel des § 7 ÖUrhG nimmt jedoch in Absatz 2 ausdrücklich vom Bundesamt für Eich- und Vermessungswesen hergestellte oder bearbeitete und zur Verbreitung bestimmte Landkartenwerke aus, die im Gegensatz zu den sonstigen amtlichen Werken keine freien Werke sind.

[!]

Amtliche Landkartenwerke teilweise geschützt
In Österreich sind Landkartenwerke nicht in jedem Fall freie Werke.

Für die Praxis bedeutet dies, dass das Abfotografieren von Landkartenwerken und die anschließende Veröffentlichung der genannten amtlichen Kartenwerke einen Urheberverstoß darstellen. Auf diese Weise soll gewährleistet werden, dass durch einen Verkauf der Landkarten die hohen Aufwendungen für Erstellung und regelmäßige Aktualisierung ausgeglichen werden können. Ein freies Abfotografieren und zum Beispiel ein anschließendes Einstellen der Fotos der Kartenwerke im Internet würden dem natürlich zuwiderlaufen.

10.1.2 Urheberpersönlichkeitsrechte und Verwertungsrechte des Urhebers

Gleich geregelt

Die Verwertungsrechte des Urhebers sind in beiden Ländern gleich geregelt, wenn auch teilweise an anderen Stellen im Gesetz verortet. Bezüglich der sogenannten *Urheberpersönlichkeitsrechte* gibt es allerdings insoweit einen Unterschied, als in Österreich das Veröffentlichungsrecht, genannt hier »Zurverfügungstellungsrecht« (§ 18a ÖUrhG), im Gegensatz zum deutschen UrhG (§ 12 UrhG) nicht zu den Urheberpersönlichkeitsrechten gehört. In beiden Ländern sind jedoch sowohl das Recht auf Namensnennung, genannt im ÖUrhG »Urheberbezeichnung« (§ 13 UrhG bzw. § 20 ÖUrhG), als auch das Recht des Verbots von Entstellungen und Beeinträchtigungen, hier »Werkschutz« genannt (§ 14 UrhG bzw. § 21 ÖUrhG), ein Urheberpersönlichkeitsrecht.

»Schutz der Urheberschaft«

Anstelle des Veröffentlichungsrechts, das in Österreich kein Urheberpersönlichkeitsrecht ist, gibt es dort ein weiteres Urheberpersönlichkeitsrecht, das sich »Schutz der Urheberschaft« nennt und in § 19 ÖUrhG geregelt ist. Dort heißt es:

[§]

»Wird die Urheberschaft an einem Werke bestritten oder wird das Werk einem anderen als seinem Schöpfer zugeschrieben, so ist dieser berechtigt, die Urheberschaft für sich in Anspruch zu nehmen. Nach

seinem Tod steht in diesen Fällen den Personen, auf die das Urheberrecht übergegangen ist, das Recht zu, die Urheberschaft des Schöpfers des Werkes zu wahren. Ein Verzicht auf dieses Recht ist unwirksam.«

Hinter dieser Regelung, die im deutschen UrhG keine Entsprechung hat, steckt die Überlegung, dass der Urheber, dessen Urheberschaft bestritten wird, jederzeit in der Lage sein soll, Fehlvorstellungen über die Urheberschaft seines Werkes zu beseitigen, die dadurch entstehen, dass ein anderer das Urheberrecht entweder leugnet oder ein anderer als Urheber ausgewiesen wird. Durch eine Unterlassungsklage, auf die hin das Gericht nicht nur eine Feststellung der Urheberschaft vornimmt, sondern gleichzeitig dazu verurteilt, anderslautende Behauptungen zu unterlassen, kann der wahre Urheber in solchen Fällen dieses Urheberpersönlichkeitsrecht durchsetzen. Dieses Recht berührt jedoch nicht das Recht des Urhebers auf seine Anonymität, das sich aus § 20 ÖUrhG ergibt, entsprechend § 13 UrhG.

Allerdings sind die genannten Urheberpersönlichkeitsrechte im ÖUrhG, anders als bei uns, nicht vor den Verwertungsrechten (ab § 14 ÖUrhG) geregelt, sondern erst danach in §§ 19 bis 21. Eine Wertung des Gesetzgebers dürfte damit aber wohl kaum zum Ausdruck kommen.

10.1.3 Übertragung und Übergang von Nutzungsrechten

Werknutzungsrechte

Wie bereits angesprochen, können sowohl in Deutschland als auch in Österreich nur Nutzungsrechte (im ÖUrhG »Werknutzungsrechte«) übertragen werden (§ 29 UrhG bzw. § 27 ÖUrhG). Ansonsten ist das Urheberrecht nur vererblich (§ 28 UrhG bzw. § 27 ÖUrhG).

In beiden Ländern können vom Urheber erteilte Nutzungsrechte nur mit Zustimmung des Urhebers übertragen werden. Dies ergibt sich aus § 34 UrhG bzw. §§ 27, 28 ÖUrhG. Während in Deutschland die Zustimmung nicht wider Treu und Glauben verweigert werden darf (§ 34 UrhG), je nach Umständen also ein einfacher, nachvollziehbarer und sachlicher Grund ausreicht, um die Zustimmung verweigern zu dürfen, regelt § 27 ÖUrhG weitergehend, dass die Einwilligung nur aus wichtigem Grund verweigert werden darf. Sie gilt als erteilt, wenn der Urheber sie nicht binnen zwei Monaten nach dem Empfang der schriftlichen Aufforderung des Werknutzungsberechtigten oder dessen, auf den das Werknutzungsrecht übertragen werden soll, versagt.

10.1.4 Zweckübertragungsgrundsatz kontra Zweifelsregel des OGH

Was dem österreichischen Gesetz fehlt, ist eine Entsprechung zu § 31 Abs. 5 UrhG, dem sogenannten *Zweckübertragungsgrundsatz* (siehe auch Abschnitt 1.2.3).

[!]

Der Zweckübertragungsgrundsatz
Wenn es keine oder nur eine unklare Vereinbarung zwischen den Parteien gibt, so ist im Zweifel das Nutzungsrecht nur insoweit übertragen worden, als es der Vertragszweck unbedingt erfordert. Der Umfang des übertragenen Nutzungsrechts richtet sich im Zweifelsfall also nach dem mit der Rechteübertragung verfolgten Zweck, woraus sich der Name des Grundsatzes ableitet.

Da es eine vergleichbare Gesetzesregel im ÖUrhG nicht gibt, wird in den Fällen, in denen unklar ist, welche Rechte eingeräumt worden sind, die sogenannte *Zweifelsregel* angewandt, die die Rechtsprechung entwickelt hat. Letztlich führt dies jedoch in den allermeisten Fällen zum gleichen Ergebnis – denn auch die Zweifelsregel besagt, dass derjenige, dem aufgrund eines Vertrags ein Werknutzungsrecht vom Urheber übertragen wurde, dieses nur in dem Umfang ausüben darf, wie dies der von den Vertragsparteien bei Vertragsabschluss zugrunde gelegte Zweck erfordert.

Damit kann festgehalten werden, dass es zwar in Österreich keine gesetzliche Regelung gibt, die dem Zweckübertragungsgrundsatz entspricht, diese Lücke jedoch durch die Rechtsprechung des Obersten Gerichtshofs (OGH), dem Pendant zum BGH in Deutschland, geschlossen wird.

[!]

Zweifelsregel
Die Zweifelsregelung, die von der Rechtsprechung entwickelt wurde, ersetzt in Österreich eine fehlende, dem Zweckübertragungsgrundsatz in § 31 Abs. 5 UrhG entsprechende gesetzliche Regelung.

10.1.5 Ausschließliches Nutzungsrecht und Urhebervorbehalt

Eigennutzung

Paragraf 31 Abs. 3 UrhG regelt, dass das ausschließliche Nutzungsrecht den Inhaber berechtigt, das Werk unter Ausschluss aller anderen Personen, einschließlich des Fotografen selbst, auf die ihm erlaubte Art zu nutzen und Nutzungsrechte einzuräumen. Es kann aber bestimmt, also vertraglich vereinbart werden, dass die Nutzung durch den Urheber selbst vorbehalten bleibt. Nach § 35 ÖUrhG steht dem Urheber hingegen, also auch ohne entsprechende vertragliche Regelung, immer eine gewisse Eigennutzung zu. Dort ist unter der Überschrift »Vorbehalt bei Werken der bildenden Künste« geregelt:

[§]

»Der Urheber, der einem anderen das ausschließliche Recht eingeräumt hat, ein Werk der bildenden Kunst zu vervielfältigen und zu verbreiten, behält gleichwohl das Recht, es in Aufsätzen über die künstlerische Tätigkeit des Schöpfers des Werkes oder als Probe seines Schaffens zu vervielfältigen und zu verbreiten.«

Für den Fotografen folgt daraus, dass bei der Übertragung eines ausschließlichen Nutzungsrechts an den Fotografien das Recht zur Verwendung der Fotos im Rahmen der Eigenwerbung nicht, wie in Deutschland, ausdrücklich vereinbart werden muss. Da dieses Recht auch im Voraus vertraglich nicht ausschließbar ist, ist der Fotograf in der Nutzung im Rahmen seiner Kundengewinnung nicht beschränkt. Obwohl sich dies aus § 35 ÖUrhG nicht unmittelbar ergibt, fällt unter diese Vorschrift auch das Recht zum Einstellen auf der eigenen Website.

[!]

Recht zur Eigenwerbung
Auch bei der Gewährung ausschließlicher Nutzungsrechte behält der Urheber in Österreich ein Nutzungsrecht im Rahmen der Eigenwerbung.

10.1.6 Panoramafreiheit

Im Rahmen der Erörterung zur Panoramafreiheit haben wir in Abschnitt 2.2.5 bereits eine kleine Rundreise durch Europa gemacht und festgestellt, ob und wie die Panoramafreiheit des § 59 UrhG in anderen Ländern geregelt ist. Dabei haben Sie schon erfahren, dass es in Österreich eine etwas erweiterte Panoramafreiheit im Vergleich zur deutschen Regelung gibt.

Das ÖUrhG regelt die Panorama- oder Straßenbildfreiheit in § 54 Abs. 1 Ziffer 5. Der entsprechende Gesetzestext lautet:

[§]

> *»Es ist zulässig, (...) Werke der Baukunst nach einem ausgeführten Bau oder andere Werke der bildenden Künste nach Werkstücken, die dazu angefertigt wurden, sich bleibend an einem öffentlichen Ort zu befinden, zu vervielfältigen, zu verbreiten, durch optische Einrichtungen öffentlich vorzuführen und durch Rundfunk zu senden und der Öffentlichkeit zur Verfügung zu stellen; ausgenommen sind das Nachbauen von Werken der Baukunst, die Vervielfältigung eines Werkes der Malkunst oder der graphischen Künste zur bleibenden Anbringung an einem Orte der genannten Art sowie die Vervielfältigung von Werken der Plastik durch die Plastik.«*

Entscheidend für unsere Betrachtung ist der erste Halbsatz dieser Gesetzesregelung, und da können wir zunächst feststellen, dass diese Regelung im Grundsatz in den entscheidenden Passagen der deutschen Regelung in § 59 UrhG entspricht. Also: Werke der Baukunst und andere Werke der bildenden Künste, die sich bleibend an einem öffentlichen Ort (öffentlichen Wegen, Straßen und Plätzen) befinden, dürfen fotografiert werden.

Zwei wichtige Abweichungen

Nun gibt es aber zwei wichtige Abweichungen von der deutschen Regelung, die dazu führen, dass die Panoramafreiheit in Österreich wesentlich weiter gefasst ist.

Innenräume fallen unter Panoramafreiheit

Innenräume | Wie Sie wissen, erstreckt sich die Panoramafreiheit in Deutschland bei Bauwerken nur auf die äußere Ansicht, so steht es in § 59 Abs. 2 Satz 2 UrhG. In Österreich fehlt dieser Zusatz im Gesetz, sodass hier auch das Innere eines Bauwerkes unter die Panoramafreiheit fällt, was allerdings nicht bedeutet, dass damit ein Zutrittsrecht verbunden ist. Aber Treppenhäuser, Innenhöfe, einzelne Zimmer und deren Bestandteile, zum Beispiel Stuckdecken, dürfen fotografiert und die Fotos anschließend verwertet werden – natürlich unter der Voraussetzung, dass sie nicht unter Verletzung des Hausrechts entstanden sind.

[zB]

Der OGH hat mehrmals die Panoramafreiheit präzisiert und ausgeführt, dass Bauwerke sich im Gegensatz zu anderen Werken der bildenden Künste nicht an einem dem öffentlichen Verkehr dienenden Ort befinden müssen und dass ihre Abbildung nicht auf die Außenansicht beschränkt ist (Urteil vom 12.09.1989 – 4 Ob 106/89). Dies folge aus der Tatsache, dass Innenarchitekturteile ebenfalls Werke der Baukunst seien. Demnach fallen selbst Einrichtungsgegenstände unter die freie Werknutzung, sofern sie in Verbindung mit einem bestimmten Raum und nicht allein vervielfältigt werden (Urteil vom 12.07.1994 – 4 Ob 80/94). Die ideellen Interessen des Urhebers dürfen jedoch nicht verletzt werden, Sinn und Wesen des Werkes dürfen also nicht entstellt werden. Bearbeitungen sind ebenso unzulässig (Urteil vom 26.04.1994 – 4 Ob 51/94, dem der Sachverhalt zugrunde lag, dass auf Weinflaschenetiketten das Hundertwasserhaus verzerrt dargestellt worden war). Der Abbildung in einem Gemälde oder in einer Grafik werde zwar ein relativ großer Spielraum eingeräumt, eine stilisierte Darstellung gelte jedoch nicht mehr als Abbildung (Urteil vom 26.04.1994 – 4 Ob 51/94).

In einem weiteren Urteil hat der OGH festgestellt, dass ein Wahlkampfplakat dagegen nicht bleibend ist und damit nicht unter die Panoramafreiheit fällt (Urteil vom 31.05.1988 – 4 Ob 23/88). Das Fotografieren von Schaufenstern erscheint vor dem Hintergrund dieser Rechtsprechung – im Gegensatz zur Rechtslage in Deutschland – nicht als problematisch.

Allerdings und insoweit besteht eine Einschränkung gegenüber der deutschen Regelung: Das Bauwerk muss errichtet (»ausgeführt«) sein. In der Regel wird dies jedoch ohnehin der Fall sein.

[!]

Innenansichten fallen unter die Panoramafreiheit
Im Gegensatz zur Rechtslage in Deutschland fallen in Österreich auch Innenaufnahmen und Aufnahmen von Einrichtungen unter die Panoramafreiheit.

Hilfsmittel | In Abschnitt 2.2.4 haben wir festgestellt, dass die Panoramafreiheit in Deutschland, ohne dass dies im Gesetzestext explizit erwähnt wird, nur für solche Vervielfältigungen gilt, die ohne Hilfsmittel hergestellt werden. Dieses Kriterium hat die Rechtsprechung zusätzlich entwickelt, weil sie von jeher die Straßenbildfreiheit so verstanden hat, dass darunter nur das fällt, was man sieht, wenn man mit beiden Beinen auf dem Boden steht, man also die Perspektive eines Fußgängers hat. Das Fotografieren von einer Leiter oder Hebebühne fällt nach deutschem Recht eindeutig nicht mehr unter die Panoramafreiheit des § 59 UrhG.

Hilfsmittel sind erlaubt

Anders ist das in Österreich. Hier hat die Rechtsprechung diese Einschränkung nicht vorgenommen – mit der Folge, dass auch Hilfsmittel verwendet werden dürfen oder ein erhöhter Standpunkt, etwa ein Balkon, eingenommen werden kann. Das Bild des Hundertwasserhauses, das vom Balkon des gegenüberliegenden Hauses aufgenommen wurde, entsprach somit in vollem Umfang dem § 54 Abs. 1 Nr. 5 ÖUrhG und war von der Panoramafreiheit gedeckt.

[!]

Hilfsmittel

Hilfsmittel dürfen in Österreich im Rahmen der Panoramafreiheit ebenso verwendet werden, wie es zulässig ist, von einem erhöhten Standpunkt aus zu fotografieren.

◄ **Abbildung 10.2**
Diese Aufnahme darf nach österreichischem Recht auch vom Balkon des hinter dem Fotografen befindlichen Hauses aufgenommen werden.

Damit hätten die Fotografen, die das Hundertwasserhaus vom gegenüberliegenden Haus fotografiert haben, das Bild in Österreich veröffentlichen dürfen.

Urheberregister

Anonyme und pseudonyme Werke | Bis zur Gesetzesnovelle 2015 gab es auch in Österreich ein Urheberregister beim Bundesministerium für Justiz, zu dem anonyme und pseudonyme Werke angemeldet werden konnten, entsprechend dem Register, das in Deutschland beim Bundespatentamt geführt wird (§ 138 UrhG). Dieses Register wurde durch die Gesetzesnovelle 2015 abgeschafft, nachdem man festgestellt hatte, dass ihm keine praktische Bedeutung zugekommen war. Die entsprechenden §§ 61a bis 61c ÖUrhG wurden aufgehoben.

Dauer der Urheberpersönlichkeitsrechte

Urheberpersönlichkeitsrechte nach Ablauf der Schutzfristen | Einen erwähnenswerten Unterschied zwischen den Regelungen in Deutschland und in Österreich gibt es jedoch bezüglich der Dauer der Urheberpersönlichkeitsrechte bei anonymen oder pseudonymen Werken, auch wenn die Fälle einer anonymen oder pseudonymen Veröffentlichung nicht unbedingt häufig sein werden:

Berücksichtigt man, dass die Schutzfrist für anonyme und pseudonyme Werke 70 Jahre nach der Veröffentlichung bzw. 70 Jahre nach der Schaffung des Werkes (sofern nicht innerhalb der Frist veröffentlicht) beträgt (§ 66 Abs. 1 UrhG bzw. § 61 ÖUrhG), so sind Fälle denkbar, dass noch zu Lebzeiten des Urhebers die Schutzfristen auslaufen, auch wenn es sich dabei zugegebenermaßen um seltene Fälle handeln dürfte.

Nach völlig einhelliger Meinung erlöschen nach deutschem Recht mit Ablauf der Schutzdauer von 70 Jahren alle Rechte am Werk, und dieses wird »gemeinfrei«. Das bedeutet, dass es zum Beispiel auch entstellt und bearbeitet werden darf, weil auch die Urheberpersönlichkeitsrechte mit Ablauf der Schutzfrist untergehen. Hingegen sieht § 65 ÖUrhG vor, dass die Urheberpersönlichkeitsrechte bestehen bleiben:

[§]

> *»Der Schöpfer kann die ihm nach den §§ 19 und 21 Abs. 3 zustehenden Rechte (Anmerkung des Autors: d. h. Inanspruchnahme der Urheberschaft und Verhinderung von Entstellungen) zeit seines Lebens geltend machen, wenngleich die Schutzfrist schon abgelaufen ist.«*

Der Fotograf, der seine Fotografie unter einem Pseudonym veröffentlicht hat, muss es nach österreichischem Recht also nicht dulden, dass sein Werk nach Ablauf der Schutzfrist entstellt oder entgegen § 21 Abs. 3 ÖUrhG bearbeitet wird und dass damit die geistigen Interessen an seinem Werk tangiert werden.

Nach der Gesetzeslage können in Österreich die Urheberpersönlichkeitsrechte nach §§ 19 und 21 Abs. 3 ÖUrhG auch nach dem Ablauf der

Schutzfristen, also für ansonsten gemeinfreie und damit für Dritte nutzbare Werke, geltend gemacht werden, längstens jedoch bis zum Tod des Urhebers. Erst mit dem Tod des Urhebers erlöschen dessen Urheberpersönlichkeitsrechte. Eine entsprechende Regelung ist dem deutschen Urheberrecht fremd.

10.1.7 Abwehr von Urheberrechtsverletzungen

Auch bei der Durchsetzung der Rechte des Fotografen bei Vorliegen einer Verletzung seines Urheberrechts gibt es Unterschiede in beiden Ländern, die auch mit anderen prozessualen Vorschriften zusammenhängen, auf die ich hier nicht näher eingehen kann. Diesbezüglich möchte ich Ihnen ohnehin, wie bereits ausgeführt, dringend empfehlen, bei der Einleitung rechtlicher oder gar gerichtlicher Schritte professionelle Hilfe durch örtliche Anwälte in Anspruch zu nehmen.

Abmahnung

Sie haben bereits bei der Erörterung der prozessualen Möglichkeiten in Deutschland (Kapitel 7, »Rechte schützen«) gesehen, dass vor der Einleitung gerichtlicher Schritte eine Abmahnung erfolgen soll (§ 97a UrhG), wobei die Abgabe einer außergerichtlichen strafbewehrten Unterlassungs- und Verpflichtungserklärung die Wiederholungsgefahr beseitigt.

Auch nach der österreichischen Rechtslage wird zunächst die Wiederholungsgefahr vermutet, wenn ein rechtswidriges Verhalten vorliegt. Anders als in Deutschland beseitigt eine außergerichtliche Erklärung jedoch nicht die Wiederholungsgefahr, was nicht bedeutet, dass in der Praxis der Verletzte sich damit häufig zufrieden geben wird. Die Rechtsprechung in Österreich geht jedoch davon aus, dass eine Wiederholungsgefahr erst dann nicht mehr vorliegt, wenn vor Gericht ein sogenannter *Unterlassungsvergleich* abgeschlossen wurde, der einen vollstreckbaren Titel darstellt.

[!]

Wiederholungsgefahr nur durch Unterlassungsvergleich beseitigt
Zur Beseitigung der Wiederholungsgefahr genügt es in Österreich nicht, eine außergerichtliche Erklärung abzugeben, auch wenn sich der Verletzte in der Praxis oft damit zufriedengibt.

Somit wird derjenige, der in Österreich wegen einer Verletzung der Bildrechte in Anspruch genommen wird, zunächst eine außergerichtliche Unterlassungserklärung abgeben, die auch die Erklärung zum Schadensersatz enthält. Für den Fall, dass der Verletzte jedoch mitteilt, dass ihm diese Erklärung nicht ausreicht, sollte sinnvollerweise ein vor dem Gericht abzuschließender Unterlassungsvergleich angeboten werden.

Vernichtung des Vervielfältigungsstücks

Während in Deutschland bei einer Urheberrechtsverletzung nach § 98 Abs. 1 UrhG die Vernichtung des rechtswidrig hergestellten oder verbreiteten Vervielfältigungsstücks verlangt werden kann, soweit dies im Einzelfall nicht unverhältnismäßig ist, gibt es in § 83 Abs. 1 ÖUrhG für den Vernichtungsanspruch eine bedeutsame Einschränkung:

[§]

»Ist ein Urstück eines Werkes der bildenden Kunst unbefugt geändert worden, so kann der Urheber, soweit im folgenden nichts anderes bestimmt ist, nur verlangen, daß die Änderung auf dem Urstück als nicht vom Schöpfer des Werkes herrührend gekennzeichnet oder daß eine darauf befindliche Urheberbezeichnung beseitigt oder berichtigt werde.«

Im Klartext heißt dies: Wenn ein Foto bereits verändert worden ist, dann kann der Fotograf auf rechtlichem Wege weder die Vernichtung des Fotos verlangen, noch ist es im Regelfall möglich, die Wiederherstellung des Originals zu erreichen. Hat zum Beispiel der Fotograf jemandem das Nutzungsrecht an einem Foto übertragen, dieser jedoch das Foto einer Änderung unterzogen, mit der der Fotograf nicht einverstanden ist, kann der Fotograf – der nach wie vor das alleinige Recht zur Vornahme von Änderungen an seinem Foto hat – vom Verletzer verlangen, dass an dem Foto ein Hinweis angebracht wird, aus dem sich ergibt, dass die vorgenommenen Änderungen nicht vom Fotografen stammen.

Ist allerdings eine Wiederherstellung des ursprünglichen Werkzustands möglich, so steht dem Fotografen ein Wiederherstellungsanspruch zu. Dies kann zum Beispiel der Fall sein, wenn die Veränderungen mittels Bildbearbeitung wieder rückgängig gemacht werden können. Dies ergibt sich aus § 83 Abs. 2 ÖUrhG:

[§]

»Ist die Wiederherstellung des ursprünglichen Zustands möglich und stehen ihr nicht überwiegende öffentliche Interessen oder überwiegende Interessen des Eigentümers entgegen, so kann der Schöpfer des Werkes nach seiner Wahl an Stelle der im Absatz 1 bezeichneten Maßnahmen verlangen, daß ihm die Wiederherstellung gestattet werde.«

Schadensersatzanspruch

Im Zusammenhang mit der Erörterung des Schadensersatzanspruchs haben Sie gesehen, dass ein Schadensersatzanspruch des in seinen Rechten verletzten Urhebers nur bei Verschulden, d. h. bei Vorsatz oder Fahrlässigkeit des Verletzers, in Betracht kommen kann. Im deutschen Recht gilt also – dies zur Erinnerung: ohne Verschulden kein Schadensersatzanspruch.

Die Gesetzgebung in Österreich geht im Urheberrecht einen anderen Weg. Nach § 86 ÖUrhG hat derjenige, der unbefugt ein Lichtbildwerk oder ein Lichtbild auf eine dem Urheber vorbehaltene Verwertungsart benutzt, auch wenn ihn kein Verschulden trifft, dem Verletzten, dessen Einwilligung einzuholen gewesen wäre, ein angemessenes Entgelt zu zahlen. Was dabei angemessen ist, richtet sich danach, was üblicherweise zu zahlen gewesen wäre, hätte der Verletzer vom Urheber ordnungsgemäß eine

Lizenz erworben. Damit ist ein Entgelt des Verletzten nach der Lizenzanalogie im österreichischen Gesetz normiert. Ob es allerdings in Österreich ein Pendant zur MFM-Liste in Deutschland gibt, ist mir nicht bekannt.

[!]

Gesetzlich normierter Lizenzanalogieanspruch

Der Anspruch auf eine angemessene, verschuldensunabhängige Entschädigung ist im Gegensatz zur Rechtslage in Deutschland in Österreich gesetzlich normiert.

Schadensersatz auf Ausgleich des entgangenen Gewinns

Daneben gibt es nach § 87 ÖUrhG auch noch einen Schadensersatz auf Ausgleich des entgangenen Gewinns, der allerdings verschuldensabhängig ist. Es muss somit beim Verletzer mindestens Fahrlässigkeit vorgelegen haben. Um den Gewinn ermitteln zu können, stehen dem Verletzten umfangreiche Auskunftsansprüche zu, die in §§ 87a und 87b ÖUrhG geregelt sind. Aber auch hier gilt wie in Deutschland, dass es in der Praxis häufig schwierig sein wird, den entgangenen Gewinn schlüssig nachzuweisen. Aus diesem Grund hat der Gesetzgeber in § 87 Abs. 3 ÖUrhG vorgesehen, dass der Verletzte, wenn kein höherer Schaden nachgewiesen wird, als Schadensersatz das Doppelte des angemessenen Entgeltes nach § 86 ÖUrhG geltend machen kann. Wer allerdings das angemessene Entgelt nach § 86 ÖUrhG *und* den Schadensersatz nach § 87 ÖUrhG geltend macht, erhält nur maximal den zweifachen Betrag des angemessenen Entgeltes nach § 86 ÖUrhG.

Das Recht, Ansprüche und Rechte durch eine einstweilige Verfügung zu sichern, ist im deutschen UrhG nicht speziell geregelt, sondern ergibt sich aus den allgemeinen Vorschriften der Zivilprozessordnung (ZPO). Im ÖUrhG dagegen ist in § 87c das Recht, Ansprüche mit einstweiliger Verfügung zu sichern, ausdrücklich geregelt.

[!]

Einstweilige Verfügung

Das Rechtsmittel der einstweiligen Verfügung ist in Österreich im Urheberrechtsgesetz ausdrücklich geregelt, während es sich in Deutschland aus der Zivilprozessordnung (ZPO) ergibt.

Weitere Ausführungen zu Einzelheiten der prozessualen Durchsetzung von Rechten in Österreich kann ich an dieser Stelle nicht vornehmen, weil mir die dazu erforderliche Kompetenz mangels Erfahrung fehlt.

10.1.8 Strafvorschriften

Eine Verletzung urheberrechtlicher Vorschriften kann auch in Österreich auf Antrag strafrechtlich geahndet werden. Das Strafmaß ist allerdings deutlich milder als die Strafen, die in Deutschland verhängt werden können. Während in Deutschland Freiheitsstrafen von bis zu drei, bei gewerblicher Verletzung von bis zu fünf Jahren verhängt werden können, liegt das Strafmaß in Österreich bei sechs Monaten bzw. bei gewerblicher Verletzung bei zwei Jahren. Einzelheiten sind in § 91 ff. ÖUrhG geregelt.

10.1.9 Der Bildschutz und das Persönlichkeitsrecht in Österreich

In Österreich gibt es keine dem Kunsturhebergesetz (KUG) für das Recht am eigenen Bild entsprechende gesetzliche Vorschrift. Sie werden sich erinnern, dass wir in Kapitel 3, »Menschen«, festgestellt haben, dass kein Bildnis ohne Einwilligung veröffentlicht werden darf, wenn nicht die in § 23 näher beschriebenen und oben ausführlich behandelten Ausnahmetatbestände vorliegen.

Der Bildnisschutz in Österreich, d. h. das Recht der ohne Einwilligung fotografierten Person, ergibt sich zunächst einmal aus § 78 ÖUrhG:

[§]

> *»Bildnisse von Personen dürfen weder öffentlich ausgestellt noch auf eine andere Art, wodurch sie der Öffentlichkeit zugänglich gemacht werden, verbreitet werden, wenn dadurch berechtigte Interessen des Abgebildeten oder, falls er gestorben ist, ohne die Veröffentlichung gestattet oder angeordnet zu haben, eines nahen Angehörigen verletzt würden.«*

Kein Schutz gegen ungewollte Aufnahmen

Das bedeutet, dass es den restriktiven Schutz des Persönlichkeitsrechts, der nach den deutschen Gesetzen gegeben ist, in Österreich nicht gibt. Nach dem eindeutigen Gesetzeswortlaut kann eine fotografierte Person nichts gegen die Veröffentlichung ihres Bildnisses unternehmen, solange dadurch ihre berechtigten Interessen nicht verletzt werden. Prominente, wie Politiker, Sportler und Künstler, fallen dabei unter einen eingeschränkten Schutzbereich, was im Rahmen der Prüfung, ob nach § 78 ÖUrhG berechtigte Interessen verletzt werden, berücksichtigt wird. Das bedeutet umgekehrt, dass es nicht grundsätzlich verboten ist, ein Bildnis anzufertigen und zu verbreiten bzw. zu veröffentlichen. Nur wenn dabei schutzwürdige Interessen verletzt werden, steht der fotografierten Person ein Recht auf Unterlassung zu. Als schutzwürdige Interessen gelten dabei zum Beispiel die Verletzung der Privatsphäre, geheime Bildaufnahmen im Privatbereich, die Belagerung durch Paparazzi und herabwürdigende Darstellungen, wie sie zum Beispiel bei Nacktaufnahmen vorliegen können. Nach herrschender Meinung bietet § 78 ÖUrhG jedoch keinerlei Schutz gegen die ungewollte Aufnahme von Bildern.

So jedenfalls sind die Gesetzeslage und die bisherige Rechtsprechung, die sich in vielen Fällen mit Fragen des Bildnisschutzes und Persönlichkeitsrechts auseinanderzusetzen hatte.

◂ **Abbildung 10.3**
Dieses Foto ist nach bisheriger Rechtslage in Österreich ohne Weiteres auch ohne Einwilligung zulässig, da berechtigte Interessen der abgebildeten Person offensichtlich nicht verletzt werden.

Tendenzwende durch Rechtsprechung des OGH | Bereits im Jahre 2013 hatte sich eine Trendwende im österreichischen Bildnisschutz abgezeichnet, ausgelöst durch eine Entscheidung des OGH vom 27.02.2013 (6 Ob 256/12 h). Mit diesem Urteil hat der OGH, angelehnt an den deutschen BGH, bereits vor Inkrafttreten der DSGVO, entschieden, dass bereits die Herstellung eines Bildnisses ohne Einwilligung der fotografierten Person(en) eine Verletzung des Persönlichkeitsrechts sein kann.

Dem vom OGH entschiedenen Fall lag folgender Sachverhalt zugrunde: Ein Rechtsanwalt war anlässlich eines Ortstermins in einer baurechtlichen Auseinandersetzung vom Beklagten, dem Besitzer des Hauses, in dem der Ortstermin stattfand, ohne sein Einverständnis fotografiert worden – gemeinsam mit weiteren Personen, die bei dem Termin ebenfalls anwesend waren. Auf die Frage des Anwalts und späteren Klägers, warum der Beklagte die Bilder angefertigt habe, gab dieser die fragwürdige Antwort, dass er die Fotos »zur Belustigung« gemacht habe. Nachdem er der Aufforderung des Rechtsanwalts, die Bilder zu löschen, nicht nachgekommen war, klagte dieser auf Unterlassung. [zB]

Der OGH gab dem Kläger recht und führte unter Berufung auf die Rechtsprechung des deutschen BGH, die tendenziell bereits die Herstellung von Personenaufnahmen ohne Einwilligung als Persönlichkeitsrechtsverletzung einstuft, aus:

[§]

»Der erkennende Senat schließt sich der Auffassung des deutschen Bundesgerichtshofs an. (...)

Das Recht am eigenen Bild stellt eine besondere Erscheinungsform des allgemeinen Persönlichkeitsrechts dar. Daher kann bereits die Herstellung eines Bildnisses ohne Einwilligung des Abgebildeten einen unzulässigen Eingriff in dessen allgemeines Persönlichkeitsrecht darstellen. Dabei wird das allgemeine Persönlichkeitsrecht des Betroffenen nicht nur dann verletzt, wenn Abbildungen einer Person in deren privatem Bereich angefertigt werden, um diese der Öffentlichkeit zugänglich zu machen. Vielmehr kann auch die Herstellung von Bildnissen einer Person in der Öffentlichkeit zugänglichen Bereichen und ohne Verbreitungsabsicht einen unzulässigen Eingriff in das Persönlichkeitsrecht des Betroffenen darstellen.«

Zwar bedarf es nach OGH – wie auch nach BGH – einer Interessenabwägung im Einzelfall. Es kommt auch entscheidend darauf an, ob und wie gut die abgebildete Person erkennbar ist, ob sie zielgerichtet fotografiert wurde oder das Interesse des Fotografen eigentlich auf etwas anderes gerichtet war. Die Aussage des Beklagten, er habe die Fotos nur »zur Belustigung« gemacht, war sicherlich nicht geeignet, ein schützenswertes Interesse des Beklagten erkennen zu lassen, der deshalb auch antragsgemäß zur Unterlassung verurteilt wurde. Als nicht entscheidend hat der OGH dabei im Übrigen die Tatsache angesehen, dass die Aufnahme im Zusammenhang mit einer Befundaufnahme durch den Sachverständigen gemacht worden war. Die Wiederholungsgefahr sah das Gericht auch als gegeben an, da der Beklagte sich geweigert hatte, die Aufnahme zu löschen, und seine Handlung im Verfahren noch verteidigt hatte.

Weitreichende Bedeutung des Urteils

Auch wenn – wie der OGH festgestellt hat – in jedem Einzelfall eine Interessenabwägung zwischen Fotograf und Fotografiertem erforderlich ist, ist dieses Urteil für den Bildnisschutz in Österreich von weitreichender Bedeutung, der damit deutlich restriktiver geworden ist und in der Zukunft möglicherweise sein wird, als dies bisher der Fall war.

Gerade im Hinblick auf das Prüfkriterium der Zielgerichtetheit der Aufnahme bleibt es jedoch dabei, dass auch in Zukunft Urlaubs- oder Partybilder, auf denen Personen zu erkennen sind, keine rechtlichen Probleme bereiten dürften. Allerdings wird die weitere Entwicklung der Rechtsprechung dazu abzuwarten sein.

[!]

Annäherung an die deutsche Rechtsprechung

Waren bislang in Österreich Herstellung und Veröffentlichung von Personenaufnahmen unproblematisch, solange dadurch berechtigte

Interessen der fotografierten Person nicht verletzt wurden, kann nach der neuesten Rechtsprechung des OGH zumindest in bestimmten Fällen bereits die Herstellung von Aufnahmen eine Persönlichkeitsrechtsverletzung darstellen.

10.1.10 Datenschutzrechtliche Vorschriften/DSGVO in Österreich

DSGVO

Die DSGVO gilt in Österreich – ebenso wie in Deutschland – als Mitgliedstaat der EU unmittelbar und ohne Transformation in nationales Recht, wenngleich Österreich neben Slowenien eines der Länder war, das gegen die Verabschiedung der DSGVO stimmte.

Allerdings hat Österreich durch ein Datenschutz-Anpassungsgesetz aus dem Jahre 2018, mit dem das Datenschutzgesetz (DSG 2018) an die DSGVO angeglichen wurde, einige Ausnahmen bzw. Abweichungen von der DSGVO beschlossen und diese dadurch deutlich entschärft.

Nutzung der Öffnungsklausel

Die aus meiner Sicht wichtigste Ausnahme ist die Nutzung der Öffnungsklausel des Art. 85 DSGVO in § 27 des DSG 2018. Dort heißt es:

[§]

»Soweit dies erforderlich ist, um das Recht auf Schutz der personenbezogenen Daten mit der Freiheit der Meinungsäußerung und der Informationsfreiheit in Einklang zu bringen, finden von der DSGVO die Kapitel II (Grundsätze), mit Ausnahme des Art. 5, Kapitel III (Rechte der betroffenen Person), Kapitel IV (Verantwortlicher und Auftragsverarbeiter), mit Ausnahme der Art. 28, 29 und 32, Kapitel V (Übermittlung personenbezogener Daten an Drittländer oder an internationale Organisationen), Kapitel VI (Unabhängige Aufsichtsbehörden), Kapitel VII (Zusammenarbeit und Kohärenz) und Kapitel IX (Vorschriften für besondere Verarbeitungssituationen) auf die Verarbeitung, die zu journalistischen Zwecken oder zu wissenschaftlichen, künstlerischen oder literarischen Zwecken erfolgt, keine Anwendung. Von den Bestimmungen dieses Bundesgesetzes ist in solchen Fällen nur §6 (Datengeheimnis) anzuwenden.«

Fotografie wird von der DSGVO im Wesentlichen nicht erfasst

Das bedeutet nichts anderes als die Nichtanwendbarkeit der Vorschriften der DSGVO auf die Verarbeitung von Daten, die zu journalistischen, wissenschaftlichen, künstlerischen oder literarischen Zwecken erfolgt, und dass hier nur auf das Datengeheimnis zu achten ist, das heißt, die Verarbeitung darf nur in dem jeweiligen Zusammenhang erfolgen und nicht auch zu anderen Zwecken. Damit hat Österreich – im Gegensatz zu Deutschland – eine gesetzliche Grundlage dafür geschaffen, dass der gesamte Bereich der journalistischen und künstlerischen Fotografie von der DSGVO nicht erfasst wird.

Gleichwohl gilt natürlich § 78 ÖUrhG weiter (siehe Abschnitt 10.1.9). Die wenigen Anwendungsgebiete, die dann noch übrig bleiben, werden zum größten Teil über die Erlaubnistatbestände der DSGVO zu regeln sein, sodass aus meiner Sicht die DSGVO für Fotografen in Österreich deutlich an Wirkung verloren hat.

Das Mindestalter für eine eigene Einwilligung, fotografiert zu werden, das nach der DSGVO 16 Jahre beträgt, hat Österreich im Gegensatz zu Deutschland im Datenschutz-Anpassungsgesetz in Übereinstimmung mit Art. 8 Abs. 1 DSGVO auf 14 Jahre herabgesetzt.

Das Recht der Verbandsklage, das es in Deutschland gibt, ist in Österreich nicht vorgesehen. Dort können Betroffene zwar gemeinnützige Vereinigungen und Organisationen mit der Durchsetzung ihrer Rechte beauftragen, es gibt jedoch keine eigene Kompetenz der Verbände, gegen Verletzungen vorzugehen, die die Vereinigung nicht selbst betreffen. Die Abmahnwut von Verbraucherverbänden wird damit deutlich abgekühlt.

Auch das Recht auf Löschung der gespeicherten Daten ist in Österreich eingeschränkt. Nach § 4 des DSG 2018 ist in Österreich die unverzügliche Löschung von Daten entbehrlich, wenn dies aus wirtschaftlichen oder technischen Gründen nur zu bestimmten Zeitpunkten vorgenommen werden kann. Bis zur Löschung ist die Verarbeitung der personenbezogenen Daten lediglich einzuschränken. Ob dies mit Art. 17 Abs. 1 DSGVO einer Überprüfung durch den EuGH standhalten wird, mag zweifelhaft sein, kann hier jedoch dahinstehen.

Als besonders erfreulich ist anzusehen, dass in Österreich der erstmalige Verstoß gegen die DSGVO grundsätzlich nicht mit finanziellen Sanktionen belegt ist, was wiederum die auf Abmahnungen spezialisierte Branche deutlich zurückhalten wird. Auch bei wiederholten Verstößen gegen die datenschutzrechtlichen Vorschriften dürfen Verwaltungsstrafen von maximal 50.000,00 € verhängt werden, wie sich aus § 69 DSG 2028 ergibt, wobei die Gerichte im Einzelfall über das Strafmaß anhand der Schwere des Falles zu entscheiden haben und es in der Regel bei Privatpersonen auch nicht zu Strafen in dieser Höhe kommen dürfte. Diese Limitierung des Strafmaßes gilt allerdings nur insoweit, als nicht aufgrund anderer Bestimmungen und Art. 83 DSGVO eine höhere Strafe zu verhängen ist. Das heißt, es besteht je nach Einzelfall durchaus auch die Möglichkeit, härtere Strafen zu verhängen. Dies gilt beispielsweise für den Fall, dass Datenverarbeitung vorsätzlich mit Gewinn- oder Schädigungsabsicht erfolgt (§ 70 DSG 2018). In diesem Fall beträgt das mögliche Strafmaß bis zu einem Jahr Haftstrafe oder eine Geldstrafe in Höhe von 720 Tagessätzen (21 Tagessatz entspricht 1/30 des Monatseinkommens).

Besser ist es natürlich auch in Österreich, Personen, die nicht in das Foto eingewilligt haben, so zu fotografieren, dass sie nicht erkennbar sind, sofern Sie nicht ohnehin als künstlerischer oder journalistischer Fotograf privilegiert sind. Dann sind Sie jedenfalls auf der sicheren Seite.

10.1.11 Der postmortale Persönlichkeitsschutz

Da es in Österreich keine dem § 22 KUG vergleichbare Vorschrift gibt, wonach eine Veröffentlichung von Bildnissen noch zehn Jahre nach dem Tod der Einwilligung der Angehörigen bedarf, stellt sich die Frage, ob die

Persönlichkeitsrechte nach österreichischem Recht mit dem Tod untergehen oder ob es insoweit einen postmortalen Urheberschutz gibt.

Von Letzterem geht der OGH aus und führt in seiner Entscheidung vom 29.08.2002 (6 Ob 283/01) aus:

> *»Obwohl die Persönlichkeitsrechte zu den unvererblichen Rechten zählen, steht dies einem postmortalen Persönlichkeitsschutz nicht entgegen. Der OGH hat bereits wiederholt ausgesprochen, dass die Bestimmung des § 16 ABGB (Anmerkung des Autors: Allgemeines bürgerliches Gesetzbuch) nicht als bloßer Programmsatz, sondern als Zentralnorm unserer Rechtsordnung anzusehen ist, da sie die Persönlichkeit als Grundwert anerkennt. Für Erben und nahe Angehörige wird die Schutzwürdigkeit der Ehre und der Privatsphäre des Verstorbenen bejaht und ausgeführt, dass Persönlichkeitsrechte insg. den Zweck haben, die freie Entfaltung der Persönlichkeit möglichst weitgehend zu gewährleisten. Da dieses Ziel nur verwirklicht werden kann, wenn auch nach dem Tod ein gewisser Schutz bestehen bleibe, geht der OGH somit vom Bestehen eines postmortalen Persönlichkeitsrechtes aus. Auch die dt. Rspr. anerkennt ein allgemeines postmortales Persönlichkeitsrecht, da es allgemein anerkannt sei, dass der Verstorbene nicht nur übertragbare materielle Werte hinterlasse, sondern dass auch immaterielle Güter seinen Tod überdauerten, die verletzbar und auch nach dem Tod noch schutzwürdig seien. Da das fortwirkende Lebensbild eines Verstorbenen wenigstens gegen grobe ehrverletzende Beeinträchtigungen weiterhin geschützt ist, werden nahe Angehörige daher grundsätzlich als prozessführungsbefugt angesehen. Auch die österr. Lehre anerkennt den Schutz der Persönlichkeit eines Verstorbenen selbst über dessen Tod hinaus. Das aus § 16 ABGB abzuleitende Persönlichkeitsrecht beruhe zudem auf Wertungen, die aus einer Reihe von Vorschriften, die über die gesamte Rechtsordnung verstreut seien, hervorkommen. Diese hätten den Zweck, die freie Entfaltung der Persönlichkeit möglichst weitgehend zu gewährleisten. Dieses Ziel könne nur verwirklicht werden, wenn auch nach dem Tod ein gewisser Schutz bestehen bleibe.«* [§]

Dies trifft allerdings nicht ganz den Kern des § 22 KUG, der ja schon für die Veröffentlichung eines Bildnisses nach dem Tode des Abgebildeten die Einwilligung der Angehörigen fordert. Mangels einer vergleichbaren Regelung kann das Bildnis, das von einem Verstorbenen zu Lebzeiten gemacht wurde, ohne die Einwilligung der Angehörigen veröffentlicht werden. Dabei ist allerdings der postmortale Persönlichkeitsschutz zu beachten, der jedoch zeitlich nicht ausdrücklich befristet ist. Es wird deshalb – wie im deutschen Recht – davon auszugehen sein, dass der postmortale Persönlichkeitsschutz mit zunehmendem zeitlichem Abstand zum Tod immer mehr verblasst.

10.1.12 UAS – das Recht in Österreich

Multicopter

Auch in Österreich sind unbemannte Luftfahrzeuge beliebt. Im Jahr 2015 wurden dort laut einem Bericht des ORF ca. 20.000 Stück an private Endverbraucher verkauft. Aktuelle verifizierte Zahlen sind zumindest für privat genutzte UAS nicht bekannt, während man im Internet lesen kann, dass der Bestand der gewerblichen Drohnen stetig steigt, allerdings nicht in dem Maße wie in der Bundesrepublik Deutschland. Ich habe lediglich auf der Website der Motorflugunion Klosterneuburg (*www.mfu.at*) eine Aussage gefunden, wonach – man beachte den Konjunktiv – Anfang 2021 die Anzahl der Drohnen mehr als 100.000 betragen haben dürfte. Es fehlt allerdings an Belegen ebenso wie an einer Differenzierung zwischen privat und gewerblich genutzten Drohnen, sodass man die Zahl eigentlich nur zur Kenntnis nehmen, nicht jedoch verifizieren kann.

EU-Drohnenverordnung

Die gesetzlichen Bestimmungen | In der Vorauflage war es noch erforderlich, detailliert auf das österreichische Luftverkehrsgesetz (LFG) einzugehen, das stärkere Einschränkungen vorsah als die deutsche LuftVO. Nun gilt seit dem 31.12.2020 auch in Österreich als Mitgliedstaat der EU die EU-Drohnenverordnung (EU-VO). Aus diesem Grunde kann ich auf die Ausführungen in Kapitel 5, »Unbemannte Luftfahrtsysteme«, verweisen und mich an dieser Stelle nur den österreichischen Besonderheiten widmen. Aber dies sind nicht viele.

Austro-Control

Erwerb von Kenntnisnachweisen und Registrierung | Für die Registrierung und die Prüfungen ist in Österreich die *Austro Control*, das Pendant zur DFS, zuständig, und zwar auch für das EU-Fernpiloten-Zeugnis. Inhalt und Verlauf der Prüfungen sind natürlich, weil in der EU-VO geregelt, gleich. Das gilt auch für das Registrierungsverfahren.

Die Austro Control hat für die Registrierung und die Erlangung der Kenntnisnachweise eine Seite im Internet unter *dronespace.at* eingerichtet, aus der alle Einzelheiten zu ersehen sind und über die die Registrierung und die Kenntnisnachweise erfolgen. Von dieser Seite können Sie auch eine App mit vielen Funktionen, u. a. umfangreiches Kartenmaterial von Austro Control, herunterladen.

Die zwingende Registrierung des Betreibers ist – Stand Juli 2021 – mit Gebühren in Höhe von 31,20 € verbunden, der EU-Kompetenznachweis ist gebührenfrei. Die Gebühr für die Prüfung zum EU-Fernpiloten-Zeugnis beträgt 14,40 €. Dabei besteht der Unterschied zu Deutschland, dass es sich in Österreich um eine Präsenzprüfung vor Ort bei der Austro Control handelt, während – wie gesehen – in Deutschland die Prüfung von zertifizierten Prüfstellen online abgenommen wird, und der Erwerb der EU-Fernpiloten-Zeugnisses in Österreich deutlich günstiger ist als in Deutschland.

Haftpflichtversicherung | Die Haftpflichtversicherung ist auch in Österreich natürlich Pflicht und Voraussetzung, sich überhaupt als Betreiber registrieren zu lassen. Sie beträgt in Österreich mindestens eine Deckungssumme von 1 Million Euro (empfohlen werden allerdings 3 Millionen) und zusätzlich 750.000,00 Sonderziehungsrechte (SDR), eine internationale Kennzahl und Standard im zwischenstaatlichen Luftverkehr. Bei einem Umrechnungsfaktor von 1 € = 0,83157 SDR (Stand: 08.07.2021) sind dies 901.908,43 €. Da sich dieser Umrechnungsfaktor immer wieder verändert, empfiehlt es sich, dies bei der Festlegung der Deckungssumme bei der Haftpflichtversicherung zu berücksichtigen.

Flugverbotszonen | Die derzeit bestehenden Flugverbotszonen (*No-Drone Zones*) werden sich nach Angaben von Austro Control einstweilen nicht ändern. So sind etwa Drohnenflüge in der Nähe von Flughäfen oder militärischen Einrichtungen auch zukünftig strengstens verboten!

Eine Übersicht über die Flugverbotszonen ist auf der Seite *www.airandmore.at/* unter dem Suchbegriff »no-drone-zones in Östereich« zu finden, auf die ich an dieser Stelle verweisen möchte. Im Zuge der in Kapitel 5 beschriebenen GEO-Systematik wird momentan davon ausgegangen, dass die GEO-Gebiete mit denen der heutigen Flugverbotszonen identisch sein werden.

Zeitliche Beschränkungen | Austro Control hat mitgeteilt, dass mit UAS täglich von Sonnenaufgang bis Sonnenuntergang geflogen werden kann. Hieraus kann man ableiten, dass auch an Wochenenden geflogen werden darf, was vor dem Inkrafttreten der EU-VO nicht der Fall war. Da galt nämlich ein generelles Betriebsverbot an Sonntagen und an Samstagen ab 14:00 Uhr.

Bisherige Bescheinigungen | Prüfungsnachweise in Kombination mit Betriebsbewilligungen bleiben noch bis zum 31.12.2022 gültig, können jedoch nicht in einen EU-Kompetenznachweis umgewandelt werden, das heißt, innerhalb dieser Übergangsfrist muss der EU-Kompetenznachweis erbracht werden, sofern man UAS von 250 g und mehr fliegen möchte. Hierzu teilte Austro Control mit:

> *»Die Bewilligungen, welche jetzt nach nationalem Recht ausgestellt werden, sind gemäß den Übergangsregelungen der EU-VO bis maximal 31.12.2021 gültig. Ab der Anwendbarkeit der EU-VO (31.12.2020) können nur mehr Bewilligungen gemäß EU-Regulativ ausgestellt werden, eine Verlängerung bestehender nationaler Bewilligungen ist dann ohnehin nicht mehr möglich.«*
> *(Quelle: www.airandmore.at)*

[§]

10.2 Schweiz

Im Ergebnis, dies sei vorweggesagt, hat auch die Eidgenossenschaft der Schweiz eine mit den deutschen Regeln durchaus vergleichbare Rechtslage. Es gibt allerdings auch hier einige Unterschiede, die es zu beachten gilt.

Das erste Urheberrechtsgesetz der Schweiz stammt bereits aus dem Jahr 1883. Das heute gültige Schweizer »Bundesgesetz über das Urheberrecht und verwandte Schutzrechte« (URG) trat am 01.07.1993 in Kraft und wurde letztmals im Jahr 2019 novelliert. Bei dieser Novelle (Neufassung oder Überarbeitung eines Gesetzes) wurde eine Änderung des Art. 2 URG von großer Bedeutung und Tragweite vorgenommen, die am 27.09.2019 in das Gesetz eingefügt wurde und zum 01.04.2020 in Kraft getreten ist. Ich komme hierauf direkt im nächsten Abschnitt zu sprechen. Das Schweizer URG und andere Schweizer Gesetze finden Sie im Wortlaut über die Website *www.admin.ch*.

Anderes Konzept beim Urheberrecht

Die Schweiz verfolgt mit ihren Regelungen zum Urheberrecht ein etwas anderes Konzept, weshalb sich das schweizerische URG in seinem Aufbau und Inhalt von den Gesetzen in Deutschland und Österreich deutlich unterscheidet.

10.2.1 Lichtbildwerk und Lichtbild – das Problem der Schöpfungshöhe

Keine Unterscheidung zwischen Lichtbildwerken und Lichtbildern

Zunächst fällt auf, dass nach Art. 2 Abs. 2 lit. g URG grundsätzlich fotografische und filmische Werke geschützt sind. Das schweizerische Recht unterscheidet damit – anders als das deutsche und österreichische – nicht zwischen Lichtbildwerken und Lichtbildern bzw. zwischen Filmwerken und Laufbildern. Über viele Jahre wurde bei jeder Fotografie und jedem Film im Zusammenhang mit der Beurteilung eines urheberrechtlichen Schutzes geprüft, ob im Einzelfall eine ausreichende Schöpfungshöhe vorliegt, die zur Anerkennung eines urheberrechtlich geschützten Werkes führt oder nicht.

Dies hatte seinen Grund in Art. 2 Abs. 1 URG, in dem Folgendes geregelt war:

[§]

> *»Werke sind, unabhängig von ihrem Wert oder Zweck, geistige Schöpfungen der Literatur und Kunst, die individuellen Charakter haben.«*

Sehr kritische Betrachtung der Schöpfungshöhe

Entsprechend dem zweiten Halbsatz dieser Vorschrift musste also immer zunächst geprüft werden, ob im Einzelfall das Werk (hier Foto bzw. Video) einen individuellen Charakter hatte und damit urheberrechtlichen Schutz genoss. Betrachtet man die schweizerische Rechtsprechung, so setzte sie sich im Einzelfall regelmäßig sehr kritisch mit der Frage auseinander, ob tatsächlich Individualität vorlag oder ob einer Fotografie nicht der urheberrechtliche Schutz zu versagen war, weil es sich um eine belanglose Aufnahme, einen sogenannten *Schnappschuss*, handelte. Wo nach deutschen und österreichischen Maßstäben in den meisten Fällen zumindest ein Lichtbild, wenn nicht sogar ein Lichtbildwerk vorliegt, war dies nach schweizerischen Maßstäben meistens durchaus fraglich, und häufig wurde von der Rechtsprechung ein urheberrechtlicher Schutz für Fotografien abgelehnt, wegen fehlender Individualität, was für uns etwas unverständlich war.

◄ **Abbildung 10.4**
Ein solch typischer Schnappschuss aus dem Urlaub genoss in der Schweiz keinen Urheberschutz.

Änderung in Art. 2 URG

Durch die angesprochene Änderung in Art. 2 URG hat sich dies völlig geändert. In Art. 2 wurden zwei weitere Absätze eingefügt, die wie folgt lauten:

[§]

> *»3bis Fotografische Wiedergaben und mit einem der Fotografie ähnlichen Verfahren hergestellte Wiedergaben dreidimensionaler Objekte gelten als Werke, auch wenn sie keinen individuellen Charakter haben.*
>
> *4 Ebenfalls geschützt sind Entwürfe, Titel und Teile von Werken, sofern es sich um geistige Schöpfungen mit individuellem Charakter handelt.«*

Damit sind Fotos auch nach dem schweizerischen Urheberrecht Werke, die den urheberrechtlichen Schutz genießen, und zwar unabhängig davon, ob sie von Profifotografen oder von Amateuren angefertigt wurden. Dies gilt auch für diejenigen Fotografien, die vor der Gesetzesänderung gemacht wurden, sofern sie zwischenzeitlich nicht gemeinfrei geworden sind.

Eine Einschränkung besteht insoweit, als von dieser Neuregelung nur die Aufnahmen von dreidimensionalen Objekten erfasst werden. Urheberrechtlichen Schutz genießen somit beispielsweise nicht Reproduktionen oder Fotos von Fotos.

Enorme praktische Konsequenzen

Dass diese Änderung enorme praktische Konsequenzen hat, liegt auf der Hand. Es besteht nun in der Schweiz eine vergleichbare Rechtslage zu derjenigen in Deutschland oder Österreich, was den urheberrechtlichen Schutz von Fotografien betrifft. Es wird kaum mehr Verfahren geben, in denen es ausschließlich darum geht, ob ein bestimmtes Foto genauso gut von einer anderen Person hätte gemacht werden können, und bei Bildrechtsverletzungen wird sich der Verletzer kaum mehr damit verteidigen kann, dem Foto, das er widerrechtlich benutzt, fehle die Individualität und es sei deshalb gar nicht geschützt.

[!]

Seit 2020 sind Fotos urheberrechtlich geschützte Werke
Durch die Änderung in Art. 2 URG gelten Fotos auch dann als Werke, wenn sie keinen individuellen Charakter haben, und genießen damit Urheberschutz.

Um die Bedeutung dieser Änderung deutlich zu machen, möchte ich dennoch im Folgenden kurz auf einige Entscheidungen der Gerichte eingehen, die aufgrund der alten Rechtslage ergangen sind, und damit den großen Unterschied zu der seit Jahrzehnten bereits bestehenden Rechtslage in Deutschland und Österreich veranschaulichen.

»Bob-Marley-Entscheidung«

Sehr aufschlussreich für die Frage der Schöpfungshöhe waren die »Bob-Marley-Entscheidung« des Schweizerischen Bundesgerichts (BG), des Pendants zum BGH in Deutschland und zum OGH in Österreich (Urteil vom 05.09.2002 – BGE 130 III 168) sowie die Vorentscheidung des Züricher Obergerichts:

In diesem Fall ging es um ein durchaus anspruchsvolles, fotografisches Porträt des bekannten Künstlers, welches in Deutschland, aber auch in Österreich, zweifellos Urheberschutz als Bildwerk genossen hätte. In der Schweiz wurde dem Foto erstinstanzlich vom Züricher Obergericht jegliche Werkqualität und damit der Urheberschutz abgesprochen, weil es sich ja nur um einen Schnappschuss gehandelt habe.

Zwar hat das Schweizerische Bundesgericht die Entscheidung des Obergerichts in Zürich aufgehoben und einen urheberrechtlichen Schutz bejaht. Die Tatsache jedoch, dass sich das oberste Zivilgericht der Schweiz mit diesem Fall zu befassen hatte und dass ein oberstes Kantonsgericht hier jeden Urheberrechtsschutz verneint hat, zeigt, dass an die Schöpfungshöhe in der Schweiz deutlich höhere Anforderungen gestellt wurden als in Deutschland und Österreich. Das hatte sicherlich auch damit zu tun, dass es eine »geringerwertige« Klassifizierung eines Fotos als Lichtbild in der Schweiz bis heute nicht gibt.

◀ **Abbildung 10.5**
Auch dieser sicherlich über einen einfachen Schnappschuss hinausgehenden Aufnahme mit gewissen gestalterischen Elementen war in der Schweiz ein Urheberrechtsschutz zu versagen.

Urteilsbegründung des Bundesgerichts

Das BG führte in seiner Urteilsbegründung aus, dass weder aus dem Einsatz fototechnischer Mittel automatisch auf eine Werkqualität geschlossen werden kann noch dass beim Fehlen besonderer fotografischer Techniken grundsätzlich das Vorliegen eines schöpferischen Werkes abzulehnen sei.

◀ **Abbildung 10.6**
Selbst bei dieser Aufnahme mit erkennbarer Bildidee des Fotografen war nicht sicher, ob ein Schweizer Gericht eine ausreichende Schöpfungshöhe zubilligen würde.

Jede Fotografie sei unabhängig von den Umständen ihrer Entstehung zu beurteilen, wobei ausschließlich die Individualität des Werkes maßgebend sei. Im konkreten Fall kam das BG zu dem Ergebnis, dass das Foto durchaus individuellen Charakter habe, der in der besonderen Mimik des Sängers, seinen fliegenden Haaren und dem auf der Aufnahme zu erkennenden Schattenwurf zu sehen sei. Damit komme der Gestaltungswille des Fotografen zum Ausdruck, weshalb eine schöpferische Leistung und deshalb ein schutzfähiges Werk anzuerkennen sei.

»Christoph-Meili-Entscheidung«

Der nach alter Rechtslage strenge Beurteilungsmaßstab der Schweizer Rechtsprechung, ob im Einzelfall ein Werk nach Art. 2 Abs. 1 URG vorliegt, wird auch an einer anderen Entscheidung deutlich, bei der sich das BG ebenfalls mit der Frage zu befassen hatte, ob eine ausreichende Schöpfungshöhe vorlag. Dabei handelt es sich um die sogenannte »Christoph-Meili-Entscheidung« (Urteil vom 19.04.2004 – BGE 130 III 714).

Bei dieser Entscheidung hat auch das BG der Schweiz jeglichen Urheberschutz für ein Foto verneint. Das BG schloss sich hier der Auffassung der Vorinstanz an und versagte der Fotografie den urheberrechtlichen Schutz, den es in Deutschland und Österreich genossen hätte.

Urteilsbegründung des Bundesgerichts

Das BG begründete seine Entscheidung damit, die Fotografin habe bei der Anfertigung des Fotos einen an sich bestehenden Gestaltungsspielraum weder in fototechnischer noch in konzeptioneller Hinsicht genutzt, sodass sich ihre Fotografie nicht vom allgemein Üblichen abhebe, weshalb ihr kein Werkcharakter zukäme.

Entscheidend ist die Schöpfungshöhe

Die Rechtsprechung in der Schweiz stellte demnach darauf ab, ob – abgesehen von der Betätigung des Auslösers – ein kreatives Element mit ausreichender Schöpfungshöhe des Fotografen hinzukommt (in diesem Fall bestand Schutz nach URG) oder ob neben der Betätigung des Auslösers nur der Zufall eine Rolle spielt, es sich also um banale und alltägliche Schnappschüsse ohne jede Individualität handelt – dann bestand kein Schutz nach URG. Ob das fotografierte Ereignis als solches einmalig war, spielte nach der Rechtsprechung des BG keinerlei Rolle. Ebenso wenig kam es darauf an, ob der Fotograf einen künstlerischen Ruf genoss. In der Bob-Marley-Entscheidung stellte das BG ausdrücklich klar, dass die Werkindividualität und nicht die Künstlerindividualität maßgebend sei.

[zB]

Schließlich musste noch im Jahre 2016 ein Fotograf eine Niederlage vor dem Appellationsgericht Basel-Stadt (Urteil vom 20.05.2016 – ZK.2015.9) hinnehmen, welches ihm für ein Panoramafoto der Stadt Basel, was noch unserem Rechtsverständnis zweifellos Urheberrechtschutz genossen hat, jeglichen Schutz versagt und den Fotografen zur Zahlung der nicht unerheblichen Verfahrenskosten verurteilt hat. Auch hier lautete die Begründung, eine Fotografie sei dann ein Werk im Sinne des Urheberrechts, wenn sie eine geistige Schöpfung mit individuellem Charakter sei. Lediglich handwerklich gekonnte Fotografien seien nicht geschützt. Nicht der Herstellungsvorgang, sondern das Ergebnis muss Ausdruck einer Gedankenäußerung mit individuellem Charakter sein.

Auch an diesem Beispiel wird deutlich, wie unterschiedlich die Sichtweise des Urheberrechts in der Schweiz gewesen ist, und welche weitreichende Bedeutung die Gesetzesänderung von 2020 für Fotografen hat.

Schutzfristen

Für nicht ganz konsequent umgesetzt halte ich allerdings die Änderung in Art. 2 in Bezug auf die Schutzfristen, die in Art. 29 URG geregelt sind. Denn die Schutzfrist für fotografische Wiedergaben, die keinen individuellen Charakter haben, beträgt 50 Jahre, während für alle anderen Werke, wozu nach meinem Verständnis auch die fotografischen Wiedergaben gehören, die einen individuellen Charakter haben, eine Schutzfrist von 70 Jahren gilt, womit die Schweiz die Schutzfristen für Werke den europäischen Bestimmungen angleichen wollte. Dies bedeutet aber aus meiner Sicht, dass dann, wenn es um die Frage der im Einzelfall geltenden Schutzfrist geht, doch offenbar wieder zu prüfen ist, ob der fotografischen Wiedergabe ein individueller Charakter zukommt oder nicht.

10.2.2 Übertragbarkeit des Urheberrechts

Urheberrecht ist übertragbar

Anders als in Deutschland und in Österreich ist in der Schweiz das Urheberrecht als solches übertragbar. Dies ergibt sich aus Art. 16 URG. Allerdings ist mit der reinen Eigentumsübertragung des urheberrechtlich geschützten Gegenstands noch keine urheberrechtliche Verwendungsbefugnis verbunden (Art. 16 Abs. 3 URG). Es ist deshalb ein Vertrag erforderlich, durch den das Urheberrecht übertragen wird. Das URG enthält dazu allerdings keine Regelung; dieser Vertrag folgt dann den allgemeinen Regeln des schweizerischen Obligationenrechts (Schuldrecht). Auf weitere Einzelheiten kann ich an dieser Stelle nicht eingehen.

Die Tatsache, dass ein Urheberrecht übertragbar ist, macht es logischerweise nicht zwingend erforderlich, bezüglich der Übertragung von Nutzungsrechten besondere Regelungen zu treffen, die in Deutschland und Österreich erforderlich sind, um die Urheberrechte des Urhebers zu sichern, wenn er die Nutzung seines Werkes einem Dritten gestattet. Folglich sucht man im URG vergeblich nach Bestimmungen über die Einräumung von Nutzungsrechten. Natürlich können auch in der Schweiz Nutzungsrechte erteilt werden, es muss nicht gleich das Urheberrecht als Ganzes übertragen werden. Entsprechende Regeln finden sich jedoch im Schweizer Obligationenrecht und nicht im URG.

Verzicht auf das Urheberrecht

Auf Urheberrechte kann in der Schweiz aber auch verzichtet werden. Dann erlischt das Urheberrecht, und das Werk wird gemeinfrei.

[!]

Übertragbarkeit des Urheberrechts

In der Schweiz ist das Urheberrecht als solches übertragbar. Auf ein Urheberrecht kann in der Schweiz auch gänzlich verzichtet werden. Beides ist in Deutschland und Österreich nicht möglich.

Kein Rückrufsrecht ohne zusätzliche Regelung

Unbekannt ist dem Schweizer Recht auch die in Deutschland und Österreich bestehende Möglichkeit des Rückrufs, wenn derjenige, dem eine Lizenz zur Nutzung erteilt wurde, innerhalb einer gewissen Zeitspanne keinen Gebrauch davon macht. Man argumentiert dabei – für mich durchaus nachvollziehbar – so, dass bei einer Rechtsübertragung der Veräußerer des Rechts die Kontrolle über dessen zukünftige Verwendung endgültig verliert, sich dagegen jedoch durch eine entsprechende vertragliche Gestaltung schützen kann, wenn er diese Konsequenz nicht eintreten lassen möchte.

[!]

Kein Widerrufsrecht wegen Nichtausübung eines Nutzungsrechts
In der Schweiz muss sich der Fotograf vertraglich absichern, wenn ein ausschließliches Nutzungsrecht wegen Nichtausübung zurückgerufen werden soll.

10.2.3 Urheberpersönlichkeitsrechte

Auch die Schweiz kennt sogenannte *Urheberpersönlichkeitsrechte*, worunter die Rechte auf Integrität des Werkes zusammengefasst werden.

Die Urheberpersönlichkeitsrechte verbleiben dagegen zeitlebens beim Urheber, auch wenn er über seine Rechte am Werk durch einen Nutzungsvertrag verfügt hat. Unter dem Urheberpersönlichkeitsrecht versteht man in der Schweiz allerdings nicht bestimmte Gesetzesnormen, sondern das Urheberpersönlichkeitsrecht wird als Bestandteil des allgemeinen Persönlichkeitsrechts verstanden, durch das der Urheber in seinen ideellen Beziehungen zu seinem Werk geschützt wird. Das BG hat das Urheberpersönlichkeitsrecht in mehreren Entscheidungen ausdrücklich anerkannt.

In einem Urteil aus dem Jahr 1984 (Urteil vom 02.10.1984, 110 II 411) hat das BG unter Hinweis auf seine frühere Rechtsprechung festgestellt:

[§]

»Das Urheberrechtsgesetz will dem Urheber vor allem die Verwendung seines Werkes als Vermögenswert sichern, ihn vor unrechtmässiger Nutzung seiner Rechte durch Dritte schützen (BGE 64 II 167). Er ist, neben seinen vermögensrechtlichen Befugnissen am Werk, auch in seinen Beziehungen zum Werk, d. h. in seinem Urheberpersönlichkeitsrecht (droit moral) geschützt, das als Teil oder besondere Seite des allgemeinen Persönlichkeitsrechts aufgefasst wird und selbst bei Abtretung der Nutzungsrechte mit seiner Person verknüpft bleibt (BGE 96 II 420 E. 6, 84 II 573).«

Darüber hinaus heißt es in dem Urteil des BG vom 17.06.1987 – BGE 11II 306:

[§]

»Nach schweizerischer Rechtsauffassung und Gesetzgebung ist der Urheber nicht nur in seinen vermögensrechtlichen Befugnissen am Werk, sondern auch in seinen persönlichen Beziehungen zum Werk, d. h. in seinem Urheberpersönlichkeitsrecht, geschützt, das als Teil oder besondere Seite des allgemeinen Persönlichkeitsrechtes aufgefasst wird.«

10.2.4 Panoramafreiheit

Die Panoramafreiheit ist in Art. 27 URG geregelt:

»Ein Werk, das sich bleibend an oder auf allgemein zugänglichem Grund befindet, darf abgebildet werden; die Abbildung darf angeboten, veräussert, gesendet oder sonst wie verbreitet werden.

Die Abbildung darf nicht dreidimensional und auch nicht zum gleichen Zweck wie das Original verwendbar sein.«

[§]

»Allgemein zugänglich«

Ein Unterschied zur deutschen Regelung in § 59 UrhG ergibt sich daraus, dass gesetzlich nicht normiert ist, dass die Aufnahme von öffentlichen Wegen, Straßen und Plätzen gemacht werden muss, um das Privileg der Panoramafreiheit beanspruchen zu können. Damit in der Schweiz die Panoramafreiheit greift, reicht es aus, dass der Grund, von dem die Aufnahme gemacht wurde, allgemein zugänglich ist. Öffentlich zugänglich ist damit zum Beispiel auch eine im Privatbesitz befindliche Parkeinlage, wobei es nicht darauf ankommt, ob sie nachts geschlossen wird. Die Fotografie des Hundertwasserhauses in Wien in dem geschilderten Fall wäre aber auch nach Schweizer Recht nicht von der Panoramafreiheit gedeckt, da der gegenüberliegende Balkon, von dem aus die Aufnahmen gemacht wurden, nicht frei zugänglich gewesen ist.

Panoramafreiheit in der Schweiz

Nach schweizerischem Recht reicht es aus, dass die Aufnahme von einem allgemein zugänglichen Grund gemacht wurde.

[!]

Innenaufnahmen

Ob Innenaufnahmen unter die Panoramafreiheit fallen, wird kontrovers diskutiert. Ein entsprechender ausdrücklicher Ausschluss wie in § 59 UrhG fehlt in Art. 27 URG. Die überwiegende Meinung geht jedoch davon aus, dass Innenaufnahmen nicht von Art. 27 gedeckt sind.

»Bleibend«

Das Merkmal »bleibend« entspricht der deutschen Regelung und der dazu ergangenen Rechtsprechung (siehe Abschnitt 2.2.4, Stichwort »Reichstagsverhüllung durch Christo«).

Hilfsmittel

Nicht eindeutig geklärt ist die Frage, wie die Benutzung von Hilfsmitteln rechtlich zu werten ist. Da sich diese Einschränkung – wie in Deutschland – nicht aus dem Gesetz ergibt, sondern von der Rechtsprechung entwickelt wurde, gehe ich davon aus, dass es auch in der Schweiz erlaubt ist, Hilfsmittel zu verwenden, solange man damit auf allgemein zugänglichem Grund bleibt.

10.2.5 Abwehr von Urheberrechtsverletzungen

Die Durchsetzung von Rechten bei Rechtsverletzungen ist im URG nur vergleichsweise knapp in Art. 61 bis 66a geregelt. Hier wird man zum näheren Verständnis die allgemeinen zivilprozessualen Grundsätze ergänzend heranziehen müssen, was an dieser Stelle jedoch nicht weiter vertieft werden kann. Man möge mir nachsehen, dass mir jede prozessuale Erfahrung in der Schweiz fehlt. Ich gehe aber auch hier davon aus, dass sich Betroffene im Falle eines Falles vor Ort kompetenter Anwälte bedienen werden.

10.2.6 Strafvorschriften

Wesentlich ausführlicher als im UrhG und ÖUrhG sind im URG die Strafbestimmungen geregelt. Die Art. 67 bis 73 regeln detailliert die einzelnen Straftatbestände. Insoweit verweise ich Sie auf die Lektüre des Gesetzestextes.

10.2.7 Verwertungsgesellschaften

Ein großer Teil des URG befasst sich mit dem Recht der Verwertungsgesellschaften, der Aufsicht über diese und der Aufsicht über Tarife (Art. 40–60 URG). Entsprechende Regelungen findet man weder im UrhG noch im ÖUrhG. In Deutschland sind die Rechte und Pflichten der Verwertungsgesellschaften seit dem 01.06.2016 im Verwertungsgesellschaftengesetz (VGG – *www.gesetze-im-internet.de/vgg*) geregelt, das durch die Umsetzung einer EU-Richtlinie (RiLi 2014/26/EU) an die Stelle des bis zum 31.05.2016 geltenden Urheberwahrnehmungsgesetz (UrhWG) getreten ist. Auf weitere Einzelheiten werde ich hier nicht näher eingehen, da sich dieses Buch ausschließlich mit dem materiellen Bild- und Fotorecht befasst.

10.2.8 Eigentum an Negativen, Dias und Dateien

Die Bildträger wie Negative, Dias und Dateien gehören nach Schweizer Rechtsverständnis bei Auftragsarbeiten dem Auftraggeber, müssen also vom Fotografen an diesen herausgegeben werden. Dies sollte man aus deutscher Sicht berücksichtigen, wenn man mit einem Auftraggeber aus der Schweiz einen Vertrag abschließt, der im Zweifel ein Werklieferungsvertrag nach § 363 des Obligationenrechts (OR) ist. Im Rahmen der Privatautonomie kann natürlich etwas anderes vereinbart werden, weshalb Sie bei Vertragsschluss darauf achten sollten.

[!]

Herausgabepflicht von Negativen und Dateien

Im Gegensatz zur Rechtslage in Deutschland müssen bei einem Fotoauftrag dem Auftraggeber die Negative, Dias oder Dateien ausgehändigt werden, soweit nichts anderes vereinbart wurde. Dies gilt allerdings nur für die Auftragsfotografie und natürlich nicht in den Fällen, in denen ein Kunde eine Fotografie aus dem Bestand des Fotografen kauft.

10.2.9 Der Bildnisschutz

Ebenso wenig wie das österreichische Recht kennt das Recht in der Schweiz ein mit dem deutschen Kunsturhebergesetz (KUG) vergleichbares Gesetz, in dem der Bildnisschutz ausdrücklich geregelt ist. Gab es im ÖUrhG noch die Vorschrift des § 78 ÖUrhG, die allerdings durch das zitierte Urteil des OGH (siehe Abschnitt 10.1.9) eine neue Dimension erfahren hat, so enthält das URG der Eidgenossenschaft keinerlei Bestimmungen über den Bildnisschutz.

Allgemeines Persönlichkeitsrecht

Die Frage, was verboten und was erlaubt ist, richtet sich in der Schweiz nach dem allgemeinen Persönlichkeitsrecht. Dieses ist im Zivilgesetzbuch der Schweiz (ZGB) sehr ausführlich in mehreren Paragrafen geregelt, von denen hier die grundsätzliche Bestimmung des Art. 28 von Bedeutung ist, aus dem Rechtsprechung und Literatur in der Schweiz den Bildnisschutz ableiten:

[§]

»1. Grundsatz

1 Wer in seiner Persönlichkeit widerrechtlich verletzt wird, kann zu seinem Schutz gegen jeden, der an der Verletzung mitwirkt, das Gericht anrufen.

2 Eine Verletzung ist widerrechtlich, wenn sie nicht durch Einwilligung des Verletzten, durch ein überwiegendes privates oder öffentliches Interesse oder durch Gesetz gerechtfertigt ist.«

Ergänzend dazu spielen auch Art. 10 Abs. 2 der schweizerischen Bundesverfassung (BV), in dem das Recht auf persönliche Freiheit verankert ist.

Annäherung an die DSGVO

Gegebenenfalls liegt auch eine Persönlichkeitsverletzung nach Art. 30 des neuen Bundesgesetzes über den Datenschutz (DSG) vom 25.09.2020 vor, welches eine Annäherung der Schweiz an die DSGVO darstellt. Die DSGVO gilt im Regelfall nicht unmittelbar in der Schweiz, da diese kein Mitgliedstaat der EU ist. Nur dann, wenn Daten von natürlichen Personen in der EU verarbeitet werden und wenn die Verarbeitung dazu dient, entweder diesen Personen Waren oder Dienstleistungen anzubieten oder das Verhalten dieser Personen zu verfolgen, sofern dieses Verhalten in einem Mitgliedstaat der EU erfolgt, muss auch in der Schweiz die DSGVO angewendet werden. Dies ergibt sich aus Art. 3 Abs. 2 der DSGVO. In Kapitel 5 (»Besondere Bestimmungen zur Datenbearbeitung durch private Personen«) des neuen schweizerischen DSG sind in den Art. 30–32 die Persönlichkeitsverletzungen, Rechtfertigungsgründe und Rechtsansprüche geregelt. Danach stellt es eine Persönlichkeitsverletzung dar, wenn Personendaten gegen den ausdrücklichen Willen der Person bearbeitet werden und hierfür kein Rechtfertigungsgrund (überwiegendes öffentliches oder privates Interesse oder gesetzliche Ermächtigung) vorliegt.

[!]

Bildnisschutz in der Schweiz
Eine gegen den Willen einer Person veröffentlichte Fotografie ist nach schweizerischem Recht nicht nur eine Verletzung des Rechts am eigenen Bild, das aus Art. 28 Abs. 2 ZGB abgeleitet wird, sondern gleichzeitig immer eine Verletzung des im Datenschutzgesetz verankerten Rechts auf freie Selbstbestimmung, sofern keine Einwilligung oder ein Rechtfertigungsgrund vorliegt.

Abbildung 10.7 ▶ Ohne Einwilligung stellt dieses Bild in der Schweiz eine Persönlichkeitsrechtsverletzung dar.

Was ist erlaubt und was nicht?

Wo sind nun die Grenzen des Bildnisschutzes nach Schweizer Recht, was ist erlaubt, und was stellt dagegen eine Verletzungshandlung dar? Als Grundsatz kann festgestellt werden, dass das Recht am eigenen Bild auch in der Schweiz bedeutet, dass Bildnisse nur mit Zustimmung der abgebildeten Person(en) angefertigt und veröffentlicht werden dürfen. Es gilt hier im Wesentlichen das, was ich in Kapitel 3, »Menschen«, und Kapitel 4, »Datenschutz«, für die Rechtslage in Deutschland bereits ausgeführt habe.

Es muss – so definieren es Literatur und Rechtsprechung in der Schweiz – eine spürbare Beeinträchtigung und damit eine gewisse Intensität der

Rechtsverletzung vorliegen. Nicht jede Beeinträchtigung stellt auch gleich eine Rechtsverletzung dar. Ob dies der Fall ist, kann jeweils nur im Rahmen einer Einzelfallprüfung festgestellt werden.

Subjektive und objektive Erkennbarkeit | Zunächst ist Voraussetzung, dass – wie im deutschen Recht – überhaupt Erkennbarkeit vorliegt. Anders als im deutschen Recht, wo es ausreicht, dass der Betroffene begründeten Anlass zu der Annahme hat, dass er erkannt wird (siehe Abschnitt 3.2.1), ist nach schweizerischem Recht neben der subjektiven Erkennbarkeit auch eine objektive Erkennbarkeit gefordert, was zu einem eingeschränkten Bildschutz gegenüber der Situation in Deutschland führt.

Der Betroffene muss sich nicht nur selbst erkennen können (subjektive Erkennbarkeit), sondern er muss auch von anderen Personen erkannt werden (objektive Erkennbarkeit), wobei es nicht ausreicht, dass eine Erkennbarkeit nur im engsten Bekannten- und Freundeskreis gegeben ist. Vielmehr ist erforderlich, dass der Fotografierte in einem weiten sozialen Umfeld erkannt wird. Dabei wird kontrovers diskutiert, ob eine Persönlichkeitsrechtsverletzung grundsätzlich bereits dann ausgeschlossen ist, wenn auf dem Bildnis die abgebildete Person mit einem Augenbalken versehen wurde. Einige Stimmen in der Schweiz sehen dies so, während dies in Deutschland zur Unkenntlichmachung in vielen Fällen nicht ausreicht, weil die fotografierte Person auch anhand einer ganzen Reihe anderer Merkmale erkennbar sein kann.

Voraussetzung ist aber stets, dass auch bei einer Erkennbarkeit die abgebildete Person nicht zufällig vor Ort sein darf. Deshalb sind zum Beispiel Touristen vor einer Sehenswürdigkeit oder als Beiwerk in der Landschaft zwar erkennbar, gleichwohl handelt es sich dabei nach schweizerischem Rechtsverständnis nicht um Bildnisse, sodass eine Verwertung ohne Einwilligung zulässig ist. Auch wenn die Person als einzelne Persönlichkeit, etwa in einer Menschenmenge oder an einem öffentlich zugänglichen Ort, fotografiert wird, liegt darin keine Verletzung der Privatsphäre, solange die betreffende(n) Person(en) nicht von der Gruppe, in der sie sich befinden, herausgehoben werden. Es kommt also darauf an, ob die abgebildeten Personen ein austauschbarer Teil einer größeren Menschenmenge sind. Dann handelt es sich um unpersönliche Aufnahmen, bei denen das Recht am eigenen Bild keine Anwendung findet und eine Persönlichkeitsrechtsverletzung deshalb nicht vorliegt. Zufällig auf einem Foto abgebildete Personen genießen in der Schweiz keinen Bildnisschutz.

Werbezwecke

Allerdings wird in der juristischen Literatur zum Teil die Meinung vertreten, dass eine Verwendung solcher Fotos in der Werbung ohne Einwilligung des Betroffenen verboten ist, da jeder selbst entscheiden können muss, ob sein Bildnis für Werbezwecke verwendet wird.

Abbildung 10.8 ▶
Wie auch bei uns genießt keine der abgebildeten Personen nach schweizerischem Recht Bildnisschutz.

Öffentliche Veranstaltungen

Auch bei der Teilnahme an einer öffentlichen Veranstaltung muss sich der Teilnehmer – ähnlich der Rechtslage in Deutschland – fotografieren lassen, und es kann von seiner stillschweigenden Einwilligung ausgegangen werden.

Abbildung 10.9 ▶
Auch in der Schweiz muss man es sich gefallen lassen, bei öffentlichen Veranstaltungen fotografiert zu werden.

Ein Abwehranspruch besteht hier erst dann, wenn die so hergestellte Aufnahme in der Werbung verwendet wird, ein gezieltes Eindringen in die Privatsphäre vorliegt (Stichwort »Paparazzi«) oder das Festhalten von Emotionen der abgebildeten Person lediglich der Befriedigung von Sensationslust und Voyeurismus dient (zum Beispiel die Schmerz- und Trauerausdrücke der bei einem Unfall oder einem schlimmen Ereignis Beteiligten). Allerdings werden wir uns als seriöse Fotografen, die nicht für irgendwelche Sensationsblättchen unterwegs sind, ohnehin einig darüber sein, dass es durchaus Momente und Situationen gibt, in denen eine Kamera völlig fehl am Platz ist.

Doppelgänger

Im Hinblick auf Doppelgänger entspricht die Rechtslage in der Schweiz der in Deutschland. Die Abbildung eines Doppelgängers verletzt das Persönlichkeitsrecht der gedoubelten Person (siehe Abschnitt 3.2.1, Stichwort »Der blaue Engel«), insbesondere dann, wenn die Fotos des Doppelgängers in der Werbung verwendet werden. Ebenfalls gleich ist die Rechtslage bei Karikaturen, die auch in der Schweiz dann rechtlich bedenkenlos sind, wenn sie nicht ehrverletzend und beschimpfend sind (siehe Abschnitt 3.2.3, Stichwort »Heide Simonis«).

Stillschweigende Einwilligung

Soweit nicht eine der zuvor beschriebenen Ausnahmen vorliegt und eine Einwilligung der fotografierten Person erforderlich ist, kann eine solche auch hier stillschweigend erteilt werden. Diesbezüglich geht das schweizerische Recht allerdings deutlich weiter als das deutsche und das österreichische und verlangt von der abgebildeten Person, dass sie klar zu erkennen gibt, dass sie mit der Aufnahme und der Verwertung nicht einverstanden ist. Wer sich in der Öffentlichkeit aufhält und sich dort bewusst fotografieren lässt und dagegen keine Einwände erhebt, ist nach schweizerischem Rechtsverständnis nicht nur mit der Herstellung der Fotografie, sondern auch mit deren anschließender Veröffentlichung einverstanden. Gleichwohl kann im Einzelfall eine Interessenabwägung unter besonderer Berücksichtigung privater Interessen des Abgebildeten vorgenommen werden. Eine solch stillschweigende Einwilligung kommt selbstverständlich nur dort in Betracht, wo die fotografierte Person merkt, dass sie fotografiert wird, und dies geschehen lässt. Das heimliche Fotografieren von Personen fällt natürlich nicht darunter; solche Aufnahmen stellen eine Persönlichkeitsrechtsverletzung dar, soweit die anderen, oben aufgezeigten Kriterien wie Erkennbarkeit etc. erfüllt sind.

Öffentliches Interesse

Dass Rechte durch überwiegende öffentliche Interessen (Art. 28 Abs. 2 ZGB) eingeschränkt sein können, ist auch in der Schweiz der Fall, womit sich die Rechtslage dort insoweit nicht von der deutschen unterscheidet.

Absolute und relative Personen der Zeitgeschichte | Die Rechtspraxis in der Schweiz unterscheidet im Gegensatz zu der Rechtsprechung in Deutschland noch zwischen absoluten und relativen Personen der Zeitgeschichte, wobei auch in der Schweiz der Begriff *Zeitgeschichte* grundsätzlich weit ausgelegt wird und alles umfasst, was für die Öffentlichkeit von Interesse ist, und nicht lediglich dem Klatsch- und Sensationsinteresse dient.

Absolute Personen

Dabei sind – Sie kennen diese Klassifizierung bereits aus Kapitel 3, »Menschen« – *absolute Personen der Zeitgeschichte* Personen, die von ihrer Funktion und ihrem Wirken her beständig in der Öffentlichkeit stehen.

Diese müssen aufgrund des öffentlichen Informationsinteresses auch Fotografien aus ihrem Privatleben dulden – insbesondere dann, wenn diese geeignet sind, auf den Charakter und damit die Eignung des Betroffenen für die von ihm ausgeübte Stellung in der Gesellschaft schließen zu lassen. Nach schweizerischer Praxis dürfen allerdings auch bei in der Öffentlichkeit stehenden Personen Bildnisse von Privatereignissen nur dann ohne Einwilligung erfolgen, wenn das Privatereignis von öffentlichem Interesse ist (Urteil des BG vom 02.05.1985 – BGE 111 II 209). Lediglich die Intim- und engste Privatsphäre ist grundsätzlich geschützt. Je mehr die betroffene Person mit Geschehnissen der Zeitgeschichte verbunden ist, desto geringer fällt ihr Bildnisschutz aus.

Allerdings wird unter Rechtsgelehrten in der Schweiz auch die Auffassung vertreten, dass bei Bildern aus dem Privatleben das öffentliche Interesse hinter das Persönlichkeitsrecht des Betroffenen zurücktreten und im Einzelfall überlegt werden müsse, ob eine Berichterstattung mit dem gleichen Informationswert nicht ebenso gut auch ohne die entsprechenden Fotos möglich ist.

Dadurch wird deutlich, dass sich Personen in der Öffentlichkeit doch wesentlich mehr gefallen lassen müssen, als dies nach deutschem Recht seit der Caroline-Entscheidung (siehe Abschnitt 3.2.2) des Europäischen Gerichtshofs für Menschenrechte (EGMR) der Fall ist. Ob damit die Schweizer Rechtsprechung in voller Übereinstimmung mit der Entscheidung des EGMR steht, möchte ich nicht abschließend beurteilen.

Relative Personen

Relative Personen der Zeitgeschichte sind im Gegensatz zu den absoluten Personen solche, die nur für einen begrenzten Zeitraum im Fokus der Öffentlichkeit stehen, sei es, dass sie an einem Ereignis unmittelbar oder mittelbar beteiligt sind. Dies kann die örtliche Sportveranstaltung ebenso sein wie ein Unfall oder ein sonstiges Ereignis. Es können auch die Teilnehmer an einem Ereignis, zum Beispiel die Zuschauer und nicht nur die Sportler selbst, sein. Voraussetzung ist immer: Es muss ein unmittelbarer Ereignisbezug bestehen, und das Ereignis muss noch Aktualität haben. Nachdem die Aktualität des Ereignisses vorbei ist, werden die relativen Personen der Zeitgeschichte wieder zu Personen wie Sie und ich.

Relativ prominente Personen der Zeitgeschichte | Neben den Begriffen der absoluten und der relativen Personen der Zeitgeschichte verwendet das BG noch den von ihm entwickelten Terminus *relativ prominente Personen der Zeitgeschichte*, der der deutschen Rechtsprechung unbekannt war und ist. Vor dem Hintergrund, dass nach den Umständen des Einzelfalls eine Interessenabwägung vorgenommen werden muss, hat das BG die starre Einteilung in absolute und relative Personen der Zeitgeschichte für nicht ausreichend angesehen und ausgeführt, dass im Rahmen der Interessenabwägung zu prüfen sei, ob das Berichterstattungsinteresse oder das Interesse am Schutz der Privatsphäre vorrangig sei. Zugrunde lag dabei die sogenannte »Minelli-Entscheidung« (Urteil vom 20.07.2001 – BGE 127 III 481):

»Minelli-Entscheidung«

Im Juli 1993 teilte ein Redakteur der Zeitung »Die Weltwoche« Ludwig A. Minelli, einem Rechtsanwalt und Journalisten, mit, er werde ein Porträt über ihn verfassen. Dagegen verwahrte sich Minelli ausdrücklich und untersagte es, über seine Person einen Bericht zu veröffentlichen. Dessen ungeachtet erschien in der Ausgabe vom 19.08.1993 ein ganzseitiger Artikel über ihn, dessen Haupttitel lautete: »Wenn der alte Wilderer zum Jagdaufseher wird«; der Untertitel enthielt die Passage: »Ein Portrait des streitbaren Juristen, Journalisten und Denner-Beraters Ludwig Amadeus Minelli«. Der Text war zusätzlich mit einem vom Fernsehschirm abfotografierten Bildnis von Ludwig A. Minelli bebildert, das ihn anlässlich der Teilnahme an einer Diskussionssendung des Schweizer Fernsehens vom 29.05.1990 zeigt. In der Rubrik »Intern« derselben Ausgabe wurden zudem Auszüge aus dem Telefax zitiert, in dem Ludwig A. Minelli sich die Veröffentlichung eines Porträts über ihn verbeten hatte. Der klagende Minelli begehrte u. a. die Feststellung, dass die Bezeichnung »Wilderer« eine besonders schwere Persönlichkeitsrechtsverletzung darstelle.

Das BG hatte zu prüfen, ob diese bildlich gemeinte Beschimpfung des Klägers eine Persönlichkeitsrechtsverletzung darstelle oder nicht. Es hat im Ergebnis die Berichterstattung insoweit für zulässig erklärt und dazu ausgeführt:

[§]

»Das Obergericht hat unter Verweis auf die erstinstanzlichen Erwägungen ausführlich dargetan, dass der Kläger, der unbestrittenermassen ein bekannter Rechtsanwalt ist, zwar nicht als absolute Person der Zeitgeschichte gelten könne, indes ebenso wenig lediglich als relative Person der Zeitgeschichte einzustufen sei, sondern als im Zwischenbereich stehend betrachtet werden müsse. Dies rechtfertige, ›hin und wieder‹ ohne besonderen Anlass öffentlich über ihn zu berichten.

(...)

Aufgrund der für das Bundesgericht verbindlichen Feststellungen der Vorinstanz (Art. 63 Abs. 2 OG) kann nicht zweifelhaft sein, dass es sich beim Kläger um eine relativ prominente Persönlichkeit handelt. Wenn ihm auch der Bekanntheitsgrad gewisser nationaler Politiker, Sportler oder Fernsehmoderatoren abgeht, die man in allen beruflichen und gesellschaftlichen Schichten kennt, erfreut er sich namentlich in der juristischen Fachwelt – Justiz, Verwaltung, Lehre und Advokatur – eines beträchtlichen Bekanntheitsgrades. Ausserdem ist der Kläger aufgrund seiner früheren journalistischen Tätigkeit einem breiteren Publikum als Publizist bekannt. Darüber hinaus hat er sich mitunter in öffentliche Debatten eingeschaltet, so beispielsweise in Fragen der Trennung von Kirche und Staat. Gelegentlich ist er aus aktuellem An-

lass in Radio und Fernsehen aufgetreten, um Zeitfragen pointiert zu kommentieren.

(...)

In vorliegender Streitsache gebietet die für das Bundesgericht feststehende, relative Bekanntheit des Klägers, die Frage nach der Zulässigkeit der Berichterstattung über ihn mit einer derartigen Interessenabwägung zu beantworten. In Anbetracht der von der Vorinstanz festgestellten, mannigfaltigen und teilweise öffentlichkeitsbezogenen Tätigkeiten des Klägers kann ein legitimes Informationsbedürfnis an der Person des Klägers nicht verneint werden (vgl. BGE 126 III 209 E. 3a S. 212, 305 E. 4b/aa S. 307). Der Artikel befasst sich denn auch überwiegend mit dem öffentlichen Leben des Klägers; es werden darin – entsprechend dem in der Überschrift thematisierten Wandlungsprozess des Klägers – teilweise weit zurückliegende Aktivitäten rapportiert. Dabei kommen auch Medienauftritte des Klägers zur Sprache, in denen er sich in unverblümter Weise abfällig über andere Personen äusserte. Damit soll offenbar aufgezeigt werden, dass er sich auf der einen Seite nicht scheue, sich über andere abschätzig zu äussern, derweil er sich auf der anderen Seite in der Rolle des Rechtsanwaltes gleichsam als Medienwächter aufführe. Wer wie der Kläger mit einer gewissen Regelmässigkeit öffentlich in Erscheinung tritt, muss in Kauf nehmen, dass über diese Tätigkeiten und die dahinterstehende Person berichtet wird (vgl. BGE 122 III 449 E. 2c S. 455). Mithin ergibt sich, dass die Publikation der Wortberichterstattung über die Person des Klägers gegen seinen ausdrücklichen Willen durch ein überwiegendes Informationsinteresse der Allgemeinheit gerechtfertigt ist.«

[!]

Zusammenfassende Beurteilung des Bildnisschutzes in der Schweiz

Im Ergebnis zeigt sich auch im schweizerischen Recht, dass dieses im Hinblick auf den Bildnisschutz dem deutschen UrhG zwar sehr ähnlich, aber dennoch bei Weitem nicht so restriktiv ist.

10.2.10 Postmortaler Persönlichkeitsschutz

Andenkenschutz

Mit dem Tod erlöschen alle Persönlichkeitsrechte des Urhebers endgültig. Es gibt in der Schweiz keinen postmortalen Persönlichkeitsschutz wie in Deutschland und Österreich. Dies ergibt sich aus § 28 i. V. m § 31 ZGB (Zivilgesetzbuch der Schweiz). In einem grundlegenden Urteil vom 20.07.1944 (BGE 70 II 127) hat das BG festgestellt, dass die Erben eines Verstorbenen dessen persönlichkeitsrechtliche Ansprüche nur insoweit und nur indirekt geltend machen können, als sie in ihren eigenen Interessen, zum Beispiel in ihren Pietätsgefühlen, verletzt sind. Es gibt für die Hinterbliebenen nur einen sogenannten *Andenkenschutz*. Bei diesem Fall ging es darum, dass ein Bild, das den Maler Ferdinand Hodler auf dem Sterbebett zeigt, veröffentlicht wurde, was als Verletzung des Pietätsgefühls seiner Witwe angesehen wurde.

[!]

Kein postmortaler Persönlichkeitsrechtsschutz
Ein Bestimmungsrecht über Bildnisse des Verstorbenen, wie es das deutsche Recht für die Angehörigen innerhalb von zehn Jahren nach dessen Tod vorsieht (§ 22 KUG), ist dem Schweizer Recht fremd.

10.2.11 UAS – das Recht in der Schweiz

In der Schweiz wird der Umgang mit UAS vergleichsweise unkompliziert geregelt, wobei auch hier zu beachten ist, dass die örtlichen Vorschriften durchaus variieren können, da die Kantone, Gemeinden und Städte berechtigt sind, eigene Regelungen aufzustellen.

Rechtslage noch in der Schwebe

Momentan ist die Rechtslage in der Schweiz noch in der Schwebe. Die Schweiz beabsichtigt, die EU-VO zu übernehmen, um eine einheitliche Regelung mit den meisten übrigen Staaten in Europa herbeizuführen. Außerdem übernimmt die Schweiz seit 2002 aus den besagten Gründen aufgrund bilateraler Abkommen mit der EU das gesamte europäische Luftfahrtrecht. Auch im Fürstentum Liechtenstein soll die EU-VO gelten, das Fürstentum orientiert sich bezüglich seiner rechtlichen Bestimmungen traditionell stark an der Schweiz.

Verhandlungen zwischen der Schweiz und der EU

Allerdings muss die Schweiz noch mit der EU-Kommission verhandeln, denn sie möchte, dass für die Schweiz abweichende Sonderregelungen gelten, die in der Herauslösung des traditionellen Modellfluges, der in der Schweiz eine größere Rolle spielt als in anderen Staaten, bestehen. Hierzu gibt es eine entsprechende *Motion* (in der Schweiz ein parlamentarischer Vorstoß, durch den der Gesetzgeber aufgefordert wird, in einer bestimmten Art und Weise tätig zu werden). Diese Motion wurde vom Nationalrat (vergleichbar mit dem deutschen Bundestag) in die Wege geleitet und vom Ständerat, der Vertretung der Kantone, also vergleichbar mit dem Bundesrat in Deutschland, bestätigt.

Die EU fordert von der Schweiz, dass nicht nur die Verordnung 2019/947 übernommen wird, von der in diesem Buch als EU-VO die Rede ist, sondern dass auch die Verordnung 2019/945, »Delegierte Verordnung (EU) 2019/945 der Kommission vom 12.03.2019 über unbemannte Luftfahrtsysteme und Drittlandbetreiber unbemannter Luftfahrtsysteme«, von der Schweiz übernommen wird. Diese letztgenannte Verordnung enthält die Anforderungen an die Konstruktion und Herstellung von UAS, die für den Betrieb gemäß den in der EU-VO (2019/947) festgelegten Vorschriften und Bedingungen bestimmt sind, sowie die Anforderungen an die Konstruktion und Herstellung von Zusatzgeräten für die Fernidentifikation. (Art. 1 Abs. 1 der VO 2019/945).

Solange die Verhandlungen zwischen EU und Schweiz noch laufen und bis Regelungen für den traditionellen Modellflug erarbeitet wurden, kann die EU-VO noch nicht übernommen werden, weshalb bis auf Weiteres die für UAS und Modellflugzeuge in der Schweiz geltenden gesetzlichen Bestimmungen in Kraft bleiben.

Diese Bestimmungen ergeben sich für die UAS aus der VLK aus dem Jahre 2014. Auf die Modellflugregularien werde ich an dieser Stelle nicht weiter eingehen, sie fallen nicht in die Thematik dieses Buches.

Die Bestimmungen in der Verordnung über Luftfahrzeuge besonderer Kategorien (VLK) | Generell ergeben sich die gesetzlichen Grundlagen aus einer Verordnung des Eidgenössischen Departements für Umwelt, Verkehr, Energie und Kommunikation (UVEK), nämlich der »Verordnung des UVEK über Luftfahrzeuge besonderer Kategorien« (VLK), die zum 01.08.2014 verschärft wurden. Da der Gesetzgeber in der Schweiz ausdrücklich den Begriff »Drohnen« benutzt, werde ich im Zusammenhang mit der Darstellung der Rechtslage in der Schweiz diesen Begriff nachfolgend ebenfalls verwenden.

Luftaufnahmen grundsätzlich erlaubt

Luftaufnahmen sind in der Schweiz grundsätzlich erlaubt, mit Ausnahme von Aufnahmen militärischer Anlagen. Allerdings muss für gewerbliche Foto- und Filmaufnahmen in den meisten Gemeinden der Schweiz eine ausdrückliche Bewilligung durch das Bundesamt für Zivilluftfahrt (BAZL) eingeholt werden.

Einschränkungen

Es müssen jedoch auch in der Schweiz einige Einschränkungen beim Einsatz von Drohnen beachtet werden. Grundsätzlich gilt immer, dass diese nur so geflogen werden dürfen, dass von ihnen keine Gefahr für Leib, Leben und Eigentum Dritter ausgeht.

Unterscheidung nach Gewicht, nicht nach Nutzung

Drohnen mit einem Gewicht von nicht mehr als 30 kg dürfen in der Schweiz ohne Bewilligung geflogen werden, sofern immer Sichtkontakt zum Fluggerät besteht (Art. 17 Abs. 1 VLK). Flüge mit Drohnen über 30 kg benötigen immer eine Bewilligung (Art. 14 VLK). Allerdings ist auch für gewerbsmäßige Flüge bis zu einem Gewicht von 30 kg keine besondere oder zusätzliche Bewilligung notwendig (Art. 5 VLK), insoweit wird in der Schweiz nicht zwischen gewerblicher und privater Nutzung unterschieden.

Sichtweite

Auch in der Schweiz gilt somit, wie in der EU, dass eine Drohne immer in Sichtweite geflogen werden muss, was bedeutet, dass der Pilot sein Fluggerät stets im Auge haben (Art. 17 Abs. 1 VLK) oder beim Einsatz einer Videobrille – wie in der EU – eine zweite Person anwesend sein muss, die das Fluggerät ständig beobachtet, Gefahrensituationen rechtzeitig mitteilt und gegebenenfalls auch in die Fernbedienung des Piloten eingreifen kann. Verboten ist es deshalb – auch hier eine Parallele zu den Regeln in der EU –, Drohnen über GPS zu programmieren und selbstständig ohne ständigen Augenkontakt fliegen zu lassen. Allerdings kann hierfür eine Bewilligung beim BAZL beantragt werden (Art. 18 Abs. 1b VLK). Eine solche

Bewilligung, in deren Rahmen u. a. eine umfangreiche Sicherheitsprüfung des Systems durch das BAZL stattfindet, kostet je nach Aufwand allerdings zwischen 50 und 5.000 CHF und dürfte deshalb für viele Hobbypiloten uninteressant sein.

Kontrollzonen

Abgesehen von möglichen lokalen Besonderheiten gibt es auch in der Schweiz Zonen, in denen Einschränkungen für Drohnenflüge bestehen. Dies sind alle zivilen und militärischen Flughäfen und Flugplätze, und zwar im Umkreis von 5 km (Art. 17 Abs. 2a VLK). In den sogenannten *Kontrollzonen* dürfen Drohnen nur bis zu einer Höhe von 150 m über Grund geflogen werden, sofern dabei ein Abstand von 5 km von den Pisten eingehalten wird (§ 17 Abs. 2b VLK). Ausnahmen können durch die schweizerische Flugsicherung Skyguide bewilligt werden.

Auch das Überfliegen von Naturschutzgebieten ist in der Schweiz ebenso verboten wie das Fliegen über oder in der Nähe von Polizei- und Rettungseinsätzen.

Menschenansammlungen

Verboten ist es in der Schweiz ebenfalls, im Freien um oder über Menschenansammlungen mit einer Drohne von 0,5 kg bis maximal 30 kg zu fliegen (Art. 17 Abs. 2c VLK), wobei als Menschenmenge eine Gruppe ab 24 Personen gilt. Hier ist ein Abstand von mindestens 100 m einzuhalten bzw. eine Bewilligung der BAZL einzuholen, sofern dieser Abstand im Einzelfall unterschritten werden soll. Öffentliche Flugveranstaltungen sind jedoch von dieser Regelung ausgenommen.

Datenschutz

Weitere Einschränkung beim Betrieb von Drohnen | Zu beachten sind insbesondere die in der Schweiz geltenden datenschutzrechtlichen Vorschriften. So ist mit einer Bewilligung, im Einzelfall näher als 100 m über und um Personen zu fliegen (siehe vorherigen Absatz), keineswegs das Recht verbunden, die Personen auch zu filmen oder zu fotografieren. Denn nach den datenschutzrechtlichen Vorschriften der Schweiz bedarf es der Einwilligung der betroffenen Personen, sofern diese auf dem Foto oder dem Film erkennbar sind, wobei es ausreicht, dass sich eine abgebildete Person selbst erkennen kann.

Urheberrecht

Auch die urheberrechtlichen Vorschriften sind einzuhalten, was bedeutet, dass urheberrechtlich geschützte Werke nur mit Einwilligung des jeweiligen Urhebers gefilmt oder fotografiert werden dürfen.

Haftpflicht

Für Flüge mit Drohnen von einem Gewicht von 0,5 kg oder mehr muss zwingend eine Haftpflichtversicherung mit einer Garantiesumme von mindestens 1 Million CHF abgeschlossen und der Versicherungsnachweis beim Fliegen stets mitgeführt werden (Art. 20 Abs. 1 i. V. m Abs. 2d, e und Abs. 3 VLK).

Eine Registrierung des Fluggerätes bzw. des Betreibers ist in der Schweiz ebenso wenig erforderlich wie eine Fluglizenz oder ein Kenntnisnachweis. Allerdings können Betreiber von Drohnen aus der Schweiz freiwillig beim LBA oder bei Austro Control die beiden Kenntnisnachweise nach der EU-VO erwerben. Denn wenn die EU-VO auch in der Schweiz eingeführt wird, besteht natürlich auch dort die Verpflichtung zum Kenntnisnachweis in dem in Kapitel 5 dargestellten Umfang. Auf der Website des SVZD (Schweizerischer Verband Ziviler Drohnen; *www.drohnenverband.ch/de/dienstleistungen/piloten-Lizensierungen*) werden verschiedene Piloten-Lizensierungen angeboten, die jedoch freiwilliger Natur sind. Es gibt eine Lizenz UNO für Teilzeit- und Hobbypiloten und eine Lizenz DUE für Profi-Drohnenpiloten. Daneben gibt es eine vereinfachte Lizensierung, gedacht für solche, die bereits andere Fluglizenzen haben. Hinsichtlich der Einzelheit und der Kosten möchte ich an dieser Stelle auf die genannte Website verweisen, auf der Sie im Übrigen auch Kartenmaterial finden, wo Sie fliegen dürfen und wo nicht. Allerdings ist noch völlig offen, ob diese Lizenzen anerkannt werden, wenn die Schweiz die EU-VO übernimmt.

Außerdem beabsichtigt die Schweiz die Einführung einer ebenfalls freiwilligen Registrierung beim BAZL. Diese Möglichkeit hätte im Frühjahr 2021 gegeben sein sollen, sie besteht derzeit aber laut Auskunft des BAZL noch nicht (Stand Ende Mai 2021 – Quelle: *www.123-drohnenkurse.ch*).

Lokale Vorschriften

Weitere Regelungen und Einschränkungen können sich – wie bereits erwähnt – durch lokale Vorschriften ergeben. Auch hier ist es geboten, sich vor dem Einsatz des Multicopters entsprechend zu informieren.

»Multicopter-Eldorado«

Fazit | Im Vergleich zu den Regelungen in der EU kann man die Schweiz schon fast als ein »Multicopter-Eldorado« bezeichnen, was sich ändern wird, wenn die schärferen Vorschriften der EU-VO Anwendung finden sollten. Die bestehenden gesetzlichen Vorschriften beinhalten im Großen und Ganzen Einschränkungen, die eigentlich selbstverständlich und auch selbsterklärend sind und letztlich keine gravierenden Auswirkungen für das Betreiben des Hobbys haben sollten. Lediglich bei Sonderbewilligungen, wie zum Beispiel für autonome Flüge ohne Sichtkontakt, muss mit hohem finanziellem Aufwand gerechnet werden, sodass diese Bereiche möglicherweise vorwiegend gewerblichen Anwendern vorbehalten bleiben.

Nachdem wir nun gemeinsam auch eine kleine Reise ins benachbarte deutschsprachige Ausland unternommen haben, bin ich mit meiner Darstellung der Grundzüge des Foto- und Bildrechts am Ende angelangt. Ich hoffe, die Lektüre hat Ihnen Spaß gemacht, und es ist mir gelungen, Sie für die rechtlichen Aspekte der Fotografie und des Filmens zu sensibilisieren, ohne Ihnen den Spaß daran zu verderben. Denn wie bereits in meinem Vorwort zum Ausdruck gebracht, sollte dies unter keinen Umständen die Quintessenz der Lektüre sein. In diesem Sinne wünsche ich Ihnen weiterhin viel Freude an unserem gemeinsamen Hobby!

Anhang

Anhang A

Gegenüberstellung der Gesetzesnormen D-A-CH

In der folgenden Tabelle werden die wichtigsten Gesetzesnormen aus Deutschland, Österreich und der Schweiz einander gegenübergestellt; so können Sie die Stellen leichter in den jeweiligen Gesetzen finden und vergleichen. Die ausführlichen Gesetzestexte finden Sie im Internet:

- Deutschland: *www.gesetze-im-internet.de*
- Österreich: *www.jusline.at*
- Schweiz: *www.admin.ch*

Deutschland (UrhG)	Österreich (ÖUrhG)	Schweiz (URG)
§ 2 – geschützte Werke	§§ 1–4	Art. 2
§ 3 – Bearbeitungen	§ 5	Art. 3 – Werke zweiter Hand
§ 4 – Sammelwerke	§ 6	Art. 4
§ 5 – amtliche Werke	§ 7	Art. 5
§ 6 I – veröffentlichte Werke	§ 8	Art. 9 III
§ 6 II – erschienene Werke	§ 9	–
§ 7 – Urheber	§ 10	Art. 6
§ 8 – Miturheber	§ 11 I, II	Art. 7
§ 9 – Urheber verbundener Werke	§ 11 III	–
§ 10 – Urhebervermutung	§ 12	Art. 8
§ 10 II – ungenannter Urheber	§ 13 – Der Urheber	Art. 8 II
§ 11 – Inhalt Urheberrecht	§ 14	Art. 9 I
§ 12 – Veröffentlichung	§ 18a	Art. 9 II

Deutschland (UrhG)	Österreich (ÖUrhG)	Schweiz (URG)
§ 13 – Anerkennung Urheberschaft	§ 20 I	Art. 9 I, II
§ 14 – Entstellung	§ 21 III	Art. 11 – Werkintegrität
§ 15 – Verwertungsrechte	–	Art. 10
§ 16 – Vervielfältigung	§ 15	Art. 10 I
§ 17 – Verbreitung	§ 16 Abs. 1	Art. 12
§ 18 – Ausstellung	§ 16 Abs. 2	Art. 10 II lit. c
§ 19 – Vorführungsrecht	§ 18	Art. 10 II lit. c
§ 19a – Datennetze	§ 18a	Art. 10 II lit. c
§ 23 – Bearbeitung	§ 21 – Werkschutz	Art. 11
§ 24 – freie Nutzung	§ 21	Art. 11
§ 28 – Vererbung	§ 27 I	Art. 16 I
§§ 30 ff. – Nutzungsrechte	§§ 26 ff. – Werknutzungsrechte	–
§ 31 V – Zweckübertragung	Zweifelsregel des OGH	–
§ 32 – angemessene Vergütung	§ 86	–
§ 41 – Rückruf Nichtausübung	§ 29	–
§ 45 – öffentliche Sicherheit	§ 41	–
§ 50 – Tagesereignisse	§ 42c	Art. 28
§ 51 – Zitatrecht	§ 57	Art. 25
§ 53 – privater Gebrauch	§ 42	Art. 19, 20
§ 58 – Katalogbildfreiheit	§ 54 I	Art. 26
§ 59 – Panoramafreiheit	§ 54 V	Art. 27
§ 60 – Bildnisse	§ 55	–

Deutschland (UrhG)	Österreich (ÖUrhG)	Schweiz (URG)
§ 61 – verwaiste Werke	§ 56e	Art. 22b
§ 64 – Schutzdauer	§ 60	Art. 29 Abs. 2
§ 66 – anonyme Werke	§ 61	Art. 31
§ 72 – Lichtbilder	§§ 73, 74, 75	–
§ 97 – Unterlassung	§§ 81 I, 83	Art. 62 Abs. 1 lit.a
§ 97a – Abmahnung	§ 81 Abs. 1a	–
§ 97 – Beseitigung	§§ 82 I, 83	Art. 62 Abs. 1 lit.b
§ 98 – Vernichtung	§ 82 II	Art. 63
§ 98 IV – Verhältnismäßigkeit	§ 83	–
§ 32	§ 86 – angemessenes Entgelt	–
§ 101 – Auskunft	§§ 87a, 87b	Art. 62 Abs. 1 lit.c
§ 97 – Schadensersatz	§ 87 – Schadensersatz	Art. 62 Abs. 2
§ 935 BGB	§ 87c – einstweilige Verfügung	Art. 65 – Vorsorgliche Maßnahmen
§§ 106 ff. – Strafvorschriften	§§ 91 ff.	Art. 67 ff.
KUG §§ 22–24 Bildnisschutz	§ 78	Art. 28 – ZGB

Anhang B

Liste kritischer Motive

Die folgende Liste, die keinerlei Anspruch auf Vollständigkeit erhebt, enthält Motive, die unter Urheberrechts- und/oder Designschutz stehen und bei denen eine unautorisierte Veröffentlichung von Fotos problematisch und risikobehaftet ist, insbesondere dann, wenn sie gewerblich erfolgt. Im Internet finden Sie weitere, nahezu identische Listen dieser Art, und zwar oft im Zusammenhang mit der Frage, welche Fotos von Agenturen angenommen werden und welche nicht. Wenngleich diese Listen auch immer mit dem Restrisiko behaftet sind, nicht vollständig zu sein, so sensibilisieren sie Sie doch für das Thema. Und so sollten Sie diese Listen vorrangig auch lesen.

Insbesondere dann, wenn die nachfolgend genannten Motive als Royalty-free-Bilder benutzt werden, kann es schnell zu Abmahnungen seitens der Berechtigten kommen. Dies gilt auch dann, wenn Bilder mit diesen Motiven ohne Einschaltung von Agenturen gewerblich oder kommerziell verwertet werden. Die Verwendung der Motive im Rahmen von Fotowettbewerben scheint mir allerdings weitgehend unproblematisch zu sein, ebenso die rein private Nutzung. In beiden Fällen habe ich noch nie von juristischen Problemen wegen Verletzung des Urheberrechtes gehört. Vor Veröffentlichungen ohne Einwilligung allerdings, vor allem im gewerblichen und kommerziellen Kontext muss dagegen ausdrücklich gewarnt werden! Gerade die kommerzielle Verwendung urheberrechtlich geschützter Objekte, insbesondere in der Werbung, ist höchst gefährlich. Der beste Schutz besteht bekanntlich darin, dass man bei einer Nutzung, die über einen rein privaten Gebrauch (persönliches Erinnerungsfoto) hinausgeht, sich vor Ort informiert, ob man Fotos zum beabsichtigten Zweck verwenden darf.

Deutschland

- **Allianz-Arena**, München
- **Gehry-Tower**, Hannover, sowie alle anderen **Gehry-Gebäude** weltweit
- **Kölner Zoo**, Köln
- **KölnTurm**, Köln
- **Mannesmann-Haus** (auch **Behrensbau**), Düsseldorf

- **Olympiastadion Berlin**, Berlin
- **Reichstagskuppel** (Innenaufnahmen), Berlin
- **Schloss Neuschwanstein** (sofern außerhalb des öffentlichen Raumes fotografiert), Schwangau
- **Sony Center** (besonders kritisch!), Berlin
- **Stadtbahn Bielefeld** (unterirdische Anlagen), Bielefeld
- Objekte und Anlagen unter Verwaltung der **Stiftung Preußische Schlösser und Gärten Berlin-Brandenburg** (beispielsweise Schloss und Park Sanssouci, Potsdam, sowie Schloss Charlottenburg, Berlin)
- **Tierpark Hagenbeck**, Hamburg
- **Velodrom**, Berlin

Europa

- **Atatürk-Stadion** (Atatürk Olimpiyat Stadi), Istanbul, Türkei
- **Atomium**, Brüssel, Belgien
- **Eiffelturm** (beleuchtet), Paris, Frankreich
- **Sitz des Europarats**, Straßburg, Frankreich
- **Sitz des Europäischen Parlaments**, Straßburg, Frankreich
- **Flughafen Paris-Charles-de-Gaulle**, Paris, Frankreich
- **Gebäude von Frank O. Gehry**
- **Guggenheim-Museum** (von Gehry!), Bilbao, Spanien
- **Hundertwasser-Häuser**
- **Logo der Metro London** (roter Kreis mit blauem Balken und dem Schriftzug »underground«), London, Vereinigtes Königreich
- **Logo für die Station Piccadilly Circus** (von Maler David Hockney), London, Vereinigtes Königreich (*https://www.bbc.co.uk/newsround/57092749*)
- **London Eye**, London, Vereinigtes Königreich
- **Louvre mit Glaspyramide von I. M. Pei** (besonders kritisch!), Paris, Frankreich
- vom **National Trust** und vom **English Heritage** betreute Gebäude im Vereinigten Königreich
- **Pariser Nationalbibliothek**, Paris, Frankreich
- **Pariser Polizeipräfektur**, Paris, Frankreich

Weltweit

- **Aborigines** und **Torres Strait Islanders**, Australien
- **Beverly-Hills-Logo**, Los Angeles, USA
- **Chrysler Building**, New York, USA
- **CN-Tower**, Toronto, Kanada
- **Coca-Cola World**, Atlanta, USA

- **Disney World** und **Disney Parks** (weltweit)
- **Empire State Building**, New York, USA
- **Epcot** (vormals Epcot Center), Orlando, USA
- **Flatiron Building**, New York, USA
- **Flughafen Shanghai Pudong**, Shanghai, China
- **Hollywood-Schriftzug**, Los Angeles, USA
- **Indianapolis 500** (Autos und Rennen), Indianapolis, USA
- **Indigene Völker Amerikas**
- **Las Vegas**, USA (fast alle größeren Hotels)
- **Mercedes-Benz Superdome** (vormals Louisiana Superdome), New Orleans, USA
- **Mississippi-Raddampfer »Delta Queen«** und **»Natchez«**, New Orleans, USA
- **Olympiastadion Montreal**, Montreal, Kanada
- **Opernhaus Peking**, Peking, China
- **Opernhaus Sydney**, Sydney, Australien
- **Rockefeller Center**, New York, USA (alle Gebäude und Skulpturen)
- **Schwanenboote im »Boston Public Garden«**, Boston, USA
- **Sea World**, Kalifornien und Florida, USA
- **Tupperware Millennium Tower**, Orlando, USA
- **Universal Studios USAWillis Tower** (vormals Sears Tower), Chicago, USA

Darüber hinaus

- **Adidas**-Logo und Schriftzüge
- **Automarken** einschließlich ihrer Logos (soweit bildbestimmend), wie zum Beispiel BMW, Chevrolet, Daimler, Ferrari, Jaguar, Lamborghini, Maserati, Mustang, Porsche, Rolls-Royce (einschließlich der Kühlerfigur »Emily«), Thunderbird
- **Barbie**-Puppen (Name und Produkte)
- **Coca-Cola** (Produkte, Warenzeichen, Logos)
- **Concorde** (Flugzeug; im Museum kommt es auf die jeweiligen Regelungen des Museums an)
- **Disney-Figuren** und **Disneyland**
- **Emmy**-Trophäe
- **Grammy-Award**-Trophäe
- **Haribo**-Produkte (bei kommerzieller Verwertung der Fotos)
- **Harley Davidson**
- **ICE** (Zug, Deutschland) bei kommerzieller Bildverwendung
- **Major League** (Sportaufnahmen USA)
- **McDonald's** (Läden und das charakteristische »M«)
- **NASCAR** (Autos und Rennen)

- **Nike**-Logo
- **Oscar**-Trophäe
- **Rock & Roll** – Hall of Fame (Bilder aus dem Inneren)
- **San Diego** – Zoo
- **Shinkansen** (Zug, Japan)
- **TGV** (Zug, Frankreich)

Anhang C

Literaturverzeichnis

Baumbach/Hefermehl: *Wettbewerbsrecht – Kommentar.* 27. Aufl. München: Verlag C.H.Beck 2009

Baumbach/Hopt: *HGB-Kommentar.* 37. Aufl. München: Verlag C.H.Beck 2016

Beier: *Social Media für Fotografen.* 1. Aufl. Heidelberg: mitp-Verlag 2012

Castendyk (Hrsg.): *Fotorecht.* 2. Aufl. Berlin: Verlag Erich Schmidt 2012

Dreier/Schulze: *UrhG – Kommentar.* 5. Aufl. München: Verlag C.H.Beck 2015

Gann: *Geld verdienen mit Stockfotografie.* 1. Aufl.: CreateSpace Independent Publishing Platform 2016

Giefers/May: *Markenschutz.* 5. Aufl. Freiburg, Berlin: Haufe-Mediengruppe 2003

Hilty: *Urheberrecht.* Bern: Stämpfli Verlag AG 2011

Höhne/Jung/Koukal/Streit: *Urheberrecht für die Praxis.* Wien: Verlag Österreich GmbH 2011

Kneschke: *Stockfotografie.* Heidelberg: mitp-Verlag 2011

Koch: *Handbuch zum Fotorecht.* Presse Informations AG (PIAG) 2003

Kötz/Brüggemann: *Fotografie und Recht.* Heidelberg: mitp-Verlag 2009

Palandt: *BGB – Kommentar.* 76. Aufl. München: Verlag C.H.Beck 2017

Rehbinder: *Urheberrecht.* 14. Aufl. München: Verlag C.H.Beck 2006

Schricker/Loewenheim: *Urheberrecht – Kommentar.* 5. Aufl. München: Verlag C.H.Beck 2017

Solmecke/Wahlers: *Recht im Social Web.* 1. Aufl. Bonn: Verlag Galileo Press 2014

Wanckel: *Foto- und Bildrecht.* 3. Aufl. München: Verlag C.H.Beck 2009

Der Autor

Wolfgang Rau ist Rechtsanwalt und beschäftigt sich in seiner Kanzlei neben Arbeits-, Wirtschafts- und Vertragsrecht seit vielen Jahren auch mit Urheberrecht, insbesondere mit Foto- und Bildrecht. Zum Foto- und Bildrecht gibt er darüber hinaus deutschlandweit Seminare für Fotografinnen und Fotografen. Wolfgang Rau ist Präsident und Justiziar des Deutschen Verbandes für Fotografie (DVF) e. V. und zuständig für alle Rechtsfragen des Verbandes. Seit Jahrzehnten ist er selbst Fotograf aus Leidenschaft.

Index

V